Carsten Baumgarth

Wirkungen des Co-Brandings

nbf neue betriebswirtschaftliche forschung

(Folgende Bände sind zuletzt erschienen:)

Band 282 Prof. Dr. Thorsten Teichert
Nutzenschätzung in Conjoint-Analysen

Band 283 Prof. Dr. Dirk Holtbrügge
Postmoderne Organisationstheorie und Organisationsgestaltung

Band 284 Prof. Dr. Daniel Klapper
Wettbewerbsverhalten und Produktlinienwettbewerb

Band 285 PD Dr. Bernhard Swoboda
Dynamische Prozesse der Internationalisierung

Band 286 Prof. Dr. Wolfgang Burr
Service Engineering bei technischen Dienstleistungen

Band 287 Prof. Dr. Udo Bankhofer
Industrielles Standortmanagement

Band 288 Prof. Dr. Lutz Kaufmann
Internationales Beschaffungsmanagement

Band 289 PD Dr. Sabine Boerner
Führungsverhalten und Führungserfolg

Band 290 Dr. habil. Andreas Otto
Management und Controlling von Supply Chains

Band 291 PD Dr. Alexander Bassen
Institutionelle Investoren und Corporate Governance

Band 292 Prof. Dr. Christoph Burmann
Strategische Flexibilität und Strategiewechsel als Determinanten des Unternehmenswertes

Band 293 Dr. Rainer Souren
Konsumgüterverpackungen in der Kreislaufwirtschaft

Band 294 Prof. Dr. Joachim Eigler
Dezentrale Organisation und interne Unternehmungsrechnung

Band 295 PD Dr. Katja Schimmelpfeng
Lebenszyklusorientiertes Produktionssystemcontrolling

Band 296 Prof. Dr. Silvia Rogler
Risikomanagement im Industriebetrieb

Band 297 Prof. Dr. Peter Letmathe
Flexible Standardisierung

Band 298 Prof. Dr. Thomas Hess
Netzwerkcontrolling

Band 299 PD Dr. Michael J. Fallgatter
Theorie des Entrepreneurship

Band 300 PD Dr. Heike Proff
Konsistente Gesamtunternehmensstrategien

Band 301 PD Dr. Holger Kahle
Internationale Rechnungslegung und ihre Auswirkungen auf Handels- und Steuerbilanz

Band 302 PD Dr. Paul Wentges
Corporate Governance und Stakeholder-Ansatz

Band 303 Dr. Michael Hinz
Der Konzernabschluss als Instrument zur Informationsvermittlung und Ausschüttungsbemessung

Band 304 PD Dr. Gertrud Schmitz
Die Zufriedenheit von Versicherungsvertretern als unternehmerische Zielgröße

Band 305 Prof. Dr. Dieter Gramlich
Kreditinstitute und Cross Risks

Band 306 Prof. Dr. Ricarda B. Bouncken
Organisationale Metakompetenzen

Band 307 PD Dr. Marcus Riekeberg
Erfolgsfaktoren bei Sparkassen

Band 308 Prof. Dr. Martin Faßnacht
Eine dienstleistungsorientierte Perspektive des Handelsmarketing

Band 309 Prof. Dr. Peter Witt
Corporate Governance-Systeme im Wettbewerb

Band 310 PD Dr. Stefan Müller
Management-Rechnungswesen

Band 311 PD Dr. Jochen Bigus
Zur Theorie der Wagnisfinanzierung

Band 312 Prof. Dr. Harald Pechlaner
Tourismus-Destinationen im Wettbewerb

Band 313 PD Dr. Udo Buscher
Kostenorientiertes Logistikmanagement in Metalogistiksystemen

Band 314 PD Dr. Carsten Baumgarth
Wirkungen des Co-Brandings

Carsten Baumgarth

Wirkungen des Co-Brandings

Erkenntnisse durch Mastertechnikpluralismus

Springer Fachmedien Wiesbaden GmbH

Bibliografische Information der Deutschen Bibliothek
Die Deutsche Bibliothek verzeichnet diese Publikation in der Deutschen
Nationalbibliografie; detaillierte bibliografische Daten sind in Internet unter
<http://dnb.ddb.de> abrufbar.

Habilitationsschrift Universität Siegen, 2003

1. Auflage September 2003

Alle Rechte vorbehalten
© Springer Fachmedien Wiesbaden 2003
Ursprünglich erschienen bei Deutscher Universitäts-Verlag/GWV Fachverlage GmbH, Wiesbaden 2003

Lektorat: Brigitte Siegel/Jutta Hinrichsen

www.duv.de

Das Werk einschließlich aller seiner Teile ist urheberrechtlich geschützt. Jede Verwertung außerhalb der engen Grenzen des Urheberrechtsgesetzes ist ohne Zustimmung des Verlags unzulässig und strafbar. Das gilt insbesondere für Vervielfältigungen, Übersetzungen, Mikroverfilmungen und die Einspeicherung und Verarbeitung in elektronischen Systemen.

Die Wiedergabe von Gebrauchsnamen, Handelsnamen, Warenbezeichnungen usw. in diesem Werk berechtigt auch ohne besondere Kennzeichnung nicht zu der Annahme, dass solche Namen im Sinne der Warenzeichen- und Markenschutz-Gesetzgebung als frei zu betrachten wären und daher von jedermann benutzt werden dürften.

Umschlaggestaltung: Regine Zimmer, Dipl.-Designerin, Frankfurt/Main

ISBN 978-3-8244-7896-5   ISBN 978-3-663-11854-1 (eBook)
DOI 10.1007/978-3-663-11854-1

Für Anne,
Helene und
Greta Charlotte

Vorwort

Seit einigen Jahren steht zum wiederholten Male die Marke im Fokus der Marketingwissenschaft und Marketingpraxis. Dabei dominiert der Markentransfer die aktuelle Diskussion der Markenführung. Mittlerweile ist der wissenschaftliche Erkenntnisstand über die Wirkungen von Markentransfers weit fortgeschritten. Auch in der Praxis wurde diese Strategie in der Vergangenheit häufig eingesetzt. Beispielsweise ist nach Angaben der GfK unter den 20 stärksten Marken im FMCG mit Coca-Cola nur noch eine Einzelmarke vertreten, wobei auch diese Marke in den letzten Jahren verschiedene Line Extensions durchgeführt hat. Auf der einen Seite ist das Transferpotential vieler Marken mittlerweile ausgeschöpft. Auf der anderen Seite verursachen die Einführung von Neumarken und die Führung bestehender Marken hohe Kosten, weshalb Wachstum überwiegend durch die wenigen starken Marken im Portfolio realisiert werden muß. Eine strategische Alternative zur Einführung neuer Leistungen, zur Gewinnung neuer Zielgruppen sowie zur Umpositionierung der eigenen Marke stellt die Kooperation der eigenen Marke mit einer anderen Marke (sog. Co-Branding) dar.

Aufgrund der bisher nur vereinzelten Forschungsergebnisse über die Wirkungen dieser Strategie herrscht in Praxis eine hohe Unsicherheit über das Potential und die Realisierung dieser markenstrategischen Option. Ziel dieser Arbeit ist mit Hilfe unterschiedlichster Mastertechniken das Wissen über diese Strategie signifikant zu erhöhen.

Dieser Erkenntnisgewinn resultiert dabei nicht aus einer Einzelleistung eines einzelnen Forschers, sondern aus der Mitarbeit einer Vielzahl von Akteuren.

Die vorliegende Arbeit, die die Habilitationskommission des Fachbereiches Wirtschaftswissenschaft der Universität Siegen im Juli 2003 als Habilitationsschrift angenommen hat, wurde am Lehrstuhl für Marketing dieses Fachbereiches unter der Leitung von Herrn Prof. Dr. H. Freter angefertigt.

Mein Dank gilt zunächst den beiden Gutachtern der Arbeit Herrn Prof. Dr. H. Freter und Herrn Prof. Dr. Eigler. Darüber hinaus danke ich Herrn Prof. Dr. J. Berthel und Herrn Prof. Dr. W. Buhr für die konstruktive Mitarbeit im Rahmen des Habilitationsverfahrens.

Im besonderen Ausmaß danke ich auch meinen ehemaligen und aktuellen Kollegen, unserer Sekretärin Frau Ohrendorf-Weiß sowie den Hilfskräften des Lehrstuhl für Marketing. Insbesondere Frau Dipl.-Kffr. Ursula Hansjosten und Frau Dipl.-Kffr. Sandra Feldmann haben nicht nur die erste Version der Arbeit gelesen, sondern mich auch während arbeitsintensiver Wochen im Rahmen der empirischen Studien und während meiner Lehrstuhlvertretung an der Universität Paderborn von einer Vielzahl von Lehrstuhlaufgaben entlastet.

Ferner danke ich für das mühevolle Korrekturlesen der Arbeit meinem Vater Herrn Dr. Manfred Baumgarth, meinem Schwiegervater Herrn Dr. Georg Schlummer sowie meinem Freund Dr. Axel Sikorski. Ohne ihre formalen Verbesserungsvorschläge wäre die Arbeit schwerer zu verstehen.

Mein Dank gilt ferner Herrn Prof. Dr. H. Sattler (Universität Hamburg) und Herrn Prof. Dr. G. Schweiger (Wirtschaftuniversität Wien), die es mir ermöglicht haben, Teile der

Arbeit zu präsentieren. Weiterhin danke ich Herrn Prof. Dr. F.-R. Esch (Universität Gießen), Herrn Prof. Dr. A. Herrmann (Universität Mainz), Frau Dr. A.-C. Kemper (Universität Köln) und Herrn Prof. Dr. Dr. h.c. mult. H. Meffert (Universität Münster) für die Mitarbeit im Rahmen der Experteninterviews.

Zusätzlich danke ich auch den Vertretern aus der Markenpraxis für vielfältige Gespräche, die Hilfe bei der Erstellung der Fallstudien, die Mitarbeit bei den Experteninterviews sowie die Unterstützung der verschiedenen empirischen Arbeiten. Namentlich danke ich Herrn Alexander Reindler (Beiersdorf AG), Herrn Nico Engelsman (Philips AG), Frau Uschi Englert (Ford AG), Herrn Tomas Vucurevic (W.L. Gore & Associates GmbH), Herrn Peter Schöffel (Schöffel Sportbekleidung GmbH), Frau Petra Linke (Fit for Fun-Verlag), Frau Christine Rawe (Fit for Fun-Verlag), Herrn Dr. Christof Binder (blp Brand Licensing Partner), Herrn Dirk Münstermann (M.L. & S. Werbeagentur), Herrn Axel Schmidt (BBDO Consulting) und Frau Dr. Gerhild Werner.

Im Zusammenhang mit den empirischen Studien danke ich auch der Forschungskommission der Universität Siegen unter der Leitung von Frau Prof. Dr. T. Hantos und Herrn Prof. Dr. G. Adlbrecht für die Bereitstellung entsprechender finanzieller Mittel.

Schließlich gilt mein ganz persönlicher Dank meiner lieben Frau Dipl.-Kffr. Anne Baumgarth, die häufig als „Quasi-Alleinerziehende" unserer beiden Töchter Helene und Greta Charlotte durch ihren Rückhalt und den Verzicht auf Familienzeit zum Gelingen des Projektes beigetragen hat. Meine Kinder haben mir durch ihr Lachen und ihre kindlichen Forderungen häufig gezeigt, dass die Marketingwissenschaft nur ein Teil des Lebens ist.

Trotz dieser vielfältigen Unterstützungen wird die vorliegende Arbeit Fehler aufweisen. Diese gehen selbstverständlich zu meinen Lasten. Über Feedback jeder Art würde ich mich sehr freuen[1].

Carsten Baumgarth

---

[1] Um die Lesbarkeit der Arbeit zu erhöhen, wurden Fragebögen und Detailanalysen in der vorliegenden Buchfassung nicht berücksichtigt. Diese Materialien können für wissenschaftliche Untersuchungen beim Verfasser nachgefragt werden.

Inhaltsverzeichnis

Abbildungsverzeichnis XV
Abkürzungsverzeichnis XXIII

A. Einführung in das Untersuchungsgebiet 1
I. Anlass der Untersuchung 1
1. Praktische Relevanz 1
2. Wissenschaftliche Relevanz 4
II. Metatheoretische Position der Arbeit 6
1. Grundpositionen innerhalb der Marketingwissenschaft 7
2. Mastertechniken als Konzept der Erkenntnisgewinnung 9
3. Beurteilung von Mastertechniken 13
III. Ziele und weiterer Aufbau der Arbeit 16

B. Deskriptiv-explorative Mastertechniken 19
I. Terminologischer Ansatz 19
1. Darstellung der Mastertechnik 19
2. Begriffsexplikation Co-Branding 22
   2.1 Literaturmeinungen 22
   2.2 Co-Branding als Markenpolitik 25
   2.3 Co-Branding als Kooperation 28
   2.4 Definition des Co-Branding 29
   2.5 Begriffsabgrenzung 30
       2.5.1 Grundsätzliche Beziehungsmuster 30
       2.5.2 Begriffsabgrenzung auf der Kommunikationsebene ... 32
       2.5.3 Begriffsabgrenzung auf der Markenebene 36
       2.5.4 Begriffsabgrenzung auf der Unternehmensebene 42
       2.5.5 Synopse der Begriffsabgrenzung 44
II. Taxonomatischer Ansatz 46
1. Darstellung der Mastertechnik 46
   Exkurs: Clusteranalyse für taxonomatische Zwecke 50
2. Co-Branding-Typologie 53
   2.1 Systematisierungsansätze in der Literatur 53

2.2 Auswahl und Beschreibung von Merkmalen zur Typologisierung von Co-Brands 56

2.3 Empirische Bestimmung und Beschreibung von Co-Brand-Typen 63

III. Fallstudienansatz 66

1. Darstellung der Mastertechnik 66
2. Co-Branding-Fallstudien 72

    2.1 Design der Fallstudien 72

    2.2 Einzelfallstudien 74

    2.2.1 PHILISHAVE COOLSKIN 74

    2.2.1.1 Angaben zu den Partnerunternehmen und den beteiligten Marken 74

    2.2.1.2 Co-Branding 75

    2.2.1.3 Erfolgs- und Misserfolgsfaktoren 77

    2.2.2 FORD KA-Sondermodelle 78

    2.2.2.1 Angaben zum Pkw-Markt und zur Marke FORD KA 79

    2.2.2.2 Co-Branding 79

    2.2.2.2.1 Überblick 79

    2.2.2.2.2 Einzelne Co-Brands 82

    2.2.2.3 Erfolgs- und Misserfolgsfaktoren 83

    2.2.3 GORE-TEX 83

    2.2.3.1 Angaben zu den Partnerunternehmen und den beteiligten Marken 84

    2.2.3.2 Co-Branding 85

    2.2.3.2.1 Überblick 85

    2.2.3.2.2 Co-Brand SCHÖFFEL & GORE-TEX 89

    2.2.3.4 Erfolgs- und Misserfolgsfaktoren 92

    2.2.4 FIT FOR FUN-Lebensmittel 93

    2.2.4.1 Angaben zu der Führungsmarke FIT FOR FUN 93

    2.2.4.2 Co-Branding 94

    2.2.4.2.1 Markentransfers von FIT FOR FUN 94

    2.2.4.2.2 Co-Branding im Lebensmittelbereich 96

    2.2.4.2.3 Co-Brand mit HOMANN FEINKOST 98

    2.2.4.3 Erfolgs- und Misserfolgsfaktoren 99

    2.3 Vergleich der Fallstudien 100

IV. Expertenbefragung 101

1. Darstellung der Mastertechnik 101
2. Expertenbefragung zum Co-Branding 105

      2.1 Design der Expertenbefragung 105
      2.2 Ergebnisse der Expertenbefragung 109
  V. **Zwischenfazit** **115**
    1. Deskriptiv-explorative Erkenntnisse über das Co-Branding 115
    2. Beurteilung der deskriptiv-explorativen Mastertechniken 116

C. Explikative Mastertechniken 121
  I. **Strukturmodell als Bezugsrahmen** **121**
    1. Überblick 121
    2. Wirkungsdimensionen 122
      2.1 Überblick 122
      2.2 Wirkungen des Co-Brands 124
          2.2.1 Kurzfristige Wirkungen 124
              2.2.1.1 Verhaltensferne Wirkungen 125
              2.2.1.2 Verhaltensnahe Wirkungen 126
          2.2.2 Langfristige Wirkungen 127
      2.3 Spill-Over-Effekte 129
          2.3.1 Verhaltensferne Wirkungen 129
          2.3.2 Verhaltensnahe und finale Wirkungen 131
      2.4 Zusammenhang zwischen Wirkungskategorien und Zielsetzungen 131
    3. Einflussfaktoren 132
  II. **Mastertechniken der theorieorientierten Explikation** **134**
    1. Explikative Sekundäranalyse 135
      1.1 Darstellung der Mastertechnik 135
      1.2 Anwendung der Mastertechnik 137
          1.2.1 Narrativer Überblick 137
          1.2.2 Häufigkeitsanalyse 146
    2. Analogie 158
      2.1 Darstellung der Mastertechnik 158
      2.2 Anwendung der Mastertechnik 160
          2.2.1 Identifikation von Analogiefeldern 160
          2.2.2 Analogiefelder für das Co-Branding 160
          2.2.3 Vergleich der Analogiefelder 172

3. Theorie 174
3.1 Darstellung der Mastertechnik 174
3.2 Diskussion ausgewählter Theorien 176
    3.2.1 Persönlichkeitstheorien 176
        3.2.1.1 Motivation zur Informationsverarbeitung 176
        3.2.1.2 Marken- und Produktvertrautheit 184
        3.2.1.3 Markenbewusstsein 189
    3.2.2 Einstellungs- und Imagetheorien 191
        3.2.2.1 Bildung von Einstellungen 192
            3.2.2.1.1 Attributbasierte Einstellungsmodelle 192
            3.2.2.1.2 Einstellungstransfer 203
        3.2.2.2 Veränderung von Einstellungen 207
            3.2.2.2.1 Konsistenztheorien 209
            3.2.2.2.2 Markenstabilität 212
    3.2.3 Kognitive Theorien 216
        3.2.3.1 Strukturansätze 216
            3.2.3.1.1 Grundmodelle der Markenwissens-
                       repräsentation 216
            3.2.3.1.2 Beschreibungsmerkmale von Marken-
                       schemata 220
        3.2.3.2 Prozessansätze 224
            3.2.3.2.1 Kategorisierungstheorien 225
            3.2.3.2.2 Fit-Einstellungs-Modell 234
            3.2.3.2.3. Schemata-Verbindungsansätze 236
            3.2.3.2.4 Schema-Veränderung 242
            3.2.3.2.5 Ankertheorien 246

III. Mastertechniken der empirischen Explikation 253

1. Qualitative Routine 254
1.1 Darstellung der Mastertechnik 254
1.2 Qualitative Fitstudie 257
    1.2.1 Design 258
    1.2.2 Ergebnisse der offenen Fitanalyse 260
    1.2.3 Ergebnisse der Imageananalyse 264
    1.2.4 Zusammenfassung der qualitativen Fitstudie 274

2. Replikation 275
   2.1 Darstellung der Mastertechnik 275
   2.2 Replikation der Studie Simonin/Ruth (1998) 280
      2.2.1 Primärstudie von Simonin/Ruth (1998) 280
      2.2.2 Replikationen 284
         2.2.2.1 Design 284
         Exkurs: Kausalanalyse 289
         2.2.2.2 Ergebnisse 291
            2.2.2.2.1 Nahe Replikation 291
            2.2.2.2.2 Weite Replikation 298
         2.2.2.3 Vergleich mit S&R 304
      2.2.3 Zusammenfassung der Replikation 307
3. (Labor)experimente 309
   3.1 Darstellung der Mastertechnik 309
   3.2 Laborexperimente zum Co-Branding 313
      3.2.1 Laborexperiment I: Wirkungen des Marken- und Produktfits ... 313
         3.2.1.1 Hypothesenableitung 313
         3.2.1.2 Design 317
         3.2.1.3 Ergebnisse 318
         3.2.1.4 Zusammenfassung 325
      3.2.2 Laborexperiment II: Wirkungen der Anordnung auf Preisbereitschaften und Kaufabsichten 326
         3.2.2.1 Hypothesenableitung 326
         3.2.2.2 Design 328
         3.2.2.3 Ergebnisse 331
         3.2.2.4 Zusammenfassung 333
      3.2.3 Laborexperiment III: Wirkungen der Werbegestaltung auf die Co-Brand-Beurteilung 333
         3.2.3.1 Hypothesenableitung 333
         3.2.3.2 Design 335
         3.2.3.3 Ergebnisse 343
         3.2.3.4 Zusammenfassung 347

4. Erfolgsfaktorenforschung 349
  4.1 Darstellung der Mastertechnik 349
  4.2 Erfolgsfaktorenstudie Co-Branding 352
    4.2.1 Erfolgsfaktorenmodell 352
    4.2.2 Design 354
    Exkurs: www-Befragung *360*
    4.2.3 Ergebnisse 368
      4.2.3.1 Demografische Ergebnisse und Markenbekanntheiten 368
      4.2.3.2 Co-Brand-Wirkungen 369
        4.2.3.2.1 Deskriptive Ergebnisse 369
        4.2.3.2.2 Erfolgsfaktoren des Co-Brandings 371
        4.2.3.2.3 Einfluss moderierender Persönlichkeitsvariablen 381
        4.2.3.2.4 Einzelne Co-Brands 385
      4.2.3.3 Spill-Over-Effekte 387
    4.2.4 Zusammenfassung 390

IV. Zwischenfazit 392
  1. Explikative Erkenntnisse über das Co-Branding 392
  2. Beurteilung der explikativen Mastertechniken 394

D. Zusammenfassung und Implikationen **401**
  I. **Zusammenfassung der Co-Branding-Wirkungen** **401**
  II. **Zusammenfassung der Mastertechniken** **403**
  III. **Ansatzpunkte für die weiterführende Forschung** **404**

Literaturverzeichnis **407**

Abbildungsverzeichnis

Abb. A 1:	Bedeutung verschiedener Optionen der Markenanreicherung	3
Abb. A 2:	Ziele des Co-Brandings	4
Abb. A 3:	Vor- und Nachteile des Co-Brandings	4
Abb. A 4:	Entwicklung der internationalen Co-Brand-Forschung	5
Abb. A 5:	Abstraktionsebenen der Marketingwissenschaft	9
Abb. A 6:	Validity Network Schema (VNS)	11
Abb. A 7:	Positionierung von Forschungsinstitutionen und der eigenen Arbeit im VNS	12
Abb. A 8:	Überblick über die verwendeten Mastertechniken	13
Abb. A 9:	Kriterienkatalog zur Beurteilung von Mastertechniken	16
Abb. B 1:	Grundsätzliche Beziehungen zwischen zwei Begriffen	31
Abb. B 2:	Begriffsabgrenzung zum Co-Branding	45
Abb. B 3:	Einordnung der Taxonomie	46
Abb. B 4:	Vergleich wichtiger Fusionsalgorithmen der Clusteranalyse	52
Abb. B 5:	Einordnung des Co-Branding in die Wert-Dauer-Matrix	54
Abb. B 6:	Typen des Co-Branding nach Cegarra/Michel (2000)	55
Abb. B 7:	BRI-Matrix	55
Abb. B 8:	Beispiele für Co-Brands differenziert nach der Markenstärke der Partner	59
Abb. B 9:	Markenverhältnis am Beispiel verschiedener MÖVENPICK-Co-Brands	60
Abb. B 10:	Beispiele für Co-Brands differenziert nach der Innovationshöhe	61
Abb. B 11:	Überprüfung der Unabhängigkeit der Merkmale (Phi-Quadrat-Werte)	64
Abb. B 12:	Zusammenhang zwischen Heterogenitätsmaß und Clusteranzahl	64
Abb. B 13:	Charakterisierung der Co-Brand-Typen	65
Abb. B 14:	Hilfstechniken der Fallstudien	70
Abb. B 15:	Gütekriterien von Fallstudien	72
Abb. B 16:	Analyseeinheiten der Multi-Fallstudie	73
Abb. B 17:	COOL SKIN-Programm	76
Abb. B 18:	Überblick über die Co-Brands des FORD KA	79
Abb. B 19:	Brand DNA von FORD KA	80
Abb. B 20:	Wahrgenommene Kommunikationsquellen der FORD KA-Co-Brands (LUFTHANSA vs. K2)	81
Abb. B 21:	Gründe für den Kauf des FORD KA-Co-Brands (LUFTHANSA vs. K2)	82

Abb. B 22:	Subbrands von GORE-TEX	85
Abb. B 23:	Co-Brands von GORE-TEX (Überblick)	86
Abb. B 24:	Anzeigenmotiv der Kampagne „It's a Great Day"	88
Abb. B 25:	GORE-TEX-Markierungen am Endprodukt	89
Abb. B 26:	Markierung von SCHÖFFEL & GORE-TEX-Produkten	90
Abb. B 27:	Anzeige für das SnowProject	91
Abb. B 28:	Schaufensterdekoration des SnowProjects	91
Abb. B 29:	Markenname und -logo von FIT FOR FUN	94
Abb. B 30:	Leistungen der Marke FIT FOR FUN (Stand Mitte 2002)	95
Abb. B 31:	Co-Brands von FIT FOR FUN im Lebensmittelbereich	96
Abb. B 32:	Verpackungsdesign für das Co-Branding FIT FOR FUN & HOMANN	97
Abb. B 33:	Zielsetzung des Co-Brands aus Sicht von HOMANN	99
Abb. B 34:	Synopse der Co-Branding-Fallstudien	100
Abb. B 35:	Übersicht der befragten Experten	106
Abb. B 36:	Struktur der Expertenbefragung	107
Abb. B 37:	Gütekriterien der Expertenbefragung	108
Abb. B 38:	Ergebnisse des Kurzfragebogens (Expertenbefragung)	109
Abb. B 39:	Fitbeurteilung verschiedener Co-Brands (Expertenbefragung)	110
Abb. B 40:	Fitbasen verschiedener Co-Brands (Expertenbefragung)	111
Abb. B 41:	Beurteilung der realen Co-Brands (Expertenbefragung)	114
Abb. B 42:	Einfluss externer negativer Nachrichten auf die unbeteiligte Individualmarke (Expertenbefragung)	114
Abb. B 43:	Beurteilung der deskriptiv-explorativen Mastertechniken	120
Abb. C 1:	Strukturmodell des Co-Brandings	122
Abb. C 2:	Wirkungsklassen des Co-Brandings	124
Abb. C 3:	Zusammenhang zwischen Wirkungen und Co-Branding-Zielbündel	133
Abb. C 4:	Synopse der empirisch-verhaltenswissenschaftlichen Studien	148
Abb. C 5:	Wirkungshypothesen der Sekundärstudien	156
Abb. C 6:	Synopse der Einflussfaktoren und Wirkungen der Sekundärstudien	157
Abb. C 7:	Schematische Darstellung der Mastertechnik Analogie	159
Abb. C 8:	Synopse zur Markentransferforschung	164
Abb. C 9:	Synopse zur Bundlingforschung	166
Abb. C 10:	Synopse zur Testimonialforschung	169
Abb. C 11:	Synopse zur Sponsoringforschung	170
Abb. C 12:	Synopse zur CoO-Forschung	172

Abbildungsverzeichnis XVII

Abb. C 13:	Beurteilung der Analogiepotentiale	173
Abb. C 14:	Überblick der verwendeten Theorien	175
Abb. C 15:	Produktbezogenes Involvement	179
Abb. C 16:	Elaboration-Likelihood-Modell	182
Abb. C 17:	Effekte der Motivation zur Informationsverarbeitung	184
Abb. C 18:	Kausalmodell zum Zusammenhang zwischen Markenvertrautheit und Markeneinstellung	187
Abb. C 19:	Einfluss des Wissens auf die Fitbeurteilung und den Einstellungstransfer	188
Abb. C 20:	Effekte der Marken- und Produktvertrautheit	189
Abb. C 21:	Markenbewusstsein in Deutschland für ausgewählte Outfit-Produkte	190
Abb. C 22:	Anzahl der Merkmale zur Produktbeurteilung	193
Abb. C 23:	Bedeutung von extrinsischen und intrinsischen Merkmalen	193
Abb. C 24:	Relevanz extrinsischer Merkmale für die Produktbeurteilung	194
Abb. C 25:	Gegenüberstellung des Adding- und Averaging-Modells	198
Abb. C 26:	Determinanten und Wirkungen der Marke als Signal	202
Abb. C 27:	Empirische Ergebnisse zum Einstellungstransfer	204
Abb. C 28:	Modelle zum Zusammenhang von Werbegefallen und Markeneinstellung	205
Abb. C 29:	Metaanalytisch ermittelte Pfadkoeffizienten des Dual-Mediation-Modells	207
Abb. C 30:	Werbegefallens-Modell für das Co-Branding	208
Abb. C 31:	Kongruenzsituationen eines Co-Brands nach der Balance-Theorie	231
Abb. C 32:	Strategien zur Kongruenzrealisierung nach der Balance-Theorie	211
Abb. C 33:	Kongruenz-Theorie am Beispiel des Co-Brandings	212
Abb. C 34:	Exemplarisches Assoziatives Netzwerk	217
Abb. C 35:	Markenschema-Ansatz	220
Abb. C 36:	Marken-Produktschema-Beziehungen	221
Abb. C 37:	Ansätze zur Strukturierung von Markenassoziationen	223
Abb. C 38:	Beispiele für Marken mit geringer und hoher Markenbreite	225
Abb. C 39:	Überblick verschiedener Kategorisierungsansätze	227
Abb. C 40:	Fitgründe im Rahmen des Markentransfers (Auswahl)	229
Abb. C 41:	Arten der Markenbeziehungen (Markenfit)	231
Abb. C 42:	Bezugsrahmen der Fitgründe (Markenfit)	231
Abb. C 43:	Bedeutung des Transferfit für die Co-Brand-Beurteilung	233
Abb. C 44:	Branding von Co-Brands	234
Abb. C 45:	Schemakongruenz-Beurteilungs-Modell nach Mandler	235

Abb. C 46:	Involvement-Fit-Modell nach Maoz	236
Abb. C 47:	Allgemeines Schemakongruenz-Beurteilungs-Modell	238
Abb. C 48:	Modelle zur Beurteilung verbundener Schemata	239
Abb. C 49:	Selektions-Modifikations-Modell	240
Abb. C 50:	Modelle der Schema-Veränderung	244
Abb. C 51:	Anchoring-Adjustment-Modell	249
Abb. C 52:	Kontrast-Assimilations-Modell des Co-Brandings	251
Abb. C 53:	Beispiele für qualitative Hilfstechniken in der Markenforschung	256
Abb. C 54:	Korrespondierende Gütekriterien der qualitativen und quantitativen Forschung	257
Abb. C 55:	Design der qualitativen Fitstudie	259
Abb. C 56:	Kategorienschema der quantitativen Inhaltsanalyse	260
Abb. C 57:	Ergebnisse der quantitativen Inhaltsanalyse	260
Abb. C 58:	Allgemeines Markenfitmodell (beide Marken)	261
Abb. C 59:	Markenfitmodell bei geringem Fit	262
Abb. C 60:	Markenfitmodell bei hohem Fit	262
Abb. C 61:	Allgemeines Markenfitmodell BMW	263
Abb. C 62:	Allgemeines Markenfitmodell FIT FOR FUN	264
Abb. C 63:	Rangfolge der Co-Brand-Partner (globale Fitmessung)	264
Abb. C 64:	Beitrag der Achsen zur Gesamtvarianz	265
Abb. C 65:	Emotionale Korrespondenzanalyse BMW (Achse 1 und 2)	266
Abb. C 66:	Interpretationshilfe für emotionale Korrespondenzanalyse BMW	266
Abb. C 67:	Sachliche Korrespondenzanalyse BMW	268
Abb. C 68:	Interpretationshilfe für sachliche Korrespondenzanalyse BMW	268
Abb. C 69:	Markenpersönlichkeits-Korrespondenzanalyse BMW	269
Abb. C 70:	Interpretationshilfe für Markenpersönlichkeits-Korrespondenzanalyse BMW	269
Abb. C 71:	Synopse der Ergebnisse der Korrespondenzanalyse BMW	270
Abb. C 72:	Emotionale Korrespondenzanalyse FIT FOR FUN	271
Abb. C 73:	Interpretationshilfe für emotionale Korrespondenzanalyse FIT FOR FUN	271
Abb. C 74:	Sachliche Korrespondenzanalyse FIT FOR FUN	272
Abb. C 75:	Interpretationshilfe für sachliche Korrespondenzanalyse FIT FOR FUN	272
Abb. C 76:	Markenpersönlichkeits-Korrespondenzanalyse FIT FOR FUN	273
Abb. C 77:	Interpretationshilfe für die Markenpersönlichkeits-Korrespondenzanalyse FIT FOR FUN	273

Abb. C 78:	Synopse der Ergebnisse der Korrespondenzanalyse FIT FOR FUN	274
Abb. C 79:	Ablauf einer Replikationsstudie	278
Abb. C 80:	Häufigkeit von Replikationen in internationalen Marketingzeitschriften	278
Abb. C 81:	Bestätigungsraten von Originalstudien durch Replikationen	279
Abb. C 82:	Hypothesen der S & R-Studie	281
Abb. C 83:	Stimuli-Anzeige der S & R-Studie	281
Abb. C 84:	Operationalisierungen der S & R-Studie	282
Abb. C 85:	Kausalmodell von S & R	283
Abb. C 86:	Strukturmodell von S & R	283
Abb. C 87:	Markenvertrautheit (Pretest)	284
Abb. C 88:	Reales Beispiel für ein Pkw & UE-Co-Brand	285
Abb. C 89:	Markenvertrautheit (Replikationsstudie)	286
Abb. C 90:	Beispielsanzeigen der Replikation	288
Abb. C 91:	Operationalisierungen der Variablen (Hauptstudie)	288
Abb. C 92:	Kriterienkatalog zur Beurteilung von LISREL-Modellen	290
Abb. C 93:	Deskriptive Ergebnisse (nahe Replikation)	292
Abb. C 94:	Gütemaße des Globalmodells (nahe Replikation)	293
Abb. C 95:	Strukturkoeffizienten des Gesamtmodells (nahe Replikation)	293
Abb. C 96:	Modell der nahen Replikation	294
Abb. C 97:	Strukturmodell für Markenvertrautheit (nahe Replikation)	295
Abb. C 98:	Strukturkoeffizienten und Chi-Quadrat-Differenzen für Markenvertrautheit (nahe Replikation)	295
Abb. C 99:	Chi-Quadrat-Differenzen (nahe Replikation)	296
Abb. C 100:	Strukturkoeffizienten und Chi-Quadrat-Differenzen für Markenbewusstsein (nahe Replikation)	297
Abb. C 101:	Strukturkoeffizienten und Chi-Quadrat-Differenzen für NfC (nahe Replikation)	298
Abb. C 102:	Deskriptive Ergebnisse (weite Replikation)	299
Abb. C 103:	Gütemaße des Globalmodells (weite Replikation)	300
Abb. C 104:	Strukturkoeffizienten des Gesamtmodells (weite Replikation)	300
Abb. C 105:	Modell der weiten Replikation	301
Abb. C 106:	Markenvertrautheit mit Schokoladen- und Müslimarken	301
Abb. C 107:	Strukturkoeffizienten des Markenvertrautheitsmodells (weite Replikation)	302
Abb. C 108:	Strukturkoeffizienten und Chi-Quadrat-Differenzen für Markenbewusstsein (weite Replikation)	303

Abb. C 109:	Strukturkoeffizienten und Chi-Quadrat-Differenzen für NfC (weite Replikation)	303
Abb. C 110:	Vergleich der Güte der Globalmodelle	304
Abb. C 111:	Vergleich der Gesamtmodelle	304
Abb. C 112:	Vergleich der Operationalisierung der Co-Brand-Beurteilung	305
Abb. C 113:	Vergleich der Markenvertrautheitsmodelle	306
Abb. C 114:	Vergleich der Asymmetrie-Modelle	307
Abb. C 115:	Hypothesenbestätigung von S & R und Replikation	308
Abb. C 116:	Wirkungsmodell des Co-Branding	314
Abb. C 117:	Co-Brands des Laborexperiments	318
Abb. C 118:	Produkt- und Markenfit	319
Abb. C 119:	Beurteilung der Co-Brands (Verbrauchsgüter)	320
Abb. C 120:	Beurteilung der Co-Brands (Gebrauchsgüter)	321
Abb. C 121:	Zusammenhang zwischen Markenfit und Globalbeurteilung	322
Abb. C 122:	Ergebnisse der Inhaltsanalyse	323
Abb. C 123:	Extrem- und Anordnungseffekt ALPIA & MÖVENPICK	323
Abb. C 124:	Extrem- und Anordnungseffekt LINDT & BAUER	324
Abb. C 125:	Synopse der getesteten Hypothesen (Laborexperiment I)	326
Abb. C 126:	MILKA & LEGO-Weihnachtsfreude (Originalverpackung)	328
Abb. C 127:	Co-Brands der Befragung	329
Abb. C 128:	Wahrnehmung der Co-Brands	330
Abb. C 129:	Durchschnittliche Bewertung der Einzelkomponenten	331
Abb. C 130:	Zusammenhang zwischen Anordnungseffekten und Preisbereitschaft	331
Abb. C 131:	Zusammenhang zwischen Anordnungseffekten und Einstellung sowie Kaufabsicht	332
Abb. C 132:	Synopse der getesteten Hypothesen (Laborexperiment II)	333
Abb. C 133:	Werbewirkungsmodell des Co-Brandings	334
Abb. C 134:	Markenbekanntheit und am häufigsten genannte Assoziationen mit Anzahl der Nennungen	337
Abb. C 135:	Marken und Assoziationen	338
Abb. C 136:	Mittelwerte des Markenfits	338
Abb. C 137:	Bild und Slogan der Anzeigen für die Co-Brands (Pretest)	339
Abb. C 138:	Stimuli Co-Brand SIEMENS & LEGO	341
Abb. C 139:	Manipulationsüberprüfung Emotionalität der Anzeigen	342
Abb. C 140:	Manipulationsüberprüfung Sloganzuordnung	343
Abb. C 141:	Deskriptive Statistiken des Co-Brands NESCAFÉ & SNICKERS	343
Abb. C 142:	Deskriptive Statistiken des Co-Brands SIEMENS & LEGO	343

Abbildungsverzeichnis

Abb. C 143:	Interaktionsdiagramme Fitbeurteilung für das Co-Brand SIEMENS & LEGO	345
Abb. C 144:	Interaktionsdiagramme Werbegefallen für das Co-Brand SIEMENS & LEGO	345
Abb. C 145:	Interaktionsdiagramme Co-Brand-Einstellung für das Co-Brand SIEMENS & LEGO	346
Abb. C 146:	Kausalmodell des Co-Brands NESCAFÉ & SNICKERS	347
Abb. C 147:	Kausalmodell des Co-Brands SIEMENS & LEGO	347
Abb. C 148:	Synopse der getesteten Hypothesen (Laborexperiment III)	348
Abb. C 149:	Hilfstechniken zur Identifikation von Erfolgsfaktoren	350
Abb. C 150:	Erfolgsfaktorenmodell des Co-Brandings	353
Abb. C 151:	Operationalisierung potentieller Co-Brand-Erfolgsfaktoren	355
Abb. C 152:	Operationalisierung potentieller moderierender Faktoren (Persönlichkeitsmerkmale)	356
Abb. C 153:	Operationalisierung der Co-Brand-Erfolgsindikatoren	357
Abb. C 154:	Co-Brands und Co-Brand-Leistungen der Erfolgsfaktorenstudie	359
Abb. C 155:	Beispielanzeigen von Co-Brands	359
Abb. C 156:	Vergleichende Beurteilung der www-Befragung	362
Abb. C 157:	Beispielseite der www-Befragung Erfolgsfaktoren des Co-Brandings	366
Abb. C 158:	Relevanz von Teilnahmemotiven und Vorinformationen	367
Abb. C 159:	Selektionsraten der Erfolgsfaktorenstudie Co-Branding	368
Abb. C 160:	Gestützte Bekanntheit der Individualmarken	369
Abb. C 161:	Deskriptive Ergebnisse für die Individualmarken und die Co-Brands	370
Abb. C 162:	Gütemaße des Markenmodells (Gesamt)	372
Abb. C 163:	Markenmodell (Gesamt)	373
Abb. C 164:	Vergleich erfolgreicher und erfolgloser Co-Brands in Abhängigkeit von den Marken	373
Abb. C 165:	Gütemaße des Transferfitmodell (Gesamt)	374
Abb. C 166:	Transferfitmodell	374
Abb. C 167:	Vergleich erfolgreicher und erfolgloser Co-Brands in Abhängigkeit vom Transferfit	375
Abb. C 168:	Güte des Markenfitmodells (Gesamt)	376
Abb. C 169:	Markenfitmodell	376
Abb. C 170:	Vergleich erfolgreicher und erfolgloser Co-Brands in Abhängigkeit vom Markenfit	377
Abb. C 171:	Güte des Werbemodells (Gesamt)	378
Abb. C 172:	Werbemodell	378

Abb. C 173:	Vergleich erfolgreicher und erfolgloser Co-Brands in Abhängigkeit vom Werbegefallen	378
Abb. C 174:	Güte des Erfolgsfaktoren-Modells (Gesamt)	379
Abb. C 175:	Erfolgsfaktoren-Modell (Gesamt)	379
Abb. C 176:	Totale Effekte der Erfolgsfaktoren	380
Abb. C 177:	Ausgewählte Strukturkoeffizienten und Chi-Quadrat-Differenzen für das Involvement (Erfolgsfaktorenmodell)	382
Abb. C 178:	Ausgewählte Strukturkoeffizienten und Chi-Quadrat-Differenzen für die Produkt-Vertrautheit (Erfolgsfaktorenmodell)	383
Abb. C 179:	Ausgewählte Strukturkoeffizienten und Chi-Quadrat-Differenzen für das Markenbewusstsein (Erfolgsfaktorenmodell)	385
Abb. C 180:	Strukturkoeffizienten für die einzelnen Co-Brands (Erfolgsfaktorenmodell)	386
Abb. C 181:	Zusammenhang zwischen Markenstabilität und Spill-Over-Effekten	389
Abb. C 182:	Co-Brand-Kongruenz und Spill-Over-Effekte	389
Abb. C 183:	Synopse der getesteten Hypothesen (Erfolgsfaktorenstudie)	391
Abb. C 184:	Beurteilung der explikativen Mastertechniken	400
Abb. D 1:	Beurteilung der Mastertechniken aus Wissenschafts- und Forschersicht	403

Abkürzungsverzeichnis

BRI:	Brand-Relationship-Interaction
CoO:	Country-of-Origin
ELM:	Elaboration-Likelihood-Modell
FMCG:	Fast Moving Consumer Goods
GFI:	Goodness-of-Fit
ML:	Maximum-Likelihood
MPE:	Mittleres Preisempfinden
NfC:	Need for Cognition
NFI:	Normed Fit Index
NNFI:	Non-Normed Fit-Index
PoS:	Point of Sale
RAL:	Deutsches Institut für Gütesicherung und Kennzeichnung e.V.
RMSR	Root Mean Square Residual
S&R:	Simonin/Ruth (1998)
SRMR:	Standardized Root Mean Square Residual
UE:	Unterhaltungselektronik
Vkf:	Verkaufsförderung
VNS:	Validity Network Schema
Vpn.:	Versuchsperson(en)

A. Einführung in das Untersuchungsgebiet
I. Anlass der Untersuchung
1. Praktische Relevanz

Die Relevanz der Markenpolitik für den Erfolg eines Unternehmens ist in den letzten Dekaden wieder verstärkt in den Mittelpunkt des Interesses gerückt. Belege dafür liefern u.a. die zunehmende Zahl an aktuellen Monographien zur Markenpolitik[1], das Erscheinen von Spezialzeitschriften wie das Journal of Product & Brand Management[2] und The Journal of Brand Management[3], das Ausloben von Preisen für erfolgreiche Markenführung[4], die Herausgabe von Supplements[5] sowie diverse Befragungen von Managern[6]. Bei einer subjektiven Betrachtung der letzten Jahre dominieren sowohl in der Praxis als auch in der Wissenschaft insbesondere zwei Themen die Markendiskussion. Ein erster Gegenstand bildet die Diskussion des **Markenwertes**, wobei sowohl finanzielle als auch verhaltenswissenschaftliche Aspekte betrachtet werden. Das zweite Hauptthema stellt der **Markentransfer** dar. Es besitzt eine besondere Relevanz, da es immer schwieriger wird, neue Marken aufzubauen bzw. eine Mehrzahl von Marken profitabel zu führen. Daraus resultiert zum einen häufig die Reduzierung der Markenanzahl in einem Unternehmen und zum anderen der Druck, unter bestehenden Marken zusätzliche Leistungen anzubieten.

Die Realisierung des Markentransfers erfolgt durch unterschiedliche Ausprägungen, wobei die Alternative „Kooperation mit anderen Marken" bisher kaum Berücksichtigung fand. Im Gegensatz zum klassischen Markentransfer ermöglicht dieses sog. **Co-Branding** auch einen Transfer in entfernte Leistungskategorien (z.B. FIT FOR FUN-Zeitschrift transferiert in den Lebensmittelbereich), eine umfangreichere Ausdehnung durch Lizenzen (z.B. GORE-TEX im Bekleidungsbereich), Transfers von schwächeren Marken durch die Kooperation mit einer starken Marke (z.B. RHÖNGOLD kooperiert mit BOUNTY im Joghurtbereich), die Entwicklung und Vermarktung von Marktinnovationen (z.B. PHILIPS & NIVEA-Rasierer) sowie die Umpositionierung der eigenen Marke durch Imagetransfer der Partnermarke (z.B. Pkw-Sondermodell von FORD KA & LUFTHANSA).

Die Bedeutung des Co-Branding in der Realität lässt sich nur schätzen, da repräsentative internationale oder nationale Erhebungen fehlen. In der jährlich durchge-

---

[1] Im deutschsprachigen Raum sind u.a. folgende zu nennen: **Esch** (2001); **Sattler** (2001); **Baumgarth** (2001a); **Köhler/Majer/Wiezorek** (2001); **Meffert/Burmann/Koers** (2002); im internationalen Bereich: u.a. **Keller** (1998); **Chernatony/McDonald** (1998); **Aaker/Joachimsthaler** (2000).

[2] Erstes Erscheinungsjahr: 1992.

[3] Erstes Erscheinungsjahr: 1993.

[4] Bspw. vergibt der Deutsche Marketing Verband seit 2001 neben dem Deutschen Marketing Preis den Marken-Award.

[5] Bspw. geben die Zeitschriften Absatzwirtschaft und Horizont jährlich eigene Supplements zum Thema Marke heraus.

[6] Vgl. z.B. die jährliche „Große Planungsumfrage" der Absatzwirtschaft (vgl. **Stippel** (2001)) und die Ergebnisse einer Befragung von Praktikern und Wissenschaftlern durch das Future Trend Institute (vgl. **Kreuz/Förster** (2002) S. 25).

führten „Großen Planungsumfrage" der Zeitschrift Absatzwirtschaft wurde in den Jahren 1996 bis 2003 Co-Branding explizit berücksichtigt.[7] Dabei stieg der Anteil der Manager, die dieser Strategie eine zukünftig sehr große Bedeutung[8] zumessen von 3 % (**1997**) auf **15 %** (**2003**).[9] Auch in einer ad-hoc-Befragung von *Decker/Schlifter (2001)* im Jahre 2000 stimmten von 25 Managern führender Markenartikelhersteller der Aussage „Markenallianzen werden zukünftig ein wichtiges Instrument der Markenführung darstellen" **65 %** „zu" bzw. „voll zu".[10] Weiterhin besitzen aus Sicht der Unternehmen „Marketingkooperationen" ($\bar{x} = 3{,}45$) und „Zusammenarbeit mit Anbietern von attraktiven Ergänzungsleistungen inkl. gemeinsamer Ansprache der Zielgruppe" ($\bar{x} = 3{,}71$) laut der Studie Marketing Update 2005 eine hohe Bedeutung.[11] Auch *Meffert (2002)* schätzt das Co-Branding als einen der zukünftigen Trends der Markenführung ein.

In einer Unternehmensbefragung von *Baumgarth/Vetter (2003)* wurde Ende 2002 die aktuelle und zukünftige Bedeutung von Markenanreicherungsoptionen erhoben. Insgesamt antworteten von 807 angeschriebenen Geschäftsführern und Marketingleiten 173 Personen den Fragebogen (Rücklaufquote: 21,5 %). Die Personen gehören zu 20,5 % der Geschäftsführung und zu 77,6 % der Marketingabteilung an. Die antwortenden Personen stammen zu ca. 1/3 aus Großunternehmen (über 1000 Mitarbeiter: 34,2 %). Bei einer Branchenbetrachtung liegt der Schwerpunkt im B-to-C-Bereich (FMCG: 33,5 %; Gebrauchsgüter: 19,1 %). Bei der Analyse der Bedeutung zeigt sich, dass für die eigenen Marken aktuell die Bedeutung von Co-Branding mit ca. 20 % als relativ gering eingeschätzt wird. Allerdings stellt sie die einzige abgefragte Option dar, die zukünftig eine zunehmende Bedeutung aufweist (vgl. Abbildung A 1).

Auch im internationalen Kontext finden sich Prognosen und Hinweise, die eine zunehmende Bedeutung dieser Markenstrategie erwarten lassen. Bspw. schätzte *Stewart (1995)*, dass die Anzahl der Markenallianzen jährlich um 40 % steigen wird. Auch ordnet das Marketing Science Institute das Co-Branding als Bestandteil der Kategorie „Brands and Branding" unter die fünf wichtigsten Forschungsfelder für den Zeitraum 2002 – 2004 ein.[12]

Eine Antwort auf die Frage nach den Gründen der zunehmenden Bedeutung des Co-Branding erlauben Studien über die Zielsetzungen sowie die allgemeine Einschätzung von Vor- und Nachteilen dieser Strategie aus Sicht der Unternehmen.

---

[7] Ab der Befragung 2002 wurde der Terminus Co-Branding durch den Terminus „Co-Marketing mit anderen Markenartiklern" ersetzt.

[8] Statement lautet: „wird dieses Thema sehr an Bedeutung gewinnen".

[9] Vgl. **Stippel** (1998) S. 112; persönliche Korrespondenz mit Herrn Peter Stippel.

[10] Vgl. **Decker/Schlifter** (2001) S. 40 f.

[11] Insgesamt basieren die Angaben auf 42 Antworten; die Skala reichte von 1 = unbedeutend bis 5 = entscheidend; vgl. **Belz** (2002) S. 246 f.

[12] Vgl. www.msi.org/msi/rp0204.cfm (Abruf am 27.8.2002).

A. Einführung in das Untersuchungsgebiet 3

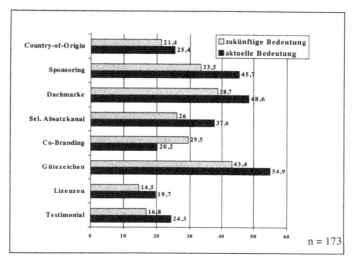

Abb. A 1: Bedeutung verschiedener Optionen der Markenanreicherung
Quelle: *Baumgarth/Vetter (2003)*.

In der bereits erwähnten ad-hoc-Befragung von *Decker/Schlifter (2001)* wurden auch die Ziele des Co-Branding erhoben. Abbildung A 2 gibt die Ergebnisse wieder.

Alle aufgeführten Ziele besitzen eine hohe Relevanz. Am häufigsten wurden Ziele genannt, die auf eine Verwertung der bestehenden Marke durch Erreichung neuer Kunden, zusätzliche Verwendungsgelegenheiten oder neue Marktsegmente hindeuten.

In der Studie VKF Trends Deutschland 1996 der Agentur Frey Beaumont-Bennett wurden die Vorteile und Nachteile des Co-Branding[13] erhoben. Abbildung A 3 listet die Ergebnisse für Konsumgüterhersteller auf.

Bei einem Vergleich der beiden Studien fällt auf, dass in der zweiten Studie ökonomische Aspekte (insbesondere Kostenersparnis) als Hauptargument für ein Co-Branding angeführt werden, hingegen die Gewinnung neuer Käufer im Vergleich zu der ad-hoc-Befragung nur eine nachgeordnete Bedeutung aufweist. Gemeinsam ist beiden Studien, dass die Veränderung des Images der Individualmarke durch das Co-Branding (Spill-Over-Effekte) zwar wichtig ist, aber im Vergleich zum Erfolg des eigentlichen Co-Brands nur eine nachgeordnete Rolle einnimmt.

---

[13] Dabei weichen der Co-Branding-Begriff der vorliegenden Arbeit (vgl. Kap. B.I.) und der der Studie „VKF Trends Deutschland 1996" voneinander ab, da die Studie jede Art der Kooperation mit anderen Herstellern (z.B. auch Co-Promotion, Co-Advertising) unter den Begriff Co-Branding subsumiert. Vgl. allg. zu Vor- und Nachteilen des Co-Branding **Boad** (1999a); **Boad** (1999b); **Baumgarth** (2001b) S. 7.

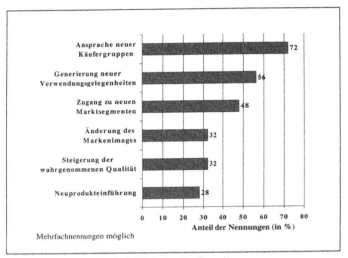

Abb. A 2: Ziele des Co-Brandings
Quelle: *Decker/Schlifter (2001)* S. 43.

Vorteile		Nachteile	
Kostenersparnis/-splitting, Budgetvorteile	45 %	Großer Koordinations-, Organisations- und Abstimmungsaufwand, lange Vorlaufzeit	53 %
Synergieeffekte	43 %	Konkurrenz-Mentalität: Jeder versucht, den anderen zu übervorteilen	30 %
Image-/Kompetenztransfer	24 %	Verwässerung des Markenauftritts, Schwierigkeiten der Differenzierung	24 %
Erschließung neuer Zielgruppen	14 %	Interessen-/Zielkonflikte	7 %
Interessanter für den Handel, Hineinverkaufsargumente	8 %	Streuverluste	6 %

Abb. A 3: Vor- und Nachteile des Co-Brandings
Quelle: *Frey (1996a)* S. 119.

2. Wissenschaftliche Relevanz

Die wissenschaftliche Relevanz des Themas resultiert aus einer **Forschungslücke** sowie dem hohen **Analogiepotential** der Co-Branding-Forschung.

A. Einführung in das Untersuchungsgebiet 5

Insgesamt finden sich mittlerweile in vielen Monographien und Sammelwerken zu den Themen Markenpolitik[14] und Marketing[15] Hinweise zum Co-Branding. Auch gaben *Blackett/ Boad (1999)* ein Sammelwerk speziell zum Co-Branding heraus. Insgesamt handelt es sich bei allem, was bisher als „gesichertes Wissen" über Co-Branding vorliegt, überwiegend um Begriffsklärungen, Systematisierungen und Beispiele. Theoretische oder empirische Aussagen zur Wirkung fehlen regelmäßig. Dies ist auch zu erwarten, da die Forschung zu diesem Thema noch relativ jung ist. In Deutschland finden sich erste Hinweise auf diese Strategie bei *Hüttermann (1991)* und *Ohlwein/ Schiele (1994)*. Allerdings liefern diese Arbeiten keine Hinweise zur Wirkung dieser Strategie. Empirische Arbeiten finden sich in der deutschsprachigen Literatur nicht.

International lassen sich als Startpunkte einer wissenschaftlichen Diskussion der Beitrag von Park/Jun/Shocker[16] auf der Jahrestagung der Association for Consumer Research 1995 sowie der Aufsatz von *Rao/Rueckert (1994)* nennen. In der Folge lässt sich ein verstärktes Interesse erkennen. Abbildung A 4 zeigt die Anzahl wissenschaftlicher Veröffentlichungen zum Thema Co-Branding im Zeitablauf.[17]

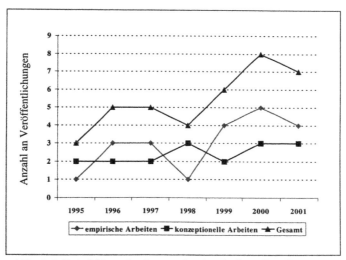

Abb. A 4: Entwicklung der internationalen Co-Branding-Forschung

---

[14] Vgl. z.B. **Bugdahl** (1998) S. 208 ff.; **Keller** (1998) S. 283 ff.; **Baumgarth** (2001a) S. 164 ff.; **Sattler** (2001) S. 105 ff.; **Hill/Lederer** (2001) S. 103 ff.; **Meffert** (2002) S. 151 f.

[15] Vgl. z.B.**Meffert** (2000) S. 447; **Kotler** (2003) S. 434.

[16] Vgl. **Shocker** (1995).

[17] Dabei finden Zeitschriftenbeiträge, Konferenzbeiträge, Arbeitspapiere und Dissertationen Berücksichtigung. Vgl. ausführlich zu den empirischen Arbeiten, die allesamt international publiziert wurden, Kap. C.III.1.2.

Die quantitative Entwicklung der Co-Branding-Forschung weist zwar eine seit Beginn der Forschungsarbeiten leicht zunehmende Tendenz auf, allerdings bewegt sich der Umfang insgesamt auf einem relativ geringen quantitativen Niveau.

Neben der Forschungslücke besitzt die Co-Branding-Forschung auch ein hohes Analogiepotential. Im Kern handelt es sich beim Co-Branding um die Verbindung von zwei vorher unabhängigen Imageobjekten. Dieses Grundprinzip findet sich in einer Reihe weiterer Marketingfelder. Exemplarisch lassen sich die kommunikationspolitischen Instrumente Testimonialwerbung, Sponsoring, Co-Advertising, Product Placement und Co-Promotion, die leistungspolitischen Instrumente Bundling und Markentransfer, das unternehmensstrategische Problem der Fusion sowie die Handelsaspekte Store-in-Store-Konzept und Einkaufszentrum nennen.

Die praktische Bedeutung des Co-Branding, die identifizierte Forschungslücke sowie das hohe Analogiepotential der Co-Brand-Forschung begründet die hohe Relevanz der Themenstellung.

II. Metatheoretische Position der Arbeit

In der Marketingwissenschaft lassen sich bzgl. metatheoretischer Fragen zwei Positionen erkennen: Die eine Position verneint die Relevanz von metatheoretischen Fragestellungen und fokussiert einzig und allein auf den Problembezug. Diese Sichtweise verkennt den Begründungs- und Entdeckungszusammenhang von metatheoretischen Aspekten.[18] Folgen metatheoretischer Ignoranz sind die unkritische Übernahme bestimmter Forschungsroutinen[19], die fehlende Integration in der Marketingwissenschaft[20] und das Vernachlässigen des Erkenntnisinteresses der Marketingwissenschaft zugunsten tautologischer Aussagen[21]. Die zweite Position dagegen beschäftigt sich intensiv mit metatheoretischen Fragestellungen, wobei häufig die Diskussion auf abstraktem Niveau stattfindet, was dazu führt, dass sie für den einzelnen Wissenschaftler im „Forschungsalltag" kein heuristisches Potential besitzt.[22] Ein Beispiel für eine solche Diskussion bildet der Streit über die Relevanz des kritischen Rationalismus für die Betriebswirtschaftslehre[23] bzw. die Marketingwissenschaft.

---

[18] Vgl. **Schanz** (1988) S. 7.

[19] Beispielhaft ist der unkritische Einsatz bestimmter statistischer Methoden zu nennen, wobei nicht das Problem bzw. das Erkenntnisinteresse den Einsatz steuert, sondern das Vorhandensein des Know-how über die Methode bzw. die „Mode" in der Wissenschaft.

[20] Diese fehlende Integration innerhalb der Marketingwissenschaft führt u.a. dazu, dass fachinterne Diskussionen kaum möglich sind, da eine gemeinsame Sprache oder Forschungsmethodik fehlt. Vgl. zum Problem der „Zersplitterung" der Marketingwissenschaft **Bruhn/Bunge** (1996) S. 173 ff.

[21] Exemplarisch dafür sind Aussagen wie „es kommt darauf an" oder rein die Praxis beschreibende Aussagen.

[22] Zur Bedeutung des heuristischen Potentials von metatheoretischen Überlegungen vgl. **Schanz** (1988) S. 7.

[23] Vgl. zum Überblick **Homburg** (1995) S. 55 f.

A. Einführung in das Untersuchungsgebiet

Das Fehlen metatheoretischer Diskussionen mit heuristischem Potential für den einzelnen Forscher in der deutschen Marketingwissenschaft zeigt sich u.a. darin, dass keine entsprechenden Monographien[24] zur Verfügung stehen.

Aufgrund dieser Defizite wird im Folgenden eine metatheoretische Diskussion geführt, die insbesondere heuristisches Potential für den Forschungsprozess aufweist.

1. Grundpositionen innerhalb der Marketingwissenschaft

Zum Verständnis und zur Einordnung dieser Arbeit bieten sich mehrere Ansätze an. Zur Systematisierung der unterschiedlichen Bezugspunkte hat *Morgan (1980)* und darauf aufbauend *Arndt (1985)* einen mehrstufigen Bezugsrahmen entwickelt. Die beiden Quellen bilden die Basis für einen eigenen vierstufigen Bezugsrahmen:

Die erste Ebene betrifft die **grundsätzliche Orientierung** des Forschers, die sich durch das Verhältnis von Empirie, Theorien und Werturteilen ergibt. Auf dieser Ebene lassen sich im Marketing u.a. eine positivistische, eine idealistische und eine normative „Weltanschauung" voneinander abgrenzen.[25] Die vorliegende Arbeit folgt der **positivistischen Orientierung**, die davon ausgeht, dass Empirie eine wesentliche Quelle des Wissens darstellt. Innerhalb einer positivistischen Orientierung existieren wiederum verschiedene Ansätze wie logischer Positivismus und Empirismus[26], kritischer Rationalismus[27] und wissenschaftlicher Realismus[28]. Der **wissenschaftliche Realismus**, dem die eigene Arbeit zuzuordnen ist, zeichnet sich durch folgende Merkmale aus:[29]

- realistische Orientierung: im Gegensatz zum idealistischen Ansatz basiert der wissenschaftliche Realismus auf der Annahme, dass eine außerhalb des Bewusstseins liegende Wirklichkeit existiert, die dadurch auch von verschiedenen Forschern gleich wahrnehmbar ist,

- Fallibilismus: zwar ermöglicht die Kumulierung von bestätigenden Hypothesen eine zunehmende Annäherung an die Wahrheit, allerdings ist jede vermeintliche Wahrheit durch Gegentatsachen widerlegbar,

---

[24] Teilw. finden sich deutschsprachige Aufsätze zu Teilaspekten wie z.B. **Tomczak** (1992): Hingegen existiert im angloamerikanischen Raum eine Reihe von Monographien zu diesem Thema, vgl. z.B. **Bartels** (1970); **Zaltman/Pinson/Angelmar** (1973); **Hunt** (1976); **Zaltman/Lemasters/Heffring** (1982); **Sheth/Gardner/Garrett** (1988); **Hunt** (1991). Weiterhin finden sich im deutschsprachigen Raum in Nachbarwissenschaften entsprechende Veröffentlichungen, vgl. z.B. **Bortz/Döring** (2002).

[25] Vgl. zur Abgrenzung der positivistischen und idealistischen „Weltanschauung" z.B. **Deshpande** (1983) S. 102 ff.. Zur Abgrenzung der positivistischen und normativen „Weltanschauung" vgl. z.B. **Hunt** (1991) S. 189.

[26] Vgl. ausführlich **Hunt** (1991) S. 266 ff.

[27] Vgl. ausführlich z.B. **Popper** (1934); **Hunt** (1991) S. 289 ff.

[28] Vgl. allgemein **Leplin** (1984). Zur Übertragung auf die Marketingwissenschaft insbesondere **Hunt** (1990) S. 8 f.; **Hunt** (1991) S. 378 ff.; **Homburg** (1995) S. 58 ff.

[29] Vgl. auch im Folgenden **Hunt** (1990) S. 9; **Homburg** (1995) S. 58 ff.

- kritischer Realismus: alle Größen einer Theorie stellen mehr oder weniger latente Konstrukte dar, die in der Realität nur über fehlerbehaftete Indikatoren messbar sind,
- induktive Bestätigung: eine Theorie kommt der Wahrheit näher, wenn sie über einen längeren Zeitraum durch vielfache Einzelbeobachtungen verifiziert wird.

Die zweite Ebene betrifft die verwendete **Denkschule**. Eine Denkschule zeichnet sich durch eine spezielle Betrachtungsweise der Akteure aus. Beispielsweise liegen den unterschiedlichen Denkschulen verschiedene Menschenbilder zugrunde. Ein weiteres Merkmal einer Denkschule bildet die Mehrzahl von Wissenschaftlern, die diese Betrachtungsweise verfolgen.[30] Die Denkschulen der Marketingforschung lassen sich nach *Sheth/Gardner/Garrett (1988)* in einer zweidimensionalen Matrix mit den Merkmalen ökonomische vs. nicht-ökonomische sowie interaktive vs. nicht-interaktive Perspektive einordnen. Ökonomische Denkschulen fokussieren auf die Betrachtung von ökonomischen Größen wie Kosten und Umsatz. Nicht-ökonomische Ansätze dagegen, zu denen insbesondere die verhaltenswissenschaftlichen Ansätze zählen, analysieren psychologische oder soziale Variable, die nur indirekte Beziehungen zu den ökonomischen Größen aufweisen. Interaktive Ansätze betrachten die gegenseitige Beeinflussung der Akteure, hingegen untersuchen nicht-interaktive Ansätze die Beeinflussung des einen Akteurs durch den anderen. Der eigenen Arbeit liegt aufgrund der Markenperspektive eine überwiegend **nicht-ökonomische** und **nicht-interaktive Denkschule** zugrunde, wobei der Fokus auf der **Abnehmerseite** liegt.

Die dritte Ebene betrifft das **Forschungsdesign**, welches die grundsätzliche Vorgehensweise zur Erkenntnisgewinnung umfasst. Im Rahmen dieses Forschungsdesigns lassen sich wiederum verschiedene, regelmäßig in der Marketingforschung eingesetzte Ansätze identifizieren. Diese Ansätze werden als **Mastertechniken** beschrieben und anschließend ausführlich thematisiert. Die einzelnen Mastertechniken wiederum verwenden auf einer vierten Ebene verschiedene **Hilfstechniken**[31] der theoretischen und empirischen Forschung, wie z.B. einzelne Datenerhebungsmethoden und Datenauswertungsmethoden.

Neben der zuvor behandelten vertikalen Richtung des Bezugsrahmens umfasst dieser mit der horizontalen Ebene eine zweite Dimension. Die horizontale Dimension thematisiert die Unterscheidung zwischen Singularismus und Pluralismus[32] der einzelnen Ebenen. Der Singularismus bedeutet, dass auf der entsprechenden Ebene zwar Alternativen existieren, aber diese sich gegenseitig ausschließen, weshalb im Rahmen einer

---

[30] Auf den Begriff des Paradigma wird hier verzichtet, da dieser mit einer Vielzahl von Begriffsinhalten in Verbindung gebracht wird, bspw. zeigte **Masterman** (1974), dass selbst Kuhn als Protagonist der Paradigma-Diskussion insgesamt 21 Inhalte mit dem Terminus Paradigma verband. Der Begriff Denkschule lehnt sich an Sheth/Gardner/Garrett an, die von „school of marketing" sprechen, vgl. **Sheth/Gardner/Garrett** (1988) S. 19.

[31] Kornhauser/Lazarsfeld sprechen von „servant techniques", vgl. **Kornhauser/Lazarsfeld** (1955) S. 392.

[32] Das Konzept des Pluralismus findet sich in der metatheoretischen Diskussion der Betriebswirtschaftslehre bzw. des Marketing an vielfältigen Stellen vgl. z.B. **Chmielewicz** (1979) S. 39 f.; **Schanz** (1988b) S. 58 ff.; **Raffée** (1995) Sp. 1673 f.; **Tomczak** (1992) S. 81 ff.

A. Einführung in das Untersuchungsgebiet

Forschungsarbeit die simultane Verwendung nicht sinnvoll ist. Im Rahmen des Bezugsrahmens weist nur die oberste Ebene die Eigenschaft des Singularismus auf, da die Orientierungen sich ausschließende Annahmen beinhalten (z.b. Verifikationsprinzip des wissenschaftlichen Realismus vs. Falsifikationsprinzip des kritischen Rationalismus). Die übrigen drei Ebenen weisen dagegen die Eigenschaft des Pluralismus auf, d.h. die gleichzeitige Verwendung mehrerer Alternativen auf einer Ebene kann sinnvoll sein.

Abbildung A 5 fasst den Bezugsrahmen sowie die Einordnung der eigenen Arbeit (Fettdruck) zusammen.

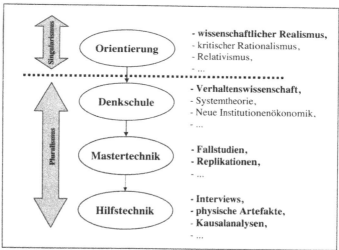

Abb. A 5: Abstraktionsebenen der Marketingwissenschaft
Quelle: (in Anlehnung an) *Morgan (1980)* S. 606.

2. Mastertechniken als Konzept der Erkenntnisgewinnung

Eine Mastertechnik[33] ist eine Gruppe von Ansätzen, die sich durch Ähnlichkeiten der Erkenntnisgewinnung auszeichnen. Weiterhin handelt es sich nur dann um eine Mastertechnik, wenn diese regelmäßig für unterschiedliche Problemstellungen innerhalb eines Wissenschaftsgebietes (hier: Marketing) Anwendung findet. Schließlich zeichnet sich eine Mastertechnik durch eine charakteristische Kombination von Hilfstechniken aus den Bereichen Erhebung, Auswertung und Interpretation aus, wobei innerhalb einer Mastertechnik häufig Alternativen bestehen.

---

[33] Der Begriff der Mastertechnik geht auf **Kornhauser/Lazarsfeld** (1955) zurück; sie definieren Mastertechnik folgendermaßen: „The master techniques are those used in planning and organizing research, in controlling it, in interpreting the findings" (**Kornhauser/Lazarsfeld** (1955) S. 392). Ähnliche Begriffe sind die Untersuchungsart (vgl. **Bortz/Döring** (2002) S. 53 ff.) und die Forschungsstrategie (vgl. **Grochla** (1980)).

In der Literatur existieren verschiedene Ansätze zur Systematisierung einzelner Mastertechniken im Marketing.[34] Im Folgenden bilden das „Validity Network Schema" von *Brinberg/McGrath (1982)* sowie die Differenzierung der Wissenschaftsziele die Basis zur Ableitung eines Ansatzes zur Systematisierung der Mastertechniken.

(1) Validity Network Schema

Brinberg/McGrath (1982)[35] haben mit dem „Validity Network Schema (VNS)" einen Bezugsrahmen zur Charakterisierung positivistisch-orientierter Mastertechniken entwickelt.[36] Das VNS beschreibt den Forschungsprozess als eine Kombination aus den drei unabhängigen Bestandteilen **Theorie, Methode** und **Problem**.[37] Ein Forschungsprozess kommt dadurch zu Stande, dass ein Forscher zunächst ein Element des VNS mit einem anderen kombiniert und daran anschließend den dritten Bereich integriert.[38] Die verschiedenen Kombinationen führen zu drei unterschiedlichen Forschungsorientierungen:

Die erste Forschungsorientierung stellt durch die Kombination von methodischen und theoretischen Aspekten das **Studiendesign** in den Mittelpunkt. Solche Ansätze zeichnen sich durch anspruchsvolle Erhebungs- und Auswertungsverfahren oder durch theoretisch fundierte Modelle aus. Eine deduktive Orientierung ist charakteristisch für diese Forschungsorientierung.[39] Der Problembezug dagegen fällt gering aus und dient lediglich als Anwendungsfall für die Überprüfung des Modells. Die zweite Forschungsorientierung legt ein Schwergewicht auf die **Hypothesenableitung** und resultiert aus einer Kombination von Theorie- und Problemorientierung. Dieser Ansatz zeichnet sich durch eine hohe Erklärungskraft für ein relevantes Problem aus. Auch dieser Ansatz weist eine deduktive Orientierung auf. Allerdings erfolgt die empirische Überprüfung häufig durch einfache Methoden. Die dritte Forschungsorientierung stellt durch eine Kombination von Methode und Problem die **Empirie** in den Mittelpunkt des Forschungsprozesses und besitzt eher eine induktive Vorgehensweise. Diese Forschungsorientierung weist den Nachteil auf, dass häufig eine Vielzahl von Daten er-

---

[34] Einer der prominentesten Vertreter ist der deskriptive Ansatz „Three Dichotomies Model of Marketing" von **Hunt** (1976); **Hunt** (1991) S. 9 ff.; dieses Modell differenziert zwischen kommerziellem und nicht-kommerziellem Marketing, zwischen positivistischer und normativer Orientierung sowie zwischen einer Mikro- und einer Makroebene. Vgl. speziell zur Mikro-/Makroperspektive **Hunt/Burnett** (1982); bei diesem Ansatz lässt sich nur die Dimension positivistische vs. normative Ausrichtung der Metatheorie zuordnen, die beiden anderen Dimensionen betreffen die Problemformulierung. Ein weiterer Ansatz ist der Vergleich zwischen quantitativer und qualitativer Forschung, vgl. z.B. **Despande** (1983) S. 102 ff.; **Müller** (2000) S. 134 ff.

[35] Vgl. auch **Brinberg/Hirschman** (1986) S. 163 ff.; **Brinberg/McGrath** (1985); vgl. auch **Kuß** (1987) S. 60 ff.

[36] Neben dem VNS, welches die Hauptphase des Forschungsprozesses charakterisiert, umfasst der Forschungsprozess nach **Brinberg/McGrath** (1982) noch eine Vor- und eine Nachforschungsphase. Diese spielen für die Charakterisierung der eigenen Arbeit keine Rolle, weshalb sie nicht weiter behandelt werden.

[37] Vgl. **Brinberg/Hirschman** (1986) S. 163.

[38] Vgl. ausführlich **Brinberg/McGrath** (1985) 59 ff.

[39] Vgl. ausführlich zur Diskussion deduktiver vs. induktiver Orientierung in der Marketingwissenschaft z.B. **Zaltman/Lemasters/Heffring** (1982) S. 97 ff.

A. Einführung in das Untersuchungsgebiet 11

hoben wird, allerdings eine theoretische Begründung nur am Rande erfolgt („Dataismus")[40]. Abbildung A 6 fasst das VNS-Schema visuell zusammen.

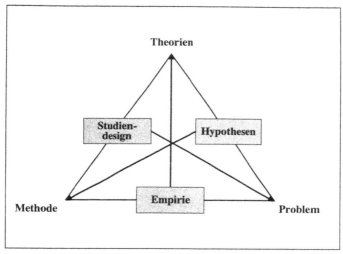

Abb. A 6: Validity Network Schema (VNS)
Quelle: (in starker Anlehnung an) *Brinberg/McGrath (1982)* S. 9.

Optimal sind Forschungsprozesse, die alle drei Bestandteile gleichgewichtig berücksichtigen. Allerdings scheitert dieses Ideal in der Realität daran, dass ein Forscher i.d.R. Experte für einen der drei Bereiche ist, und dieser Bereich dann den Ausgangspunkt der Forschung darstellt. Dies führt zu einer unterschiedlichen Po9sitionierung der verschiedenen Forscher und Forschungsinstitutionen (z.B. Institute, Zeitschriften, Kongresse, Forschungsprojekte) unterschiedlich in diesem Dreieck.[41]

Exemplarisch ordnet Abbildung A 7 die Zeitschriften Marketing Science (MS), Thexis und Journal of Marketing Research (JoMR) sowie die vorliegende Arbeit in das VNS ein.

---

[40] Vgl. zu dieser Gefahr in der Marketingwissenschaft **Bruhn/Bunge** (1996) S. 174.

[41] Vgl. ähnlich **Kuß** (1987) S. 62.

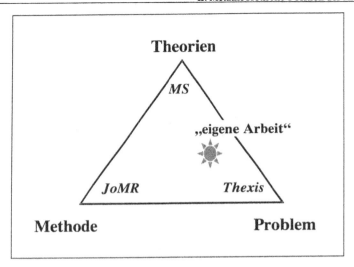

Abb. A 7: Positionierung von Forschungsinstitutionen und der eigenen Arbeit im VNS

Mastertechniken sind definitionsgemäß unabhängig von der Problemstellung, d.h. sie befinden sich auf der Verbindungslinie zwischen Theorie und Methode. Dabei lassen sich Mastertechniken erkennen, die einen Schwerpunkt auf der Theorie- oder auf der Methodenebene aufweisen, weshalb sich diese Differenzierung als erstes Systematisierungsmerkmal anbietet.

Zwar liegt ein Schwerpunkt der eigenen Arbeit in der Behandlung unterschiedlicher Mastertechniken, allerdings erfolgt keine Spezialisierung auf neue oder bisher im Marketing nicht berücksichtigte Hilfstechniken. Vielmehr dienen die Mastertechniken dazu, das Problem der Wirkungen des Co-Branding zu beschreiben bzw. zu erklären. Daher liegt hier der Schwerpunkt auch nicht im Bereich der Methoden sondern in dem des Problems.

(2) Wissenschaftsziele

Die Ziele der Wissenschaft lassen sich zu den drei Hauptgruppen deskriptive, explikative und technologische Ziele zusammenfassen.

Deskriptive Ziele bestehen in einer Beschreibung des interessierenden Untersuchungsgegenstandes. Häufig dienen deskriptive Aussagen auch als Basis für explikative Aussagen. In diesem Falle besitzen die deskriptiven Aussagen ein exploratives Potential. **Explikatives Ziel** ist die Erklärung von Kausalitäten, wodurch Vergangenes erklärt und Zukünftiges prognostiziert werden kann. Das **technologische Ziel** dagegen stellt auf Gestaltungshinweise für das Management ab. Formal lässt sich das technologische Ziel durch einfache Umformung der explikativen Aussagen erreichen.

In der Realität der Forschung handelt es sich um eine eigenständige Zielsetzung, da das technologische Ziel den Transfer explikativer Aussagen in managementrelevante

A. Einführung in das Untersuchungsgebiet

Aussagen bedeutet. Dazu ist es notwendig, die Erklärungen zu verdichten, zu vereinfachen und in benutzerfreundliche Instrumente zu übersetzen.

Die eigene Arbeit beschränkt sich auf deskriptiv-explorative und explikative Zielsetzungen.

(3) Systematisierung der Mastertechniken

Aufbauend auf den beiden dargestellten Dimensionen lässt sich eine zweidimensionale Matrix ableiten. Die in Abbildung A 8 dargestellte Matrix beinhaltet die elf in der Arbeit behandelten Mastertechniken.

		Zielsetzung	
		deskriptiv-explorativ	explikativ
Forschungs-schwerpunkt	Theorie	• Terminologie.	• Sekundäranalyse, • Analogie, • Theorie.
	Methode	• (Realtypische) Taxonomie, • Fallstudie, • Expertenbefragung.	• Qualitative Routine, • Replikation, • (Labor)experiment, • Erfolgsfaktorenforschung.

Abb. A 8: Überblick über die verwendeten Mastertechniken

3. Beurteilung von Mastertechniken

Aufgrund der Vielzahl möglicher Mastertechniken sowie der Vielzahl an Ausprägungen innerhalb einer Mastertechnik ist es sinnvoll, die Alternativen zu beurteilen. Diese basiert dabei nicht auf einem Globalurteil, sondern auf einer kriteriengestützten Beurteilung. Die Beurteilung der einzelnen Mastertechniken verfolgt mehrere **Zielsetzungen**:

- Identifizierung der generellen Stärken und Schwächen der Mastertechnik,
- Identifizierung der Stärken und Schwächen der Mastertechnik für die Problemstellung,
- Beurteilung von Forschungsergebnissen,
- Abschätzung der Anwendbarkeit der Forschungsergebnisse in der Praxis,
- Selektion der konkreten Ausgestaltung der Mastertechnik,
- Erhöhung der Anwendungsqualität.

Während die vier ersten Ziele auf die **Ergebnisqualität** des Forschungsprozesses abstellen, verfolgen die beiden letztgenannten Ziele die Erhöhung der **Prozessqualität**. Im Folgenden werden beide Hauptzielsetzungen verfolgt. Zur Realisierung dieser Ziele werden im Rahmen der Darstellung der jeweiligen Mastertechnik solche Kriterien diskutiert, die die Prozessqualität beeinflussen.

Die Beurteilung der Ergebnisqualität der Mastertechniken erfolgt durch eine vergleichende Gegenüberstellung der deskriptiv-explorativen sowie der explikativen Mastertechniken jeweils als Abschluss der Hauptkapitel B und C.

In der Literatur existiert eine Reihe von Ansätzen zur Beurteilung von Mastertechniken.[42]

Die Ansätze lassen sich danach unterscheiden, ob sie eher zur Beurteilung theoretischer oder methodischer Mastertechniken geeignet sind. Die Ableitung eines allgemeinen Kriterienkataloges erweist sich durch die Unterschiedlichkeit der Mastertechniken als problematisch. Daher erfolgt neben einer vergleichenden Beurteilung anhand einer Kriterienliste auch jeweils der Hinweis auf spezifische Stärken bzw. Schwächen der Mastertechniken. Da alle Kriterien qualitativer Natur sind, handelt es sich um subjektive Beurteilungen. Aufgrund des hohen Grades an Subjektivität verzichten die Ausführungen auf eine Verdichtung zu einem Gesamturteil.

Zur Beurteilung der Mastertechniken finden sechs Gruppen von **Kriterien** Berücksichtigung:

Die erste Gruppe bewertet die problemorientierten Aspekte der Mastertechnik durch die Beurteilung der Abhängigkeit vom **Entwicklungsstand des bisherigen Wissens**[43] sowie der **Eignung für die Problemstellung**.

Die zweite Gruppe betrifft die Forschungsökonomie. Diese Kriteriengruppe stellt den Forscher und die Forschungspraxis in den Mittelpunkt der Bewertung. Vergleichbar mit ökonomischen Kategorien beurteilt diese Gruppe den **Forschungsaufwand** (Geld, Zeit) sowie den Nutzen, der sich aus der Sicht des einzelnen Forschers zumindest kurzfristig im Forschungsrenommee wiederspiegelt. Das **Forschungsrenommee** resultiert insbesondere aus den expliziten oder impliziten Kriterien der „scientific community". Explizite Kriterien finden sich z.B. in den Richtlinien für die Begutachtung wissenschaftlicher Zeitschriften und Tagungen. Allgemeingültige Kriterien lassen sich kaum bestimmen, da sich die Kriterien im Zeitablauf ändern. Allerdings existieren zu einem bestimmten Zeitpunkt präferierte Mastertechniken. Zwar spiegelt das Forschungsrenommee nur ungenügend die Qualität der Forschung wider, es stellt aber aus Sicht des einzelnen Forschers auch vor dem Hintergrund der eigenen Karriere häufig das zentrale Auswahlkriterium für eine bestimmte Mastertechnik dar.

Die dritte Gruppe beurteilt, inwieweit die Mastertechnik auch geeignet ist, technologische Ziele zu erreichen. Das Kriterium der Gestaltungsorientierung[44] setzt sich zusammen aus dem Technologiepotential sowie der Verständlichkeit. Das **Technologiepotential** stellt insbesondere auf die Ergebnisse der Mastertechnik ab. Ein hohes Technologiepotential liegt dann vor, wenn die Ergebnisse relevante Probleme umfassend abdecken und erklären. Die **Verständlichkeit** einer Mastertechnik betrifft insbesondere die Möglichkeit für den Praktiker, die Vorgehensweise der Mastertechnik zu

---

[42] Kriterienkataloge zur Beurteilung von theorieorientierten Mastertechniken stammen u.a. von **Stölzle** (1999); **Bruhn/Bunge** (1996); **Sheth/Gardner/Garrett** (1988) und **Zaltman/Pinson/Angelmar** (1973); Kataloge zur Beurteilung von methodenorientierten Mastertechniken stammen u.a. von **Lienert/Raatz** (1998); **Lamnek** (1995a).

[43] Bei dem Entwicklungsstand des bisherigen Wissens handelt es sich nicht um ein Beurteilungskriterium i.e.S., sondern um eine notwendige Voraussetzung zur Anwendung einer bestimmten Mastertechnik.

[44] Synonym: Praxisrelevanz, vgl. **Tomczak** (1992) S. 77.

A. Einführung in das Untersuchungsgebiet

verstehen. Nur in diesen Fällen besitzen die Ergebnisse Glaubwürdigkeit für den Praktiker.

Die vierte Gruppe bildet die wissenschaftliche Attraktivität, die eher den langfristigen Nutzen der Forschungsergebnisse widerspiegelt. Im Einzelnen werden die Generalisierbarkeit, die Allgemeingültigkeit sowie die Präzision beurteilt. Die **Generalisierbarkeit**[45] bezieht sich darauf, dass die Ergebnisse nicht nur für die untersuchte Population gelten, sondern auf eine Grundgesamtheit übertragbar sind. Die **Allgemeingültigkeit** dagegen beurteilt die Übertragbarkeit auf verschiedene Erkenntnisobjekte. Die **Präzision** als drittes Kriterium der wissenschaftlichen Attraktivität beschreibt die Eindeutigkeit der Ergebnisse.

Die fünfte Gruppe, die nur für Mastertechniken mit methodischem Schwerpunkt eingesetzt wird, beurteilt die empirische Güte. Dabei kommen die Kriterien Objektivität, Reliabilität und Validität zum Einsatz.[46] Die **Objektivität** gibt an, in welchem Ausmaß das Ergebnis unabhängig vom Forscher ist.[47] Die **Reliabilität**[48] beurteilt die formale Genauigkeit der Merkmalserfassung.[49] Die **Validität**[50] dagegen bezieht sich auf die materielle Gültigkeit, d.h. eine hohe Validität liegt dann vor, wenn die Mastertechnik auch tatsächlich das erfasst, was sie zu messen vorgibt.[51]

Die sechste Gruppe listet die jeweiligen Stärken und Schwächen der einzelnen Mastertechniken auf.

Abbildung A 9 fasst den Kriterienkatalog zur Beurteilung der Mastertechniken noch einmal zusammen.

---

[45] Synonym: Repräsentanz; weiterhin wird der Begriff der externen Validität ähnlich verwendet, wobei dieser die Generalisierbarkeit und Allgemeingültigkeit umfasst; vgl. **Bortz/Döring** (2002) S. 57.

[46] Speziell die Kriterien Reliabilität und Validität existieren in der Literatur in vielfältiger Weise; vgl. zum Überblick **Bortz/Döring** (2002) S. 195 ff. und S. 335 ff.

[47] Vgl. z.B. **Bortz/Döring** (2002) S. 194; häufig erfolgt die Unterscheidung zwischen Durchführungs-, Auswertungs- und Interpretationsobjektivität.

[48] Synonym: Zuverlässigkeit.

[49] Vgl. zu Methoden der Reliabilitätsbeurteilung in der quantitativen Forschung z.B. **Lienert/Raatz** (1998) S. 175 ff.; **Peter** (1979); zu Methoden der Reliabilitätsbeurteilung in der qualitativen Forschung z.B. **Kepper** (1996) S. 205; **Sykes** (1990) S. 311.

[50] Synonym: Gültigkeit.

[51] Vgl. zu Methoden der Validitätsbeurteilung in der quantitativen Forschung z.B. **Lienert/Raatz** (1998) 234 ff.; **Peter** (1981); **Hildebrandt** (1984) S. 42 ff.; zu Methoden der Validitätsbeurteilung in der qualitativen Forschung z.B. **Sykes** (1990) 292 ff.; **Gabriel** (1990) S. 513 ff.; **Kepper** (1996) S. 216 ff; **Lamnek** (1995a) S. 165 ff.

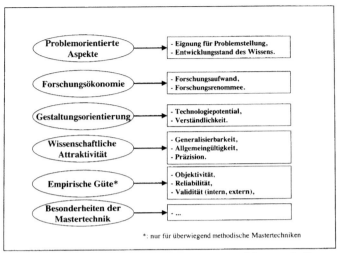

Abb. A 9: Kriterienkatalog zur Beurteilung von Mastertechniken

Bei der Beurteilung der Mastertechnik lassen sich zwei Betrachtungsebenen voneinander abgrenzen: Zum einen ist es möglich, die Mastertechnik allgemein zu beurteilen. Die Heterogenität der verschiedenen Ausprägungsmöglichkeiten einer Mastertechnik und die Kontextbezogenheit verhindern eine solche allgemeine Beurteilung. Zum anderen lässt sich die angewandte Ausprägung der Mastertechnik im Problemkontext beurteilen. Diese Betrachtungsweise besitzt zwar den Nachteil der Einzelanalyse, ist allerdings praktikabler und präziser. Daher liegt den vergleichenden Beurteilungen diese Betrachtungsweise zugrunde.

III. Ziele und weiterer Aufbau der Arbeit

Die vorliegende Arbeit verfolgt zwei Hauptziele. Das erste Ziel leitet sich aus der praktischen und wissenschaftlichen Relevanz der Markenstrategie Co-Branding ab und besteht darin, diese Option umfassend zu beschreiben und zu erklären. Im Einzelnen sollen Antworten auf folgende vereinfacht formulierte Forschungsfragen geliefert werden:

- Was ist Co-Branding?
- Welche Formen des Co-Brands gibt es in der Realität?
- Beeinflussen die Eigenschaften von Marken die Wirkung des Co-Branding?
- Beeinflusst das (kognitive) Verhältnis zwischen den Marken die Wirkung des Co-Branding?
- Beeinflussen Marketingmaßnahmen die Wirkung des Co-Branding?
- Existieren Kontextmerkmale (insbesondere: Personenmerkmale), die die Wirkung des Co-Branding moderieren?

A. Einführung in das Untersuchungsgebiet

- Wie wirkt das Co-Branding auf die Individualmarken?

Die zweite Hauptzielsetzung der Arbeit stellt mit der vergleichenden Beurteilung mehrerer angewandeter Mastertechniken eine metatheoretische Zielsetzung dar. Im Einzelnen sollen folgende Fragen beantwortet werden:

- Welche Mastertechniken existieren in einer positivistisch-orientierten Marketingwissenschaft?
- Welche allgemeinen Stärken und Schwächen weisen die Mastertechniken auf?
- Wie wird eine Mastertechnik konkret eingesetzt?
- Wie gut eignen sich die Mastertechniken für die Problemstellung Co-Branding?

Der weitere Aufbau der Arbeit orientiert sich an dieser doppelten Zielsetzung. Im Anschluss an diesen Teil, der die Relevanz der Problemstellung verdeutlichte, die metatheoretische Position der Arbeit darlegte, einen Katalog zur Beurteilung der Mastertechniken entwickelte und die Zielsetzung aufzeigte, beschäftigt sich Teil B mit deskriptiv-explorativen Mastertechniken. Teilabschnitte behandeln die Terminologie (B.I.1), die Taxonomie (B.I.2), die Fallstudien (B.I.3) sowie die Expertenbefragung (B.I.4). Ein Zwischenfazit sowie der Vergleich der Mastertechniken schließen in Abschnitt B.II das Kapitel ab.

Teil C behandelt als zweiter Hauptteil der Arbeit explikative Mastertechniken. Der Darstellung und Anwendung der explikativen Mastertechniken vorangestellt ist ein Strukturmodell des Co-Branding (C.I). Daran anschließend erfolgt die Diskussion der theorieorientierten Mastertechniken Sekundäranalyse (C.II.1), Analogie (C.II.2) und Theorie (C.II.3) sowie der methodenorientierten Mastertechniken Qualitative Routine (C.III.1), Replikation (C.III.2), (Labor-)Experiment (C.III.3) und Erfolgsfaktorenstudie (C.III.4).

Ein Zwischenfazit sowie der Vergleich der explikativen Mastertechniken runden in Abschnitt C.III dieses Kapitel ab.

Das Schlusskapitel D fasst zunächst die inhaltlichen Ergebnisse der Arbeit (D.I) sowie die Mastertechniken (D.II) zusammen. Die Darstellung möglicher Implikationen für die zukünftige Forschung schließen in Abschnitt D.III die Arbeit ab.

B. Deskriptiv-explorative Mastertechniken

Insgesamt behandelt Kap. B mit der Terminologie, der Taxonomie, der Fallstudie und der Expertenbefragung vier Mastertechniken, die insbesondere auf eine begriffliche Bestimmung des Co-Branding, eine Systematisierung verschiedener Co-Brand-Formen sowie eine Ableitung von Wirkungsvermutungen abzielen.

I. Terminologischer Ansatz

1. Darstellung der Mastertechnik

Die Mastertechnik Terminologie, die den Ausgangspunkt wissenschaftlicher Forschung[1] bildet, verfolgt folgende Zielsetzungen:[2]

- Vereinheitlichung der Vorstellungsinhalte über einen Begriff in der „scientific community",
- Verkürzung verbaler Aussagen.

Zur Erfüllung dieser Aufgaben lassen sich mit den Real- und Nominaldefinitionen zwei Definitionsformen voneinander abgrenzen.[3] Während **Realdefinitionen** versuchen, das Wesen eines Begriffes zu bestimmen, handelt es sich bei **Nominaldefinitionen** um tautologische Bedeutungstransfers zwischen Definiens und Definiendum. Die positivistische Orientierung der Arbeit sowie die Zielsetzungen der Terminologie führen dazu, dass im Weiteren die Nominaldefinition verfolgt wird.

Im Rahmen der Nominaldefinition lassen sich feststellende, festsetzende sowie regulierende Definitionen voneinander abgrenzen.[4] Die **feststellende Definition** versucht den Sinn eines Ausdrucks in einer bestimmten Sprache möglichst genau wiederzugeben. Dagegen erfolgt bei der **festsetzenden Definition** die Einführung eines bisher ungebräuchlichen Begriffs in eine Sprache. Die **regulierende Definition** stellt einen Mittelweg zwischen den beiden erst genannten Ansätzen dar, in dem teilweise der Sinn eines Ausdrucks in einer Sprache erhalten bleibt, allerdings um diesen Ausdruck schärfer zu bestimmen, teilweise eine Abweichung vom existierenden Sinn stattfindet. Beim Begriff Co-Branding handelt es sich um einen in der Alltagssprache und teilweise auch in der Wissenschaftssprache bereits verwendeten Begriff, wobei allerdings unterschiedliche Inhalte mit diesem belegt werden, weshalb eine regulierende Definition notwendig ist.[5]

---

[1] Vgl. **Chmielewicz** (1979) S. 59.

[2] Vgl. **Prim/Tilmann** (1989) S. 34; **Chmielewicz** (1979) S. 51.

[3] Vgl. **Pawlowski** (1980) S. 28 ff; **Lautmann** (1971) S. 9 f.

[4] Vgl. auch im folgenden **Pawlowski** (1980) S. 18 ff.

[5] Diese Dreiteilung ist nicht statisch, sondern dynamisch; bspw. wäre eine Definition in der Vergangenheit vor der Einführung von co-gebrandeten Kreditkarten festsetzend gewesen; die möglichst exakte Wiedergabe der ersten Begriffsfestsetzungen dagegen wäre eine feststellende Definition gewesen; die aktuell notwendige Definition kann aufgrund des vielfältigen Gebrauchs des Terminus nur regulierend sein.

Da es sich bei Forschungsfragen der Marketingwissenschaften überwiegend um reale Phänomene handelt, existieren sie häufig bereits in der Alltagssprache. Das Charakteristische dieser Alltagssprache ist die diffuse Verwendung der Begriffe.[6] Zur Lösung dieses Problems bietet sich eine **Begriffsexplikation** an, die die Begriffsintension (Merkmale eines Begriffs), seine Extension (Objektmenge) sowie verschiedene Verwendungen des Terminus bei Wissenschaftlern und Praktikern analysiert.[7] Zur Durchführung der Explikation haben *Prim/Tilmann (1989)* zwei Vorgehensweisen vorgeschlagen[8], die sich darin unterscheiden, dass die erste Vorgehensweise auf bereits vorhandenen Definitionen aufbaut, während die zweite auf die Analyse der Designate abstellt. Aufgrund der Vielfalt bereits vorhandener Definitionsansätze zum Thema Co-Branding wird im Folgenden der ersten Vorgehensweise gefolgt, die folgende vier Teilschritte umfasst:[9]

- Ausschluss aller durch das Forschungsziel nicht anvisierten Gegenstandsbereiche[10],
- Zusammenstellung und Unterscheidung aller vagen Vorstellungsinhalte des Ausgangsbegriffs,
- Auswahl eines Vorstellungsinhalts in Abhängigkeit vom Forschungsziel,
- Präzisierung der Merkmale des Definiens.

Eine Abgrenzung zu ähnlichen Begriffen ergänzt diese Vorgehensweise. Dazu bietet sich ein Vergleich der jeweiligen Begriffsintensionen an, um dadurch Unterschiede; aber auch Gemeinsamkeiten zwischen Co-Branding und verwandten Begriffen zu verdeutlichen. Nach einer Begriffsexplikation ist der Begriff zu operationalisieren. Bei der **Operationalisierung** handelt es sich um die Verbindung der Nominaldefinition mit der Realität, d.h. um die Verbindung zwischen theoretischer und Beobachtungssprache.[11] Die Operationalisierung ist speziell bei Begriffen mit indirektem empirischen Bezug von Relevanz.[12] Speziell die in den verhaltenswissenschaftlich geprägten Theorien gängigen hypothetischen Konstrukte wie z.B. Involvement, Einstellung oder Motive zählen zu dieser Klasse. Eine Operationalisierung dieser Begriffe erfolgt durch die Indikatorenbildung.[13]

---

[6] Vgl. **Prim/Tilmann** (1989) S. 44.

[7] Vgl. **Friedrichs** (1990) S. 75.

[8] Vgl. **Prim/Tilmann** (1989) S. 46 ff.; vgl. auch **Pawlowski** (1980) S. 160 ff; **Lautmann** (1971) S. 10 ff.

[9] Vgl. **Prim/Tilmann** (1989) S. 46 f.

[10] Dieser Schritt ist nur sinnvoll bei aequivoken, aber nicht gleichbedeutenden Begriffen; Prim/Tilmann nennen als Beispiel den Begriff Rolle (soziale Rolle, Theaterrolle, Papierrolle etc.), vgl. **Prim/Tilmann** (1989) S. 46.

[11] Diese Trennung zwischen den Ebenen Theoretische und Beobachtungssprache stammt von **Carnap** (1958) S. 236 ff.; zur Kritik an dieser Trennung vgl. **Popper** (1966) S. 11 f. und S. 72.

[12] Vgl. zu den verschiedenen Arten von Begriffen **Prim/Tilmann** (1989) S. 40; **Kromphardt/Clever/Klippert** (1979) S. 134.

[13] Vgl. ausführlich zu den Methoden der Operationalisierung z.B. **Homburg/Giering** (1996).

B. Deskriptiv-explorative Mastertechniken 21

Zur Beurteilung einer Definition bieten sich neben den bereits aufgestellten allgemeinen Kriterien zur Beurteilung von Mastertechniken[14] folgende spezielle Kriterien an:[15]

- Ähnlichkeit,
- Exaktheit,
- Fruchtbarkeit,
- Einfachheit.

(1) Ähnlichkeit

Die Ähnlichkeit bezieht sich auf den Zusammenhang zwischen definiertem Begriff und **Alltagssprache**. Angestrebt wird eine hohe Ähnlichkeit, damit bei einer Überprüfung im sozialen Feld sowie bei der Kommunikation der Forschungsergebnisse keine Schwierigkeiten auftreten.[16]

(2) Exaktheit

Die Exaktheit umfasst mit der Präzision und der Konsistenz zwei Unterkriterien.[17] Die **Präzision**[18] bildet ein Maß dafür, inwieweit verschiedene Personen in der Lage sind, bei beliebigen Ereignissen zu entscheiden, ob sie zu der Begriffsextension zählen oder nicht. Die **Konsistenz**[19] dagegen knüpft an die einheitliche Verwendung eines Begriffs an. Dabei lassen sich zwei Ebenen voneinander abgrenzen. Zum einen geht es um die einheitliche Verwendung im Rahmen eines einzelnen Forschungsprojektes.[20] Diese Art der Konsistenz ist immer zu fordern. Zum anderen betrifft es die einheitliche Verwendung eines Begriffs innerhalb einer Wissenschaft. Diese Art der Konsistenz ist zwar wünschenswert, aber durch einen einzelnen Wissenschaftler nicht realisierbar.

(3) Fruchtbarkeit

Die Fruchtbarkeit bzw. **wissenschaftliche Nützlichkeit**[21] betrifft nicht die Einhaltung formaler Kriterien, sondern die Frage, ob der Begriff und die damit abgegrenzte

---

[14] Vgl. Kap. A.II.3.

[15] Vgl. **Prim/Tilmann** (1989) S. 48 f.; **Schanz** (1988) S. 20 ff; **Chmielewicz** (1979) S. 59 ff.; **Carnap/Stegmüller** (1959) S. 15; **Pawlowski** (1980) S. 166; **Lautmann** (1980) S. 11 ff.. Lautmann versucht die Kriterien in einer Wichtigkeitsrangfolge zu ordnen; nach dieser Rangfolge sind die Kriterien Eindeutigkeit und Konsistenz (Konsistenz bildet bei Lautmann ein Unterkriterium von Exaktheit) wichtiger als die Kriterien Nicht-Vagheit, Ähnlichkeit, Fruchtbarkeit und Einfachheit, vgl. **Lautmann** (1971) S. 17 f.

[16] Vgl. **Prim/Tilmann** (1989) S. 48.

[17] Vgl. auch im Folgenden **Prim/Tilmann** (1989) S. 49 f.; **Schanz** (1988) S. 20. Lautmann unterscheidet mit Mehrdeutigkeit, Vagheit und Inkonsistenz drei Unterkriterien, vgl. **Lautmann** (1971) S. 12 ff.

[18] Prim/Tilmann sprechen von Nicht-Vagheit, vgl. **Prim/Tilmann** (1989) S. 49.

[19] Chmielewicz spricht von Eindeutigkeit, vgl. **Chmielewicz** (1979) S. 60.

[20] Diese Ebene alleine verstehen Prim/Tilmann unter dem Kriterium Konsistenz, vgl. **Prim/Tilmann** (1989) S. 50.

[21] Vgl. ausführlich zur Diskussion der wissenschaftlichen Nützlichkeit von Definitionen **Pawlowski** (1980) S. 82 ff.

Objektklasse zur Ableitung von explikativen und/oder technologischen Aussagen beiträgt, die mit anderen Objektklassen nicht möglich sind.[22] Die Beurteilung der Fruchtbarkeit ist im Stadium der deskriptiven Analyse kaum möglich, da die Ableitung von explikativen Aussagen erst in einem späteren Stadium erfolgt.

(4) Einfachheit

Das Kriterium der **Einfachheit** fordert kurze Explikate und Vermeidung von Begriffen, die wiederum einer Definition bedürfen.[23] Die Einfachheit ist nur relativ zu beurteilen. Sie soll zu einer verbesserten Verständlichkeit führen, weshalb die Verständlichkeit eines Begriffs unter Marketingwissenschaftlern und -praktikern ein Indiz für die Einfachheit darstellt.

2. Begriffsexplikation Co-Branding

2.1 Literaturmeinungen

Obwohl der Begriff des Co-Branding in der wissenschaftlichen und praktischen Diskussion relativ neu ist, existiert bereits eine Reihe unterschiedlicher Definitionen. Dabei lassen sich sieben Schwerpunkte identifizieren:

- Brancheneingrenzung,
- alle Kooperationen zwischen Marken,
- Leistungsmarkierung durch mehrere Marken,
- sichtbare Markenzusammenarbeit,
- Verbindung starker Marken,
- unterschiedliche Organisationen,
- Langfristigkeit.

(1) Brancheneingrenzung

Bei der Durchsicht der Literatur fällt auf, dass einige Autoren das Co-Branding auf spezielle Branchen beschränken. Diese Beschränkung bezieht sich insbesondere auf den Bereich der Kreditkarten[24] und des Handels[25].

(2) Alle Kooperationen zwischen Marken

Eine häufige Begriffsdefinition ist die Berücksichtigung jeglicher Zusammenarbeit zwischen verschiedenen Marken.[26] Dabei reicht die Zusammenarbeit von gemeinsam

---

[22] Vgl. **Lautmann** (1971) S. 14 f.; **Carnap/Stegmüller** (1959) S. 15.

[23] Vgl. **Lautmann** (1971) S. 17.

[24] Vgl. **Aumüller** (1997) S. 21; **Hüttermann** (1991) S. 20; **Ruttenberg/Kavitzky/Oren** (1995) S. 172.

[25] Vgl. **Boone** (1997) S. 34; **Ahlert/Schlüter/Vogel** (1999) S. 140; **Stewart** (1995) S. 5.

[26] Vgl. **Bugdahl** (1998) S. 208; **Farquhar/Han/Herr/Ijiri** (1992) S. 40; **Keller** (1998) S. 283; **Madji** (1998) S. 66; **Rao/Qu/Rueckert** (1999) S. 259; **Rao/Rueckert** (1994) S. 87; **Simonin/Ruth** (1998) S. 30; **Stewart** (1995) S. 5; **Walchi** (1996) S. 2; **Walchi/Carpenter/Tybout** (1997) S. 4; **Wiezorek/Wallinger** (1997) S. 52.

B. Deskriptiv-explorative Mastertechniken

entwickelten Produkten über reine Markenlizenzen bis hin zu Kooperationen im Kommunikationsbereich. Beispielsweise definiert *Keller (1998)* Co-Branding folgendermaßen:

„Co-branding – also called brand bundling or brand alliances – occurs when two or more existing brands are combined into a joint product and/or marketed together in some fashion."[27]

(3) Leistungsmarkierung durch mehrere Marken

Eine weitere häufige Begriffsfassung beschränkt sich explizit auf die gemeinsame Markierung einer Leistung.[28] Bei der Leistung kann es sich um Produkte und/oder Dienstleistungen handeln. Im Vergleich zu (2) weist diese Definition eine geringere Extension auf. Die folgende Definition von *Levin/Davis/Levin (1996)* ist exemplarisch für diese Sichtweise:

„Co-branding is the use of two distinct brand names on one product."[29]

(4) Sichtbare Markenzusammenarbeit

Einige Autoren verwenden die Sichtbarkeit bzw. die Wahrnehmung der Markenzusammenarbeit als konstituierendes Merkmal des Co-Branding.[30] Unklar ist, inwieweit die anderen Definitionen dieses Merkmal implizit voraussetzen. Deutlich wird der Aspekt der Sichtbarkeit bei der Definition von *Blackett/Russel (1999)*:

„Co-Branding is a form of co-operation between two or more brands with significant customer recognition, in which all the participants' brand names are retained."[31]

(5) Verbindung starker Marken

Eine weitere Definitionsrichtung fasst unter Co-Branding nur solche Markenkooperationen zusammen, bei denen alle Partner isoliert bereits starke Marken darstellen.[32] Ausgeschlossen aus dieser Definition sind die Designate, bei denen eine Markierung mit einer starken Marke zusammenarbeitet, um dadurch sich selbst im Zeitablauf zu einer starken Marke zu entwickeln. Exemplarisch für dieses Definitionsrichtung ist die Definition von *Walchi (1996)*:

---

[27] **Keller** (1998) S. 283.

[28] Vgl. **Binder** (1996) S. 58; **Freter/Baumgarth** (2001) S. 325; **Hillyer/Tikoo** (1995) S. 123; **Levin/Davis/Levin** (1996) S. 296; **Meffert/Perrey** (1998) S. 41; o.V. (1998) S. 90; **Ohlwein/Schiele** (1994) S. 577; **Rao** (1997) S. 111; **Reischauer** (1996) S. 71; **Shocker** (1995) S. 432.

[29] **Levin/Davis/Levin** (1996) S. 296.

[30] Vgl. **Blackett/Russel** (1999) S. 7; **Hüttermann** (1991) S. 20; **Rao** (1997) S. 111; **Rao/Rueckert** (1994) S. 87.

[31] **Blackett/Russel** (1999) S. 7.

[32] Vgl. **Abcede/Dwyer/Shook/Smith** (1994) S. 34; **Boone** (1997) S. 34; **Keller** (1998) S. 283; **Spethmann/Benezra** (1994) S. 22; **Walchi** (1996) S. 2; **Walchi/Carpenter/Tybout** (1997) S. 4.

„Co-Branding occurs when two, or in some instances multiple, established brand names are used together to reference a product or a service entity."[33]

(6) Unterschiedliche Organisationen

Die Betonung, dass sich die am Co-Branding beteiligten Marken im Besitz unterschiedlicher Eigentümer befinden, stellt eine weitere Definitionsrichtung dar.[34] Nach dieser Definitionsrichtung handelt es sich bei Markenzusammenarbeiten in einem Unternehmen oder in einem Konzern nicht um Co-Branding.[35] Die Definition von *Ohlwein/Schiele (1994)* verdeutlicht diese Begriffsauffassung:

„Rein formal gesehen kennzeichnet beim Co-Branding ein Anbieter ein bereits mit einer unternehmenseigenen Marke versehenes Markenbündel mit einem zusätzlichen Markenzeichen (Markenname und/oder -symbol), wobei sich die Rechte an diesem im Besitz einer anderen Organisation befinden."[36]

(7) Langfristigkeit

Ein letzter, relativ seltener Definitionsansatz stellt darauf ab, dass es sich beim Co-Branding um eine langfristige Zusammenarbeit zwischen mehreren Marken handelt.[37] Allerdings existieren in Bezug auf die Dauer auch Definitionen, die explizit[38] kurzfristige Kooperationen berücksichtigen.[39]

Wie in Kap. A.III dargestellt, zielt die Arbeit darauf ab, die Wirkungen des Co-Branding beim Abnehmer zu analysieren. Damit Co-Branding Besonderheiten im Vergleich zur allgemeinen Markenpolitik aufweist, ist zum einen notwendig, dass es sich bei den beteiligten Marken bereits vorher um Marken handelt (5), und zum anderen, dass die Zusammenarbeit vom Abnehmer wahrgenommen wird (6). Weiterhin führt die Analyse der Wirkung dazu, dass es zunächst unerheblich ist, ob die beteiligten Marken aus bestimmten Branchen stammen oder nicht (1). Die Bedingung der rechtlichen Selbständigkeit (6) besitzt aus einer wirkungsorientierten Sicht keinen konstituierenden Charakter, da die Wirkung nicht von den rechtlichen Eigentumsverhältnissen abhängt. Diese Argumentation lässt sich weiter dadurch stützen, dass der Abnehmer die rechtlichen Verhältnisse häufig nicht kennt. Die Nominaldefinition klammert auch die Langfristigkeit aus, da bereits kurzfristige Zusammenarbeiten Wirkungen auf den Absatzmärkten entfalten können. Schwierigkeiten verursacht die Abgrenzung zwischen (2) und (3), da aus dem Forschungsziel beide Formen von

---

[33] **Walchi** (1996) S. 2; vgl. auch **Walchi/Carpenter/Tybout** (1997) S. 4.

[34] Vgl. **Freter/Baumgarth** (2001) S. 325; **Frey** (1996) o.S.; **Ohlwein/Schiele** (1994) S. 577; **Ruttenberg/Kavitzky/Oren** (1995) S. 172; **Wiezorek/Wallinger** (1997) S. 52.

[35] Explizit eingeschlossen wird dieser Fall dagegen von **Priemer** (1997) S. 52.

[36] **Ohlwein/Schiele** (1994) S. 577.

[37] Vgl. **o.V.** (1998) S. 90; implizit ist dieses Merkmal auch in der Bezeichnung strategisch enthalten, vgl. **Stewart** (1995) S. 5; **Rao** (1997) S. 111.

[38] Implizit beinhalten auch die unter (2) angeführten Definitionen kurzfristige Markenzusammenarbeiten.

[39] Vgl. **Spethmann/Benezra** (1994) S. 24.

Interesse sind. Weiterhin existieren keine klaren Abgrenzungen zwischen den einzelnen Formen, da der Begriff Leistung nicht eindeutig ist. Allerdings weist eine Definition nach (2) eine hohe Extension auf, wodurch der Abstraktionsgrad der Aussagen hoch und der praxeologische Aussagewert gering ausfällt. Daher wird im Folgenden der Definitionsrichtung (3) gefolgt.

Im anschließenden Abschnitt erfolgt eine Präzisierung des Definiens Co-Branding durch die Analyse seiner Wortbestandteile Kooperation und Marke.

2.2 Co-Branding als Markenpolitik

Co-Branding[40] lässt sich als die Markenpolitik von mehrfach markierten Leistungen interpretieren. Der Begriff Markenpolitik[41] selbst ist in der Literatur mit verschiedenen Begriffsinhalten belegt.[42] Beispielsweise versteht *Meffert (1998)* unter Markenpolitik „...alle mit der Markierung von Produkten oder Dienstleistungen zusammenhängenden Entscheidungen und Maßnahmen ..."[43] Diese enge Fassung[44] ordnet die Markenpolitik der Produkt- und Leistungspolitik zu.[45] Eine weite Fassung, die z.B. die Definition von *Bruhn (1994)* verdeutlicht, subsumiert unter Markenpolitik „...die grundlegende Ausrichtung von Zielen, die umfassende Planung von Strategien sowie die detaillierte Ausgestaltung des Instrumentariums hinsichtlich des Einsatzes von Marken als Angebotsleistung."[46] Daraus folgt, dass die Markenpolitik nicht mehr einem Instrumentalbereich zugeordnet werden kann, sondern ein ganzheitliches und übergreifendes Konzept darstellt. Die Markenpolitik übt für das Marketing eine integrierende Rolle aus, indem sich alle Instrumentalentscheidungen an der Marke ausrichten. Im Weiteren wird dieser weiten Fassung von Markenpolitik gefolgt, da sie eine umfassendere Analyse des Co-Branding erlaubt.

Die Definition zielt auf die Marke bzw. in dem hier interessierenden Zusammenhang auf das Co-Brand als Ergebnis und Steuerungsgröße der Markenpolitik ab. Daher ist im Folgenden der Begriff der Marke zu konkretisieren.

Zur Bestimmung des Markenbegriffes[47] existiert in der Literatur eine Reihe von systematisierenden Ansätzen, die sich sowohl in der Art und Anzahl von Begriffs-

---

[40] Zur Diskussion des Begriffs Branding vgl. **Esch/Langner** (2001) S. 441.

[41] Teilweise synonym verwendete Begriffe sind Markenstrategie, Markenwesen, Markentechnik und Markenführung.

[42] Vgl. dazu **Meffert** (1989) S. 115; **Bruhn** (1992) S. 643 f.

[43] **Meffert** (1998) S. 786.

[44] Vgl. **Bruhn** (1994) S. 17 ff.

[45] In der 7. Aufl. ordnete Meffert die Markenpolitik explizit der Leistungspolitik unter, vgl. **Meffert** (1986a) S. 406 ff; ab der 8. Aufl. ist die Markenpolitik den mixübergreifenden Entscheidungen zugeordnet, vgl. **Meffert** (1998) S. 784 ff.

[46] **Bruhn** (1994) S. 21; **Kelz** (1989) S. 126.

[47] Die Vielfalt der Definitionen von Marke verdeutlicht z.B. der Beitrag von **Chernatony/Riley** (1998).

gruppen als auch in der letztlich gewählten Begriffsfestlegung voneinander unterscheiden. Im Folgenden werden vier Gruppen skizziert:

- objektbezogener Ansatz,
- anbieterorientierter Ansatz,
- nachfragerorientierter Ansatz,
- integrierter Ansatz.

(1) Objektbezogener Ansatz

Der objektbezogene Ansatz definiert die Marke über Merkmale der markierten Leistung. In der Regel handelt es sich dabei um operationalisierte Definitionen. Die Bestimmung der Marke anhand von Merkmalskatalogen (merkmalsorientierter Ansatz) bildet einen der ersten Definitionsansätze, wonach sich Marken durch das Vorhandensein ganz bestimmter Merkmale auszeichnen.[48] Als repräsentativ für diese Definitionsrichtung gilt die Definition von *Mellerowicz (1963)*:

„Markenartikel sind für den privaten Bedarf geschaffene Fertigwaren, die in einem größeren Absatzraum unter einem besonderen, die Herkunft kennzeichnenden Merkmal (Marke) in einheitlicher Aufmachung, gleicher Menge bei gleichbleibender oder verbesserter Güte erhältlich sind und sich durch die für sie betriebene Werbung Anerkennung der beteiligten Wirtschaftskreise (Verbraucher, Händler und Hersteller) erworben haben (Verkehrsgeltung)."[49] Dieser und andere Merkmalskataloge sowie auch weitere objektbezogene Ansätze sind zu deterministisch, und auch die Operationalisierung der Merkmale gestaltet sich schwierig.[50] Weiterhin schließen bestimmte Merkmale viele reale Formen aus dem Markenbegriff aus, obwohl diese nach praktischer und theoretischer Auffassung Marken darstellen.[51]

(2) Anbieterorientierter Ansatz

Der anbieterorientierte Ansatz definiert Marken als ein Bündel typischer Marketinginstrumente eines Anbieters.[52] Als Beispiele gelten der Einsatz der vertikalen

---

[48] Eine Weiterentwicklung dieser Dichotomie „Marke vs. markenlose Ware" erfolgt durch intensitätsorientierte und herkunftsstrukturierende Ansätze, die auch Erscheinungsformen, die Defekte im Hinblick auf den Merkmalskatalog der merkmalsorientierten Ansätze aufweisen, mit in die Betrachtung einbeziehen, vgl. **Berekoven** (1978) S. 41 f.

[49] **Mellerowicz** (1963) S. 39: Mellerowicz sieht damit folgende acht Merkmale als begriffsbestimmend an: (1) Markierung, (2) Fertigware im Sinne von Produkten mit hoher Verbrauchsreife und überwiegend konsumtiver Verwendung, (3) gleichbleibende bzw. steigende Qualität, (4) gleichbleibende Menge der Verkaufs- bzw. Packungseinheiten, (5) gleichbleibende Aufmachung, (6) größerer Absatzraum mit einer der Eigenart des Produktes und den Einkaufsgewohnheiten entsprechenden Distributionsdichte, (7) Verbraucherwerbung und (8) Verkehrsgeltung der Marke.

[50] Vgl. stellvertretend für die Kritik am merkmalsorientierten Markenbegriff **Sander** (1994) S. 36; **Berekoven** (1978) S. 40 f.

[51] Beispielsweise schließt das Merkmal Fertigwaren Erscheinungen wie Produktionsgüter (z.B. GORE-TEX), Dienstleistungen (z.B. MCKINSEY), Personen (z.B. BORIS BECKER) und Regionen (z.B. SOLINGEN für Messerklingen) aus der Begriffsextension aus.

[52] Vgl. z.B. **Bruhn** (1994) S. 8.

B. Deskriptiv-explorative Mastertechniken 27

Preisbindung bzw. -empfehlung und der Sprungwerbung.[53] Allerdings führt dieser deterministische Ansatz zum Ausschluss einiger empirisch beobachtbarer Erscheinungsformen.[54]

(3) Nachfrageorientierter Ansatz

Der nachfrageorientierte Ansatz interpretiert die Marke aus Sicht der Abnehmer. Exemplarisch für diesen Ansatz ist die Definition von *Berekoven (1978)*, wobei „...alles, was die Konsumenten (Anm. d. Verf.: Abnehmer) als einen Markenartikel bezeichnen oder -besser- empfinden, tatsächlich ein solcher ist."[55] Durch diesen Ansatz rücken die aus Sicht der Markeninhaber **positiven Wirkungen beim Abnehmer** als entscheidendes Merkmal in den Vordergrund.[56] Das Hauptproblem des nachfrageorientierten Ansatzes besteht in der Operationalisierung des Konstruktes positive Wirkung. Dabei verursacht sowohl die Festlegung des Inhalts als auch des Ausmaß Probleme. Die Uneinigkeit über die Festlegung der Dimensionen der Markenwirkung verdeutlicht u.a. die Aufstellung der unterschiedlichen Wirkungen bei *Chernatony/Riley (1998)*, die insgesamt sieben unterschiedliche Wirkungsdimensionen identifizieren.[57] *Hätty (1989)* beispielsweise unterscheidet die Dimensionen „aktiver und passiver Bekanntheitsgrad", „Einstellung", „Markensicherheit" und „wahrgenommenes Kaufrisiko". Weitere Klassifizierungsansätze finden sich u.a. bei *Tolle/Steffenhagen (1994)*, *Aaker (1992)*, *Esch (1999)* und *Keller (1993)*[58].

Viele dieser Wirkungskriterien sind ohne entsprechende Operationalisierungen unbrauchbar, da es sich überwiegend um nicht beobachtbare Konstrukte handelt. Als Hauptklassen von Wirkungen lassen sich folgende Gruppen abgrenzen:

- Bekanntheit,
- Einstellungen und Image,
- Kaufverhalten.

---

[53] Eine Erweiterung der instrumentalen Sichtweise stellt der absatzsystemorientierte Ansatz dar, der dem Begriff Marke nicht einzelne Instrumente zuordnet, sondern die Marke als eine geschlossene Absatzkonzeption interpretiert, vgl. z.B. **Alewell** (1974) Sp. 1218 ff.

[54] Größer nennt als Beispiel den Sekt FABER KRÖNUNG, da bei dieser Marke bisher auf Sprungwerbung verzichtet wurde, und dieser damit sowohl nach dem objektbezogenen als auch nach dem angebotsorientierten Ansatz keine Marke darstellt, vgl. **Größer** (1991) S. 43.

[55] **Berekoven** (1978) S. 43.

[56] Vgl. **Sander** (1994) S. 39. Diese Sichtweise impliziert, dass der Aufbau einer Marke nicht unter den Markenbegriff fällt; damit greift dieser Ansatz implizit auf das Merkmal der Verkehrsgeltung des objektbezogenen Ansatzes zurück.

[57] Folgende Ansätze lassen sich als Wirkungen interpretieren: „shorthand", „risk reducer", „image", „value system", „personality", „relationship" und „adding value"; vgl. **Chernatony/Riely** (1998) S. 426.

[58] Vgl. **Keller** (1993) S. 2 ff; **Keller** (1998) S. 50 ff; **Keller** (2001) S. 1059 ff.

Der nachfrageorientierte Ansatz versteht somit unter einer Marke solche Objekte, die beim Abnehmer im Vergleich zu Konkurrenzobjekten[59] eine höhere Bekanntheit, ein ausgeprägteres Image und ein markenspezifisches Kaufverhalten aufweisen.

(4) Integrierter Ansatz

Den vierten Ansatz zur Bestimmung des Begriffs Marke bilden integrierte Definitionen, die verschiedene Aspekte der vorher erwähnten Ansätze kombinieren und aufeinander abstimmen. Beispielsweise verstehen *Meffert/Burrmann (1996)* unter identitätsorientierter Markenführung „...die Planung, Koordination, Durchsetzung und Kontrolle aller Maßnahmen zur Erzielung eines definierten Soll-Images (...) bei den relevanten externen und internen Bezugsgruppen des Unternehmens (...)."[60] Allerdings handelt es sich bei dem integriertem Ansatz nicht um eine Begriffsbestimmung von Marke, sondern um eine bestimmte Ausrichtung des Managements zum Aufbau und zur Pflege von Marken. Daher bleibt dieser im Folgenden bei der Begriffsbestimmung vom Co-Branding unberücksichtigt.

2.3 Co-Branding als Kooperation

Ähnlich wie den Markenbegriff verwenden Praxis und Wissenschaft den Begriff der Kooperation[61] uneinheitlich.[62] Zur Begriffsbestimmung[63] erfolgt i.d.R. ein Rückgriff auf folgende Merkmale:[64]

- Mehrzahl von Einheiten[65],
- Zielorientierung der Zusammenarbeit[66],
- Freiwilligkeit der Zusammenarbeit[67],
- Selbständigkeit der Einheiten[68].

---

[59] Mit dieser Formulierung sind zwei Probleme angeschnitten: (1) Marken lassen sich nicht absolut bestimmen, sondern nur in Bezug auf einen bestimmten Leistungsbereich und bestimmte Zielgruppen. (2) Bestimmung der Marke hängt entscheidend von der Marktabgrenzung ab.

[60] **Meffert/Burmann** (1996) S. 15.

[61] Teilweise synonym Koalition, vgl. **Belz** (1999) S. 6. Zur Abgrenzung des Kooperationsbegriffs zu verwandten Begriffen vgl. z.B. **Altmeyer** (1997) S. 8 ff.

[62] Vgl. zu Literaturüberblicken z.B. **Vornhusen** (1994) S. 25 ff.; **Tietz/Matthieu** (1979) S. 9 ff.; **Linn** (1989) S. 15 ff.; **Pampel** (1993) S. 9 ff.; **Rotering** (1993) S. 6 ff.; **Fontanari** (1996) S. 34 ff.; **Altmeyer** (1997) S. 5 ff.; **Hirschmann** (1998) S. 13 ff.

[63] Teilweise erfolgt in der Literatur eine Differenzierung zwischen instrumentellen, institutionellen und prozessualen Definitionen, vgl. z.B. **Linné** (1993) S. 25 ff.; **Baumgarth** (1998) S. 259.

[64] Vgl. zu Übersichten bedeutender Kooperationsmerkmale z.B. **Fontanari** (1996) S. 34 ff.; **Blohm** (1980) Sp. 1112 f.; **Stuke** (1974) S. 14 ff.

[65] Vgl. z.B. **Bidlingmaier** (1967) S. 355.

[66] Vgl. **Schneider** (1973) S. 37.

[67] Vgl. z.B. **Bidlingmaier** (1967) S. 357; **Knoblich** (1969) S. 501.

[68] Vgl. z.B. **Linn** (1989) S. 24.

B. Deskriptiv-explorative Mastertechniken

(1) Mehrzahl von Einheiten

Jede Art der Kooperation setzt mindestens zwei Entscheider voraus. Im Rahmen des Co-Branding stellen alle Markenverantwortlichen die Entscheider dar, die potenziell eine Kooperation eingehen können.

(2) Zielorientierung der Zusammenarbeit

Das Merkmal der Zielorientierung bezieht sich darauf, dass durch kooperatives Vorgehen alle Beteiligten erwarten, dass sie ihre Ziele besser als bei isoliertem Vorgehen erfüllen können.[69] Dieses Merkmal bedeutet aber nicht, dass durch eine Kooperation unmittelbar der Zielerreichungsgrad aller beteiligten Elemente erhöht wird. Neben der direkten Erhöhung des Zielerreichungsgrades können auch Kompensationszahlungen zur Vorteilhaftigkeit beitragen. Dieses Merkmal gilt auch für das Co-Branding, d.h. alle beteiligten Marken erwarten, dass ihre Ziele im Vergleich zu einer isolierten Markenpolitik besser erreichbar sind.

(3) Freiwilligkeit der Zusammenarbeit

Das Merkmal der Freiwilligkeit besagt, dass die Zusammenarbeit von den Partnern jederzeit gewollt ist.[70] Der Beitritt, aber auch der Austritt erfolgt bei allen Beteiligten aus eigenem Antrieb und wird nicht von übergeordneten Stellen (z.B. Staat) angeordnet. Auf das Co-Branding übertragen bedeutet dieses Merkmal, dass nur Zusammenarbeiten unter diesen Begriff fallen, bei denen sich die beteiligten Marken aus eigenem Antrieb an der Zusammenarbeit beteiligen.

(4) Selbständigkeit der Einheiten

Eine enge Verknüpfung mit dem Merkmal der Freiwilligkeit weist das Merkmal der Selbständigkeit der Partner auf.[71] Die betriebswirtschaftliche Literatur spezifiziert diese Selbständigkeit besonders in rechtlicher, aber auch in wirtschaftlicher Hinsicht.[72] Dieses Kooperationsmerkmal ist für das Co-Branding nicht sinnvoll, da bei Zugrundelegung eines nachfrageorientierten Markenbegriffs nicht die wirtschaftliche oder rechtliche Selbständigkeit, sondern nur die Selbständigkeit der Marken aus Abnehmersicht von Relevanz ist. Daraus folgt, dass die beteiligten Marken vor, während und nach Beendigung der Zusammenarbeit aus Sicht der Abnehmer selbständige Marken darstellen.

2.4 Definition des Co-Branding

Unter Berücksichtigung des bisherigen Begriffsverständnisses in der Literatur sowie der beiden Bestandteile des Terminus Co-Branding (Markenpolitik und Kooperation) lässt sich Co-Branding als kooperative Markenpolitik bezeichnen. Dabei wird Markenpolitik

---

[69] Vgl. **Bidlingmaier** (1967) S. 358; **Stuke** (1974) S. 16.

[70] Vgl. **Bidlingmaier** (1967) S. 357. Stuke leitet aus der Freiwilligkeit das Merkmal der Gleichberechtigung ab; vgl. **Stuke** (1974) S. 21; auch **Knoblich** (1969) S. 500; dieser Auffassung wird hier nicht gefolgt.

[71] Vgl. **Stuke** (1974) S. 21.

[72] Vgl. z.B. **Blohm** (1980) Sp. 1112; **Bidlingmaier** (1967) S. 356; **Hirschmann** (1998) S. 13 f.; **Fontanari** (1996) S. 34 f.; **Rotering** (1997) S. 40; **Altmeyer** (1997) S. 6.

als alle Maßnahmen interpretiert, die im Vergleich zur Leistung zusätzliche Wirkungen beim Abnehmer verursachen. Der Kooperationsbegriff wird in Übereinstimmung mit der Literatur als eine freiwillige und zielorientierte Zusammenarbeit mehrerer Marken verstanden. Im Unterschied zur Literatur liegt dem Co-Branding nicht eine rechtliche und wirtschaftliche, sondern eine wahrnehmungsbezogene Selbständigkeit der beteiligten Marken zugrunde.

Daraus ergibt sich folgende Definition:

> Co-Branding ist die systematische Markierung einer Leistung durch mindestens zwei Marken, wobei alle sowohl für Dritte wahrnehmbar sein als auch weiterhin eigenständig auftreten müssen.

Diese Definition des Co-Branding betont insbesondere folgende Merkmale:

- Verbindung von mindestens zwei Marken,
- beteiligte Marken sind vor, während und nach dem Co-Branding aus Sicht der Abnehmer isolierte Marken,
- gemeinsame Markenpolitik, d.h. diese markenpolitische Option ist von allen Seiten beabsichtigt und gewollt,
- gemeinsame Leistung,
- durch Abnehmer wahrnehmbare Zusammenarbeit.

2.5 Begriffsabgrenzung
2.5.1 Grundsätzliche Beziehungsmuster

In der praxisorientierten und wissenschaftlichen Literatur existiert eine Vielzahl von Begriffen und Konzepten, die terminologische Ähnlichkeiten zum Co-Branding aufweisen. Dieser Abschnitt zielt darauf ab, die Unterschiede und Gemeinsamkeiten zwischen verschiedenen Begriffen und dem des Co-Brandings herauszuarbeiten. Dies dient nicht nur zur Erreichung eines klaren Begriffsverständnisses, sondern bildet auch die Grundlage dafür, dass die später abzuleitenden explikativen Aussagen z.T. auch auf andere Konzepte übertragbar sind. Die Begriffsabgrenzung erfolgt analysierend durch einen Vergleich der Intensionen zwischen Co-Branding und dem abzugrenzenden Begriff. Zur besseren Verdeutlichung erfolgt auch ein Vergleich der Begriffsextensionen. Bei der Abgrenzung erfolgt der Rückgriff auf jeweils gängige Begriffsdefinitionen, wobei sowohl das deutsch- als auch das englischsprachige Schrifttum Berücksichtigung findet.

Vor der Begriffsabgrenzung erfolgt zunächst eine Diskussion grundsätzlich möglicher Beziehungen zwischen zwei Begriffen.[73] Der Systematisierungsansatz greift auf Gedanken der Mengenlehre zurück. Grundsätzlich lassen sich zwischen zwei Begriffen drei Beziehungen ableiten:

---

[73] Dieser Systematisierungsansatz wurde vom Verfasser zusammen mit Cullik entwickelt, vgl. **Cullik** (1998) S. 11 ff.

B. Deskriptiv-explorative Mastertechniken 31

1. Der Ausgangsbegriff (hier: Co-Branding) kann durch den abzugrenzenden Begriff ersetzt werden. Dabei lassen sich zwei Formen voneinander abgrenzen:
   A. Der abzugrenzende Begriff ist aufgrund seiner Intension identisch mit dem Ausgangsbegriff, d.h. es handelt sich um synonyme Begriffe.
   B. Der abzugrenzende Begriff bildet eine spezielle Form des Ausgangsbegriffs, d.h. er stellt eine Teilmenge des Ausgangsbegriffs dar.
2. Der abzugrenzende Begriff ist nur unter bestimmten Ausprägungen der Intension synonym zum Ausgangsbegriff. Auch bei dieser Kategorie lassen sich zwei Formen differenzieren:
   A. Zwischen dem abzugrenzenden Begriff und dem Ausgangsbegriff besteht eine nichtleere Schnittmenge.
   B. Der abzugrenzende Begriff ist ein Oberbegriff des Ausgangsbegriffs, d.h. der Ausgangsbegriff ist eine Teilmenge des abzugrenzenden Begriffs.
3. Die dritte grundsätzliche Beziehung ist die Nichtbeziehung, d.h. zwischen dem Ausgangsbegriff und dem abzugrenzenden Begriff besteht keinerlei Überschneidung.

Diese fünf Beziehungsmuster fasst Abbildung B 1 noch einmal in Form von Venn-Diagrammen zusammen.

Die folgenden Abschnitte grenzen verschiedene Termini auf der Kommunikations-, Marken- und Unternehmensebene gegenüber dem Co-Branding ab.

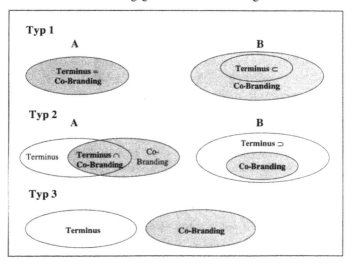

Abb. B 1: Grundsätzliche Beziehungen zwischen zwei Begriffen

2.5.2 Begriffsabgrenzung auf der Kommunikationsebene

Zunächst erfolgt die Abgrenzung von Kommunikationsinstrumenten, die sich insgesamt durch Zusammenarbeiten auszeichnen.

Im Einzelnen werden folgende Termini[74] abgegrenzt:

- Co(operative) Advertising/Advertising Alliances/Coop-Advertising,
- Co-Promotion/Cooperative Sales Promotion/Cross Promotion,
- Product Placement,
- Sponsoring/Sponsorship,
- Testimonial-Werbung/Endorsement-Werbung/Empfehlungskampagne/Empfehlungsmarketing,
- Gemeinschaftswerbung/Gruppenwerbung/-kommunikation/Sammelwerbung/Verbundwerbung,
- Cross-Marketing/Cross-Communication.

(1) Co(operative) Advertising/Advertising Alliances/Coop-Advertising

Die angloamerikanische Literatur verbindet mit dem Begriffsfeld Co(operative) Advertising[75] verschiedene Inhalte. Beispielsweise definieren *Bergen/John (1997)* Coop-Advertising folgendermaßen:

„....is an arrangement whereby a manufacturer pays for some or all costs of local advertising undertaken by a retailer for that manufacturer"[76] Diese Definition beschränkt das Begriffsfeld Cooperative Advertising auf Zusammenarbeit zwischen Hersteller und Handel, wobei zusätzlich die Zahlung der Kommunikation durch den Hersteller (Werbekostenzuschuss) ein konstituierendes Merkmal darstellt.[77]

Auf der anderen Seite existieren breitere Interpretationen des Begriffes Cooperative Advertising, wie die folgende Definition von *Young/Greyser (1983)* belegt:[78]

„Cooperative advertising is advertising communication whose sponsorship and cost is shared by more than one party. There are three principal categories of cooperative advertising: horizontal, ingredient-producer, and vertical."[79]

Wenn man die weite Fassung von Co-Advertising zugrunde legt, bestehen zum Co-Branding vielfältige Übereinstimmungen. Beide Begriffe setzen mindestens zwei Partner sowie die systematische und für Dritte wahrnehmbare Zusammenarbeit voraus. Auch die Eigenständigkeit vor, während und nach der Kooperation erfüllt das Co-

---

[74] Bei den einzelnen Begriffen eines Begriffsfeldes handelt es sich mehr oder weniger um Synonyme.

[75] Vgl. ausführlich zu Begriff und Formen des Co-Advertising **Baumgarth/Feldmann** (2002) S. 3 ff.

[76] **Bergen/John** (1997) S. 357.

[77] Dieses enge Begriffsverständnis deckt sich mit dem Terminus der vertikalen Sammelwerbung.

[78] Vgl. ähnlich auch **Samu/Krishnan/Smith** (1999) S. 57.

[79] **Young/Greyser** (1983) S. 3.

B. Deskriptiv-explorative Mastertechniken 33

Advertising. Unterschiede bestehen zum einen darin, dass beim Co-Branding eine Leistung mit mehreren Marken versehen wird, wohingegen sich die Zusammenarbeit beim Co-Advertising auf die Kommunikation (z.B. Werbung) beschränkt. Zum anderen handelt es sich beim Co-Branding immer um Marken, während beim Co-Advertising auch andere Imageobjekte (z.b. Einzelhandelsgeschäft[80]) kombiniert werden können. Allerdings weisen rein kommunikative Zusammenarbeit und gemeinsame Leistungsmarkierung fließende Übergänge auf. Aufgrund des fehlenden Leistungsbezugs des Co-Advertising erfolgt bei diesem Begriffspaar eine Zuordnung zum Typ 3, d.h. es existieren keine Elemente, die gleichzeitig zu beiden Extensionen zählen.

(2) Co-Promotion/Cooperative Sales Promotion/Cross Promotion

Im Vergleich zum Co-Advertising weist Co-Promotion eher eine kurzfristige Ausrichtung auf. Beispielsweise stellt *Varadarajan (1986)* in seiner Definition von horizontalen Co-Promotionen explizit kurzfristige Umsatz- und Gewinnziele heraus:

„ ... as sales promotion characterized by the participation of and/or pooling of promotional ressources by two or more distinct entities, designed to capitalize on joint opportunities for sales growth, profits, or realization of other objectives to the mutual benefit of the participants in the cooperative sales promotion program."[81]

Co-Promotion zielt durch die Zusammenarbeit auf eine Aufmerksamkeitssteigerung und damit verbunden eine Erhöhung der Promotion-Wirkung ab.[82]

Co-Promotion weist ähnlich wie Co-Advertising große Ähnlichkeiten zum Co-Branding auf. Auch Co-Promotion setzt definitionsgemäß zwei Marken voraus, die systematisch kombiniert und vom Abnehmer wahrgenommen werden. Im Vergleich zum Co-Advertising erfolgt bei Co-Promotion häufig die Kombination der Einzelleistungen der beteiligten Partner zu einer Leistung. Beispielsweise erfolgt durch Kombination von Proben verschiedener Hersteller Co-Promotion.

Aufgrund dieser Erscheinungsform des Co-Promotion existieren reale Beispiele, die wegen der Zielsetzung und Kurzfristigkeit der Maßnahme Co-Promotions, und wegen der gemeinsamen Leistung dem Co-Branding zuzurechnen sind. Beispielsweise stellt das Co-Brand von MILKA & LEGO, dass jeweils als Saisonprodukt (Ostern, Weihnachten) angeboten wird, Co-Promotion dar. Damit existiert zwischen diesen beiden Begriffen eine nicht leere Schnittmenge, d.h. Co-Promotion ist dem Typ 2 A zuzuordnen.

(3) Product Placement

Berndt (1993) definiert Product Placement „...als gezielte Platzierung eines Markenartikels als reales Requisit in der Handlung eines Spielfilms, einer Fernsehsendung ohne Spielfilmcharakter (...) oder eines Videoclips, der im Rahmen einer Musiksendung im

---

[80] Diese Abgrenzung ist allerdings relativ ungenau, da sich z B. auch Einzelhandelsgeschäfte als Marke interpretieren lassen.

[81] **Varadarajan** (1986) S. 62; vgl. auch **Palupski/Bohmann** (1994) S. 260; zu Beispielen vgl. **o.V.** (1997a) S. 26; **o.V.** (1995) S. 22.

[82] Vgl. **Palupski/Bohmann** (1994) S. 259.

Fernsehen ausgestrahlt wird..."[83] Product Placement führen demnach mindestens zwei Partner (Markenartikel, Spielfilm) systematisch und wahrnehmbar durch. Auch setzt das Product Placement die Eigenständigkeit der Partner voraus. Es erfolgt hier zwar keine gemeinsame Leistung, allerdings ist eine Integration des Spielfilms oder der Medienpartner in die Leistungsgestaltung möglich. Damit besteht zwischen der Extension von Product Placement und Co-Branding eine nicht leere Schnittmenge (Typ 2 A).

(4) Sponsoring/Sponsorship

Ein weiterer Begriff aus dem Kommunikationsbereich, der auf der Verbindung von zwei Images aufbaut, bildet das Sponsoring. Diesen Aspekt verdeutlicht z.B. die Definition von *Walliser (1995)*:

„Sponsoring ist ein zu anderen Kommunikationstechniken komplementäres Kommunikationsinstrument, das sich durch die Zurverfügungstellung von finanziellen oder nicht finanziellen Mitteln durch Organisationen oder Einzelpersonen charakterisiert, um damit Einzelpersonen, Gruppen, Organisationen oder Veranstaltungen aus den Bereichen Sport, Kunst, Soziales oder Umwelt zu fördern und gleichzeitig Kommunikationsziele zu erreichen."[84]

Diese Definition enthält die Co-Branding Merkmale der Verbindung von mindestens zwei Partnern, der Systematik, der Wahrnehmbarkeit und der Eigenständigkeit der Partner. Allerdings fehlt beim Sponsoring die gemeinsame Leistung. Daher lässt sich Sponsoring dem Typ 3 zuordnen.

(5) Testimonial-Werbung/Endorsement-erbung/Empfehlungskampagne/Empfehlungsmarketing

Das Hauptmerkmal der Testimonial-Werbung bildet die Empfehlung einer Marke im Rahmen der Werbung durch eine Person. *Felser (1997)* definiert Testimonial-Werbung folgendermaßen:

„Eine glaubwürdige Person spricht sich für das Produkt aus. Dabei kann es sich um eine bekannte Persönlichkeit handeln ... Es kann aber auch eine Person wie du und ich sein, die besonders gut zur Identifikation taugt."[85]

Ähnlich definiert *McCracken (1989)* die Werbung durch Celebrity Endorser:

„....the celebrity endorser is defined as any individual who enjoys public recognition and who uses this recognition on behalf a consumer good by appearing with it in an advertisement ... is deliberately broad to encompass not only the usual movie and television stars, but also individuals from the world of sports, politics, business, art, and the military ... a variety of endorsements, including those in explicit mode („I endorse the product"), the implicit mode („I use this product"), the imperative mode („You

---

[83] **Berndt** (1993) S. 675; ähnlich **Dörfler** (1993) S. 25.
[84] **Walliser** (1995) S. 8; ähnlich auch **Hermanns** (1993) S. 630; **Bruhn** (1997) S. 608.
[85] **Felser** (1997) S. 19; vgl. ähnlich **Hasse** (2000) S. 56.

B. Deskriptiv-explorative Mastertechniken

should use this product"), and the copresent mode (i.e., in which the celebrity merely appears with the product")."[86]

Eine spezielle Form der Testimonial-Werbung bildet die Empfehlung von Marken durch andere Marken in der Kommunikation. Ein Beispiel für diese Form bildet die Kampagne von Procter & Gamble für die Marke ARIEL Ende der 90er Jahre, die u.a. von den Marken NEWMAN, SCHIESSER und MEXX empfohlen wurde.[87] In dieser Form stellt die Testimonial-Werbung eine spezielle Form des Co-Advertising dar. Die empfohlene Marke konzipiert und finanziert in der Regel die Kampagne vollständig.[88] Die empfehlende Marke profitiert in einer solchen Zusammenarbeit insbesondere von der hohen Medienpräsenz.[89] Die empfohlene Marke dagegen profitiert von der Glaubwürdigkeit der anderen Marke.

Die Abgrenzung der Testimonialwerbung ist identisch mit der des Co-Advertising (Typ 3).

(6) Gemeinschaftswerbung/Gruppenwerbung/-Kommunikation/Sammelwerbung/Verbundwerbung

Die deutschsprachige Literatur unterscheidet verschiedene Formen der Werbezusammenarbeit.[90] Dabei lassen sich nach den Kriterien Nennung der Partner sowie Verhältnis der Leistungen der beteiligten Partner die Formen Gemeinschafts-, Sammel-, Gruppen- und Verbundwerbung voneinander abgrenzen.[91]

Gemeinschaftswerbung definiert *Berndt (1985)* als „... anonyme Werbung für eine Produktart, im Rahmen derer die einzelnen Anbieter nicht genannt werden."[92] Dagegen zeichnet sich die Sammelwerbung durch die explizite Nennung der beteiligten Partner in der Kommunikation aus. Daher definiert *Berndt (1985)* die Sammelwerbung folgendermaßen: „Bei einer Sammelwerbung hingegen werden im Rahmen eines Werbemittels die Anbieter eines bzw. mehrerer Produkte namentlich genannt."[93] Die Sammelwerbung lässt sich nach dem Verhältnis der zugrunde liegenden Leistungen

---

[86] McCracken (1989) S. 310.

[87] Vgl. z.B. **Schröter/Waschek** (1996) S. 72 f.; **Veryser** (1997) S. 22.

[88] Vgl. o.V. (1997) S. 17; **Schröter/Waschek** (1996) S. 72 f.; **Veryser** (1997) S. 22.

[89] Vgl. o.V. (1997) S. 17; **Veryser** (1997) S. 22.

[90] Vgl. z. B. **Berndt** (1985) S. 1 ff.; **Hermanns/Lindemann** (1993) S. 70 ff.; **Gierlich** (1982) S. 2968 ff.; **Purtschert** (1988) S. 521 ff.

[91] Weitere Differenzierungsmerkmale sind die Zugehörigkeit der Partner zu Wirtschaftsstufen (gleiche Wirtschaftsstufe = horizontal; verschiedene Wirtschaftsstufen = vertikal) und die zeitliche Dauer (einmalig, kurzfristig, langfristig), vgl. **Berndt** (1985) S. 1.

[92] **Berndt** (1985) S. 2; ähnlich **Hermanns/Lindemann** (1993) S. 71; **Purtschert** (1988) S. 522; teilweise wird der Terminus Gemeinschaftswerbung sowohl als Oberbegriff für überbetriebliche Kommunikationskooperationen als auch als spezielle Form verwendet, vgl. **Gierlich** (1982) S. 2970 ff.

[93] **Berndt** (1985) S. 2; **Purtschert** (1988) S. 522; **Gierlich** (1982) S. 2976. Hermanns/Lindemann schränken die Sammelwerbung dagegen auf die Fälle ein, bei denen zwar die Partner explizit genannt werden, aber die von den Partnern angebotenen Leistungen in keinerlei Verbindung zueinander stehen, vgl. **Hermanns/Lindemann** (1993) S. 71 f.

weiter differenzieren in die Formen Gruppen- und Verbundwerbung. Kennzeichnend für die Gruppenwerbung ist das substitutive Verhältnis der Partnerleistungen.[94] Verbundwerbung dagegen setzt ungleichartige Leistungen der Partner voraus, zwischen denen aber ein Zusammenhang (z.B. Verwendung, One-stop-shopping, Image) besteht.[95]

Die angeführten Definitionen weisen mit Ausnahme der Gemeinschaftswerbung alle das Co-Branding-Merkmal „Wahrnehmung der Partner durch die Abnehmer" auf. Auch die Merkmale der Eigenständigkeit und der systematischen Durchführung erfüllen alle Formen der kooperativen Werbung. Allerdings gilt wie bei der Diskussion des Co-Advertising, dass keine dieser Formen eine gemeinsame Leistung beinhaltet, weshalb dieses Begriffsfeld dem Typ 3 zuzurechnen ist.

(7) Cross-Marketing/Cross-Communication

Den letzten abzugrenzenden Begriff im Kommunikationsbereich bildet Cross-Marketing/Cross-Communication.[96] Auch bei dieser Form geht es um die Nennung mehrerer, komplementärer Marken in einem Kommunikationsmittel. Im Unterschied zur Verbundwerbung gestalten allerdings die einzelnen Partner ihre Kommunikationsaktivitäten selbständig, d.h. es besteht nicht die Notwendigkeit einer gemeinsamen Kommunikationsaussage.[97] Zwischen diesem Terminus und dem Co-Branding besteht analog zum Co-Advertising der Unterschied, dass bei ersterem keine gemeinsame Leistung erstellt und abgesetzt wird. Daher ist Cross-Marketing/Cross-Communication dem Typ 3 zuzuordnen.

2.5.3 Begriffsabgrenzung auf der Markenebene

Auf der Markenebene lassen sich folgende Begriffe abgrenzen:

- Bartering,
- Brand Alliance/Joint Branding/Brand Ally/Markenallianz,
- Composite Branding,
- Ingredient Branding/Inverses Ingredient Branding/Ko-op-Marken/Self-Branded Ingredient,
- Bundling,
- Gütezeichen,
- Herkunftsbezeichnungen/Made-in/Live-in/Country-of-Origin/Länderimage,

---

[94] Vgl. **Hermanns/Lindemann** (1993) S. 71; **Berndt** (1985) S. 2; **Purtschert** (1988) S. 522; **Gierlich** (1982) S. 2980.

[95] Vgl. **Berndt** (1985) S. 2; **Hermanns/Lindemann** (1993) S. 71; **Gierlich** (1982) S. 2977; **Purtschert** (1988) S. 522.

[96] Vgl. **Melzer-Lena/Barlovic** (1997) S. 27.

[97] Ähnliches beinhaltet auch der Begriff der „Gemeinsamen Werbung" bei **Gierlich** (1982). Gemeinsame Werbung zeichnet sich dadurch aus, dass zwar Gemeinsamkeiten zwischen den Partnern vereinbart werden, die Gestaltung und Finanzierung allerdings in einer Hand liegen. Typische Beispiele bilden Streuprospekte von Herstellern, die dem einzelnen Absatzmittler die Möglichkeit bieten, seine Marke einzubinden.

B. Deskriptiv-explorative Mastertechniken

- Markenlizenz/Licensing,
- Corporate Branding/Unternehmensmarke/Umbrella Marketing/Dachmarke/ Markenhierarchien,
- Dual Branding/Tandem Branding,
- Markentransfer/Brand Extension/Line Extension.

(1) Bartering

Bartering stammt vom englischen Begriff „barter" (deutsch: tauschen) ab. Dabei findet ein Naturaltausch von Sach- oder Dienstleistungen ohne monetäre Zahlungen statt.[98] Bartering kann grundsätzlich auch zwischen zwei oder mehr Marken erfolgen. Auch die Systematik dieser Maßnahme sowie die Eigenständigkeit der Marken erfüllt das Bartering. Häufig handelt es sich beim Bartering entweder um Kooperationen im Kommunikationsbereich (speziell Promotion) oder um ein Bundling verschiedener Leistungen. Allerdings basieren teilw. auch Co-Brands auf Bartering-Abkommen. Bspw. lieferte LUFTHANSA bei dem Co-Brand mit FORD KA die Sitze und stellte LUFTHANSA-spezifische Medien als Werbeträger zur Verfügung. Daher besteht zwischen Bartering und Co-Branding eine nicht leere Schnittmenge, weshalb Bartering einen Begriff vom Typ 2 A darstellt.

(2) Brand Alliance/Joint Branding/Brand Ally/Markenallianz

Brand Alliance ist eine kurz- oder langfristige Kooperation zwischen zwei oder mehr Marken. Beispielsweise definieren *Rao/Rueckert (1994)* Brand Alliances folgendermaßen:

„Such activities (Brand Alliances, Anm. d. V.) may involve physical product integration, in which one product cannot be used or consumed without the other ..., or may simply involve the promotion of complementary use, in which one product can be used or consumed independently of the other (...)."[99]

Diese Definition beinhaltet auch das Co-Branding, ebenso wie das Co-Advertising, Co-Promotion und andere Kooperationsformen in der Kommunikation. Daher bildet dieses Begriffsfeld einen Oberbegriff des Co-Branding und lässt sich damit dem Typ 2 B zurechnen.

(3) Composite Branding

Der Begriff des Composite Branding wurde in der Literatur von *Park/Jun/Shocker (1996)* eingeführt, die diesen folgendermaßen definieren:

„...combining two existing brand names to create a composite brand name for a new product."[100]

---

[98] Vgl. o.V. (1997) S. 28.

[99] **Rao/Rueckert** (1994) S. 87; ähnlich auch **Rao/Qu/Rueckert** (1999) S. 259; **Rao** (1997) S. 111; **Simonin/Ruth** (1998), S. 30 f.; **Binder** (1996) S. 58 ff.

[100] **Park/Jun/Shocker** (1996) S. 453; deutsche modifizierte Fassung **Park/Jun/Shocker** (1999) S. 801.

Diese Definition sowie die von *Park/Jun/Shocker (1996)* analysierten Beispiele deuten auf zwei Besonderheiten hin: zum einen erfolgt beim Composite Branding die Bildung eines neuen Markennamens, der sich aus den beiden beteiligten Marken zusammensetzt; zum anderen handelt es sich gleichzeitig um einen Markentransfer, d.h. es wird ein neues Produkt zusammen vermarktet, welches für beide Marken eine neue Leistung darstellt.

Damit erfüllt Composite Branding alle sechs Merkmale des Co-Branding. Allerdings bedeutet die Beschränkung auf neue Leistungen eine Einschränkung des Co-Branding. Daher bildet das Composite Branding eine Unterkategorie des Co-Branding und zählt somit zum Typ 1 B.

(4) Ingredient Branding/Inverses Ingredient Branding/Ko-op-Marken/Self-Branded Ingredient

Freter/Baumgarth (2001) definieren Ingredient Branding folgendermaßen:

„Unter Ingredient Branding versteht man die Markenartikelpolitik investiver Verbrauchsgüter (Rohstoffe, Einsatzstoffe und Teile), die aus Sicht der jeweiligen Zielgruppe einen Markenartikel darstellen."[101] Enger definiert *Norris (1992)* diesen Begriff, wenn er unter Ingredient Branding „...the promotion of the ingredient to final user"[102] versteht.

Diese Betonung des Endabnehmers (= Konsument) als Zielstufe des Ingredient Branding bildet nach der Auffassung von *Freter/Baumgarth (2001)* nur eine spezielle Form dieses Konzeptes.[103] Ingredient Branding als solches stellt zunächst kein Co-Branding dar, weil die Kooperation mit einer zweiten Marke kein konstituierendes Merkmal darstellt. Allerdings resultieren aus dem Ingredient Branding regelmäßig Markenkooperationen mit nachgelagerten Stufen. In diesen Fällen erfüllt Ingredient Branding alle Merkmale des Co-Branding, weshalb es häufig eine spezielle Form des Co-Branding darstellt und deshalb dem Typ 2 A zuzuordnen ist.

Das Inverse Ingredient Branding bzw. die Ko-op-Marken[104] stellen auch eine Markenpolitik für investive Verbrauchsgüter dar, wobei allerdings die Initiative nicht vom Ingredient-Hersteller, sondern von einer nachgelagerten Stufe (z.B. Endprodukthersteller) ausgeht.[105]

Beim Self-Branded Ingredient[106] baut ein Markenhersteller für einen bestimmten Bestandteil der Leistung exklusiv eine eigenständige Marke auf.

---

[101] **Freter/Baumgarth** (2001) S. 324; ähnlich auch **Freter/Baumgarth** (1996) S. 484; **Kemper** (1997) S. 271; **Simon/Sebastian** (1995) S. 42.

[102] **Norris** (1992) S. 19 f.

[103] Diese Form bezeichnen Freter/Baumgarth als begleitende Marke, vgl. **Freter/Baumgarth** (2001) S. 334; auch **Kunkel** (1977) S. 202.

[104] Dieser Begriff wird in der Literatur nur von Tietz verwendet, vgl. **Tietz** (1993) S. 187.

[105] Vgl. **Freter/Baumgarth** (2001) S. 326; **Norris** (1992) S. 20; **Bugdahl** (1996) S. 112.

[106] Vgl. **Desai/Keller** (2002) S. 73.

B. Deskriptiv-explorative Mastertechniken

Zusammenfassend bleibt festzuhalten, dass die Formen des Ingredient Brandings zwar Überschneidungen mit dem Co-Branding aufweisen, dass sie aber auch alleine (insbesondere bei generischen Leistungen[107]) bei der Zielgruppe auftreten können, weshalb dieser Begriff dem Typ 2 A zuzuordnen ist.

(5) Bundling

Bundling definiert *Guiltinan (1987)* folgendermaßen:

„Broadly defined, bundling is the practice of marketing two or more products and/or services in a single 'package' for a special price."[108] Damit stellt Bundling zunächst einmal eine preisstrategische Option dar. Allerdings kann aus Sicht des Abnehmers durch die Bündelung eine neue Leistung entstehen. Damit erfüllt Bundling die Voraussetzung der gemeinsamen Leistung des Co-Branding. Auch die Merkmale von zwei oder mehr Elementen, die systematische Kombination und die Wahrnehmbarkeit durch den Abnehmer, finden sich beim Bundling. Allerdings muss es sich bei den gebündelten Elementen zum einen nicht um Marken handeln[109], und zum anderen fällt unter das Bundling auch die Bündelung von gleichen Marken[110]. Da spezielle Formen des Bundling ein Co-Branding darstellen können[111], zählt das Bundling zu dem Typ 2 A.

(6) Gütezeichen

„Gütezeichen sind Wort- oder Bildzeichen, oder beides, die als Garantieausweis zur Kennzeichnung von Waren oder Leistungen Verwendung finden, die die wesentlichen, an objektiven Maßstäben gemessenen, nach der Verkehrsauffassung die Güte einer Ware oder Leistungen bestimmenden Eigenschaften erfüllen, und deren Träger Gütegemeinschaften sind, die im Rahmen der RAL-Gemeinschaftsarbeit jedermann zugänglich und vom RAL anerkannte und veröffentlichte Gütebedingungen aufstellen und deren Erfüllung überwachen oder die auf gesetzlichen Maßnahmen beruhen."[112]

Die Kombination einer Marke mit einem Gütezeichen erfüllt nicht die Merkmale des Co-Branding. Zum einen ist fraglich, ob ein Gütezeichen als Marke fungiert. Zum anderen darf jeder, der die Gütebedingungen erfüllt, das Gütezeichen verwenden, wodurch das Merkmal der systematischen Verbindung von allen beteiligten Seiten verletzt ist. Daher stellen Gütezeichen einen Begriff des Typs 3 dar.

---

[107] Ein Beispiel dafür stellt der unmarkierte ALDI-Computer mit dem INTEL-Chip dar.

[108] **Guiltinan** (1987) S. 74; ähnlich auch **Priemer** (1997) S. 13; **Yadav** (1990) S. 1; **Kaicker/Bearden/Manning** (1995) S. 231.

[109] Beispiele für diese Formen sind z.B. das Quality Bundling und das Blind Bundling, vgl. **Priemer** (1997) S. 58 f.

[110] Diese Form des Bundling wird mit Multiple Bundles bzw. Multiple Packages oder Variety Bundling bezeichnet, vgl. **Priemer** (1997) S. 43 ff.

[111] Priemer spricht dann auch von Brand Bundling, vgl. **Priemer** (1997) S. 52 f.

[112] **RAL** (1994) S. 8; vgl. auch **Sattler** (1991) S. 9 f.

(7) Herkunftsbezeichnungen/Made-in[113]/Live-in/Country-of-Origin/Länderimage

Unter Herkunftsbezeichnungen fasst man alle Wort- und/oder Bildzeichen zusammen, die Auskunft über die geographische Herkunft (z.B. Land, Region) einer Leistung liefern.[114] Allerdings ist gegenwärtig der tatsächliche Produktionsstandort nicht mehr der entscheidende Faktor, sondern vielmehr die kommunikative Zuordnung von Ländern oder Regionen zu Leistungen, wobei diese aus dem Produktionsstandort, dem Firmensitz, Kommunikationselementen oder auch Markennamen resultieren können. Auch ist mit dem Herkunftseffekt nicht nur die Kompetenz eines Landes oder einer Region zur Fertigung eines Produktes („Made-in") verbunden, sondern zusätzlich auch sozio-kulturelle Aspekte („Live-in").[115]

Zwar lässt sich ein Land oder eine Region als Marke charakterisieren, womit der Einsatz von Herkunftsbezeichnungen im Rahmen der Markenführung für eine Leistung als wahrnehmbare Verbindung von zwei oder mehr Images interpretiert werden kann, allerdings fehlt bei Herkunftsbezeichnungen die Systematik der Zusammenarbeit, da das Land oder die Region keine Zustimmung zu der Verwendung gibt. Auch entsteht keine veränderte oder neue Leistung durch den Verweis auf die Herkunft der Leistung. Daher bilden Herkunftsbezeichnungen ein Begriffsfeld des Typs 3.

(8) Markenlizenz/Licensing

Böll (1999) definiert Licensing folgendermaßen:

„Licensing ist ... die kommerzielle und damit gewinnorientierte Nutzung einer Popularität auf Basis einer Lizenzvergabe, mit dem Ziel, Produkte, Firmen und/oder Marken emotional zu positionieren und dadurch den Absatz zu erhöhen."[116]

Lizenzen im Marketingbereich existieren in den Formen Personality Licensing, Character Licensing, Brand Licensing oder Event Licensing.[117] Da die in dieser Arbeit gewählte Markendefinition weit ausfällt, lassen sich alle diese Formen als Marken interpretieren. Auch liegt dem Licensing eine systematische Planung zugrunde, die von allen beteiligten Seiten gewollt wird. Allerdings besteht zwischen der Begriffsextension von Licensing und Co-Branding keine vollständige Deckung, da beim Licensing häufig für den Abnehmer nur eine Einheit erkennbar ist. Weiterhin setzt das Licensing als vertragliche Basis der Zusammenarbeit einen Lizenzvertrag voraus, dagegen enthält die Co-Branding-Definition keinerlei Hinweise auf die Ausgestaltung der vertraglichen Basis. Trotz der Unterschiede zwischen diesen beiden Formen bestehen Überschneidungen, wie das Beispiel von MÖVENPICK & SCHÖLLER belegt. Daher lässt sich das Licensing dem Typ 2 A zuordnen.

---

[113] Der Made-in-Begriff geht zurück auf den englischen Merchandise Marks Act von 1887, dessen Zweck ursprünglich darin bestand, den britischen Markt vor Importen zu schützen.

[114] Vgl. **Sattler** (1991) S. 9; ähnlich für den Begriff Herkunftsland vgl. **Hausruckinger** (1993) S. 3.

[115] Vgl. zu dieser Differenzierung z.B. **Lebrenz** (1996) S. 14 ff.

[116] **Böll** (1999) S. 5; ähnlich mit Beschränkung auf Marken **Binder** (2001).

[117] Vgl. **Braitmayer** (1998) S. 46 ff.; **Böll** (1999) S. 28. Böll unterscheidet weiter zwischen verschiedenen Mischformen (z.B. TV Licensing). Diese Mischformen zeichnen sich durch eine Anwendung einer Reinform in einem bestimmten Anwendungsgebiet aus, vgl. **Böll** (1999) S. 45 ff.

B. Deskriptiv-explorative Mastertechniken

(9) Corporate Branding/Unternehmensmarke/Umbrella Marketing/Dachmarke/Markenhierarchien

Bei den Begriffen dieses Begriffsfelds handelt es sich um verschiedene Optionen zur Gestaltung von Markenhierarchien[118], bei denen eine Verbindung von Einzel- oder Produktgruppenmarken eines Unternehmens direkt oder indirekt mit Dachmarken bzw. Umbrella-Marken oder mit Firmen- bzw. Corporate-Brands stattfindet.[119] Bei der direkten Form erfolgt eine deutliche Herausstellung der zusätzlichen Dach- bzw. Firmenmarke. Bei einer indirekten Form erfolgt eine zusätzliche Markenzuordnung einer Leistung durch eine spezielle Ausprägung des Brandings der Einzelmarke. Beispielsweise findet bei der Marke NESCAFE durch die Vorsilbe „Nes" eine deutliche Zuordnung dieser Marke zu der Firmenmarke NESTLÉ statt.

Da die Co-Branding-Definition auch Markenverbindungen innerhalb eines Unternehmens umfasst, besitzt das Begriffsfeld Markenhierarchien zunächst eine Reihe von Übereinstimmungen bei der Begriffsintension: systematische Vorgehensweise, Marken, zwei oder mehr Elemente und Wahrnehmbarkeit. Allerdings besteht der entscheidende Unterschied zwischen diesen Begriffen darin, dass bei Markenhierarchien die Eigenständigkeit der Partnermarken nach einem bestimmten Zeitraum nicht mehr erfüllt ist. Zwar wird die übergeordnete Marke (Dachmarke) in der Regel weiterhin auch isoliert positioniert, die untergeordnete Marke dagegen wird i.d.R. nicht mehr ohne die übergeordnete Marke geführt. Allerdings besteht zu Beginn einer Markenhierarchiebildung ein Co-Branding, da aus Sicht der Abnehmer zwei vorher unabhängige Marken eine Leistung für ihn wahrnehmbar gemeinsam vermarkten. Dies bedeutet, dass die Begriffsabgrenzung zwischen Markenhierarchien und Co-Branding dynamisch ist. Während zu Beginn einer Markenhierarchie diese eine Untermenge des Co-Branding darstellt (Typ 1 B), besteht in späteren Phasen keine Schnittmenge mehr (Typ 3).

(10) Dual Branding/Tandem Branding

Den Begriff Dual Branding definieren *Levin/Davis/Levin (1996)* wie folgt:

„The term (dual branding, Anm. d. V.) is commonly used to denote hybridized retailers utilizing a single location."[120]

Der Begriff des Dual Branding bzw. Tandem Branding bezeichnet damit eine gemeinsame Nutzung einer Verkaufsstelle. Unter diesen Terminus fallen die verschiedenen

---

[118] Vgl. z. B. **Becker** (2001) S. 308 ff.; **Baumgarth** (2001a) S. 128 ff.. Zur empirischen Bedeutung verschiedener Kombinationsmöglichkeiten vgl. **Laforet/Saunders** (1994) S. 64 ff.. Zur Beurteilung von Markenkombinationen durch Konsumenten führten Saunders/Guoqun ein Conjoint-Experiment durch, vgl. **Saunders/Guoqun** (1997) S. 40 ff.

[119] Die Begriffe Dach-, Umbrella-, Firmen- und Corporate-Marken werden in der Literatur teilweise synonym verwendet (z.B. **Becker** (2001) S. 306) und teilweise gegeneinander abgegrenzt (z.B. **Kircher** (1997) S. 60 f). Da die Abgrenzung dieses Begriffsfelds zum Co-Branding unabhängig von einer genauen Begriffsbestimmung der einzelnen Termini ist, unterbleibt der Versuch einer eindeutige Festlegung dieser Begriffe.

[120] **Levin/Davis/Levin** (1996) S. 296; vgl. auch **Levin/Levin** (2000) S. 46.

Shop-in-Shop-Systeme[121], die Nutzung von Tankstellen durch Fast-Food-Ketten[122] oder die Ausstattung von Hotelzimmern durch Marken[123]. Falls es sich bei dem Flächengeber als auch –nehmer um eigenständige Marken handelt, diese Zusammenarbeit für den Abnehmer wahrnehmbar ist, handelt es sich um eine spezielle Form des Co-Branding, d.h. zwischen beiden Konzepten besteht eine Schnittmenge. Daher zählt Dual- bzw. Tandem-Branding zum Typ 2 A.

(11) Markentransfer, Brand Extension, Line Extension

Hätty (1989) definiert Markentransfer wie folgt:

„Unter einem Markentransfer im engeren Sinn (...) versteht man die zielgerichtete markierungspolitische Strategie, das für bestimmte Produkte eingeführte Markenzeichen und die Ausstattung auf andere, von diesem verschiedene Produkte übertragen, und zwar in der Weise, dass der Verbraucher alle mit einer Marke gekennzeichneten Produkte als eine zusammengehörende Einheit wahrnimmt."[124]

Die internationale Literatur unterteilt diese Strategie häufig regelmäßig in die beiden Unterformen Brand und Line Extension. Diese beiden Optionen definieren *Aaker/Keller (1990)* wie folgt:

„One such approach is line extension, whereby a current brand name is used to enter a new market segment in its product class (...). Another approach is brand extension, whereby a current brand name is used to enter a completely different product class (...)."[125]

Unabhängig davon, ob man den Oberbegriff des Markentransfers oder die beiden Unterformen Brand und Line Extension verwendet, ist diesem Begriffsfeld gemeinsam, dass nur eine Marke den Gegenstand der Strategie bildet. Damit ist das Merkmal der mindestens zwei Marken des Co-Branding nicht erfüllt, weshalb dieses Begriffsfeld zum Typ 3 zählt.

2.5.4 Begriffsabgrenzung auf der Unternehmensebene

Auf der Unternehmensebene lassen sich folgende mit dem Co-Branding verwandte Begriffe identifizieren:

---

[121] Dabei lassen sich branchentypische (z.B. Markenshop in einem Kaufhaus) und branchenfremde (z.B. Deutsche Post-Shops in Kaufhäusern) Shop-in-Shop-Systeme unterscheiden, vgl. **Ahlert/Schlüter/Vogel** (1999) S. 136 ff.

[122] Vgl. z.B. **Abcede/Dwyer/Shook/Smith** (1994) S. 34 ff.; **Benezra** (1994) S. 47 f.

[123] Vgl. z.B. **Underwood** (1996).

[124] **Hätty** (1989) S. 49; ähnlich auch **Sattler** (1997) S. 38; im deutschsprachigen Raum wird häufig auch der Begriff des Imagetransfers für diese Strategie verwendet, vgl. z.B. **Schweiger** (1983) S. 260; **Mayer/Mayer** (1987) S. 26; **Reiter** (1991) S. 211 f.; **Mayerhofer** (1995) S. 122 ff.; **Meffert/Heinemann** (1990) S. 5 f. Dieser Begriff wird im Weiteren nicht für diese markenpolitische Option verwendet, da sie eher die (beabsichtigte) Wirkung dieser Strategie als die Option meint. Ein Imagetransfer ist aber nicht nur durch diese Strategie, sondern auch durch Country-of-Origin, Co-Branding und ähnliche Optionen realisierbar.

[125] **Aaker/Keller** (1990) S. 27.

B. Deskriptiv-explorative Mastertechniken 43

- Co-Marketing/Co-Marketing Alliance,
- Symbiotic Marketing,
- Kontraktmarketing,
- Unternehmenszusammenschluss/Joint Venture/Fusion/Mergers & Acquisitions.

(1) Co-Marketing/Co-Marketing Alliance

Tietz/Mathieu (1979) definieren Co-Marketing wie folgt:

„Das Co-Marketing oder Kooperationsmarketing umfasst die verschiedensten Formen und Intensitätsgrade der horizontalen und vertikalen Kooperation..."[126]

Hingegen beschränken *Bucklin/Sengupta (1993)* Co-Marketing-Alliances nur auf laterale Kooperationen, wobei die Partner auf der gleichen Wertschöpfungsstufe angesiedelt sind.[127]

Unabhängig davon, ob man Co-Marketing auf horizontale Kooperationen beschränkt oder auch vertikale Kooperationen[128] einbezieht, weist dieser Begriff im Vergleich zum Co-Branding eine höhere Extension auf, da im Marketing auch viele Kooperationen existieren, die der Abnehmer nicht wahrnimmt. Beispiele dafür liefern Kooperationen im Vertrieb oder gemeinsame Marktforschung. Daher bildet das Co-Marketing einen Oberbegriff des Co-Branding und zählt deshalb zu dem Typ 2 B.

(2) Symbiotic Marketing

Das Symbiotic Marketing stellt eine spezielle Form des Co-Marketing dar. Im Gegensatz zum Co-Marketing setzt das Symbiotic Marketing voraus, dass sich die Ressourcen der beteiligten Partner gegenseitig synergetisch unterstützen. Diesen Gedanken betont z.B. die Definition von *Adler (1966)*:

„...symbiotic marketing as the alliance of resources or programs between two or more independent organizations, designed to improve the marketing potential of each."[129]

Dieser Begriff schließt Zusammenarbeiten aus, bei denen nur der eine Partner sein Marketingpotential erhöht und der andere als Gegenleistung Zahlungen (z.B. Lizenzgebühren)[130] erhält. Weiterhin lassen sich ähnlich wie beim Co-Marketing auch beim Symbiotic Marketing Formen ohne Wahrnehmbarkeit nach außen identifizieren. Beispielsweise führt *Adler* Zusammenarbeiten in der Forschung & Entwicklung, Produktion und im Finanzbereich als Formen des Symbiotic Marketing an.[131] Aufgrund

---

[126] **Tietz/Mathieu** (1979) S. 18.

[127] Vgl. **Bucklin/Sengupta** (1993) S. 32.

[128] Clark beschränkt Co-Marketing auf die Abstimmung zwischen Hersteller und Handel, vgl. **Clark** (2000).

[129] **Adler** (1966) S. 60; vgl. auch **Varadarjan/Rajaratnam** (1986) S. 7 f.

[130] Anzumerken ist, dass **Adler** (1966) und **Varadarajan/Rajaratnam** (1986) Lizenzen als eine Form des Symbiotic Marketing anführen; allerdings passt diese Form nicht immer unter den Begriff Symbiotic Marketing.

[131] Vgl. **Adler** (1966) S. 60.

dieser zwei Besonderheiten des Symbiotic Marketing besteht zwischen diesem Begriff und dem Co-Branding eine nicht leere Schnittmenge (Typ 2 A).

(3) Kontraktmarketing

Auch das Kontraktmarketing stellt eine spezielle Form des Co-Marketing dar, welches sich dadurch auszeichnet, dass eine vertragliche Basis für die Kooperation besteht, und dieser Vertrag sich nicht auf einen einzelnen Fall, sondern auf einen längeren Zeitraum oder eine Vielzahl von Fällen bezieht. Dieses Begriffsverständnis verdeutlicht die Definition von *Tietz/Mathieu (1979)*:

„Die intensiven Formen des Co-Marketing sind das Kontraktmarketing. Kontraktmarketing kennzeichnet den Absatz von Waren unter Abstützung auf Verträge, die sich nicht auf einen Verkaufsakt beziehen, sondern für eine Periode oder eine Anzahl von Fällen gelten und die Dauerhaftigkeit des Absatzes fördern."[132]

Zwischen dem Co-Branding und dem Kontraktmarketing können Überschneidungen auftreten, wenn der Gegenstand des Kooperationsvertrages die wahrnehmbare Zusammenarbeit von Marken darstellt. Daher lässt sich das Kontraktmarketing dem Typ 2 A zuordnen.

(4) Unternehmenszusammenschluss/Joint Venture/Fusion/Mergers & Acquisitions

Den letzten abzugrenzenden Begriff bilden die verschiedenen Formen des Unternehmenszusammenschlusses[133]. Allen diesen Begriffen ist gemeinsam, dass ein neues bzw. stark verändertes Unternehmen entsteht. Dieses Unternehmen kann entweder durch eine einzelne (Firmen-) Marke, durch die Verbindung der beteiligten Unternehmen oder durch eine Neumarke markiert werden. Im Fall der kombinierten Marke für das Unternehmen (z.B. DAIMLERCHRYSLER) handelt es sich zunächst aus Sicht der Abnehmer um ein Co-Branding, da alle Merkmale wie systematische Planung, Wahrnehmbarkeit und auch Unabhängigkeit der beteiligten Marken erfüllt sind. Allerdings ändert sich dieses im Zeitablauf, weil die Abnehmer die beiden ehemals getrennten Marken verbinden und als eine einzelne Marke in ihrem Gedächtnis abspeichern. Ab diesem Zeitpunkt erfüllen die verschiedenen Formen nicht mehr die Merkmale des Co-Branding. Daher lässt sich festhalten, dass zu Beginn eine Überschneidung zum Co-Branding bestehen kann (Typ 2 A). Nach einer bestimmten Zeitdauer entfällt diese Überschneidung, und es entsteht eine leere Schnittmenge (Typ 3).

2.5.5 Synopse der Begriffsabgrenzung

Die Abgrenzung der verschiedenen Begriffe zum Co-Branding fasst Abbildung B 2 noch einmal synoptisch zusammen.

Die Synopse zeigt, dass mit den Begriffen **Co-Marketing** und **Brand Alliances** zwei **Oberbegriffe** für das Co-Branding existieren. Hingegen stellt das **Composite Branding** eine **spezielle Form** des Co-Branding dar. Weiterhin existieren mehrere Konzepte, die mit dem Co-Branding Überschneidungen aufweisen.

---

[132] **Tietz/Mathieu** (1979) S. 19.

[133] Vgl. zum Überblick der verschiedenen Unternehmenszusammenschlussformen z.B. **Pausenberger** (1989).

B. Deskriptiv-explorative Mastertechniken

	Begriff	Merkmale						Typ
		mind. 2	Marken	Eigenständigkeit	systematisch	Leistung	Wahrnehmbarkeit	
Kommunikation	Co(operative) Advertising/Advertising Alliances/Coop-Advertising	●	◐	●	●	○	●	3
	Co-Promotion/Cooperative Sales Promotion/Cross Promotion	●	●	●	●	◐	●	2 A
	Product Placement	●	◐	●	●	◐	●	2 A
	Sponsoring/Sponsorship	●	◐	●	●	○	●	3
	Testimonial-Werbung/Endorsement Werbung/Empfehlungskampagne/Empfehlungsmarketing	●	◐	●	●	○	●	3
	Gemeinschaftswerbung/Gruppenwerbung/-kommunikation, Sammelwerbung/Verbundwerbung	●	◐	●	●	○	◐	3
	Cross-Marketing/Cross-Communication	●	◐	●	◐	○	●	3
Marken	Bartering	●	◐	●	●	○	◐	2 A
	Brand Alliance/Joint Branding/Brand Ally/Markenallianz	●	◐	●	●	◐	●	2 B
	Composite Branding	●	●	●	●	●	●	1 B
	Ingredient Branding/Inverses Ingredient Branding/Ko-op-Marken/Self-Branded Ingredient	◐	◐	●	●	●	◐	2 A
	Bundling	◐	◐	●	●	◐	●	2 A
	Gütezeichen	●	◐	●	○	◐	●	3
	Herkunftsbezeichnungen/Made-in/Live-in/Country-of-Origin/Länderimage	●	●	●	○	◐	●	3
	Markenlizenz/Licensing	●	●	●	●	◐	●	2 A
	Corporate Branding/Unternehmensmarke/Umbrella Marketing/Dachmarke, Markenhierarchien	●	●	◐	●	●	●	1 B/3
	Dual Branding/Tandem Branding	●	◐	●	●	◐	◐	2 A
	Markentransfer/Brand Extension/Line Extension	○	●	○	●	●	●	3
Unternehmen	Co-Marketing/Co-Marketing Alliance	●	◐	●	●	◐	◐	2 B
	Symbiotic Marketing	●	◐	●	●	◐	◐	2 A
	Kontraktmarketing	●	◐	●	●	◐	◐	2 A
	Unternehmenszusammenschluss/Joint Venture/Fusion/Mergers & Acquisitions	●	◐	○	●	◐	◐	2 A/3

●: Merkmal trifft zu; ◐: Merkmal kann zutreffen; ○: Merkmal trifft nicht zu

Abb. B 2: Begriffsabgrenzung zum Co-Branding

Im Einzelnen sind das die Begriffe **Co-Promotion, Product Placement, Bartering Ingredient Branding, Bundling, Markenlizenz, Dual Branding, Symbiotic Marketing, Kontraktmarketing** und **Unternehmenszusammenschluss**. Diese Verwandtschaft mit vielen bereits etablierten Konzepten zeigt zum einen Möglichkeiten zur Nutzung von Wissensbestandteilen aus den jeweiligen Forschungsfeldern auf. Zum anderen lassen sich Erkenntnisse zum Co-Branding auch in verwandte Bereiche transferieren.

II. Taxonomatischer Ansatz
1. Darstellung der Mastertechnik

Die Taxonomie[134] als die Lehre der Klassifikation und Typologisierung von Objekten zielt auf die **Strukturierung eines Gegenstandsbereichs** ab.[135] Damit streben taxonomatische Überlegungen einen mittleren Abstraktionsgrad der Aussagen an. Die Taxonomie vermeidet zum einen die Individuation durch Berücksichtigung eines Einzelfalls und zum anderen die Generalisation durch Ableitung von Aussagen mit Gültigkeit für alle Elemente eines Gegenstandsbereichs.[136] Die Einordnung der Taxonomie in das Spannungsfeld zwischen Generalisation und Individuation verdeutlicht Abbildung B 3.

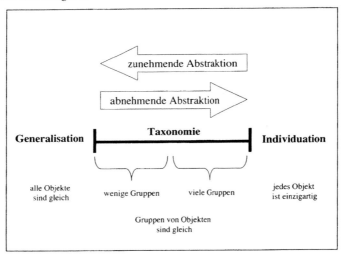

Abb. B 3: Einordnung der Taxonomie
Quelle: (in Anlehnung an) *Knoblich (1972)* S. 142.

Im Rahmen der Taxonomie lassen sich mit der Klassifikation und Typologie zwei Formen voneinander abgrenzen.[137]

---

[134] Zum Begriff der Taxonomie vgl. z.B. **Friedrichs** (1990) S. 90; **Sodeur** (1974) S. 10.

[135] Vgl. **Sodeur** (1974) S. 9; **Kluge** (1999) S. 43 ff.

[136] Vgl. **Knoblich** (1972) S. 142.

[137] In der Literatur herrscht allerdings über die Abgrenzung Uneinigkeit. Knoblich charakterisiert die Klassifikation als eine Einteilung nach einem Merkmal und deren Ausprägungen, eine Typologie dagegen als die Einteilung nach mehreren Merkmalen gleichzeitig, vgl. **Knoblich** (1972) S. 142; Sodeur sieht die Typologie als Oberbegriff und die Klassifikation als eine spezielle Form an, vgl. **Sodeur** (1974) S. 10; Friedrichs und Kluge dagegen sehen die Klassifikation und Typologie als zwei nebeneinander existierende Formen zur Strukturierung an, vgl. **Friedrichs** (1990) S. 87 ff.; **Kluge** (1999) S. 32 f.

B. Deskriptiv-explorative Mastertechniken

Eine **Klassifikation** zeichnet sich durch eine strenge Zuordnung der Elemente zu Klassen aus. Sie muss drei Kriterien genügen:[138]

- Eindeutigkeit,
- Ausschließlichkeit,
- Vollständigkeit.

Eindeutigkeit liegt vor, wenn jedem Element eines Gegenstandsbereichs die Merkmalsausprägung eines Merkmals zugeschrieben werden kann. Ausschließlichkeit bedeutet, dass bei einem Element nur eine einzige Merkmalsausprägung zutrifft. Das Kriterium der Vollständigkeit ist erfüllt, wenn jedes Element bei jedem Merkmal eine Merkmalsausprägung besitzt.

Typologien dagegen zeichnen sich durch Unschärfe der Gruppenzuordnung aus.[139] Typologien setzen immer die gleichzeitige Verwendung von mehreren Merkmalen voraus.[140] Bei einer Mehrzahl von Merkmalen taucht das Problem auf, dass es fast unmöglich ist zu entscheiden, ob ein einzelnes Merkmal notwendig und hinreichend zur Strukturierung eines Gegenstandsbereiches ist.[141] Auch das Kriterium der Ausschließlichkeit erfüllen häufig reale Elemente nicht.[142]

Zur Durchführung einer Taxonomie bieten sich mehrere Vorgehensweisen an:[143]

- heuristische vs. empirische Vorgehensweise,
- progressive vs. retrograde Vorgehensweise.

Die Verknüpfung einzelner Merkmale zur Typenbildung basiert entweder auf gedanklichen Überlegungen oder auf der Verteilung der Elemente in der Realität. Im ersten Fall, der sog. **heuristischen Typologie**[144], gelangt man zur Konstruktion von Idealtypen. Im zweiten Fall, der sog. **empirischen Typologie**[145], bilden Realtypen das Resultat. Aufgrund der höheren Realitätsnähe finden im Weiteren nur reale Taxonomien Berücksichtigung.

---

[138] Vgl. auch im Folgenden **Friedrichs** (1990) S. 88 f.

[139] Vgl. z.B. **Friedrichs** (1990) S. 89 f.; **Tietz** (1960) S. 18 ff.

[140] Vgl. **Knoblich** (1972) S. 142.

[141] Vgl. **Friedrichs** (1990) S. 89.

[142] Den Unterschied zwischen Klassifikation und Typologie verdeutlicht das Beispiel der gesetzlichen Einteilung nach Unternehmensgröße. Beispielsweise differenziert das HGB die Kapitalgesellschaften nach den Merkmalen Beschäftigtenzahl, Bilanzsumme und Umsatz. Da das HGB die Zuordnung der drei Gruppen bereits dann vornimmt, wenn bei zwei der drei Merkmale die entsprechenden Merkmalsausprägungen erfüllt sind, handelt es sich nicht um eine klassifikatorische, sondern um eine typologische Ordnung.

[143] Vgl. **Knoblich** (1972) S. 144 f.; **Tietz** (1960) S. 14 ff; **Kolb** (1988) S. 41.

[144] Vgl. **Kluge** (1999) S. 60 ff. Knoblich spricht in diesem Zusammenhang von formalen Taxonomien, vgl. **Knoblich** (1972) S. 144.

[145] Vgl. **Kluge** (1999) S. 60 ff. Knoblich spricht in diesem Zusammenhang von realen Taxonomien, vgl. **Knoblich** (1972) S. 144.

Bei der **progressiven Vorgehensweise** erfolgt ausgehend von einzelnen Merkmalen die Verknüpfung dieser zur Konstruktion von Typen. Diese lassen sich dann in der Empirie auf ihre Existenz und Brauchbarkeit hin überprüfen. Ausgeschlossen werden solche Typen, die in der Empirie nicht vorkommen. Diese Vorgehensweise lässt sich aufgrund ihres Ausgangspunktes auch als synthetische Vorgehensweise interpretieren. Die Verknüpfung der Merkmale kann dabei entweder im Sinne einer heuristischen Typologie auf der Basis von kombinatorischen Überlegungen oder im Sinne einer empirischen Typologie durch die Beschreibung von realen Fällen anhand der Merkmale verbunden mit einer anschließenden Überprüfung von Ähnlichkeiten basieren. Die **retrograde Vorgehensweise** geht den umgekehrten Weg. Ausgehend von empirischen Beobachtungen hat der Forscher eine Vorstellung realer Fälle. Die Aufgabe ist es, solche Merkmalskombinationen zu finden, die diese Klassen bzw. Typen voneinander abgrenzen. Daher lässt sich diese Vorgehensweise auch als analytische Methode interpretieren. Aufgrund fehlender Vorstellungen über Co-Brand-Typen wird für die vorliegende Problemstellung eine progressive Vorgehensweise gewählt. Als Prozessschema zur Durchführung der **empirisch-progressiven Taxonomie** bietet sich eine Stufenfolge an:[146]

- Auswahl von Merkmalen,
- Empirische Überprüfung,
- Ableitung von Klassen und Typen.

(1) Auswahl von Merkmalen

In diesem ersten Schritt erfolgt die Zusammenstellung von für die Untersuchung relevanten Merkmalen sowie deren Merkmalsausprägungen. Die Merkmale lassen sich aus Erfahrungen des Forschers, aus der Auswertung von Sekundärquellen oder aus Expertenbefragungen generieren. Die verschiedenen Merkmale unterscheiden sich in folgenden Eigenschaften:

- Skalenniveau,
- Ausprägungsmöglichkeiten,
- Unabhängigkeit vom Beurteiler,
- Bedeutung der Merkmale,
- Ausschließlichkeitscharakter.

Das **Skalenniveau** ermöglicht die Abgrenzung von nominalen, ordinalen und metrischen Merkmalen.[147] Nominale Merkmale zeichnen sich dadurch aus, dass sie Elemente nach dem Besitz bzw. Nichtbesitz bestimmter Merkmalsausprägungen

---

[146] Vgl. ähnlich **Knoblich** (1972) S. 143 ff.

[147] Sodeur fasst die nominalen und ordinalen Merkmale zu der Gruppe der qualitativen Merkmale zusammen und kennzeichnet die metrischen Merkmale als quantitative Merkmale, vgl. **Sodeur** (1974) S. 40 ff.. Dieser Einteilung wird hier nicht gefolgt, da dieses Begriffspaar (quantitativ und qualitativ) teilweise in der Literatur mit einem anderen Inhalt Verwendung findet, vgl. **Knoblich** (1972) S. 143 f.; **Kolb** (1988) S. 39. Lehmann differenziert zwischen qualitativen, komparativen und quantitativen Begriffen, vgl. **Lehmann** (1976) Sp. 3942 f.

B. Deskriptiv-explorative Mastertechniken

unterscheiden. Bei ordinalen Merkmalen dagegen ist eine Ordnung der Elemente nach dem Ausmaß des Besitzes einer Eigenschaft möglich. Metrische Merkmale[148] erlauben nicht nur die Anordnung der Elemente, sondern liefern auch Aufschluss über die Größe der Abstände zwischen diesen.

Nach den **Ausprägungsmöglichkeiten** lassen sich u.a. alternative und abgestufte Merkmale voneinander abgrenzen.[149] Die Alternativ- oder auch Ausschließlichkeitsmerkmale weisen nur extreme Ausprägungen auf. Beispiel für ein Alternativmerkmal ist die rechtliche Selbständigkeit der Co-Brand-Partner mit den Ausprägungen „ja" und „nein". Bei abgestuften Merkmalen dagegen existieren zwischen den Extremwerten eine Reihe von Ausprägungen. Häufig weisen abgestufte Merkmale Ordinalniveau auf.

Die **Unabhängigkeit vom Beurteiler** stellt auf die Differenzierung zwischen subjektiven und objektiven Merkmalen ab.[150] Während bei subjektiven Merkmalen die Zuordnung eines Elementes zu einer Merkmalsausprägung individuell unterschiedlich ausfällt, zeichnen sich objektive Merkmale durch allgemein verbindliche Zuordnungsregeln aus.

Eine weitere Systematisierung ermöglicht die **Bedeutung der Merkmale**.[151] Diese ist allerdings nicht generell, sondern hängt von konkreten Klassifizierungen und Typologisierungen ab. Die unterschiedliche Bedeutung der Merkmale erlaubt die Aufstellung einer Rangordnung, wobei zwischen Haupt- und Nebenmerkmalen bzw. zwischen konstitutiven und alternativen Merkmalen differenziert werden kann.

Eine letzte Unterscheidung von Merkmalen erfolgt nach dem **Ausschließlichkeitscharakter**[152], die eng mit der Unterscheidung nach der Bedeutung der Merkmale zusammenhängt. Nach diesem Unterscheidungsmerkmal lassen sich monothetische und polythetische Merkmale voneinander abgrenzen. Bei monothetischen Merkmalen führt die Erfüllung bzw. Nichterfüllung einer Merkmalsausprägung zu der Zugehörigkeit zu einer Klasse bzw. zu einem Typ. Dies bedeutet, es handelt sich um eine notwendige Bedingung. Bei polythetischen Merkmalen dagegen ist es nicht notwendig, dass alle Elemente einer Klasse bzw. eines Typs einen bestimmten Merkmalswert aufweisen.

(2) Empirische Überprüfung

Die Art der empirischen Überprüfung ist von der grundsätzlichen Vorgehensweise der Taxonomie abhängig. Während bei einer progressiven Vorgehensweise durch Beobachtung von realen Elementen versucht wird, sinnvolle Merkmalskombinationen zu finden, steht bei einer retrograden Vorgehensweise die Identifizierung von Merkmalsausprägungen, die eine Differenzierung zwischen bekannten Typen erlauben, im Mittelpunkt. Im ersten Fall kann als Hilfstechnik die Cluster-, im zweiten Fall die

---

[148] Teilweise erfolgt eine weitere Differenzierung in intervall- und ratio-skalierte Merkmale.

[149] Vgl. **Knoblich** (1972) S. 144; **Kolb** (1989) S. 39.

[150] Vgl. **Knoblich** (1972) S. 144.

[151] Vgl. **Knoblich** (1972) S. 144.

[152] Vgl. **Sodeur** (1974) S. 17 ff.; **Kluge** (1999) S. 78.

Diskriminanzanalyse[153] zum Einsatz gelangen. Da im vorliegenden Fall eine empirisch-progressive Vorgehensweise gewählt wird, behandelt der folgende Exkurs nur clusteranalytische Methoden.

Exkurs: Clusteranalyse für taxonomatische Zwecke

Bei der Anwendung der Clusteranalyse für taxonomatische Zwecke[154] sind insbesondere folgende Entscheidungen zu treffen:[155]

- Auswahl relevanter Merkmale und Merkmalsausprägungen,
- Bestimmung eines Kriteriums („Bestimmtheitsmaß"), welches die Ähnlichkeit innerhalb einer Gruppe („Homogenitätsmaß") bzw. die Unähnlichkeit zwischen zwei Gruppen („Heterogenitätsmaß") misst[156],
- Entscheidung einer Regel, nach der ein Objekt einer Gruppe zugeordnet wird („Fusionierungsverfahren"),
- Festlegung der Zahl von Typen,
- Beschreibung der gebildeten Typen.

Die folgenden Ausführungen behandeln nur solche Proximitätsmaße und Fusionierungsverfahren, die für typologische Überlegungen von Relevanz sind.

(1) Proximitätsmaße

Die Proximitätsmaße geben die Nähe (Ähnlichkeitsmaß) bzw. Entfernung (Unähnlichkeitsmaß) zwischen zwei Elementen an. Dabei lassen sich zwei Aspekte voneinander unterscheiden: Zum einen ist die Ähnlichkeit bzw. Unähnlichkeit zwischen zwei Objekten bei einem einzelnen Merkmal zu nennen. Diese Messung ist abhängig vom Skalenniveau der Merkmale.[157] Im vorliegenden Fall handelt es sich ausschließlich um **nominale Merkmale**, weshalb zwischen zwei Fällen bei einem einzelnen Merkmal entweder eine Übereinstimmung („Äquivalenz") oder ein Unterschied („Nicht-Äquivalenz") vorliegt.

Zum anderen ist die Aggregation mehrerer Einzelproximitäten zwischen zwei Objekten notwendig. Dies ist insbesondere dann problematisch, wenn es sich um Merkmale mit

---

[153] Vgl. zur Darstellung der Diskriminanzanalyse z.B. **Aaker/Kunnar/Day** (1998) S. 559 ff.; **Churchill** (1999) S. 820 ff.

[154] Eine häufige Anwendung der Clusteranalyse im Marketing stellt die Marktsegmentierung dar. Daher erfolgt im Rahmen der Marktsegmentierung häufig die (anwendungsbezogene) Diskussion der Clusteranalyse, vgl. allgemein **Freter** (1983) S. 107; zur exemplarischen Anwendung z.B. **Freter/Obermeier** (2000) S. 747 ff.

[155] Vgl. z.B. **Vogel** (1975) S. 46 f. Diese Entscheidungen sind sukzessiv zu treffen, weshalb in der Literatur verschiedene Ablaufschemata für die Clusteranalyse vorgeschlagen wurden, vgl. z.B. **Steinhausen/ Langer** (1977) S. 19 ff.

[156] Vgl. **Sodeur** (1974) S. 129 ff.

[157] Vgl. zur Diskussion der verschiedenen Distanzen in Abhängigkeit vom Skalenniveau z.B. **Opitz** (1980) S. 32 ff.

B. Deskriptiv-explorative Mastertechniken 51

unterschiedlichem Datenniveau handelt („mixed-data-Problem").[158] Aufgrund der Skalentransformation besitzen alle im Folgenden ausgewählten Merkmale das gleiche Skalenniveau[159], weshalb sich die anschließenden Ausführungen auf die verschiedenen Aggregationsmöglichkeiten bei nominalem Skalenniveau beschränken. Zur Aggregation bei nominalem Skalenniveau existieren zwei grundsätzliche Ansätze, die von der Anzahl der Abstufungen abhängig sind. Falls es sich bei allen Merkmalen um Merkmale mit nur zwei Ausprägungen handelt, lassen sich die Proximitätsmaße für binäre Daten anwenden.[160] Falls mehr als zwei Ausprägungen bei einem Merkmal vorliegen, finden das Chi-Quadrat- und das Phi-Quadrat-Maß Berücksichtigung.[161] Die vorliegende Studie verwendet auch Merkmale mit mehr als zwei Ausprägungen, weshalb auf das Unähnlichkeitsmaß **Phi-Quadrat** zurückgegriffen wird.

(2) Fusionierungsverfahren

Fusionierungsverfahren[162] lassen sich zunächst nach dem Ergebnis in deterministische und probabilistische Clusterungen einteilen.[163] Im Folgenden findet der **deterministische** Ansatz Verwendung, der sich durch die Zuordnung eines Elements zu einem Cluster mit der Wahrscheinlichkeit 0 oder 1 auszeichnet. Im Rahmen der deterministischen Vorgehensweise existieren mit den hierarchischen und den partionierenden Verfahren zwei Hauptgruppen[164]. Während bei den partionierenden Verfahren eine Ausgangslösung vorliegt, und die verschiedenen Routinen versuchen, die Ausgangslösung im Hinblick auf eine Zielgröße zu verbessern, liegt bei den **hierarchischen Verfahren** keine Ausgangslösung vor. Aufgrund der progressiven Vorgehensweise der Taxonomie findet ein hierarchisches Verfahren Anwendung. Bei den hierarchischen Ansätzen lassen sich nach dem Startpunkt der Clusteranalyse agglomerative (jedes Element bildet ein eigenes Cluster) und divisiven Verfahren (alle Elemente sind ein Cluster) unterscheiden. Aufgrund der progressiven Zielsetzung des Ansatzes gelangt ein **agglomeratives Verfahren** zur Anwendung. Agglomerativ-hierarchische Verfahren zeichnen sich durch folgende Vorgehensweise aus:

1. Beginn der Fusionierung mit der feinsten nur möglichen Gruppierung, d.h. jedes Objekt bildet ein eigenes Cluster,
2. Berechnung der Proximitäten (Ähnlichkeiten, Distanzen) für alle Elemente,

---

[158] Vgl. zur Diskussion und zu Lösungsvorschlägen zum mixed-data-Problem **Opitz** (1980) S. 57 ff.

[159] Zur Kritik an diesem Verfahren vgl. **Opitz** (1980) S. 50 f.

[160] In SPSS (Version 10.0) sind insgesamt sieben Unähnlichkeitsmaße und zwanzig Ähnlichkeitsmaße implementiert.

[161] Vgl. z.B. **Brosius/Brosius** (1996) S. 853.

[162] Zur Diskussion verschiedener Systematisierungsansätze von Fusionsalgorithmen vgl. **Steinhausen/Langer** (1977) S. 70; **Vogel** (1975) S. 210 ff.

[163] Vgl. **Bacher** (1996) S. 4 ff.; im Rahmen der deterministischen Verfahren lassen sich weiter scharfe von unscharfen Clusterungen unterscheiden. vgl. z.B. **Büschken/von Thaden** (2000) S. 351 ff.

[164] Darüber hinaus werden auch graphentheoretische und verschiedene Optimierungsverfahren den Fusionierungsverfahren zugeordnet.

3. Identifizierung der Elemente, die aufgrund der Proximitäten die größte Ähnlichkeit aufweisen,

4. Gruppierung der Objekte mit der größten Ähnlichkeit. Dadurch verringert sich die Zahl der Cluster um eins. Darauf aufbauend erfolgt die Berechnung einer veränderten Distanzmatrix,

5. Schritte 2 – 4 werden solange wiederholt, bis alle Elemente zu einem einzelnen Cluster zusammengefasst sind.

Bei der Berechnung der neuen Proximitätsmatrix in Schritt 4 existieren verschiedene Ansätze. Trotz aller Unterschiedlichkeit lassen sich folgende drei Verfahrensklassen mit entsprechenden Beispielen voneinander abgrenzen:[165]

- Nächste Nachbarn (z.B. Single-Linkage, Complete-Linkage),
- Mittelwertmodelle (Average-, Weighted-Average-Linkage),
- Clusterzentren/Klassifikationsobjekte als Repräsentanten (Ward-, Median-, Centroid-Verfahren).

Die einzelnen Verfahren zeichnen sich durch verschiedene Eigenschaften aus. Sie lassen sich danach charakterisieren, ob sie dazu neigen, die Objekte in einzelne etwa gleich große Gruppen zusammenzufassen (dilatierende Verfahren), oder eher zur Bildung weniger sehr großer Cluster und vieler sehr kleiner Cluster tendieren (kontrahierende Verfahren).[166] Routinen, die keine dieser beiden Tendenzen aufweisen, bezeichnet man als konservative Verfahren. Weiterhin existieren Routinen, die zur Kettenbildung („chaining"-Effekt) neigen, wodurch Cluster entstehen, die nur durch wenige Objekte miteinander in Beziehung stehen. Abbildung B 4 liefert einen Überblick über wichtige Fusionierungsverfahren und deren Eigenschaften.

Verfahren	Eigenschaft	Proximitätsmaße	Bemerkungen
Single-Linkage	kontrahierend	alle	neigt zur Kettenbildung
Complete-Linkage	dilatierend	alle	neigt zu kleinen Gruppen
Average-Linkage	konservativ	alle	-
Ward-Verfahren	konservativ	Distanzmaße	bildet etwa gleich große Gruppen

Abb. B 4: Vergleich wichtiger Fusionsalgorithmen der Clusteranalyse
Quelle: (in Anlehnung an) *Backhaus/Plinke/Weiber/Erichson (2000)* S. 365.

Eine eindeutige Überlegenheit eines der diskutierten Verfahren oder eine eindeutige Empfehlung für bestimmte Situationen existieren nicht. Vielmehr kommt es bei der Anwendung der Verfahren darauf an, dass der strukturentdeckende Charakter der Clusteranalyse berücksichtigt wird, d.h. es bietet sich der Einsatz verschiedener Verfahren mit einem anschließenden Vergleich der Ergebnisse an. Aufgrund der ins-

---

[165] Vgl. **Bacher** (1996) S. 142 f. Zur Darstellung und Diskussion der einzelnen Verfahren vgl. z.B. **Steinhausen/Langer** (1977) S. 76 ff.; SPSS (Version 10.0) enthält sieben verschiedene Methoden.

[166] Vgl. **Steinhausen/Langer** (1977) S. 75.

gesamt positiven Eigenschaften des Average-Linkage wird dieses im Weiteren als Hauptverfahren angewendet und durch die anderen Verfahren in Bezug auf die Stabilität der Lösung hin überprüft.[167]

2. Co-Branding-Typologie

Die Basis zur empirisch-progressiven Typologisierung des Co-Branding bilden verschiedene Merkmalskataloge zur Systematisierung von Kooperationen[168] und Marken[169] sowie die vereinzelten Ansätze zur Systematisierung des Co-Branding[170]. Vor der Skizzierung der ausgewählten Merkmale erfolgt zunächst die Darstellung wichtiger bisheriger Systematisierungsansätze des Co-Branding.

2.1 Systematisierungsansätze in der Literatur

In der Co-Branding-Literatur existiert bereits eine Reihe von heuristischen Taxonomien. Dabei lassen sich grob zwei Gruppen[171] voneinander abgrenzen. Die erste Gruppe ordnet das Co-Branding als eine Klasse oder einen Typ in eine umfassendere Systematik markenstrategischer Optionen ein. Zu dieser Gruppe zählen z.B. die Ansätze von *Farquhar/Han/Herr/Ijiri (1997)*, *Blackett/Russel (1999)*, *Hadjicharalambous (2001)* und *Desai/Keller (2002)*. Die zweite Gruppe strukturiert durch die Bildung von verschiedenen Co-Brand-Formen diesen Gegenstandsbereich. Dieser Gruppe lassen sich die Ansätze von *Rueckert/Rao/Benavent (1994)*, *Abell/Cookson (1997)*, *Samu/Krishnan/Smith (1999)*, *Cegarra/Michel (2000)*, *Cooke/Ryan (2000)*, *Venkatesh/ Mahajan/Muller (2000)*, *Abell (o.J.)*, sowie *Jevons/Gabbolt/de Chernatony (2001)* zuordnen. Stellvertretend für die erste Gruppe werden die Ansätze *Farquhar/Han/Herr/ Ijiri (1997)* und *Blackett/Russel (1999)* skizziert. Die Darstellung der Ansätze von *Cegarra/Michel (2000)* und *Jevons/Gabbolt/de Chernatony (2001)* verdeutlichen die Grundidee der zweiten Gruppe.

(1) Farquhar/Han/Herr/Ijiri (1997)

Der Ansatz von *Farquhar/Han/Herr/Ijiri (1997)* diskutiert Transfermöglichkeiten für sog. Masterbrands. Darunter fallen solche Marken, die eng mit einer Produktkategorie verbunden und dadurch nur schwer auf andere Leistungsbereiche übertragbar sind. Als

---

[167] Diese Vorgehensweise deckt sich auch mit der Forderung von **Backhaus/Plinke/Weiber/Erichson** (2000) S. 384, die fordern, dass bei einer Clusteranalyse neben der Transparenz und der Begründung der Wahl für eine bestimmte Vorgehensweise auch die Stabilität der Ergebnisse durch Veränderung der Ähnlichkeitsmaße und der Fusionierungsalgorithmen zu analysieren ist.

[168] Vgl. allgemein **Tietz/Mathieu** (1979) S. 15 ff.; **Fontanari** (1996) S. 38 ff. Speziell zu Kooperationsmerkmalen bei einzelnen Marketinginstrumenten vgl. **Varadarajan** (1986) S. 62 ff.; **Priemer** (1997) S. 35 ff.

[169] Vgl. z.B. **Linxweiler** (1999) S. 57 ff.; **Bruhn** (1994) S. 25 ff.

[170] Vgl. **Decker/Schlifter** (2001) S. 41; **Blackett/Russel** (1999) S. 7; **Cooke/Ryan** (2000) S. 340 f.; **Cegarra/Michel** (2000) S. 2 ff.; **Jevons/Gabott/Chernatony** (2001).

[171] Dabei ist die Zuordnung zu einer der beiden Gruppen nicht immer eindeutig, da einige Ansätze sowohl das Co-Branding in eine übergeordnete Systematik einordnen als auch das Co-Branding weiter unterteilen (z.B. **Blackett/Russell** (1999) S. 9 ff.; **Desai/Keller** (2002) S 75; **Hadjicharalambous** (2001) S. 32).

Lösungsmöglichkeiten bieten sich zum einen vertikale Ansätze an, die sich durch die Ergänzung des Masterbrands durch übergeordnete bzw. untergeordnete Markenebenen auszeichnen. Zum anderen existieren auf einer horizontalen Ebene Transfermöglichkeiten durch die Verknüpfung des Masterbrands mit anderen Marken auf der gleichen Markenhierarchie-Ebene. Das Co-Branding stellt eine der möglichen horizontalen Möglichkeiten zum Transfer von Masterbrands an. Der von *Farquhar/Han/Herr/Ijiri (1997)* gewählte Ansatz ist für eine allgemeine Einordnung des Co-Branding zu spezifisch, da er auf Transfermöglichkeiten für Masterbrands fokussiert.

(2) Blackett/Russell (1999)

Der Ansatz der beiden Interbrand-Berater *Blackett/Russell (1999)* basiert auf zwei Dimensionen. Die erste Dimension betrifft die Dauer der Zusammenarbeit zwischen zwei Partnern. Die zweite Dimension resultiert aus dem durch die Zusammenarbeit geschaffenen Wert. Durch Kombination dieser zwei Dimensionen lässt sich eine Matrix ableiten (vgl. Abbildung B 5).

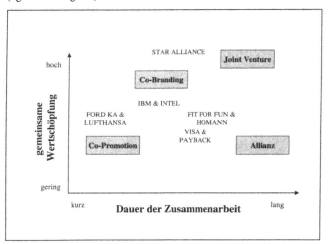

Abb. B 5: Einordnung des Co-Branding in die Wert-Dauer-Matrix
Quelle: (in starker Anlehnung an) *Blackett/Russell (1999)* S. 7.

Nach diesem Ansatz zeichnet sich das Co-Branding durch eine mittlere bis lange Dauer und eine mittleres bis hohes Potential zur gemeinsamen Wertschöpfung aus.

Allerdings kann dieser Ansatz nicht vollständig überzeugen, da sich die angeführten Beispiele für Co-Branding über die gesamte Matrix verteilen.[172] Vielmehr handelt es sich bei den beiden gewählten Dimensionen um sinnvolle Merkmale für die empirische Co-Brand-Typologie.

---

[172] Diese Uneindeutigkeit wird auch bei Blackett/Russell selbst deutlich, da sie in Abhängigkeit von der gemeinsamen Wertschöpfung vier Klassen des Co-Branding voneinander abgrenzen, vgl. **Blackett/Russell** (1999) S. 9 ff.

B. Deskriptiv-explorative Mastertechniken

(3) Cegarra/Michel (2000)

Cegarra/Michel (2000) systematisieren das Co-Branding nach zwei Merkmalen. Das erste Merkmal betrifft den Link zwischen den beteiligten Marken, wobei die Formen funktional-technischer und emotional-symbolischer Link unterschieden werden.[173] Das zweite Merkmal klassifiziert die Co-Brands danach, ob es sich um exklusive oder nicht-exklusive Co-Brands handelt. Die Kombination dieser zwei Merkmale ergibt die in Abbildung B 6 dargestellte Matrix.

		Link zwischen den Marken	
		emotional-symbolisch	funktional-technisch
Exklusivitätsgrad	exklusiv	FORD KA & LUFTHANSA	PHILIPS & NIVEA
	nicht-exklusiv	MÖVENPICK (SCHÖLLER, DALLMAYR)	GORE-TEX

Abb. B 6: Typen des Co-Branding nach Cegarra/Michel (2000)

Der Ansatz von *Cegarra/Michel (2000)* ist zwar von der Abgrenzung zwischen den Ausprägungen speziell bei der Achse Link zwischen den Marken problematisch, im Hinblick auf Wirkungsfragen ist er allerdings hilfreich, weshalb die empirische Co-Brand-Typologie dieses Merkmal berücksichtigt.

(4) Jevons/Gabbolt/de Chernatony (2001)

Jevons/Gabbolt/de Chernatony (2001) bezeichnen ihren Ansatz als Brand-Relationship-Interaction-Matrix (BRI-Matrix). Als erste Dimensionen verwenden sie das innere Verhältnis der Marken aus einer Managementsicht. Dabei existieren enge Verbindungen, wenn bspw. die beteiligten Marken zu einem Unternehmen gehören. Eher weiter ist das Verhältnis bei nicht-exklusiven Zusammenarbeiten wie z.B. im Kreditkartenbereich. Die zweite Dimension betrifft die Sichtbarkeit der Markenverbindung, wobei eine Dichotomisierung in stark und schwach vorgenommen wird. Abbildung B 7 zeigt die BRI-Matrix im Überblick.

		Managementbeziehung	
		eng	weit
sichtbare Markenverbindung	deutlich wahrnehmbar	JACOBS KAFFEE & MILKA	VISA & PAYBACK
	kaum wahrnehmbar	FORD/VOLVO	bestimmtes Buch exklusiv bei AMAZON

Abb. B 7: BRI-Matrix
Quelle: (in starker Anlehnung an) *Jevons/Gabbolt/de Chernatony (2001)*.

Aus einer wirkungsorientierten Sicht weist insbesondere die Dimension Sichtbarkeit der Markenverbindung Relevanz auf, wobei sich die gewählte Definition insbesondere auf die Fälle von deutlich wahrnehmbaren Markenverbindungen konzentriert. Die andere

---

[173] Vgl. ähnlich **Cooke/Ryan** (2000), die zwischen symbolischem und funktionalem Co-Branding differenzieren.

Dimension des inneren Verhältnisses der Führung des Co-Brand besitzt dagegen nur eine nachgeordnete Bedeutung.

Zusammenfassend lässt sich festhalten, dass in der Literatur sowohl Ansätze zur Einordnung des Co-Branding in übergeordnete Systematiken als auch Systematisierungsansätze für das Co-Branding existieren. Allerdings weisen diese Ansätze eine Reihe von Nachteilen auf. Zunächst handelt es sich immer um heuristische Ansätze, die dazu führen, dass gewisse Klassen oder Typen zwar theoretisch möglich sind, in der Realität aber kaum oder gar nicht auftreten. Weiterhin beschränken sich die Ansätze überwiegend auf zwei, maximal drei Merkmale zur Bildung einer Systematik des Co-Branding. Die Vielfalt realer Formen führt dazu, dass eine solche Vereinfachung die Realität wenig genau abbildet. Schließlich findet nur am Rande eine Verbindung zwischen realen Fällen und der jeweils entwickelten Systematik statt. Diese Verbindung beschränkt sich darauf, dass für die jeweils künstlich konstruierten Klassen „gute" Beispiele gesucht werden. Fraglich ist daher, ob die gewählten Ansätze alle realen Beispiele abbilden können.

Aufgrund dieser Schwächen wird im Folgenden eine empirische Co-Brand-Typologie entwickelt, die zum einen auf der Basis realer Co-Brands und zum anderen auf einer Vielzahl von Merkmalen basiert. Ziel bildet die Identifikation von Co-Brand-Typen, die das Feld des Co-Branding in der Realität sinnvoll und möglichst vollständig abbilden.

2.2 Auswahl und Beschreibung von Merkmalen zur Typologisierung von Co-Brands

Die Auswahl der Merkmale sowie deren Ausprägungen erfolgt unter Berücksichtigung zweier Kriterien:

- theoretisches Kriterium: Fruchtbarkeit für die Analyse der Wirkungen des Co-Branding,
- forschungspragmatisches Kriterium: leichte Messbarkeit des Kriteriums.

Bei der anschließenden Anwendung der Clusteranalyse finden weitere Anforderungen, wie die möglichst geringe Korrelation der Merkmale[174] sowie die Eliminierung von konstanten Merkmalen[175], Berücksichtigung.

Folgende Merkmale finden zunächst zur Taxonomie von Co-Branding Verwendung:

(1) Anzahl der beteiligten Marken des Co-Brand,

(2) wirtschaftliche und rechtliche Selbständigkeit der beteiligten Marken,

(3) Richtung der Zusammenarbeit,

(4) Verhältnis der Markenstärke,

---

[174] Backhaus/Plinke/Weiber/Erichson empfehlen ab einer Korrelation von 0.9 die Eliminierung einer der beiden Variablen, da die noch verbleibende Variable die eliminierte Variable berücksichtigt; vgl. **Backhaus/Plinke/Weiber/Erichson** (2000) S. 382.

[175] Konstante Merkmale sind solche, die bei fast allen Objekten dieselbe Ausprägung aufweisen und damit nicht zu einer Trennung der Objekte in verschiedene Cluster beitragen.

B. Deskriptiv-explorative Mastertechniken 57

(5) Verhältnis der Marken nach außen,

(6) Hauptlink der Markenverbindung,

(7) Leistungsintegration,

(8) Innovationshöhe der Leistung des Co-Brands,

(9) Sektor des Co-Brands,

(10) Zeitdauer des Co-Branding,

(11) Anzahl der Co-Brands zu einem Zeitpunkt (Exklusivitätsgrad),

(12) Transferart.

Während die ersten sieben Kriterien auf das Verhältnis der beteiligten Marken abstellen, fokussieren die letzten fünf Kriterien auf das Co-Brand. Die folgenden Abschnitte stellen die einzelnen Merkmale sowie deren Merkmalsausprägungen detailliert vor. Darüber hinaus erfolgt die Illustration einzelner Merkmalsausprägungen anhand realer Beispiele, die einer Datenbank über Co-Branding entstammen, die Ende 1998 am Lehrstuhl für Marketing der Universität Siegen aufgebaut und seitdem kontinuierlich erweitert wurde.[176] Zur Zeit der Durchführung der taxonomatischen Methode umfasste die Datenbank 103 Beispiele, welche die Definitionskriterien für Co-Branding erfüllen. Weiterhin handelt es sich bei den berücksichtigten Co-Brands um Beispiele, die in Deutschland zwischen 1995 – 2002 am Markt präsent waren.

(1) Anzahl der beteiligten Marken

Co-Branding lässt sich nach der Anzahl der beteiligten Marken unterscheiden. Aufgrund der Definition[177] erfordert das Co-Branding mindestens zwei Marken, allerdings sind auch Co-Brands mit mehr als zwei Marken denkbar. Empirisch zeigt sich, dass die meisten Co-Brands aus zwei Marken bestehen. Daher ist es sinnvoll, die Merkmalsausprägung „mehr als zwei" nicht weiter zu differenzieren. Die Beispiele der Datenbank verteilen sich auf die beiden Klassen folgendermaßen:

        a)   zwei Marken: 82

        b)   mehr als zwei Marken: 21

Beispiele für Co-Brands mit mehr als zwei Marken finden sich vor allem bei Kreditkarten (z.B. ADAC CLUBKARTE mit VISA-Kreditkartenfunktion, die durch die BERLINER BANK herausgegeben wird). Weitere Beispiele finden sich bei Gebrauchsgütern wie Bekleidung oder Badezimmereinrichtungen, bei denen neben den Herstellern Designer oder Dienstleister auftreten. Beispiele sind ein Strumpf von FALKE, GORE-TEX und der DEUTSCHEN SPORTHOCHSCHULE KÖLN und das STARCK-BAD von AXOR (HANS GROHE), DURAVIT und HOESCH DESIGN.

---

[176] Der erste lauffähige Entwurf der Datenbank stammt von **Cullik** (1998). Die Liste der berücksichtigten Co-Brands enthält Anhang 2.

[177] Vgl. Kap. B.I.2.4.

(2) Wirtschaftliche und rechtliche Selbständigkeit der beteiligten Marken

Zwar wurde im Rahmen der Co-Branding-Definition dargelegt[178], dass die rechtliche und wirtschaftliche Selbständigkeit aus Sicht einer wirkungsorientierten Markendefinition irrelevant ist, allerdings besitzt diese Unterscheidung für die Ableitung technologischer Aussagen Bedeutung, da nur im Falle einer rechtlichen[179] und wirtschaftlichen Selbständigkeit die Marken über die Zusammenarbeit und die Ausgestaltung des Co-Branding unabhängig entscheiden. Die Beispiele der Datenbank konzentrieren sich überwiegend auf die Zusammenarbeit zwischen rechtlich und wirtschaftlich selbständigen Marken:

    a) Selbständigkeit vorhanden: 96,

    b) keine Selbständigkeit: 7.

Eine größere Zahl von Beispielen für Co-Brands zwischen rechtlich und wirtschaftlich nicht selbständigen Marken könnte man finden, wenn man die Definition weiter fasst und auch solche Fälle berücksichtigt, bei denen die Marken zwar zu einem bestimmten Zeitpunkt aus Sicht der Konsumenten unabhängig sind, diese aber zukünftig nicht mehr alleine vermarktet werden. Bei einer solchen Definition finden auch alle Markenkombinationen Berücksichtigung, die im Zuge von Mergers & Acquisitions entstanden sind (AXA COLONIA[180]; DAIMLERCHRYSLER).

(3) Richtung der Zusammenarbeit

Das Merkmal Richtung der Zusammenarbeit gibt die Beziehung der Träger innerhalb der Wirtschaftsstufen an. Eine vertikale Beziehung bedeutet eine Zulieferer-Abnehmer-Beziehung. Zu dieser Klasse zählen die Ingredient-Branding-Fälle, sofern es sich gleichzeitig um Co-Branding handelt.[181] Bei einer horizontalen Beziehung stehen die Partner auf der gleichen Wirtschaftsstufe. Laterale Beziehungen bestehen, wenn die beteiligten Marken in keiner erkennbaren Marktbeziehung zueinander stehen. Die Beispiele der Datenbank verteilen sich auf diese drei Merkmalsausprägungen wie folgt:

    a) vertikal: 9,

    b) horizontal: 50,

    c) lateral: 44.

Die Schwerpunkte in der Datenbank liegen auf den Merkmalsausprägungen horizontal und lateral. Beispiele für horizontale Co-Brands sind PHILISHAVE COOL SKIN, verschiedene Kreditkarten, der MCDONALDS Tomaten Ketchup von DEVELY oder das MÖVENPICK Eis von SCHÖLLER. Beispiele für laterale Co-Brands finden sich vor allem im Lizenzbereich wie z.B. die Porzellanserie ROSENTHAL meets VERSACE, die WINNIE THE POOH-LEGO-Bausteine oder die ERNIE & BERT-Zahnpasta von ELMEX. Allerdings

---

[178] Vgl. Kap. B.I.2.4.

[179] Dabei reicht eine rechtliche Unabhängigkeit nicht aus, da beispielsweise in einem Konzern, der einen Zusammenschluss rechtlich selbständiger Unternehmen darstellt, aufgrund der wirtschaftlichen Abhängigkeiten keine unabhängigen Markenentscheidungen getroffen werden.

[180] Mittlerweile wurde der Firmenname auf AXA verkürzt.

[181] Vgl. zur Begriffsabgrenzung zwischen Co-Branding und Ingredient Branding Kap. B.I.2.5.3.

B. Deskriptiv-explorative Mastertechniken

ist die Trennung zwischen den drei Merkmalsausprägungen nicht präzise. Beispielsweise existieren Co-Brands zwischen Marken, die beide isoliert an Konsumenten verkaufen, die allerdings im Rahmen des Co-Brands als Zuliefer-Abnehmer kommuniziert werden. Beispiele dafür sind die Co-Brands MCFLURRY (z.B. mit SMARTIES), die RITTER SPORT-Schokolade mit SMARTIES, die Schoko-Bananen von CASALI mit dem Ingredient CHIQUITTA-Bananen und der JACOBS-Cappuccino mit MILKA-Schokolade. Auch die Abgrenzung zwischen lateral und horizontal ist subjektiv, da eine operationale Definition für die Abgrenzung fehlt.

(4) Verhältnis der Markenstärke

Das Merkmal Verhältnis der Markenstärke stellt auf die Marken-Einstellung und Marken-Stabilität der beteiligten Marken beim Abnehmer ab. Dieses Merkmal ist problematisch in der Operationalisierung, da es bislang keinen verbindlichen Standard für die Messung der Markenstärke gibt. Als Indikatoren finden daher im Folgenden die Faktoren Bekanntheit und Markenwissen[182] Verwendung. Da eine Bestimmung dieser Indikatoren für alle Beispiele der Datenbank unmöglich ist, erfolgt eine subjektive Beurteilung, wobei die Gleichheit der Markenstärke auch bei geringen subjektiven Unterschieden angenommen wird. Die Merkmalsausprägungen dieses Merkmals stellen gleiche bzw. ungleiche Markenstärke dar. Die Beispiele verteilen sich wie folgt:

    a)   gleiche Markenstärke: 65,

    b)   ungleiche Markenstärke: 38.

Die Verteilung zeigt, dass ca. 2/3 aller Fälle zwischen Marken mit gleicher Markenstärke stattfinden. Zur Verdeutlichung listet Abbildung B 8 Beispiele für Co-Brands mit gleicher sowie ungleicher Markenstärke auf.

gleiche Markenstärke	ungleiche Markenstärke
<ul><li>Pralinés Post, ein Geschenkservice von DEUTSCHE POST und LINDT</li><li>MERCEDESCARD, Kreditkarte von MERCEDES und VISA</li><li>PORSCHE-Kaffeeautomat von SIEMENS</li><li>Weihnachtsfreude von MILKA und LEGO</li><li>MÖVENPICK-Eis von SCHÖLLER</li><li>OBI@OTTO-Online-Shop für Heimwerkerbedarf,</li><li>FIT FOR FUN-Brotaufstrich von HOMANN.</li></ul>	<ul><li>LEGO-WATCH-SYSTEM, eine zusammenbaubare Uhr von LEGO* und JUNGHANS,</li><li>MCDONALDS* Ketchup by DEVELEY,</li><li>Premium Konfitüre von JULIUS MEINL und ZENTIS*[183],</li><li>PEPSI LIGHT* mit NUTRA-SWEET,</li><li>Schreibwaren von WWF* und HERLITZ,</li><li>Sonnensportbrillen von UVEX* und MAKROLON,</li><li>FIT FOR FUN*-Brot von PEMA.</li></ul>
*: stärkere Marke	

Abb. B 8: Beispiele für Co-Brands differenziert nach der Markenstärke der Partner

---

[182] Vgl. z.B. **Keller** (1993); **Keller** (1998) S. 41 ff.; **Keller** (2001) S. 1059 ff.

[183] Diese Zuordnung gilt für den deutschen Markt; auf dem österreichischen Markt weist die Marke JULIUS MEINL eine mit ZENTIS mindestens gleiche Markenstärke auf.

(5) Verhältnis der Marken nach außen

Das Merkmal Verhältnis der Marken nach außen bezieht sich auf die Präsentation der am Co-Brand beteiligten Marken in der Kommunikation, auf der Verpackung, auf dem Produkt, am PoS usw. Das Verhältnis läßt sich durch unterschiedliche Größen, Anordnungen oder Farbigkeiten der Markenlogos gestalten. Die Beispiele der Datenbank verteilen sich auf die beiden Klassen wie folgt:

    a)   gleichberechtigt: 47,

    b)   nicht gleichberechtigt: 56.

Bei diesem Merkmal verteilen sich die Beispiele ungefähr gleichmäßig auf die beiden Klassen. Anzumerken ist, dass es sich bei diesem Merkmal nicht um ein klassifikatorisches, sondern mindestens um ein ordinales Merkmal handelt. Beispielsweise lassen sich bei den verschiedenen Co-Brands von MÖVENPICK unterschiedliche Intensitätsgrade erkennen (vgl. Abbildung B 9).

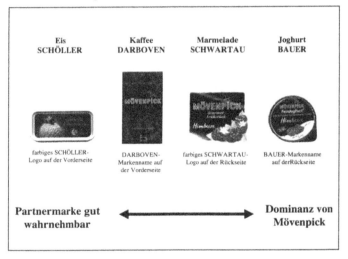

Abb. B 9: Markenverhältnis am Beispiel verschiedener MÖVENPICK-Co-Brands

(6) Hauptlink der Markenverbindung

Dieses Merkmal betrifft die dominierende logische Verbindung zwischen den beteiligten Marken. Vereinfacht erfolgt die Differenzierung zwischen einer funktional-technischen und einer emotional-symbolischen Verbindung. Die Beispiele verteilen sich wie folgt:

    a)   technisch-funktional: 55,

    b)   emotional-symbolisch: 48.

Beispiele für technisch-funktionale Verbindungen liefern insbesondere Ingredient Brands (z.B. UVEX-Sportbrillen mit MAKROLON). Emotional-symbolische Markenverbindungen finden sich bei PKW-Sondermodellen (z.B. TWINGO & BENETTON, FORD KA

B. Deskriptiv-explorative Mastertechniken

& K2, PEUGEOT & LACOSTE) und bei multiplen Lizenzmarken (z.B. MÖVENPICK, FIT FOR FUN).

(7) Leistungsintegration

Das Merkmal der Leistungsintegration beschreibt die Möglichkeit, die Gesamtleistung in die Einzelleistungen der beteiligten Marken zu zerlegen. Eine geringe Leistungsintegration liegt beispielsweise bei Marken-Bundling (z.B. Weihnachtsfreude von MILKA & LEGO, LUNCHABLES von KRAFT & CAPRI SONNE, KELLOGG'S FUNPACK mit LEGO-Spielzeug) vor. Hingegen stellen die Ingredient Brands, bei denen die Leistung einer Marke Bestandteil der Leistung der zweiten Marke wird, Co-Brands mit einer hohen Leistungsintegration dar. Die Beispiele verteilen sich wie folgt:

- a) geringe Leistungsintegration: 17,
- b) hohe Leistungsintegration: 86.

Der überwiegende Anteil der Beispiele weist eine hohe Leistungsintegration auf.

(8) Innovationshöhe der Leistung des Co-Brands

Die Innovationshöhe bezieht sich nicht auf die Innovationshöhe aus Sicht der Marke, sondern darauf, ob die Co-Brand-Leistung aus Sicht der Abnehmer eine Innovation darstellt. Die Beispiele verteilen sich auf die drei Innovationshöhen wie folgt:

- a) vorhandene Leistung: 70,
- b) modifizierte Leistung: 20,
- c) neue Leistung: 13.

Die Verteilung der Co-Brand-Beispiele zeigt, dass das Co-Brand nur relativ selten eingesetzt wird, um Marktinnovationen einzuführen. In dem überwiegenden Teil der Fälle bildet das Co-Branding eine Strategie, um bestehende Leistungen durch die Anreicherung mit einer zweiten Marke zu differenzieren. Zur Verdeutlichung der drei Klassen listet Abbildung B 10 jeweils Beispiele auf.

vorhandene Leistung	modifizierte Leistung	neue Leistung
• FORD KA-Sondereditionen (LUFTHANSA, K2, MANNESMANN CALL YA), • VW GOLF ROLLING STONES- Collection, • Premium Konfitüre von JULIUS MEINL und ZENTIS.	• MCFLURRY: Eiscreme kombiniert mit verschiedenen Marken (z.B. SMARTIES, NUTS), • Praliné Post, ein Geschenkservice der DEUTSCHEN POST und LINDT, • Eiskrem von HÄGEN-DAZS und BAILEYS.	• PHILISHAVE COOL SKIN (PHILIPS, NIVEA), • Ergonomic Sport System-Strümpfe (FALKE, GORE-TEX, DEUTSCHE SPORTHOCHSCHULE KÖLN), • PHILIPS-ALESSI-Elektrohaushaltsgeräte, • PHILIPS-LEVIS-Functional Wear.

Abb. B 10: Beispiele für Co-Brands differenziert nach der Innovationshöhe

(9) Sektor des Co-Brands

Ein weiteres Merkmal betrifft den Sektor, auf dem das Co-Brand angeboten wird. Neben den beiden Reinformen Konsumgut und Business-to-Business-Gut existiert noch die Merkmalsausprägung sowohl Konsum- als auch Business-to-Business-Gut. Wie die Verteilung der Beispiele zeigt, dominieren beim Co-Branding die Konsumgüterbeispiele:

    a) Konsumgut: 89,

    b) Business-to-Business-Leistung: 2,

    c) beide Sektoren: 12.

(10) Zeitdauer des Co-Branding

Das Merkmal der Zeitdauer ermöglicht die Differenzierung von Co-Brands mit befristeter und unbefristeter Marktpräsenz. Befristete Co-Brands, die sich überwiegend dem Bereich der Co-Promotion zurechnen lassen, sind entweder durch eine konkrete Zeitangabe oder eine vorab festgelegte Absatzmenge gekennzeichnet. Die Beispiele verteilen sich auf die beiden Klassen folgendermaßen:

    a) befristet: 25,

    b) unbefristet: 78.

Befristete Co-Brands finden sich häufig im Pkw-Bereich (z.B. FORD KA-LUFTHANSA-Edition, 3000 Stück; VW GOLF ROLLING STONES-Sondermodelle). Weitere Beispiele sind kurzfristig orientierte Bundlingangebote (z.B. Internet-Banking-PC von SIEMENS und COMMERZBANK, Weihnachts- bzw. Osterfreude von MILKA und LEGO).

(11) Anzahl der Co-Brands zu einem Zeitpunkt (Exklusivitätsgrad)

Nach diesem Merkmal lassen sich Co-Brands, bei denen die beteiligten Partner zu einem bestimmten Zeitpunkt nur in einem Co-Brand beteiligt sind, und solche, bei denen ein oder auch mehrere Partner in einer Vielzahl von Co-Brands tätig sind, unterscheiden. Die Beispiele der Datenbank verteilen sich wie folgt:

    a) ein Co-Brand: 45,

    b) mehr als ein Co-Brand: 58.

Die Verteilung zeigt die Bedeutung des Co-Branding für einige Marken, die diese Strategie zeitlich parallel mehrfach einsetzen. Beispiele für diesen mehrfachen Einsatz bilden neben Kreditkarten (z.B. VISA, EUROCARD) und Lizenzen (z.B. SUPER MARIO, WALT DISNEY-Figuren) auch einige klassische Marken wie MCDONALDS (SMARTIES, NUTS, NESCAFE, DEVELEY), MÖVENPICK und LEGO (MILKA, WINNIE THE POOH, JUNGHANS).

(12) Transferart

Als letztes Kriterium findet die Transferart Berücksichtigung. Dabei lassen sich aus Sicht der Hauptmarke Übertragungen der Marken auf verwandte Leistungsbereiche (Line-Extension) und Übertragung auf entfernte Leistungsbereiche (Brand-Extension) voneinander abgrenzen. Die Beurteilung bei einem konkreten Fall, ob es sich eher um eine Line- oder eine Brand-Extension handelt, ist nicht immer eindeutig, da speziell bei gleichberechtigten Marken das Problem auftaucht, dass die Co-Brand-Leistung für die eine Marke einen entfernten Transfer darstellen kann, während es sich für die Partnermarke um eine Line-Extension handelt. In solchen Fällen wurde das Co-Brand

B. Deskriptiv-explorative Mastertechniken 63

der Gruppe Line-Extension zugeordnet. Insgesamt verteilen sich die Fälle der Datenbank wie folgt auf die beiden Klassen:

   a) Line-Extension: 71,
   b) Brand-Extension: 32.

Die Verteilung zeigt, dass Co-Branding häufiger für Line-Extensions eingesetzt wird. Beispiele dafür sind wiederum die Pkw-Sondermodelle, die Designer-Porzellanserien (z.B. ROSENTHAL meets VERSACE) sowie die Ingredient Brands im FMCG-Bereich (z.B. RITTER SPORT mit SMARTIES, JACOBS Cappuccino mit MILKA, KATJES mit ALMDUDLER, CASALI-Bananen mit CHIQUITTA-Bananenmark). Beispiele für Brand-Extensions sind z.B. die verschiedenen Transfers der Zeitschriftenmarke FIT FOR FUN in den Reisebereich (ROBINSON CLUB) und in den Lebensmittelbereich (PEMA, HOMANN) sowie die Transfers von Lebensmittelmarken in Joghurtprodukte (z.B. BOUNTY & RHÖNGOLD, KÖLLN FLOCKEN & BORGMANN, M & MS & RHÖNGOLD). Weiterhin handelt es sich bei neuen Leistungen oft um Brand-Extensions für alle beteiligten Marken (z.B. PHILIPS & LEVIS bei functional wear; PHILIPS & NIKE bei sporttauglichen MP3-Playern; BRAUN & ORAL bei Elektrozahnbürsten; NESCAFE & ALESSI bei einem speziellen System zur Espresso-Erzeugung).

2.3 Empirische Bestimmung und Beschreibung von Co-Brand-Typen

Die empirische Bestimmung von Co-Brand-Typen basiert auf einer hierarchisch-agglomerativen Clusteranalyse. Dazu erfolgt zunächst die Eliminierung von Merkmalen, die aufgrund ihrer fehlenden oder geringen Besetzung einzelner Ausprägungen konstante Merkmale darstellen und damit keinen Beitrag zu einer Clusterung der Co-Brand-Beispiele leisten. Aus diesem Grund wurden die Merkmale Sektor des Co-Branding sowie rechtliche und wirtschaftliche Selbständigkeit eliminiert. Weiterhin wurde untersucht, ob zwischen zwei Merkmalen eine sehr hohe Ähnlichkeit vorlag, die dazu führt, dass das eine Merkmal fast vollständig das andere Merkmal abbildet.[184] Da es sich bei allen berücksichtigten Merkmalen um nominale Merkmale handelt, wurde zur Abschätzung der Abhängigkeiten das Unähnlichkeitsmaß Phi-Quadrat eingesetzt. Abbildung B 11 gibt die Phi-Quadrat-Werte für die verbleibenden Merkmale wieder.

Die Ergebnisse in Abbildung B 11 zeigen, dass keine Merkmalskombination einen Phi-Quadrat-Wert von 0,5 unterschreitet. Daher werden für die Cluster-Analyse alle zehn Merkmale berücksichtigt.

Aufgrund seiner konservativen Eigenschaft findet das Average-Verfahren auf der Basis der Phi-Quadrat-Distanzen Verwendung. Es existieren keine Missing-Werte, so dass alle 103 Fälle berücksichtigt werden. Die Bestimmung der Clusterzahl erfolgt sowohl durch das Elbow-Kriterium[185] als auch durch eine inhaltliche Interpretation der Ergebnisse. Abbildung B 12 zeigt den Zusammenhang zwischen Clusteranzahl und Unähnlichkeit.

---

[184] Zu dieser Forderung vgl. **Backhaus/Plinke/Weiber/Erichson** (2000) S. 382.

[185] Vgl. zum Elbow-Kriterium z.B. **Büschken/von Thaden** (2000) S. 362 f.; **Backhaus/Plinke/Weiber/Erichson** (2000) S. 375 f.; dieses Kriterium wird auch als Scree-Test bezeichnet, vgl. **Bacher** (1996) S. 247 ff.

	Anzahl der beteiligten Marken	Richtung der Zusammenarbeit	Markenstärke	Verhältnis nach außen	Markenlink	Leistungsintegration	Innovationshöhe	Zeitdauer	Anzahl der Co-Brands	Transferart
Anzahl der beteiligten Marken	X									
Richtung der Zusammenarbeit	0,771	X								
Markenstärke	0,882	0,732	X							
Verhältnis nach außen	0,758	0,692	0,747	X						
Markenlink	0,872	0,503	0,727	0,758	X					
Leistungsintegration	0,803	0,562	0,611	0,605	0,564	X				
Innovationshöhe	0,829	0,818	0,824	0,742	0,846	0,695	X			
Zeitdauer	0,806	0,656	0,931	0,713	0,695	0,766	0,953	X		
Anzahl der Co-Brands	0,694	0,613	0,706	0,662	0,669	0,514	0,743	0,810	X	
Transferart	0,874	0,732	0,827	0,763	0,747	0,579	0,603	0,982	0,751	X

Abb. B 11: Überprüfung der Unabhängigkeit der Merkmale (Phi-Quadrat-Werte)

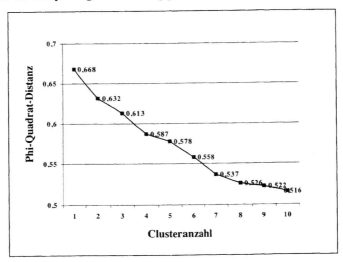

Abb. B 12: Zusammenhang zwischen Heterogenitätsmaß und Clusteranzahl

Ein Knick ist in der Abbildung sowohl bei dem Übergang von zwei auf ein Cluster (Zuwachs: 0.036 Einheiten) sowie beim Übergang von vier auf drei Cluster (Zuwachs: 0,031 Einheiten) zu erkennen. Aus inhaltlichen Überlegungen sowie aufgrund der

B. Deskriptiv-explorative Mastertechniken

Tatsache, dass beim letzten Fusionierungsschritt i.d.R. eine hohe Zunahme der Heterogenität stattfindet, wurde die **Vierer-Clusterlösung** gewählt.

Zur näheren Charakterisierung der Vierer-Clusterlösung wurde anschließend eine deskriptive Analyse unter Verwendung von Kreuztabellen durchgeführt. Als charakteristische Merkmalsausprägung eines Clusters wurde jeweils die Ausprägung mit der höchsten Häufigkeit gewählt. Falls zwei Ausprägungen ähnlich hohe Ausprägungen in einem Cluster aufwiesen wurden beide Ausprägungen als typisch für das jeweilige Cluster angegeben. Weiterhin wurden aus den 103 Beispielen typische Vertreter identifiziert sowie eine Bezeichnung der Cluster vorgenommen. Abbildung B 13 faßt die Ergebnisse zusammen.

Name	1 Innovations-Co-Brand	2 Promotion-Co-Brand	3 Ingredient Brand	4 Multi-Co-Brand
Anzahl der Marken	zwei	k.A.	k.A.	zwei
Richtung der Zusammenarbeit	horizontal	lateral/horizontal	horizontal/vertikal	lateral
Markenstärke	gleich	gleich	gleich	k.A.
Verhältnis der Marken nach außen	k.A.	nicht gleichberechtigt	k.A.	gleichberechtigt
Hauptlink der Markenverbindung	technisch-funktional	k.A.	technisch-funktional	symbolisch-emotional
Leistungsintegration	hoch	k.A.	hoch	hoch
Innovationshöhe der Leistung	neu/modifiziert	vorhanden	vorhanden	vorhanden/modifiziert
Zeitdauer	unbefristet	befristet	unbefristet	unbefristet
Anzahl der Co-Brands	k.A.	k.A.	k.A.	mehr als ein
Transferart	Brand Extension	Line Extension	Line Extension	k.A.
Clustergröße	16	25	27	35
Beispiel	PHILISHAVE COOL SKIN von PHILIPS & NIVEA	FORD KA-LUFTHANSA	GORE-TEX & SCHÖFFEL	FIT FOR FUN & HOMANN-Brotaufstrich

Abb. B 13: Charakterisierung der Co-Brand-Typen

Der Typ **Innovations-Co-Brand** zeichnet sich durch eine hohe Innovationshöhe aus, wobei die Co-Brand-Leistung i.d.R. für alle beteiligten Marken einen entfernten Transfer darstellt. Weitere Merkmale dieses Clusters sind die Unbefristetheit der Zusammenarbeit sowie die Fokussierung auf technisch-funktionale Zusammenhänge zwischen den beteiligten Marken. Der Typ **Promotion-Co-Brand** zeichnet sich durch eine befristete Kooperation von häufig nur lateral verbundenen Marken aus, wobei die Co-Brand-Leistung nur eine geringe Innovationshöhe aufweist. Der dritte Typ

Ingredient Brand zeichnet sich dadurch aus, dass eine Marke Bestandteil der Leistung der anderen Marke wird. Dabei handelt es sich sowohl um vertikale als auch um horizontale Beziehungen, wobei auch bei ansonsten horizontalen Beziehungen, die eine Marke als Zulieferprodukt für die zweite Marke dient. Weiterhin zeichnet sich das Cluster durch eine unbefristete Zusammenarbeit von Marken mit überwiegend technisch-funktionalen Zusammenhängen aus. Der vierte Typ **Multi-Co-Brand**, welcher das umfangreichste Cluster bildet, basiert auf Co-Brands, bei denen die Hauptmarke mehrere Co-Brands gleichzeitig am Markt platziert. Dabei handelt es sich i.d.R. um unbefristete Zusammenarbeiten mit einem Schwergewicht auf emotional-symbolischen Verbindungen.

III. Fallstudienansatz
1. Darstellung der Mastertechnik

Eine einheitliche Definition für die Mastertechnik der Fallstudie[186] existiert nicht.[187] Einigkeit herrscht allerdings darüber, dass die Fallstudie eine Mastertechnik[188] darstellt, die verschiedene Hilfstechniken kombiniert.[189] Als Merkmale dieser Mastertechnik lassen sich die folgenden ableiten:

- Feldforschung[190],
- ganzheitliche Betrachtung der Untersuchungseinheit[191],
- Vielzahl der interessierenden Variablen und Beziehungen übersteigt die Anzahl der Daten[192],
- Einsatz verschiedener Erhebungs- und Auswertungsmethoden[193],
- qualitativer Forschungsansatz[194].

---

[186] In der deutschsprachigen Literatur wird auch von Fallmethode (vgl. z.B. **Schmidt** (1958)); Fallanalyse (vgl. **Witzel** (1982) S. 78) oder von Einzelfallstudie (vgl. z.B. **Lamnek** (1995b) S. 4 ff.) gesprochen; im angloamerikanischen Raum wird diese Mastertechnik auch mit den Begriffen Case Study (vgl. z.B. **Bonoma** (1985) S. 203); Case Research (vgl. z.B. **Bonoma** (1985) S. 199 ff.) oder Case Study Research (vgl. z.B. **Eisenhardt** (1989) S. 532 ff.; **Yin** (1994)) belegt.

[187] Vgl. zur Diskussion des Begriffs z.B. **Lamnek** (1995b) S. 4 ff.; **Yin** (1994) S. 11 ff.

[188] Lamnek spricht von approach, vgl. **Lamnek** (1995b) S. 4 f.; Yin charakterisiert die Fallstudie als research strategy, vgl. **Yin** (1994) S. 13.

[189] Vgl. **Eisenhardt** (1989) S. 534; **Goode/Hatt** (1972) S. 300; **Lamnek** (1995b) S. 4 f.; **Yin** (1994) S. 13 f.

[190] Vgl. **Yin** (1994) S. 13.

[191] Vgl. **Lamnek** (1995b) S. 5; **Goode/Hatt** (1972) S. 300.

[192] Vgl. **Yin** (1994) S. 13; **Lamnek** (1995b) S. 5.

[193] Vgl. **Yin** (1994) S. 13; **Eisenhardt** (1989) S. 534 f.; **Lamnek** (1995b) S. 5. Zwar existieren auch Fallstudien, die nur auf einer Erhebungsmethode basieren; allerdings ermöglicht der Einsatz verschiedener Methoden einen tieferen Einblick in die Untersuchungseinheit und steigert durch die Möglichkeit der Triangulation die Qualität einer Fallstudie.

[194] Zwar unterscheidet Lamnek zwischen Fallstudien mit qualitativer und quantitativer Forschungslogik, allerdings ist die methodologische Position der Fallstudie eher qualitativer Natur, vgl. **Lamnek** (1995b) S. 8 ff.

B. Deskriptiv-explorative Mastertechniken

Die existierenden Unterschiede der Fallstudien-Definitionen basieren zum Teil darauf, dass sich diese auf bestimmte Formen der Mastertechnik beziehen. Zunächst lassen sich die Fallstudien nach ihrem Einsatzzweck in die Formen **Lehr-** und **Forschungsfallstudie** einteilen.[195]

Eine weitere Einteilung von Forschungsfallstudien ermöglicht die Differenzierung verschiedener Zielsetzungen:[196]

- deskriptiv-explorative Fallstudie,
- explanatorische Fallstudie,
- theoriegenerierende Fallstudie.

Deskriptiv-explorative Fallstudien, die im Weiteren ausschließlich berücksichtigt werden, bilden einen Teil eines umfassenderen Forschungsprojektes und dienen dem Forscher, ein tieferes Verständnis der Problemstellung in der Praxis zu bekommen, der Hypothesenableitung, der Operationalisierung von unabhängigen und abhängigen Variablen, der Plausibilisierung und Illustration quantitativer Ergebnisse sowie der Überprüfung der Praktikabilität von Ergebnissen.[197] Bei **explanatorischen** Fallstudien handelt es sich um einen eigenständigen Ansatz, bei denen die Fallstudien zur Überprüfung von vorab aufgestellten Hypothesen dienen.[198] Die **theoriegenerierenden** Fallstudien, denen eine induktive Vorgehensweise zugrunde liegt, versuchen durch einen iterativen Prozess, aus wenigen Fallstudien Theorien zu entwickeln.[199]

Eine weitere Differenzierung stellt die Anzahl der in einem Forschungsprojekt berücksichtigten Fallstudien dar[200], wobei sich **Einzel-** gegenüber **Multi-Fallstudien** abgrenzen lassen.[201]

Weiterhin lassen sich Fallstudien nach der zu untersuchenden Einheit differenzieren.[202] Als Gruppen lassen sich **Einzelpersonen** und **Aggregate** voneinander abgrenzen.[203]

Eine letzte Unterscheidung resultiert aus der Betrachtungsweise der Untersuchungseinheiten.[204] Dieses Kriterium grenzt **ganzheitliche** gegenüber **strukturorientierten**

---

[195] Vgl. z.B. **Bonoma** (1985) S. 203, **Yin** (1994) S. 2. Allerdings lassen sich forschungsorientierte Fallstudien auch für didaktische Zwecke einsetzen, vgl. **Bonoma** (1985) S. 204.

[196] Vgl. z.B. **Yin** (1994) S. 4; **Lamnek** (1995b) S. 10 ff.; **Eisenhardt** (1989) S. 535.

[197] Vgl. **Lamnek** (1995b) S. 10 ff.

[198] Vgl. **Yin** (1994). Speziell zu Methoden der Hypothesenprüfung durch Fallstudien vgl. **Yin** (1994) S. 103 ff. und S. 106 ff.

[199] Vgl. **Eisenhardt** (1989).

[200] Vgl. **Yin** (1994) S. 38 ff.

[201] Zu den Gründen für ein bestimmtes Design vgl. **Yin** (1994) S. 38 ff.

[202] **Lamnek** nennt explizit Personen, Gruppen, Kulturen, Organisationen und Verhaltensmuster als mögliche Untersuchungseinheiten, vgl. **Lamnek** (1995b) S. 6.

[203] Vgl. **Lamnek** (1995b) S. 28 f.

[204] Vgl. **Yin** (1994) S. 38 ff.; **Lamnek** (1995b) S. 29 ff.

Studien ab.[205] Während bei ganzheitlichen Studien die Untersuchungseinheit als homogene Einheit im Mittelpunkt steht, erfolgt bei strukturorientierten Studien eine zerlegende Analyse.

Bei den verschiedenen Formen der Fallstudien handelt es sich um Idealformen. Reale Fallstudienprojekte kombinieren verschiedene Ausprägungen miteinander. Die vorliegende Anwendung der Fallstudienmethode berücksichtigt folgende Ausprägungen:

- Forschungsfallstudie,
- deskriptiv-explorative Fallstudie,
- Multi-Fallstudie,
- Untersuchungseinheit: Co-Brand (Aggregat),
- Kombination aus ganzheitlichem und strukturorientiertem Ansatz.

Zur Durchführung von Fallstudien schlägt die Literatur verschiedene Prozessschemata[206] vor, die sich im Hinblick auf die Zahl der Stufen und auf die Reihenfolge der Teilschritte voneinander unterscheiden. Im Folgenden liegt das Schema von *Yin (1994)* zugrunde, da es sich an allgemeinen Prozessentwürfen für die Marketingforschung[207] orientiert. *Yin (1994)* differenziert folgende fünf Schritte:[208]

- Design,
- Vorbereitung,
- Durchführung,
- Analyse,
- Dokumentation.

(1) Design

Die Designphase umfasst die Formulierung von Forschungsfragen, die Auswahl der Fälle, die Festlegung der Auswertungsmethoden sowie die Festlegung von Kriterien zur Interpretation der Ergebnisse.[209] Die explizite Formulierung der Forschungsfragen unterstützt die gezielte Suche nach Informationen in der Feldphase.[210] Besonders geeignet für Fallstudien sind Fragen des Wie und des Warum.[211] Einen weiteren Schritt in der

---

[205] Yin (1994) spricht von holistic und embedded studies.

[206] Vgl. z.B. **Lamnek** (1995b) S. 21 ff.; **Bonoma** (1985) S. 204 ff.; **Eisenhardt** (1989) S. 533; **Yin** (1994) S. 18 ff.

[207] Vgl. stellvertretend für viele **Hüttner/Schwarting** (1997) S. 17.

[208] Im Original lauten die Stufen: Designing Case Studies; Preparing for Data Collection; Collecting the Evidence; Analysing Case Study Evidence; Composing the Case Study „Report", vgl. **Yin** (1994).

[209] Vgl. **Yin** (1994) S. 20.

[210] Vgl. zur Relevanz dieses Schrittes **Mintzberg** (1979) S. 585; **Eisenhardt** (1989) S. 536.

[211] Vgl. **Yin** (1994) S. 20 f.

B. Deskriptiv-explorative Mastertechniken

Designphase bildet die **Auswahl der Fälle**. Sie erfolgt dabei nicht nach einem Zufallsverfahren, sondern nach einem bewusst gesteuerten Auswahlverfahren („theoretical sampling"[212]; „dimensional sampling"[213]). Dabei lassen sich zwei Fälle im Rahmen von Multi-Fallstudien unterscheiden: Entweder unterstützt ein zusätzlicher Fall die Ergebnisse des ersten Falles, oder ein zusätzlicher Fall erweitert die Argumentation. Die erste Alternative („literal replication"[214]) setzt die Ähnlichkeit des zusätzlichen Falles zu den bisher berücksichtigten voraus. Hingegen erfordert die zweite Alternative („theoretical replication"[215]) die Unterschiedlichkeit des zusätzlichen Falles. Neben diesen theoretischen Überlegungen berücksichtigt die Fallauswahl auch pragmatische Kriterien wie Bereitschaft der Untersuchungseinheiten zur Mitarbeit, Kostengesichtspunkte aufgrund regionaler Entfernungen sowie Ungewöhnlichkeit bzw. allgemeines Interesse an der Fallstudie.[216] Im Falle von deskriptiv-explorativen Studien ist insbesondere die Planung von möglichen Informationsarten für verschiedene Forschungsfragen von Bedeutung.

(2) Vorbereitung

In der Vorbereitungsphase erfolgt die Entwicklung von persönlichen Fähigkeiten und Erhebungsinstrumenten.[217] Fragen stellen, zuhören können, Flexibilität, tiefes Verständnis für die Problemstellung sowie geringe theoretische Voreingenommenheit stellen wichtige Fähigkeiten eines guten Fallstudienforschers dar.[218] Weiterhin sind in dieser Phase Erhebungsinstrumente zu entwickeln. Neben Erhebungsinstrumenten, die direkt mit den gewählten Erhebungsmethoden zusammenhängen, empfiehlt sich die Entwicklung eines **Fallstudien-Protokolls**[219], welches mindestens folgende Inhalte enthält:

- Überblick über das Fallstudienprojekt,
- Feldinformationen,
- Fallstudienfragen,
- Anweisungen für die Fallstudienauswertung und -dokumentation.

(3) Durchführung

Die Durchführungsphase stellt die Feldphase des Fallstudien-Projektes dar. In der Durchführungsphase können insbesondere die in Abbildung B 14 zusammengefassten Hilfstechniken zum Einsatz gelangen.

---

[212] Vgl. **Glaser/Strauss** (1977) S. 45 f.; **Eisenhardt** (1989) S. 537; **Lamnek** (1995b) S. 22 f.; **Kepper** (1996) S. 229 f.

[213] Vgl. **Arnold** (1970); **Kepper** (1996) S. 230; **Witzel** (1982) S. 80.

[214] Vgl. **Yin** (1994) S. 46.

[215] Vgl. **Yin** (1994) S. 46.

[216] Vgl. **Yin** (1994) S. 147 f.

[217] Vgl. **Yin** (1994) S. 54 f.

[218] Vgl. **Yin** (1994) S. 56 ff.

[219] Vgl. auch im Folgenden **Yin** (1994) S. 63 ff.

Technik	Beispiele	Vorteile	Nachteile
Dokumentation	• Briefe, • Tagesordnungen, • Projektdokumentationen, • Studien, • Zeitungs- und Zeitschriftenbeiträge.	• wiederholte Betrachtung möglich, • unabhängig von der Fallstudie, • exakt (Namen, Quellen, Zeiten etc.), • breiter Überblick.	• schlechte Zugänglichkeit, • selektiv, • für den Fallstudienforscher nicht erkennbare Verzerrungen.
Quantitative Berichte	• Rechnungswesen, • Studienergebnisse, • Landkarten, • Charts.	• wie bei Dokumentation, • präzise und quantitativ.	• wie bei Dokumentation.
Interviews	• offene Interviews, • Gruppendiskussion, • Tiefeninterview, • repräsentative Befragung.	• problemorientiert, • detaillierte Einblicke.	• Verzerrungen durch Fragestellung, Interviewereffekte und Wiedergabe der Antworten.
direkte Beobachtung	• Meetings, Verhandlungen, Fabrikarbeit, Kaufverhalten, • Messeauftritte, • Events.	• realistisch, • kontextbezogen.	• zeit- und kostenaufwendig, • selektiv, • Veränderungen des Verhaltens durch Bewusstsein der Beobachtung.
teilnehmende Beobachtung	• befristete Arbeit in einem Unternehmen, • Projektarbeit.	• wie bei direkter Beobachtung, • tiefere Einblicke, • quasi-experimentelle Bedingungen realisierbar.	• wie bei direkter Beobachtung, • Überforderung durch aktive Teilnahme und Beobachtung, • Verzerrung durch Beobachtereinfluss.
physische Artefakte	• Werbeanzeigen, • TV-Spots, • Verpackungen.	• tiefe Einsichten.	• selektiv, • Interpretationsschwierigkeiten, • Verfügbarkeit.

Abb. B 14: Hilfstechniken der Fallstudien
Quelle: (in Anlehnung an) *Yin (1994)* S. 80.

Die Durchführung berücksichtigt die Prinzipien der qualitativen Forschung wie **Offenheit, Kommunikativität, Naturalistizität** und **Interpretativität**.[220] Weiterhin

---

[220] Offenheit bezeichnet insbesondere die möglichst geringe Prädeterminiertheit von Forscher und Untersuchungskonzept. Kommunikativität bezieht sich auf die Interaktion mit den Untersuchungseinheiten. Naturalistizität bedeutet den Versuch, möglichst in natürlichen Situationen zu erheben. Interpretativität bedeutet, dass die Realität nicht objektiv messbar ist, sondern durch Bedeutungszuweisung durch den Forscher entsteht; vgl. zu den Grundprinzipien der qualitativen Forschung **Lamnek** (1995a) S. 21 ff.; **Kepper** (1996) S. 22 ff.; speziell zur Bedeutung dieser Prinzipien für die Fallstudienforschung vgl. **Lamnek** (1995b) S. 17 ff. und S. 23 ff.

B. Deskriptiv-explorative Mastertechniken 71

verfolgt die Fallstudie das Prinzip der Methoden- und Datentriangulation.[221] Allgemein versteht man unter Triangulation den kombinierten Einsatz verschiedener Erhebungstechniken, Auswahlverfahren, Versuchsanordnungen und Messtechniken, wodurch die Stärken der einen Strategie die Schwächen der anderen kompensieren.[222]

Im Rahmen der Fallstudie geht es darum, mit mehreren Hilfstechniken und den damit gewonnenen Daten den gleichen Sachverhalt empirisch zu erheben und durch einen Vergleich der Ergebnisse die Validität zu erhöhen.[223]

Einen letzten Aspekt der Durchführungsphase bildet die kontinuierliche Dokumentation der Erhebungen[224] sowie die Ablage der verschiedenen Informationen (Notizen, Dokumente, Tabellen, Erzählungen, physische Artefakte etc.) in einer Datenbank.[225]

(4) Analyse

Hier lassen sich mit der Analyse von Multi-Fallstudien und den einzusetzenden Methoden zwei Aspekte voneinander abgrenzen.

Die Auswertung von Multi-Fallstudien erfolgt in zwei Schritten:[226]

1. Analyse der einzelnen Fälle,
2. Vergleich der Fälle.

Die Analysetechniken umfassen solche Hilfstechniken, welche die Komplexität der Daten durch Visualisierung (z.B. Tabellen, Matrizen, Abbildungen) oder durch Strukturierung (z.B. Chronologie) reduzieren.[227]

(5) Dokumentation

Den letzten Schritt eines Fallstudienprojektes bildet die Dokumentation. Im Rahmen dieser Phase sind Entscheidungen über das Publikum (Forscher, Praktiker, Studierende), die Art des Berichts (schriftlich, mündlich), die Struktur des Berichts[228], die Anonymisierung der Untersuchungseinheiten sowie die Validierungsprozeduren zu treffen.[229]

Im Rahmen der Anonymisierung lassen sich mit der Fallstudie (hier: Co-Brand) und den Auskunftspersonen (hier z.B. Marketingmanager) zwei Aspekte voneinander abgrenzen:[230]. Bei den Co-Branding-Fallstudien wird auf beiden Ebenen eine Identi-

---

[221] Vgl. **Yin** (1994) S. 92 ff.; **Eisenhardt** (1989) S. 538; **Lamnek** (1995b) S. 24.

[222] Vgl. z.B. **Schnell/Hill/Esser** (1999) S. 245.

[223] Vgl. **Yin** (1994) S. 93.

[224] Vgl. **Eisenhardt** (1989) S. 539.

[225] Vgl. **Yin** (1994) S. 94 ff.

[226] Vgl. **Eisenhardt** (1989) S. 539 ff.

[227] Vgl. ausführlich **Miles/Huberman** (1984).

[228] Vgl. ausführlich zu verschiedenen Strukturalternativen **Yin** (1994) S. 137 ff.

[229] Vgl. **Yin** (1994) S. 128.

[230] Vgl. **Yin** (1994) S. 143.

fizierbarkeit hergestellt.²³¹ Begründungen liefern die bessere Nachvollziehbarkeit der Fallstudie, die leichtere Integration weiterer Informationen in die Fallstudien sowie die Unmöglichkeit der Anonymisierung zumindest auf der Fallstudienebene.

Die Durchsicht der fertigen Fallstudien durch die Beteiligten validiert diese. Zudem führt diese Vorgehensweise häufig zu zusätzlichen Informationen, die in der Feldphase keine Berücksichtigung gefunden haben.²³²

Die Beurteilung der Fallstudienqualität²³³ erfolgt aufgrund ihres empirischen Charakters durch die gleichen Gütekriterien wie andere methodenorientierte Mastertechniken (z.B. Experimente). Aufgrund des qualitativen Charakters von Fallstudien ist eine Quantifizierung dieser Größen allerdings nicht möglich. Abbildung B 15 gibt die verschiedenen Gütekriterien, Maßnahmen zur Realisierung der Güte sowie Einordnung in das Phasenschema wieder.

Gütekriterium	Maßnahmen	Phase
Konstruktvalidität	• Methoden- und Datentriangulation, • Validierung der Fallstudien durch Beteiligte.	• Durchführung, • Dokumentation.
interne Validität	• Pattern-Vergleich, • Erklärungsketten, • Zeitserienanalysen.	• Datenanalyse.
externe Validität	• Replikationen (Multi Case Studien).	• Design.
Reliabilität/ Objektivität	• Case-Study-Protokolle, • Case-Study-Datenbank.	• Vorbereitung, • Durchführung.
Repräsentanz	• Fallauswahl (theoretical sampling, dimensional sampling).	• Vorbereitung.

Abb. B 15: Gütekriterien von Fallstudien
Quelle: (in Erweiterung) *Yin (1994)* S. 33.

2. Co-Branding-Fallstudien

2.1 Design der Fallstudien

Die Muli-Fallstudie versucht insbesondere folgende Fragestellungen zu beantworten:
- Welche Ziele verfolgt die Praxis mit einem Co-Branding?
- Welche Vorüberlegungen wurden im Vorfeld eines Co-Branding angestellt?
- Wie erfolgt die Führung des Co-Branding?

---

[231] Zu Möglichkeiten der teilweisen Anonymisierung der Ergebnisse vgl. **Yin** (1994) S. 144.

[232] Vgl. **Yin** (1994) S. 145.

[233] Vgl. zu Charakteristika von exemplarischen Fallstudien **Yin** (1994) S. 147 ff.

B. Deskriptiv-explorative Mastertechniken 73

- Wie wird das Konzept des Co-Branding umgesetzt (Branding)?
- Welcher Marketing-Mix unterstützt das Co-Brand?
- Wird der Erfolg des Co-Branding gemessen und wenn ja, durch welche Instrumente?
- Welche Erfolgs- bzw. Misserfolgsfaktoren weist das konkrete Co-Brand auf?
- Existieren Unterschiede zwischen den Co-Brand-Typen?

Die Auswahl der Fälle basiert auf den empirisch abgeleiteten Typen des Co-Branding.[234] Von jedem Typ wird ein Fall analysiert. Da zwischen den einzelnen Typen relevante Unterschiede erwartet werden, handelt es sich um eine theoretical replication. Die in Abbildung B 16 zusammengestellten Fallstudien wurden durchgeführt.

Co-Brand-Typ	Fallstudie	untersuchte Marken
Innovations-Co-Brand	PHILISHAVE COOL SKIN	PHILIPS NIVEA
Promotion-Co-Brand	FORD KA-Sondermodelle	FORD KA LUFTHANSA K2
Ingredient Brand	GORE-TEX	GORE-TEX BOGNER
Multi-Co-Brand	FIT FOR FUN-Lebensmittel	FIT FOR FUN HOMANN FEINKOST

Abb. B 16: Analyseeinheiten der Multi-Fallstudie

Die Auswertung von verfügbarem Sekundärmaterial bildete den Ausgangspunkt der Datenerhebungsphase. Darauf aufbauend wurde jeweils ein Leitfaden formuliert, der die Basis für persönliche Gespräche mit Verantwortlichen darstellte. In diesen persönlichen Gesprächen fand zusätzlich die Analyse firmeninterner quantitativer Berichte und Dokumentationen statt. Schließlich wurden physische Artefakte, wie z.B. Produktverpackungen und Werbeanzeigen, soweit wie möglich berücksichtigt. Insgesamt fanden überwiegend die Hilfstechniken Dokumentation, Quantitative Berichte, Interviews sowie physische Artefakte Verwendung.[235]

Die Auswertung und Dokumentation der Multi-Fallstudie erfolgt zunächst für jeden Einzelfall isoliert. Anschließend verdeutlicht ein synoptischer Vergleich die Unterschiede und Gemeinsamkeiten zwischen den Co-Brand-Typen. Die Validierung der Fallstudien[236] basiert auf einer Durchsicht der fertigen Einzelfallstudien durch die Beteiligten.

---

[234] Vgl. Kap. B. II.2.2.

[235] Die Angabe der eingesetzten Hilfstechniken erfolgt jeweils zu Beginn der Einzelfallstudien.

[236] Neben der Validierung dient dieser Feedback-Prozess auch der Genehmigung der Fallstudien zur Veröffentlichung, da der Verfasser Einsicht in vielfältige vertrauliche Unterlagen erhalten hat.

2.2 Einzelfallstudien

2.2.1 PHILISHAVE COOL SKIN

Quellen:

- Presseunterlagen (www.beiersdorf.de, www.niveaformen.com; www.philips.com),
- Werbeunterlagen,
- persönliches Gespräch am 26.7.2000 mit Herrn Alexander Reindler (International Brand Management cosmed, Beiersdorf AG) in Hamburg,
- persönliches Gespräch am 12.12.2000 mit Herrn Nico Engelsman (Vice President Domestic Appliances and Personal Care, Philips AG) in Groningen, Niederlande,
- Beiersdorf (Hrsg.): Das Unternehmen Beiersdorf, o.J., o.O.

2.2.1.1 Angaben zu den Partnerunternehmen und den beteiligten Marken

(1) Philips AG

Philips AG wurde 1891 gegründet und beschäftigt heute ca. 189.000 Mitarbeiter. Im Jahre 2001 erwirtschaftete Philips weltweit einen Umsatz von 32,2 Mrd. €. Philips gliedert sich auf in die sechs Divisionen Elektro-Hausgeräte, Konsumentenelektronik, Licht, Medizin-Systeme, Halbleiter und technische Bestandteile. Das Co-Brand COOL SKIN gehört zu der Division Elektro-Hausgeräte.

(2) Beiersdorf AG

Die Fa. Beiersdorf wurde 1882 in Hamburg gegründet. Die Hauptgeschäftsbereiche stellen Kosmetik und Körperpflege (z.B. NIVEA, LABELLO, 8 X 4, ATRIX), Wundversorgung (HANSAPLAST, EUCERIN, HIDROFUGAL, ABC-PLASTER[237]) und Klebebänder (TESA) dar. 2001 erwirtschafte Beiersdorf mit ca. 17.800 Mitarbeitern über 4,5 Mrd. €, wovon ca. 66 % auf Kosmetik und Körperpflege (cosmed), ca. 20 % auf Wundversorgung (medical) und ca. 15 % auf Klebebänder (tesa) entfielen.

In der Sparte Kosmetik und Körperpflege stellt die Familien-Marke NIVEA die Hauptmarke dar. Unter ihr werden weitere Sub-Marken wie u.a. NIVEA SOFT, NIVEA SUN, NIVEA BATH CARE, NIVEA BODY und seit Mitte der 80er Jahre auch NIVEA FOR MEN geführt.

---

[237] Seit Sommer 2002 wird ABC-PFLASTER und HANSAPLAST als Co-Brand vermarktet.

2.2.1.2 Co-Branding

Bei COOL SKIN handelt es sich um einen Elektrorasierer (PHILISHAVE) mit der Besonderheit, dass durch einen leichten Knopfdruck während der Rasur das After-Shave (NIVEA FOR MEN) auf die Haut aufgetragen wird. Im April 1998 wurde das Co-Brand COOL SKIN von PHILISHAVE zunächst in acht europäischen Ländern eingeführt. Im Juni 1998 folgten die USA und im September weitere europäische Länder. Seit Beginn 1999 ist COOL SKIN auch im asiatischen Raum verfügbar. Die Positionierung des Co-Brands konzentriert sich auf den Aufbau als Alternative zum Nassrasieren und zielt auf eine junge Zielgruppe ab, die zwar grundsätzlich die Gründlichkeit der Nassrasur bevorzugt, allerdings gerne auf die Nachteile (z.B. Schneiden) verzichtet. Das Produkt als solches ist nur mit der Marke PHILISHAVE markiert. Allerdings weist die Farbe (blau) auf den Markenpartner NIVEA FOR MEN hin. Weiterhin ist das Fach, welches die Aftershave-Kartusche (NIVEA FOR MEN CARTBRIDGE) aufnimmt, durchsichtig, wodurch die Marke NIVEA FOR MEN während der Benutzung sichtbar ist. Die Ersatzkartuschen, die ca. 6 € für fünf Kartuschen kosten, sind zurzeit über die Vertriebswege Elektrohandel, Versandhandel und Online-Bestellung erhältlich. Abbildung B 17 gibt einen Überblick über das Produktprogramm von COOL SKIN und die Integration von NIVEA FOR MEN.

Für das Co-Brand wurde mit COOL SKIN ein eigenständiger Markenname kreiert.

Die Initiative für das Co-Brand ging 1996 von PHILIPS aus. Die Produktentwicklung sowie die Markteinführung umfassten einen Zeitraum von ca. 2 Jahren.

Die Ziele für PHILIPS in Bezug auf das Co-Brand sind folgende:

- Marktvergrößerung durch Ansprache von Nassrasierern,
- Marktvergrößerung durch Ansprache junger Zielgruppen.

Darüber hinaus verfolgen die Marken PHILISHAVE und PHILIPS noch folgendes Ziel:

- Verjüngung des Images der Marke Philishave sowie der Leistungskategorie Trockenrasierer insgesamt.

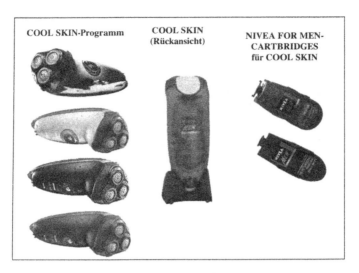

Abb. B 17: COOL SKIN-Programm

NIVEA FOR MEN verfolgt mit dem Co-Brand folgende Zielsetzungen:

- zusätzlicher Verkauf,
- Lizenzerträge,
- Distributionsaufbau in internationalen Märkten.

Darüber hinaus wird für die Einzelmarke NIVEA FOR MEN eine Steigerung der Aufmerksamkeit und der Bekanntheit, sowie ein positiver Imagetransfer (Dimensionen: Technologie, Maskulinität, Rasierkompetenz) auf die Marke durch das Co-Brand erwartet.

Die europäische Einführung 1998 wurde durch ein umfangreiches Marketingbudget (ca. 50 Mio. €) unterstützt. Die Führung des Co-Brands erfolgt überwiegend durch PHILIPS. Beispielsweise stammen die TV-Spots, Anzeigen, Sponsoring (Fußball-Europameisterschaft 2000 in Holland/Belgien) und die Verpackungsgestaltung von PHILIPS. Zur Führung des Co-Brand entwickelte PHILIPS ein Markenführungshandbuch für die einzelnen Länder. Das Handbuch umfasst Aussagen zur Positionierung, zur Zielgruppe, zum Hintergrund des Produktes sowie der Partnermarke, Richtlinien für die Preisgestaltung, für die Kommunikation sowie die Distribution. Die Abstimmung der Kommunikation erfolgt durch eine Präsentation der geplanten Maßnahmen durch PHILIPS und eine Zustimmung durch BEIERSDORF. Nur bei regionalen Promotions am PoS erfolgt eine stärkere Beteiligung von BEIERSDORF an den Kommunikationsaktivitäten. Weiterhin werden Händlerschulungen durchgeführt. Neben der Erklärung des neuen Produktes dienen die Schulungen auch der Vermeidung von Kannibalisierungseffekten von COOL SKIN und klassischen PHILISHAVE-Geräten.

Die Distribution wird ebenfalls von PHILIPS übernommen. Als einziger Absatzkanal diente in der Markteinführungsphase der Elektrohandel sowohl für das Produkt als auch für die Nachfüllpackungen. Als Ausweich-Distributionskanal wurde ein Direktvertrieb von PHILIPS über Call-Center bzw. Online eingerichtet.

Der Preis für das Co-Brand (ca. 79 – 154,99 € unverb. Preisempfehlung, Stand Sommer 2002) liegt oberhalb der Normalmodelle von PHILISHAVE.

Für das Co-Brand COOL SKIN wurde intensiv Marktforschung betrieben. Im Vorfeld des Co-Branding führte PHILIPS ohne BEIERSDORF umfangreiche internationale Konzepttests durch (n = 1200 Personen). Die Testpersonen setzten sich aus der Zielgruppe (männliche, unzufriedene Nassrasierer zwischen 20 – 30 Jahren) zusammen. Analysegegenstand des Konzepttests bildeten unterschiedliche Konzepte, wobei PHILISHAVE alleine oder in Kombination mit Männerpflegemarken den Probanden präsentiert wurden. Gemessen wurde das Interesse sowie die Kaufabsicht. Weiterhin fanden anschließend an die standardisierte Befragung unstrukturierte Interviews über das jeweilige Konzept statt. Der Konzepttest zeigte die Vorteilhaftigkeit eines Co-Brand von PHILISHAVE und NIVEA auf. Aufgrund der Marktforschungsergebnisse wurde ein Kontakt zu BEIERSDORF hergestellt. Nach der Kooperationsabsprache sowie der Produktentwicklung wurde vor der Markteinführung ein systematischer Storetest durchgeführt. Weiterhin erfolgt für die Kommunikation der Einsatz von Pre- und Posttests. Ein weiteres Marktforschungsinstrument der kontinuierlichen Marktforschung stellen die den Packungen beigefügten Fragebögen dar. Schließlich werden in regelmäßigen Abständen (alle drei Monate) für das Co-Brand COOL SKIN die Größen Markenbekanntheit, Präferenzen sowie Assoziationen erhoben.

NIVEA FOR MEN führte keine explizite Marktforschung für das Co-Brand durch. Imagetransfereffekte lassen sich zum Teil in regelmäßigen Standardbefragungen für die Marke NIVEA FOR MEN identifizieren.

Aus Sicht von PHILIPS führt das Co-Brand zu folgenden positiven Effekten:

- Absatzgenerierung,
- positiver Imagetransfer.

Aus Sicht von NIVEA FOR MEN unterstützt das Co-Brand die Realisierung folgender Ziele:

- Erhöhung des Distributionsgrades,
- positiver Imagetransfer.

2.2.1.3 Erfolgs- und Misserfolgsfaktoren

Aus Sicht von PHILIPS lassen sich folgende Erfolgsfaktoren identifizieren:

- **Markenfit zwischen PHILISHAVE und NIVEA FOR MEN,**
- **hohe Pflegekompetenz von NIVEA FOR MEN und damit verbunden die Entlastung der Kommunikation,**
- **hoher Kommunikationsdruck (speziell PR) zur Markteinführung,**
- **auffällige Werbung,**

- einfache Bedienbarkeit des Produktes (Convenience).

Als Misserfolgsfaktor wird von Philips insbesondere folgender angesehen:

- zu geringe Distributionsdichte für die Nachfüllkartuschen.

Aus Sicht von NIVEA FOR MEN lassen sich folgende Erfolgsfaktoren identifizieren:

- Markenfit: Ergänzung der Kompetenzen,
- gute Organisation,
- Harmonie zwischen den beteiligten Menschen,
- offener Austausch von Forschungsergebnissen und Marktforschungsdaten.

Als Misserfolgsfaktoren werden von NIVEA FOR MEN folgende angegeben:

- zu geringe Penetration,
- zu geringer Kommunikationsdruck (speziell am PoS),
- Problem der Ersatzbeschaffung der Nachfüllkartuschen.

Insgesamt stellt das Co-Brand aus Sicht der beteiligten Marken eine sinnvolle Strategie dar. Dies lässt sich auch daran erkennen, dass seit Frühjahr 2000 ein weiteres Co-Brand von PHILIPS und BEIERSDORF (LADY SHAVE & NIVEA BODY) auf dem Markt eingeführt wurde. Ein weiteres Indiz dafür sind auch die durchgeführten Line Extensions von COOL SKIN (mehrere Rasierervarianten, zwei verschiedene Emulsionen).

2.2.2 FORD KA-Sondermodelle

Quellen:

- Presse-Informationen der Ford Werke AG zum FORD KA „EDITION LUFTHANSA", September 1997,
- Presse-Informationen der Ford Werke AG zum FORD KA „EDITION K 2", Juni 1998,
- Verkaufsprospekte zu den Co-Brands LUFTHANSA, K2, K2 SNOW und D2 CALLYA,
- Vortrag von Frau U. Englert, Ford Werke AG am 26.5.1999 an der Universität Siegen,
- Wunderman Cato Johnson: Ford Werke AG – Analyse K 2, unveröffentlichte Studie, Frankfurt 1999,
- persönliches Gespräch am 24.7.2000 in Köln mit Frau U. Englert und Frau E. Friemel, Ford Werke AG.

B. Deskriptiv-explorative Mastertechniken

2.2.2.1 Angaben zum Pkw-Markt und zur Marke FORD KA

(1) Angaben zum Pkw-Markt

Zu Beginn der Markteinführung des FORD KA auf dem deutschen Markt war nur TWINGO von Renault in dem Segment vertreten. Später trat als neuer Konkurrent der VW LUPO von Volkswagen in den Mark ein (Einführung 1998).

(2) Ford AG

In Deutschland bot FORD im Zeitraum 1997 – 1999 folgende Marken an:

- KA,
- FIESTA,
- PUMA,
- ESCORT (SPÄTER: FOCUS),
- MONDEO,
- GALAXY,
- EXPLORER,
- WINDSTAR,
- COUGAR.

Der FORD KA wurde in Deutschland das erste Mal auf der IAA 1996 vorgestellt und Ende 1996/Beginn 1997 ausgeliefert.

2.2.2.2 Co-Branding
2.2.2.2.1 Überblick

Insgesamt wurden für den FORD KA fünf verschiedene Co-Brands durchgeführt (vgl. Abbildung B 18).

Partnermarke	LUFTHANSA	PRO 7	K2	K2 SNOW	D2 CALLYA
Zeitraum	September 1997	Ende 1997	1998	1998	1999
Stückzahlen	5.000	3.000	3.000	3.000	3.000

Abb. B 18: Überblick über die Co-Brands des FORD KA

Alle Co-Brands wurden als Sondermodelle in jeweils einer Ausstattungsvariante und einer begrenzten Stückzahl angeboten.

Die Initiierungs- und Planungsphase dauerte bei jedem Co-Brand ca. ein Jahr. Beim Co-Brand mit LUFTHANSA beanspruchte insbesondere die technische Realisierung der Idee einen Großteil der Planungsphase. Bei den Co-Brands K2, K2 SNOW und D2 CALLYA mussten insbesondere vertriebstechnische Fragen (z.B. Vertriebsweg für Inline-Skates, Vertragsabwicklung bei Handys) in der Planungsphase geklärt werden.

Die Ziele für FORD in Bezug auf das Co-Brand waren insbesondere folgende:

- Absatzerhöhung (z.B. auch durch erhöhte Wiederverkaufswerte),
- Steigerung des Deckungsbeitrags,

Darüber hinaus wurden insgesamt für die Marke FORD KA und Ford noch folgende Ziele verfolgt:

- Stärkung der Dachmarke Ford („innovativ"),
- Betonung einzelner Imageaspekte der Marke Ford Ka,
- hohe Kontaktzahlen.

Insgesamt betrug der Anteil der Co-Brands an der jeweiligen Jahresproduktionsmenge zwischen 5 und 8 %. Die Preisgestaltung lag umgerechnet ca. 1.300 € über einem normal ausgestatteten Modell, so dass die Co-Brands auch einen höheren Deckungsbeitrag im Vergleich zu den Normalmodellen aufwiesen. Die Kommunikation umfasste bei allen Co-Brands Fernsehspots (Werbekonstanten: „Klappe", Musik) sowie Co-Brand-spezifische Aktionen.

Die Marktforschung für die Co-Brands beschränkte sich auf Seiten von FORD auf eine Markenanalyse durch das Instrument Brand Asset Valuator der Werbeagentur Young & Rubicam sowie auf eine Brand DNA. Die Brand DNA für FORD KA gibt Abbildung B 19 wieder.

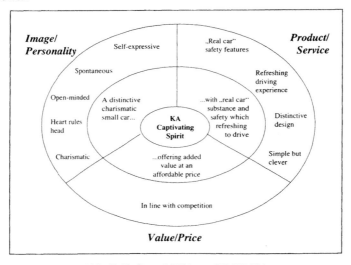

Abb. B 19: Brand DNA von FORD KA

Das Co-Brand sollte dazu beitragen, einzelne Aspekte der Marke FORD KA zeitlich befristet zu betonen („Partnermarke als Lebensabschnittsgefährte").

Zur Kontrolle wurde sporadisch auf Rückmeldungen durch die Zonenleiter und durch Händler zurückgegriffen. Auch stellte das Presseecho einen Maßstab für den Erfolg des Co-Brands dar. Weiterhin wurden in einer Studie von Wunderman Cato Johnson die Käufer der Co-Brands LUFTHANSA und K2 u.a. zu folgenden Aspekten befragt:

- Soziodemografie (Alter, Beruf),

B. Deskriptiv-explorative Mastertechniken 81

- vorheriges Auto,
- wahrgenommene Kommunikationsquellen für das Ford Ka Co-Brand,
- Gründe für den Kauf eines Ford Ka Co-Brands,
- Kaufalternativen bei Nichtvorhandensein eines Ford Ka-Co-Brands,
- Fragen zu den Partnermarken.

Abbildung B 20 vergleicht die Relevanz der Kommunikationsquellen für die FORD KA-Co-Brands LUFTHANSA und K 2 miteinander.

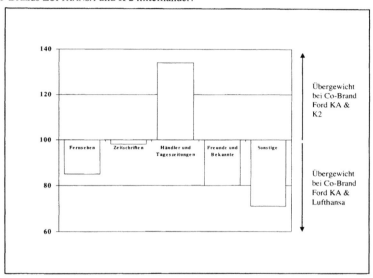

Abb. B 20: Wahrgenommene Kommunikationsquellen der FORD KA-Co-Brands (LUFTHANSA vs. K2)

Bei der Analyse der Kommunikationsquellen zeigt sich, dass bei dem Co-Brand FORD KA & LUFTHANSA speziell die sonstigen Kommunikationsinstrumente (LUFTHANSA-spezifische Medien) eine wichtige Kommunikationsquelle für die Käufer darstellte.

Der Vergleich der Kaufgründe zwischen den FORD KA-Co-Brands LUFTHANSA und K 2 in Abbildung B 21 belegt, dass das jeweilige Co-Branding nicht als Kaufgrund wahrgenommen wird. Vielmehr bestimmen die Optik und besondere Ausstattungsmerkmale den Kauf dieser Co-Brands.

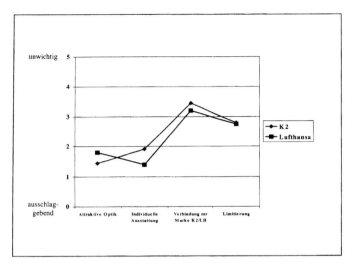

Abb. B 21: Gründe für den Kauf des FORD KA-Co-Brands (LUFTHANSA vs. K2)

2.2.2.2.2 Einzelne Co-Brands

Im Folgenden werden die Co-Brands LUFTHANSA und K2 kurz skizziert.

(1) FORD KA & LUFTHANSA

FORD KA & LUFTHANSA stellte das erste Co-Brand dar. Der Initiative ging von FORD aus. Die Besonderheit dieses Sondermodells stellten Ledersitze dar (Original-Sitze der Business-Class von LUFTHANSA). Zum Zeitpunkt der Einführung gab es in dieser Pkw-Klasse in Deutschland noch keinen Anbieter mit Ledersitzen. Weiterhin war das Sondermodell mit 10.000 Miles & More (Flugmeilenprogramm von LUFTHANSA) verbunden. Das Modell wurde zu einem Preis von umgerechnet rund 12.000 € angeboten. Die Kommunikationsaktivitäten für das Sondermodell waren insbesondere folgende:

- Folder für Händler (FORD),
- PoS (FORD),
- Fernsehspot (LUFTHANSA: kostenlose Nutzung: Airbus, Räumlichkeiten; sonstige Produktionskosten und Schaltungskosten: FORD),
- LUFTHANSA-spezifische Medien, wie z.B. Kundenzeitschrift, Inflight-Video (Rabatte: 20% -50 %).

(2) FORD KA & K2/K2SNOW

Mit der Marke K2 wurden zwei verschiedene Sondermodelle aufgelegt. Die Initiative zur Zusammenarbeit ging von K2 aus. Bei dem ersten Sondermodell wurde zusätzlich

B. Deskriptiv-explorative Mastertechniken   83

zum FORD KA ein Paar Inline-Skates verkauft, die von K2 im Tausch zu Werbeschaltungen zur Verfügung gestellt wurden. Das Sondermodell war mit einer Reihe von Extras (z.b. Servolenkung, Klimaanlage, Leichtmetallräder) ausgestattet, sowie durch eine gelbe Farbe sowohl bei der Karosserie als auch bei Innendetails ausgerüstet. Der Preis betrug umgerechnet knapp 11.000 €. Das zweite Sondermodell war K2 SNOW EDITION, welches eine ähnliche technische Ausstattung in einem türkis-blauen Farbton aufwies. Integriert in das Angebot war ein KA & K2-Snowboard. Der Preis für das zweite Sondermodell betrug umgerechnet rund 11.700 €. Die Kommunikation konzentrierte sich neben der Werbung am PoS stark auf Fernsehwerbung.

2.2.2.3 Erfolgs- und Misserfolgsfaktoren

Aus Sicht von FORD waren co-gebrandete Sondermodelle des FORD KA insbesondere unter folgenden Bedingungen erfolgreich:

- Partnermarke ist integrierter Bestandteil des Fahrzeugs (Bsp. FORD KA & LUFTHANSA),
- Aufwertung des Fahrzeugs durch die Partnermarke,
- Angebot richtet sich an eine breite Zielgruppe.

Als Misserfolgsfaktoren wurden insbesondere folgende angesehen:

- kein integrierter Bestandteil (z.B. Ford Ka & K2),
- hoher Aufwand für den Handel,
- Farbe: teilweise zu spezifisch (z.B. hellblau bei D2 CallYa),
- zu enge Zielgruppe der Partnermarke,
- schnelle Alterung durch Mode und/oder technischen Wandel (z.B. Handy).

Falls in Zukunft weitere Co-Brands für den FORD KA realisiert werden sollten, sind folgende Bedingungen zu erfüllen:

- hohe Zielgruppenkongruenz.

Weiterhin ist über ein europaweites Angebot der Co-Brands nachzudenken, um die Integration der Partnermarke in den FORD KA auch technisch und finanziell realisieren zu können.

2.2.3 GORE-TEX

Quellen:

- Vortragsunterlagen von Herrn T. Vucurevic während des 35. Seminars für Verkaufs- und Marketingmanagement am Institut für Marketing und Handel an der Universität St. Gallen, Januar 2002,
- Messebesuch während der ISPO 2002,
- Presseunterlagen zur Pressekonferenz 25 Jahre GORE-TEX Fabrics während der ISPO 2002,

- persönliche Gespräche und Korrespondenz mit Herrn T. Vucurevic (Brand Manager Europe, W.L.Gore & Associates GmbH),
- Unterlagen zur Kampagne „It's a Great Day",
- Telefonbefragung und Korrespondenz mit Herrn C. Eisenmann (Category Manager Snow-Sport, W.L. Gore & Associates GmbH),
- Telefoninterview am 9.10.2002 mit Herrn P. Schöffel (geschäftsführender Gesellschafter der Fa. Schöffel Sportbekleidung GmbH),
- Präsentationsunterlagen der Studie GORE-TEX (europäische Konsumentenbefragung 2002, durchgeführt von puls GmbH, Nürnberg),
- „Brand Trademark Usage Guidelines" von GORE-TEX,
- Schöffel-Kataloge (Sommer 2002, Winter 2002/2003),
- Handelsinformationen über GORE-TEX Fabrics,
- Internetauftritte: www.gore-tex-com; www.schoeffel.de.

2.2.3.1 Angaben zu den Partnerunternehmen und den beteiligten Marken

(1) W.L. Gore & Associates

Das Unternehmen wurde 1958 in den USA von Dr. W.L. Gore, der vorher bei DuPont tätig war, gegründet. Gore beschäftigt heute mehr als 6.600 Mitarbeiter in über 45 Werken weltweit (Umsatz 2001: ca. 1,4 Mrd. €). In Deutschland befinden sich sechs Werke mit insgesamt über 1000 Mitarbeitern. Grundlage aller Gore-Produkte ist der Kunststoff PTFE, der durch eine Reckung spezielle Eigenschaften wie Atmungsaktivität und Wasserdichtigkeit aufweist. Gore ist in den fünf Divisionen Electronics (z.B. Spezialkabel für EDV), Industrial (z.B. Dichtungen), Environmental Technologies (z.B. Filter), Medical (z.B. Implantate) sowie Fabrics tätig. Der Bereich Fabrics umfasst die Hauptbereiche Arbeits- und Schutzbekleidung sowie Sport- und Freizeitbekleidung. Die Marke GORE-TEX feierte 2002 sein 25jähriges Bestehen in Europa. Die Fallstudie beschäftig sich mit dem Sport- und Freizeitbekleidungsbereich.

(2) GORE-TEX

Gore ist im Sport- und Freizeitbekleidungsmarkt mit mehreren Marken tätig, von denen die wichtigsten GORE-TEX und WINDSTOPPER darstellen. GORE-TEX weist im Bekleidungsbereich einen der höchsten Bekanntheitsgrade bei Endkonsumenten auf. Nach der Studie Outfit 5 besitzt GORE-TEX einen gestützten Bekanntheitsgrad von 58 % in der Gesamtbevölkerung. In einer internen Studie von Gore besitzt GORE-TEX in der Zielgruppe (sog. Core & More-Bereich) eine ungestützte Bekanntheit von 40 %, eine gestützte Bekanntheit von 81 % und einen Besitz von 49 % in Europa (Jahr 2002). Die Studie belegte auch, dass die Befragten die Marke GORE-TEX eindeutig mit den Assoziationen wasserdicht (62 %), winddicht (40 %) und atmungsaktiv (34 %) verbinden.

B. Deskriptiv-explorative Mastertechniken

Subbrands, die bestimmte funktionale Eigenschaften aufweisen, ergänzen die Marke GORE-TEX. Abbildung B 22 gibt einen Überblick für den Bekleidungsbereich.

Darüber hinaus werden weitere Innovationen mit eigenen Markierungen entwickelt. Beispielsweise wird ein Ski-Handschuh mit integriertem Skipass unter der Marke GORE-TEX S-KEY angeboten.

	2-Layer Classic	3-Layer Classic	3-Layer XCR	PACLITE
Lightweight				■
Durability		■		
Breathability			■	
Versatility	■			
Softness	■			
Packability				■

■ = Best in category

Abb. B 22: Subbrands von GORE-TEX

GORE-TEX findet in unterschiedlichen Bekleidungsprodukten Verwendung, wobei immer ein Co-Branding stattfindet. Abbildung B 23 zeigt eine Auswahl wichtiger Partnermarken, die auf dem deutschen Markt tätig sind.

2.2.3.2 Co-Branding
2.2.3.2.1 Überblick

GORE-TEX verfolgt mit ihrer Markenpolitik den Abbau des klassischen Abhängigkeitsverhältnisses zwischen Lieferant und Kunde und die Erzeugung einer Pull-Wirkung. Diese Pull-Wirkung, die durch die direkte Kommunikation mit dem Konsumenten entsteht, unterstützt alle Partner in der Wertschöpfungskette. GORE-TEX ist als Marke für „protective fabrics" im Premiumsegment positioniert. Zur Erreichung der Ziele und der Positionierung erfolgt der Einsatz einer Co-Brand-Strategie, die auf den Säulen Produktqualität, Beziehungsmarketing und Partnerwahl, (Endverbraucher-) Kommunikation und Markierungen basiert.

	Handschuhe & Accessoires	Schuhe	Bekleidung	
			Outdoor/Sport	Freizeit & Mode
wichtige Partnermarken	ROECKEL REUSCH ZANIER INVICTA ESKA TAUBERT ZIENER LEVEL	MEINDL NIKE PUMA LLOYD TIMBERLAND CAMEL BOOTS MEPHISTO ELEFANTEN SIOUX FRETZMAN	SCHÖFFEL FJÄLL RÄVEN JACK WOLFSKIN HAGLÖFS WINDSURFING CHIEMSEE MAMMUT ROSSIGNOL SALEWA BURTON PATAGONIA PEAK PERFOMRANCE OAKLEY SALOMON VUARNET FILA CIESSE AIGLE ROSSIGNOL DEGRE7 BERGHAUS SPRAYWAY ...	BOGNER BOSS ESCADA PRADA FUCHS & SCHMITT BUGATTI DANIEL HECHTER BRAX LODENFREY BURBERRY ...
Anzahl von Markenpartnern (in Deutschland tätig)	k.A.	k.A.	Outdoor: ca. 40, Sport: ca. 60.	ca. 15
Absatz	ca. 12. Mio. Paar (jährlich global)	ca. 7 Mio. Paar Schuhe (jährlich, Europa)	Outdoor: 600.000 Sport: 1.2 Mio. (jährlich Europa)	ca. 250.000 Teile (jährlich Europa)

Abb. B 23: Co-Brands von GORE-TEX (Überblick)

(1) Produktqualität

Kern der Markenstrategie von GORE-TEX bildet die bereits 1989 eingeführte Zufriedenheitsgarantie „Guaranteed To Keep You Dry", die durch die Markierung gegenüber dem Endverbraucher abgegeben wird. Voraussetzung für diese Garantie ist neben der Funktionalität der GORE-TEX-Membran insbesondere die entsprechende Weiterverarbeitung. Dies beinhaltet auch die Verarbeitung der Nähte. Eine entsprechende Weiterarbeitung stellen Qualitätsvereinbarungen zwischen der Fa. Gore und den Weiterverarbeitern im Rahmen von Lizenzverträgen, ständige Kontrolle und Freigabe von neuen Produkten, Entwicklung von speziellen Testverfahren (z.B. Gehsimulator, Regenturm, Waschmaschine, Abriebtest) und Verarbeitungstechnologien (Schweißbänder, Schweißbandmaschinen) sicher. Darüber hinaus umfasst der Lizenzvertrag

B. Deskriptiv-explorative Mastertechniken

Regeln zur Verwendung der Marke, zum Umgang mit Reklamationen sowie die Herstellerzertifizierung zur Verarbeitung von GORE-TEX-Produkten.

(2) Beziehungsmarketing und Partnerwahl

GORE-TEX setzt auf langfristige Kundenbeziehungen zu seinen Endproduktherstellern. Symbolischer Ausdruck dieser Strategie bildete z.B. die Verleihung des „Gore Lifetime Achievement Award" für ununterbrochene, langfristige Zusammenarbeit mit den unternehmergeführten Kunden (Minimum: 20 Jahre) an acht Unternehmen und die Verleihung „Gore Company Loyality Award" für langfristige Zusammenarbeit mit dem Unternehmen (Minimum: 20 Jahre) an 21 Unternehmen während der ISPO 2002 in München. Bei der Auswahl der Partner wird neben der Verpflichtung zur Einhaltung von Qualitätsrichtlinien und einem Preisniveau auch darauf geachtet, dass nicht zu viele Partner in einem Substitutionswettbewerb zueinander stehen. Die Auswahl neuer Partner erfolgt sowohl aktiv durch die gezielte Ansprache von erfolgversprechenden Endproduktherstellern als auch passiv durch Endproduktersteller, die sich an GORE-TEX wenden. Die Auswahl basiert auf einem ISO-zertifizierten Prozess, deren Herzstück, eine Checkliste darstellt, die der potentielle Partner ausfüllt und die die Entscheidungsgrundlage für eine Lizenzerteilung darstellt. Die Checkliste umfasst u.a. Zielgruppenbeschreibungen, Distributionsangaben, Absatzprognosen und Angaben zu der Marke des Endproduktherstellers.

(3) (Endverbraucher-)Kommunikation

Im Jahr 2002 wird das neue europaweite Kommunikationskonzept „It's a Great Day" gestartet. Im Vergleich zu den vergangenen Jahren fokussiert die Kampagne stark auf die Kommunikation für die Marke GORE-TEX. Das Kommunikationskonzept setzt sich aus sechs Ebenen zusammen:

- Markenebene (Emotionalisierung der Marke),
- konkrete Produktwerbung,
- Co-Advertising,
- PoS-Auftritt,
- Tacticals,
- Internet-Auftritt.

Insgesamt bewegt sich das Kommunikationsbudget in einem hohen einstelligen €-Millionenbetrag. Der Claim der Kampagne „It's a Great Day" bezieht sich auf die Wahrnehmung jedes Verbrauchers. Dieser definiert für sich selbst, was für ihn ein großartiger Tag ist. GORE-TEX trägt zu diesem Gefühl dadurch bei, dass diese Person durch GORE-TEX-Produkte geschützt ist und dadurch das Klima oder Wetter keine Beschränkung darstellt.

Die Bildsprache der Kampagne verzichtet vollständig auf die Darstellung von Menschen und Produkten und kommuniziert mit Naturbildern eine Stimmung (vgl. Abbildung B 24). In Deutschland wird die Kampagne hauptsächlich in reichweitenstarken Print-Titeln, wie z.B. Stern, Spiegel und Focus, geschaltet.

Abb. B 24: Anzeigenmotiv der Kampagne „It's a Great Day" (2002)

Neben der klassischen Kommunikation stellen das Sponsoring von Outdoor-Events, Teilnahme an Messen (insbesondere: ispo) sowie gemeinsame Kommunikationsmaßnahmen mit den Endproduktherstellern und dem Handel die wichtigsten Kommunikationsinstrumente dar (vgl. SnowProject mit SCHÖFFEL).

Neben den Endproduktherstellern kooperiert GORE-TEX auch intensiv mit dem Sportfachhandel. Neben einer umfangreichen Unterstützung durch Promotion-Material (z.B. Deko-Material, GORE-TEX-Handschuhtest, Kundeninformationen) erfolgt eine Zusammenarbeit im Rahmen von Anzeigenwerbung und Kataloggestaltung.

(4) Markierungen

Voraussetzung für ein Ingredient Branding stellt die Sichtbarkeit auf dem Endprodukt dar. Dies erreicht GORE-TEX durch verschiedene Markierungsformen. Jedes Produkt, das GORE-TEX enthält, ist durch zwei Markierungen gegenüber dem Endverbraucher markiert. Jedes Produkt ist mit einem Anhänger (Hangtag) mit der Garantie „Guaranteed To Keep You Dry" versehen. Weiterhin markiert jeweils ein Logo außen und innen dauerhaft das jeweilige Produkt mit der Marke GORE-TEX. Abbildung B 25 zeigt exemplarisch einige Beispiele auf.

Die Markierung von GORE-TEX am Endprodukt regeln auch detaillierte „Brand Trademarke Usage Guidelines", die u.a. darauf abzielen, dass die Bekleidungsmarke und GORE-TEX nicht miteinander verknüpft werden. Die Markierung kommuniziert dem Konsumenten Vertrauen und erhöht die Attraktivität des Endproduktes.

B. Deskriptiv-explorative Mastertechniken 89

Abb. B 25: GORE-TEX-Markierungen am Endprodukt

2.2.3.2.2 Co-Brand SCHÖFFEL & GORE-TEX

Am Beispiel der Marke SCHÖFFEL erfolgt zum einen die Darstellung der konkreten Umsetzung eines Co-Brands von GORE-TEX und zum anderen die Integration der Kundensicht.

(1) Marke SCHÖFFEL

Das Familienunternehmen SCHÖFFEL wurde 1804 gegründet. 1962 wurde die Marke SCHÖFFEL kreiert, die heute laut eigenen Angaben Marktführer im Bereich Outdoor-Bekleidung in Deutschland ist. Der gestützte Bekanntheitsgrad von SCHÖFFEL beträgt laut der Studie Outfit 5 in Deutschland 17 %. Die Marke SCHÖFFEL ist in den Bereichen Berg-, Trekking-, Regen- und Kinder-Bekleidung tätig. Die Distribution erfolgt klassisch indirekt über den stationären Handel. Darüber hinaus erfolgt ein Online-Vertrieb über den Onlineshop Globetrotter, und seit einigen Jahren gelangen auch eigene Shop-in-Shop-Systeme zum Einsatz.

(2) Co-Brand SCHÖFFEL & GORE-TEX

Die Zusammenarbeit mit GORE-TEX besteht bereits seit 1980. 1983 wurde die erste GORE-TEX-Jacke von SCHÖFFEL angeboten. Knapp 20 % des Umsatzes von SCHÖFFEL resultiert aus Co-Brands mit GORE-TEX[238]. Aktuell existieren folgende co-gebrandeten Produkte von SCHÖFFEL und GORE-TEX (Sommer-Katalog 2002, Winter-Katalog 2002/2003):

---

[238] Bei funktionaler Skibekleidung (Wintersaison) beträgt der Umsatzanteil von Co-Brands zwischen SCHÖFFEL & GORE-TEX zwischen 30% und 40%.

- Skibekleidung,
- Hochtouren-Bergjacken,
- Überhosen,
- Touren-Jacken.

Die Markierung der Bekleidung dominiert SCHÖFFEL optisch durch die Außenmarkierung (vgl. Abbildung B 26).

Abb. B 26: Markierung von SCHÖFFEL & GORE-TEX-Produkten

Die Co-Brands von GORE-TEX und SCHÖFFEL bilden jeweils die Schöffel-Angebote im Hochpreissegment (z.B. Touren-Jacke GUDARA mit GORE-TEX: 239,95 €; Touren-Jacke Patna mit Venturi[239]: 179,95 €).

(3) SnowProject

Das SnowProject stellt exemplarisch die Marketingkooperation zwischen SCHÖFFEL und GORE-TEX dar. Weitere gemeinsame Maßnahmen sind u.a. Kataloggestaltung, Anzeigen, Sponsoring, Ausstattung von Skischulen und gemeinsame Händlerschulungen. Das SnowProjekt wurde zum ersten Mal im Winter 2001 von GORE-TEX, SCHÖFFEL und der Regionenmarke ST. ANTON AM ARLBERG mit zwölf verschiedenen Händlern durchgeführt. Im Rahmen dieser Aktion stellten SCHÖFFEL, GORE-TEX und ST. ANTON AM ARLBERG den Händlern Anzeigenmaterial (vgl. Abbildung B 27), Schaufensterdekorationen (vgl. Abbildung B 28), einen Skisimulator, ein Gewinnspiel, Verkäuferausstattung und Aktionskünstler für einen geringen Kostenbeitrag zur Verfügung. Aufgrund des Erfolges (hohe Besucherzahlen am PoS, erhöhte Abverkaufszahlen von

---

[239] Bei VENTURI handelt es sich um die SCHÖFFEL-eigene Laminatmarke.

SCHÖFFEL-Produkten, positives Händler-Feedback) wird diese Aktion in der Saison 2002/2003 wiederholt.

Abb. B 27: Anzeige für das SnowProject

Abb. B 28: Schaufensterdekoration des SnowProjects

2.2.3.4 Erfolgs- und Misserfolgsfaktoren

Aus Sicht von Gore sind insbesondere folgenden Faktoren für den Erfolg von GORE-TEX verantwortlich:

- Erster im Markt und im Kopf des Konsumenten (relevant set),
- Sichtbarkeit der Marke GORE-TEX am Endprodukt durch auffällige Markierung,
- hohe Qualität,
- Beziehungsmarketing mit Endproduktherstellern und weiteren Partnern (Handel, Lieferanten, Empfehler),
- Innovation und Differenzierung,
- Co-Advertising mit Endproduktherstellern und Händlern,
- selektive Distribution.

Als Misserfolgsfaktor wird insbesondere folgender angesehen:

- Nachahmer.

Aus Sicht der Marke SCHÖFFEL weist das Co-Brand mit GORE-TEX folgende Erfolgsfaktoren auf:

- hohe Qualität von GORE-TEX,
- GORE-TEX steht für ein bestimmtes Material,
- positives Image von GORE-TEX,
- Firmenkulturen von GORE und SCHÖFFEL passen gut zusammen.

Als Misserfolgsfaktoren sind folgende zu nennen:

- hoher Preis für GORE-TEX, wodurch nur geringe Spannen (Industrie, Handel) erzielbar sind,
- hoher Preis von GORE-TEX ist nur in bestimmten Segmenten durchsetzbar (z.B. hohe Bedeutung im Bergsport; geringe Bedeutung: Trekking),
- fehlende Exklusivität der Zusammenarbeit bei Innovationen von GORE, da GORE diese parallel mit mehreren Partnern einführen will,
- GORE ist eine Ingenieurfirma, weshalb modische Aspekte und Trends nur eine geringe Berücksichtigung finden.

B. Deskriptiv-explorative Mastertechniken

2.2.4 FIT FOR FUN-Lebensmittel

Quellen:

- Werbematerial,
- Verpackungen,
- Presseunterlagen (ANUGA 2001, Markteinführung von FIT FOR FUN & HOMANN-Co-Brand),
- interne Präsentationsunterlagen von FIT FOR FUN (VERLAGSGRUPPE MILCHSTRASSE),
- persönliche Korrespondenz und Gespräche mit Frau Petra Linke (Verlagsleitung FIT FOR FUN Verlag GmbH),
- persönliche Gespräche mit Frau Christine Rave (Objektleitung FIT FOR FUN Verlag GmbH),
- Korrespondenz mit Frau Katja Holzheuer (Produktmanagerin HOMANN FEINKOST),
- ANUGA-Presse-Konferenz am 15.10.2001.
- Präsentationsunterlagen des ersten Lizenzpartnertreffens am 20.6.2002 in Hamburg.

2.2.4.1 Angaben zu der Führungsmarke FIT FOR FUN

(1) Verlagsgruppe Milchstrasse

Die Verlagsgruppe Milchstrasse wurde 1975 von Dirk Manthey gegründet. Im selben Jahr wurde die Filmzeitschrift CINEMA gegründet. 1990 wurden mit TV SPIELFILM und BELLEVUE zwei neue Magazine eingeführt. 1991 folgte MAX und 1994 das Aktivmagazin FIT FOR FUN. In den Folgejahren wurden u.a. Titel wie AMICA und TOMORROW entwickelt und am Markt eingeführt. Insgesamt wenden sich alle Titel der Verlagsgruppe Milchstrasse an eine junge, gut verdienende und gut gebildete Zielgruppe. Weiterhin wurde bei allen Zeitschrifteneinführungen versucht, neue Kategorien zu bilden (z.B. Wellness-, Lifestyle und Fitness-Magazine) oder bestehende Kategorien deutlich zu verändern (z.B. 14-tägige Erscheinungsweise mit einem Schwerpunkt auf Spielfilme bei TV SPIELFILM). Im Jahre 2000 erwirtschaftete die Verlagsgruppe Milchstrasse mit 800 Mitarbeitern einen Umsatz von ca. 250 Mio. €.

(2) FIT FOR FUN

Die Positionierung der Zeitschrift FIT FOR FUN baut auf den Attributen „Positive Thinking" und „hoher individueller Nutzwert" auf. Die Zielgruppe, die durch diese Positionierung angesprochen werden soll, lässt sich folgendermaßen charakterisieren:

- Alter: 18 – 39 Jahre,
- höhere Bildung,

- höheres Haushalts-Nettoeinkommen,

- unisex,

- FLINKS (fitte, leistungsbewusste, intelligente, naturbewusste und kreative Personen).

Die Ergebnisse verschiedener Mediastudien (z.b. FAME, AWA 2002) belegen, dass es FIT FOR FUN gelungen ist, diese Zielgruppe zu erreichen. Die Umsetzung der Positionierung zeigt sich in den drei redaktionellen Säulen Fitness, Gesundheit und Ernährung. Weiterhin zeichnet sich FIT FOR FUN durch einen hohen individuellen Nutzwert aus, der sich z.b. in Anleitungen zum Joggen und Essrezepten niederschlägt.

Weiterhin unterstützt auch der Markenname FIT FOR FUN die Positionierung. Dabei steht FIT für persönliches Wohlgefühl, Vitalität, Leistungsfähigkeit, Belastbarkeit, Gesundheit und Entspannung. FUN dagegen ist mit Assoziationen wie Erlebnis, Spaß, Genuss, Sport, Sex und Abwechslung verbunden. Die beiden Aspekte stehen in einem wechselseitigen Verhältnis, da FIT sein die Voraussetzung für FUN darstellt, und aus FUN FIT sein folgt. Das Logo stellt als Wortbildmarke diese Wechselseitigkeit grafisch dar (vgl. Abbildung B 29).

Abb. B 29: Markenname und –logo von FIT FOR FUN

Die Positionierung von FIT FOR FUN sowie das damit verbundene redaktionelle Konzept führt dazu, dass FIT FOR FUN eine Reichweite von 2,33 Mio. Lesern (AWA 2002), eine verkaufte Auflage von 327.905 Exemplaren (III. Quartal 2002) und einen Bekanntheitsgrad von 39,2 % in der deutschen Gesamtbevölkerung (AWA 2002) erreicht. Im Juni 2002 wurde das Heftkonzept und das Layout von FIT FOR FUN erfolgreich relauncht.

2.2.4.2 Co-Branding
2.2.4.2.1 Markentransfers von FIT FOR FUN

Die Marke FIT FOR FUN wird seit 1997 systematisch auf andere Leistungen transferiert. Beispielsweise werden seit 1997 unter der Marke FIT FOR FUN erfolgreich Bücher herausgegeben. Die bisher erschienenen 27 Bücher (Frühjahr 2003) umfassen u.a. die Titel „Perfektes Lauftraining", „Richtig schöne Muskeln", „Die FIT FOR FUN Diät", „Fitness-Küche für das ganze Jahr" und „Die besten Fitness-Cocktails".

B. Deskriptiv-explorative Mastertechniken

Es existiert ein eigener Internet-Auftritt (www.fitforfun.de; 366.809 Visits; 2,403 Mio. Page Impressions, Stand November 2002) sowie eine FIT FOR FUN-CD. Weiterhin wurde FIT FOR FUN auch auf das Fernsehen transferiert. Seit 1999 präsentiert die Moderatorin Nandini Mitra wöchentlich 45 Minuten lang auf dem Sender VOX eine Sendung mit den Schwerpunkten Sport-Events, Extremsportarten, Ernährungstipps sowie Fitness-Programme von Prominenten. FIT FOR FUN TV erreicht pro Sendung mit bis zu 900.000 Zuschauern in der werberelevanten Zielgruppe einen Marktanteil von bis zu 5,1 % (Stand 2002).

Neben diesen Markentransfers im Medienbereich wird die Marke FIT FOR FUN auch in weitere Leistungsfelder transferiert. U.a. wurde 1997 in Hamburg das erste FIT FOR FUN-Restaurant eröffnet, das neben Restauration auch Kochkurse offeriert. Angegliedert an das Restaurant sind auch ein international tätiger Catering-Service (Lizenz) sowie seit 1998 das FIT FOR FUN-Deli, das Sushi-Gerichte, Salate und Wok-Gerichte zum Mitnehmen und „Vor-Ort-Verzehr" anbietet.

Darüber hinaus wird in den letzten Jahren die Marke FIT FOR FUN in die Leistungsfelder Touristik und Lebensmittel transferiert. In diesen beiden Feldern erfolgt zum Teil ein Co-Branding. Im Touristik-Bereich werden u.a. mit dem ROBINSON-CLUB Single-Reisen angeboten. Die folgenden Ausführungen gehen auf die Co-Brand-Aktivitäten im Lebensmittelbereich näher ein.

Abbildung B 30 fasst das aktuelle Leistungsspektrum der Marke FIT FOR FUN zusammen.

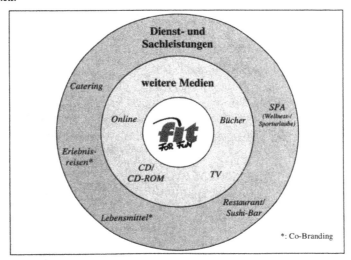

Abb. B 30: Leistungen der Marke FIT FOR FUN (Stand Mitte 2002)

2.2.4.2.2 Co-Branding im Lebensmittelbereich

Der Bereich Lebensmittel stellt den jüngsten Transferbereich der Marke FIT FOR FUN dar. Zur Vorbereitung des Transfers wurden zunächst die Erkenntnisse aus den Markt-Mediastudien über FIT FOR FUN ausgewertet. Weiterhin wurden Anfang 1998 Gruppendiskussionen zum Thema FIT FOR FUN und Ernährung durchgeführt. Zusätzlich untersuchte im September 1998 ein Copy-Test die Relevanz von Ernährung für die Zeitschrift. Ende 1999 wurde schließlich eine externe Markenkernanalyse durch das Institut EMNID durchgeführt. Die persönliche, bevölkerungsrepräsentative Befragung von 659 Personen untersuchte neben der Marke FIT FOR FUN (Bekanntheit, Image etc.) auch den Transfer der Marke in den Lebensmittelbereich.

Alle Studien bescheinigen der Marke FIT FOR FUN eine hohe Ernährungskompetenz. Weiterhin zeigte speziell die Markenkern-Analyse die konkreten Beurteilungen und Kaufabsichten für eine Vielzahl von Produktideen auf.

Aufbauend auf diesen Erkenntnissen wurde eine Lizenz- und Co-Brand-Strategie entwickelt.

Die Ziele für FIT FOR FUN in Bezug auf den Transfer in den Lebensmittelbereich waren insbesondere folgende:

- Ausschöpfung des Synergiepotentials der Marke,
- Stärkung der Marke FIT FOR FUN,
- Erhöhung des Bekanntheitsgrades von FIT FOR FUN,
- Gewinnung neuer Zielgruppen,
- Zusatzumsatz durch Foodlizenzen.

Insgesamt waren bis Ende 2002 drei Foodproduktkategorien im Handel verfügbar, die alle bewusst verschiedene Ausprägungen des Co-Branding darstellen. Die folgende Abbildung B 31 gibt einen Überblick über die bisher realisierten Lebensmittelprodukte.

Lebensmittelbereich	Partnermarke	Produktvarianten	Markteinführung
Vollkornbrot	PEMA	3 Sorten Vollkornbrot in zwei verschiedenen Abpackungen	September 2001
Brotaufstrich	HOMANN FEINKOST	vier verschiedene Geschmacksrichtungen	Juni 2002
Salate und Gemüseprodukte	ELSDORFER FEINKOST	3 Frisch-Salatprodukte im Beutel, 4 Salatcups, 2 Wok & Pfannengemüse, 4 Sorten Frischedressing	Sommer 2002

Abb. B 31: Co-Brands von FIT FOR FUN im Lebensmittelbereich

B. Deskriptiv-explorative Mastertechniken

Ferner sind weitere Produkte und Lizenzen in Vorbereitung (2003: Joghurt, Milchdrinks).

Aufgrund der Vielfalt der Partner setzt FIT FOR FUN insbesondere mit dem Lizenzvertrag, der Verpackungsgestaltung sowie den Kommunikationsrichtlinien drei Instrumente zur Koordination der verschiedenen Co-Brands ein.

(1) Lizenzvertrag

Der Lizenzvertrag stellt die rechtliche Basis für die Co-Brands dar. Dieser Vertrag definiert u.a. das Größenverhältnis zwischen FIT FOR FUN und der Partnermarke auf Verpackungen und Kommunikationsmitteln, wobei FIT FOR FUN jeweils aus sicht der Konsumenten die dominierende Position einnimmt. Weiterhin schreibt der Vertrag die Abstimmung aller Markenführungsmaßnahmen zwischen der Partnermarke und FIT FOR FUN im Vorfeld vor. Schließlich umfasst der Lizenzvertrag auch Vereinbarungen über das einzusetzende Kommunikationsbudget der Partnermarken für das Co-Brand.

(2) Verpackungsgestaltung

Zur Realisierung einer besseren Wiedererkennbarkeit zwischen den verschiedenen FIT FOR FUN-Lebensmitteln, einer breiteren Zielgruppenansprache und detaillierteren Informationen für die Verbraucher wurde von FIT FOR FUN gemeinsam mit den Lizenzpartnern und der Verpackungsdesign-Agentur Glasmeyer, Jung, Schreiter aus Hamburg eine neue Verpackungsrichtlinie entwickelt, die verbindlich für alle FIT FOR FUN-Lebensmittelprodukte ist. Die Prominenz des Co-Brand-Partners auf der Schauseite der Verpackung hängt von der Marktposition und der Markenwelt des Lizenzpartners ab. Abbildung B 32 zeigt am Beispiel des Co-Brands mit HOMANN die wichtigsten Elemente der Verpackung.

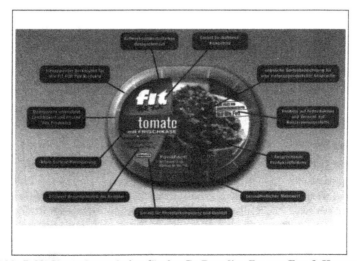

Abb. B 32: **Verpackungsdesign für das Co-Branding** FIT FOR FUN & HOMANN

(3) Kommunikationsrichtlinien

Zur Koordination der Kommunikation gegenüber dem Handel und dem Endverbraucher wurde in Zusammenarbeit mit einer Werbeagentur aus Hamburg ein verbindliches Kommunikationsdesign in Form eines CD-Manuals entwickelt. Die Grundelemente der Gestaltung hinsichtlich Größe und Platzierung der Logos, über die Typographie bis hin zur Position der Produktabbildung orientieren sich an der Verpackungsgestaltung.

Neben der formalen Abstimmung erfolgt eine inhaltliche Integration durch einen gemeinsamen Claim. Schließlich führen gemeinschaftliche Fachanzeigen und Gemeinschaftsauftritte auf Messen und Symposien (z.B. Trendschau Düsseldorf 2002, Anuga 2003, Intermeat 2003, Intercool 2003, Symposium 2003) zu einer funktionalen Integration. Die Planung gemeinschaftlicher Aktionen erfolgt durch die Fa. Marketing + Sales aus Metzingen.

Die Gestaltung und Schaltung der individuellen Kommunikation dagegen führen die Partner auf der Basis der Kommunikationsrichtlinien in Absprache mit FIT FOR FUN selbständig durch.

2.2.4.2.3 Co-Brand mit HOMANN FEINKOST

(1) Überblick

Von den bisherigen drei Kooperationen bildet insbesondere die Verbindung FIT FOR FUN & HOMANN ein Co-Branding, da beide Partner auf der Verpackungsfront für den Abnehmer sichtbar auftreten. Der Co-Brand-Effekt wird noch durch die Regalplatzierung des Co-Brand in räumlicher Nähe zu dem übrigen HOMANN-Sortiment verstärkt.

Dagegen stellen die Kooperationen von FIT FOR FUN und PEMA bzw. ELSDORFER FEINKOSTSALATE zumindest gegenüber dem Endabnehmer eher klassische Markenlizenzen dar, da die beiden Herstellermarken nur auf der Seite bzw. Rückseite auftauchen und damit für den Endabnehmer kaum wahrnehmbar sind.

(2) Co-Brand FIT FOR FUN & HOMANN

HOMANN führte im Februar 2000 eine repräsentative Verbraucherstudie durch. Die Studie ergab u.a. folgende Ergebnisse:

- HOMANN ist die bekannteste deutsche Marke im Bereich Feinkostsalate,
- Eigenschaftsprofil: traditionell, vertraut, würzig, herzhaft, gekühlt, deutsch, gesund,
- geringer ausgeprägte Eigenschaften: modern, frisch und innovativ.
- Hauptverwender: 40 – 59 Jahre alt, überwiegend weiblich.

Aus dieser Studie ergab sich, dass die Marke HOMANN zwar eine hohe Markenstärke aufweist, aber relativ tradiert ist. Aufgrund der Studienergebnisse führte HOMANN im Sommer 2001 den umfangreichsten Relaunch der HOMANN-Markengeschichte durch. Alle Marketing-Mixfaktoren wurden überprüft und optimiert. Es wurde ein eigenständiges, differenzierendes Verpackungsdesign entwickelt, alle Rezepturen überarbeitet und eine Werbekampagne entwickelt. Eine Wellness-Studie ergab, dass die Marke HOMANN nur mit großem Aufwand Wellness glaubwürdig vermitteln kann und dass die Marke FIT FOR FUN aufgrund der Positionierung der Zeitschrift gut geeignet ist, um Food-Wellnessprodukte am Markt anzubieten. Aufbauend auf diesen Ergebnissen wurde das Co-Brand zwischen FIT FOR FUN & HOMANN vereinbart und im Juli 2002 die ersten Produkte eingeführt. In Vorbereitung sind weitere Produkte. Abbildung B 33 verdeutlicht noch einmal zusammenfassend die Zielsetzung des Co-Brands aus Sicht von HOMANN.

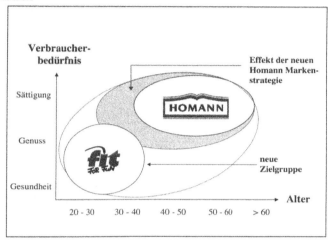

Abb. B 33: Zielsetzung des Co-Brands aus Sicht von HOMANN
Quelle: interne Präsentation der Fa. Homann Feinkost

Die Erfolgskontrolle basiert aufgrund der kurzen bisherigen Marktpräsenz nur auf Absatzzahlen.

2.2.4.3 Erfolgs- und Misserfolgsfaktoren

Aus Sicht von FIT FOR FUN waren die Co-Brands insbesondere unter folgenden Bedingungen erfolgreich:

- Fit des Foodproduktes zur Marke FIT FOR FUN,
- Zielgruppenausweitung,
- bekannte und positiv besetzte Partnermarke,
- Marketingkompetenz der Partnermarke für den Foodmarkt,
- nationale Marktposition und Distribution der Partnermarke.

Aus Sicht der Partnermarke HOMANN sind folgende Erfolgsfaktoren des Co-Branding zu nennen:

- hohe Markenbekanntheit der Marke FIT FOR FUN,
- hohe Sympathiewerte der Marke FIT FOR FUN innerhalb der jungen Zielgruppe.

2.3 Vergleich der Fallstudien

Abbildung B 34 vergleicht zunächst synoptisch die vier Fallstudien, die jeweils einen der abgeleiteten Realtypen des Co-Branding repräsentieren.

	PHILISHAVE COOL SKIN	FORD KA	GORE-TEX	FIT FOR FUN
Co-Brand-Typ	Innovations-Co-Brand	Promotion-Co-Brand	Ingredient Brand	Multi-Co-Brand
Markierung (Dominanz)	PHILIPS	FORD	SCHÖFFEL	FIT FOR FUN
Marktforschung	• intensiv in der Planungsphase des Co-Brands, • kontinuierliche Marktforschung.	• geringer Einsatz.	• Marktforschung bezieht sich auf die Einzelmarken.	• intensiv in der Planungsphase des Co-Branding.
Führung	• PHILIPS, • Markenführungshandbuch.	• FORD.	• GORE-TEX, • Richtlinien zur Partnerauswahl, • Markierungsvorschriften.	• FIT FOR FUN, • CD-Richtlinien.
Ziele	• Co-Brand, • Spill-Over-Effekte.	• Co-Brand, • Spill-Over-Effekte.	• Co-Brand.	• Co-Brand, • Spill-Over-Effekte.
Fit	• funktional (Ergänzung).	• emotional.	• funktional.	• emotional.
Marketing-Mix	• klassische Werbung (TV, Zeitschriften), • Hochpreis, • selektive Distribution.	• klassische Werbung (TV), • Nutzung der Kommunikationskanäle des Partners, • Händlersystem, • Hochpreis.	• Beziehungsmarketing, • Co-Communications, • systematische Partnerwahl, • Hochpreis.	• Handelswerbung, • Messen, • Werbung in FIT FOR FUN-Medien, • Hochpreis.
Erfolgsfaktoren	• Markenfit, • hoher Kommunikationsdruck zur Produkteinführung, • Harmonie zwischen den Partnern.	• breite Zielgruppe, • sichtbare Aufwertung durch Partner, • Integration des Partners in das Produkt.	• Erster im Markt, • deutliche Sichtbarkeit des Ingredient Brands, • Beziehungen in der Vertikalkette.	• Fit zwischen FIT FOR FUN und dem jeweiligen Food-Produkt, • Zielgruppenüberschneidung, • Marketingkompetenz des Partners im Food-Bereich.
Misserfolgsfaktoren	• zu geringe Distribution, • fehlender Kommunikationsdruck.	• hoher Aufwand, • teilw. zu kleine Zielgruppe.	• Imitation, • hoher Preis für GORE-TEX, • fehlende Exklusivität für den jeweiligen Partner.	• keine nationale Marktposition der Partnermarke.

Abb. B 34: Synopse der Co-Branding-Fallstudien

Zunächst zeigt der Vergleich einige Gemeinsamkeiten zwischen den vier Fällen. Bei allen vier Fällen dominiert nach außen jeweils eine Marke deutlich das Co-Brand. Weiterhin verfolgen alle Co-Brands ökonomische Ziele mit dem Co-Brand, d.h. diese Strategie wird von keinen der Fälle ausschließlich zur Stärkung oder Umpositionierung der Einzelmarke verwendet. Schließlich fällt auf, dass alle vier Co-Brands im jeweiligen Hochpreissegment positioniert sind.

Daneben verdeutlicht die Synopse aber insbesondere eine Reihe von Unterschieden zwischen den dargestellten Fällen. Während die langfristigen Co-Brands (PHILISHAVE COOL SKIN, GORE-TEX, FIT FOR FUN) im Vorfeld des Co-Branding jeweils eine umfangreiche Marktforschung durchgeführt haben, fehlt diese bei dem Co-Brand FORD KA. Weiterhin setzen die langfristig orientierten Co-Brands Vergleich zum kurzfristigen Promotion-Co-Brand formale Führungsinstrumente ein.

Weiterhin zeigen sich zwischen dem Ingredient Branding von GORE-TEX und den drei anderen Co-Brands deutliche Unterschiede. Während GORE-TEX versucht mit dem jeweiligen Co-Brand einen Erfolg zu erzielen, spielen bei den drei anderen Co-Brands auch die Spill-Over-Effekte eine bedeutende Rolle. Weiterhin setzt GORE-TEX aufgrund der Vielzahl an Partnern die meisten formalen Instrumente (z.B. Lizenzvertrag, Auswahlrichtlinien, Markierungsvorschriften) ein. Zusätzlich liegt ein Schwerpunkt bei diesem Co-Brand im Gegensatz zu den übrigen betrachteten Fällen in den Beziehungen zu den Partnermarken.

Als Erfolgsfaktoren werden insbesondere der Fit und das gute Verhältnis zwischen Partnern genannt. Darüber hinaus liegen für alle vier Co-Brands spezielle Erfolgsfaktoren vor. Insbesondere Defizite im Marketing-Mix (z.B. Distribution, Produktgestaltung) lassen sich als Misserfolgsfaktoren identifizieren.

IV. Expertenbefragung
1. Darstellung der Mastertechnik

Die Methode der Expertenbefragung zeichnet sich durch eine qualitative Befragung von Experten aus. Unter **Experten** versteht man solche Personen, die eine **fachliche Autorität** besitzen[240] und die in der Lage sind, für eine **Mehrzahl von Fällen** Aussagen treffen zu können. Qualitative Befragungen unterscheiden sich von quantitativen vor allem durch ihre Offenheit und Kommunikativität.[241] Das Prinzip der **Offenheit** bei qualitativen Befragungen zeigt sich in einem weitgehenden Verzicht auf eine inhaltliche Struktur des Interviews sowie im Einsatz von offenen Fragen. Das Prinzip der **Kommunikativität** verlangt, dass die Erhebung möglichst der Alltagsunterhaltung entspricht. Daraus folgen die Forderungen nach Verwendung der Alltagssprache des Befragten[242], Durchführung des Gesprächs in einer für den Befragten vertrauten Umgebung und Einsatz der mündlichen, i.d.R. persönlichen Befragungsform.

---

[240] Vgl. **Götze** (1993) S. 33; **Kepper** (1996) S. 42.

[241] Vgl. ausführlich zu den allg. Merkmalen der qualitativen Forschung Kap. C.III.1.1.

[242] Vgl. **Lamnek** (1995b) S. 65.

IV. Expertenbefragung

Die Durchführung der Expertenbefragung lässt sich durch verschiedene Hilfstechniken, die sich insbesondere in der Literatur zur qualitativen Befragung finden[243], unterstützen. Als Unterscheidungsmerkmale der Hilfstechniken bieten sich die Merkmale Anzahl der Befragten, Standardisierungsgrad und grundsätzliche Zielsetzung an.

(1) Anzahl der Befragten

Nach der Anzahl der Befragten lassen sich Einzel- und Gruppen-Expertenbefragungen voneinander abgrenzen. Während bei **Einzelbefragungen** (mehrere) Experten unabhängig voneinander befragt werden, erfolgt bei **Gruppenbefragungen** die simultane Befragung von Experten im Rahmen einer Gruppendiskussion.[244] Eine Zwischenstellung bildet die Delphi-Befragung[245], bei der zwar eine unabhängige Befragung der Experten erfolgt, allerdings ein mehrfacher Feedback-Prozess mit den anderen Experten stattfindet. Die hohe Komplexität der Problemstellung sowie das Kostenargument führen für die vorliegende Problemstellung zur Wahl einer Einzel-Expertenbefragung.

(2) Standardisierungsgrad

Nach dem Standardisierungsgrad lassen sich nicht-standardisierte Befragungen von Leitfadeninterviews abgrenzen.[246] Während bei der **nicht-standardisierten** Form lediglich die Problemstellung festliegt, existiert beim **Leitfaden-Interview** die explizite Festlegung gewisser Befragungsbestandteile. Bei der Festlegung kann es sich um Fragebereiche und/oder den Ablauf des Interviews handeln. Beispiele für nicht-standardisierte Befragungen stellen das narrative Interview[247] und das Tiefeninterview[248] dar. Beispiele für Leitfadenbefragung sind das problemzentrierte und fokussierte Interview.

(3) Grundsätzliche Zielsetzung

Nach der grundsätzlichen Zielsetzung lassen sich bei Expertenbefragungen deskriptive, explorative und explikative Typen voneinander abgrenzen. Die Zielsetzung der durchgeführten Expertenbefragung, die insbesondere auf die Identifizierung möglicher Einflussfaktoren auf die Wirkungen des Co-Branding abstellt, weist explorativen Charakter auf.

Die Kombination der verschiedenen Merkmalsausprägungen führt zu verschiedenen Typen von Expertenbefragungen. Die Literatur behandelt auch eine Reihe von kon-

---

[243] Vgl. z.B. zu soziologisch und psychologisch ausgerichteten Arbeiten **Lamnek** (1995b) S. 35 ff.; **Witzel** (1982) S. 53 ff. Zur Adaption auf marktforscherische Problemstellungen **Schub von Bosiatzky** (1992) S. 82 ff.; **Kepper** (1996) S. 34 ff. Zur Anwendung der Expertenbefragung in der Marketingwissenschaft z.B. **Aeberhard** (1996). Weiterhin basieren z.B. Forschungsarbeiten der Hochschule St. Gallen auf Expertenbefragungen, stellvertretend für viele **Pabst** (1993); **Belz/Reinhold** (1999).

[244] Vgl. zur Methode der Gruppendiskussion z.B. **Kepper** (1996) S. 63 ff.; **Lamnek** (1995b) S. 125 ff.

[245] Vgl. zur Delphi-Befragung, die häufig zu Prognosezwecken eingesetzt wird, z.B. **Wechsler** (1978), **Becker** (1974).

[246] Vgl. ausführlich zu der Unterscheidung zwischen verschiedenen Standardisierungsgraden von Befragungen **Lamnek** (1995b) S. 39 ff.

[247] Vgl. **Schütze** (1978); **Kepper** (1996) S. 42 ff.; **Lamnek** (1995b) S. 70 ff.

[248] Vgl. **Molinari** (1971); **Kepper** (1996) S. 46 ff.

B. Deskriptiv-explorative Mastertechniken

kreten Ausprägungen der qualitativen Befragung, die sich allerdings aufgrund ihrer speziellen Ausrichtung nur bedingt für die vorliegende Problemstellung eignen. Daher wurde ein eigener Ansatz entwickelt, der allerdings wichtige Aspekte vorhandener qualitativer Befragungsformen integriert.

Für die Expertenbefragung liefern die im Folgenden skizzierten Formen „Fokussiertes Interview" nach *Merton/Fiske/Kendall (1990)* sowie „Problemzentriertes Interview" nach *Witzel (1982)* wichtige Impulse.

(a) Fokussiertes Interview

Das fokussierte Interview, welches bereits in den 40er Jahren im Zusammenhang der Propaganda-Wirkungsforschung entwickelt wurde[249], zeichnet sich durch die Präsentation von Stimuli (z.B. Anzeige) aus. Dabei liegen den Stimuli ad-hoc-Hypothesen zugrunde, die aber der Auskunftsperson (hier: Experte) verborgen bleiben.[250] Die Reaktionen der Experten auf die offene Befragung erlauben dem Forscher zwei Analyseansätze:[251]

- Überprüfung der Hypothesen,
- Feststellung von nicht antizipierten Reaktionen und dadurch die Möglichkeit, neue Hypothesen zu generieren.

Die qualitative Befragung im Rahmen des fokussierten Interviews soll den folgenden vier Anforderungen genügen:[252]

- Reichweite,
- Spezifizierung,
- Tiefgründigkeit,
- personaler Kontext.

Die Reichweite meint, dass den Experten möglichst viele Freiheitsgrade bei der Reaktion auf die Stimuli eingeräumt werden. Nur dadurch ist auch die Generierung neuer Hypothesen möglich. Die Spezifizierung betrifft die möglichst hohe Präzision der Aussagen. Dies lässt sich durch einfaches Nachfragen und Wiederholung der Stimuli erreichen. Die Tiefgründigkeit stellt darauf ab, dass nicht nur Beschreibungen, sondern auch Gefühle aufgedeckt werden. Diese Anforderung spielt für die vorliegende Problemstellung nur eine untergeordnete Rolle, da nicht die individuellen Meinungen und Gefühle von Personen im Mittelpunkt stehen, sondern das Wissen der Experten über die Wirkung des Co-Branding. Die Anforderung des personalen Kontexts bedeutet, dass das Gespräch nicht auf einer abstrakten Ebene, sondern in den Auskunftspersonen gewohnten Kontexten durchgeführt wird. Auch diese Anforderung ist für die vor-

---

[249] Vgl. **Merton/Fiske/Kendall** (1990).

[250] Lamnek spricht daher beim fokussierten Interview auch von einer Kombination aus unentdeckter Beobachtung und qualitativem Interview. vgl. **Lamnek** (1995b) S. 79.

[251] Vgl. **Merton/Kendall** (1979) S. 171 f.

[252] Vgl. auch im Folgenden **Merton/Fiske/Kendall** (1990) S. 41 ff.; ähnlich auch **Lamnek** (1995b) S. 80. Zur Diskussion dieser Kriterien im Kontext der Marktforschung vgl. **Kepper** (1996) S. 54 f.

liegende Problemstellung von nachrangiger Bedeutung, da gerade Experten die Fähigkeit besitzen, sich in neue Fragestellungen eindenken zu können.

(b) Problemzentriertes Interview

Das Problemzentrierte Interview, welches von *Witzel (1982)* zur Untersuchung der vorberuflichen Sozialisation von Jugendlichen entwickelt wurde, kombiniert eine qualitative Befragung, eine Fallanalyse, eine biographische Methode sowie eine Gruppendiskussion miteinander.[253] Für die vorliegende Problemstellung besitzen insbesondere die Überlegungen zur qualitativen Befragung Relevanz, weshalb sich die folgenden Ausführungen auf diesen Bestandteil beschränken.

Ähnlich wie beim fokussierten Interview hat der Forscher bereits vor der Durchführung der Interviews eine gewisse theoretische Konzeption.[254] Zur Durchführung des Interviews lassen sich vier Phasen ableiten.[255] Zu Beginn des Interviews erfolgt der Einsatz eines standardisierten Kurzfragebogens, der zum einen die Aufmerksamkeit des Experten auf die Problemstellung lenkt, zum anderen zentrale Fakten über den Experten eindeutig erfasst.[256] Die zweite Phase weist eine erzählende Gesprächsstruktur auf, in der der Experte zu der Problemstellung offen und seiner eigenen Argumentationsstruktur folgend Stellung nimmt. Die nächste Phase dient der Sondierung des Gesprächsinhalts durch Nachfragen, Einführung neuer Aspekte entsprechend dem Leitfaden[257] und bestimmter Fragetechniken (Zurückspiegelung, Verständnisfragen, Konfrontation[258]). Die letzte Phase des Interviews umfasst ad-hoc-Fragen, die solche Aspekte beinhalten, die im Leitfaden enthalten sind und bisher noch nicht angesprochen wurden, und solche, die der Forscher aufgrund der Antworten des Experten während des Interviews entwickelt.[259] An die eigentliche Befragung schließt sich eine Postkommunikationsbeschreibung (kurz: Postskriptum) des Forschers über seinen Eindruck des Interviews sowie Fragen und Antworten, die außerhalb des Interviews stattgefunden haben, an.[260]

---

[253] Vgl. **Witzel** (1982) S. 74 ff.

[254] Vgl. **Lamnek** (1995b) S. 74.

[255] Vgl. ähnlich **Lamnek** (1995b) S. 75 ff. Bei der Skizzierung der Phasen erfolgt bereits eine Adaption auf die Expertenbefragung.

[256] Vgl. **Witzel** (1982) S. 89 f.

[257] Der Leitfaden dient im problemzentrierten Interview nicht der Festlegung des Gesprächsablaufs, sondern dem Interviewer als Gedächtnisstütze für die interessierenden Problemstellungen.

[258] Vgl. zu diesen Techniken mit entsprechenden Beispielen **Witzel** (1982) S. 99 ff.

[259] Vgl. **Witzel** (1982) S. 106 f.

[260] Vgl. **Witzel** (1982) S. 91 f.

2. Expertenbefragung zum Co-Branding
2.1 Design der Expertenbefragung

Aufbauend auf den beiden skizzierten Formen sowie der Literatur zur Expertenbefragung[261], zur mündlichen[262] und zur qualitativen Befragung[263] wurde für die vorliegende Problemstellung folgende Vorgehensweise gewählt:

1. Auswahl der Experten,
2. Entwicklung der Erhebungsinstrumente,
3. Kontaktaufnahme mit den Experten,
4. Durchführung der Interviews,
5. inhaltsanalytische Auswertung,
6. Validierungsphase.

(1) Auswahl der Experten

Die Auswahl der Experten folgt dem Prinzip des **theoretical sampling**.[264] Forschungsökonomische Gründe führen dazu, dass bestehende informelle Kontakte des Forschers zu den Experten Berücksichtigung finden.[265] Bei der Auswahl der Experten wurde versucht, ein ausgewogenes Verhältnis zwischen Wissenschaftlern und Praktikern zu realisieren. Bei den Vertretern der Wissenschaft erfolgte die Auswahl von Forschern dadurch, dass sie im Bereich der Markenpolitik ausgewiesen sind. Im Bereich der Praxis wurden Experten aus Werbeagenturen, Lizenzagenturen und Beratungsunternehmen ausgewählt, die Co-Branding i.e.S. oder i.w.S. in der Vergangenheit realisiert haben. Aus Kostengründen beschränkte sich die Auswahl der Experten auf den deutschsprachigen Raum. Im Einzelnen wurden die in Abbildung B 35 aufgeführten Experten befragt.

(2) Entwicklung der Erhebungsinstrumente

Als Erhebungsinstrumente kamen ein Leitfaden, ein Kurzfragebogen sowie Stimuli zum Einsatz.

Der Leitfaden wurde entsprechend dem Ansatz des Problemzentrierten Interviews entwickelt. Der Kurzfragebogen enthält Fragen zu den bisherigen Erfahrungen mit Co-Branding sowie zur Problemsensibilisierung.

---

[261] Eine methodisch orientierte Literatur zum Instrument Expertenbefragung existiert nicht, vielmehr finden sich einzelne Erfahrungsberichte.

[262] Vgl. z.B. **Noelle-Neumann/Petersen** (1998) S. 59 ff.

[263] Vgl. z.B. **Lamnek** (1995b) S. 35 ff.

[264] Vgl. Kap. B.III.

[265] Vgl. **Lamnek** (1995b) S. 93.

Name	Institution*	Datum	Bereich
Prof. Dr. F.-R. Esch	Universität Gießen	23.8.2000	Wissenschaft
Prof. Dr. A. Herrmann	Universität Mainz	31.7.2000	Wissenschaft
Dr. A.-C. Kemper	Universität Köln	24.7.2000	Wissenschaft
Prof. Dr. Dr. h.c. mult. H. Meffert	Universität Münster	23.10.2000	Wissenschaft
Prof. Dr. H. Sattler	Universität Hamburg	26.7.2000	Wissenschaft
Dr. C. Binder	blp Brand Licensing Partner GmbH, Düsseldorf	3.8.2000	Praxis
D. Münstermann	M.L. & S. Werbeagentur, Düsseldorf	2.11.2000	Praxis
A. Schmidt	BBDO Consulting	14.9.2000	Praxis
Dr. G. Werner	freie Markenberaterin (ehemals: Young & Rubicam)	6.11.2000	Praxis

*: die Institutionenzuordnungen beziehen sich auf den Zeitpunkt der Befragung

Abb. B 35: Übersicht der befragten Experten

Bei den Stimuli, die in der Phase der Sondierung zum Einsatz gelangten, handelt es sich um folgende:

- neun Co-Brands,
- vier Marken, die einen Co-Brand-Partner auswählen,
- drei reale Kurzfallstudien (MÖVENPICK & SCHÖLLER, PHILISHAVE & NIVEA, FORD KA & LUFTHANSA),
- vier Analysemethoden zur Partnerwahl.

Ergänzt wurden diese stimuligestützten Teile durch offene Fragen zu folgenden Aspekten:

- Vergleich Co-Branding und Markentransfer,
- Erfolgsfaktoren des Co-Branding,
- Ziele des Co-Branding,
- Kriterien der Partnerwahl,
- Instrumente zur methodischen Fundierung des Co-Branding,
- Einfluss negativer Ereignisse.

Abbildung B 36 fasst den Ablauf der Expertenbefragung strukturiert zusammen.

B. Deskriptiv-explorative Mastertechniken 107

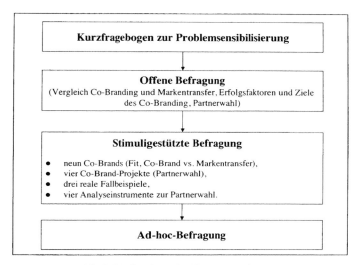

Abb. B 36: Struktur der Expertenbefragung

(3) Kontaktaufnahme mit den Experten

Die Kontaktaufnahme zu den Experten erfolgte zweistufig. Im Anschluss an eine schriftliche Informationen der Experten über das Forschungsvorhaben wurde eine telefonische Kontaktaufnahme zur Klärung der grundsätzlichen Bereitschaft sowie zur Terminabsprache vorgenommen.

(4) Durchführung der Interviews

Die Durchführung der Interviews erfolgte im Zeitraum Juli bis November 2000. Alle Interviews führte der Verfasser selbst durch, da bei Experteninterviews die Sachkompetenz neben der kommunikativen Kompetenz des Interviewers eine entscheidende Voraussetzung darstellt.[266] Um eine größere Bereitschaft der Experten zur Mitarbeit zu erlangen und eine Natürlichkeit der Situation zu gewährleisten, wurden die Interviews überwiegend am jeweiligen Arbeitsplatz des Experten durchgeführt. Weiterhin fanden mit Ausnahme des Kurzfragebogens nur offene Fragen in nicht-strukturierter Form[267] Verwendung. Alle Interviews wurden durch den Einsatz eines Diktiergerätes aufgezeichnet.[268]

---

[266] Vgl. zu dieser Argumentation im Rahmen von qualitativen Interviews **Lamnek** (1995b) S. 66 f.

[267] Den Experteninterviews lag insgesamt folgende Rahmenstruktur zugrunde: Begrüßung und Erlaubnis der Protokollierung des Gesprächs durch ein Diktiergerät, Definition des Co-Branding, Kurzfragebogen, Erzählphase, Stimuli, ad-hoc-Fragen.

[268] Zur Diskussion der Aufzeichnung von qualitativen Befragungen vgl. **Witzel** (1982) S. 91; **Lamnek** (1995b) S. 66 und S. 100 ff.

(5) Inhaltsanalytische Auswertung

Die Auswertung setzte zwei grundsätzliche Methoden ein. Der Kurzfragebogen sowie Teile der Einschätzungsaufgabe wurden mit Hilfe der deskriptiven Statistik ausgewertet. Zur Auswertung der offenen Antworten wurde eine quantitative[269] und computergestützte Inhaltsanalyse[270] mit Hilfe der Software Atlas/ti verwendet. Die Inhaltsanalyse basierte auf einer Transkription der Interviews[271], wobei Punkte der Mitschrift und des Postskriptums die gesprochenen Texte ergänzten. Nach der Abschrift wurden diese mit der Kassettenaufzeichnung sowie den Originalprotokollen und dem Postskriptum verglichen.

(6) Validierungsphase

Die Validierung der Expertenbefragung erfolgte durch Feedback der jeweiligen Einzel- und der Gruppenergebnisse an die beteiligten Experten.[272]

Wie auch bei der Beurteilung der Fallstudien stützt sich die Qualitätseinschätzung der durchgeführten Expertenbefragung auf eine argumentative Basis. Auch bestehen zwischen den Kriterien zur Beurteilung der Fallstudie und der Expertengespräche aufgrund ihres qualitativen Charakters Ähnlichkeiten. Abbildung B 37 gibt die verschiedenen Gütekriterien, Maßnahmen zur Erreichung sowie Einordnung in das Phasenschema wieder.

Gütekriterium	Maßnahmen	Phase
Repräsentanz	theoretical sampling	Auswahl der Experten
Reliabilität/ Objektivität	Transskription	Inhaltsanalytische Auswertung
	Protokollierung der Interviews durch technische Geräte (Diktiergerät)	Durchführung der Interviews
	Explikation der Vorgehensweise	alle Phasen
	Explikation der Erhebungsinstrumente	Entwicklung der Erhebungsinstrumente
kommunikative Validität	Begutachtung der Ergebnisse durch beteiligte Experten, confirmability test	Validierungsphase

Abb. B 37: Gütekriterien der Expertenbefragung

---

[269] Vgl. zur Inhaltsanalyse z.B. **Mayring** (2000); **Lamnek** (1995b) S. 197 ff.

[270] Vgl. zur computergestützten Inhaltsanalyse z.B. **Mayring** (2000) S. 100 ff.

[271] Vgl. zur Transkription z.B. **Lamnek** (1995b) S. 108.

[272] Diese Vorgehensweise entspricht der kommunikativen Validierung, vgl. **Kepper** (1996) S. 217 f.; **Lechler** (1982) S. 243 ff. Speziell wurde versucht, das Prinzip des Confirmability-Tests nach **Gabriel** (1990) dadurch zu realisieren, dass speziell die beteiligten Wissenschaftler um Begutachtung der Auswertung der Experteninterviews gebeten wurden.

C. Explikative Mastertechniken

Geschäftsimage, die Garantien, die Warentesturteile, die CoO-Informationen sowie der empfundene Werbedruck. Die am Co-Brand beteiligten Marken bilden für den Konsumenten extrinsische Merkmale, weshalb im Folgenden insbesondere auf diese Merkmalsgruppe Bezug genommen wird.

Quelle	Produkt	Merkmale verfügbar	genutzt
Jacoby/Szybillo/Busatoschach (1977)	Zahnpasta	16 18	5,9 4,2
Jacoby/Chestnut/Fisher (1978)	Frühstücksflocken Margarine Kopfschmerzmittel	30 23 13	4,6 7,5 6,7
Konert (1981)[196]	Kaffeemaschinen Kameras	8 11	5,3 6,2
Knappe (1981)	Kaffee Schmalfilmkameras	8 12	4,7 6,1
Quelch (1978)[197]	Frühstücksflocken	5	2,3
Raffee/Hefner/Schöler/Grabicke/Jacoby (1976)	Zahnpasta	14 12	6,2 5,8
Ratchford/Van Raaij (1980)[198]	Pkw	10	8,2
Sheluga/Jaccard/Jacoby (1979)	Pocketkameras	6	5,6
∅			5,7

Abb. C 22: Anzahl der Merkmale zur Produktbeurteilung
Quelle: (in starker Anlehnung an) *Bleicker (1983)* S. 16.

Viele theoretische und empirische Arbeiten versuchten, die Wichtigkeit extrinsischer im Vergleich zu intrinsischen Merkmalen sowie die Relevanz einzelner extrinsischer Merkmale zu ermitteln. Auf der Basis von Sekundärstudien und einer explorativen Studie leitet *Zeithaml (1988)* die in Abbildung C 23 dargestellten Aussagen für das Verhältnis extrinsischer und intrinsischer Merkmale ab.

höhere Bedeutung von intrinsischen Merkmalen	höhere Bedeutung von extrinsischen Merkmalen
• Konsumierung (Trinken eines Getränkes), • intrinsische Eigenschaften sind Sucheigenschaften, • hoher Vorhersagewert der intrinsischen Merkmale.	• fehlende Verfügbarkeit von intrinsischen Merkmalen (z.B. Services), • aufwendige Beurteilung von intrinsischen Merkmalen, • überwiegend Erfahrungs- oder Vertauenseigenschaften.

Abb. C 23: Bedeutung von extrinsischen und intrinsischen Merkmalen

---

[196] Zitiert nach **Bleicker** (1983) S. 16.
[197] Zitiert nach **Bleicker** (1983) S. 16.
[198] Zitiert nach **Bleicker** (1983) S. 16.

(2) Fit

Bei der Beurteilung von insgesamt neun verschiedenen, überwiegend fiktiven Co-Brands beurteilten die Experten u.a. auf einer Fünfer-Skala (1: hoch, 5: gering), inwieweit die Markenpartner zusammenpassen (Fit). Weiterhin gaben sie für die jeweils zuerst genannte Marke an, ob sie dieser das Co-Branding oder eher einen Markentransfer empfehlen würden. Abbildung B 39 zeigt die Mittelwerte und Empfehlungen für die neun Co-Brands.

Co-Brand	Fit (1:hoch; 5: gering)	Häufigkeit der Co-Brand-Empfehlung (n = 9)
LINDT & MÖVENPICK	1,78	8
PHILIPS & ALESSI	2,00	9
SWATCH & VOBIS	3,11	4
MCDONALDS & JACOBS KRÖNUNG	3,22	1
BAUER & LINDT	3,56	5
DU DARFST & LINDT	3,78	3
YAHOO & KLOSTERFRAU	3,89	2
MÖVENPICK & ALPIA	3,89	1
KROMBACHER & HERTA	4,11	2

Abb. B 39: Fitbeurteilung verschiedener Co-Brands (Expertenbefragung)

Die Experten beurteilen die Marken der Co-Brands LINDT & MÖVENPICK sowie PHILIPS & ALESSI als gut zusammenpassend. Als Co-Brands mit geringem Fit dagegen schätzen sie YAHOO & KLOSTERFRAU, MÖVENPICK & ALPIA, DU DARFST & LINDT, BAUER & LINDT sowie KROMBACHER & HERTA ein.

Diese Reihenfolge bestätigen auch die Empfehlungen bzgl. der Co-Brand-Strategie für die jeweils erste Marke. Auffällig war bei der Frage der Empfehlung einer Co-Branding-Strategie für die zuerst genannte Marke, dass ein Teil der Experten bei einigen Co-Brands (speziell: DU DARFST & LINDT, BAUER & LINDT, LINDT & MÖVENPICK) explizit angaben, dass die Empfehlung bzw. Ablehnung der Co-Brand-Option nur für die erstgenannte Marke gilt, d.h. es existieren aus Sicht der Experten **asymmetrische Co-Brands**.

Neben der globalen Einschätzung des Fit der Marken gaben die Experten offen Gründe für einen Fit bzw. fehlenden Fit an. Die Auswertung erfolgte durch eine Inhaltsanalyse. Dazu wurde für jeden Experten ein Textkorpus mit Fitgründen bei einem geringen Fit (Beurteilung: 4 oder 5) und ein Textkorpus mit Gründen bei einem hohen Fit (Beurteilung: 1 oder 2) erstellt. Die einzelnen Textkorpora wurden anschließend je zu einem Textkorpus Co-Brand mit geringem Fit und einem mit hohem Fit vereinigt. Die inhaltsanalytische Auswertung basierte auf einer Kombination einer deduktiven (Vorgabe von Fitgründen) und einer induktiven Vorgehensweise (Ableitung der Fitgründe aus den Expertenantworten). Insgesamt gaben die Experten für die neun berücksichtigten Co-Brands 107 Fitgründe (pro Co-Brand und Experte durchschnittlich 1,3 Fitgründe) an, wobei die Anzahl für die Fälle mit geringem Fit (55 Gründe) und hohem

Fit (52 Gründe) fast gleich hoch ausfielen. Für beide Textkorpora zusammen konnten insgesamt 22 unterschiedliche Fitgründe identifiziert werden, wobei Abbildung B 40 nur die Gründe berücksichtigt, die eine Häufigkeit von mindestens vier Nennungen aufweisen.

Fitbasen	Co-Brand mit geringem Fit	Co-Brand mit hohem Fit
Produktfit	1	14
fehlender Imagefit	13	1
Entfernung	7	0
fehlender Nutzen für eine der beiden Marken	3	4
geringe Stimmigkeit	6	0
Imagefit	0	6
Stimmigkeit	0	6
kein Zielgruppenfit	6	0
fehlender Preisfit	4	0
gleiche Markenstärke	2	2
Imageergänzung	0	4
negative Spill-Over-Effekte	3	1
Preisfit	0	4
sinnvolle Co-Brand-Leistung	3	1

Abb. B 40: Fitbasen verschiedener Co-Brands (Expertenbefragung)

Als Gründe für einen geringen Fit nannten die Experten insbesondere die Fitbasen **fehlender Imagefit, zu weite Entfernung der beiden Marken, kein Zielgruppenfit** sowie **fehlender Preisfit**. Als Gründe für einen hohen Fit gaben die Experten insbesondere die Fitbasen **Produkfit, Imagefit** und **Preisfit** an. Die Kategorien Stimmigkeit bzw. fehlende Stimmigkeit sind zu allgemein, um aus diesen konkrete Fitbasen ableiten zu können. Fasst man die Ergebnisse zusammen, lässt sich folgende Aussage ableiten: Die Fitbeurteilung ist nach Ansicht der Experten insbesondere von folgenden Fitbasen abhängig (absteigende Wichtigkeit):

- Imagefit,
- Produktfit,
- Preisfit,
- Zielgruppenfit.

Weiterhin wies ein Experte explizit darauf hin, dass die Fitbeurteilung auch von der Reihenfolge der Marken im Co-Brand abhängt. Beispielsweise ist bei BAUER & LINDT nur ein geringer Fit vorhanden, da aus Sicht der Abnehmer die Co-Brand-Leistung (neue Schokolade mit einer Joghurt-Füllung) eher eine Schokolade darstellt und damit zum Kompetenzfeld von LINDT gehört.

In einem weiteren Teil wurden die Experten mit Co-Brands konfrontiert, mit der Aufgabe, für eine Marke, die bereits ein Leistungskonzept für das Co-Brand hat, aus einer Liste von potentiellen Partnermarken entsprechende Marken auszuwählen. Von den vier Beispielen werden im Folgenden die Ergebnisse für das BMW- und das VISA-Beispiel skizziert, da diese beiden Beispiele die beiden Grundaussagen im Rahmen des Partnerwahl belegen. Bei dem BMW-Beispiel wurde fiktiv angenommen, dass BMW für die Dreier-Reihe die Einführung eines Sondermodells plant. Insgesamt konnten die Experten aus acht Marken auswählen. Am häufigsten nannten sie die Marken BOSS (7 Nennungen), SONY (5 Nennungen) und IBM (3 Nennungen). Die häufige Nennung von BOSS ist bemerkenswert, da zwischen BMW und BOSS kein erkennbarer Produktzusammenhang vorliegt.

Ein zweites Beispiel bildet die Marke VISA, die in Zusammenarbeit mit Handelsgeschäften plant, eine Kundenkarte mit Kreditkartenfunktion anzubieten. Zur Auswahl standen insgesamt 13 Geschäfte. Die Geschäfte mit den häufigsten Nennungen stellten DOUGLAS (7 Nennungen) und KARSTADT (7 Nennungen) dar. Auffällig war, dass immerhin vier Experten angaben, dass aus ihrer Sicht die Marke VISA mit allen Handelsgeschäften eine Kundenkarte herausgegeben kann. Daraus lässt sich schließen, dass es bestimmte Leistungsbereiche oder Marken gibt, die prinzipiell mit jeder anderen Marke kooperieren können. Neben Kreditkartenmarken könnten auch Ingredient Brands (z.B. INTEL) eine ähnliche Stellung innehaben.

(3) Vergleich Co-Branding und Markentransfer

Im Rahmen der offenen Befragung verglichen die Experten auch das Co-Branding mit dem Markentransfer. Insgesamt nannten sie zehn Vorteile (20 Nennungen) und neun Nachteile (12 Nennungen) des Co-Branding im Vergleich zum Markentransfer. Als Vorteile des Co-Branding lassen sich insbesondere folgende nennen:

- Imageveränderungen einer Individualmarke (6 Nennungen),
- Kompetenzergänzung (5 Nennungen),
- Realisierung weit entfernter Transfers (2 Nennungen).

Als Hauptnachteile des Co-Branding gaben die Experten folgende an:

- Konflikte (3 Nennungen),
- kein Gleichgewicht zwischen den Partnern (2 Nennungen).

(4) Ziele und Erfolgsfaktoren des Co-Branding

Weiterhin wurden die Experten offen nach den Zielen und Erfolgsfaktoren des Co-Branding befragt.

Insgesamt nannten die Experten zehn verschiedene Ziele (22 Nennungen). Hauptziele stellen **ökonomische Ziele** (6 Nennungen), **Bekanntheitsgradsteigerung** (4 Nennungen) sowie **Neuprodukteinführung** (3 Nennungen) dar. Geringe Bedeutung mit jeweils einer Nennung weisen dagegen die Ziele Umpositionierung einer Individualmarke, Marktsicherung, Markenwerterhöhung, Kostenreduzierung und Beginn einer längerfristigen Kooperation auf.

B. Deskriptiv-explorative Mastertechniken

Als Erfolgsfaktoren des Co-Branding wurden insgesamt 22 verschiedene Kategorien (38 Nennungen) genannt. Aus Sicht der Experten stellen folgende Aspekte die wichtigsten Erfolgsfaktoren dar:

- Imagefit (5 Nennungen),
- Komplementarität (4 Nennungen),
- win-win-Situation (4 Nennungen),
- Marktforschung (3 Nennungen).

Die Erfolgsfaktoren Imagefit und Komplementarität decken sich mit den Ergebnissen der Angaben zu den Fitgründen. Die Erfolgsfaktoren win-win-Situation und Marktforschung stellen zusätzliche Faktoren dar. Die Kategorie win-win-Situation bedeutet, dass beide Marken durch das Co-Branding einen Vorteil im Vergleich zu alternativen Optionen realisieren. Die Kategorie Marktforschung bezieht sich sowohl auf die Marktforschung im Vorfeld des Co-Branding als auch während des Co-Branding zur Kontrolle und zur Erfolgszurechnung.

(5) Partnerwahl

Zusätzlich erörterten die Experten offen Kriterien für die Partnerwahl im Rahmen des Co-Brandings. Insgesamt wurden zwölf Kriterien genannt (27 Nennungen). Die wichtigsten sind folgende:

- Gleichheit der Partnermarke, z.B. beim Bekanntheitsgrad oder der Markenstärke (5 Nennungen),
- Imagefit der Partnermarke (5 Nennungen),
- positive Bewertung der Marke aus Abnehmersicht (3 Nennungen),
- Produktfit der Partnermarke (3 Nennungen),
- Zielgruppenfit (3 Nennungen).

Eng mit den Kriterien der Partnerwahl zusammenhängend wurden die Experten nach möglichen Instrumenten zur Partnerauswahl befragt, wobei folgende genannt wurden:

- systematische Suche nach Bedarfszusammenhängen,
- Imageanalysen,
- Präferenzmessung (Conjoint),
- Zielgruppenvergleich.

Insgesamt belegen auch die Expertengespräche, dass spezielle Instrumente zur Co-Branding-Planung fehlen.

(6) Beurteilung realer Co-Brands

Weiterhin wurden die Experten mit drei realen Fallstudien konfrontiert (MÖVENPICK & SCHÖLLER, PHILISHAVE & NIVEA, FORD KA & LUFTHANSA). Die Experten äußerten sich offen über das Co-Brand sowie mögliche Rückwirkungseffekte auf die Individualmarken. Zur Auswertung wurde mit den Ausprägungen positiv, neutral und negativ eine skalierende inhaltsanalytische Auswertung[273] für das Co-Brand sowie die Individual-

---

[273] Vgl. **Mayring** (2000) S. 92 ff.

marken durchgeführt. Bei den Individualmarken wurde eine negative Beurteilung angenommen, sobald der Experte für mindestens eine der beteiligten Marken negative Effekte erwartete. Abbildung B 41 fasst die Ergebnisse zusammen.

	MÖVENPICK & SCHÖLLER	PHILISHAVE COOL SKIN & NIVEA	FORD KA & LUFTHANSA	Σ
Co-Brand: negativ	0	2	3	5
Co-Brand: neutral	2	2	2	6
Co-Brand: positiv	6	5	3	14
Individualmarke: negativ	1	1	5	7
Individualmarke: neutral	1	2	0	3
Individualmarke: positiv	3	1	1	5
Σ	13	13	14	40

Abb. B 41: Beurteilung der realen Co-Brands (Expertenbefragung)

Zunächst lässt sich erkennen, dass die Experten das Co-Brand MÖVENPICK & SCHÖLLER, gefolgt von PHILISHAVE COOL SKIN & NIVEA positiv beurteilen. Weiterhin zeigt sich, dass die Experten insbesondere bei dem Co-Brand FORD KA & LUFTHANSA negative Auswirkungen für die Individualmarke (speziell: LUFTHANSA) vermuten. Insgesamt beurteilten die Experten alle drei Co-Brands positiver (14 Nennungen), hingegen die Rückwirkungen auf die einzelnen Marken kritischer (7 Nennungen).

Die letzte hier zu präsentierende Auswertung betraf den Einfluss negativer externer Nachrichten über eine Marke auf die andere Marke. Dabei wurde sowohl das Ausmaß der negativen Nachricht als auch die Nähe zu dem Co-Brand bzw. der Markenleistung variiert. Im Einzelnen wurden drei negative Ereignisse angenommen. Die Ereignisse sowie die Häufigkeit der Annahme, dass negative Effekte auftreten, gibt Abbildung B 42 wieder.

Co-Brand	Negatives Ereignis	Häufigkeit
MÖVENPICK & SCHÖLLER	Lebensmittelskandal bei SCHÖLLER	9
PHILISHAVE COOL SKIN & NIVEA	Massenentlassung bei PHILIPS	0
FORD KA & LUFTHANSA	Flugzeugabsturz bei der LUFTHANSA	2

Abb. B 42: Einfluss externer negativer Nachrichten auf die unbeteiligte Individualmarke (Expertenbefragung)

Erwartungsgemäß führte der Lebensmittelskandal aufgrund der Nähe zum Co-Brand zu negativen Rückwirkungseffekten auf die beteiligten Marken. Im Fall von Massenentlassungen wird aufgrund der zu geringen Aufmerksamkeitswirkung in der Öffentlichkeit sowie der großen Entfernung zur Leistung kein negativer Effekt angenommen. Für den Fall des Flugzeugabsturzes wird aufgrund der Stärke des negativen Ereignisses von zwei Experten ein negativer Rückwirkungseffekt auf FORD KA erwartet. Darüber hinaus erwarten weitere drei Experten für diesen Fall kurzfristige oder schwache negative Rückwirkungseffekte.

V. Zwischenfazit

1. Deskriptiv-explorative Erkenntnisse über das Co-Branding

Die terminologische Mastertechnik führte auf der Basis der bisherigen Definitionsansätze des Co-Branding sowie der Diskussion der beiden Wortbestandteile Kooperation und Markenpolitik zu folgender Definition des Co-Brandings:

Co-Branding ist die systematische Markierung einer Leistung durch mindestens zwei Marken, wobei alle sowohl für Dritte wahrnehmbar sein als auch weiterhin eigenständig auftreten müssen.

Der gewählte Co-Brand-Begriff wurde gegenüber verwandten Termini auf der Kommunikations-, Marken- und Unternehmensebene abgegrenzt. Dabei zeigte sich, dass Co-Branding eine spezielle Ausprägung des Co-Marketing und der Brand Alliances darstellt und dass das Composite-Branding wiederum eine spezielle Unterform des Co-Branding bildet.

Weiterhin weisen die Begriffe Co-Promotion, Product Placement, Ingredient Branding, Bundling, Markenlizenz, Dual Branding, Symbiotic Marketing, Kontraktmarketing und Mergers & Acquisitions Überschneidungen mit dem Co-Branding auf.

Aufbauend auf dem terminologischen Ansatz erfolgte die Ableitung einer Typologie. Diese basierte auf 103 realen Co-Brand-Beispielen, die anhand von zwölf Merkmalen beschrieben wurden. Durch eine Clusteranalyse, die zehn Merkmale berücksichtigte, konnten folgende vier Typen abgeleitet werden:

- Innovations-Co-Brand,
- Promotion-Co-Brand,
- Ingredient Brand,
- Multi-Co-Brand.

Diese vier Typen des Co-Branding wurden im anschließenden Fallstudienteil an den Beispielen PHILISHAVE COOL SKIN, FORD KA, GORE-TEX und FIT FOR FUN exemplarisch vertieft dargestellt. Dabei zeigte sich u.a., dass alle vier Co-Brands durch die Dominanz einer Marke in der Führung des Co-Brands auszeichnen.

Als Unterschiede zwischen den Co-Brand-Typen konnten insbesondere folgende identifiziert werden:

- unterschiedlicher Grad an Professionalität (z.B. geringe Marktforschung bei Promotion-Co-Brands),
- unterschiedliche Zielsetzungen,
- unterschiedliche Fitbasen (emotionale Fitbasen bei Multi-Co-Brands und Promotion-Co-Brands),
- Erfolgsfaktoren beziehen sich stark auf die beteiligten Marken (z.B. Markenfit, Aufwertung durch Partnermarke),
- Misserfolgsfaktoren beziehen sich stark auf die Realisierung des Co-Brands im Sinne des eingesetzten Marketing-Mixes (z.B. zu geringer Kommunikationsdruck, Distributionsprobleme).

Anschließend wurde die Mastertechnik der Expertenbefragung dargestellt und durchgeführt. Die Expertenbefragung zum Co-Branding erfolgt bei neun Experten aus Wissenschaft und Praxis. Insgesamt rechnen die Experten mit einer zunehmenden Bedeutung des Co-Branding. Als Hauptvorteile des Co-Branding sehen sie die Gewinnung neuer Kunden und die Reduktion der Kommunikationskosten. Die Erfolgsmessung, das Konfliktpotential sowie die Gefahr von Abhängigkeiten stellen aus Sicht der Experten die größten Risiken des Co-Branding dar. Weiterhin beurteilten die Experten den Fit verschiedener Co-Brands, wobei aus ihrer Sicht der Produkt-, Image- und Preisfit die wichtigsten Gründe für einen hohen Fit darstellen. Als Erfolgsfaktoren des Co-Branding nannten die Experten den Imagefit, die Komplementarität, eine win-win-Situation sowie eine systematische Marktforschung.

2. Beurteilung der deskriptiv-explorativen Mastertechniken

Insgesamt wurden vier verschiedene Mastertechniken zur Ableitung von deskriptiv-explorativen Aussagen eingesetzt. Diese werden im Folgenden zunächst einzeln beurteilt[274] und abschließend synoptisch gegenübergestellt.

(1) Terminologischer Ansatz

Der terminologische Ansatz benötigt keine Forschungsergebnisse vergangener Projekte, da er sowohl einen neuen Begriff einführen (festsetzende Definition) als auch einen bestehenden Begriff analysieren kann (regulierende oder feststellende Definition). Im vorliegenden Fall wurde auf der Basis der bisherigen Begriffsauffassungen eine Präzisierung vorgenommen.

Die Eignung für die vorliegende Problemstellung ist als hoch einzuschätzen, da zum einen in der wissenschaftlichen und praxisorientierten Literatur der Begriff des Co-Branding regelmäßig mit unterschiedlichen Bedeutungsinhalten verknüpft ist; zum anderen existiert in der Literatur eine Reihe von verwandten Begriffen, die es erforderlich machen, den Begriff des Co-Branding abzugrenzen.

Der terminologische Ansatz weist einen relativ geringen Forschungsaufwand auf, da es sich um eine ausschließlich literaturgestützte Arbeit handelt. Speziell im vorliegenden Fall fiel der Forschungsaufwand aufgrund der bisherigen Begriffsdiskussion gering aus. Weiterhin weist diese Mastertechnik nur ein geringes Forschungsrenommee auf, da zwar eine genaue Begriffsbestimmung und Abgrenzung eine notwendige wissenschaftliche Aufgabe darstellt, aber überwiegend der Kommunikation zwischen Wissenschaftlern dient und keine neuen Erkenntnisse liefert.

Das Technologiepotential dieser Mastertechnik ist vernachlässigbar, da sie keinerlei Anhaltspunkte zur Unterstützung des Managements aufzeigt. Die Verständlichkeit ist zwar gegeben, allerdings zeigt das Management nur ein geringes Interesse an einer terminologischen Diskussion.

Die wissenschaftliche Attraktivität der Mastertechnik Terminologie weist ein mittleres Niveau auf. Durch eine Begriffsabgrenzung ist es möglich, Gestaltungsfelder zu identifizieren, die eine ähnliche Problemstellung aufweisen. Daher bildet die Begriffsab-

---

[274] Vgl. zu den einzelnen Beurteilungskriterien Kap. A.II.3.

B. Deskriptiv-explorative Mastertechniken

grenzung einen ersten Baustein für eine Allgemeingültigkeit. Weiterhin erhöht eine Begriffsdefinition die Präzision (Exaktheit) der Aussagen, da sie die Entscheidung ermöglicht, ob ein empirisches Phänomen zum Gegenstandsbereich gehört oder nicht.

Als Besonderheit der Mastertechnik ergibt sich das Problem der Ähnlichkeit zwischen Wissenschaftssprache und Alltagssprache. Häufig ist eine Ähnlichkeit schwer herzustellen, da i.d.R. in der Alltagssprache ein Begriff mit mehreren und wechselnden Inhalten verbunden wird.

(2) Taxonomie

Die Taxonomie bedarf eines mittleren bis hohen Entwicklungstandes des Wissens, da erst dann eine Ausdifferenzierung in bestimmte Klassen oder Typen sinnvoll ist. Im vorliegenden Fall war es notwendig, dass eine ausreichend große Anzahl von empirischen Co-Brands existiert, um eine empirische Bestimmung von Typen durchführen zu können.

Für die Problemstellung eignet sich diese Mastertechnik gut, da zu erwarten ist, dass Wirkungen vom Co-Brand-Typ abhängen.

Der Forschungsaufwand des vorgestellten taxonomischen Ansatzes fällt hoch aus, da der Aufbau und vor allem die Pflege der Datenbank einen hohen Zeitaufwand bedingten. Dagegen besitzt diese Mastertechnik nur ein geringes Forschungsrenommee, weil die abgeleiteten Typen keinen eigenständigen Erklärungsbeitrag liefern.

Hingegen ist die Praxisorientierung des Ansatzes als hoch einzuschätzen. Zum einen interessiert sich die Praxis im Sinne eines Benchmarking sehr für Vergleichsbeispiele.[275] Zum anderen ist auch zu erwarten, dass die abgeleiteten Typen unabhängig von möglichen Wirkungsunterschieden abweichende Gestaltungsempfehlungen (z.B. Organisation des Co-Branding) erfordern.

Die Beurteilung der wissenschaftlichen Attraktivität fällt dagegen relativ gering aus. Eine Generalisierbarkeit auf alle in der Realität vorhandenen Co-Brands in Deutschland ist nicht zu erwarten, da die gewählten Beispielen nicht auf einer Zufallsauswahl aller deutschen Co-Brands basieren. Ferner ist auch keine Allgemeingültigkeit (z.B. für internationale Co-Brands) zu erwarten, da ausschließlich deutsche Co-Brands Berücksichtigung fanden. Die Präzision der Typenbildung ist gering, da ein empirischer Typ keine eindeutigen Merkmalsausprägungen bei einzelnen Merkmalen aufweist. Dies verhindert bei einem empirischen Beispiel teilweise die Typzuordnung.

Die Objektivität des Verfahrens fällt gering aus. Der gewählte Ansatz enthält mit der Auswahl der Beispiele, der Auswahl der Beschreibungsmerkmale, deren Einordnung bzgl. der Merkmale, der Clusteranalyse[276] sowie der Typenbezeichnung eine Vielzahl subjektiver Entscheidungen. Die geringe Objektivität führt auch zu geringen Reliabilitäts- und Validitätsbeurteilungen.

---

[275] Einen Beleg dafür liefern u.a. regelmäßige Anfragen aus der Praxis an den Verfasser, die häufig an der Beispieldatenbank Interesse bekundeten.

[276] Im Rahmen der Clusteranalyse sind z.B. subjektive Entscheidungen über das Proximitätsmaß, den Fusionsalgorithmus und die Anzahl der Cluster zu treffen.

(3) Fallstudie

Fallstudien setzen einen mittleren bis hohen Entwicklungsstand voraus, da sie nur dann sinnvoll sind, wenn eine genügend große Anzahl von realen Beispielen existiert, die die Anforderungen an die Auswahl und Kooperationsbereitschaft erfüllen. Die Eignung für die Problemstellung ist als mittel einzustufen, da die Fallstudien überwiegend organisatorische und umsetzungsorientierte Aspekte behandeln. Konkrete Hinweise auf Wirkungen des Co-Branding finden sich nur am Rande, da in der Praxis auf diesen Aspekt nur wenig und unsystematisch eingegangen wird.

Der Forschungsaufwand für die durchgeführten vier Fallstudien fällt hoch aus, da die Abstimmung mit den Praxispartnern (Kontakte, Terminabsprachen, Review-Prozess) hohen Zeitaufwand und hohe (Reise)kosten verursacht. Die i.d.R. stattgefundene Berücksichtigung von allen beteiligten Partnermarken erhöht für die vorliegende Fragestellung zusätzlich den Aufwand dieser Mastertechnik.

Allgemein fällt das Forschungsrenommee für Fallstudien aufgrund des qualitativen Charakters gering aus. Zusätzlich führt die geringe Anzahl von Fallstudien zu einem geringen Forschungsrenommee.

Hingegen weist die Mastertechnik Fallstudie eine hohe Gestaltungsorientierung auf. Zum einen dienen Fallstudien als Benchmarks, zum anderen unterstützen sie aufgrund der Deskription von realen Fällen die Verständlichkeit und auch die Glaubwürdigkeit.

Die Fallstudie weist eine mit der Taxonomie vergleichbare wissenschaftliche Attraktivität auf. Die Ergebnisse sind aufgrund der geringen Anzahl und der bewussten Auswahl weder generalisierbar noch allgemeingültig. Zwar wurde versucht, durch ein theoretical sampling das Spektrum an realen Co-Brands abzudecken, jedoch beschränkten das fehlende Vorhandensein mehrerer ähnlicher Fälle, die fehlende Kooperationsbereitschaft einiger Co-Brands sowie finanzielle Restriktionen eine literal replication. Auch besitzt diese Mastertechnik nur eine geringe Präzision der Ergebnisse, weil es sich um Interpretationen von Einzelfällen und qualitative Aussagen beim Fallstudienvergleich handelt.

Die empirische Güte ist mittelmäßig zu beurteilen. Zunächst gefährden zwar die vielen subjektiven Entscheidungen die Objektivität und Reliabilität, allerdings wurde versucht, durch ausführliche Fallstudien-Protokolle die Nachvollziehbarkeit zu erhöhen. Die Validität wurde insbesondere durch den Einsatz verschiedener Erhebungsmethoden sowie durch eine kommunikative Validierung erhöht.

Als besonderes Problem im Rahmen der Mastertechnik Fallstudie stellte sich die Kooperationsproblematik heraus, insbesondere dadurch, dass bei einigen Co-Brands ein Partner zur Mitarbeit bereit war, der andere Partner aber diese ablehnte.

(4) Expertenbefragung

Die Expertenbefragung erfordert einen hohen Wissensstand, da ansonsten das durch diese Mastertechnik zu gewinnende Expertenwissen gering ausfällt. Im vorliegenden Fall ist das vorhandene Expertenwissen als eher gering bis mittel einzuschätzen, da das Co-Branding in Deutschland noch eine relativ neue Option darstellt, weshalb die Experten nur wenig Erfahrung mit ihr aufweisen. Die Problemorientierung der Mastertechnik Expertenbefragung weist ebenfalls nur ein mittleres Niveau auf, da die Experten kaum konkrete Aussagen über die Wirkungen des Co-Branding machen konnten, und diese überwiegend auf Analogien aus anderen Bereichen basierten.

Der Forschungsaufwand ist als mittel zu beurteilen, da zwar die Mastertechnik relativ hohe (Reise)kosten und Auswertungskosten verursachte, aber der Koordinationsaufwand mit den Experten gering ausfiel. Das Forschungsrenommee der Expertenbefragung ist als mittel einzustufen.

Die Gestaltungsorientierung fällt insbesondere durch die Befragung von Praxisexperten, die häufig auf konkrete Beispiele Bezug genommen haben, relativ hoch aus. Weiterhin ist die Vorgehensweise und Auswertung der Expertenbefragung dem überwiegenden Teil der Praktiker vertraut und daher auch leicht verständlich. Schließlich führt der Expertenstatus insbesondere durch die Auswahl prominenter Wissenschaftler zu einer hohen Glaubwürdigkeit der Aussagen.

Expertenaussagen weisen im Allgemeinen eine relativ hohe Generalisierbarkeit und Allgemeingültigkeit auf, da erwartet wird, dass ein Experte aufgrund der Kenntnis vieler unterschiedlicher Beispiele und Studien generelle Aussagen trifft. Wegen der bereits skizzierten Problematik des geringen Erfahrungswissens sind die Generalisierbarkeit und Allgemeingültigkeit im vorliegende Fall eher als gering zu beurteilen. Die Aussagen der Expertenbefragung weisen einen rein qualitativen Charakter mit geringer Präzision auf.

Die Expertenbefragung weist eine mittlere Objektivität auf. Die technische Aufzeichnung der Gespräche sowie das Postskriptum unterstützten trotz des qualitativen Charakters die Objektivität. Die Reliabilität wurde dadurch gesteigert, dass jedes transkribierte Interview zu zwei verschiedenen Zeitpunkten ausgewertet und die Ergebnisse miteinander verglichen wurden. Die Validität wurde durch eine kommunikative Validierung erreicht, indem alle Experten ihre jeweiligen Einzelergebnisse und das Gesamtergebnis zur Beurteilung vorgelegt bekamen. Insgesamt regten die Experten nur wenige Änderungen an.

Wie bereits erwähnt, stellte im vorliegenden Fall das Hauptproblem das geringe Expertenwissen dar.

(5) Synoptische Beurteilung

Abbildung B 43 beurteilt zusammenfassend und vergleichend die im Rahmen dieser Arbeit verwendeten vier deskriptiv-explorativen Mastertechniken. Die Synopse beurteilt nicht die Mastertechnik im Allgemeinen, sondern die angewandte Mastertechnik. Die einzige Ausnahme bildet das Kriterium Entwicklungsstand des Wissens, da dies kein Beurteilungskriterium im engeren Sinn darstellt, sondern eine Voraussetzung für den Einsatz der Mastertechnik bildet.

	Terminologie	Taxonomie	Fallstudie	Expertenbefragung
Entwicklungsstand des Wissens	gering-hoch	mittel-hoch	mittel-hoch	hoch
Eignung für die Problemstellung	●	●	◐	◐
Forschungsaufwand	●	○	○	◐
Forschungsrenommee	○	○	○	◐
Technologiepotential	○	●	●	●
Verständlichkeit	◐	●	●	●
Generalisierbarkeit	k.B.	○	○	○
Allgemeingültigkeit	◐	○	○	○
Präzision	◐	○	○	○
Objektivität	k.B.	○	◐	◐
Reliabilität	k.B.	○	◐	◐
Validität	k.B.	○	◐	◐
●: positiv; ◐: mittel; ○: negativ; k.B.: keine Bewertung möglich				

Abb. B 43: Beurteilung der deskriptiv-explorativen Mastertechniken

C. Explikative Mastertechniken

Aufbauend auf den deskriptiv-explorativen Analysen lässt sich ein Strukturmodell als Bezugsrahmen zur Strukturierung der verschiedenen Wirkungen (abhängige Größen) und Einflussfaktoren (unabhängige Größen) ableiten.

Basierend auf diesem Strukturmodell erfolgt dann die Analyse einzelner Kausalitäten mithilfe verschiedener theoretischer und empirischer Mastertechniken. Eine materielle Zusammenfassung der explikativen Aussagen sowie ein Vergleich der verwendeten Mastertechniken schließen das Kapitel C ab.

I. Strukturmodell als Bezugsrahmen

Vor einer Diskussion einzelner explikativer Mastertechniken ist es hilfreich, mithilfe eines Strukturmodells einen Überblick über Wirkungszusammenhänge und potenzielle Wirkungen zu liefern. Die Wirkungen lassen sich im Sinne von Sollwirkungen als Ziele des Co-Branding interpretieren, weshalb die einzelnen Wirkungskategorien mit Zielen des Co-Brands verknüpft werden. Weiterhin erfolgt ein kurzer Überblick über mögliche Einflussfaktoren.

1. Überblick

Co-Branding stellt eine komplexe Strategie dar. Neben den beteiligten Marken und deren Beziehungen hängen die Wirkungen des Co-Branding auch von dessen Gestaltung ab. Weiterhin besteht zwischen den Gestaltungsparametern und den erreichbaren Wirkungen keine deterministische Beziehung. Vielmehr moderieren eine Vielzahl von Personenvariablen diesen Prozess.

Bei den Wirkungen des Co-Brandings lassen sich grob solche des Co-Brands und der Spill-Over-Effekte voneinander abgrenzen. Im Einzelnen lassen sich folgende Einflussfaktoren und Wirkungen anführen:

- Markeneigenschaften:
    - isolierte Marke (z.B. Markeneinstellung),
    - Beziehung der Marken (z.B. Markenfit)
- Eigenschaften der Co-Brand-Leistung (z.B. Komplexität),
- Gestaltung des Co-Brands (z.B. Werbung, Preis, Branding),
- Personenvariablen (z.B. Involvement, Need for Cognition, Wissen),
- Co-Brand-Wirkungen,
- Spill-Over-Effekte.

Einen Überblick über das Wirkungsmodell liefert Abbildung C 1.[1]

---

[1] Ein ähnliches Modell stammt von **Simonin/Ruth** (1998) S. 31.

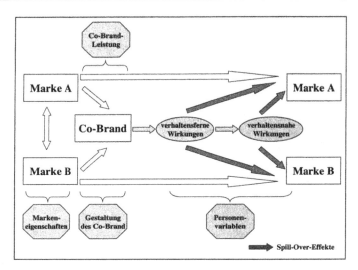

Abb. C 1: Strukturmodell des Co-Brandings

Vor dem Hintergrund dieses Strukturmodells lassen sich im Rahmen des Co-Branding die folgenden explikativen Forschungsfragen formulieren:

1. Welchen Einfluss üben die isolierten Marken auf die Co-Brand-Beurteilung aus?
2. Wie verbindet der Abnehmer zwei oder mehrere Imageobjekte zu einer Gesamtbeurteilung?
3. Lässt sich dieser Verbindungsprozess durch Marketingmaßnahmen beeinflussen?
4. Inwieweit wirkt die Co-Brand-Beurteilung auf die einzelnen Imageobjekte zurück?
5. Existieren Personen- und/oder Leistungsmerkmale, die diese Prozesse moderieren?

Der folgende Abschnitt thematisiert die verschiedenen Wirkungsdimensionen. Abschließend erfolgt die Verbindung der Wirkungen mit einzelnen Zielbündeln des Co-Branding, wodurch die Wirkungen in Ziele transformiert werden.

2. Wirkungsdimensionen

2.1 Überblick

Die Vorteilhaftigkeit des Co-Branding im Vergleich zu anderen Alternativen bzw. die konkrete Ausgestaltung des Co-Branding muss sich in einem höheren Zielerreichungsgrad zeigen. Daher erfolgt zunächst die Entwicklung einer Systematik von Wirkungen[2], anhand derer man verschiedene Alternativen vergleichen kann. Bei der Syste-

---

[2] Mögliche Systematiken finden sich insbesondere in der Kommunikations- und Markenliteratur, vgl. z.B. **Rossiter/Percy** (1997) S. 92 ff.; **Steffenhagen** (1996). Letztlich stellen die verschiedenen Stufenmodelle der Werbung auch einen Systematisierungsansatz dar, vgl. zum Überblick verschiedener Ansätze **Freter** (1974) S. 39 ff.; **Six** (1983) S. 340 ff.; **Schwaiger** (1997) S. 30.

C. Explikative Mastertechniken

matisierung der Wirkungen ist zu klären, ob **direkt beobachtbare Wirkungen**[3] oder intervenierende, **nicht direkt beobachtbare Wirkungen**[4] Berücksichtigung finden. Da gerade Modelle, die auf nicht direkt beobachtbare Variablen Bezug nehmen, besser in der Lage sind, Wirkungen zu erklären, finden im Weiteren insbesondere diese als Wirkungsgrößen Berücksichtigung. Eine weitere Unterscheidung der nicht direkt beobachtbaren Variablen ermöglicht die Distanz zum finalen Verhalten. Wirkungen mit einer großen Distanz werden im Folgenden als **verhaltensferne**, solche mit geringer Distanz als **verhaltensnahe** Wirkungen bezeichnet.[5]

Unabhängig von der Art der Wirkung ist festzulegen, bei welchem Subjekt die Wirkung gemessen werden soll. Als mögliche Subjekte kommen insbesondere Abnehmer, Handel und andere Unternehmen in Betracht.[6] Da es sich beim Co-Branding um ein Markenkonzept mit bisher geringer empirischer Verbreitung handelt, ist eine Erhebung von Wirkungen beim Handel (z.B. Akzeptanz oder Widerstände) oder bei Konkurrenzunternehmen (z.B. Nachahmung) wenig erfolgversprechend. Ferner führt eine wirkungsorientierte Markeninterpretation zu einer Fokussierung auf die **Abnehmerseite**.

Weiterhin lassen sich die Wirkungen auf der Individual- oder auf einer aggregierten Ebene analysieren.[7] Die Messung erfolgt im Weiteren jeweils auf der **Individualebene**, da dadurch eine Zuordnung von Gestaltungsparametern und Personenvariablen auf die jeweilige Wirkung möglich ist.

Ferner lassen sich nach dem Zeitbezug eher langfristige von eher kurzfristigen Wirkungen unterscheiden.[8] **Kurzfristige Wirkungen** treten in zeitlich unmittelbarer Nähe zum Kontakt mit dem Co-Brand auf, **langfristige Wirkungen** entstehen im Anschluss an den Kontakt mit dem Co-Brand und besitzen eine zeitliche Stabilität.

Als grundsätzliche Wirkungsebenen lassen sich Co-Brand-Wirkungen und Spill-Over-Effekte auf die Individualmarken voneinander abgrenzen. Bei den Wirkungen des Co-Brands handelt es sich um isolierte Wirkungen der Markenkooperation. Die sachlichen Ausstrahlungseffekte (Spill-Over-Effekte) umfassen positive[9] oder negative[10] Wir-

---

[3] Dies entspricht dem klassischen S-R-Paradigma der Verhaltenswissenschaft; Steffenhagen spricht in diesem Zusammenhang auch von globalanalytischen Ansätzen, vgl. **Steffenhagen** (1978) S. 14 f.

[4] Dies entspricht dem klassischen S-O-R-Paradigma der Verhaltenswissenschaften; Steffenhagen spricht auch von detailanalytischen Ansätzen, vgl. **Steffenhagen** (1978) S. 14 f.

[5] Diese Unterscheidung ist vergleichbar mit dem Begriffspaar vorökonomische bzw. psychologische und ökonomische Wirkungen, das auf **Behrens** (1963, S. 106 f.) zurückgeht. Allerdings wird eine etwas andere Sprachregelung gewählt, da auch die sog. vorökonomischen Wirkungen letztlich zur Erreichung ökonomischer Ziele beitragen sollen; die Differenzierung zwischen verhaltensfernen und verhaltensnahen Wirkungen basiert auf der unterschiedlichen Nähe der Wirkungen zum tatsächlichen Kaufverhalten.

[6] Vgl. zu möglichen Zielgruppen von Marken **Meffert/Bierwirth** (2001) S. 6 f.

[7] Vgl. **Steffenhagen** (1978) S. 13 ff.

[8] Steffenhagen differenziert zwischen momentanen Wirkungen, dauerhaften Gedächtniswirkungen und finalen Verhaltenswirkungen, wobei letztere langfristige Wirkungen darstellen, vgl. **Steffenhagen** (1996) S. 8 ff.

[9] Steffenhagen spricht von Partizipationseffekten, vgl. **Steffenhagen** (1978) S. 188.

kungen des Co-Brands auf die Individualmarken. Abbildung C 2 gibt einen Überblick über mögliche Wirkungsklassen und hebt die im Folgenden zu behandelnden Aspekte hervor.

Aufgrund der Positionierung der Arbeit als Forschung unter der Denkschule des wissenschaftlichen Realismus sowie der Fokussierung auf nicht direkt beobachtbare Wirkungen, beinhalten die folgenden Abschnitte neben den einzelnen Wirkungsdimensionen jeweils auch Hinweise zur Operationalisierung[11].

Wirkungsebene	Ausprägungen		
Beobachtungsmöglichkeit	nicht-beobachtbare Variablen	beobachtbare Variablen	
Entfernung zum beobachtbaren Verhalten	verhaltensfern	verhaltensnah	final
Subjektbezug	Abnehmer	Handel	Konkurrenz
Betrachtungsebene	Individuum	Aggregat	
zeitliche Nähe zum Co-Brand-Kontakt	kurzfristig	langfristig	
Objekt	Co-Brand	Individualmarken (Spill-Over-Effekte)	

Abb. C 2: Wirkungsklassen des Co-Brandings

2.2 Wirkungen des Co-Brands

Wirkungen des Co-Brands beziehen sich auf die isolierte Beurteilung und das Kaufverhalten des Co-Brands.

2.2.1 Kurzfristige Wirkungen

Kurzfristige Wirkungen[12] betreffen die direkten Reaktionen des Individuums bei einem Kontakt mit dem Co-Brand. Dabei lassen sich verhaltensferne und -nahe Wirkungen voneinander abgrenzen.

---

[10] Steffenhagen spricht von Kompensationseffekten, vgl. **Steffenhagen** (1978) S. 188.

[11] Die Auswahl der Operationalisierungen berücksichtigt folgende Anforderungen: mehrfaktorielle Messung, getestete Skalen, Vermeidung von Redundanzen (vgl. **Singh** (1991)), deutschsprachige Skalen, und kurze Skalen. Eine separate Entwicklung von Messvorschriften für alle Wirkungsgrößen würde den Rahmen der Arbeit sprengen. Da aber die einzelnen Konstrukte nicht im Kontext von Co-Branding getestet wurden, stellen alle dargestellten Operationalisierungen ad-hoc-Skalen dar. Die Identifizierung von geeigneten Operationalisierungen unterstützen die Skalen-Handbücher von **Bearden/Netemeyer** (1999); **Bruner/James/Hensel** (2001); **Bruner/Hensel** (1998); **Bruner/Hensel** (1994). Allgemein zur Operationalisierung von theoretischen Konstrukten vgl. **Homburg/Giering** (1996).

[12] Steffenhagen spricht von momentanen Wirkungen, vgl. **Steffenhagen** (1996) S. 8.

2.2.1.1 Verhaltensferne Wirkungen

Im Rahmen der verhaltensfernen kurzfristigen Wirkungen sind insbesondere das Gefallen sowie die Beurteilung von Einzelattributen von Bedeutung.

(1) Gefallen

Beim Gefallen handelt es sich um die affektive und/oder kognitive Beurteilung des Co-Brands beim ersten Kontakt.

Die Wirkungsgröße Gefallen des Co-Brands lässt sich sowohl durch die Messung der Emotionen[13] als auch der Kognitionen[14] während oder direkt nach dem Kontakt mit dem Co-Brand messen. Weiterhin erlauben Multi-Item-Skalen die Messung des Gefallens, wobei eine strikte Trennung zwischen Emotionen und Kognitionen i.d.R. fehlt. Da das Gefallen des Co-Brands vergleichbar mit dem Konstrukt Einstellung gegenüber einer konkreten Werbung[15] ist, lassen sich die dort entwickelten Messinstrumente verwenden.[16]

(2) Beurteilung einzelner Eigenschaften

Ein weiteres kurzfristiges Wirkungskriterium bildet die Beurteilung einzelner Eigenschaften. Dabei handelt es sich um eine überwiegend kognitive Größe. Eine Messung dieser Wirkungsgröße erfolgt regelmäßig durch eine geschlossene Befragung mit Hilfe einer Likert-Skala (trifft zu – trifft nicht zu) oder durch eine offene Befragung mit anschließender Inhaltsanalyse. Bei den Einzelattributen kann es sich entweder um **konkrete Leistungseigenschaften** (z.B. Schnelligkeit des Autos) oder um **abstrakte Eigenschaften** (z.B. Sportlichkeit) handeln. Speziell die konkreten Eigenschaften lassen sich nicht allgemein ableiten, sondern müssen für den jeweiligen Co-Brand-Fall durch Sekundäranalysen[17] und Vorstudien ermittelt werden. Bei den abstrakten Eigenschaften existiert eine Reihe von Katalogen mit Eigenschaften, die für eine Vielzahl von Fällen Gültigkeit besitzen.[18]

---

[13] Hilfstechniken zur Messung des emotionalen Gefallens sind u.a. Emotionsprofile (vgl. **Holbrook/Batra** (1987); **Wells** (1964); **Zetlin/Westwood** (1986)); Mimikbeobachtung bzw. Facial Action Coding (vgl. **Weinberg** (1983); **Bekmeier** (1989)), Magnitudeskalierung (vgl. **Grunert** (1983); **Neibecker** (1985)), Programmanalysator (vgl. **Neibecker** (1985)) und Physiobiologische Messungen (vgl. **Grings/Dawson** (1987)).

[14] Hilfstechniken zur Messung des kognitiven Gefallens sind u.a. Protokolle des lauten Denkens (vgl. **Sujan** (1985) und Zeitmessungen (vgl. **Sujan** (1985)).

[15] Vgl. zum Überblick z.B. **Steffenhagen** (1996) S. 110 ff.; **Koeppler** (2000) S. 67 ff.; **MacKenzie/Lutz/ Belch** (1986); **Gierl/Satzinger** (2000). Steffenhagen differenziert noch einmal zwischen emotionalem Erleben und markenbezogener Werbeeinstellung (auch: Gefallen), wobei allerdings eine eindeutige Trennung fehlt.

[16] Vgl. z.B. **Gierl/Ertel** (1993).

[17] Eigenschaftskataloge finden sich z.B. für Pkws: **Matiaske/Dobrov/Bronner** (1994); **Brigitte KA** (2000), S. 168 ff.; Food-Produkte: Positionen im Food & Getränkemarkt 1996; Urlaubsländer: **Schrattenecker** (1984), S. 96 f.; für (Programm-)Zeitschriften **Schimborski** (1997) S. 200.

[18] Vgl. Kap. C.II.3.2.3.1.2.

2.2.1.2 Verhaltensnahe Wirkungen

Verhaltensnahe Wirkungen spiegeln das tatsächliche Kaufverhalten wider oder es handelt sich um Größen, die dem Kaufverhaltern direkt vorgeschaltet sind. Im Einzelnen lassen sich die Preisbeurteilung und -bereitschaft sowie die Kaufabsicht und Wahl voneinander abgrenzen.

(1) Preisbeurteilung und Preisbereitschaft

Die Kaufentscheidung für ein Co-Brand hängt auch davon ab, wie der Abnehmer den Preis bzw. das Preis-Leistungs-Verhältnis beurteilt. Dabei handelt es sich nicht um den objektiven Preis des Co-Brands, sondern um die subjektive Wahrnehmung und Beurteilung des Preises. Als Formen der Preisbeurteilung schlägt die Literatur u.a. die Größen **Preisgünstigkeit** und **Preiswürdigkeit** vor.[19] Die Preisgünstigkeit ist die isolierte Beurteilung des Preises ohne Einbeziehung von Qualitätsurteilen.[20] Reine Preisgünstigkeitsurteile benötigen nur einen geringen kognitiven Aufwand und treten dann auf, wenn qualitative Unterschiede zwischen den Marken keine Rolle spielen oder die Qualitätsindifferenz durch eine bereits erfolgte Vorauswahl (z.B. evoked set) sichergestellt ist.[21] Preiswürdigkeitsurteile dagegen berücksichtigen die mit dem Preis verbundene Qualität.[22] Eine Operationalisierung dieser Wirkungen erfolgt jeweils durch die Vorgabe von Preisen und die Abfrage der Beurteilung dieser Größen. Die Preisbeurteilung hängt stark von der **Preisbereitschaft** ab, die den Preis darstellt, den der Nachfrager maximal bereit ist, für eine bestimmte Leistung zu bezahlen.[23] Falls der wahrgenommen Preis unterhalb der Preisbereitschaft liegt, ist ein Kauf zu erwarten. Im Einzelnen lassen sich die Größen wie folgt messen:[24]

- Preisgünstigkeit des Co-Brands: Vorgabe eines Preises; Beurteilung durch folgende Skala: niedriger Preis – hoher Preis,

- Preiswürdigkeit des Co-Brands: Vorgabe eines Preises; Beurteilung durch folgende Skala: nicht günstig – günstig,

- Preisbereitschaft für das Co-Brand: Wieviel wären Sie bereit, höchstens für das Produkt zu zahlen?

(2) Kaufabsicht und Wahl

Bei der Kaufabsicht handelt es sich um eine Verhaltensbereitschaft zum (Erst-)Kauf des Co-Brands. Die Stärke der Kaufabsicht, d.h. die subjektive Wahrscheinlichkeit, mit der eine Person den Kauf vollzieht, bezeichnet man als Kaufbereitschaft. Zu differenzieren ist dabei, ob die Kaufbereitschaft isoliert gegenüber dem Co-Brand erhoben wird, oder

---

[19] Vgl. z.B. **Simon** (1992) S. 592 ff.; **Lenzen** (1984) S. 34 ff.; **Diller** (2001) S. 152 ff.

[20] Vgl. **Lenzen** (1984) S. 35 ff.

[21] Vgl. **Diller** (2001) S. 158.

[22] Vgl. **Lenzen** (1984) S. 35 ff..

[23] Synonyme Begriffe sind „Reservationspreis", „Maximalpreis" und „Prohibitivpreis", vgl. **Wübker** (1998) S. 50.

[24] Vgl. ähnlich **Lenzen** (1984) S. 141 ff.; zu weiteren Operationalisierungsmöglichkeiten der Preiswürdigkeit **Diller** (2001) S. 197 ff.

C. Explikative Mastertechniken 127

ob die Kaufabsicht über die Auswahlentscheidung zwischen verschiedenen Marken gemessen wird. Erstere Messung wird im Folgenden als Kaufabsicht, letztere als Wahl bezeichnet. Zur Operationalisierung der Konstrukte liegt eine Reihe von Verfahren vor.[25] Neben der Skalierungstechnik unterscheiden sich die einzelnen Vorschläge insbesondere im Hinblick auf die Einbeziehung von **Konsequenzen des Kaufes** (z.B. Preisangabe, Mühe des Einkaufsvorganges, Reaktion von Bezugsgruppen)[26] [27]. Je mehr Konsequenzen die Messung berücksichtigt, desto eher wird nicht eine intervenierende Variable, sondern beobachtbares Kaufverhalten als finale Wirkung gemessen.

2.2.2 Langfristige Wirkungen

Bei den langfristigen Wirkungen bezüglich des Co-Brands lassen sich Recall und Recognition als Co-Brand-Bekanntheit sowie Images und Einstellungen bzw. Präferenzen als Co-Brand-Beurteilung voneinander abgrenzen. Diese Größen zusammengefasst bilden auch die Hauptkomponenten des **verhaltenswissenschaftlichen Markenwertes**[28], wodurch auch Aussagen zum Markenwert des Co-Brands möglich sind. Im Gegensatz zu den kurzfristigen Größen zeichnen sich diese durch das Vorhandensein auch bei Abwesenheit des Co-Brands aus, d.h. es handelt sich um Lernwirkungen.

(1) Co-Brand-Bekanntheit (Recognition, Recall)

Bei der Co-Brand-Bekanntheit geht es um die Erinnerung an das Co-Brand bzw. einzelne Eigenschaften des Co-Brands bei dessen Abwesenheit. Bei Recall-Messungen wird nur die Leistungskategorie vorgegeben, und der Proband wird gebeten, alle Marken zu nennen, die ihm zu dieser Kategorie einfallen.[29] Falls Recall-Werte zu bestimmten Eigenschaften ermittelt werden sollen, erfolgt die Vorgabe des Co-Brands mit der Aufgabe, alle Eigenschaften des Co-Brands offen zu nennen. Bei Recognition-Messungen wird der Proband mit einer Vorlage verschiedener Marken (u.a. auch das Co-Brand) konfrontiert und aufgefordert, die Marken zu kennzeichnen, die er wiedererkennt.

---

[25] Zum Überblick z.B. **Koeppler** (2000) S. 69 ff.; **Steffenhagen** (1996) S. 117 ff.; **Axelrod** (1968); **Rothman** (1964).

[26] Vgl. **Steffenhagen** (1996) S. 119.

[27] Hilfstechniken zur Messung der Kaufabsicht bzw. Wahl sind u.a. Single-Item-Skalen (vgl. z.B. **Kaplitza** (1992); **Axelrod** (1968)), Multi-Item-Skalen (vgl. z.B. **MacKenzie/Lutz/Belch** (1986). **Miniard/Bhatla/ Rose** (1990), Kaufwahrscheinlichkeiten (vgl. z.B. **Hughes** (1974); **Axelrod** (1968)), Konstantsummenskalen (vgl. z.B. **Axelrod** (1968); **Gierl** (1995), Flächenskalen (vgl. **Berekoven/Eckert/Ellenrieder** (2001)), Lotterie-Methode (vgl. **Axelrod** (1968)), Methode des erzwungenen Markenwechsels (vgl. **Axelrod** (1968)), Juster-Skala (vgl. **Juster** (1966)) und Wahlentscheidungen (vgl. **Axelrod** (1968)). Axelrod hat zehn verschiedene Methoden in Bezug auf die prognostische Validität („predictive power") des tatsächlichen Kaufverhaltens (Markenwechsel, Wiederholungskauf) miteinander verglichen. Als besonders valide Methoden erwiesen sich die ungestützte Markenbekanntheit (Recall) sowie das Konstantsummenverfahren. Weitere geeignete Verfahren sind das Wahlverfahren, die Erstwahl, die Single-Item-Skala sowie das Kaufspiel; vgl. **Axelrod** (1968).

[28] Vgl. z.B. **Keller** (1993) S. 1 ff.; **Keller** (1998) S. 68 ff.; **Esch** (1998) S. 45.

[29] Eine besondere Auswertung bildet die Erhebung des First-Brand-Recall („top of mind"), dabei ist nicht nur die Häufigkeit, sondern auch die Reihenfolge der Nennung von Bedeutung; vgl. auch die Wirkungsgröße Aktualität.

(2) Image

Images sind das mehrdimensionale Vorstellungsbild[30] des Co-Brands, welches auch bei physischer Abwesenheit vorhanden ist. Eine mit dem Image vergleichbare Größe bilden die mit einem Ausgangsreiz (hier: Co-Brand) verbundenen Assoziationen. Einen spezifischen Ausschnitt des Images stellt die Markenpersönlichkeit dar, die eine Marke als Person interpretiert und daher Eigenschaften zur Imagemessung verwendet, die typischerweise zur Beschreibung von Menschen herangezogen werden.[31] Images und Assoziationen werden im Folgenden synonym verwendet.[32] Bei Images handelt es sich um Lernkonstrukte. Zur Messung von Images bieten sich quantitative und qualitative Hilfstechniken.[33]

Neben dem Inhalt und der Bewertung der Assoziationen, die mit dem Co-Brand verbunden sind, stellt die **Einzigartigkeit**[34] der Assoziationen einen weiteren Qualitätsindikator des Images dar. Eine Messung der Einzigartigkeit ist durch einen Vergleich der Assoziationen des Co-Brands mit anderen Marken der Leistungskategorie sowie allgemein mit den Assoziationen der Leistungskategorie möglich.[35]

(3) Einstellung und Präferenz

Weitere Wirkungsgrößen stellen die Einstellung und die Präferenz gegenüber dem Co-Brand dar. Dabei bezeichnet **Einstellung** den „... Zustand einer gelernten und relativ dauerhaften Bereitschaft, in einer entsprechenden Situation gegenüber dem betreffenden Objekt (hier: Co-Brand, Anm. d. Verf.) regelmäßig mehr oder weniger stark positiv bzw. negativ zu reagieren."[36] Die Definition weist darauf hin, dass es ich bei der Einstellung ebenfalls um ein Lernkonstrukt handelt. Häufig wird Einstellung als ein Dreikomponentenansatz modelliert, wonach sie sich aus einer kognitiven, affektiven (emo-

---

[30] Vgl. zum Imagebegriff z.B. **Johannsen** (1971) S. 26 ff.; **Salcher** (1995) S. 129 ff.

[31] Vgl. ausführlich zur Messung der Markenpersönlichkeit z.B. **Baumgarth/Hansjosten** (2002).

[32] Diese Gleichsetzung wird auch bei Keller deutlich, wenn er schreibt „...brand image is defined ...as perceptions about a brand as reflected by the the brand associations held in consumers memory.", **Keller** (1993) S. 3.

[33] Quantitative Hilfstechniken zur Imagemessung sind u.a. das Semantische Differential bzw. Polaritätenprofile (vgl. z.B. **Osgood/Tannenbaum** (1957); **Hofstätter** (1973)), das Eindrucks-/Imagedifferential (vgl. z.B. **Bergler** (1975); **Trommsdorff** (1975)), Nonverbale Imagemessungen bzw. Imagery-Differential (vgl. z.B. **Schweiger** (1985), **Schweiger/Wiklicky** (1986), **Schmitz** (1990)). MDS (vgl. z.B. **Wührer** (2000)) und quantitative Markenpersönlichkeitsmessung (vgl. z.B. **Aaker** (1997), **Aaker** (2001), **Bauer/Mäder/Huber** (2000)). Qualitative Hilfstechniken zur Imagemessung sind u.a. Verwenderimage bzw. Markenpersonifizierung (vgl. z.B. **Salcher** (1995), **Johannsen** (1971)), projektive Verfahren (vgl. z.B. **Johannsen** (1971), assoziative Verfahren (vgl. z.B. **Kepper** (1996)), Substitutionstest bzw. Wunschprobe (vgl. z.B. **Müller** (1971), **Johannsen** (1971) und qualitative Markenpersönlichkeitsmessungen (vgl. z.B. **Gordon/Langmaid** (1988); **Schönrade/Fuhrhop** (2001)).

[34] Synonymer Begriff: Unverwechselbarkeit, vgl. z.B. **Schimborski** (1997) S. 11.

[35] Vgl. **Broniarczyk/Alba** (1994) S. 216.

[36] **Trommsdorff** (1998) S. 142.

C. Explikative Mastertechniken

tional)[37] und einer Verhaltensabsicht zusammensetzt.[38] Die Verhaltensabsicht entspricht der bereits behandelten Kaufabsicht gegenüber dem Co-Brand. Damit verbleiben als Einstellungskomponenten kognitive und emotionale Aspekte.[39] Zur Messung der Einstellung bietet es sich an, diese beiden Komponenten getrennt zu erheben und anschließend zu einem Gesamteinstellungswert zu verrechnen.[40] Präferenz bezieht sich auf die subjektive Rangfolge verschiedener Objekte auf der Basis der Einstellungen. In der Literatur existiert eine Reihe von Vorschlägen zur Marken-Einstellungsmessung[41], wobei diese Ansätze häufig nicht zwischen emotionaler und kognitiver Komponente differenzieren.

2.3 Spill-Over-Effekte

Neben den Wirkungen des Co-Brands hängt die Erfolgsbeurteilung des Co-Branding insbesondere auch von positiven und negativen Ausstrahlungswirkungen des Co-Brandsw auf die Individualmarken ab. Auch bei den Spill-Over-Effekten lassen sich eher verhaltensferne und -nahe Wirkungen voneinander abgrenzen. Da es sich bei den Spill-Over-Effekten immer um eine Veränderung handelt, basieren die Operationalisierungen überwiegend auf einem Vergleich zwischen einer Messung vor dem Kontakt und einer Messung nach dem Kontakt mit dem Co-Brand. Zur Bestimmung von Wirkungsdifferenzen lassen sich die Wirkungen bei einer Person zu zwei verschiedenen Zeitpunkten (In-Between-Design) oder bei zwei verschiedenen Personen zum gleichen Zeitpunkt (Between-Subject-Design) heranziehen.

2.3.1 Verhaltensferne Wirkungen

Da beim Co-Branding definitionsgemäß mindestens zwei Marken beteiligt sind, hängt dessen Beurteilung von der Veränderung der Aktualität, der Images und der Einstellung der beteiligten Individualmarken ab. Eine zusätzliche Veränderung des Markenwissens bildet die Markenverwässerung. Im Weiteren wird jeweils nur von einer Marke ausgegangen, da für die Partnermarke identische Argumente gelten, wobei die Verrechnung

---

[37] Im angloamerikanischen Raum wird vergleichbar zwischen „utilitarian and hedonic sources of consumer attitude" unterschieden, vgl. z.B. **Batra/Ahtola** (1990); **Spangenberg/Voss/Crowley** (1997).

[38] Stellvertretend für viele **Steffenhagen** (1996), S. 96 f.

[39] Zu beachten ist, dass es sich dabei nicht um zwei unabhängige Dimensionen handelt, vielmehr stellt die Einstellung eine eindimensionale und dauerhafte Beurteilung dar, die entweder eher emotional oder eher kognitiv geprägt ist, wobei es sich bei dieser Differenzierung um eine Kontinuum handelt.

[40] Vgl. **Steffenhagen** (1996) S. 99 ff.

[41] Hilfstechniken zur Einstellungsmessung sind u.a. zweidimensionale Messungen (vgl. z.B. **Steffenhagen** (1996)), Multi-Item-Skalen (vgl. z.B. **MacKenzie/Lutz/Belch** (1986), **Batra/Ahtola** (1990)), Multiattributive Messung ohne Idealmarke (vgl. z.B. **Freter** (1979)) und Multiattributive Messung mit Idealmarke (vgl. z.B. **Trommsdorff** (1975)).

der Spill-Over-Effekte der beteiligten Marken zu einem Gesamtwert zur Beurteilung des Spill-Over-Effektes des Co-Branding eine besondere Schwierigkeit darstellt.[42]

(1) Aktualitätssteigerung

Unter **Aktualität** versteht man die gedankliche Präsenz einer Marke.[43] Dabei handelt es sich um eine spezielle Form der ungestützten Bekanntheit. Eine hohe Aktualität weisen die Marken auf, die dem Abnehmer beim Nennen einer Kategorie spontan als mögliche Alternativen einfallen. Die Operationalisierung dieser Wirkungsgröße erfolgt über die „**top- of-mind**"-Messung[44], die den Anteil einer Personengruppe angibt, der eine bestimmte Marke ungestützt bei Vorgabe einer Leistungskategorie als erste nennt. Aktualität stellt deshalb eine wichtige Wirkungsgröße dar, weil speziell bei geringem Involvement eine hohe Aktualität die Kaufentscheidung steuert. Weiterhin bildet Aktualität die Voraussetzung für andere Markenwirkungen.

(2) Markenverwässerung

Die Markenverwässerung stellt eine negative Wirkung dar und bezieht sich darauf, dass die **Markenklarheit** abnimmt. Die Klarheit einer Marke lässt sich zum einen durch die **Qualität des Markenbildes** und zum anderen durch die **Ambivalenz der Einstellung** bestimmen.[45] Die Ansätze zur Messung lassen sich daher sowohl aus der Imagery-Forschung als auch aus der Einstellungsforschung ableiten.[46]

(3) Imageveränderung

Eine **Imageveränderung** wird vergleichbar mit der Messung des Images des Co-Brands operationalisiert. Die Feststellung einer Imageveränderung erfolgt durch den Vergleich der Pre- mit einer Postmessung. Ein globales Maß zur Abschätzung der Imageveränderung bildet die Summierung der Differenzen bei einzelnen Dimensionen vor und nach dem Co-Branding dividiert durch die Anzahl der Merkmale. Das Vor-

---

[42] Es ist nicht zu erwarten, dass ein Co-Branding eingeführt wird, wenn auch nur eine der beteiligten Marken negative Spill-Over-Effekte zu erwarten hat, weshalb für jede beteiligte Marke ein neutraler oder positiver Spill-Over-Effekt prognostiziert werden muss, vgl. dazu auch **Baumgarth** (2001c) S. 24.

[43] Vgl. z.B. **Gierl** (1995) S. 215.

[44] Vgl. z.B. **Kroeber-Riel/Esch** (2000) S. 42 und 89 ff. Darüber hinaus lässt sich die Messung der Aktualität durch die Messung der Reaktionszeit sowie allgemeine Zustimmung zu Items wie „gehört einfach dazu" oder „interessante Marke" verfeinern, vgl. **Kroeber-Riel/Esch** (2000) S. 93.

[45] Darüber hinaus hat Kapferer einen Index zur Bestimmung der Markenkonfusion vorgeschlagen; da sich dieser aber auf die Markenverwechslung in der Wahrnehmungsphase bezieht, wird dieser nicht berücksichtigt; vgl. **Kapferer** (1995) S. 551 ff.

[46] Hilfstechniken zur Messung der Markenverwässerung sind u.a. die Vividness-Messung (vgl. z.B. **Ruge** (1988); **Bekmeier-Feuerhahn** (1998)), Messung der Qualität des inneren Bildes (vgl. z.B. **Ruge** (1988); **Bekmeier-Feuerhahn** (1998); **Bekmeier-Feuerhahn** (2001)) und die Einstellungs-Ambivalenz (vgl. z.B. **Kaplan** (1972); **Ahluwalia/Burnkrant/Unnava** (2000)). Weiterhin könnte man die Markenverwässerung („brand parity") durch die Messung der subjektiven Markengleichheit in einer Kategorie messen; allerdings ist diese Messung weniger sensibel und schwerer zurechenbar, da die Markengleichheit sich auf alle Marken einer Kategorie bezieht; zur Messung der Markengleichheit vgl. **Muncy** (1996); in der Praxis wird diese Größe regelmäßig von der Agentur **BBDO** (1999) für verschiedene Leistungskategorien international erhoben.

C. Explikative Mastertechniken 131

zeichen erlaubt die Angabe, ob es sich um eine Imageverschlechterung oder Imageverbesserung handelt. Die absolute Größe gibt das Ausmaß der Imageveränderung an.

(4) Einstellungsänderung

Auch die Einstellungsänderung ist vergleichbar mit der Einstellungsmessung auf der Co-Brand-Ebene. Die Abschätzung der Einstellungsveränderung erfolgt durch die Differenzbildung des Einstellungswertes vor und nach dem Co-Branding.

2.3.2 Verhaltensnahe und finale Wirkungen

Image- oder Einstellungsänderungen der Individualmarken durch Spill-Over-Effekte beeinflussen indirekt die verhaltensnahen Wirkungen Kaufabsicht oder Preisbereitschaft. Darüber hinaus treten direkte Effekte auf, wenn zwischen dem Co-Brand und der Individualmarke Verbundeffekte beim Kauf existieren.

(1) Preisbereitschaften und Kaufabsichten

Preisbereitschaften und Kaufabsichten lassen sich vergleichbar mit der Messung dieser Konstrukte beim Co-Brand ermitteln. Zur Abschätzung der Richtung der Werte erfolgt wiederum ein Vergleich zwischen den Werten vor und nach dem Co-Branding.

(2) Verbundeffekte (speziell: Kannibalisierung)

Verbundeffekte treten bei Co-Brands auf, bei denen die Co-Brand-Leistung in einem komplementären[47] oder substitutiven[48] Verhältnis zu den Leistungen mindestens einer der beteiligten Individualmarken steht. Eine Operationalisierung wäre ex-post durch die Auswertung von Verkaufszahlen möglich, wobei diese den Nachteil besitzen, dass eine eindeutige Zurechnung auf das Co-Branding nicht möglich ist, da Mengenänderungen auch aus Veränderungen der Individualmarke, aus Konkurrenzmaßnahmen oder aus anderen zeitlichen Effekten resultieren können. Daher ist eine Messung über Wahlentscheidungen (Substitution) oder durch Zusatzkäufe (Komplementarität) sinnvoller.

2.4 Zusammenhang zwischen Wirkungskategorien und Zielsetzungen

Die vorangegangenen Abschnitte erörterten unterschiedliche Wirkungen des Co-Branding. Zu überlegen ist, welche Wirkungskategorien für welchen Co-Brand-Typ von besonderer Relevanz sind. Dabei handelt es sich um Plausibilitätsüberlegungen. Zunächst lassen sich für die vier Typen[49] des Co-Branding unterschiedliche Schwerpunkte bei den Wirkungen festlegen. Im Rahmen des Innovations-Co-Brands stellen insbesondere das Image und die Einstellung gegenüber dem Co-Brand die entscheidenden Wirkungskategorien für einen langfristigen Erfolg der Innovation dar. Bei den

---

[47] Ein mögliches Beispiel für eine komplementäre Beziehung bildet das Co-Brand COOL-SKIN. Durch das Co-Brand kann NIVEA FOR MEN das Produkt zusätzlich verkaufen, da es regelmäßig nachgefüllt werden muss; allerdings besitzt das Co-Brand COOL SKIN zu den Rasierapparaten von PHILISHAVE und zu der After-Shave-Lotion von NIVEA FOR MEN substitutive Beziehungen.

[48] Ein Beispiel für eine substitutive Beziehung bildet das Co-Brand RITTER SPORT & SMARTIES, da während des Promotion-Zeitraumes die Käufer „normale" RITTER SPORT-Schokolade durch das Co-Brand substituierten.

[49] Vgl. Kap. B.II.2.3.

Promotion-Co-Brands geht es insbesondere darum, eine finale Verhaltenswirkung für das Co-Brand zu erreichen. Weiterhin lässt sich mit dieser Form die Aktualität für die Individualmarken steigern. Bei den Ingredient Brands besitzen insbesondere die Wirkungskategorien Beurteilung einzelner Eigenschaften (insbesondere die durch das Ingredient Brand abgedeckten Eigenschaften), das Image und die Einstellung des Co-Brands eine hohe Bedeutung. Aufgrund der Vielzahl der Co-Brands eines Ingredient Brands spielt für das Ingredient Brand auch die Markenverwässerung eine entscheidende Rolle. Weiterhin weist das Ingredient Brand häufig nur eine untergeordnete Markierung auf, weshalb die Größen Aktualität bzw. Bekanntheit von Bedeutung sind. Für das Multi-Co-Brand besitzen sowohl die Co-Brand-Wirkungen als auch die Spill-Over-Effekte eine hohe Bedeutung.

Die kurzfristigen Promotion-Co-Brands verfolgen insbesondere eine kurzfristige Absatzgenerierung für die Co-Brand-Leistung.

Für die langfristig orientierten Co-Brands (Innovations-Co-Brand, Ingredient Brand, Multi-Co-Brand) lassen sich unabhängig von den verschiedenen Typen auf der Basis der Expertengespräche[50] und Fallstudien[51] folgende Zielbündel für das Co-Branding identifizieren:

- Einführung einer neuen Leistung (Markentransfer),
- Zielgruppenausweitung für eine Individualmarke,
- (langfristige) Absatzsteigerung,
- Umpositionierung der Individualmarke.

Diesen Zielbündeln lassen sich auf einer argumentativen Basis einzelne Wirkungskategorien zuordnen. Bei der Einführung einer neuen Leistung unter dem Co-Brand weisen insbesondere langfristige Wirkungen eine hohe Bedeutung auf. Die Zielgruppenausweitung stellt darauf ab, dass durch das Co-Brand eine Individualmarke ihre Aktualität steigert. Absatzsteigerungen lassen sich sowohl durch positive Verbundeffekte als auch durch eine Steigerung der Aktualität bzw. einer Verbesserung des Images und der Einstellung erreichen. Die Umpositionierung dagegen fokussiert auf Image- und Einstellungsveränderungen einer Individualmarke.

Abbildung C 3 fasst die Zuordnung der Wirkungskategorien zu den Zielbündeln zusammen.

3. Einflussfaktoren

Dieser Abschnitt skizziert die wichtigsten Einflussfaktoren auf die Co-Brand-Wirkungen und die Spill-Over-Effekte im Überblick. Dabei handelt es sich z.T. um Faktoren, die das Unternehmen beeinflussen (z.B. Gestaltung des Co-Brands), z.T. um solche, die es nicht beeinflussen, sondern nur im Rahmen von Auswahlentscheidungen berücksichtigen kann (z.B. Fit).

---

[50] Vgl. Kap. B.IV.2.2.

[51] Vgl. Kap. B.III.2.2.

		Promotion-Co-Brand	langfristige Co-Brands (Ingredient Brand, Multi-Co-Brand, Innovations-Co-Brand)			
		kurzfristige Absatzsteigerung	Einführung einer neuer Leistung	Zielgruppenausweitung	langfristige Absatzsteigerung	Umpositionierung
Co-Brand-Wirkungen	Gefallen	◐	◐	○	◐	◐
	Beurteilung	◐	◐	○	◐	◐
	Preisbereitschaft/Preiswürdigkeit	●	◐	○	◐	○
	Kaufabsicht/Wahl	●	●	○	◐	○
	Bekanntheit	○	◐	◐	●	◐
	Image	○	●	○	○	○
	Einstellung/Präferenz	○	●	○	○	○
Ausstrahlungswirkungen	Aktualität	◐	◐	●	◐	○
	Markenverwässerung	◐	◐	○	◐	◐
	Imageveränderung	○	○	○	◐	●
	Einstellungsveränderung	○	○	○	◐	●
	Preisbereitschaften/Kaufabsichten	○	○	○	◐	◐
	Verbundeffekte	○	○	○	●	○

●: starker Zusammenhang   ◐: Zusammenhang   ○: kein Zusammenhang

Abb. C 3: Zusammenhang zwischen Wirkungen und Co-Branding-Zielbündel

(1) Eigene Marke

Einen ersten Einflussfaktor bildet die eigene Marke. Dabei geht es letztlich um die Eigenschaften der Marke, welche die Vorteilhaftigkeit eines Co-Brands im Vergleich zu anderen Markenoptionen (z.B. Markentransfer) bestimmen. Ein erster relevanter Einflussfaktor stellt die Markenstärke dar. Falls die Marke nur über eine geringe Markenstärke verfügt (z.B. geringer Bekanntheitsgrad), könnte eine Kooperation mit einer weiteren starken Marke erfolgsversprechend sein. Einen weiteren Faktor bilden die Markenassoziationen. Dabei können zum einen Markenassoziationen gegen einen Markentransfer sprechen. In diesen Fällen ist ein Co-Brand eine Möglichkeit, ökonomisch sinnvolle Transfers in Kooperation mit anderen Marken durchzuführen. Zum anderen kann ein Co-Brand bestimmte Assoziationen der eigenen Marke betonen oder verändern. Von Relevanz ist ferner die fehlende Glaubwürdigkeit einer Marke. Dieser Fall trifft insbesondere für neue Marken, für weit entfernte Transfers und für Marken zu, die der Abnehmer nicht direkt beurteilen kann.

(2) Partnermarke

Einen zweiten Einflussfaktor des Co-Branding-Strukturmodells stellt die Partnermarke dar. Ihre Eignung für das Co-Brand hängt dabei stark von der eigenen Marke ab. Einen ersten Einflussfaktor bildet der Zusammenhang der Marken aus Sicht der Abnehmer. Aus ihrer Sicht macht eine Kooperation nur dann Sinn, wenn ein Fit zwischen den Marken existiert. Eine weitere Größe stellt die Markenstärke der Partnermarke dar. Neben der Präferenz für die Marke bildet auch deren Stabilität eine wichtige Größe. Weiterhin sind die Assoziationen der Marke von Bedeutung, da diese nicht nur den Fit beeinflussen, sondern auch die Anreicherung der eigenen Marke durch bestimmte Assoziationen ermöglichen. Einen letzten Faktor bildet die Zielgruppe der Partnermarke. Die Auswahl einer Partnermarke mit abweichender Zielgruppe unterstützt die Erweiterung der Zielgruppe für die eigene Marke.

(3) Leistung

Einen nächsten Einflussfaktor ist die dem Co-Brand zugrundeliegende Leistung. Dabei spielen die Komplexität der Leistung, die Herstellkompetenz der eigenen Marke für diese Leistung und, damit eng verbunden, die Entfernung der Leistung zu dem bisherigen Produktportfolio der Marke eine Rolle.

(4) Gestaltung des Co-Brands

Weiterhin beeinflusst die Umsetzung des Co-Brand in Form des Marketing-Mixes und des Brandings die Wirkung des Co-Branding. Im Folgenden stehen insbesondere drei Entscheidungsbereiche im Mittelpunkt. Den ersten Faktor bildet die Anordnung der Marken, wodurch sich eine Hierarchie zwischen den beteiligten Marken darstellen lässt. Diese Markenhierarchie ist sowohl in der Kommunikation (z.B. Werbung) als auch auf der Verpackungsgestaltung von Bedeutung. Einen zweiten Einflussfaktor bildet die kommunikative Unterstützung des Co-Brands, wobei insbesondere der Einfluss der klassischen Werbung im Mittelpunkt steht. Einen letzten behandeltenr Faktor bildet die Preissetzung für das Co-Brand.

(5) Moderierende Größen

Persönlichkeitsmerkmale der Abnehmer und externe Ereignisse moderieren die Zusammenhänge zwischen den bisher dargestellten Einflussfaktoren und den Co-Brand-Wirkungen bzw. den Spill-Over-Effekten. Relevante Persönlichkeitsmerkmale stellen u.a. das Involvement, das Markenwissen, die Leistungsvertrautheit sowie das Marken-Commitment dar. Die externen Ereignisse umfassen sowohl Nachrichten über das Co-Brand als auch über die beteiligten Individualmarken, wobei negative Nachrichten eine höhere Relevanz aufweisen.

II. Mastertechniken der theorieorientierten Explikation

Mastertechniken der theorieorientierten Explikation basieren auf der kognitiven Auswertung, Verknüpfung und Anpassung von bestehendem Wissen. Zentrale Hilfstechniken der theorieorientierten Explikation stellen die Literatur sowie der Intellekt dar. Im Einzelnen fallen unter diese Kategorie die Sekundäranalyse, die Analogie sowie die Theorie.

C. Explikative Mastertechniken

1. Explikative Sekundäranalyse
1.1 Darstellung der Mastertechnik

Eine erste Mastertechnik zur Ableitung von explikativen Aussagen bildet die Analyse bereits vorhandener explikativer Studien zum Untersuchungsthema.[52] Wichtige Ziele der Sekundäranalyse bilden die Identifizierung von **inhaltlichen** oder **methodischen** Schwerpunkten in einem bestimmten Bereich, die Unterstützung bei der **Theorieauswahl** sowie die **Generierung von Wissen** durch die Integration verschiedener Studien.[53] Ein erster Schritt der Sekundäranalyse stellt die Identifizierung der relevanten Studien dar. Neben Auswertung der wichtigsten nationalen und internationalen Fachzeitschriften und von Datenbanken sowie dem Closed-Circle-Verfahren[54] bilden Kontakte zu Forschern mit ähnlichen Forschungsgebieten eine wichtige Basis.[55] Auf der Basis des gefundenen Pools von relevanten Studien lassen sich zur Auswertung vier unterschiedliche Hilfstechniken voneinander abgrenzen:[56]

- narrativer Überblick,
- Häufigkeitsanalysen,
- Voting,
- Metaanalysen.

Der **narrative Überblick**, der die einfachste Form der Sekundäranalyse darstellt[57], beschreibt die Studien ausführlich nach einem einheitlichen Schema. Diese Vorgehensweise empfiehlt sich bei einer relativ geringen Anzahl von Studien.

Die **Häufigkeitsanalyse** ermittelt anhand wichtiger Merkmale (z.B. Design, untersuchte abhängige und unabhängige Variable, Ergebnisse) die Häufigkeiten interessierender Sachverhalte, wie z.B. Schwerpunkte der Forschung, Veränderung der Schwerpunkte im Zeitablauf, aber auch Schwächen und Lücken der Forschung sowie Ergebnisse.[58]

---

[52] Eine spezielle Form der Sekundäranalyse bildet die Re-Analyse von Datensätzen mit Hilfe anderer Prozeduren als in der Originalquelle, vgl. z.B. **Bottomley/Holden** (2001).

[53] Vgl. **Jackson** (1980) S. 438.

[54] Dieses Verfahren startet mit der Auswertung der angegebenen Quellen einiger Studien; daran anschließend erfolgt bei den zusätzlich identifizierten Studien die Auswertung der Literatur, usw.; dieser Prozess endet, wenn keine weiteren Studien mehr identifiziert werden; vgl. **Theisen** (1997) S. 76 f.

[55] Vgl. zur Nutzung, Relevanz und Zentralität der verschiedenen Quellen **Cooper** (1986). Zur Auswahl der Studien vgl. auch **Jackson** (1980) S. 444 f.

[56] Die Literatur differenziert häufig nur zwischen traditionellem Literaturüberblick und Metaanalyse, vgl. **Beaman** (1991); teilw. erfolgt eine weitergehende Differenzierung der integrativen Vorgehensweisen, vgl. **Light/Smith** (1971) S. 432 f.

[57] Vgl. z.B. **Hunter/Schmidt** (1990) S. 468 f. Zur Beurteilung der narrativen Methode vgl. z.B. **Glass/McGaw/Smith** (1981) S. 12 ff. Zur Anwendung im Marketing vgl. z.B. **Priemer** (2000) S. 155 ff.

[58] Vgl. zur Anwendung im Marketing z.B. **Sattler** (1997) S. 136 ff.

Diese Art der Sekundäranalyse empfiehlt sich bei einer mittleren Anzahl von Studien sowie bei einer hohen Anzahl heterogener[59] Studien.

Die beiden Methoden **Voting** und **Metaanalyse** setzen dagegen eine große Zahl gleichartiger Studien voraus. Beide Methoden integrieren eine Vielzahl von Ergebnissen, d.h. sie fokussieren auf empirisch festgestellte Zusammenhänge zwischen den unabhängigen und abhängigen Variablen. Fragen des Designs, der theoretischen Fundierung oder der untersuchten Objekte bleiben unberücksichtigt. Beim Voting erfolgt eine Aufteilung der Studien in signifikant positive, signifikant negative und nicht-signifikante.[60] Ein Effekt gilt als bestätigt, wenn mehr als 33 % der Studien hypothesenkonforme und signifikante Ergebnisse aufweisen.

Die Metaanalyse stellt die statistische Analyse zur Integration verschiedener Ergebnisse einer umfangreichen Sammlung von Studien dar.[61] Voraussetzung für die Metaanalyse bildet neben einer Vielzahl von inhaltlich homogenen Studien und einer Einhaltung von methodischen Mindestkriterien die genaue Angabe der statistisch relevanten Ergebnisse in den Primärquellen (z.B. Stichprobengröße, Effektstärke, Fehlerwahrscheinlichkeiten).

Die vier skizzierten Hilfstechniken der Sekundäranalyse stellen keine sich ausschließenden Alternativen dar, vielmehr lassen sie sich auch sinnvoll miteinander kombinieren.

Die folgenden Ausführungen verwenden zunächst die Hilfstechnik des narrativen Überblicks über die Forschung zum Thema Co-Branding. Anschließend erfolgt eine synoptische Darstellung der getesteten Hypothesen mit einer anschließenden Häufigkeitsanalyse, wobei sich diese aufgrund der geringen Anzahl von Studien auf das Design, die theoretische Fundierung sowie die materiellen Schwerpunkte der Studien beschränkt. Die zu geringe Anzahl gleichartiger Studien verhindert die Durchführung einer Voting- oder Meta-Analyse.

Im Mittelpunkt stehen im Folgenden verhaltenswissenschaftlich-empirische Arbeiten, die auf der Basis von allgemeinen verhaltenswissenschaftlichen Theorien Kausalhypothesen ableiten, empirische Untersuchungsansätze (überwiegend experimentelle Formen) entwickeln und die Hypothesen empirisch testen.

Zur Beurteilung der Studien sind insbesondere die Kenntnis der Stichprobenbildung (Repräsentanz), die Art der empirischen Studie (interne Validität) sowie die Marken- und Leistungsauswahl (externe Validität) von Relevanz. Diese drei methodischen Aspekte werden bei der Beschreibung der Studien jeweils berücksichtigt.

---

[59] Die Heterogenität bezieht sich dabei sowohl auf materielle als auch methodische Aspekte.

[60] Vgl. z. B. **Light/Smith** (1971); **Hunter/Schmidt** (1990) S. 469 ff.; **Cooper** (1989) S. 91 ff. Zur Beurteilung der Voting-Methode vgl. z.B. **Hedges/Olkin** (1985) S. 48 ff. Zur Anwendung der Voting-Methode im Marketing vgl. z.B. **Zatloukal** (1999) S. 16 ff.

[61] Vgl. z.B. **Glass** (1976) S. 3; **Glass/McGaw/Smith** (1981) S. 12. Zu verschiedenen Formen der Metaanalyse vgl. **Bangert-Drowns** (1986) S. 390 ff. Zu einem Vergleich der Metaanalyse und anderen Formen der Sekundäranalyse vgl. **Beaman** (1991). Zur Anwendung der Metaanalyse allgemein im Marketing vgl. **Farley/Lehmann** (1986). Konkrete Anwendungen finden sich z.B. bei **Brown/Stayman** (1992); **Mäßen** (1998) S. 181 ff.

1.2 Anwendung der Mastertechnik
1.2.1 Narrativer Überblick

Explikative Arbeiten zum Co-Branding[62] stammen von *Hillyer/Tikoo (1995), Levin/ Davis/Levin (1996), Walchi (1996), Park/Yun/Shocker (1996), Grossman (1997), Venkatesh/Mahajan (1997), Priemer (1997, 2000), Simonin/Ruth (1998), Rao/Qu/ Rueckert (1999), McCarthy/Norris (1999), Samu/Krishnan/Smith (1999), Voss/Tansuhaj (1999), Washburn (1999) bzw. Washburn/Till/Prilluck (2000), Vaidyanathan/Aggarwal (2000), Janiszewski/Osselaer (2000), Venkatesh/Mahajan/ Muller (2000), Levin/Levin (2000), Janiszewski/Kwee/Meyvis (2001), Osselaer/Janiszewski (2001), Hadjicharlambous (2001)* und *Desai/Keller (2002).*[63]

Die Arbeiten folgen überwiegend dem klassischen Aufbau experimenteller Untersuchungen. Sie unterscheiden sich insbesondere in Bezug auf die berücksichtigten unabhängigen und abhängigen Variablen sowie die theoretische Fundierung. Im Folgenden werden die theoretische Basis und das jeweilige Design der einzelnen Studien skizziert und anschließend zusammenfassend gegenübergestellt.

(1) Hillyer/Tikoo (1995)

Der Konferenzbeitrag von *Hillyer/Tikoo (1995)* ist strukturell dem klassischen experimentellen Aufbau folgend organisiert. Allerdings leiten die Autoren nur Hypothesen ab, ohne diese empirisch zu überprüfen. Die Ableitung ihrer Hypothesen basiert auf der grundsätzlichen Differenzierung zwischen hohem und geringem Involvement. Weiterhin erfolgt eine Unterscheidung zwischen Hauptmarke („primary brand") und Nebenmarke („secondary brand"). Bei geringem Involvement erwarten die Autoren durch das Co-Branding eine höhere Wahrscheinlichkeit für die Integration der Hauptmarke in das consideration set, einen Halo-Effekt von der Neben- auf die Hauptmarke und die Verwendung des Co-Brands als Entscheidungsheuristik. Bei hohem Involvement dagegen vermuten die Autoren positive Auswirkungen des Co-Brands auf die Relevanz und Beurteilung von einzelnen Eigenschaften.

(2) Levin/Davis/Levin (1996)

Levin/Davis/Levin (1996) diskutieren in dem Konferenzbeitrag „Theoretical and Empirical Linkages Between Consumers' Responses to Different Branding Strategies" verschiedene Strategien (Product Bundling, Brand Extension, Dual Branding, Co-

---

[62] Dabei finden auch Arbeiten zum Co-Branding i.w.S. Berücksichtigung, wenn sie auch für das Co-Branding i.e.S. Aussagewert besitzen. Konkret handelt es sich bei den Arbeiten von **Grossman** (1997) und **Samu/Krishnan/Smith** (1999) um Co-Advertising-Arbeiten und bei der Arbeit von **Voss/Tansuhaj** (1999) um eine Co-Promotion-Arbeit. Die explikative Sekundäranalyse versucht, einen vollständigen Überblick zu liefern. Die Literatursuche wurde im März 2002 abgeschlossen. Sie umfasst eine vollständige Auswertung der Zeitschriften Marketing ZFP, JoM, JoMR, JoCR, JoCM, JoPBM, AiCR; Weiterhin wurden zugängliche Dissertationen und Kongressbeiträge ausgewertet, die durch Internetrecherchen identifiziert wurden. Schließlich wurde durch persönliche Kontakte versucht, insbesondere noch nicht veröffentlichte Studien zu berücksichtigen.

[63] Weiterhin existiert noch eine zusammenfassende Kommentierung von Shocker über vier Kongressbeiträge, wovon zwei dem Co-Branding zuzuordnen sind. Da allerdings diese Studien in modifizierter Form später von den Forschern selbst publiziert wurden, bleibt dieser Beitrag unberücksichtigt; vgl. **Shocker** (1995) S. 432 ff.

Branding), die sich dadurch auszeichnen, dass der Konsument eine Gesamtbeurteilung auf der Basis von zwei oder mehreren vorhandenen, möglicherweise inkonsistenten Beurteilungen trifft. Die theoretische Fundierung bildet die Assimilations-Kontrast-Theorie i.V.m. der Balance-Theorie. Danach erwarten die Autoren für das Co-Branding einen Assimilationseffekt. Zum Test der Hypothesen wurde ein Laborexperiment durchgeführt, bei dem eine Brownie-Marke (bekannt, unbekannt) und eine Schokoladen-Marke (bekannt, unbekannt) zu einem Co-Brand kombiniert wurden. Die Probanden (70 Studierende) probierten das Co-Brand und beurteilten es in Bezug auf Geschmack und Qualität sowie äußerten ihre Kaufabsicht für das Co-Brand.

(3) Walchi (1996)

In ihrer Dissertation „The Effects of Between Partner Congruity on Consumer Evaluation of Cobranded Products" vergleicht *Walchi (1996)* zum einen Co-Branding mit dem Markentransfer und zum anderen verschiedene Prozesse der Co-Branding-Beurteilung. Die theoretische Basis bilden Kategorisierungs- sowie darauf aufbauend spezielle Kongruenztheorien. Speziell verwendet *Walchi (1996)* zur Ableitung von Hypothesen den Ansatz von *Mandler (1982)*. Weiterhin identifiziert *Walchi (1996)* für das Co-Branding die zusätzliche Fit-Basis Markenfit („partner congruity"). Der Test der verschiedenen Hypothesen erfolgt in zwei Laborexperimenten. Das erste Experiment vergleicht das Co-Branding mit dem Markentransfer. Den Stimulus des Laborexperiments bildet ein neues Zeitschriftenkonzept[64], wobei sowohl beim Markentransfer als auch beim Co-Branding drei unterschiedliche Fitniveaus differenziert wurden. Das Design des ersten Experiments bildet ein 2 (Markentransfer vs. Co-Brand) x 3 (drei verschiedene Fitniveaus)-Design. Die insgesamt 106 Vpn. (Studierende) beantworteten einen mehrseitigen Fragebogen, der verschiedene Beurteilungs-, Wiedererkennungs- und Erinnerungsfragen umfasste.

Das zweite Experiment analysiert die Beurteilung von Co-Brands detaillierter, wobei neben verschiedenen Fitniveaus auch zwischen zwei verschiedenen Verarbeitungssituationen (theoretische vs. ähnlichkeitsorientierte Kategorisierung) differenziert wurde. Dabei wird bei der theoretischen Kategorisierung eine Beurteilung, welche dem umgekehrt u-förmigen Verlauf folgte, bei der ähnlichkeitsorientierten Kategorisierung dagegen ein linearer Verlauf angenommen. Weiterhin vermutet Walchi für die theoretische Kategorisierung eine tiefere Verarbeitung, die auch zu höheren Recognition- und Recallwerten führt. Dem zweiten Labor-Experiment, an dem insgesamt 80 Studierende teilnahmen haben, liegt ein 2 (theoretische vs. ähnlichkeitsorientierte Beurteilung) x 3 (Fitniveau)-Design zugrunde.

(4) Park/Jun/Shocker (1996)

Park/Jun/Shocker (1996) vergleichen in zwei Laborexperimenten die Strategien Markentransfer und Composite Branding[65] miteinander. Die Studie analysiert neben der Beurteilung des Co-Brands auch Spill-Over-Effekte des Co-Brands auf die beteiligten Einzelmarken. Zusätzlich differenzieren *Park/Jun/Shocker (1996)* bei dem Co-Brand

---

[64] Weiterhin testete **Walchi** (1996) ein neues Getränkekonzept, allerdings berücksichtigt sie die Ergebnisse aufgrund von Widersprüchen bei der Manipulationsüberprüfung nicht weiter.

[65] Vgl. Kap. B.I.2.5.2.

zwischen einer Haupt- („header") und einer Nebenmarke („modifier"). Die theoretische Basis bilden vor allem die Schemata-Integrations-Ansätze. Diese Ansätze führen zu den Hypothesen, dass ein Co-Brand die für eine der beteiligten Marke wichtigen und gut beurteilten Eigenschaften enthält. Aufbauend auf dieser Hypothese wird auch erwartet, dass Co-Brands, die sich aus komplementären Marken zusammensetzen, positiver beurteilt werden als Markentransfers. Weiterhin wird ein stärkerer Einfluss der Hauptmarke im Vergleich zur Nebenmarke auf die Co-Brand-Beurteilung vermutet. Für den Spill-Over-Effekt erwarten *Park/Jun/Shocker (1996)*, dass das Co-Brand nur auf die Hauptmarke Auswirkungen zeigt.

Zum Test dieser Hypothesen führen *Park/Jun/Shocker (1996)* ein Laborexperiment durch, bei dem acht Gruppen entweder mit einem Markentransfer oder einem Co-Brand konfrontiert wurden. Dabei handelte es sich jeweils um eine Kuchenmischung. Insgesamt nahmen an dem ersten Experiment 235 Studierende teil. Ein zweites Experiment prüft keine expliziten Hypothesen, sondern untersuchte explorativ die Effekte der Komplementarität zwischen den am Co-Branding beteiligten Marken und der Beurteilung der Einzelmarken. An diesem Experiment nahmen 90 Studierende in drei Gruppen teil. Neben den abhängigen Variablen des ersten Laborexperiments (Globalbeurteilung, Beurteilung der Einzeleigenschaften, Wichtigkeit der Einzeleigenschaften) wurden auch Präferenzen sowie die Wahl zwischen dem Co-Brand und einer Vergleichsmarke erhoben.

(5) Grossmann (1997)

Grossman (1997) leitet auf der Basis der Klassischen Konditionierung Hypothesen über die Wirkung von Co-Advertising ab. Als Einflussfaktoren werden u.a. die Art des Assoziationen der Individualmarken, die Häufigkeit des Werbekontaktes, das Timing der Werbung, Art der Werbebotschaft und Anzahl der gleichzeitigen Werbekooperationen analysiert. Die Arbeit beschränkt sich inhaltlich nur auf die gemeinsame Werbung. Weiterhin fehlt eine empirische Überprüfung der abgeleiteten Hypothesen.

(6) Venkatesh/Mahajan (1997)

Der Ansatz von *Venkatesh/Mahajan (1997)* zählt nicht zu den verhaltenswissenschaftlich-empirischen, sondern zu den ökonomischen Ansätzen. Dies verdeutlicht die Zugrundelegung einer Zielfunktion mit dem Ziel der Gewinnmaximierung:

(a) $G = M \bullet P \bullet h - K \rightarrow max!$

(b) $h = P < R$

     mit G: Gewinn; M: Marktgröße; P: Preis; h: Anteil der Personen bei denen der Reservation-Preis über dem Preis liegt; R: Reservation-Preis; K: Gesamtkosten

Das Modell geht von einem monopolistischen Anbieter aus, der den Preis bestimmen und dadurch seinen Gewinn maximieren kann. Die Reaktion des Nachfragers auf die Preissetzung erfolgt durch verschiedene Verteilungsfunktionen über die Reservations-Preise der Nachfrager. Im empirischen Teil untersuchen die Autoren anhand eines Computers (COMPAQ oder No-Name) und eines Prozessors (INTEL oder No-Name) vier verschiedene Kombinationsmöglichkeiten[66], wobei die Kombination eines COMPAQ-Computers mit einem INTEL-Prozessor ein Co-Branding darstellt. Als Besonderheit ihres Modells propagieren die Autoren die Möglichkeit eines asymmetrischen Augmentierungseffektes zwischen den Marken. Dieser tritt z.b. dann auf, wenn die Kombination von INTEL und COMPAQ zu einem anderen Beitrag von INTEL zum (Zusatz-)gewinn des Co-Branding beiträgt als in dem Co-Brand INTEL und VOBIS.

Auf der Basis einer schriftlichen Befragung von 174 Studierenden über ihre Reservations-Preise für die vier verschiedenen Kombinationen sowie über die Einschätzung des jeweiligen Beitrags der Marken zum Gesamtwert des Angebots (Konstantsummenskala) konnten vier Verteilungsfunktionen geschätzt werden[67], die mit den beobachtbaren Werten eine hohe Übereinstimmung aufweisen. Auf der Basis dieser vier Zufallsvariablen lassen sich die optimalen Preise, die erwarteten Umsätze sowie bei Kenntnis der Kostenfunktion auch die Gewinne berechnen. Aus dem Vergleich der vier Gewinne lässt sich dann eine Entscheidung über das optimale Angebot ableiten. Die Kenntnis der optimalen Preise in den einzelnen Situationen bildet darüber hinaus die Basis für Konditionenverhandlungen zwischen den Partnern.

(7) Priemer (1997, 2000)

Priemer (1997, 2000) untersucht im Rahmen ihrer Dissertation über das Thema Bundling die Möglichkeiten von DAEWOO, durch Hinzufügen von Ausstattungsmerkmalen das Image zu verbessern. Die theoretische Basis bilden insbesondere die Prospect Theorie bzw. das Mental Accounting sowie die Informations-Integrations-Theorie. Als Ausstattungsmerkmal wird u.a. das Hinzubündeln eines PIONEER-CD-Radios untersucht. Diese Alternative stellt ein Co-Brand dar. Zur Analyse führt sie eine Adaptive Conjoint Analyse (ACA) und eine Imageanalyse mit 600 Befragungsteilnehmern durch. Die Befragung erfolgte in Spanien mit Hilfe eines Computers.

(8) Simonin/Ruth (1998)

Der Aufsatz von *Simonin/Ruth (1998)* „Is a Company Known by the Company It Keeps? Assessing the Spillover Effects of Brand Alliances on Consumer Brand Attitudes" deutet bereits im Untertitel die Hauptzielsetzung der Studie an. Zu diesem Zweck entwickeln die Autoren ein Modell, welches auf Theorien zum Bundling, der Informations-Integrations-Theorie, der Einstellungs-Verfügbarkeits-Theorie sowie Theorien zu Kontexteffekten basiert. Als moderierende Variablen modellieren *Simonin/ Ruth (1998)* zusätzlich in dem Modell die Markenvertrautheit.

Zur Analyse dieses Modells wurde eine Befragung von 350 Studierenden mit einem Längsschnitt-Design durchgeführt, da bei jedem Studierenden sowohl die Einstellungen vor als auch nach dem Co-Branding zu den einzelnen Marken erhoben wurden. Zwischen diesen beiden Erhebungen lag ein Zeitraum von ca. 45 Minuten. Als Stimuli dienen Markenallianzen zwischen vier Automarken (FORD, TOYOTA, HYUNDAI, VOLKS-

---

[66] Diese vier grundsätzlichen Kombinationsmöglichkeiten gleichen der Entscheidungsmatrix von **Rao/Rueckert** (1994) S. 91.

[67] Dabei wurde angenommen und durch die Berechnung von Korrelationen auch nachgewiesen, dass die vier Zufallsvariablen unabhängig voneinander sind. Als Schätzfunktion wurde mit der H-Verteilung ein spezieller Funktionstyp ausgewählt.

C. Explikative Mastertechniken 141

WAGEN) und vier Prozessormarken (MOTOROLA, FUJITSU, SAMSUNG, SIEMENS). Ein vollständiges Kausalmodell (LISREL) ermöglicht die Überprüfung der Hypothesen.

(9) Rao/Qu/Rueckert (1999)

Aufbauend auf ihren konzeptionellen Arbeiten[68] führten *Rao/Qu/Rueckert (1999)* zwei Laborexperimente durch. Die theoretische Basis bilden die Informationsökonomie, die Marken als wirkungsvolle Signale bei Qualitätsunsicherheit der Abnehmer interpretiert. Falls eine Marke alleine diese Signalfunktion nicht erfüllen kann (z.B. neue Marke, zugrundeliegendes Produkt weist Such- und Vertrauenseigenschaften auf), kann eine andere Marke im Rahmen eines Co-Branding diese Funktion übernehmen. Damit zielt der Ansatz von *Rao/Qu/Rueckert (1999)* nicht auf einen Transfer bestimmter Eigenschaften oder eine Verbindung zwischen Eigenschaften zur Schaffung eines guten Beurteilungsprofils für das Co-Brand ab, sondern auf die Erhöhung der Qualitätseinschätzung eines Co-Brands durch die Signalling-Funktion.

Zur empirischen Untersuchung führen die Autoren zunächst ein Experiment mit einem 2 (Glaubwürdigkeit des Signals) x 2 (Typ des Signals[69]) x 2 (Beobachtbarkeit der Produktqualität)-Design mit insgesamt 118 Konsumenten eines Einkaufscenters durch. Der Stimulus des Experiments waren die fiktive Marke CALYPSO TV, die beabsichtigt, entweder mit einer weiteren fiktiven Marke (ADVANTAGE) oder einer realen Marke einen neuen Fernseher auf dem Markt einzuführen, der sich insbesondere dadurch auszeichnet, dass er automatisch die Lautstärke in den Werbeunterbrechungen reduziert. Zwei verschiedene Consumer Reports variieren die Glaubwürdigkeit des Signals. Der Typ des Signals wirde durch die Hinzufügung der fiktiven Marke (ohne Reputation) oder durch die Hinzufügung der realen Marke (hohe Reputation) manipuliert. Die zwei Ausprägungen der Beobachtbarkeit werden dadurch erreicht, dass in der Situation hohe Beobachtbarkeit der Produktqualität den Konsumenten die Möglichkeit eingeräumt wird, das neue Fernsehgerät zu Hause 30 Tage zu testen. Die Messung der abhängigen Variablen (Produktqualität) erfolgt sowohl durch globale als auch durch spezifische Items.[70]

In einem zweiten Experiment wiederholen die Autoren die erste Studie, wobei ein 2 (Glaubwürdigkeit des Signals) x 2 (Beobachtbarkeit der Produktqualität)-Design zugrunde liegt. Insgesamt nahmen an dieser zweiten Studie 60 Konsumenten eines Einkaufscenters teil. Weiterhin wurden die Stimuli der ersten Studie leicht modifiziert.

(10) McCarthy/Norris (1999)

McCarthy/Norris (1999) analysieren den Einfluss einer Ingredient Marke als untergeordnete Marke auf die Beurteilung eines Co-Brands. Die theoretische Basis bilden allgemeine theoretische Arbeiten zum Einfluss der Marke auf die Produktbeurteilung. Weiterhin nehmen *McCarthy/Norris (1999)* an, dass die wahrgenommene Produkt-

---

[68] Vgl. **Rao/Ruekert** (1994); Rao (1997).

[69] Bei dem Typ des Signals unterscheiden Rao et al. zwischen dissipativen (Reputation) und nondissipativen (zukünftige Verkäufe) Signalen.

[70] Die globale Qualität wurde durch die Items Globalqualität, Haltbarkeit sowie Arbeitsqualität gemessen; die spezifischen Items umfassten die Soundqualität und die Bildklarheit.

qualität auf weitere abhängige Größen wie Produktbeurteilung, Geschmack, Preisbereitschaft und Kaufabsicht einen Einfluss ausübt. Zur empirischen Untersuchung führten die Autoren zwei Experimente durch, wobei jeweils ein 2 (Ingredient Brand) x 2 (Qualität der Hauptmarke) x 2 (Produktkategorien)-Design zugrunde lag. Bei den Produktkategorien handelt es sich um Erdnussbutter (hohe Qualität: JIF; mittlere Qualität: PETER PAN) und Saucen (hohe Qualität: CHI-CHI'S; mittlere Qualität: PACE). PLANTER'S (Erdnüsse) und DEL MONTE (Tomaten) stellen die entsprechenden Ingredient Brands dar. Als abhängige Variablen in der ersten Studie dienten die Produktqualität, das Vertrauen in die Produktqualität, die Produktbeurteilung, die Kaufabsicht sowie die Preisbereitschaften. Als zusätzliche abhängige Variable wird in der zweiten Studie noch die Geschmacksbeurteilung erhoben. An der ersten Studie nahmen 258, an der zweiten Studie 270 Studierende teil.

Interessant an den beiden Studien von *McCarthy/Norris (1999)* ist insbesondere der Wettbewerbsvergleich, der aufzeigt, dass eine Hauptmarke mit mittlerer Qualität in vielen relevanten Dimensionen durch ein Co-Branding mit einem qualitativ hochwertigen Ingredient Brand zu der führenden Marke in der Produktkategorie aufschließen kann. Hingegen erreicht die führende Hauptmarke durch diese Strategie keine Verbesserung. Allerdings kann sie versuchen, durch Verwendung der „besten" Ingredient Brands die Möglichkeiten der anderen Marken einzuschränken.

(11) Samu/Krishnan/Smith (1999)

Samu/Krihnan/Smith (1999) überprüfen den Einfluss von zwei verschiedenen Gestaltungsparametern der Werbekooperation auf verschiedene Markenwirkungen unter der Bedingung eines geringen Fits zwischen den Marken. Als Strategie unterscheiden sie zunächst zwischen einer bottom-up- oder einer top-down-Strategie. Bei einer bottom-up-Strategie wird in der Headline der Werbung auf eine gemeinsame Eigenschaft der Marken hingewiesen. Die top-down-Strategie dagegen verdeutlicht die Gemeinsamkeit der Leistungskategorien der beteiligten Marken. Die zweite Gestaltungsoption bildet die Unterscheidung zwischen differenzierter und undifferenzierter Werbung. Die undifferenzierte Werbung betont Gemeinsamkeiten der Markenallianz mit den anderen Marken der Leistungskategorie, hingegen zielt die differenzierte Strategie auf die werbliche Herausstellung der Unterschiede zu den übrigen Marken der Zielkategorie ab.

Als Wirkungsgrößen untersuchen *Samu/Krihnan/Smith (1999)* Markenbekanntheit, Markenverfügbarkeit, Markenassoziationen und Verfügbarkeit der Markenassoziationen sowie Markeneinstellungen gegenüber den Individualmarken.

Die theoretische Basis für die Ableitung der Hypothesen bilden Assoziative Netzwerke sowie Kategorisierungstheorien. Zur Überprüfung der Hypothesen wurde ein Laborexperiment auf der Basis einer Computerbefragung mit 182 Studierenden durchgeführt. Eine Checkliste für das Management fasst die Ergebnisse zusammen.

(12) Voss/Tansuhaj (1999)

Voss/Tansuhaj (1999) untersuchen den Einsatz des Co-Branding als eine Markteintrittsstrategie im Rahmen des internationalen Marketing. Dabei gehen sie davon aus, dass die Kombination einer unbekannten ausländischen Marke (fiktive Marke: PACIFIC CAMERA 100Q) mit einer starken inländischen Marke (FUJI bzw. KODAK) zu einer positiveren Qualitätsbeurteilung des Produktes führt. Weiterhin nehmen sie an, dass eine Markenallianz zu einer Verbesserung der Firmenmarke des ausländischen Unternehmens beiträgt. Die theoretische Basis ihrer Hypothesen stellt die Informationsökonomie dar, wobei die Autoren ihre Aussagen für Erfahrungsgüter formulieren. Zum Test der Hypothesen führten sie zwei Experimente mit Produktkonzepten durch. Das erste Experiment verwendet eine Stichprobe mit geringem Umfang und japanischen Vpn., hingegen liegt dem zweiten Experiment eine große Stichprobe mit amerikanischen Studierenden zugrunde. Insgesamt bestätigen die Ergebnisse die Hypothesen, womit aufgezeigt wurde, dass Co-Branding eine sinnvolle Strategie im internationalen Marketing darstellt.

(13) Washburn (1999); Washburn/Till/Prilluck (2000)

Washburn (1999) und *Washburn/Till/Prilluck (2000)* bestimmen empirisch den verhaltenswissenschaftlichen Markenwert des Co-Brands in Abhängigkeit von den Markenwerten der Individualmarken sowie den Erfahrungen mit dem Co-Brand. Theoretische Basis bilden die Informationsökonomie und assoziative Lerntheorien.

Zur Analyse wurde das Produkt Kartoffelchip mit Barbecue-Saucen-Geschmack sowie vier reale Marken verwendet, wobei aus den beiden Produktkategorien (Kartoffelchip und Barbecue-Sauce) jeweils eine Marke mit hohem und eine mit niedrigem Markenwert ausgewählt wurde. Zunächst beurteilten die Studierenden die beiden Einzelmarken sowie das Co-Brand. Anschließend probierten sie das Co-Brand und beurteilten dieses. Schließlich bewerteten die Vpn. noch einmal die beiden Individualmarken. Zwar waren nicht alle Ergebnisse signifikant, aber sie bestätigen zum einen, dass Co-Brands mit Individualmarken, die einen hohen Markenwert aufweisen, positiver bewertet werden und zum anderen, dass Erfahrungen mit dem Co-Brand zu einer positiven Einschätzung des Co-Brands beitragen. Neben der Co-Brand-Beurteilung werden auch die Spill-Over-Effekte erhoben. Die Ergebnisse bestätigen tendenziell, dass die Beurteilung von Marken mit hohem Markenwert relativ stabil ausfällt und daher nur gering durch ein Probieren des Co-Brands beeinflusst wird. Weiterhin zeigen die Ergebnisse, dass Marken mit geringem Markenwert durch eine positive Produkterfahrung mit dem Co-Brand positiv beeinflusst werden, wobei es unerheblich ist, ob es sich bei der Partnermarke um eine Marke mit hohem oder geringem Markenwert handelt.

(14) Vaidyanathan/Aggarwal (2000)

Vaidyanathan/Aggarwal (2000) erforschen die Möglichkeiten einer Handelsmarke diese durch Co-Branding mit einem national bekannten Ingredient-Brand aufzuwerten.[71] Dabei analysieren die Autoren sowohl die Beurteilung des Co-Brands als auch die Spill-Over-Effekte auf die nationale Marke. Die theoretische Basis zur Ableitung der Hypothesen bilden die Schemata-Integrations-Ansätze[72], Einstellungs-Verfügbarkeits-Theorien[73], Subtyping-Theorien sowie Attributionstheorien. Als Hypothesen leiten *Vaidyanathan/Aggarwal (2000)* aus diesen Theorien zum einen eine verbesserte Beur-

---

[71] Diese spezielle Anwendung diskutierten bereits McCarthy/Norris in ihrem Forschungsausblick, vgl. **McCarthy/Norris** (1999) S. 281.

[72] Vgl. zur ersten Anwendung auf das Co-Branding dieser Theorien **Park/Jun/Shocker** (1996).

[73] Vgl. zu ersten Anwendungen dieser Theorien auf das Co-Branding **Simonin/Ruth** (1998).

teilung (Einstellung, Qualität) eines Co-Brands zwischen einer Handelsmarke und einem nationalen Ingredient Brand und zum anderen die fehlende Existenz von Spill-Over-Effekten vom Co-Brand auf die Beurteilung (Einstellung, Qualität) des nationalen Ingredient Brands ab.

Zur Analyse dieser Hypothesen wurde ein Experiment mit 253 Personen (davon 186 Studierende) durchgeführt, wobei ein einfaktorielles Design (Handelsmarke mit bzw. ohne Ingredient Brand) Verwendung fand. Als Stimuli dienen eine Handelsmarke aus dem Produktbereich Ceralien (HEARTLAND RAISIN BRAN CEREAL) mit dem national bekannten und positiv beurteilten Ingredient Brand SUN MAID RAISINS.

(15) Janiszewski/Osselaer (2000)

Janiszewski/Osselaer (2000) vergleichen in verschiedenen Studien drei Lernmodelle (zwei assoziative und ein adaptives). Gemeinsam ist allen drei Modellen die Annahme der Additivität der beurteilten Stimuli bei der Bildung eines Gesamturteils. Danach führt das Hinzufügen einer positiv bewerteten Marke im Rahmen des Co-Branding zu einer Verbesserung der Beurteilungen. Abweichende Aussagen treffen die Modelle bei der Zuordnung von Erfahrungen bei gleichzeitigem Vorhandensein mehrerer Stimuli. Die assoziativen Lernmodelle gehen davon aus, dass ein Ergebnis (hier: positive Qualitätserfahrung) mit dem Stimulus (hier: Co-Brand) verbunden wird. Adaptive Lernmodelle dagegen unterstellen keinen deterministischen Zusammenhang, sondern eine Verknüpfung von Input und Output findet nur statt, wenn diese Verknüpfung im Vergleich zu weiteren Erklärungsmöglichkeiten eine höhere Prognosewahrscheinlichkeit aufweist.

In mehreren Experimenten überprüfen die Autoren den Aussagewert der drei Modelle, wobei sie in den ersten drei Studien nicht Co-Brands, sondern Markenhierarchien untersuchen. In der vierten und fünften Studie werden Co-Brands untersucht, wobei die Ergebnisse der Experimente überwiegend das adaptive Lernmodell stützen.

(16) Venkatesh/Mahajan/Muller (2000)

Venkatesh/Mahajan/Muller (2000) analysieren dynamische Effekte von Co-Brands am Beispiel von CDs, die von zwei bekannten Interpreten gemeinsam aufgenommen werden. Dieser spezielle Anwendungsfall führt zu der Konstellation, dass zum einen Co-Brand-Partner (hier: Künstler) und zum anderen Co-Brand-Initiatoren (hier: Plattenfirma) existieren. Eine weitere Besonderheit dieses Anwendungsfalles stellt die Gleichheit der Märkte der beiden Partnermarken dar. Zur Einordnung dieses Anwendungsfalles leiten *Venkatesh/Mahajan/Muller (2000)* zunächst eine Klassifikation von Co-Branding-Formen ab. Als Dimensionen finden die Zahl der Leistungen, die aus einer Allianz entstehen, und die Dauerhaftigkeit des Allianzproduktes Berücksichtigung. Der Fall der gemeinsamen CD zeichnet sich durch eine Dauerhaftigkeit der Leistung sowie eine Mehrzahl von Leistungen einer Allianz aus.

Zur Analyse der dynamischen Entwicklung des Co-Brands greifen die Autoren auf ein Diffusionsmodell zurück. Als dynamischer Effekt stehen insbesondere Wanderungen zwischen den Segmenten der beiden Künstler („shift of preference") sowie die Veränderung des Gesamtmarktes für die beiden Künstler im Vordergrund, d.h. die Studie analysiert Spill-Over-Effekte. *Venkatesh/Mahajan/Muller (2000)* leiten zunächst theoretische Optimalitätsbedingungen erfolgreicher Co-Brands ab. Anschließend schlagen die Autoren einen empirischen Ansatz zur Schätzung der Wanderungen zwischen den Künstlern vor. Dieser Ansatz wird mit 59 Studierenden anhand von drei Allianzen getestet (STEVIE NICKS & TOM PETTY; EDDIE VEDDER & NUSRAT FATEH ALI KHNA; JIMMY PAGE & ROBERT PLANT).

(17) Levin/Levin (2000)

Levin/Levin (2000) führen drei Experimente mit Dual Brands zwischen zwei Restaurants durch[74]. Ziel der Experimente war die Analyse von Spill-Over-Effekten. Die theoretische Basis stellen Assimilations- bzw. Kontrasteffekte dar. Ausgegangen wird dabei, dass sowohl Assimilations- als auch Kontrasteffekte auftreten, woraus sich ein Netto-Kontext-Effekt ergibt. Als Haupteinflussgrößen werden die Markenstärke sowie die Intensität der Verbindung durch die Markenstrategie untersucht. Angenommen wird, dass bei ungleicher Markenstärke der beteiligten Marken und einer intensiven Zusammenarbeit ein Assimilationseffekt auftritt. Diese Grundhypothese konnten *Levin/Levin (2000)* überwiegend bestätigen, d.h. dass sich das Dual Branding insbesondere für Co-Brands (intensive Zusammenarbeit) zwischen Restaurants mit unterschiedlicher Markenstärke eignet.

(18) Janiszewski/Kwee/Meyvis (2001)

Janiszewski/Kwee/Meyvis (2001) testen in drei Laborexperimenten zwei verschiedene Lernmodelle (assoziatives und adaptives Lernmodell) im Kontext von einem Ingredient Brand (NUOIL) mit verschiedenen realen Marken. Hauptaugenmerk liegt dabei auf der Fragestellung, ob es für ein unbekanntes Ingredient Brand sinnvoller ist, mit starken oder schwachen Marken zu kooperieren. Assoziative Lernmodelle führen zu der Empfehlung der Zusammenarbeit mit starken, adaptive Lernmodelle dagegen empfehlen Kooperationen mit schwächeren Marken. Im Gegensatz zu einem Großteil der anderen Studien basiert die Beurteilung des Ingredient Brand nicht auf einer Eindrucksbildung, sondern auf Produkterfahrungen (Geschmackstest). Insgesamt weisen alle drei Studien darauf hin, dass das adaptive Lernmodell besser den Prozess der Spill-Over-Effekte wiedergibt.

(18) Osselaer/Janiszewski (2001)

Osselaer/Janiszewski (2001) vertiefen die Diskussion über die Erklärungskraft assoziativer und adaptiver Lernmodelle der Studien von *Janiszewski/Osselaer (2000), Janiszewski/Kwee/ Meyvis (2001)* und *Osselaer/Alba (2000)* im Kontext von Ingredient Brands nach Erfahrungen oder Beschreibungen von Co-Brands. Die insgesamt vier Studien testen Details der beiden Modellklassen gegeneinander. Insgesamt zeigt sich, dass ein adaptives Lernmodell dann zutreffend den Prozess beschreibt, wenn der Fokus während des Lernvorgangs auf die entsprechende Assoziation (z.B. Schokoladengeschmack) gelegt wird. Weiterhin belegt die Studie, dass bei niedriger Motivation eher das assoziative Lernmodell dem Prozess zugrunde liegt. Zusätzlich zeigt sich, dass adaptive Lernmodelle auch die gleichzeitig Verknüpfung zu mehr als einer Assoziation erklären können.

---

[74] Vg. Kap. B.I.2.5.3.

(20) Hadjicharalambous (2001)

Hadjicharalambous (2001) analysiert in seiner Dissertation insbesondere den Fit zwischen dem Co-Brand und der Co-Brand-Leistung. Zu diesem Zweck entwickelt er auf Basis der Markentransferforschung, der Kategorisierungstheorien sowie den Konzeptverbindungs-Ansätzen ein Strukturmodell, das neben der Qualität der Einzelmarken den Gesamtfit zwischen dem Co-Brand und der Co-Brand-Leistung als beeinflussende Größen für die Co-Brand-Beurteilung modelliert. Der Markenfit sowie der Fit zwischen jeder Einzelmarke und der Co-Brand-Leistung beeinflussen wiederum den Globalfit zwischen Co-Brand und Co-Brand-Leistung. Zwei empirische Studien bestätigen für zwei verschiedene Produktgruppen das Modell mit Hilfe eines kausalanalytischen Ansatzes.

(21) Desai/Keller (2002)

Desai/Keller (2002) untersuchen insbesondere zwei Aspekte des Co-Branding. Zum einen vergleichen sie das Co-Branding in Form des Ingredient Branding mit einem selbst markierten Ingredient. Zum anderen analysieren sie die Auswirkungen dieser beiden Strategien auf das Transferpotential der Hauptmarke. Bei diesen Überlegungen unterscheiden sie zwischen sog. Slot-Filler-Expansions, bei denen das Ingredient Brand nur eine neue Ausprägung einer bestehenden Assoziation hinzufügt, und New Attribut-Expansions, bei denen das Ingredient Brand die Hauptmarke mit einer gänzlich neuen Assoziation ergänzt. Insgesamt zeigt die Studie die Überlegenheit eines Ingredient Brand im Vergleich zu einem selbst markierten Ingredient. Weiterhin belegt die Studie, dass bei nahen Markentransfers der Einsatz von selbst markierten Ingredient Brands erfolgversprechender ist. Hingegen weist nach dieser Studie bei weiten Markentransfers der Einsatz von Ingredient Brands eine höhere Effektivität auf.

1.2.2 Häufigkeitsanalyse

Aufbauend auf diesem narrativen Überblick analysiert die Häufigkeitsanalyse die explikativen Sekundärstudien. Abbildung C 4 fasst die theoretischen Fundierungen, die unterschiedlichen Leistungskategorien sowie die verschiedenen Designs synoptisch zusammen.

Schwerpunkte der theoretischen Fundierung bilden **Netzwerkansätze** (Assoziative Netzwerke, Kategorisierung, Konzeptverbindung), **Produktbeurteilung** (allgemeine Ansätze der Produktbeurteilung, Informationsintegration), **Ankertheorien** (Kontexteffekte, Prospect Theorie, Kontrast-Assimilations-Ansätze), **Informationsökonomie** sowie verschiedene **Lerntheorien**.

Bei den untersuchten Produktklassen stellen **FMCG (53 %)** und **Gebrauchsgüter (37 %)** die häufigsten Produktklassen dar. Ausnahmen bilden Dienstleistungen (5 %) und Medien (11 %). Bei der Auswahl der Marken finden überwiegend **reale Marken (95 %)** Berücksichtigung. Teilweise erfolgt eine Kombination von realen und fiktiven Marken, wobei die fiktiven Marken i.d.R. als Stimuli für schwache Marken herangezogen werden. Bei dem empirischen Design dominiert das klassische **Laborexperiment (74 %)**. Selten finden Kausalanalysen (11 %) oder Conjoint-Analysen (5 %) Berücksichtigung.

C. Explikative Mastertechniken 147

Studie	Theorien	Produkt	Marke	Design
Hillyer/Tikoo (1995)	Involvement	k.A.	Haupt- und Nebenmarke	keine empirische Studie.
Levin/Davis/ Levin (1996)	Kontrast/Assimilation	FMCG (Brownie)	Haupt- und Nebenmarke; reale und fiktive Marke	Laborexperiment, 70 Studierende, Auswahl aufs Geratewohl
Walchi (1996)	Kategorisierung und Kongruenz	Zeitschrift	reale Marken	Laborexperimente, Studie 1: 106 Studierende; Auswahl aufs Geratewohl, Studie 2: 80 Studierende; Auswahl aufs Geratewohl
Park/Jun/ Shocker (1996)	Konzept-Verbindung	FMCG (Kuchenmischung)	Haupt- und Nebenmarke; reale Marken	Laborexperimente, Studie 1: 235 Studierende; Auswahl aufs Geratewohl, Studie 2: 90 Studierende; Auswahl aufs Geratewohl
Grossman (1997)	Klassische Konditionierung	k.A.	k.A.	keine empirische Studie
Venkatesh/ Mahajan (1997)	ohne theoretische Fundierung	Gebrauchsgut (Computer, Prozessoren)	Haupt- und Nebenmarke; reale Marke	schriftliche Befragung, 174 Studierende; Auswahl aufs Geratewohl
Priemer (1997, 2000)	Prospect-Theorie; Informationsintegrationstheorien	Gebrauchsgut (Auto + Sonderausstattung)	reale Marke	computergestützte Befragung, 600 spanische Konsumenten; Auswahl aufs Geratewohl Imageanalyse, Conjoint-Analyse
Simonin/Ruth (1998)	Bundling, Informationsintegrationstheorie, Einstellungs-Verfügbarkeit, Ankertheorien	Gebrauchsgut (Pkws, Prozessoren)	Haupt- und Nebenmarke; reale Marken	schriftliche Befragung, Kausalanalyse; Stichprobe: 350 Studierende und Mitarbeiter einer Universität; Auswahl aufs Geratewohl
Rao/Qu/Rueckert (1999)	Informationsökonomie	Gebrauchsgut (TV-Geräte)	Haupt- und Nebenmarke; reale und fiktive Marken	Laborexperimente, Studie 1: 118 Konsumenten eines Einkaufszentrums; Auswahl aufs Geratewohl, 2. Studie: Stichprobe: 60 Konsumenten eines Einkaufscenters; Auswahl aufs Geratewohl
McCarthy/Norris (1999)	Produktbeurteilung	FMCG (Erdnussbutter, Saucen)	Haupt- und Nebenmarke; reale Marken	Laborexperimente, Studie 1: 238 Studierende; Auswahl aufs Geratewohl; Studie 2: 270 Studierende; Auswahl aufs Geratewohl
Samu/Krishnan/ Smith (1999)	Assoziative Netzwerke, Kategorisierung	Gebrauchsgüter (Jeans, Gürtel, Uhren)	reale und fiktive Marken	Laborexperiment, 182 Studierende; Auswahl aufs Geratewohl
Voss/Tansuhaj (1999)	Informationsökonomie	Gebrauchsgüter (Fotokamera)	reale und fiktive Marken	Laborexperiment, 1. Studie: 60 japanische Studierende; 2. Studie: 259 amerikanische Studierende; Auswahl aufs Geratewohl

Studie	Theorien	Produkt	Marke	Design
Washburn (1999)/ Washburn/Till/ Prilluck (2000)	Informations-ökonomie, assoziative Lernmodelle	FMCG (Kartoffelchips mit Barbecue-Geschmack)	reale Marken	Laborexperiment 635 Studierende; Auswahl aufs Geratewohl
Vaidyanathan/ Aggarwal (2000)	Konzept-Verbindung, Einstellungs-Verfügbarkeit, Schema-Veränderung, Attribution	FMCG (Cerealien, Rosinen)	Haupt- und Nebenmarke; reale Marke	Laborexperiment, 253 Personen, überwiegend Studierende; Auswahl aufs Geratewohl
Janiszewski/ Osselaer (2000)	3 Lernmodelle	FMCG (Brownies, kalorienreduzierte Brownies, Muffins und Croissants)	reale Marken	Laborexperiment 4: Geschmacksexperiment; 45 Studierende; Auswahl aufs Geratewohl, Laborexperiment 5: 48 Studierende, Auswahl aufs Geratewohl
Venkatesh/ Mahajan/Muller (2000)	geringer Theoriebezug; Diffusionstheorie	Künstler (CDs)	reale Marken	Befragung, 59 Studierende; Auswahl aufs Geratewohl
Levin/Levin (2000)	Kontrast/Assimilation	Restaurants	fiktive Marken	Laborexperiment 1: 80 Studierende, Laborexperiment 2: 48 Studierende, Laborexperiment: 58 Studierende; Auswahl jeweils aufs Geratewohl
Janiszewski/Kwee/ Meyvis (2001)	2 Lernmodelle	FMCG	fiktive und reale Marken	Laborexperiment 1: 53 Personen; Laborexperiment 2: 54 Personen; Laborexperiment 3: 66 Personen; keine weiteren Angaben zu den Vpn.
Osselaer/ Janiszewski (2001)	2 Lernmodelle	FMCG (Gebäck)	reale Marken	Laborexperiment 1: 59 Studierende; Laborexperiment 2: 85 Studierende; Laborexperiment 3: 135 Studierende; Laborexperiment 4: 40 Studierende; Auswahl jeweils aufs Geratewohl
Hadjicharalambous (2001)	Kategorisierung, Konzeptverbindung	Gebrauchsgüter, FMCG	reale Marken	schriftliche Befragung; Kausalanalysen, 1. Studie: 116 Studierende; 2. Studie: 188 Studierende
Desai/Keller (2002)	Schema-Veränderung	FMCG	reale Marken	Laborexperiment: 262 Studierende; Auswahl aufs Geratewohl

Abb. C 4: Synopse der empirisch-verhaltenswissenschaftlichen Studien

Abbildung C 5 enthält für die empirischen Studien die einzelnen Hypothesen[75] sowie die Ergebnisse. Dabei wird ein Befund als bestätigt bezeichnet, wenn die Hypothese in erwarteter Richtung mindestens auf einem Niveau von $p < 0.1$ bestätigt wurde. Als

---

[75] Dabei finden nur die Hypothesen mit Co-Brand-Bezug Berücksichtigung. Die Numerierung der Hypothesen stimmt daher nicht immer mit der Numerierung der Originalstudie überein.

teilweise bestätigt wird das Ergebnis bezeichnet, wenn diese Bedingung nur für einige der untersuchten Fälle gilt.

Studie	Hypothesen
Walchi (1996)	H_1: Beurteilung des Co-Brands variiert mit dem Markenfit zwischen den Markenpartnern. *Befund: nicht bestätigt* H_2: Co-Brands werden positiver beurteilt als Markentransfers. *Befund: bestätigt* H_3: Zwischen der Anzahl von Gedanken, dem Anteil negativer Gedanken und der Anzahl von Markennennungen und dem Fit zwischen den Markenpartnern bei Co-Brands besteht ein umgekehrt u-förmiger Verlauf, falls der Markenfit die Beurteilung des Co-Brands dominiert. *Befund: nicht bestätigt* H_4: Bei intensiver Elaboration besteht zwischen Co-Brand-Beurteilung und Fit ein umgekehrt u-förmiger Zusammenhang. *Befund: bestätigt* H_5: Bei oberflächlicher Elaboration besteht zwischen Co-Brand-Beurteilung und Fit ein linearer Zusammenhang. *Befund: teilw. bestätigt* H_6: Ein Co-Brand mit einem hohen Fit wird bei einer oberflächlichen Elaboration im Vergleich zu einer intensiven Elaboration positiver beurteilt. *Befund: teilw. bestätigt* H_7: Ein Co-Brand mit einem mittleren Fit der Partnermarken wird bei einer intensiven Elaboration im Vergleich zu einer oberflächlichen Elaboration positiver beurteilt. *Befund: teilw. bestätigt* H_8: Die intensive Elaboration des Co-Brands zeichnet sich durch eine höhere Anzahl von Gedanken, einen höheren Anteil an positiven Gedanken, häufigere und korrektere Erinnerung und eine häufigere Erwähnung der Verbindung aus. *Befund: teilw. bestätigt* H_9: Die intensive Elaboration des Co-Brands führt zu einer geringen kognitiven Anstrengung im Fall des geringen Fits im Vergleich zu den anderen Fit-Niveaus. *Befund: teilw. bestätigt* H_{10}: Die intensive Elaboration des Co-Brands führt zu einer starken kognitiven Anstrengung im Fall des mittleren Fits im Vergleich zu den anderen Fit-Niveaus. *Befund: nicht bestätigt* H_{11}: Die oberflächliche Elaboration des Co-Brands führt zu einer geringen kognitiven Anstrengung im Fall des mittleren Fits im Vergleich zu den anderen Fit-Niveaus. *Befund: teilw. bestätigt*

Studie	Hypothesen
Park/Jun/ Shocker (1996)	H_1: Falls eine Eigenschaft für eine der Partnermarken besonders wichtig ist, ist diese Eigenschaft auch für das Co-Brand besonders wichtig. *Befund: bestätigt* H_2: Falls eine der Marken bei einer wichtigen Eigenschaft besonders positiv beurteilt wird, wird das Co-Brand bei dieser Eigenschaft auch positiv beurteilt. *Befund: bestätigt* H_3: Eine wichtige und/oder positiv beurteilte Eigenschaft einer Partnermarke ist für die Beurteilung von größerer Bedeutung, wenn diese Partnermarke die Hauptmarke des Co-Brands darstellt. *Befund: bestätigt* H_4: Falls die Ergänzungsmarke in Bezug auf die Wichtigkeit und Beurteilung von Eigenschaften eine hohe Komplementarität zu der Hauptmarke aufweist, wird das Co-Brand im Vergleich zu einem Markentransfer positiver beurteilt. *Befund: teilw. bestätigt* H_5: Falls die Ergänzungsmarke in Bezug auf die Wichtigkeit und Beurteilung von Eigenschaften eine hohe Komplementarität zu der Hauptmarke aufweist, weist die Hauptmarke des Co-Brands positivere Spill-Over-Effekte als a) bei einem Markentransfer und b) als die Ergänzungsmarke auf. *Befund: teilw. bestätigt* H_6 (keine explizite Hypothesenformulierung): Für die Beurteilung und Wahl des Co-Brands ist die Komplementarität im Vergleich zu einer positiven Beurteilung der Ergänzungsmarke wichtiger. *Befund: bestätigt* H_7 (keine explizite Hypothesenformulierung): Spill-Over-Effekte für die Hauptmarke sind stärker abhängig von der Komplementarität als von der positiven Beurteilung der Ergänzungsmarke. *Befund: tendenziell bestätigt*
Priemer (1997, 2000)	H_1: Die Bewertung eines Bündels[76] aus zwei Gütern liegt auf allen Imagedimensionen zwischen den Beurteilungen der Einzelgüter. *Befund: bestätigt* H_2: Durch das Hinzubündeln unterschiedlicher Nebengüter zu demselben Hauptgut können Bündel mit jeweils unterschiedlichem Image entstehen. *Befund: bestätigt* H_3: Bei Personen, die ein Gut kennen, ist der Image-Veränderungseffekt durch Hinzubündeln eines Nebengutes schwächer als bei Personen, die das Gut nicht kennen. *Befund: nicht bestätigt*

---

[76] Priemer ordnet das Co-Branding dem Bundling als eine spezielle Form unter, vgl. **Priemer** (2000) S. 60 f.

C. Explikative Mastertechniken 151

Studie	Hypothesen
Simonin./ Ruth (1998)	H_1: Einstellungen gegenüber dem Co-Brand weisen einen positiven Zusammenhang zu den Einstellungen gegenüber den Einzelmarken nach dem Co-Branding auf. *Befund: bestätigt* H_2: Pre-Einstellungen zu den Einzelmarken weisen einen positiven Zusammenhang zu den Post-Einstellungen auf. *Befund: bestätigt* H_3: Pre-Einstellungen zu den Einzelmarken weisen einen positiven Zusammenhang zu der Co-Brand-Einstellung auf. *Befund: bestätigt* H_4: Produktfit weist einen positiven Zusammenhang zur Co-Brand-Einstellung auf. *Befund: bestätigt* H_5: Markenfit weist einen positiven Zusammenhang zur Co-Brand-Einstellung auf. Befund: bestätigt H_6: Bei geringerer (höherer) Markenvertrautheit ist der Einfluss des Co-Brands auf die Post-Einstellung höher (geringer). *Befund: nicht bestätigt* H_7: Bei geringerer (höherer) Markenvertrautheit ist der Einfluss der Pre- auf die Post-Einstellung geringer (höher). *Befund: bestätigt* H_8: Bei geringerer (höherer) Markenvertrautheit ist der Einfluss der Pre-Einstellung auf die Co-Brand-Einstellung geringer (höher). *Befund: bestätigt* H_9: Bei geringerer (höherer) Markenvertrautheit ist der Einfluss des Markenfits auf die Co-Brand-Einstellung geringer (höher). *Befund: bestätigt* H_{10}: Falls eine Marke eine geringere Markenvertrautheit als die andere Partnermarke aufweist, trägt sie schwächer zu der Co-Brand-Einstellung bei. *Befund: bestätigt* H_{11}: Falls eine Marke eine geringere Markenvertrautheit als die andere Partnermarke aufweist, erhält sie geringere Spill-Over-Effekte. *Befund: bestätigt* H_{12}: Marken mit hoher Markenvertrautheit tragen gleich stark zu der Co-Brand-Einstellung bei. *Befund: bestätigt* H_{13}: Marken mit hoher Markenvertrautheit erhalten gleiche Spill-Over-Effekte. *Befund: bestätigt*

Studie	Hypothesen
Rao/Qu/ Rueckert (1999)	H_1: Falls die Beobachtbarkeit der Produktqualität gering ist, führt ein zukünftiges, durch Abnehmer verletzbares Signal (hohe Glaubwürdigkeit) durch ein Co-Brand im Vergleich zu einem nicht verletzbaren Signal zu einer positiveren Beurteilung der Globalqualität. *Befund: bestätigt* H_2: Falls die Beobachtbarkeit der Produktqualität hoch ist, tritt kein Unterschied zwischen einem zukünftigen, durch Abnehmer verletzbaren Signal durch ein Co-Brand und einem nicht verletzbaren Signal bei der Beurteilung der Globalqualität auf. *Befund: bestätigt* H_3: Falls die Beobachtbarkeit der Produktqualität gering ist, führt ein vergangenheitsorientiertes (z.B. Reputation), durch Abnehmer verletzbares Signal (hohe Glaubwürdigkeit) durch ein Co-Brand im Vergleich zu einem nicht verletzbaren Signal zu einer positiveren Beurteilung der Globalqualität. *Befund: bestätigt* H_4: Falls die Beobachtbarkeit der Produktqualität hoch ist, tritt kein Unterschied zwischen einem vergangenheitsorientierten, durch Abnehmer verletzbaren Signal durch ein Co-Brand und einem nicht verletzbaren Signal bei der Beurteilung der Globalqualität auf. *Befund: bestätigt*
McCarthy/ Norris (1999)	H_1: Die Kooperation mit einer anderen Marke führt bei einer Individualmarke mit mittlerer Qualität im Vergleich zu einer Marke mit hoher Qualität zu: a) positiverer Beurteilung der Qualität, b) größerem Vertrauen in die Qualitätsbeurteilung, c) positiverer Produktbeurteilung, d) positiverer Geschmacksbeurteilung, e) höherer Kaufabsicht, f) höheren Reservationspreisen. *Befund: a) bestätigt, b) nicht bestätigt c) bestätigt; d) teilw. bestätigt e) nicht bestätigt f) teilw. bestätigt* H_2: Die positiven Co-Brand-Effekte werden durch die Qualitätseinschätzung des Co-Brands beeinflusst. *Befund: bestätigt*

C. Explikative Mastertechniken 153

Studie	Hypothesen
Samu/ Krishnan/ Smith (1999)	H_1: Falls der Produktfit zwischen den Markenpartnern gering ist, besteht zwischen top-down und bottom-up-Werbestrategie bei der Markenbekanntheit (brand awareness) kein Unterschied. Bei hohem Produktfit ist die Markenbekanntheit bei einer top-down- im Vergleich zu einer bottom-up-Strategie höher. *Befund: bestätigt* H_2: Falls der Produktfit zwischen den Markenpartnern gering ist, besteht zwischen top-down- und bottom-up-Werbestrategie bei der Stärke der Markenassoziation (brand belief) kein Unterschied. Bei hohem Produktfit ist die Stärke einer Markenassoziation bei einer bottom-up- im Vergleich zu einer top-down-Strategie höher. *Befund: bestätigt* H_3: Falls der Produktfit gering ist, führt eine bottom-up- im Vergleich zu einer top-down-Strategie zu a) schnellere Verfügbarkeit der Marke und b) schnellere Verfügbarkeit einer Markenassoziation. Falls der Produktfit hoch ist, besteht bei der Schnelligkeit der Verfügbarkeit der Marke und einer Markenassoziation kein Unterschied zwischen bottom-up- und top-down-Strategie. *Befund: bestätigt* H_4: Falls der Produktfit gering ist, führt eine top-down- im Vergleich zu einer bottom-up-Strategie zu a) einer positiveren Einstellung gegenüber der neuen Marke, b) einer positiveren Einstellung gegenüber der etablierten Marke *Befund: a) nicht bestätigt; b) bestätigt* Falls ein hoher Produktfit vorliegt, existiert zwischen der bottom-up- und der top-down-Strategie kein Unterschied bei den Einstellungen gegenüber den Individualmarken. H_5: Falls ein geringer Produktfit vorliegt, führt eine differenzierte im Vergleich zu einer undifferenzierten Werbestrategie zu a) einer höheren Markenbekanntheit und b) einer stärkeren Markenassoziation. *Befund: teilw. bestätigt* Falls ein hoher Produktfit vorliegt, führt eine differenzierte im Vergleich zu einer undifferenzierten Werbestrategie zu a) einer höheren Markenbekanntheit, b) einer stärkeren Markenassoziation. *Befund: bestätigt* H_6: Falls ein geringer Produktfit vorliegt, existiert zwischen differenzierter und undifferenzierter Werbestrategie in Bezug auf die Einstellungen gegenüber den Individualmarken kein Unterschied. Falls ein hoher Produktfit vorliegt, führt eine differenzierte im Vergleich zu einer undifferenzierten Werbestrategie zu a) einer positiveren Einstellung gegenüber der neuen Marke und b) einer positiveren Einstellung gegenüber der etablierten Marke. *Befund: bestätigt*
Voss/ Tansuhaj (1999)	H_1: Die wahrgenommene Qualität für ein Erfahrungsgut fällt positiver aus, wenn eine unbekannte ausländische Marke mit einer bekannten inländischen Marke ein Co-Branding durchführt im Vergleich zu einer isolierten Strategie. *Befund: bestätigt* H_2: Einstellungen gegenüber der ausländischen Firma werden positiv durch das Eingehen einer Co-Brand-Allianz mit einer bekannten inländischen Marke beeinflusst. *Befund: teilw. bestätigt*

Studie	Hypothesen
Washburn (1999)/ Washburn/ Till/Prilluck (2000)	H_1: Der Markenwert des Co-Brands ohne Probe (eigene Erfahrung) steigt mit steigendem Markenwert der Partnermarken (höchster Wert: beide Marken mit hohem Markenwert, mittlerer Wert: eine Marke mit hohem und eine mit geringem Markenwert; niedrigster Wert: beide Marken mit geringem Markenwert). *Befund: teilw. bestätigt* H_2: Die Beurteilung von Such-, Erfahrungs- und Vertrauenseigenschaften des Co-Brands hängt von den Partnermarken ab. *Befund: teilw. bestätigt (Sucheigenschaften)* H_3: Der Markenwert für ein Co-Brand von zwei Marken mit hohem Markenwert bleibt nach einer positiven Probe stabil. *Befund: bestätigt* H_4: Positive Erfahrungen mit dem Co-Brand beeinflussen die Beurteilung der Erfahrungseigenschaften, nicht aber die Beurteilung der Such- und Vertrauenseigenschaften. *Befund: teilw. bestätigt* H_5: Der Markenwert für ein Co-Brand von einer Marke mit hohem und einer Marke mit geringem Markenwert erhöht sich durch eine positive Beurteilung der Probe. *Befund: bestätigt* H_6: Der Markenwert für ein Co-Brand von zwei Marken mit geringem Markenwert erhöht sich durch eine positive Beurteilung der Probe. *Befund: bestätigt* H_7: Bei Marken mit einem hohen Markenwert verändert das Co-Brand mit einer starken Partnermarke und einer positiv beurteilten Produktprobe den Markenwert der Individualmarken nicht. *Befund: teilw. bestätigt* H_8: Bei Marken mit einem hohen Markenwert verändert das Co-Brand mit einer schwachen Partnermarke und einer positiv beurteilten Produktprobe den Markenwert der starken Marke nicht. *Befund: bestätigt* H_9: Bei Marken mit einem geringen Markenwert erhöht das Co-Brand mit einer starken Partnermarke und einer positiv beurteilten Produktprobe den Markenwert der schwachen Marke. *Befund: bestätigt* H_{10}: Bei Marken mit einem geringen Markenwert verändert das Co-Brand mit einer schwachen Partnermarke und einer positiv beurteilten Produktprobe den Markenwert der Individualmarke nicht. *Befund: nicht bestätigt (Markenwert erhöht sich)*
Vaidyanathan/ Aggarwal (2000)	H_1: Die Einstellung gegenüber einer unbekannten Handelsmarke mit einem national bekannten Ingredient Brand fällt im Vergleich zu der Handelsmarke mit einem unmarkierten Ingredient Brand positiver aus. *Befund: bestätigt* H_2: Die Qualitätseinschätzung einer unbekannten Handelsmarke mit einem national bekannten Ingredient Brand wird positiver beurteilt als die Handelsmarke mit einem unmarkierten Ingredient. *Befund: bestätigt* H_3: Die Einstellung gegenüber der national bekannten Marke wird durch ein Co-Brand mit einer unbekannten Handelsmarke nicht verschlechtert. *Befund: bestätigt* H_4: Die Qualitätseinschätzung einer bekannten Marke wird durch ein Co-Brand mit einer unbekannten Handelsmarke nicht verschlechtert. *Befund: bestätigt*

Studie	Hypothesen
Venkatesh/Mahajan/ Muller (2000)	H_1: Co-Brand zwischen A und B ist am profitabelsten, wenn von Marke A zu Marke B genauso viele Käufer wechseln wie von Marke B zu Marke A. *Befund: mathematischer Beweis* H_2: Co-Brand zwischen A und B ist am profitabelsten, wenn die Stärke der Mund-zu-Mund-Werbung der Marke A gleich hoch ist wie die Mund-zu-Mund-Werbung der Marke B. *Befund: mathematischer Beweis* H_3: Falls keine Präferenzwanderungen zwischen den Marken auftreten, ist das Co-Brand genauso profitabel wie die isolierte Führung der beiden Marken. *Befund: mathematischer Beweis*
Janiszewski/Osselaer (2000)	H_1 (keine explizite Hypothesenformulierung): Die Erwartungen über die Qualität eines Co-Brands von zwei positiv bewerteten Marken ist im Vergleich zu einer Einzelmarke höher. *Befund: bestätigt* H_2 (keine explizite Hypothesenformulierung): Positive Erfahrungen mit dem Co-Brand führen zu einer positiveren Beurteilung des Ingredient, falls das Ingredient prognostische Kraft für die Qualitätseinschätzung besitzt. *Befund: bestätigt*
Levin/ Levin (2000)	H_1: Der Assimilationseffekt der Beurteilung von zwei Marken ist stärker ausgeprägt, wenn eine Marke im Vergleich zu der anderen weniger genau beschrieben wird. *Befund: bestätigt* H_2: Der Assimilationseffekt der Beurteilung von zwei Marken ist stärker ausgeprägt, falls eine intensive Verbindung der Marken stattfindet. *Befund: teilw. bestätigt* H_3: Der Assimilationseffekt der Beurteilung von zwei Marken ist am stärksten ausgeprägt, wenn die Marken unterschiedlich genau beschrieben sind und die Verbindung der Marken intensiv ist. *Befund: teilw. bestätigt* H_4: Die auf eine Marke übertragenen Beurteilungen einzelner Eigenschaften sind höher bei einer positiven im Vergleich zu einer negativen Kontextmarke, insbesondere wenn eine intensive Verbindung zwischen den beiden Marken vorliegt. *Befund: bestätigt* H_5: Die Beurteilung der Ähnlichkeit der Qualitäten der beiden beteiligten Marken ist höher, falls eine intensive Verbindung zwischen den Marken vorliegt. *Befund: bestätigt* H_6: Der Assimilationseffekt der Beurteilung von zwei Marken steigt mit der Zunahme der Intensität der Zusammenarbeit. *Befund: bestätigt*
Janiszewski/ Kwee/ Meyvis (2001)	H_1: Die direkten Assoziationen zu einem Benefit eines Ingredient Brands werden durch die Kooperation mit einer Marke, die eine starke Assoziation zu diesem Benefit aufweist, gestärkt. Die Assoziation wird mit jeder Konsumerfahrung verstärkt. *Befund: nicht bestätigt* H_2: Die indirekten Assoziationen zu einem Benefit eines Ingredient Brands werden durch die Kooperation mit einer Marke, die eine starke Assoziation zu diesem Benefit aufweist, gestärkt. Die Assoziation wird mit jeder Konsumerfahrung verstärkt. *Befund: nicht bestätigt* H_3: Die direkten Assoziationen zu einem Benefit eines Ingredient Brands werden stärker bei einer Kooperation mit einer Marke, die schwache Assoziationen zu diesem Benefit aufweist. *Befund: bestätigt*

Studie	Hypothesen
Osselaer/ Janiszewski (2001)	keine expliziten Hypothesen, sondern Vergleich jeweils des adaptiven mit dem assoziativen Lernmodell
Hadjicharalambous (2001)	H_1: Je höher der Fit zwischen dem Co-Brand und der Co-Brand-Leistung ausfällt, desto positiver ist die Beurteilung des Co-Brands. *Befund: bestätigt* H_2: Je höher der Fit zwischen der Individualmarke und der Co-Brand-Leistung ist, desto höher fällt der Fit zwischen dem Co-Brand und der Co-Brand-Leistung aus. *Befund: bestätigt* H_3: Je höher der Fit zwischen den beiden Individualmarken ist, desto höher fällt der Fit zwischen dem Co-Brand und der Co-Brand-Leistung aus. *Befund: bestätigt* H_4: Je höher die wahrgenommene Qualität der Individualmarken ist, desto positiver wird das Co-Brand beurteilt. *Befund: teilw. bestätigt* H_5: Der Fit zwischen der Individualmarke und der Co-Brand-Leistung weist keinen direkten Effekt auf die Co-Brand-Beurteilung aus. *Befund: teilw. bestätigt* H_6: Der Fit zwischen den beiden Individualmarken übt keinen direkten Effekt auf die Co-Brand-Beurteilung aus. *Befund: teilw. bestätigt*
Desai/ Keller (2002)	H_1: Die Beurteilung einer Ausdehnung einer bestehenden Marke mit einem Ingredient Brand ist positiver als die Beurteilung der Ausdehnung mit einem selbst markierten Ingredient. *Befund: bestätigt* H_2: Die positivere Beurteilung der Ausdehnung mit Hilfe des Ingredient Brands im Vergleich zu der Ausdehnung mit Hilfe des selbst markierten Ingredients fällt höher bei einer New Attribute-Expansion als bei einer Slot-Filler-Expansion aus. *Befund: nicht bestätigt* H_3: Die Beurteilung von New-Attribute-Markentransfers ist positiver bei einem vorhergehenden Ingredient Branding im Vergleich zu einem selbst markierten Ingredient Brand. Dagegen fällt die Beurteilung von Slot-Filler-Markentransfers positiver bei einem vorangehenden selbst markierten Ingredient Brand aus. *Befund: bestätigt*

Abb. C 5: Wirkungshypothesen der Sekundärstudien

Insgesamt decken die explikativen Studien ein breites Spektrum verschiedener Einflussfaktoren und Wirkungen des Co-Brand-Strukturmodells ab (vgl. Abbildung C 6). Bei Betrachtung der insgesamt 21 Studien im Zeitablauf zeigt sich eine Verlagerung der inhaltlichen Schwerpunkte. Während bei den frühen Arbeiten mit Ausnahme von *Simonin/Ruth (1998)* immer die Beurteilung des Co-Brands im Mittelpunkt stand, untersuchen neuere Arbeiten intensiver die Spill-Over-Effekte. Weiterhin belegt die Zeitraumbetrachtung, dass neuere Arbeiten dem Fit der Marken keine Beachtung schenken. Vielmehr liegt ein Schwerpunkt dieser Arbeiten auf dem Verhältnis der Markenstärken der beteiligten Marken, wobei teilweise fraglich ist, ob die Studien überhaupt Co-Brands untersuchen, da häufig eine sehr schwache Marke bzw. eine Markierung (fiktive Marke, Handelsmarke) mit einer starken Marke kombiniert wird.

C. Explikative Mastertechniken

Studie	Markeneigenschaften isolierte Marke	Fit	Co-Brand-Leistung	Gestaltung des Co-Brands	Personenmerkmale	Co-Brand-Wirkungen	Spill-Over-Effekte
Hillyer/Tikoo (1995)					IN	VF	
Levin/Davis/Levin (1996)	MS					VF, VN	
Walchi (1996)		IF			IN	VF, VN	
Park/Jun/Shocker (1996)	MS	IF, PF		Anordnung		VF, VN	VF
Grossman (1997)	MA	PF, IF		W			
Venkatesh/Mahajan (1997)						VN	
Priemer (1997, 2000)				P		VF, VN	
Simonin/Ruth (1998)	MS	IF, PF			WI	VF	VF
Rao/Qu/Rueckert (1999)	MS		A			VF	
McCarthy/Norris (1999)	MS					VF, VN	
Samu/Krishnan/Smith (1999)		PF		W		VF	VF
Voss/Tansuhaj (1999)	MS					VF	VF
Washburn (1999)/ Washburn/Till/ Prilluck (2000)	MS					VF	VF
Vaidyanathan/ Aggarwal (2000)	MS					VF	VF
Janiszewski/ Osselaer (2000)	MS		Erfahrung/Qualität			VF	
Venkatesh/Mahajan/ Muller (2000)	MS					VF, VN	
Levin/Levin (2000)	MS			Intensität der Zusammenarbeit			VF
Janiszewski/Kwee/ Meyvis (2001)	MS		Erfahrung/Qualität				VF
Osselaer/Janiszewski (2001)			Erfahrung/Qualität		(IN)		VF
Hadjicharalambous (2001)	MS	IF, PF				VF	
Desai/Keller (2002)	MA					VF	VF

A: Art der Leistung E: Entfernung IF: Imagefit IN: Involvement
MS: Markenstärke[77] P: Preis PF: Produktfit VF: verhaltensfern
VN: verhaltensnah W: Werbung WI: Wissen

Abb. C 6: Synopse der Einflussfaktoren und Wirkungen der Sekundärstudien

---

[77] Die **Markenstärke** stellt einen Sammelbegriff für alle Beurteilungen der Marke (z.B. Einstellung, Qualität, **Image**) dar.

Die Studien werfen insgesamt eine Reihe von offenen Fragen auf. Zunächst weisen die Arbeiten methodische Schwächen wie eine geringe externe Validität aufgrund der geringen Stichprobenumfänge, der überwiegenden Berücksichtigung von Studierenden (89 %)[78] und der Auswahlverfahren aufs Geratewohl (100 %) auf. Weiterhin handelt es sich bei dem überwiegenden Teil um Studien, welche die Erwartungen gegenüber dem Co-Brand und nicht die Co-Brand-Beurteilung messen, da sie i.d.R. ohne das Produkt auszuprobieren und ohne weitere Informationen (z.B. Werbung) nur auf Basis der beteiligten Marken das Co-Brand einschätzen. Schließlich ist die Übertragbarkeit der überwiegend amerikanischen Studien auf deutsche oder europäische Verhältnisse fraglich.

Neben methodischen Problemen lässt sich eine Reihe von inhaltlichen Lücken identifizieren. Zwar berücksichtigen einige Studien den Produkt- und/oder den Markenfit (29 %), allerdings fehlt eine detaillierte Analyse, die Aufschluss über die Fitgründe sowie über Interaktionseffekte zwischen Fit und Markenstärke liefern. Weiterhin sind Personenvariable wie Involvement und Markenvertrautheit nur am Rande (19 %) untersucht worden. Auch finden wichtige Produktkategorien, wie z.B. Dienstleistungen, kaum Berücksichtigung. Ferner fehlt eine tiefergehende Analyse von Spill-over-Effekten bei negativen Beurteilungen des Co-Brands oder bei Krisen einer Marke. Multi-Co-Brands bleiben insgesamt unberücksichtigt. Zusätzlich fehlen integrative Studien, die versuchen, die relative Bedeutung der einzelnen Einflussfaktoren auf den Co-Brand-Erfolg und die Spill-Over-Effekte zu bestimmen. Schließlich untersuchen die vorgestellten Studien nur am Rande Marketing-Instrumente, wie z.B. die Anordnung der Marken auf der Verpackung oder die Werbung zur Unterstützung des Co-Brandings (24 %).

2. Analogie
2.1 Darstellung der Mastertechnik

Eine zweite Mastertechnik zur Ableitung von explikativen Aussagen bildet die Analogie. Analogie als explizite Methode findet sich insbesondere im Rahmen von technologischen Prognosen[79] und als Denkwerkzeug[80]. Im Rahmen der Technologie-Prognose dient die Analogie als Entwicklungsprognose. Allerdings ist diese Mastertechnik nicht nur bei solchen langfristigen Entwicklungs-, sondern auch bei Wirkungsprognosen einsetzbar[81]. Da es sich bei der Wirkungsforschung letztlich immer um das Ableiten von Wirkungsprognosen handelt, bietet sich diese Methode zur Ableitung von Wirkungshypothesen an.

Die Grundidee der Analogie basiert darauf, dass zwischen zwei Gegenstandsfeldern Ähnlichkeiten existieren, die zu der Annahme führen, dass auch Ähnlichkeiten in

---

[78] Vgl. allg. zur Problematik der Fokussierung auf Studierenden-Stichproben in der Konsumentenforschung **Peterson** (2001).

[79] Vgl. z.B. **Hüttner** (1986) S. 251 f.; **Bruckmann** (1977) 73; **Martino** (1972) S. 65 ff.

[80] Vgl. **Bortz/Döring** (2002) S. 371.

[81] Auch die Anwendung allgemeiner psychologischer Theorien im Marketing (z.B. Anwendung des Social Cognition-Ansatzes im Markentransferbereich) lässt sich als Analogie interpretieren.

C. Explikative Mastertechniken

weiteren Bereichen dieser beiden Felder bestehen[82], und gleichzeitig, dass über das eine Gegenstandsfeld (Analogiefeld) im Vergleich zu dem anderen Feld (Problemfeld) zusätzliches Wissen existiert. Dieses höhere Wissensniveau des Analogiefeldes im Vergleich zum Problemfeld kann aus zusätzlichen Theorien, spezifischen Hilfstechniken oder empirischen Aussagen resultieren. Abbildung C 7 verdeutlicht das Prinzip der Mastertechnik Analogie.

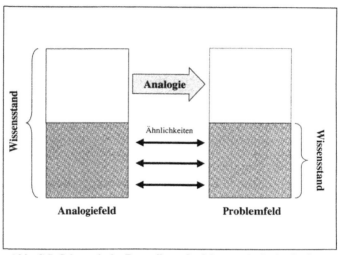

Abb. C 7: Schematische Darstellung der Mastertechnik Analogie

Im Rahmen der Anwendung zur Ableitung von explikativen Aussagen wird nicht auf historische, sondern **strukturelle Analogien** abgestellt.[83] Die Durchführung der Analogie gliedert sich in folgende Schritte:

- Identifizierung von Strukturmerkmalen des Problemfeldes,
- Suche von Analogiefeldern, die eine strukturelle Ähnlichkeit zum Problemfeld aufweisen,
- Analyse des Wissensstandes im Analogiefeld,
- Durchführung der Analogie.

Die Mastertechnik Analogie weist insbesondere die Gefahr einer vorschnellen Analogie auf der Basis einiger weniger Ähnlichkeiten auf.[84] Diese Gefahr gilt allerdings

---

[82]   Vgl. ähnlich **Martino** (1972) S. 66.

[83]   Eine historische Analogie basiert auf der Übertragung von Entwicklungen in anderen Bereichen (z.B. Militär) oder anderen Ländern (z.B. USA), von denen jeweils bekannt ist, dass diese zeitlich Entwicklungen im interessierenden Bereich vorweg laufen. Bei der strukturellen Analogie dagegen muss zwischen dem Ausgangsereignis und dem zu prognostizierenden Ereignis eine weitgehende inhaltliche und strukturelle Übereinstimmung existieren; vgl. **Bruckmann** (1977) S. 72 f.

[84]   Vgl. **Martino** (1972) S. 66 f.

ausschließlich bei der Analogie von explikativen Aussagen. Dient dagegen die Analogie insbesondere zur Anregung für Theorien oder empirische Hilfstechniken, weist der Analogieschluss dieses Problem nicht auf.

2.2 Anwendung der Mastertechnik

Im Weiteren erfolgt zunächst die Ableitung von allgemeinen Merkmalen des Co-Brandings und daran anschließend die Auswahl erfolgversprechender Analogiefelder. Die Präsentation des Wissensstandes der jeweiligen Analogiefelder basiert daran anschließend auf Synopsen über den Stand der Forschung und einem Vergleich mit dem Co-Branding.

2.2.1 Identifikation von Analogiefeldern

Strukturelles Merkmal des Co-Brandings bildet das Vorhandensein von **zwei oder mehr Imageobjekten**[85] (Marken). Ein zweites Merkmal ist die Integration von mindestens zwei Marken zu einem **Gesamturteil** (Co-Brand-Wirkung). Ein weiteres Merkmal des Co-Brandings ist, dass Personen die Imageobjekte trotz der Verbindung auch **isoliert** beurteilen, wobei das Gesamturteil einen Einfluss auf die Beurteilung der Einzelmarken ausüben kann (Spill-Over-Effekte).

Bei der Durchsicht der Marketingliteratur erfüllen diese strukturellen Merkmale insbesondere folgende Analogiefelder:[86]

- Markentransfer,
- Bundling,
- Testimonialwerbung,
- Sponsoring,
- Country-of-Origin.

Im Vergleich zur explikativen Co-Brand-Forschung[87] handelt es sich bei diesen fünf Analogiefeldern um traditionelle Gebiete der Marketingforschung, weshalb ein höherer Wissensstand zu erwarten ist.

2.2.2 Analogiefelder für das Co-Branding

Die Beschreibung des jeweiligen Forschungsstandes orientiert sich an den Forschungsfragen des Co-Brandings, wodurch gleichzeitig auch die Identifikation des Analogiepotentials für bestimmte Detailfragestellungen ersichtlich ist. Danach weisen

---

[85] Imageobjekte zeichnen sich dadurch aus, dass mit ihrer Aktivierung der Abruf weiterer gespeicherter Assoziationen erfolgt, vgl. ausführlich Kap. C.II.3.2.3.1.

[86] Darüber hinaus lassen sich noch weitere Gebiete (z.B. Gütezeichen, Markenhierarchien) finden. Allerdings weisen diese Bereiche nur einen geringen Umfang auf, so dass diese nur ein geringes Analogiepotential besitzen.

[87] Vgl. Kap. C.II.1.

C. Explikative Mastertechniken

Forschungsgebiete Analogiepotential auf, die einen Beitrag zu mindestens einem der folgenden Bereiche leisten:

1. Verbindung von zwei oder mehr Image-Objekten,
2. Beeinflussung dieses Verbindungsprozesses durch Marketingmaßnahmen,
3. Einfluss von Leistungsmerkmalen,
4. Spill-Over-Effekte,
5. Moderierende Persönlichkeitsmerkmale.

Im vorliegenden Fall zielt die Analogiemethode zum einen darauf ab, die Bausteine des Co-Brand-Strukturmodells inhaltlich zu füllen. Zum anderen ermöglicht die Zusammenstellung der verwendeten Theorien in verwandten Gebieten eine Sammlung von potentiell aussagefähigen Theorien für das Co-Branding. Dieses zweite Ziel besitzt deshalb Relevanz, da sich die verhaltenswissenschaftliche Marketingforschung durch eine Vielzahl von Partialansätzen auszeichnet, und eine geschlossene Systematik fehlt. Dadurch ist es unmöglich, alle existierenden Ansätze auf ihre Relevanz für die Problemstellung zu überprüfen. Daher bilden die Ansätze, die in bestimmten Analogiefeldern besonders häufig Anwendung finden, eine erste Grobauswahl möglicher Theorien für das Co-Branding.

(1) Markentransfer

Die explikative Forschung zum Themenbereich Markentransfer ist kaum zu überschauen.[88] Abbildung C 8 gibt einen Überblick über den aktuellen Stand.

Studie	Markeneigenschaften		Co-Brand-Leistung	Gestaltung des Co-Brands	Personenmerkmale	Co-Brand-Wirkungen	Spill-Over-Effekte	Theorie
	isolierte Marke	Fit						
Mazanec/ Schweiger (1981)			PF, IF			VF, VN		Semantische Generalisierung
Consumer Behavior Seminar (1987)	MS		PF			VF		Semantische Generalisierung, Kategorisierung, Schemata
Hätty (1989)	MS		PF, IF	Innovationshöhe				Reizgeneralisierung Heuristiken der Produktbeurteilung
Aaker/Keller (1990)	MS		PF	A	K	VF		Konsistenz, Semantische Generalisierung, Einstellungstransfer, Kategorisierung
Chakravarti/MacInnis/Nakamoto (1990)	MA		PF		K	VF		Kategorisierung
Farquhar/Herr/ Fazio (1990)	Prototypische Marke		PF					Schemata

---

[88] Vgl. zu Literaturüberblicken z.B. **Mayerhofer** (1995) S. 159 ff.; **Sattler** (1997) S. 136 ff.; **Zatloukal** (1999) S. 16 ff.

Studie	Markeneigenschaften isolierte Marke	Fit	Co-Brand-Leistung	Gestaltung des Co-Brands	Personenmerkmale	Co-Brand-Wirkungen	Spill-Over-Effekte	Theorie
Hartman/Price/ Duncan (1990)	MA	PF			I	VF, VN		Kategorisierung, Semantische, Generalisierung, Mandler-These
Meffert/Heinemann (1990)		PF, IF						Attributbasierte Einstellungsmodelle
Boush/Loken (1991)	MB	PF				VF		Kategorisierung
Kardes/Allen (1991)	MB		Variabilität der Produktklasse			VF		Kategorisierung
Muthuskrishnan/ Weitz (1991)		PF			MW	VF		Kategorisierung
Park/Milberg/ Lawson (1991)		PF, IF				VF		Kategorisierung
Romeo (1991)		PF			I	VF	VF	Schemata, Kategorisierung
Aaker/Keller (1992)	MS	PF	A			VF		Replikation Aaker/Keller (1990)
Bridges (1992)/ Bridges/Keller/ Sood (2000)	MA	PF, IF		K		VF		Schemata Kategorisierung
Dawar (1992)	MA	abhängige Größe	E			VF, VN		Kategorisierung, Chaining, Frame
Farquhar/Han/ Herr/Ijiri (1992)	MA							
Keller/Aaker (1992a)	MS, Markenglaubwürdigkeit, Expertise	PF				VF	VF	k.A.
Keller/Aaker (1992b)	MS	IF				VF	VF	k.A.
Maheswaran/ Mackie/Chaiken (1992)	MS	IF			I	VF		Involvement
Schmitt/Dubé (1992)		PF, IF				VN		Kategorisierung, Konzeptverbindung, Frame
Smith (1992), Smith/Park (1992)	MS	PF	A	K, Preis, Distribution	MW	VN		k.A.
Sullivan (1992)				Produktlebenszyklus		VN		Timingstrategien
Boush (1993)		PF		K		VF		Priming, Kategorisierung
Dancin/Smith (1993)	MB	PF				VF		Kategorisierung
Desai/Hoyer (1993)	MA				MW			Kategorisierung, Konzeptverbindung
Jap (1993)	MA, MS						VF	Kategorisierung

C. Explikative Mastertechniken 163

Studie	Markeneigenschaften		Co-Brand-Leistung	Gestaltung des Co-Brands	Personenmerkmale	Co-Brand-Wirkungen	Spill-Over-Effekte	Theorie
	isolierte Marke	Fit						
Loken/John (1993)		PF	E				VF	Schemaveränderung
Nakamoto/MacInnis/Jung (1993)	MA			K		VF		k.A.
Park/McCarthy/Milberg (1993)		PF, IF				VF	VF	Schemaveränderung
Rangaswamy/Burke/Oliva (1993)	MA					VN		Nutzenmodell
Sunde/Brodie (1993)	MS	PF	A			VF		Replikation von Aaker/Keller (1990)
Tauber (1993)	MA							k.A.
Broniarczyk/Alba (1994)	MA	PF			MW	VF		Einstellungstransfer, Kategorisierung
Dawar/Anderson (1994)		PF	E			VF, VN		Kategorisierung, Chaining
Meyers-Levy/Louie/Curren (1994)		PF				VF		Mandler-These
Reddy/Holak/Bhat (1994)	MA, MS			K		VN		k.A.
Sheinir./Schmitt (1994)	MB, MS	PF				VF, VN		Mandler-These
DeGraba/Sullivan (1995)						VN		ökonomische Theorie
Lee (1995)				K	S	VF		Stimmung-Kategorisierung
Maoz (1995)		PF			I	VF		Mandler-These
Nijssen/Uijl/Bucklin (1995)		PF			I	VF		Involvement
Smith/Andrews (1995)		PF, IF				VF		Einstellungstransfer, Produktbeurteilung
Bottomley/Doyle (1996)	MS	PF				VF		Replikation von Aaker/Keller (1990)
Dawar (1996)		MB	P	E	MW			Assoziative Netzwerke, Kategorisierung
Lane/Jacobson (1997)		PF		K	Need for Cognition		VF	Einstellung
Leong/Ang/Liau (1997)	MA	PF				Erfolg als unabhängige Variable	VF	Assoziative Netzwerke
Milberg/Park/McCarthy (1997)		PF, IF				VF	VF	Schemaveränderung
Gürhan-Canli/Maheswaran (1998)		PF			I		VF	Schemaveränderung, Involvement
John/Loken/Joiner (1998)		PF					VF	Einstellungstheorien

Studie	Markeneigenschaften		Co-Brand-Leistung	Gestaltung des Co-Brands	Personenmerkmale	Co-Brand-Wirkungen	Spill-Over-Effekte	Theorie
	isolierte Marke	Fit						
Kim/Sullivan (1998)					Erfahrung	VN		Informationsökonomie
Pryor/Brodie (1998)		PF		K		VF		Replikation von Boush (1993)
Sheinin (1998)		PF, IF		Positionierung		VF		Kategorisierung, Informationsintegration
Barrett/Lye/ Venkateswarlu (1999)	MS	PF	A			VF		Replikation von Aaker/Keller (1990)
Zattloukal (1999)	MA, MS	PF, IF	A	K		VF, VN		Integration von Partialansätzen
Barone/Miniard/ Romeo (2000)		PF			S	VF		Stimmung-Kategorisierung
Chen/Chen (2000)	MA		E			VF		k.A.
DelVechio (2000)	Anzahl d. Produkte, Qualitätsvarianz	PF				VF		Kaufrisiko
Hem/Lines/ Gronhaug (2000)		PF, IF			MW			Kategorisierung
Lane (2000)		PF, IF		K		VF, VN		Schemata, Schemaveränderung
Oakenfull/Blair/ Gelb/Dancin (2000)		PF, IF						Kategorisierung
Sheinin (2000)		PF			MW		VF	Assoziative Netzwerke
Bottomley/ Holden (2001)	MS	PF				VF		Re-Analyse von acht Datensätzen (Aaker/Keller-Modell)
Hupp (2001a) (2001b) (2001c)	MS	IF	E				VN	k.A.
Klink/Smith (2001)		PF, IF			Inovativeness	VF		Produktbeurteilung, Risikotheorie
Martin/Stewart (2001)		PF				VF	VN	Kategorisierung
Park/Kim (2001)	Markenbeziehung	PF				VF, VN		Beziehungsqualität

A: Art der Leistung   E: Entfernung   I: Innovationsgrad   IF: Imagefit
IN: Involvement   K: Kommunikation   MA: Markenassoziationen   MS: Markenstärke
MB: Markenbreite   P: Preis   PF: Produktfit   S: Stimmung
VF: verhaltensfern   VN: verhaltensnah   W: Wissen

Abb. C 8: Synopse zur Markentransferforschung

Einen ersten Schwerpunkt bildet die Analyse des Fits zwischen der Muttermarke und der Transferleistung. Einen weiteren Hauptaspekt stellt die Analyse der Muttermarke dar, wobei insbesondere die Faktoren Markenstärke (z.B. wahrgenommene Qualität), Markenimage (z.B. konkrete vs. abstrakte Positionierung) und bisherige Transfererfolge im Mittelpunkt stehen. Weit weniger häufig finden sich Studien zum Einfluss der Kommunikationspolitik, zur Art der Transferleistung, zu Personenmerkmalen sowie zu Spill-Over-Effekten.

C. Explikative Mastertechniken 165

Die theoretische Basis der Arbeiten, die den Erfolg des Transfers analysieren, bilden vor allem Kategorisierungsansätze. Eine prominente Rolle spielt die Mandler-These, die den Zusammenhang zwischen Kongruenz und Transferbeurteilung untersucht. Spill-Over-Effekte werden entweder auf der Basis von Einstellungs- oder Schemaveränderungstheorien diskutiert.

Die Markentransferforschung unterscheidet sich von dem Co-Branding insbesondere durch die **abweichende Anzahl** von Marken. Daraus resultieren Unterschiede in der Fitbeurteilung, in der Transferbeurteilung sowie in den Spill-Over-Effekten. Auf der anderen Seite bildet sie den Bereich mit dem größten Analogiepotential für die Co-Brand-Forschung. Neben der inhaltlichen Verwandtschaft basiert dieses Potential auch aus dem Umfang und der Vielfältigkeit der bisherigen Markentransferforschung.

(2) Bundling

Die explikative Bundlingforschung[89] betrachtet insbesondere zwei Aspekte:[90]

- Preisaspekte,
- Nutzenaspekte.

Bei der Preisbetrachtung steht ausgehend von einem bereits zusammengestellten Bundle die Darstellung des Preises im Vordergrund des Interesses. Die Nutzenbetrachtung dagegen fokussiert auf die Wahrnehmung und Beurteilung des Bundles aus Sicht der Abnehmer. Typische Fragestellungen dieser Sichtweise sind die optimale Anzahl der Bundle-Elemente, der Prozess der Bundlebeurteilung sowie die Relevanz von Beziehungen zwischen den Bundle-Elementen auf die Bundlebeurteilung.

Abbildung C 9 listetet prominente Arbeiten der Bundlingforschung auf.

Als Ansatzpunkte für Analogien bieten sich zum einen die Preiswahrnehmung und -beurteilung des Co-Brands und zum anderen die Bildung eines Gesamturteils aus mehreren Einzelelementen an.

Als theoretische Begründungen dominieren in der Bundlingforschung folgende Ansätze:

- ökonomische Theorien,
- Ansatz der Informationsintegration,
- Prospect-Theorie und Mental Accounting.

Die Bundlingforschung unterscheidet sich von der Co-Brand-Forschung insbesondere durch die Fokussierung auf **preispolitische** Fragestellungen sowie die Beschränkung auf **Leistungs-** und nur selten auf Markenkombinationen[91] Weiterhin betrachtet die Bundlingforschung überwiegend keine Innovationen, sondern beschränkt sich auf die

---

[89] Vgl. zu Literaturüberblicken zur Bundlingforschung z.B. **Priemer** (1997) S. 191 ff.; **Wübker** (1998) S. 40 ff.; **Fuerderer** (1999); **Huber/Kopsch** (2000).

[90] Wübker spricht in diesem Zusammenhang auch von Preisbündelung und Produktbündelung, vgl. **Wübker** (1998) S. 10. Dieser Terminologie wird hier nicht gefolgt, da diese Begriffe den Anschein erwecken könnten, dass es sich um unterschiedliche Strategien handelt.

[91] Vgl. zu einer Ausnahme **Simonin/Ruth** (1995).

Zusammenstellung von bereits existierenden Leistungen. Das Hauptpotential für Analogien der Bundlingforschung auf das Co-Branding liegen im Bereich der Co-Brand-Wirkung.

Studie	Markeneigenschaften		Co-Brand-Leistung	Gestaltung des Co-Brands	Personenmerkmale	Co-Brand-Wirkungen	Spill-Over-Effekte	Theorie
	isolierte Marke	Fit						
Guiltinan (1987)				P		VN		ökonomische Theorie
Gaeth/Levin/Chakraborty/Levin (1990)		PF			W	VF, VN		Informationsintegrations-Ansatz
Yadav (1990); Yadav (1994); Yadav/Monroe (1993)	MS			P		VF, VN		Prospect-Theorie, Mental Accounting, Ankertheorien
Eppen/Hanson/Martin (1991)		PF				VF, VN		ökonomische Theorie
Kaicker (1993)				P		VF, VN		Prospect-Theorie, Mental Accounting
Mazumdar/Jun (1993)				P		VF		Mental Accounting
Heath/Chatterjee/France (1995)				P		VF		Mental Accounting
Simonin/Ruth (1995)	MS	PF				VF, VN		Markentransferforschung
Suri/Monroe (1995)					Kaufplan	VN		Prospect-Theorie, Mental Accounting
Herrmann/Bauer/Huber (1996)		PF		P		VN		Informationsintegrations-Ansatz
Herrmann/Bauer (1996)				P		VF, VN		Prospect-Theorie
Priemer (1997)				P		VF, VN		Informationsintegrations-Ansatz, Prospect-Theori, Mental Accounting
Herrmann/Wricke (1999)				P		VN		Informationsintegrations-Ansatz
Wübker (1998)				P		VN		ökonomische Theorie, Referenzpreistheorie, Prospect-Theorie
Wübker/Mahajan/Yadav (1999)				P		VN		Referenzpreistheorie

A: Art der Leistung MS: Markenstärke P: Preis PF: Produktfit
VF: verhaltensfern VN: verhaltensnah W: Wissen

Abb. C 9: Synopse zur Bundlingforschung

C. Explikative Mastertechniken

(3) Testimonialwerbung

Die explikative Testimonialforschung[92] befasst sich aufbauend auf der Forschung zum Einfluss des Kommunikators auf die Beeinflussungswirkung[93] von Werbung mit den Merkmalen Glaubwürdigkeit, Attraktivität und Macht. Diese reinen Kommunikationstheorien eignen sich nur beschränkt für Analogien, da sie die Wirkung des Testimonials unabhängig von der beworbenen Marke bzw. dem Produkt sehen. Als Analogie für das Co-Branding eignet sich die Testimonialwerbung deshalb, weil ein Prominenter, ein Experte oder auch der typische Verwender aus Sicht der Abnehmer vergleichbar mit einer Marke ein Imageobjekt darstellt, das überwiegend über Massenkommunikation vermittelt wird. Analogiepotential weist insbesondere die Forschungsrichtung auf, die den Zusammenhang zwischen Testimonial und Produkt bzw. Marke der Werbung (sog. match-up-Hypothese) analysiert. Weiterhin interessieren die Arbeiten, die sich mit der mehrfachen Verwendung von Testimonials für verschiedene Marken auseinandersetzen, da diese Analogiepotential für Multi-Co-Brands besitzen. Eine letzte Fragestellung, die Ähnlichkeiten mit dem Co-Branding aufweist, stellen die Überlegungen zum Einfluss von negativen Nachrichten über den Prominenten auf die beworbenen Marken dar (Krisen). Bei einem Vergleich des Co-Brand-Strukturmodells und der Testimonialwerbung lassen sich die Beurteilung der Testimonialanzeige als Co-Brand und die anschließende Beurteilung des Testimonials bzw. der beworbenen Marke als Spill-Over-Effekte interpretieren.

Abbildung C 10 fasst wichtige Arbeiten zu den drei skizzierten Fragestellungen zusammen.

Im Gegensatz zur Bundlingforschung ist das theoretische Spektrum der Testimonialforschung breiter angelegt, wobei viele Studien auf eine explizite theoretische Begründung verzichten. Hauptsächlich finden folgende Theorien Verwendung:

- Kommunikationstheorien (Glaubwürdigkeit und Attraktivität der Kommunikationsquelle),
- Einstellungstheorien,
- Involvementtheorien (insbesondere Elaboration-Likelihood-Modell).

Neben den Ansatzpunkten für Analogien existiert zwischen dem Co-Branding und der Testimonialwerbung eine Reihe fundamentaler Unterschiede. Zunächst handelt es sich bei der Testimonialwerbung um eine rein **kommunikative Maßnahme**, d.h. Überlegungen über die Leistungsgestaltung bleiben unberücksichtigt. Daraus folgt auch, dass sich die Testimonialforschung überwiegend auf **kurzfristige Wirkungen** (z.B. Einschätzung der Glaubwürdigkeit) beschränkt.

---

[92] Vgl. zu Überblicken z.B. **Kaikati** (1987) S. 101 ff., **Haase** (2000) S. 56 ff.; **Koeppler** (2000) S. 182 ff. Speziell zum Zusammenhang zwischen physischer Attraktivität des Testimonials und der Glaubwürdigkeit vgl. **Joseph** (1982). Zu einem Überblick zum Einsatz von Persönlichkeiten (Menschen, Tiere etc.) in der Werbung vgl. **Callcott/Lee** (1995). Zur Bedeutung einzelner Faktoren bei der Auswahl von Testimonials aus Praxissicht vgl. **Erdogan/Baker/Tagg** (2001).

[93] Diese Forschungsrichtung geht auf Hovland zurück, vgl. z.B. **Hovland/Lumsdaine/Sheffield** (1949).

Studie	Markeneigenschaften isolierte Marke	Markeneigenschaften Fit	Co-Brand-Leistung	Gestaltung des Co-Brands	Personenmerkmale	Co-Brand-Wirkungen	Spill-Over-Effekte	Theorie
Kanungo/Pang (1973)	MA				Geschlecht	VF		k.A.
Baker/Churchill (1977)	MS	PF			Geschlecht	VF		k.A.
Peterson/Kerin (1977)		PF			Geschlecht	VF		k.A.
Friedman/Friedman (1979)		PF	A			VF	VF, VN	Match-up-Hypothese, Risikotheorie
Mowen/Brown/ Schulman (1979)	Anzahl der Engagements	Fit				VF	VF, VN	Match-up-Hypothese, Konsistenztheorien, Attributionstheorie
Klebba/Unger (1981)	MS						VF	Kommunikationstheorie
Mowen/Brown (1981)	Anzahl der Engagements					VF	VN	Match-up-Hypothese, Konsistenztheorien, Attributionstheorie
Petty/Cacioppo/ Schuman (1983)					IN	VF		Involvementtheorie
Kahle/Homer (1985)		PF			IN		VF, VN	Match-up-Hypothese, Einstellungstheorien
Debevec/Iyer (1986)	MA	IF				VF		k.A.
Haase (1986)		IF	A			VF	VN	Match-up-Hypothese, Informationsintegrations-Ansatz, Semantische Generalisierung
McCracken (1989)	MA						VF	Match-up-Hypothese, Kultureller Bedeutungstransfer (Soziologie)
Petroshius/ Crocker (1989)	MA					VF		k.A.
Kamins (1990)		IF	A			VF	VF	Match-up-Hypothese
Misra/Beatty (1990)		IF					VF	Match-up-Hypothese, Schemata
Ohanian (1990), Ohanian (1991)	MS		A				VN	Match-up-Hypothese, Komunikationstheorie (Sender)
Solomon/ Ashmore/Longo (1992)		IF						Match-up-Hypothese, Gestalttheorie, Selbstkonzept
Lynch/Schuler (1994)		IF					VF	Match-up-Hypothese, Schematheorie

C. Explikative Mastertechniken

Studie	Markeneigenschaften isolierte Marke	Markeneigenschaften Fit	Co-Brand-Leistung	Gestaltung des Co-Brands	Personenmerkmale	Co-Brand-Wirkungen	Spill-Over-Effekte	Theorie
Tripp/Jensen/Carlson (1994)	Anzahl der Engagements					VF	VF	Kommunikationstheorie (Sender)
Sengupta/Goodstein/Boninger (1997)		PF			IN		VF	Match-up-Hypothese, Assoziative Netzwerke, Einstellungstheorien
Till/Busler (1998)	MS	PF					VF, VN	Match-up-Hypothese
Till/Shimp (1998)	Neg. Nachrichten	Stärke der Verbindung					VF	Assoziative Netzwerke

A: Art der Leistung   IF: Imagefit   IN: Involvement   MA: Markenassoziationen
MS: Markenstärke   PF: Produktfit   VF: verhaltensfern   VN: verhaltensnah

Abb. C 10: Synopse zur Testimonialforschung

(4) Sponsoring-Forschung

Die Forschung zum Sponsoring[94] befasst sich vorwiegend mit dem Imagetransfer vom Sponsoringpartner auf die Marke. Diese Fragestellung lässt sich insbesondere auf die Spill-Over-Effekte im Rahmen des Co-Brandings übertragen, da beim Sponsoring i.d.R. nicht das Sponsoringengagement, sondern die Übertragung von positiven Assoziationen des Sponsoringpartners auf den Sponsor im Vordergrund steht. Allerdings thematisiert die Sponsoringforschung auch das Verhältnis von Sponsor und Partner, da ein Fit[95] Voraussetzung für einen Einstellungs- und Imagetransfer darstellt. Darüber hinaus lassen sich in der Sponsoringforschung Analysen finden, die den Einfluss mehrerer Sponsoren diskutieren. Diese Forschungsarbeiten weisen Analogiepotential für Co-Brands mit mehr als zwei Marken auf.

Abbildung C 11 gibt einen Überblick verschiedener Arbeiten.

Theoretische Schwerpunkte lassen sich in der Sponsoringforschung nicht erkennen, vielmehr finden verschiedene Lern-, Einstellungs- und Involvementtheorien Verwendung.

Neben den skizzierten Analogien unterscheiden sich die Wirkungsüberlegungen des Sponsorings und des Co-Brandings in einer Reihe von Punkten. Zunächst handelt es sich beim Sponsoring um eine rein **kommunikative Maßnahme**. Damit bleiben Entscheidungen über die Wahl bzw. den Kauf unberücksichtigt. Weiterhin interessiert die Beurteilung des Sponsoring nur als Einflussfaktor auf den **einseitigen Spill-Over-Effekt** vom Gesponserten auf den Sponsor.

---

[94] Vgl. zum Überblick der Wirkungsforschung im Sponsoring z.B. **Walliser** (1995) S. 151 ff.

[95] Bruhn spricht in diesem Zusammenhang von Affinität, vgl. z.B. **Bruhn** (1997) S. 633 ff.

II. Mastertechniken der theorieorientierten Explikation

Studie	Markeneigenschaften isolierte Marke	Fit	Co-Brand-Leistung	Gestaltung des Co-Brands	Personenmerkmale	Co-Brand-Wirkungen	Spill-Over-Effekte	Theorie
Erdtmann (1989)		IF					VF	Informationsverarbeitung, Lerntheorien
Drees (1989)							VF	Informationsverarbeitung, Involvement
Deimel (1992)					IN, Alter, Geschlecht		VF	Lerntheorien, Involvement
Ferrand/Pagès (1996)		IF					VF	Soziale Repräsentation
Gierl/Kirchner (1999)				Kontakthäufigkeit			VF	Lerntheorien (Konditionierung)
Glogger (1999)	MS	IF			IN		VF	Lerntheorien, Involvement
d'Astous/ Valence/ Tourville (2000)	Anzahl der Sponsoren					VF		Interferenzen

IF: Imagefit IN: Involvement MS: Markenstärke VF: verhaltensfern
VN: verhaltensnah

Abb. C 11: Synopse zur Sponsoringforschung

(5) Country-of-Origin-Forschung

Die Country-of-Origin-Forschung (CoO) untersucht den Einfluss von Länderstereotypen auf die Produktbeurteilung.[96] Frühe Arbeiten zum CoO-Effekt untersuchten im Sinne sog. single cue-Studien das entsprechende Land als einzige beeinflussende Variable der Produktbeurteilung. Diese Arbeiten weisen für die vorliegende Problemstellung keine Relevanz auf, da sie mit Studien allgemein zur Markenwirkung konzeptionell und theoretisch vergleichbar sind. Analogiepotential für das Co-Branding besitzen dagegen multi-cue-Studien, da diese die Kombination des Landeseffektes mit anderen Stimuli (z.B. Marke, Preis, Garantien) untersuchen. Übertragen auf die Co-Branding-Fragestellung analysieren diese Studien insbesondere die Co-Brand-Wirkung, da die abhängige Variablen i.d.R. die Beurteilung oder Kaufabsicht des Produktes mit dem CoO-Hinweis darstellen. Abbildung C 12 gibt einen Überblick über CoO-Arbeiten.

Produktbeurteilungsmodelle und Risikotheorien dominieren die theoretische Fundierung. Auffällig ist, dass die CoO-Arbeiten nur selten den Fit zwischen dem Land und weiteren Imageobjekten (z.B. Marke) untersuchen. Vielmehr behandelt die Country-of-Origin-Forschung die einzelnen Stimuli häufig als unabhängige Attribute. Eine mit der Markenstärke im Rahmen des Co-Branding vergleichbare Größe stellt die industrielle Entwicklung eines Landes dar. Weiterhin untersucht keine der ausgewerteten Arbeiten die Spill-Over-Effekte auf das Imageobjekt Land.

---

[96] Zu Literaturüberblicken vgl. z.B. **Hausruckinger** (1993) S. 31 ff.; **Sattler** (1991) 13 ff. Metastudien zum Country-of-Origin-Effekt finden sich bei **Bilkey/Nes** (1982) und **Peterson/Jolibert** (1995).

C. Explikative Mastertechniken

Studie	Markeneigenschaften isolierte Marke	Markeneigenschaften Fit	Co-Brand-Leistung	Gestaltung des Co-Brands	Personenmerkmale	Co-Brand-Wirkungen	Spill-Over-Effekte	Theorie
Erickson/Johansson/Chao (1984)					W	VF		Einstellung
Lillis/Narayana (1974)	MS				Eigene Herkunft	VF		k.A.
Johansson/Douglas/Nonaka (1985)					W	VF		Produktbeurteilung
Johansson/Nebenzahl (1986)	MA					VF, VN		k.A..
Han/Terpsta (1988)		IF				VF		Produktbeurteilung
Eroglu/Machleit (1989)			Komplexität		IN, W	VF		Produktbeurteilung
Han (1989)					W	VF		Beurteilungsheuristiken
Hong/Wyer (1989)	MS					VF		Kategorisierung
Thorelli/Lim/Ye (1989)						VF, VN		Kaufrisiko
Hong/Wyer (1990)	MS					VF		Verfügbarkeit von Kategorien
Wall/Liefeld/Heslop (1991)	MS					VF, VN		Produktbeurteilung
Sattler (1991)		PF				VF		Produktbeurteilung
Cordell (1992)	MA	PF	wahrgenommenes Risiko			VF		Einstellung, Kaufrisiko
Witt/Rao (1992)	MS					VF		Risikotheorien
Alden/Hoyer/Crowley (1993)		IF				VF		Einstellung, Kategorisierung Risiko
Chao/Rajendran (1993)	MS					VF		keine explizite Theorie; Projektives Verfahren
Shimp/Samiee/Madden (1993)	MS					VF		Kategorisierung
Tse/Gorn (1993)	MS					VF		Stereotyp
Tse/Lee (1993)	MS					VF		Produktbeurteilung, Beurteilungsheuristik
Leclerc/Schmitt/Dubé (1994)		IF	A			VF		Netzwerke, Stereotyp
Li//Leung/Wyer (1993)					IN	VF		Produktbeurteilung
Li/Monroe/Chan (1994)	MS					VF, VN		Produktbeurteilung, Referenzpreis, Affektiv-kognitive Modelle
Li/Wyer (1994)					IN, W	VF		Produktbeurteilung
Maheswaran (1994)	MS				W	VF		Kategorisierung
Mittal/Tsiros (1995)	MS				W	VF, VN		Kategorisierung, Anker-Anpassungsmodell

Studie	Markeneigenschaften isolierte Marke	Fit	Co-Brand-Leistung	Gestaltung des Co-Brands	Personenmerkmale	Co-Brand-Wirkungen	Spill-Over-Effekte	Theorie
Peterson/Jolibert (1995)						VF, VN		Metaanalyse
Häubl/Schweiger (1996)	MS					VF, VN		Produktbeurteilung
Lebrenz (1996)					W	VF		Produktbeurteilung
Müller/Kesselmann (1996)	MS					VF		Kategorisierung
Chao (1998)		IF				VF		k.A.
Gürhan-Canli/ Maheswaran (2000)					IN		VF	Involvement, Kategorisierung
A: Art der Leistung MS: Markenstärke W: Wissen	IF: Imagefit PF: Produktfit			IN: Involvement VF: verhaltensfern		MA: Markenassoziationen VN: verhaltensnah		

Abb. C 12: Synopse zur CoO-Forschung

2.2.3 Vergleich der Analogiefelder

Die dargestellten Analogiefelder besitzen generell ein unterschiedlich hohes Analogiepotential. Insbesondere lassen sich abweichende inhaltliche und theoretische Schwerpunkte identifizieren. Weiterhin zeichnen sich die einzelnen Analogiefelder durch einen unterschiedlichen Entwicklungsstand aus, wodurch die Generalisierbarkeit der jeweiligen Aussagen unterschiedlich hoch ausfällt. Den höchsten Entwicklungsstand weisen die Markentransfer-, die Testimonial- und die CoO-Forschung auf. Neben der absoluten Anzahl der behandelten Arbeiten liefern auch durchgeführte Metaanalysen (im Bereich Markentransfer, CoO) ein Indiz für die Entwicklungshöhe der jeweiligen Bereiche.

Abbildung C 13 fasst die Schwerpunkte der Analogiefelder zusammen und beurteilt global deren Analogiepotential.

Mit Ausnahme der Bundling- und auch überwiegend der CoO-Forschung beschäftigen sich die übrigen Analogiefelder mit dem Verhältnis der beteiligten Imageobjekte. Die Eignung des Co-Branding in Abhängigkeit von der zugrundeliegenden Leistung ist durch Analogien aus den Bereichen Markentransfer, Testimonial und CoO erklärbar. Für die Gestaltung des Co-Branding liefern insbesondere die Bundlingforschung (Preis) und die Markentransferforschung (Kommunikation) Hinweise.

Moderierende Größen behandeln mit Ausnahme der Bundlingforschung alle Analogiefelder, wobei das Involvement und das vorhandene (Marken-)wissen die häufigsten Größen darstellen.

Einen Beitrag zur Erklärung der Beurteilung des zusammengesetzten Imageobjektes (Co-Brand-Wirkung) steuern die Forschungen in den Analogiefeldern Markentransfer, Bundling, Country-of-Origin, Kommunikation und eingeschränkt im Analogiefeld Testimonialwerbung bei. Hingegen behandeln Spill-Over-Effekte insbesondere die Analogiefelder Testimonialwerbung, Sponsoring und eingeschränkt Markentransfer.

C. Explikative Mastertechniken

Analogie	Anzahl der Studien	Auswahl des Partners	Co-Brand-Leistung	Gestaltung des Co-Branding	Moderierende Größen	Co-Brand-Wirkung	Spill-over-Effekte	Theoriebasis	Analogiepotential (Rang)
Markentransfer	80	●	◐	◐	◐	●	◐	Semantische Generalisierung, Kategorisierung, Schemata/Schemaveränderung, Mandler-These	1
Bundling	17	○	○	●	○	●	○	Informationsintegrationsansätze, Prospect-Theorie/Mental Accounting, Referenzpreistheorie	3
Testimonial-werbung	23	●	◐	○	◐	◐	●	Match-up-Hypothese, Kommunikationstheorie	4
Sponsoring	7	●	○	○	◐	○	●	Lerntheorien	5
CoO	31	◐	◐	○	●	●	○	Produktbeurteilung, Kategorisierung	2

●: Schwerpunkt　　◐: teilweise behandelt　　○: nicht behandelt

Abb. C 13: Beurteilung der Analogiepotentiale

Die theoretische Fundierung der verschiedenen Bereiche ist trotz der inhaltlichen Verwandtschaft zwischen den Feldern heterogen. Innerhalb der Analogiefelder dagegen lassen sich vor allem in den Feldern Markentransfer, Bundling, Testimonialwerbung sowie Country-of-Orgin jeweils dominierende theoretische Positionen identifizieren.

3. Theorie
3.1 Darstellung der Mastertechnik

Theorien basieren auf der Deduktion von Hypothesen aus einem Satz allgemeiner Sätze (sog. Gesetze) in Verbindung mit speziellen Antezedenzbedingungen.[97] Ziel der Mastertechnik Theorie bildet im vorliegenden Zusammenhang die Ableitung von Kausalhypothesen für die Co-Brand-Beurteilung und die Spill-Over-Effekte. Grundsätzlich existiert fast eine unbegrenzte Anzahl von Theorien im Marketing[98], weshalb nur solche Ansätze berücksichtigt werden, die im Rahmen der Sekundäranalyse[99] und der Analogie[100] identifiziert wurden. Die Auswahlentscheidung erschwert auch die in der Konsumentenforschung fehlende Systematik und einheitliche Terminolgie. Daher ist die im Folgenden getroffene Auswahl und Systematisierung subjektiv und folgt insbesondere der Zweckmäßigkeit in Bezug auf die Problemstellung.

Bei der Berücksichtigung der Theorien lassen sich drei Abstraktionsebenen idealtypisch voneinander abgrenzen. Die höchste Abstraktion stellt die **originäre verhaltenswissenschaftliche Theorie** dar. Eine mittlere Position nimmt die Darstellung der Adaption auf das **Konsumentenverhalten** ein. Die geringste Abstraktion ist die Beschreibung der jeweiligen Theorie im **Problemkontext** (hier: Marken bzw. Co-Branding). Je geringer der Abstraktionsgrad ist, desto eher lassen sich konkrete Wirkungshypothesen für die Problemstellung ableiten. Weiterhin fördert ein geringeres Abstraktionsniveau die Verständlichkeit der Ansätze. Allerdings steigt mit abnehmendem Abstraktionsgrad auch die Gefahr, die Theorien unsachgemäß auf die jeweilige Problemstellung anzuwenden und damit im Prinzip theorielose Hypothesen zu formulieren. Diese Problematik behandelt die Literatur auch unter dem Terminus „**Theory Borrowing**"[101]. Hauptproblem der Theorieausleihe bildet die Vernachlässigung des Ursprungskontextes, der sich aus dem sozialen Kontext und den kognitiven Interessen des einzelnen Forschers zusammensetzt.[102] Eine weitere Gefahr der Theorieausleihe resultiert aus der Übernahme von bereits adaptierten Theorien, wodurch Fehler (z.B. unterschiedliche Gegenstände) bei der Übernahme nicht mehr erkannt werden.[103] Die folgenden Ausführungen streben einen mittleren bis geringen Abstraktionsgrad an, um die Ableitung der Hypothesen sowie die Verständlichkeit zu erleichtern. Zusätzlich ermöglicht dieses Abstraktionsniveau die Integration bisheriger empirischer Forschungsergebnisse aus der Marken- und speziell der Co-Brand-Forschung, wodurch im Sinne der positivistischen

---

[97] Vgl. z.B. **Schanz** (1988) S. 29 f.; **Zaltman/Pinson/Angelmar** (1973) S. 72 ff.

[98] Bspw. führt Wiswede bereits 20 verschiedene allgemeine Ansätze als wirtschaftspsychologisch relevante Ansätze an; vgl. **Wiswede** (1995) S. 58 ff. Diese Aufzählung ist bei weitem nicht vollständig.

[99] Vgl. Kap. C.II.1.

[100] Vgl. Kap. C.II.2.

[101] Vgl. z.B. **Anderson/Venkatesan** (1987); **Murray/Evers** (1989); **Murray/Evers/Janda** (1995).

[102] Vgl. **Murray/Evers/Janda** (1995) S. 93 ff.

[103] Anderson/Venkatesan verwenden als Metapher für diese Gefahr das Kinderspiel „Stille Post"; vgl. **Anderson/Venkatesan** (1987) S. 276.

C. Explikative Mastertechniken

Position der Arbeit empirische Bezüge die theoretischen Aussagen im Sinne einer „Hypothesenbewährung" stützen.

Die Theorieauswahl, die auf der Sekundäranalyse und den Analogien basiert, berücksichtigt nicht alle Theorien.[104] Weiterhin erfolgt aus Gründen einer Systematisierung eine Zusammenfassung von Partialansätzen zu Theoriegruppen. Im Einzelnen diskutieren die folgenden Abschnitte die in Abbildung C 14 dargestellten Ansätze.

	Theorieherkunft	Schwerpunkt(e)
Motivation zur Informationsverarbeitung (Involvement, Need for Cognition)	CB, S	Gesamtmodell
Marken- und Produktvertrautheit	CB, MT, CoO	Gesamtmodell
Markenbewusstsein	k.A.	Gesamtmodell
Attributbasierte Einstellungsmodelle (Produktbeurteilung, Informations-Integrations-Ansatz, Informationsökonomie)	CoO, B, CB	Co-Brand
Einstellungstransfer (Semantische Generalisierung, Werbegefallensmodelle)	M	Co-Brand
Konsistenztheorien (Balance-, Kongruenz-Ansatz)	CB, T	Spill-Over
Markenstabilität (Wichtigkeit, Commitment, Vertrautheit, Vertrauen)	MT	Spill-Over
Markenschemata (Assoziative Netzwerke, Markenschemata)	CB, MT	Co-Brand, Spill-Over
Kategorisierungstheorien	CB, MT, CoO	Co-Brand
Fit-Einstellungsmodell (Mandler- und Maoz-Modell)	CB, MT	Co-Brand
Konzeptverbindungsansätze	CB	Co-Brand
Schema-Veränderung (Bookkeeping, Subtyping, Priming, Interferenzen)	MT	Spill-Over
Ankertheorien (Referenzpreise, Anchoring-/Adjustment-Modell, Kontrast-Assimilations-Effekte)	CB, MT, B	Co-Brand, Spill-Over
B: Bundling, CB: Co-Branding, MT: Markentransfer, S: Sponsoring,	CoO: Country-of-Origin, T: Testimonialwerbung	

Abb. C 14: Überblick der verwendeten Theorien

Materiell lassen sich die einzelnen Ansätze drei Theoriegruppen zuordnen:

- Persönlichkeitstheorien,
- Einstellungstheorien,
- Kognitive Theorien.

---

[104] Bspw. werden die Lerntheorien nicht aufgegriffen, da Janiszewski et. al. diese im Bereich des Co-Branding erschöpfend diskutierten; vgl. **Janiszewski/Osselaer** (2000); **Janiszewski/Kwee/Meyvis** (2001); **Osselaer/Janiszewski** (2001).

3.2 Diskussion ausgewählter Theorien

Die Mastertechnik Theorie verfolgt insbesondere das Ziel der Ableitung von Wirkungshypothesen. Vor der Behandlung von Theorien, welche die Wirkungen des Co-Brandings erklären, erfolgt ein Überblick wichtiger Persönlichkeitsmerkmale, da diese regelmäßig bei den folgenden Ansätzen als moderierende Variable auftreten.

3.2.1 Persönlichkeitstheorien

Die Persönlichkeitstheorien beziehen sich auf **einzigartige Eigenschaften der Subjekte**, die die zentralen Prozesse moderieren.[105] Dabei lassen sich allgemeine Persönlichkeitseigenschaften wie Need for Cognition und Markenbewusstsein sowie markenspezifische Persönlichkeitseigenschaften wie Markenwissen (Marken- und Produktvertrautheit) und Involvement[106] voneinander abgrenzen.[107] Im Folgenden werden die Größen Need for Cognition und Involvement aufgrund gleicher Wirkungen im Rahmen des Co-Brand-Strukturmodells unter dem Begriff Motivation zur Informationsverarbeitung zusammengefasst.

3.2.1.1 Motivation zur Informationsverarbeitung

(1) Need for Cognition

Need for Cognition (NfC) bildet die zeitlich relativ stabile **intrinsische Motivation**, sich **kognitiv** zu beschäftigen.[108] Dabei handelt es sich um eine Personenvariable, die unabhängig von der konkreten Situation existiert und eine zeitliche Stabilität aufweist. NfC ist dabei nicht mit Intelligenz gleichzusetzen, wie die Arbeit von *Petty/Cacioppo (1986)* belegen.

Operationalisiert wird dieses Konstrukt regelmäßig durch die von *Cacioppo/Petty (1982)* und *Cacioppo/Petty/Kao (1984)* vorgeschlagenen Skalen.

(2) Involvement

Das Konstrukt des Involvements geht auf das **Kontrast-Assimilations-Modell** von *Sherif/Cantril (1947)* zurück.[109] Insbesondere *Krugman (1965)*, *Ray (1979)* und *Mitchell (1979)* haben die Übertragung des Konstruktes auf das Marketing voran-

---

[105] Vgl. allg. zu Persönlichkeitstheorien z.B. **Zimbardo** (1995) S. 475 ff.

[106] Das Involvement ist nur zum Teil eine markenspezifische Persönlichkeitseigenschaft, da diese u.a. auch durch die Situation determiniert wird.

[107] Daneben lassen sich noch demografische Merkmale wie Geschlecht und Alter als Persönlichkeitsvariable identifizieren. Da diese aber nur beschränkt in der Lage sind, Wirkungen zu erklären, wird auf eine gesonderte Behandlung verzichtet.

[108] Das Konstrukt wurde zum ersten Mal von **Cohen/Stotland/Wolfe** (1955) erwähnt; sie definieren NfC in der Tradition der Gestaltpsychologie, wonach der Mensch versucht, Ordnung in seiner subjektiven Umwelt zu erzeugen, d.h. das Konstrukt bildet eine Tendenz in einer bestimmten Situation, Spannungen zu reduzieren. In der Konsumentenforschung findet dieses Konstrukt insbesondere durch das Elaboration-Likelihood-Modell von Petty/Cacioppo Berücksichtigung, vgl. zu Anwendungen im Marketingbereich z.B. **Haugtvedt/Petty/Cacioppo/Steidley** (1988); **Batra/Stayman** (1990); **Haugtvedt/Petty/Cacioppo** (1992).

[109] Vgl. allg. zur Entwicklung der Involvement-Forschung **Laaksonen** (1994) S. 2 ff. Allg. Überblicke liefern auch **Muehling/Laczniak/Andrews** (1993); **Andrews/Durvasula/Akhter** (1990).

C. Explikative Mastertechniken

getrieben. Das Involvement findet vorrangig zur Erklärung von Werbewirkungen Verwendung.[110] Trotz der unumstrittenen Bedeutung zur Erklärung des Konsumentenverhaltens[111] existiert bis heute keine einheitliche Definition.[112] Zur Strukturierung der verschiedenen Ansätze differenziert beispielhaft *Laaksonen (1994)* zwischen kognitiv-, zustands- und responseorientierten Ansätzen.[113] Nach dem **kognitiv-orientierten Ansatz** resultiert das Involvement aus der persönlichen Relevanz eines Stimulus für das Individuum. Diese Sichtweise legt eine dauerhafte Beziehung zwischen Stimulus und Involvement zugrunde.[114] Diese Definitionsrichtung, die Involvement als eine Persönlichkeitsvariable interpretiert, vertreten u.a. *Lastovicha/Gardner (1977)*, *Peter/Olson (1987)* und *Zaichkowsky (1994)*. Die **zustands-orientierte Interpretation** versteht unter dem Involvement die Aktivierungshöhe in einer bestimmten Situation. Diese Sichtweise, die das Involvement von den Determinanten und den Konsequenzen trennt, findet sich u.a. bei *Mitchel (1979)*, *Rothschild (1984)* und *Mittal (1989)*. Die **response-orientierte Sichtweise** definiert das Involvement über die Reaktionen in Abhängigkeit vom Involvement-Niveau. Beispielsweise unterscheidet *Ray (1973)* zwischen drei verschiedenen Informationsprozessen, die durch unterschiedliches Involvement ausgelöst werden. Die Arbeit verzichtet auf eine ausführliche Definitionsdebatte und legt die weitgefasste Definition von *Trommsdorff (1998)* zugrunde, die die verschiedenen Richtungen miteinander kombiniert:

„Involvement ist der Aktivierungsgrad ... zur objektgerichteten Informationssuche, -aufnahme, -verarbeitung und -speicherung."[115] Diese Begriffsauffassung zeichnet sich durch folgende Merkmale aus:

- Eindimensionalität,
- Kontinuität[116],
- Objektorientierung,

---

[110] Vgl. z.B. **Krugman** (1965); **Petty/Cacioppo/Schumann** (1983); **Jeck-Schlottmann** (1988); **Mühlbacher** (1988).

[111] Die Bedeutung lässt sich auch darin ablesen, dass einige Lehrbücher zum Konsumentenverhalten und zur Markenpolitik das Involvement als explizites Gliederungsmerkmal verwenden, vgl. z.B. **Hoyer/MacInnis** (1997) S. 213 ff.; **Baumgarth** (2001a) S. 71 ff.

[112] Vgl. zu Überblicken **Antil** (1988); **Costley** (1988); **Poiesz/Cess** (1995); **Laaksonen** (1994) S. 22 ff.

[113] Vgl. **Laaksonen** (1994) S. 25 ff.; ähnlich auch **Costley** (1988) S. 554. Vgl. zu einer abweichenden Systematisierung **Hupp** (1998) S. 6 ff.

[114] Vgl. **Costley** (1988) S. 554.

[115] **Trommsdorff** (1998) S. 50. Mit dem Bezug auf die kognitiven Prozesse wird insbesondere auf das kognitive Involvement abgestellt; vgl. zur Abgrenzung zwischen kognitivem und emotionalem Involvement z.B. **Jeck-Schlottmann** (1988) S. 9 f. Vgl. zur Abgrenzung zwischen Involvement und Aktivierung z.B. **Hupp** (1998) S. 14 ff.

[116] Im Folgenden wird wie in der einschlägigen Literatur üblich aus Vereinfachungsgründen nur zwischen den Extremausprägungen hohes und geringes Involvement unterschieden; vgl. z.B. **Lastovichka/ Gardner** (1978); **Petty/Cacioppo** (1984); **Mühlbacher** (1988); drei Stufen unterscheiden **Meyers-Levy/Malaviya** (1999); vier Stufen unterscheiden **Greenwald/Leavitt** (1984).

- Auslösung durch einen Stimulus.

Zur Operationalisierung des Konstruktes lassen sich drei unterschiedliche Ansätze voneinander abgrenzen:[117]

- Index-Messung (*Sherif/Sherif (1967)*)[118],
- eindimensionale Messung durch ein Semantisches Differential (insbesondere *Zaichkowsky (1985)*)[119],
- mehrdimensionale Messung (insbesondere *Laurent/Kapferer (1985)*)[120].

Als Determinanten des Involvements lassen sich insbesondere personenbezogene, situative und objektbezogene Ursachen voneinander abgrenzen[121], wobei Interdependenzen existieren. Die **personenbezogenen Determinanten** beziehen sich auf die Werte, Ziele, Bedürfnisse und Interessen, die eine Person hat. Diese Faktoren bestimmen die persönliche Relevanz des Stimulus. Je wichtiger das Objekt (z.B. die Marke) zur Erreichung bestimmter Ziele und Bedürfnisse ist, desto größer fällt die persönliche Relevanz und das damit verbundene Involvement aus.[122] Hat eine Person ein bestimmtes Hobby, wie z.B. Skifahren oder Angeln, erzeugen Leistungen, die dieses Interesse betreffen, hohes Involvement. Ähnliches gilt auch für „Markenfans", bei denen der Kontakt mit der Lieblingsmarke zu einem hohen Involvement führt. Daneben bedingen auch solche Leistungen oder Marken ein hohes Involvement, die dazu beitragen, das Selbstbild des Individuums nach außen zu kommunizieren.[123] Da die Persönlichkeit und das damit verbundene Selbstbild eine relativ hohe zeitliche Stabilität aufweisen, zeichnet sich das personenbedingte Involvement durch Dauerhaftigkeit aus.[124] Die **situativen Determinanten** beziehen sich auf die Unsicherheiten in einer bestimmten Entscheidungssituation (z.B. Kauf eines Geschenkes).[125] Hohes wahrgenommenes Risiko in Verbindung mit dem Kauf oder der Nutzung des Produktes steigert

---

[117] Vgl. zu einem Überblick verschiedener Operationalisierungen **Hupp** (1998) S. 35 ff.; **Bearden/ Netemeyer** (1999) S. 173. Unabhängig von der Operationalisierung lassen sich in der empirischen Forschung insbesondere zwei Ansätze zur Berücksichtigung des Involvement erkennen: der erste Ansatz misst das Involvement und teilt darauf aufbauend die Personen in geringes und hohes Involvement ein (vgl. z.B. **Higie/Feick/Price** (1991) S. 188 ff.); der zweite Ansatz dagegen versucht durch eine unterschiedliche persönliche Relevanz des Themas bei den Probanden ein unterschiedliches Involvement zu erzeugen (vgl. z.B. **Petty/Cacioppo** (1981); **Kardes** (1988) S. S. 228; **Gürhan-Canli/Maheswaran** (2000) S. 99).

[118] Vgl. **Lastovicka/Gardner** (1978) S. 88; zum Überblick **Bleicker** (1983) S. 150 ff.

[119] Vgl. zu einem Überblick verschiedener, auf der PII-Skala aufbauender Verfahren **Bearden/ Netemeyer** (1999) S. 196 ff.; vgl. auch **Traylor/Joseph** (1984). Vgl. zu einer Überarbeitung der Ursprungsskala **Zaichkowsky** (1994).

[120] Vgl. zu weiteren mehrdimensionalen Involvementskalen **Jain/Srinivasan** (1990); **Hupp** (1998).

[121] Vgl. **Zaichkowsky** (1985) S. 342; **Deimel** (1989) S. 154; **Jeck-Schlottmann** (1988) S. 5 ff.; vgl. ähnlich auch **Hupp** (1998) S. 18 f.; **Mühlbacher** (1988) S. 87.

[122] Vgl. z.B. **Celsi/Olson** (1988) S. 211.

[123] Vgl. z.B. **Leavitt/Greenwald/Obermiller** (1981) S. 16 f.

[124] Vgl. z.B. **Richins/Bloch** (1986) S. 280 f.

[125] Vgl. z.B. **Kapferer/Laurent** (1986) S. 50.

C. Explikative Mastertechniken

die persönliche Relevanz und damit das Involvement. Das wahrgenommene Risiko basiert auf finanziellen, funktionalen oder sozialen Risiken.[126] Die Abhängigkeit des wahrgenommenen Risikos nicht nur von der Situation, sondern auch von der Personeneigenschaft Risikobereitschaft liefert einen weiteren Hinweis auf die fehlende Unabhängigkeit der Determinanten. Nach Veränderung der Situation sinkt das Involvement wieder.[127] Den dritten Faktor bilden die **objektbezogenen Determinanten**, wobei im Folgenden nur auf das Produkt und die Marke kurz eingegangen wird.[128] Die produktbezogene Komponente nimmt an, dass es bestimmte Produkte bzw. Eigenschaften von Produkten gibt, die unabhängig von der Person und Situation zu einem bestimmten Involvement führen. Eine Vielzahl von Studien identifizierte Produkte mit hohem bzw. niedrigem Involvement (vgl. Abbildung C 15).[129]

	Jeck-Schlottmann (1988)	Jain/Srinivasan (1990)	TDW 2000/01[130]
Involvementrangfolge (Rang 1: hohes Involvement; letzter Rang: geringes Involvement)	1. Kleidung, 2. Autos, 3. Kosmetik, 4. Heimcomputer, 5. Spirituosen, 6. Zahnpasta, 7. Mineralwasser, 8. Videorecorder, 9. Lebensversicherungen, 10. Zigaretten.	1. Radio, 2. Haarschnitt/Styling, 3. Schallplatten, 4. Zeitung, 5. Wecker, 6. Parfüm, 7. Taschenrechner, 8. Batterien, 9. Waschmittel, 10. Schokolade.	1. Körperpflege, 2. Reisen/Urlaubsziele, 3. Damenbekleidung, 4. Autos, 5. Freizeitbekleidung, 6. Parfüms, Düfte, 7. Alkoholfreie Erfrischungsgetränke, 8. Waschmittel, 9. Aktien/Aktienfonds, 10. Süßwaren/Bonbons/Schokolade, 11. Versicherungen, 12. Spirituosen/Alkoholische Getränke, 13. Fertiggerichte, 14. Schlankheitskost, 15. Babynahrung/Babywindeln.
Untersuchungsgruppe	deutsche Studierende	amerikanische Studierende	deutsche Gesamtbevölkerung
Operationalisierung	eindimensional: Produktinteresse	PII (Zaichkowsky)	eindimensional: Produktinteresse

Abb. C 15: Produktbezogenes Involvement

Die Abbildung verdeutlicht die Problematik solcher Listen. Während beispielsweise bei *Jeck-Schlottmann* Bekleidung das höchste Involvement aufweist, belegt es in der *TDW*

---

[126] Vgl. zur Diskussion verschiedener Risikoarten z.B. **Panne** (1977) S. 59 ff.; **Hoyer/MacInnis** (1997) S. 46 f.

[127] Vgl. **Celsi/Olson** (1988) S. 212.

[128] Darüber hinaus wird in der Marketingliteratur insbesondere auf die Objekte Werbemittel und Werbeträger eingegangen; zum Überblick vgl. z.B. **Mühlbacher** (1988) S. 88 f.

[129] Vgl. z.B. auch **Lastovicka/Gardner** (1979); **Laurent/Kapferer** (1985) S. 45; **Kapferer/Laurent** (1986) S. 51.

[130] In der Rangliste sind nur einige ausgewählte Leistungen wiedergegeben; die Studie TDW 2000/01 untersucht insgesamt 63 Leistungskategorien.

Studie nur einen mittleren Platz. Das Beispiel Babynahrung verdeutlicht auch die Unterschiede zwischen produkt- und personenbezogenem Involvement, da das geringe Produktinteresse für Babynahrung in der *TDW-Studie* vermutlich nicht generell gilt, sondern von situativen und persönlichen Determinanten, wie z.B. erstes Kind, abhängen. Allerdings lassen sich einige Produktmerkmale identifizieren, die eher zu einem geringen Involvement führen:[131]

- späte Lebenszyklusphasen,
- geringe psychische Produktdifferenzierung,
- wenige kaufentscheidende Merkmale,
- gering ausgeprägte Einstellungen,
- gering empfundenes (insbesondere soziales) Risiko.

Ähnlich wie für Produkte gilt auch für Marken, dass eine absolut gültige Skala nicht existiert. Vielmehr entsteht das markenverursachte Involvement aus der inneren Verbindung des Abnehmers mit einer bestimmten Marke.[132] Insbesondere ist davon auszugehen, dass hohes Involvement mit einer Marke zu einer **hohen Markenstabilität**[133] führt.[134]

(3) Effekte

Der Einfluss der Motivation zur Informationsverarbeitung stellt eine der zentralen Fragestellungen der Konsumentenforschung dar. Besonders einflussreich für das Marketing sind dabei das Informationssuche-Konzept[135], das Elaboration-Likelihood-Modell von *Petty/Cacioppo (1986)* sowie die Ansätze zur kognitiven Struktur[136].

Die Motivation setzt sich dabei aus dem Involvement und dem NfC zusammen, wobei das Involvement das NfC dominiert, d.h. eine geringe Motivation liegt bei geringem Involvement und geringem NfC vor. Eine hohe Motivation zur Informationsverarbeitung kann dagegen auch bei geringem NfC vorliegen, wenn ein hohes Involvement vorhanden ist.[137]

Das **Informationssuche-Konzept** geht davon aus, dass bei geringer Motivation nur eine eingeschränkte Suche nach externen Informationen stattfindet[138], hingegen führt

---

[131] Vgl. **Trommsdorff** (1998) S. 53.

[132] Vgl. **Mühlbacher** (1988) S. 88.

[133] Vgl. Kap. C.II.3.2.2.2.2.

[134] Vgl. zum Zusammenhang zwischen Ego-Involvement, Purchase-Involvement und Brand Commitment **Beatty/Kahle/Homer** (1988).

[135] Vgl. z.B. **Bloch/Sherrell/Ridgway** (1986); **Zaichkowsky** (1985); **Beatty/Smith** (1987); **Mühlbacher** (1988).

[136] Vgl. z.B. **Brisoux/Chero** (1990); **Lastovicka/Gardner** (1978).

[137] Vgl. **Petty/Cacioppo** (1986) S. 163.

[138] Mögliche Quellen externer Informationen sind Medien, Händler, interpersonelle Kommunikation sowie neutrale Quellen, vgl. **Beatty/Smith** (1987) S. 83.

C. Explikative Mastertechniken

eine hohe Motivation zu einer verstärkten Suche nach Informationen. Übertragen auf das Co-Branding ist zu erwarten, dass die Co-Brand-Beurteilung bei geringem Involvement nur auf wenigen (z.b. dominierende Marke auf der Co-Brand-Verpackung) und peripheren Informationen (z.b. Werbegefallen) basiert. Bei hoher Motivation dagegen werden alle verfügbaren Informationen (Einstellung gegenüber beiden Marken, Fitbeurteilung, Werbegefallen) einzeln bewertet und anschließend zu einem Gesamturteil verknüpft. Diese Unterschiede in der Einstellungsbildung konnten *Maheswaran/ Mackie/Chaiken (1992)* in Markentransfer- und *Li/Wyer (1994)*, *Li/Leung/Wyer (1993)* sowie *Eroglu/Machleit (1989)* in Country-of-Origin-Studien nachweisen. In der Studie von *Maheswaran/Mackie/Chaiken (1992)* zeigte sich, dass bei geringer Aufgabenwichtigkeit nur die Marke die Beurteilung des Markentransfers beeinflusst, hingegen bei hoher Aufgabenwichtigkeit einzelne externe Merkmale sowie die Marke unter der Bedingung, dass zwischen der Marke und den Merkmalen Kongruenz bestand, die Beurteilung beeinflussen. In den CoO-Studien von *Li/Leung/Wyer (1993)* und *Li/Wyer (1994)* wurde die Bedeutung des CoO für die Produktbeurteilung thematisiert. Dabei wurde u.a. angenommen, dass das CoO entweder als isoliertes Beurteilungsmerkmal oder als Signal im Sinne einer Irradiation[139] fungiert. In den beiden empirischen Studien zeigte sich, dass unter geringer Motivation das CoO eher ein Signal[140] und unter hoher Motivation eher ein unabhängiges Beurteilungskriterium darstellt. In der Studie von *Eroglu/Machleit (1989)* wurde der Vorhersagewert verschiedener Informationen (Marke, CoO, Produktmerkmale) für die Produktqualität untersucht. Sowohl unter geringem als auch unter hohem Involvement übte die Marke den größten Einfluss aus. Weiterhin zeigt sich, dass der CoO als zweite intern gespeicherte Information nur unter hohem Involvement für die Produktbeurteilung von Bedeutung ist.

Neben dem Einfluss auf die verwendeten Informationen bei der Einstellungsbildung steuert die Motivation zur Informationsverarbeitung stark die Veränderung bestehender Einstellungen. Diesen Zusammenhang erklärt insbesondere das **Elaboration-Likelihood-Modell** von *Petty/Cacioppo (1986)*[141], welches das NfC und Involvement als zentrale Variable enthält. Abbildung C 16 gibt das Modell wieder.

---

[139] Bei einer Irradiation wird die Beurteilung einer Eigenschaft (hier: CoO) auf andere Merkmale übertragen.

[140] Zu einer ähnlichen Vermutung im Rahmen des Co-Brandings vgl. **Hillyer/Tikoo** (1995) S. 124.

[141] Vgl. auch **Eagly/Chaiken** (1993) S. 305 ff; **Stahlberg/Frey** (1993) S. 328 ff. Zur kritischen Würdigung des Modells vgl. z.B. **Bitner/Obermiller** (1985). Ähnliche Modelle sind das Heuristic-Systematic-Modell von **Chaiken** (1980) sowie das Modell der Wirkungspfade von **Kroeber-Riel/Weinberg** (1999).

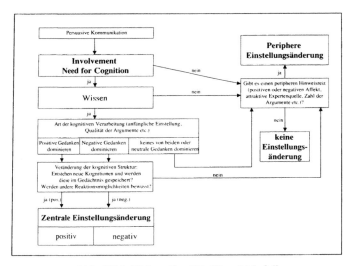

Abb. C 16: Elaboration-Likelihood-Modell
Quelle: (in starker Anlehnung an) *Petty/Cacioppo (1986)* S. 4.

Nach diesem Modell existieren zwei Wege der Einstellungsbildung bzw. -veränderung. Der **zentrale Weg** beschreibt einen systematischen Prozess mit hohem kognitiven Aufwand. Bei diesem Weg erfolgt insbesondere die Beurteilung der Einzelargumente (z.B. Qualität der Argumente[142]) und die Integration zu einem Gesamturteil. Eine Einstellung, die auf dem systematischen Wege gebildet wurde, ist im Zeitablauf stabil. Den zweiten Weg stellt der **periphere Weg** dar, der auf der Anwendung von Heuristiken, wie z.B. Attraktivität des Testimonials[143] oder Anzahl der Argumente in einer Anzeige[144], basiert. Allerdings ist eine Einstellungsänderung durch einen peripheren Reiz nur dann von Dauer, wenn zwischen dem peripheren Reiz und dem Einstellungsobjekt eine innere Beziehung (Fit) existiert.[145]

Die Motivation zur Informationsverarbeitung bestimmt den Pfad der Einstellungsbeeinflussung. Bei hoher Motivation zur Informationsverarbeitung erfolgt eher eine Einstellungsbeeinflussung auf dem zentralen, bei geringer Motivation eher eine auf dem peripheren Weg.[146]

---

[142] Vgl. z.B. **Petty/Cacioppo/Schumann** (1983); **Petty/Cacioppo** (1984).

[143] Vgl. z.B. **Petty/Cacioppo/Schumann** (1983).

[144] Vgl. z.B. **Petty/Cacioppo** (1984).

[145] Vgl. **Sengupta/Goodstein/Boninger** (1997).

[146] Vgl. zum empirischen Nachweis z.B. **Haugtvedt/Petty/Cacioppo/Steidley** (1988); **Haugtvedt/Petty/Cacioppo** (1992).

C. Explikative Mastertechniken

Aufgrund der systematischeren Verarbeitung bei hoher Motivation wird die Co-Brand-Beurteilung stärker mit den Einzelmarken verbunden, weshalb zu erwarten ist, dass die (positiven und negativen) Spill-Over-Effekte bei hoher Motivation stärker ausfallen. Diese Hypothese bestätigten im Rahmen der Markentransferforschung *Lane/Jacobson (1997)* für das NfC und *Gürhan-Canli/Maheswaran (1998)* für das Involvement.

Weiterhin beeinflusst die Motivation zur Informationsverarbeitung die **Fitbeurteilung**.[147] Es ist anzunehmen, dass durch die systematischere und komplexere Beurteilung auf dem zentralen Weg mehr und auch komplexere Fitgründe, hingegen bei einer geringen Motivation oberflächliche Ähnlichkeiten als Fitgründe Verwendung finden. Diesen Zusammenhang konnte *Nijssen/Uijl/Bucklin (1995)* im Rahmen des Markentransfers identifizieren, indem der komplexe Fitgrund „Transfer von Herstellungskompetenzen" zwischen der Marke und der neuen Leistung unter hohem Involvement eine größere Bedeutung aufweist und „einfache" Fitgründe wie Komplementarität und Substitutionalität unter geringem Involvement eine höhere Bedeutung besitzen.

Die Ansätze zur **kognitiven Struktur** zeigen insbesondere, dass ein hohes Involvement zu einer stärkeren Differenzierung und Integration des Markenwissens[148] sowie umfangreicheren **Markensets**[149] (insbesondere: Awareness-, Trial- und Hold-Set)[150] beiträgt.

Zusammenfassend lassen sich als moderierende Effekte der Motivation zur Informationsverarbeitung die in Abbildung C 17 wiedergegebenen Wirkungsunterschiede festhalten.[151]

		geringe Motivation	hohe Motivation
Kognitive Strukturen	Dimensionen	wenige	viele
	Integriertheit	schwach	stark
	Umfang der Markensets	gering	umfangreich
Informationssuche	Aufmerksamkeit	gering	hoch
	Informationsbedarf	gering	hoch
	Informationssuche	gering (z.B. nur Hauptmarke des Co-Brand)	hoch (z.B. beide Marken des Co-Brand)
Fit	Fit-Basen	wenige, oberflächliche Fitbasen	viele, komplexe Fitbasen

---

[147] Daneben ist auch ein Einfluss des Fit auf das Involvement denkbar. Hartman/Price/Duncan vermuten, dass ein geringer bzw. ein hoher Fit zu einer geringen Motivation, ein mittlerer Fit dagegen zu einer hohen Motivation zur Informationsverarbeitung führt; vgl. **Hartman/Price/Duncan** (1990) S. 124.

[148] Vgl. **Lastovicka/Gardner** (1978).

[149] Vgl. allg. zu den Marken-Set-Konzepten z.B. **Nedungandi** (1990).

[150] Vgl. **Brisoux/Chero** (1990).

[151] Vgl. zu einem ähnlichen Katalog **Deimel** (1989) S. 157.

		geringe Motivation	hohe Motivation
Einstellung/ Image	Einstellungsstabilität (Spill-Over-Effekte)	gering (hoch)	hoch (gering)
	Anzahl der verarbeitenden Informationen	wenige	viele
	Art der verarbeitenden Informationen	Schlüsselinformationen (dominierende Marke, Werbegefallen); innere Verbindung des peripheren Reizes notwendig	intrinsische Attribute; beide Marken, Fit
	Einstellungsveränderung	gering	hoch
	Prozess der Einstellungsveränderung	heuristisch	systematisch

Abb. C 17: Effekte der Motivation zur Informationsverarbeitung

3.2.1.2 Marken- und Produktvertrautheit

(i) Begriff

Das Wissen des Konsumenten lässt sich allgemein in die Vertrautheit und die Expertise unterteilen.[152] Die **Vertrautheit** resultiert aus dem Umfang der bisherigen Erfahrungen, wobei sich diese aus eigenen Erfahrungen (z.B. Kauf oder Nutzung des Produktes), Kommunikationskontakten (z.B. Werbung, Stiftung Warentest) und Interaktionen mit Verkäufern oder anderen Personen zusammensetzen. Die **Expertise** dagegen bezieht sich darauf, produktbezogene Informations- und Entscheidungsprozesse erfolgreich durchführen zu können. Hohe Expertise führt zur Reduzierung des kognitiven Aufwandes bei Wiederholungen, besseren Möglichkeiten zur Differenzierung, Identifizierung von relevanten Aspekten, erfolgreichen Interferenzen sowie höheren Erinnerungswerten.[153] Die Vertrautheit bildet die Basis für die Expertise, weshalb die folgende Diskussion insbesondere diese Komponente des Markenwissens thematisiert.

Daneben ist in dem vorliegenden Zusammenhang der Inhalt des Wissens von Bedeutung, wobei sich die am Co-Branding beteiligten Marken und die Produktklasse des Co-Brands voneinander abgrenzen lassen. Vereinfacht wird die erste als **Markenvertrautheit** und die zweite als **Produktvertrautheit** bezeichnet. Anzumerken ist, dass aufgrund der Speicherung von Marken[154] die Markenvertrautheit die Produktvertrautheit

---

[152] Vgl. **Alba/Hutchinson** (1987) S. 411.

[153] Vgl. ausführlich zu diesen fünf Aspekten **Alba/Hutchinson** (1987) S. 412 ff.

[154] Vgl. Kap. C.II.3.2.3.1; bspw. gehen Mano/Davis davon aus, dass eine hohe Markenvertrautheit mit einer hohen Produktvertrautheit gleichzusetzen ist (vgl. **Mano/Davis** (1990) S. 276 f.). Auch Broniarczyk/Alba gehen davon aus, dass Experten („Computerexperten") im Vergleich zu Laien („Studierende in Anfängersemestern") ein höheres Markenwissen aufweisen (vgl. **Broniarczyk/Alba** (1994) S. 225).

C. Explikative Mastertechniken 185

üblicherweise beinhaltet. Zusätzlich besitzt der Abnehmer eine Co-Brand-Vertrautheit. Da der Konsument im Zeitpunkt des ersten Kontaktes mit dem Co-Brand keinerlei direkte Erfahrung mit diesem aufweist, setzt sich die **Co-Brand-Vertrautheit** aus der Markenvertrautheiten zu den beteiligten Marken und der Produkt-Vertrautheit mit der Co-Brand-Leistung zusammen.

Eine weitere Differenzierung des Markenwissens erlaubt die Unterscheidung zwischen objektivem und subjektivem Wissen.[155] Das **objektive** Wissen bezieht sich auf die tatsächliche Kenntnis eines Individuums über einen Gegenstand, während sich das **subjektive** Wissen auf die Annahme des Individuums über seinen Wissensstand bezieht.

Zur Operationalisierung des Konstruktes Markenwissen existieren neben dem unterschiedlichen Bezugsobjekt[156] verschiedene Ansätze. Eine erste Differenzierung unterscheidet zwischen bisherigen Kauf- und Nutzungserfahrungen als eine Determinante des Markenwissens und direkten Erhebungen des Markenwissens (Umfang, Struktur).[157] Weiterhin lassen sich in Bezug auf die verschiedenen Formen des Markenwissens objektive[158] und subjektive[159] Messungen voneinander abgrenzen.[160] Da im vorliegenden Zusammenhang insbesondere interessiert, inwieweit der Konsument Unsicherheiten bei der Beurteilung des Co-Brands und inwieweit er die beiden Individualmarken als zuverlässigen Indikator für die Co-Brand-Beurteilung empfindet, wird auf subjektive Messungen auf der Markenebene abgestellt.

(2) Effekte

Die Effekte der Marken- und Produktvertrautheit auf die Informationssuche sind in der Literatur umstritten.[161] Auf der einen Seite führt hohes Wissen zu einer Abnahme der externen Informationssuche, da bereits genügend Informationen im Langzeitgedächtnis gespeichert vorliegen und die Informationssuche durch die Konzentration auf relevante Informationen sowie rasche Eliminierung unterlegener Alternativen eingeschränkt ist. Auf der anderen Seite führt erhöhtes Wissen zu einer erhöhten Informationsaufnahme, da die Suche geringere Kosten verursacht, und der Experte leichter in der Lage ist, Fragen zu stellen. Aufgrund dieser abweichenden Hypothesen wird häufig ein

---

[155] Vgl. **Brucks** (1985) S. 2; **Cowley** (1994) S. 60. Ähnlich auch **Laroche/Kim/Zhou** (1996), die zwischen Brand Familiarity und Confidence unterscheiden.

[156] Beispiele für Markenvertautheit finden sich z.B. bei **Laroche/Kim/Zhou** (1996) S. 117 f.; **Simonin/Ruth** (1998) S. 35. Beispiele für Produkt liefern z.B. **Brucks** (1985) S. 7 f.; **Cowley** (1994) S. 60; **Johnson/Russo** (1984) S. 545; **Bettman/Sujan** (1987) S. 146; **Sujan** (1985) S. 36; **Smith/Park** (1992) S. 301.

[157] Vgl. **Brucks** (1985) S. 1.

[158] Objektive Messungen erfolgen entweder durch offene Fragen zur Anzahl bekannter Marken, Anzahl von Beurteilungskriterien, Varianzen der Attribute zwischen verschiedenen Angeboten etc. (vgl. z.B. **Brucks** (1985) S. 13 f.; **Muthukrishnan/Weitz** (1991) S. 412; **Cowley** (1994) S. 60) oder durch „Wissensfragen" (vgl. z.B. **Sujan** (1985) S. 36; **Cowley** (1994) S. 60).

[159] Vgl. zur Operationalisierung der subjektiven Produktvertrautheit **Brucks** (1985) S. 6; **Muthuskrishnan/Weitz** (1991); **Smith/Park** (1992). Zur Operationalisierung der subjektiven Markenvertautheit **Laroche/Kim/Zhou** (1996) S. 117 f.; **Simonin/Ruth** (1998).

[160] Zum Vergleich insbesondere **Brucks** (1985).

[161] Vgl. zum Überblick **Brucks** (1985); **Johnson/Russo** (1984).

umgekehrt u-förmiger Zusammenhang angenommen[162], der unterstellt, dass in dem Intervall zwischen geringem und mittlerem Wissen ein positiver Anstieg der Informationssuche, und zwischen mittlerem und hohem Wissen ein negativer Zusammenhang existiert. Die empirische Forschung konnte bisher noch keine abschließenden Aussagen über den Zusammenhang zwischen Wissen und Informationssuche nachweisen, vielmehr hängt dieser von Randbedingungen wie Aufgabenkomplexität oder Art der Aufgabe (Vergleich von Marken vs. Auswahl einer Marke) ab.

Zwischen der Markenvertrautheit und der Einstellung besteht ein positiver Zusammenhang, d.h. je höher die Vertrautheit, desto positiver fällt die Einstellung aus.[163] Erklärungsansätze für diesen Zusammenhang liefern u.a. der **mere-exposure-Effekt** von *Zajonic (1968)*[164] sowie der **Frequenz-Effekt** von *Hasher/Zacks (1984)*[165]. In einer Kausalstudie untersuchten *Laroche/Kim/Zhou (1996)* den Zusammenhang zwischen Markenvertrautheit, Beurteilungssicherheit[166], Einstellung und Kaufabsicht in einem Mehrmarken-Kontext. Für vier untersuchte Marken aus dem Bereich Erkältungsmedikamente zeigten sich starke Zusammenhänge zwischen Markenvertrautheit und Beurteilungssicherheit (Strukturkoeffizienten: 0,79 – 0,94), und zwischen Markenvertrautheit und Einstellung (Strukturkoeffizienten: 0,51 – 0,57). Abbildung C 18 gibt das Modell von *Laroche/Kim/Zhou* für die Marke A wieder.[167]

Aufgrund dieses Zusammenhanges kann davon ausgegangen werden, dass eine erhöhte Vertrautheit mit dem Co-Brand, welche sich aus der Markenvertrautheit der Einzelmarken sowie der Produktvertrautheit der Co-Brand-Leistung zusammensetzt, zu einer positiven Einstellung gegenüber dem Co-Brand beiträgt.

Weiterhin konnte *Sujan (1985)* nachweisen, dass **Experten** im Vergleich zu **Laien** mehr produkt- und attributbezogene Kriterien, weniger einfache Beurteilungen und weniger extreme Urteile abgeben. Dies deutet darauf hin, dass Experten im Vergleich zu Laien eher auf attributbasierte Einstellungsmodelle zurückgreifen. Laien dagegen verwenden eher einen Einstellungstransfer als Möglichkeit, neue Stimuli zu bewerten.[168]

---

[162] Vgl. z.B. **Johnson/Russo** (1984) S. 543.

[163] Vgl. **Baker/Hutchinson/Burke/Nedungandi** (1986) S. 638 f.; **Laroche/Kim/Zhou** (1996); **Mano/Davis** (1990) S. 277.

[164] Der mere-exposure-Effekt basiert auf der Beobachtung, dass unabhängig von der Beurteilung der häufige Kontakt mit einem Stimulus zu einer positiveren Beurteilung führt. Da steigende Markenvertrautheit durch steigende Anzahl von Erfahrungen zustande kommt, wirkt dieser Effekt.

[165] Der Frequenz-Effekt basiert auf einer Beurteilungsheuristik, die darauf aufbaut, dass der Konsument Marken, die er häufiger als andere Marken wahrnimmt, positiver beurteilt („Ich sehe diese Marke häufiger als andere Marken. Dann muss diese Marke häufiger gekauft werden und gut sein. Dann finde ich diese Marke auch gut").

[166] Dabei lässt sich die Beurteilungssicherheit auch als eine Komponente des subjektiven Markenwissens interpretieren.

[167] Die übrigen drei Modelle weichen in der Güte (GFI liegt zwischen 0,93 und 0,96) sowie in den Strukturparametern nur geringfügig von dem dargestellten Modell ab.

[168] Vgl. **Sujan** (1985) S. 34.

C. Explikative Mastertechniken 187

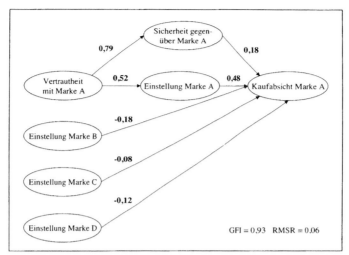

Abb. C 18: Kausalmodell zum Zusammenhang zwischen Markenvertrautheit und Markeneinstellung
Quelle: (zusammengestellt aus) *Laroche/Kim/Zhou (1996)*.

Maheswaran (1994) zeigt in einer CoO-Studie, dass bei gleichzeitiger Existenz von CoO-Informationen und Attributen Experten überwiegend die Attribute, hingegen Laien insbesondere die CoO-Informationen zur Produktbeurteilung heranziehen. Daher ist zu erwarten, dass beim Co-Brand der Einfluss der Einstellungen gegenüber den Individualmarken auf das Co-Brand stärker bei Laien ausgeprägt ist als bei Experten.[169]

Ein weiterer Aspekt einer hohen Markenvertrautheit stellt die daraus resultierende Markenstabilität dar.[170] *Sheinin (2000)* konnte bspw. im Markentransferkontext nachweisen, dass bei Experten positiv und negativ beurteilte Markentransfers zu gleichen Post-Einstellungen gegenüber der Muttermarke führten, während bei Laien signifikante Unterschiede identifizierbar waren. Daraus folgt die Hypothese, dass eine **erhöhte Markenvertrautheit** zu **geringeren Spill-Over-Effekten** des Co-Brands führt.

Neben dem Zusammenhang zur Einstellung besitzt das Markenwissen auch Relevanz für die Fitbeurteilung. Zunächst bedingt der größere Umfang des Markenwissens bei Experten, dass die Fitbeurteilung auf mehreren und verschiedenen Fitbasen aufbaut. Laien dagegen verwenden wenige, und immer wieder die gleichen Fitbasen. Die generelle Unterschiedlichkeit der Fitbasen zwischen Experten und Laien konnten *Hem/Lines/Gronhaug (1999)* im Bereich des Markentransfers nachweisen. Weiterhin zeigten *Muthuskrishnan/Weitz (1991)*, dass Laien ihre Fitbeurteilung im Rahmen des Markentransfers insbesondere auf der Basis von oberflächlichen Merkmalen treffen, die

---

[169] Den stärkeren Einfluss der Marke auf den Erfolg des Markentransfers bei Laien im Vergleich zu Experten konnten auch **Smith/Park** (1992) S. 306 f. nachweisen.

[170] Vgl. ausführlich Kap. C.II.3.2.2.2.2.

in keinem Zusammenhang zur Leistung der Marke stehen (z.B. Verpackung, Form, Farbe, Größe etc.). Hingegen verwenden Experten sowohl oberflächliche als auch leistungsbezogene Assoziationen (z.B. Technologie, Materialien, Design) zur Fitbeurteilung. Aufgrund des Fits als Voraussetzung für einen Einstellungstransfer[171] führen die unterschiedlichen Fitbasen dazu, dass bei einem oberflächlichen Fit eher die Laien einen Einstellungstransfer, bei leistungsbezogenem Fit eher die Experten einen Einstellungstransfer vornehmen. Diese Zusammenhänge konnten *Muthuskrishnan/Weitz (1991)* für den Markentransferbereich nachweisen, wie Abbildung C19 verdeutlicht.

	Fitbeurteilung		Markentransferbeurteilung			
	Laien	Experten	Laien		Experten	
			positiv*	negativ*	positiv*	negativ*
oberflächlicher Fit (Tennisschläger + Tennisschuhe)	5,15	3,95	3,52	2,71	2,67	2,21
leistungsbezogener Fit (Tennisschläger + Golfschläger)[172]	3,20	4,95	1,92	1,76	3,34	1,92
Fitbeurteilung: 1 = geringe Ähnlichkeit; 7 = hohe Ähnlichkeit; Einstellung: 1 = negativ; 7 = positiv						
*: diese Beurteilung bezieht sich auf die Muttermarke.						

Abb. C 19: Einfluss des Wissens auf die Fitbeurteilung und den Einstellungstransfer
Quelle: (zusammengestellt aus) *Muthuskrishnan/Weitz (1991)*.

Übertragen auf das Co-Branding ist daher zu erwarten, dass die Fitbeurteilung bei geringer Markenvertrautheit mit mindestens einer der beiden beteiligten Marken auf oberflächlichen Kriterien (z.B. ähnliche Produkte) basiert. Hingegen besitzen Markenexperten für beide Marken ein breiteres Spektrum an Fitbasen, wodurch spezifische Assoziationen als Fitbasen dienen können.

Weiterhin ist zu erwarten, dass Abnehmer mit einem hohen Markenwissen zwar eher Widersprüche zwischen den Marken identifizieren[173], da sie aber gleichzeitig mehrere Fitbasen analysieren, allerdings auch eher in der Lage sind, einen Fit zu konstruieren. Weiterhin gelingt es Experten auch, einen Fitgrund zu finden, falls keine oberflächlichen Fitbasen vorhanden sind, weshalb Experten insgesamt eine höhere Fitbeurteilung aufweisen.[174] Hingegen basiert das Fiturteil der Laien auf wenigen und oberflächlichen Assoziationen.

---

[171] Vgl. ausführlich Kap. C.II.3.2.2.1.2.

[172] Golf- und Tennisschläger werden zum Teil aus den gleichen Materialien gefertigt. Weiterhin bestehen beim Design und bei der Herstellung Gemeinsamkeiten.

[173] Vgl. **Desai/Hoyer** (1993) S. 601 f.

[174] Vgl. **Hem/Lines/Gronhaug** (1999) S. 5.

C. Explikative Mastertechniken

Weiterhin führt ein hohes Markenwissen dazu, dass der Konsument in der Lage ist, markenspezifische Assoziationen abzurufen, da ein erhöhtes Wissen auch eine stärkere Differenzierung der kognitiven Strukturen zur Folge hat.[175] Falls diese markenspezifischen Assoziationen für die Leistungsklasse von Relevanz sind, führt dies dazu, dass Experten das Co-Brand positiver beurteilen als Laien.[176]

Abbildung C 20 fasst die wichtigsten moderierenden Effekte der Marken- und Produktvertautheit auf die zentralen Konstrukte zusammen.

		geringes Wissen (Laie)	hohes Wissen (Experte)
Kognitive Strukturen	Markenspezifische Assoziationen	nicht vorhanden	vorhanden
Informationssuche	(externe/interne) Informationssuche	gering	gering - hoch
Einstellung/ Image	Fitbasen	wenige, oberflächliche Fitbasen	viele, oberflächliche und leistungsbezogene Fitbasen
	Fitbeurteilung	niedrig	hoch
	Einstellungsbildung	neutral	positiv
	Einstellungsstabilität (Spill-Over-Effekte)	gering (hoch)	hoch (gering)
	Anzahl der verarbeitenden Informationen	wenige	viele
	Einstellungstransfer	hoch	gering

Abb. C 20: Effekte der Marken- und Produktvertautheit

3.2.1.3 Markenbewusstsein

(1) Begriff

Markenbewusstsein[177] ist unabhängig von der konkreten Marke und beschreibt die **Aktivierung durch Marken**, die auf persönlichen Prädispositionen des Individuums basiert.[178] Der Bezug des Konstruktes zur Aktivierung verdeutlicht, dass bei hohem Markenbewusstsein Marken eine hohe Aktivierung auslösen, die wiederum die Informationsverarbeitungsprozesse beeinflusst. Das Konstrukt des Markenbewusstseins fand bisher in der explikativen Forschung mit wenigen Ausnahmen[179] keine Berück-

---

[175] Vgl. **Alba/Hutchinson** (1987) S. 414 ff.

[176] Vgl. zu diesem Zusammenhang im Rahmen des Markentransfers **Nakamoto/MacInnis/Jung** (1993) S. 285 ff.; **Broniarczyk/Alba** (1994) S. 215 ff.; **Zatloukal** (1999) S. 66 ff.; alle drei Studien bestätigten diesen Effekt empirisch.

[177] Synonym: Marken-Sensibilität, Marken-Gläubigkeit, Marken-Orientierung.

[178] Vgl. **Bekmeier-Feuerhahn** (1998) S. 118.

[179] Eine Ausnahme bildet das Markenstärkemodell von **Bekmeier-Feuerhahn** (1998) S. 118 ff.

sichtigung. Überwiegend findet sich das Konstrukt in verschiedenen Markt- und Mediastudien[180], die die Höhe des Markenbewusstseins der Bevölkerung zu einem bestimmten Zeitpunkt oder deren Veränderungen messen. Das Beispiel des Outfit-Marktes, welches Abbildung C 21 wiedergibt, zeigt, dass in Deutschland insgesamt ein hohes, zeitlich relativ stabiles Markenbewusstsein vorliegt.

	Frauen (in %)[181]			Männer (in %)		
	Outfit 3[182] (1994)	Outfit 4 (1997)	Outfit 5 (2001)	Outfit 3 (1994)	Outfit 4 (1997)	Outfit 5 (2001)
Jeans	52	54	54	56	60	59
Bluse/Oberhemd	32	32	32	38	35	39
T-Shirt	31	34	34	30	32	37
Unterhose/Slip	41	38	39	34	30	34
Schuhe	55	56	57	52	53	57
Turnschuhe	46	43	46	54	55	54

Abb. C 21: Markenbewusstsein in Deutschland für ausgewählte Outfit-Produkte

Weiterhin fand das Konstrukt bisher in personengruppenvergleichenden Studien Berücksichtigung.[183]

Das Markenbewusstsein kann dabei unterschiedliche Bezugsobjekte aufweisen: Entweder bezieht es sich auf eine bestimmte Produktklasse[184] oder insgesamt auf das Konsumentenverhalten.[185] Im Folgenden wird das Markenbewusstsein als ein allgemeines Merkmal des Konsumentenverhaltens interpretiert, da ein produktklassenbezogenes Markenbewusstsein Überschneidungen zu markenspezifischen Konstrukten, wie z.B. Markenstabilität oder Involvement, aufweist.[186]

---

[180] Vgl. z.B. **TDW 2000/2001; VA 2000, Imagery2, Brigitte KA 2000**.

[181] Als markenbewusst werden die Personen bezeichnet, die die Marke allgemein für die entsprechende Kategorie als sehr wichtig oder wichtig ansehen.

[182] Die Outfit-Studien 1 und 2 wählten eine abweichende Operationalisierung des Markenbewusstseins, weshalb ein Vergleich nicht möglich ist.

[183] Bspw. verglichen **Donthu/Gilliand** (1996) das Markenbewusstsein („brand conscious") zwischen Käufern bei Dauerwerbesendungen mit Nichtkäufern. **Shim/Gehrt** (1996) dagegen untersuchten Unterschiede zwischen ethnischen Gruppen u.a. in Bezug auf das Markenbewusstsein.

[184] Dieses Bezugsobjekt hat z.B. Bekmeier-Feuerhahn gewählt, vgl. **Bekmeier-Feuerhan** (1998) S. 144.

[185] Dieses Bezugsobjekt liegt z.B. der Studie von Donthu/Gilliand zugrunde, vgl. **Donthu/Gilliand** (1996) S. 74. Die Markt- und Medienstudien dagegen berücksichtigen häufig beide Facetten, vgl. z.B. **Brigitte KA 2000**.

[186] Dies wird auch an der Operationalisierung von Bekmeier-Feuerhahn deutlich, die das Markenbewusstsein über die Konstrukte Kaufrisiko und Involvement operationalisiert, vgl. **Bekmeier-Feuerhahn** (1998) S. 120 ff. Problematisch an einer solchen Operationalisierung ist der enge Zusammenhang zwischen wahrgenommenem Risiko und Involvement (bspw. enthält die Involvement-Skala von **Hupp** (1998) explizit verschiedene Risikoarten), wodurch fraglich ist, ob das so operationalisierte Markenbewusstsein Unterschiede zum Involvement aufweist.

C. Explikative Mastertechniken 191

Zur Messung des Markenbewusstseins existieren insbesondere zwei Ansätze. Der erste misst das Markenbewusstsein über die Unterscheidung zwischen preis- und markenorientierter Produktwahl für unterschiedliche Produktklassen und bestimmt das Markenbewusstsein über die Bildung eines Indexes (Aufsummierung der markenorientierten Kaufentscheidungen).[187] Der zweite Ansatz versucht dagegen, allgemein die Einstellung gegenüber Marken zu erfassen.[188] Das Markenbewusstsein ist hoch, wenn der Konsument Vertrauen gegenüber Marken aufweist, generell eine positive Einstellung gegenüber Marken zeigt oder bereit ist, Preisaufschläge für Marken zu akzeptieren.

(2) Effekte

Die Effekte des Markenbewusstseins ergeben sich aus dem **Aktivierungszusammenhang**. Ein hohes Markenbewusstsein führt zu einer Aktivierung durch Marken. Diese erhöhte Aktivierung führt dazu, dass sich die Informationssuche, die Einstellungsbildung und -veränderung sowie die kognitiven Strukturen vergleichbar mit einer erhöhten Motivation zur Informationsverarbeitung verhalten. Zusätzlich ist anzunehmen, dass das Markenbewusstsein auch die Markenvertrautheit beeinflusst, weshalb vergleichbare Aussagen, wie sie im Rahmen der Markenvertrautheit abgeleitet wurden, Gültigkeit besitzen.

3.2.2 Einstellungs- und Imagetheorien

Die Konstrukte Einstellung und Image stellen wichtige Wirkungskategorien im Rahmen des Co-Brand-Strukturmodells dar.[189] Für die Co-Brand-Forschung sind insbesondere zwei Aspekte der Einstellungs- und Imageforschung von Relevanz:

- Bildung von Einstellungen,
- Veränderung von bestehenden Einstellungen.

Während der erste Aspekt die Co-Brand-Wirkung erklärt, liefert der zweite Erklärungsansätze für die Spill-Over-Effekte.[190] Im Einzelnen werden folgende Ansätze skizziert:

1. Bildung von Einstellungen:
   - Attributbasierte Einstellungsmodelle,
   - Einstellungstransfer und Werbegefallensmodelle.

2. Veränderung von Einstellungen:
   - Konsistenztheorien,
   - Einstellungsstabilität.

---

[187] Vgl. **TDW** (2000/2001).

[188] Vgl. **Outfit 5**; **VA 2000**; **Imagery 2**; **Brigitte KA** (2000); **Moschis** (1981); **Donthu/Gilliland** (1996); **Shim/Gehrt** (1996).

[189] Vgl. zur Definition und Abgrenzung von Einstellung und Image Kap. C.1.2.2.2.

[190] Anzumerken ist, dass eine eindeutige Trennung zwischen Ansätzen zur (Neu-)Bildung und Veränderung von Einstellungen nicht möglich ist, da z.B. die Veränderung von schwach ausgeprägten Einstellungen (hier: schwache Marke) eher durch Ansätze zur Einstellungsbildung als durch Ansätze der Einstellungsveränderung erklärbar ist.

3.2.2.1 Bildung von Einstellungen
3.2.2.1.1 Attributbasierte Einstellungsmodelle

Attributbasierte Einstellungsmodelle basieren auf der Grundidee, dass sich die Markeneinstellung aus der **(mathematischen) Verknüpfung von Eigenschaften** ergibt. Dabei steht nicht der Prozess der Einstellungsbildung im Mittelpunkt, sondern die Art der Eigenschaften sowie die Verknüpfung zu dem Gesamturteil Einstellung.[191] Diese Grundidee der Beurteilungsbildung findet sich im Marketing an vielen Stellen wieder, wie z.B. im Nutzenmodell der Conjoint-Analyse[192] und der Zufriedenheitsforschung[193]. Die folgenden Abschnitte behandeln die Produktbeurteilungs-Modelle, den Informationsintegrations-Ansatz sowie die Informationsökonomie. Während der Informationsintegrations-Ansatz stärker auf die Art der Verknüpfung abstellt, untersuchen Produktbeurteilungs-Modelle und die Informationsökonomie die Art der berücksichtigten Eigenschaften.

(1) Produktbeurteilungs-Modelle

Die Forschung zur Produktbeurteilung basiert auf dem Paradigma des **Informationsverarbeitungs-Ansatzes**.[194] Im Mittelpunkt stehen dabei folgende Aspekte:

- Anzahl und Art der herangezogenen Merkmale,
- Wichtigkeit der Merkmale,
- Verknüpfung der Merkmale zu Beurteilungen.

Bei der Anzahl der herangezogenen Merkmale zeigt sich durchgängig, dass der Abnehmer nur eine beschränkte Zahl verfügbarer Informationen zur Bildung von Produktbeurteilungen heranzieht. Abbildung C 22 zeigt einen Überblick mehrer Studien.

Die aufgeführten Studien weisen weiterhin mit **5 bis 6 Merkmalen** eine über verschiedene Produktklassen konstante Anzahl von berücksichtigten Merkmalen auf.

Neben der Anzahl ist auch die Art der Merkmale von Bedeutung. Dabei lassen sich grob intrinsische und extrinsische Merkmale voneinander abgrenzen.[195] **Intrinsische Merkmale** sind direkt mit dem Produkt verbunden und unterscheiden sich daher von Produktklasse zu Produktklasse. Der Geschmack bei Kaffee, die PS-Zahl bei Pkws oder der Kaloriengehalt bei Joghurts stellen Beispiele für intrinsische Merkmale dar. **Extrinsische Merkmale** dagegen stehen in keinem direkten Zusammenhang mit der Leistung und existieren unabhängig von der betrachteten Produktklasse. Die am häufigsten untersuchten extrinsischen Merkmale bilden der Preis, die Marke, das

---

[191] **Eagly/Chaiken** (1993) sprechen daher auch von „Combinatorial Models" im Gegensatz zu „Process Theories".

[192] Vgl. z.B. **Perrey** (1998) S. 69.

[193] Vgl. z.B. **Schütze** (1992) S. 171 ff.

[194] Vgl. z.B. **Bettman** (1979).

[195] Diese Differenzierung geht insbesondere auf Jacoby und Olson zurück, vgl. **Szybillo/Jacoby** (1974); **Olson/Jacoby** (1972).

C. Explikative Mastertechniken 193

Geschäftsimage, die Garantien, die Warentesturteile, die CoO-Informationen sowie der empfundene Werbedruck. Die am Co-Brand beteiligten Marken bilden für den Konsumenten extrinsische Merkmale, weshalb im Folgenden insbesondere auf diese Merkmalsgruppe Bezug genommen wird.

Quelle	Produkt	Merkmale verfügbar	genutzt
Jacoby/Szybillo/Busatoschach (1977)	Zahnpasta	16	5,9
		18	4,2
Jacoby/Chestnut/Fisher (1978)	Frühstücksflocken	30	4,6
	Margarine	23	7,5
	Kopfschmerzmittel	13	6,7
Konert (1981)[196]	Kaffeemaschinen	8	5,3
	Kameras	11	6,2
Knappe (1981)	Kaffee	8	4,7
	Schmalfilmkameras	12	6,1
Quelch (1978)[197]	Frühstücksflocken	5	2,3
Raffee/Hefner/Schöler/Grabicke/Jacoby (1976)	Zahnpasta	14	6,2
		12	5,8
Ratchford/Van Raaij (1980)[198]	Pkw	10	8,2
Sheluga/Jaccard/Jacoby (1979)	Pocketkameras	6	5,6
∅			5,7

Abb. C 22: Anzahl der Merkmale zur Produktbeurteilung
Quelle: (in starker Anlehnung an) *Bleicker (1983)* S. 16.

Viele theoretische und empirische Arbeiten versuchten, die Wichtigkeit extrinsischer im Vergleich zu intrinsischen Merkmalen sowie die Relevanz einzelner extrinsischer Merkmale zu ermitteln. Auf der Basis von Sekundärstudien und einer explorativen Studie leitet *Zeithaml (1988)* die in Abbildung C 23 dargestellten Aussagen für das Verhältnis extrinsischer und intrinsischer Merkmale ab.

höhere Bedeutung von intrinsischen Merkmalen	höhere Bedeutung von extrinsischen Merkmalen
• Konsumierung (Trinken eines Getränkes), • intrinsische Eigenschaften sind Sucheigenschaften, • hoher Vorhersagewert der intrinsischen Merkmale.	• fehlende Verfügbarkeit von intrinsischen Merkmalen (z.B. Services), • aufwendige Beurteilung von intrinsischen Merkmalen, • überwiegend Erfahrungs- oder Vertauenseigenschaften.

Abb. C 23: Bedeutung von extrinsischen und intrinsischen Merkmalen

---

[196] Zitiert nach **Bleicker** (1983) S. 16.
[197] Zitiert nach **Bleicker** (1983) S. 16.
[198] Zitiert nach **Bleicker** (1983) S. 16.

Auf der Basis dieser Überlegung kann das Co-Branding zur Produktbeurteilung insbesondere in Situationen dienen, in denen keine intrinsischen Informationen zur Verfügung stehen bzw. die Beurteilung dieser nur mit hohem Zeitaufwand möglich ist, und bei Leistungen mit überwiegend Erfahrungs- und Vertrauenseigenschaften.[199]

Viele empirische Studien untersuchten die Relevanz der extrinsischen Merkmale. Dabei wurden zunächst Studien durchgeführt, die jeweils nur ein extrinsisches Merkmal untersuchten (sog. **single-cue-Studien**). Klassische Beispiele bilden die Studien zum Preis-Qualitätszusammenhang sowie zum Markeneinfluss auf die Leistungsdifferenzierung. Diese Studien besitzen allerdings nur eine geringe Aussagekraft, da in der Realität der Abnehmer mit einem Bündel von Informationen konfrontiert wird, und daher zum einen die Auswahl der zur Beurteilung herangezogenen Informationen und zum anderen die Interdependenzen zwischen den Merkmalen von Bedeutung für die Produktbeurteilung sind. Daher eignen sich Studien, die den Einfluss mehrerer extrinsischer Merkmale berücksichtigen (sog. **multi-cue-Studien**) für die Problemstellung besser. Aufgrund des Umfanges der bisherigen Forschung erfolgt eine Beschränkung auf die drei am häufigsten untersuchten extrinsischen Merkmale Preis, Marke und Geschäftsimage, wobei das Schwergewicht auf der Marke und dem Preis liegt. Abbildung C 24 integriert die Metaanalysen von *Rao/Monroe (1989)*, *Dodds/Monroe/ Grewal (1991)*, den Studienüberblick von *Dodds/Monroe (1985)* sowie die Studien von *Dodds/Monroe (1985)* und *Dodds/Monroe/Grewal (1991)*.

Quelle	Design	Preis	Marke	Geschäft	Multi-cue-Studien bzw. Interaktionseffekt (Preis x Marke)
Dodds/Monroe (1985)	Studienüberblick	3 von 6 Studien signifikanter Haupteffekt	5 von 6 Studien signifikanter Haupteffekt	k.A.	3 von 6 Studien signifikanter Interaktionseffekt
Dodds/Monroe (1985)	Laborexperiment	signifikant	signifikant	k.A.	signifikant
Rao/Monroe (1989)	Metaanalyse (36 Studien)	0,12	0,14	0,05	0,124 (vs. 0,115)
Dodds/Monroe/ Grewal (1991)	Metaanalyse (3 Studien)	0,16	0,11	0,06	signifikant
Dodds/Monroe/ Grewal (1991)	Laborexperiment n = 585 Studierende Kopfhörer, Taschenrechner	0,19	0,205	0,135	Preis/Marke = 0,04 Marke/Preis = 0,22

Abb. C 24: Relevanz extrinsischer Merkmale für die Produktbeurteilung

---

[199] Vgl. allg. zum Konzept der Such-, Erfahrungs- und Vertrauenseigenschaften Punkt 3 dieses Abschnitts.

C. Explikative Mastertechniken

Die Zusammenstellung empirischer Ergebnisse belegt, dass der Preis und die Marke relevante extrinsische Merkmale der Produktbeurteilung darstellen, wobei die Wichtigkeit der beiden Merkmale im Durchschnitt etwa gleich hoch ausfällt. Weiterhin zeigt sich, dass sich der Effekt von Marke und Preis im Vergleich zu einem alleinigen Merkmal unter der Voraussetzung, dass beide Merkmale konsistent sind, i.d.R. erhöht. Der Preiseffekt ist dagegen am stärksten ausgeprägt, wenn sonst kein anderes extrinsisches Merkmal zur Verfügung steht. Im Rahmen des Co-Brandings bilden die beteiligten Marken sowie die Fitbeurteilung extrinsische Merkmale zu dessen Beurteilung.

Unabhängig von den empirischen Ergebnissen ist zu überlegen, ob es Faktoren gibt, welche die Relevanz eines extrinsischen Merkmals für die Produktbeurteilung beeinflussen. Als wichtigste Faktoren diskutiert die Literatur den „Confidence Value" und den „Predictive Value".[200] Der **„Confidence Value"** spiegelt das Vertrauen des Abnehmers wieder, ein extrinsisches Merkmal korrekt zu erfassen. Der **„Predictive Value"** dagegen gibt die Vorhersagegenauigkeit eines extrinsischen Merkmals für die Produktbeurteilung wieder. Für das Co-Branding ist insbesondere der „Predictive Value" von Relevanz, da die beiden beteiligten Marken direkt beobachtbar sind und damit ein hoher „Confidence Value" vorliegt. Der „Predictive Value" hängt besonders von den Erfahrungen des Abnehmers mit dem extrinsischen Merkmal ab. Ein hoher „Predictive Value" liegt vor, wenn das extrinsische Merkmal stets mit der gleichen Ausprägung der Produktbeurteilung verbunden ist. Bei Marken liegt ein hoher „Predictive Value" vor, wenn eine hohe Markenvertrautheit[201] und/oder eine hohe Markenstabilität (insbesondere geringe Qualitätsvarianz)[202] vorliegen. Bei einem Co-Brand von zwei Marken mit einer unterschiedlicher Markenvertrautheit und -stabilität kann aufgrund des höheren „Predictive Value" erwartet werden, dass die Marke mit der höheren Ausprägung dieser beiden Größen die Produktbeurteilung beeinflusst, hingegen die Marke mit einer geringeren Markenvertrautheit und/oder Markenstabilität keinen oder nur einen geringen Einfluss ausübt.

Die dritte interessierende Frage bildet die Verknüpfung der verschiedenen intrinsischen und extrinsischen Merkmale zu einem Gesamturteil, wobei es sich im Rahmen der Produkt-Beurteilungsmodelle überwiegend um die subjektiv wahrgenommene Produktqualität handelt, die im Gegensatz zur Einstellung keine emotionale Komponente aufweist.

Zur Integration existieren in der Literatur vielfältige Modelle, die Ähnlichkeit mit der Entscheidungstheorie aufweisen. Speziell versucht die Forschung zur Produktbeurteilung nachzuweisen, welches Modell der Konsument unter welchen Bedingungen zur Ableitung von Produktbeurteilungen heranzieht, d.h. es handelt sich um eine **deskriptive Entscheidungstheorie**. Zur Strukturierung der Modelle bietet sich dabei eine

---

[200] Vgl. **Cox** (1967) S. 331; **Olson/Jacoby** (1972) S. 174 f.; **Lebrenz** (1996) S. 67 ff. Eine ähnliche Größe ist die „diagnosticity" von aus dem Langzeitgedächtnis abgerufenen Informationen, vgl. **Feldman/Lynch** (1988) S. 424 f.; **Lynch/Marmorstein/Weigold** (1988) S. 171; **Dick/Chakravarti/Biehal** (1990) S. 83.

[201] Vgl. Kap. C.II.3.2.2.2.2.

[202] Vgl. Kap. C.II.3.2.2.2.2.

Differenzierung zwischen Modellen mit und ohne Kompensationsmöglichkeiten zwischen den einzelnen Beurteilungen an. Neben diesen Modellen, die zunächst davon ausgehen, dass alle Merkmale eine gleiche Qualität aufweisen, wurden in der Forschung auch Modelle entwickelt, die unterschiedliche Qualitäten für die einzelnen Eigenschaften berücksichtigen.[203] Speziell der Preis besitzt eine doppelte Bedeutung: zum einen beeinflusst er die Qualitätswahrnehmung und zum anderen auch den Gegenwert, den der Abnehmer für das Produkt zu zahlen hat. Diese beiden Größen wiederum wirken auf den wahrgenommenen Wert eines Produktes. Die übrigen extrinsischen und intrinsischen Merkmale dagegen beeinflussen nur die wahrgenommene Qualität. Die Integration von Einzelurteilen zu Globalurteilen diskutiert der folgende Abschnitt über den Informationsintegrations-Ansatz ausführlich.

Insgesamt ergibt sich aus den Modellen zur Produktbeurteilung zunächst die hohe Bedeutung der Marke für die Beurteilung von Leistungen. Daher lässt sich auch erwarten, dass die Individualmarken als extrinsische Merkmale einen hohen Einfluss auf die Co-Brand-Beurteilung ausüben, wobei in Analogie zum Marken-Preis-Zusammenhang die Konsistenz Voraussetzung ist. Weiterhin folgt aus den Produktbeurteilungs-Modellen, dass die beschränkte Informationsverarbeitung dazu führt, dass die Mehrfachmarkierung beim Co-Branding häufig eine Reduktion der übrigen Beurteilungsmerkmale verursacht. Schließlich beeinflusst eine Marke mit geringerer Qualitätsvarianz aufgrund des höheren „Predictive Value" die Co-Brand-Beurteilung stärker als eine Marke mit hoher Qualitätsvarianz.

(2) Informationsintegrations-Ansatz

Der Informationsintegrations-Ansatz stellt keinen statischen Ansatz dar, sondern analysiert den **Beurteilungsprozess**. Dieser Prozess gliedert sich in zwei Phasen:[204]

1. Bewertung der einzelnen relevanten Eigenschaften (Valuation),
2. Integration der bewerteten Eigenschaften zu einem Globalurteil (Integration).

In der ersten Phase ordnet das Individuum zunächst allen relevanten Eigenschaften separat hinsichtlich ihrer Ausprägungsstärke einen Wert auf einer Skala zu.[205] In dieser Phase entscheidet das Individuum auch darüber, welche Eigenschaften für sich selbst überhaupt von Relevanz (salience) sind.[206] Diese Relevanzeinschätzung hängt sowohl von dem zu beurteilenden Objekt als auch von individuellen Faktoren (z.B. Markenwissen) ab. Wie bereits im Rahmen der Produktbeurteilungs-Modelle beschrieben, ver-

---

[203] Vgl. **Zeithaml** (1988) S. 3 ff.; **Dodds/Monroe/Grewal** (1991) S. 308.

[204] Anderson beschreibt zusätzlich mit der „Response Function" eine dritte Phase, die den Zusammenhang zwischen Verhalten (z.B. Ankreuzen auf einer Skala) und dem tatsächlichen inneren Zustand untersucht. Da es sich dabei um ein allgemeines Problem der empirischen Sozialforschung handelt und nicht dazu beiträgt, Hypothesen über das Co-Branding abzuleiten, findet diese Phase keine weitere Berücksichtigung; vgl. **Anderson** (1981) S. 4 ff.

[205] Vgl. **Anderson** (1981) S. 5.

[206] Dieser Aspekt wird im Rahmen von Einstellungsmodellen auch unter dem Begriffspaar importance und salience diskutiert; während salience auf die tatsächliche Einstellungsrelevanz der Merkmale abstellt, bezieht sich importance auf die angegebene Wichtigkeit einer Assoziation, vgl. z.B. **Wilkie/Pessemier** (1973) S. 432. Zu Begründungen für Abweichungen zwischen diesen beiden Größen vgl. **Day** (1972) S. 280.

C. Explikative Mastertechniken

wendet der Abnehmer nur eine beschränkte Zahl von Eigenschaften zur Bewertung (ca. 5 Eigenschaften).[207] Bei Marken werden insbesondere die Assoziationen herangezogen, die eine hohe Assoziationsstärke aufweisen.[208] Zahlreiche Modelle aus der Sozialpsychologie berücksichtigen weiterhin solche Eigenschaften, die das zu beurteilende Objekt nicht besitzt, die aber für das Individuum bei der Urteilsbildung von Bedeutung sind. Bei diesen Ansätzen entspricht der Skalenwert der Wahrscheinlichkeit, mit der ein Objekt eine bestimmte Eigenschaft aufweist. Die Attribute werden auf ihre Ausprägungsdimension bzw. Existenz hinsichtlich des Objektes überprüft.

Übertragen auf das Co-Branding bestehen in der Valuationsphase zwei Möglichkeiten.[209] Zum einen können die gespeicherten und durch das Co-Branding abgerufenen Markeneinstellungen die zu integrierenden Informationen bilden. Zum anderen ist es auch denkbar, dass bei Marken, die ähnliche Assoziationen aufweisen, eine Verknüpfung der beiden Marken auf den einzelnen Assoziationen stattfindet. Beide Möglichkeiten erscheinen sinnvoll. Einen Beeinflussungsfaktor bildet die Motivation zur Informationsverarbeitung. Bei geringer Motivation erfolgt eher eine Integration der Markeneinstellungen, hingegen ermöglicht eine hohe Motivation die aufwendigere, attributweise Integration.

In der zweiten Phase erfolgt die Integration der Einzelurteile zu einem Gesamturteil, wobei eine Vielzahl von Modellen existiert.[210] Die beiden wichtigsten Modelle bilden das „Adding" und das „Averaging".[211]

Das **„Adding"**-Modell berechnet die Beurteilung gegenüber einem Objekt durch Aufsummierung der Bewertungen der ersten Phase. Formal lässt sich für die Co-Brand-Beurteilung das Adding-Theorem folgendermaßen formulieren:

$$E_{ij} = \sum_{k=1}^{n} w_{ijk} \times b_{ijk}$$

E_{ij}: Einstellung der Person i zum Co-Brand j
w_{ijk}: Bedeutung der Eigenschaft k für das Co-Brand j für Person i
b_{ijk}: Beurteilung der Eigenschaft k für das Co-Brand j für Person i

---

[207] Vgl. **Wilkie/Pessemier** (1973) S. 432; **Beeskow/Dichtl/Finck/Müller** (1983) S. 513. Bspw. geht auch Fishbein in dem Expectancy-Value Modell von fünf bis neun einstellungsrelevanten Merkmalen aus, vgl. **Fishbein** (1967) S. 395.

[208] Vgl. Kap. C.II.3.2.3.1.

[209] Vgl. ähnlich im Bereich Bundling **Priemer** (2000) S. 199.

[210] Vgl. ausführlich **Anderson** (1981) S. 12 ff.

[211] Bspw. basieren die meisten Multiattributiven Einstellungsmodelle (z.B. Rosenberg-, Fishbein-, adequacy-importance-, adequacy-value-, Idealmarkenmodelle) auf dem Adding-Ansatz. Vgl. zum Überblick multiattributiver Einstellungsmodelle z.B. **Wilkie/Pessemier** (1973): **Freter** (1976); **Freter** (1979).

Die additive Integrationsregel hat zur Folge, dass positiv bewertete Eigenschaften bzw. Marken zu einer besseren Gesamtbeurteilung des Co-Brands führen. Falls in der Valuationsphase eine Skala mit nur positiven Werten zur Beurteilung zugrunde gelegt wird, wirkt sich sogar jede zusätzlich in die Bewertung einfließende Eigenschaft positiv aus.

Das „Averaging"-Modell hingegen berechnet die Einstellung gegenüber einem Objekt durch die Division der Summe der gewichteten Einzelbewertungen durch die Summe der Gewichte.[212] Das „Averaging"-Modell lässt sich formal folgendermaßen ausdrücken:

$$E_{ij} = \frac{\sum_{k=1}^{n} w_{ijk} \times b_{jik}}{\sum_{k=1}^{n} w_{ijk}}$$

Die Formel zeigt, dass beim Averaging[213] nur dann eine Aufwertung erfolgt, wenn der Beurteilungswert der zusätzlich einfließenden Eigenschaft bzw. der zusätzlichen Marke den bereits berücksichtigten Eigenschaften überlegen ist.[214]

Die Ergebnisse der beiden Integrationsregeln können voneinander abweichen, wie das Co-Brand-Beispiel in Abbildung C 25 für die Merkmalsintegration verdeutlicht.

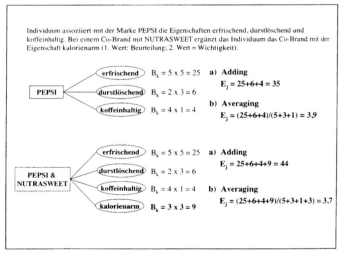

Abb. C 25: **Gegenüberstellung des Adding- und Averaging-Modells**
Quelle: *Erber (1999) S. 28.*

---

[212] Vgl. **Anderson** (1981) S. 62.

[213] Zu beachten ist, dass das Modell von absoluten und nicht von relativen Gewichten ausgeht; d.h. die Gewichte addieren sich nicht zu 1.

[214] Vgl. **Anderson** (1981) S. 63.

C. Explikative Mastertechniken

Es stellt sich die Frage, welche Integrationsregel den realen Beurteilungsprozess zutreffender beschreibt.[215] Zahlreiche Studien im Bereich der Personenwahrnehmung[216], der Produktbewertung[217] sowie des Bundlings[218] belegen, dass das Averaging die am häufigsten angewandte kognitive Algebra zur Integration darstellt, weshalb auch für das Co-Branding das **Averaging als Integrationsregel** erwartet wird. Allerdings konnte die Forschung eine Reihe von Ausnahmen des Averaging-Modells nachweisen, die insbesondere durch den **set-size-Effekt** erklärt werden. Der set-size-Effekt[219] besagt, dass die Beurteilung extremer ausfällt, wenn dem Individuum mehr Eigenschaften mit der gleichen Bewertung berücksichtigt. Für das Co-Brand folgt aus dem set-size-Effekt, dass bei markenbezogener Integration die Kombination von zwei gleich gut bewerteten Marken oder bei einer merkmalsbezogenen Integration die Kombination von zwei Marken mit gleichen Assoziationen zu einer positiveren Beurteilung im Vergleich zu einer einzelnen Marke führt.

Neben der Integrationsregel ist für die Bildung des Gesamturteils auch die Gewichtung der Eigenschaften von Bedeutung. Die Wichtigkeit der Einzeleigenschaften hängt insbesondere von der Reihenfolge ab. Dabei beeinflusst die zuerst wahrgenommene Marke die Beurteilung des Co-Brands stärker als die später wahrgenommene Marke (**Primacy Effekt**[220])[221]. Bei gleichzeitiger Wahrnehmung beeinflusst der **Wichtigkeitseffekt** die Gewichtung.

---

[215] Diese Diskussion wird in der Literatur auch unter dem Stichwort „Kognitive Algebra" diskutiert. Während die Modellalgebra formale Modelle aufstellt, versucht die kognitive Algebra, reale Beurteilungs- und Entscheidungsprozesse zu beschreiben; vgl. z.B. **Bettman/Capon/Lutz** (1975a) S. 152; **Bettman/Capon/Lutz** (1975b) S. 3. Die Überprüfung geschieht häufig durch die Berechnung der Korrelation eines Außenkriteriums (z.B. global gemessene Einstellung, beobachtbares Kaufverhalten) und den Vorhersagen mehrerer alternativer Modelle auf einer aggregierten Ebene, vgl. z.B. **Freter** (1976) S. 63. Anderson schlägt zum Vergleich des „Adding"- vs. „Averaging"-Theorems einen qualitativen Vergleich vor, bei dem eine sehr positive Eigenschaft mit einer als mittel bewerteten Eigenschaft kombiniert wird. Falls das „Adding"-Theorem die kognitive Algebra darstellt, würde die zusätzliche „Information" zu einer Aufwertung führen, bei Gültigkeit des Averaging-Theorems wäre eine Abwertung zu erwarten. Die Überprüfung folgt dann durch den rein visuellen Vergleich (sog. „Parallelism-Test"); vgl. **Anderson** (1981) S. 113. Zur Anwendung im Konsumentenverhalten vgl. **Troutman/Shanteau** (1976) S. 102 ff.; **Gaeth/Levin/Chakraborty/Levin** (1990) S. 50 ff.

[216] Vgl. z.B. **Anderson** (1981) S. 118 ff.

[217] Vgl. z.B. **Bettman/Capon/Lutz** (1975b) S. 10 ff.; **Troutman/Shanteau** (1976) S. 102 ff.; zum Überblick **Shanteau/Ptacek** (1983).

[218] Vgl. z.B. **Oden/Anderson** (1971) S. 154 ff.; **Gaeth/Levin/Chakraborty/Levin** (1990) 50 ff.; **Priemer** (2000) S. 256 ff. Die Ergebnisse von **Yadav** (1994) lassen sich ebenfalls durch das Averaging erklären, obwohl er ein abweichendes Modell verwendet.

[219] Vgl. ausführlich **Anderson** (1981) S. 130 ff. Zur Anwendung im Konsumentenverhalten vgl. **Kardes/Kalyanaram** (1992) S. 344 f.

[220] Vgl. **Anderson** (1981) S. 179 ff.

[221] Dieser Effekt lässt sich auch durch die Ankertheorien erklären, vgl. Kap. C.II.3.2.3.3.5.

Dieser besagt, dass das Individuum die bedeutendere Marke zuerst bei der Urteilsbildung heranzieht und diese auch stärker die Integration beeinflusst.[222] Der Wichtigkeitseffekt wurde insbesondere im Rahmen der Bundlingforschung untersucht. Während die Studie von *Gaeth/Levin/Chakraborty/Levin (1990)* für ein Bundling eines Videorecorders und einer Videokassette einen gleich starken Einfluss beider Bundlingelemente auf die Bundlingbeurteilung empirisch nachweisen konnte, belegen die Studien von *Yadav (1994)*[223], *Simonin/Ruth (1995)*[224] und *Priemer (2000)*[225] unterschiedliche Gewichte der Bundlingelemente. Allerdings zeigt die Studie von *Priemer (2000)*, dass das nachgelagerte Produkt mit einem größeren Gewicht in die Gesamtbeurteilung einfließt, als es vom Wertanteil zu erwarten ist.[226] Für das Co-Branding bedeuten diese Gewichtungseffekte, dass sowohl die **Gestaltung des Co-Brands**, welches die Wahrnehmung beeinflusst, als auch die **individuelle Wichtigkeit** der Marken für die Beurteilung des Co-Brands von Bedeutung sind. Die individuelle Wichtigkeit kann zum einen dadurch auftreten, dass aus Sicht der Abnehmer die Marken eine unterschiedliche Markenvertrautheit und -stabilität aufweisen. Zum anderen können unterschiedliche „Predictive Values" der Marken für die Co-Brand-Leistung die Wichtigkeit beeinflussen. Eine höhere Prognosekraft weist dabei die Marke auf, die eine höhere Ähnlichkeit zu der Leistung des Co-Brands besitzt. Bspw. wird bei dem Co-Brand zwischen FORD KA & LUFTHANSA die Pkw-Marke die wichtigere Marke darstellen, da das Autosondermodell eher einen Pkw als eine Flugdienstleistung darstellt. Uneindeutiger sind Co-Brands mit Leistungen, die für beide Marken neu sind, oder bei Co-Brands, bei denen beide Marken dem gleichen Produktschema angehören. Bspw. ist der Wichtigkeitseffekt bei dem Co-Brand von PHILIPS & NIVEA bei dem Rasierer mit Pflegeemulsion weniger stark ausgeprägt. Die Bedeutung der Marken wird dann eher durch den Primacy-Effekt oder durch einen individuellen Wichtigkeitseffekt beeinflusst.[227]

(3) Informationsökonomie

Die Informationsökonomie[228] bildet neben dem Transaktionskosten-, dem Property-Rights- und dem Principal-Agent-Ansatz einen Zweig der Neuen Institutionen-

---

[222] Vgl. **Levin/Gaeth** (1988) S. 38; **Priemer** (2000) S. 205. Diesen Effekt konnte auch Yadav im Rahmen des Bundling durch eine computergestützte Befragung nachweisen. Danach untersuchten bei einem Bundling eines Computers und eines Druckers 88,6 % der Vpn. den Computer und 11,4 % den Drucker, wobei dieses Ergebnis unabhängig von der Präsentationsreihenfolge war, vgl. **Yadav** (1994) S. 347.

[223] **Yadav** (1994) verwendete zwei verschiedene Bundles (1. Bundle: Computer, Drucker, Druckertisch; 2. Bundle: Bett, Kommode, Nachttisch).

[224] **Simonin/Ruth** (1995) untersuchten Bundles eines neuen Produktes (Zahnbürste, Mundwasser, Rasierschaum) mit einer Zahncreme.

[225] **Priemer** (2000) untersuchte ein Autosondermodell (DAEWOO) mit einem Radio (PIONEER).

[226] Vgl. **Priemer** (2000) S. 266.

[227] Für das Beispiel ist aufgrund der Dominanz von PHILIPS auf der Verpackung und dem Produkt ein Primacy-Effekt zugunsten von PHILIPS zu erwarten.

[228] Vgl. allg. zur Informationsökonomie im Marketing **Kass** (1995) Sp. 971 ff. Speziell zur Informationsökonomie im Markenkontext vgl. **Schölling** (2000).

C. Explikative Mastertechniken

ökonomie[229]. Den Ansätzen der Institutionenökonomie liegt das Menschenbild der begrenzten Fähigkeit zu Informationsaufnahme und -verarbeitung sowie die Annahme opportunistischen Verhaltens zugrunde. Die Informationsökonomie fokussiert auf die Analyse von Informationsasymmetrien, deren Auswirkungen auf das Entscheidungsverhalten sowie Möglichkeiten zur Reduktion von Informationsasymmetrien. Einen wichtigen Beitrag der Informationsökonomie bildet die auf *Nelson (1974)* und *Darby/Karni (1973)* basierende Gütertypologie, die zwischen Such-, Erfahrungs- und Vertrauensgütern unterscheidet. Die Unterscheidung resultiert aus der unterschiedlichen Möglichkeit zur Beurteilung eines Leistungsangebotes. Während die Suchgüter eine Beurteilung vor der Kaufentscheidung ermöglichen, erschließt sich bei Erfahrungsgütern die Qualität erst nach dem Kauf. Bei Vertrauensgütern ist eine Qualitätsbeurteilung auch nach dem Kauf unmöglich bzw. verursacht prohibitiv hohe Kosten. Diese Gütertypologie erfuhr eine Modifikation dadurch, dass die Annahme aufgegeben wurde, eine bestimmte Leistung eindeutig einer dieser drei Gruppen zuzuordnen; vielmehr setzen sich Leistungen im Sinne eines Leistungsbündels aus Eigenschaften aller drei Kategorien in jeweils unterschiedlichem Ausmaß zusammen.[230] Weiterhin wird die Annahme der objektiven Einteilung zugunsten einer subjektiven Zuordnung aufgegeben, d.h. die Einschätzung einer Eigenschaft als Such-, Erfahrungs- oder Vertrauenseigenschaft kann interindividuell z.B. in Abhängigkeit vom Produktwissen differieren.[231] Beispielsweise stellt bei einem Computer die Performance für einen Laien eine Vertrauenseigenschaft dar, da er zu keinem Zeitpunkt die Qualität zuverlässig beurteilen kann. Hingegen ermöglichen Vergleiche oder Auswechseln einzelner Komponenten dem Experten, die Performance zumindest nach dem Kauf zuverlässig zu beurteilen (Erfahrungseigenschaft).

Unsicherheiten führen zu einem hohen, wahrgenommenen Kaufrisiko, welches u.a. Kaufenthaltung zur Folge hat. Zum Abbau der Unsicherheiten bietet sich bei Sucheigenschaften als Screening (Informationsbeschaffung) die direkte Informationssuche an.[232] Bei Erfahrungs- und Vertrauenseigenschaften dagegen muss der Nachfrager auf Informationssurrogate zurückgreifen. Eines der wichtigsten Informationssurrogate stellt die Marke dar.[233] Die Wirkung der Marke als Signal hängt von einer Reihe von Determinanten ab. Als eine Metadeterminante gilt die Glaubwürdigkeit der Marke. *Erdem/Swait (1998)* untersuchten aus einer verhaltenswissenschaftlichen Sicht die Determinanten und die Wirkungen von Marken als Signal für zwei verschiedene Produktkategorien (Jeans, Saft). Abbildung C 26 gibt das Strukturmodell für beide Fälle wieder.

---

[229] Vgl. zum Überblick z.B. **Richter/Furubotn** (1996). Speziell für das Marketing **Gümbel/Woratschek** (1995) Sp. 1008 ff.; **Kaas** (1990) S. 539 ff. Zwar handelt es sich insgesamt gesehen bei der Institutionenökonomie eher um einen ökonomischen Ansatz, allerdings weist gerade die Informationsökonomie durch die Subjektivität der Eigenschaftsbeurteilung verhaltenswissenschaftliche Züge auf.

[230] Vgl. **Nelson** (1974) S. 729 ff.; **Weiber/Adler** (1995) S. 54 ff.; **Kaas/Busch** (1996) S. 243 f.

[231] Vgl. **Weiber/Adler** (1995) S. 61.

[232] Vgl. allg. zum Screening und Signaling z.B. **Kaas** (1991) S. 359 ff.; **Kaas** (1995) Sp. 974 ff.

[233] Vgl. **Wernerfelt** (1988); **Kaas** (1995) S. 977; **Richter/Furubotn** (1996) S. 240 f.; **Büschken** (1997) S. 193; **Erdem/Swait** (1998).

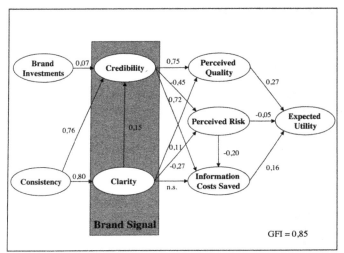

Abb. C 26: Determinanten und Wirkungen der Marke als Signal
Quelle: *Erdem/Swait (1998)* S.142.

Die Studie zeigt, dass die Markeninvestitionen[234], die Konsistenz und die Klarheit die Glaubwürdigkeit der Marke signifikant beeinflussen. Die Klarheit und die Glaubwürdigkeit wiederum beeinflussen das wahrgenommene Risiko, die Informationssuchkosten sowie die wahrgenommene Qualität.

Neben der im Modell von *Erdem/Swait (1998)* berücksichtigten Glaubwürdigkeit bilden die beobachtbaren Präferenzen anderer Nachfrager und eine hohe Absatzmenge weitere Determinanten der Signalfunktion von Marken.[235]

Im Rahmen des Co-Branding können die beteiligten Marken solche Signalfunktionen übernehmen, wodurch die Unsicherheiten bei Erfahrungs- und Vertrauenseigenschaften sinken und damit die wahrgenommene Qualität steigt sowie das wahrgenommene Risiko und die Informationssuchkosten sinken.

Rao/Qu/Rueckert (1999) haben den Einfluss von Marken mit hoher Signalfunktion (bekannte Marke) bei einer Leistung mit einer unbeobachtbaren Qualität im Kontext des Co-Brandings empirisch untersucht und bestätigt.

Vorraussetzung dafür, dass Co-Branding eine erfolgreiche Strategie zur Reduktion von Informationsunsicherheiten darstellt, ist zunächst das Vorliegen von unbeobachtbaren Qualitäten, die aus Sicht der Abnehmer aber eine hohe Beurteilungsrelevanz auf-

---

[234] Die Markeninvestitionen beeinflussen deshalb die Signalfunktion, weil sie irreversible Fixkosten für Markenaufbau und –pflege darstellen, die bei einem Imageverlust durch falsche Signale den Charakter von sunk costs annehmen, vgl. allg. **Tolle** (1994) S. 929. **Rao/Qu/Rueckert** (1999) sprechen auch von dissipative signals.

[235] Vgl. **Kaas** (191) S. 366; **Tolle** (1994) S. 931.

weisen.²³⁶ Weiterhin müssen die beteiligten Partnermarken entweder eine unterschiedlich hohe Signalfunktion oder für unterschiedliche Eigenschaften Signalfunktionen aufweisen. Beispiele für den ersten Fall finden sich insbesondere bei Ingredient Brands. Aufgrund der Tatsache, dass sie nicht direkt beobachtbar sind, weisen ihre Markenaussagen immer eine hohe Unsicherheit auf. Durch die Kombination mit glaubwürdigen Marken erhöht sich die Glaubwürdigkeit der Aussagen der Ingredient Brands. Insbesondere durch ein Multi-Co-Brand mit vielen glaubwürdigen Marken erhöht sich die Signalfunktion des Ingredient Brands. Ein Beispiel für den zweiten Fall stellt das Co-Brand von LINDT & DIE POST dar. Die Eigenschaften Geschmack und Lieferzuverlässigkeit weisen aus Sicht der Abnehmer zum einen eine hohe Bedeutung²³⁷ auf, und zum anderen handelt es sich um Erfahrungseigenschaften. Da die Abnehmer die Marken LINDT als glaubwürdiges Signal für den Geschmack und DIE POST als glaubwürdiges Signal für Lieferzuverlässigkeit beurteilen, führt dieses Co-Brand zu einer Reduktion des wahrgenommen Risikos und einer hohen Qualitätseinschätzung.

3.2.2.1.2 Einstellungstransfer

Die Ansätze zum Einstellungstransfer stellen keine geschlossene Theorie dar, vielmehr handelt es sich um verschiedene Ansätze, welche die Übertragung der Einstellung von einem Einstellungsobjekt (z.B. Einzelmarke) auf ein anderes Einstellungsobjekt (z.B. Co-Brand) erklären. Im Folgenden findet mit der Semantischen Generalisierung zunächst eine Konzentration auf den einfachsten Fall statt. Der abschließende Abschnitt behandelt mit den Werbegefallens-Modell eine spezielle Form des Einstellungstransfers.²³⁸

(1) Semantische Generalisierung

Die sozialwissenschaftlichen Ansätze stellen die frühesten Ansätze zur Erklärung des Einstellungstransfers im Marketingbereich dar und basieren auf dem Lernprinzip der semantischen²³⁹ Generalisierung.²⁴⁰ Die **semantische Generalisierung** basiert auf der Überlegung, dass zwischen zwei Objekten, welche die gleiche Markierung auch bei abweichenden physischen Eigenschaften (z.B. zwei verschiedene Produkte) besitzen, eine **Übertragung des Images** und der **Einstellung** von einem Objekt auf das andere

---

236 Daher ist es häufig notwendig, dem Abnehmer die Bedeutung einer bestimmten Eigenschaft zunächst zu verdeutlichen, und anschließend diese Eigenschaft als Marke glaubwürdig zu besetzen; vgl. zur Anwendung dieser Argumentation auf das Beispiel INTEL INSIDE **Erdmeier** (1996).

237 Die Unsicherheit ist bei diesem Beispiel besonders hoch, da es sich i.d.R. um ein Geschenk handelt, und bei dieser Transaktion das wahrgenommene Risiko besonders hoch ausfällt.

238 Ein weiterer Ansatz zur Erklärung von Einstellungstransfers stellt der Kategorisierungs-Ansatz dar (vgl. Kap. C.II.3.2.3.2.1). In der Literatur findet sich mit dem Modell des Analogielernens ein weiterer Ansatz zum Einstellungstransfer, vgl. zum Überblick **Gregan-Paxton/John** (1997).

239 Die Generalisierung kann neben einer semantischen Ähnlichkeit auch auf einer physischen Ähnlichkeit basieren. Eine physische Ähnlichkeit liegt vor, wenn die beiden Objekte gemeinsame äußere Eigenschaften aufweisen.

240 Die semantische Generalisierung stellt einen Spezialfall der klassischen Konditionierung dar. Vgl. allg. zur semantischen Generalisierung **Osgood/Suci/Tannenbaum** (1957) S. 13 f.; **Zimbardo** (1995) S. 270. Vgl. ausführlich zum Prinzip der Reizgeneralisierung als Erklärungsansatz des Einstellungstransfers im Bereich Markentransfer **Hätty** (1989) S. 100 ff.

stattfindet. Die semantische Generalisierung in dieser einfachen Form bedeutet, dass aus der Gleichheit bzw. Ähnlichkeit der Markenelemente (z.B. Name, Logo, Farben) ein Einstellungstransfer resultiert.

Einen Überblick über die Ergebnisse empirischer Studien zum direkten Einstellungstransfer liefert Abbildung C 27.

	bestätigt	nicht bestätigt
Markentransfer	Roman (1969) Consumer Behavior Seminar (1987) Sunde/Brodie (1993) Sheinin/Schmitt (1994) Nijssen/Uijl/Bucklin (1995) Bottomley/Doyle (1996) Zatloukal (1999) Bottomley/Holden (2001)[241]	Kerby (1967) Aaker/Keller (1990)
Co-Branding	Simonin/Ruth (1998) McCarthy/Norris (1999) Voss/Tansuhaj (1999) Janiszewski/Osselaer (2000) Vaidyanathan/Aggarwal (2000) Washburn/Till/Prilluck (2000) Hadjicharalambous (2001)	

Abb. C 27: Empirische Ergebnisse zum Einstellungstransfer

Die empirische Überprüfung dieses Zusammenhanges für den Markentransfer liefert keine einheitlichen Ergebnisse (vgl. Abbildung C 27). Eine Begründung für die uneinheitlichen Ergebnisse ist die Fokussierung auf die Ähnlichkeit bzw. Gleichheit des Markennamens, ohne die tatsächlich empfundene Ähnlichkeit zu berücksichtigen. Für das Co-Branding bestätigen dagegen alle Studien einen positiven Zusammenhang, wobei der Einstellungstransfer dann auftritt, wenn eine der beiden beteiligten Marken eine positive Pre-Einstellung aufweist, d.h. der positive Einstellungstransfer überlagert den neutralen bzw. den negativen.[242]

Neben dem Transfer der Ausgangsmarke auf die neue Leistung existiert auch ein Transfer von dieser auf die Ausgangsmarke (Spill-Over-Effekt).

Zusammenfassend ist daher für das Co-Branding zu erwarten, dass unter den Voraussetzungen der Wahrnehmung der jeweiligen Marken und einer gewissen

---

[241] Bei der Studie von **Bottomley/Holden** (2001) handelt es sich um eine Re-Analyse von acht Datensätzen; u.a. konnten sie auch für den Datensatz von **Aaker/Keller** (1990) durch eine vorgeschaltete Zentrierung einen signifikanten Regressionskoeffizienten für die Einstellung als unabhängige Variable nachweisen.

[242] Vgl. z.B. **Wasburn/Till/Prilluck** (2000) S. 598; **Vaidyanathan/Aggarwal** (2000).

Ähnlichkeit zwischen Marke und Co-Brand, ein Einstellungstransfer zwischen Marke und Co-Brand sowie zwischen Co-Brand und Marke stattfindet.

(2) Werbegefallensmodelle

Die Werbegefallensmodelle untersuchen, inwieweit eine globale Einstellung gegenüber der Werbung, wobei es sich dabei i.d.R. um eine affektive Beurteilung („Werbegefallen") handelt, die Einstellung gegenüber der Marke beeinflusst.[243] Der Zusammenhang zwischen Werbegefallen und Markeneinstellung lässt sich in verschiedenen Modellen abbilden, von denen Abbildung C 28 die vier prominentesten Vertreter wiedergibt.

Das **Affect-Transfer-Modell** geht von einem direkten Einstellungstransfer des Werbegefallens auf die Markeneinstellung aus. Dieses Modell ist mit den Überlegungen zur semantischen Generalisierung kompatibel. Weiterhin lässt sich der Transfer des Werbegefallens auf die Markeneinstellung insbesondere im Rahmen des ELM-Ansatzes von *Petty/Cacioppo* als peripherer Reiz unter geringem Involvement interpretieren.[244]

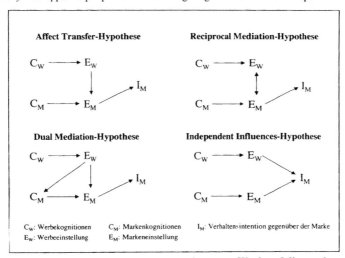

Abb. C 28: Modelle zum Zusammenhang von Werbegefallen und Markeneinstellung
Quelle: *MacKenzie/Lutz/Belch (1986)* S. 131.

Auch das **Dual-Mediation-** und das **Reciprocal-Mediation-Modell** gehen von einem Einstellungstransfer aus, wobei neben dem direkten Transfer auch noch indirekte Effekte existieren. Der indirekte Effekt im Rahmen des Dual-Mediation-Modells basiert darauf, dass das Werbegefallen die **Glaubwürdigkeit** der Werbeaussagen in Bezug auf

---

[243] Vgl. zum Überblick **Steffenhagen** (1996) S. 129 ff.; **Koeppler** (2000) S. 358 ff. Zum Überblick empirischer Studien vgl. die Meta-Analyse von **Brown/Stayman** (1992).

[244] Vgl. zu dieser Argumentation auch **Steffenhagen** (1996) S. 129.

die Marke (Markenkognitionen) beeinflusst, d.h. bei einem positiven Werbegefallen schätzt der Rezipient die Aussagen zu der Marke als glaubwürdiger ein, wodurch auch die Markeneinstellung positiv beeinflusst wird. Eine weitere Begründung für den indirekten und direkten Einfluss bildet die **Stimmungs-Kongruenz-Annahme**[245], nach der die Person versucht, die Urteilsbildung möglichst mit der jeweiligen Stimmung[246] zu harmonisieren. Da das Werbegefallen die jeweilige Stimmung beeinflusst, folgt aus der Stimmungs-Kongruenz-Annahme, dass sowohl die Markeneinstellung als auch die Beurteilung der Markenkognitionen kongruent zu der Stimmung ausfallen, wodurch die Werbung sowohl einen direkten als auch indirekten Effekt auf die Markenbeurteilung ausübt.[247]

Nur das **Independent-Modell** verneint einen Einstellungstransfer der Werbung auf die Markeneinstellung. Die Gültigkeit des Transfers des Werbegefallens auf die Markeneinstellung bildet den Gegenstand einer Reihe von Studien.[248]

Untersuchungen, die die verschiedenen Modelle miteinander vergleichend auf ihre Gültigkeit analysierten, konnten überwiegend das Dual-Mediation-Modell als zutreffend identifizieren.[249] In der Meta-Analyse von *Brown/Stayman (1992)* zeigt sich z.B. eine Überlegenheit des Dual-Mediation-Modells gegenüber den anderen drei Modellen, wobei die in Abbildung C 29 wiedergegebenen Pfadkoeffizienten ermittelt wurden.

Die Ergebnisse in Abbildung C 29 belegen, dass der direkte Transfer des Werbegefallens auf die Markeneinstellung höher ausfällt als der indirekte Effekt. Die Operationalisierung des Werbegefallens[250] deckt sich mit der Messung der Einstellung.[251]

---

[245] Vgl. allg. **Forgas/Bower** (1987) S. 53 f.

[246] Im Vergleich zum Gefallen handelt es sich bei der Stimmung um eine momentane, subjektiv erfahrene Befindlichkeit, die nicht auf bestimmte Objekte (z.B. Werbeanzeige) gerichtet ist. Vgl. zur Abgrenzung zwischen Stimmung und Emotion bzw. Affekt z.B. **Trommsdorff** (1998) S. 65.

[247] Vgl. zu einem ähnlichen Modell auch das Kommunikationsmodell von **Holbrook/Batra** (1987) S. 406.

[248] Bspw. **Mitchell/Olson** (1981) [Gesichtstücher], **Lutz/MacKenzie/Belch** (1983) und **MacKenzie/Lutz/ Belch** (1986) [Zahncreme], **Gardner** (1985) [Tennisbälle, Speiseöl], **Park/ Young** (1986) und **Homer** (1990) [Haarshampoo], **Miniard/Bhatla/Rose** (1990) [Soft Drinks], **Chattopadhyay/Nedungandi** (1992) [Füllfederhalter] und **Gierl/Satzinger** (2000) [verschiedene FMCG].

[249] Vgl. **MacKenzie/Lutz/Belch** (1986) S. 137; **Homer** (1990).

[250] Zur Untersuchung des Zusammenhanges zwischen Werbegefallen und weiteren Größen existieren zwei vorherrschende Ansätze: der erste basiert auf einer Manipulation der Werbung und der damit verbundenen Variation des Werbegefallens, während der zweite Ansatz auf die Messung des Werbegefallens zurückgreift: in der Meta-Analyse von **Brown/Stayman** (1992) zeigt sich eine nummerische Ausgeglichenheit (9 Studien: Manipulation, 11 Studien: Messung) zwischen diesen beiden Ansätzen.

[251] Vgl. z.B. **Gierl/Satzinger** (2000) S. 119; **Holbrook/Batra** (1987) S. 411.

C. Explikative Mastertechniken

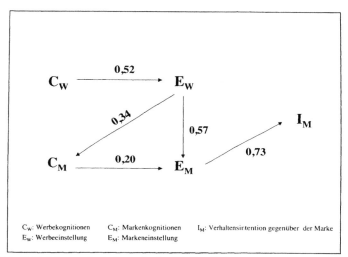

Abb. C 29: Metaanalytisch ermittelte Pfadkoeffizienten des Dual-Mediation-Modells
Quelle: *Brown/Stayman (1992)* S. 46.

Im Rahmen der Markentransferforschung untersuchte *Lee (1995)* den Einfluss des Werbegefallens auf die Eignung der Markenassoziationen für den Markentransfer sowie auf die Beurteilung des Markentransfers. Die Studie zeigte einen signifikant positiven Einfluss des Werbegefallens sowohl auf die Eignung der Markenassoziationen für den Markentransfer als auch auf die Beurteilung des Markentransfers.

Übertragen auf das Co-Branding ist ein positiver direkter Zusammenhang des Werbegefallens auf die Co-Brand-Beurteilung zu erwarten. Weiterhin ist anzunehmen, dass das Werbegefallen die kognitive Größe Fit beeinflusst, wodurch ein indirekter Effekt analog zu dem **Dual-Mediation-Modell** zu erwarten ist. Abbildung C 30 fasst das Werbegefallens-Modell für das Co-Branding zusammen.

3.2.2.2 Veränderung von Einstellungen

Während die Ansätze zur Einstellungsbildung insbesondere einen Beitrag zur Erklärung der Co-Brand-Beurteilung leisten, liefern die Theorien zur Einstellungsveränderung theoretische Begründungen für die Spill-Over-Effekte.

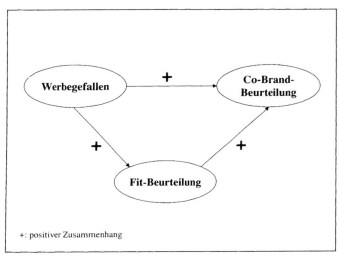

Abb. C. 30: Werbegefallens-Modell für das Co-Branding

Einstellungsveränderungen der Individualmarken resultieren insbesondere aus unvereinbaren Einstellungen bzw. Images der beteiligten Marken[252], schlechten Erfahrungen mit dem Co-Brand und externen, insbesondere negativen Ereignissen. Mögliche negative Ereignisse stellen u.a. schlechte Testurteile, Markenerpressungen, Skandale[253], Unternehmenskrisen (z.B. Massenentlassungen)[254] und Katastrophen, die direkt mit dem Co-Brand oder mit einer der beteiligten Marken im Zusammenhang stehen, dar.

Der Negativitätseffekt besagt, dass negative Informationen[255] im Vergleich zu einer positiven oder neutralen Information ein größeres Gewicht bei der Einstellungsbildung besitzen und daher diese verzerren.[256]

Für das Co-Branding sind diese negativen Informationen insbesondere deshalb von besonderer Bedeutung, weil nicht nur Informationen über die eigene Marke, sondern auch über die nur eingeschränkt zu kontrollierende Partnermarke diese Verzerrungseffekte verursachen können. Eine besonders hohe Relevanz weisen diese negative

---

[252] Einen Erklärungsbeitrag liefern die im Folgenden dargestellten Konsistenztheorien.

[253] Ein Skandal stellt eine spezielle Form der Krise dar, die sich durch eine hohe Medienberichterstattung auszeichnet, vgl. **Schuh/Holzmüller** (1992). Vgl. zum Zusammenhang zwischen Produktschäden und Markenwert in Abhängigkeit von der Unternehmensreaktion **Dawar/Pillutla** (2000).

[254] Zu einer Systematik möglicher Unternehmenskrisen **Pearson/Mitroff** (1993) S. 50.

[255] Daneben existiert auch noch ein Extrem-Effekt, d.h. eine extremere (positive oder negative) Information verzerrt die Einstellungsbildung (vgl. z.B. **Skowronski/Carlston** (1989); **Fiske** (1980)).

[256] Vgl. zum Überblick **Skowronski/Carlston** (1989); **Weinberger/Allen/Dillon** (1981)

Informationen bei Multi-Co-Brands auf, da die Gefahr von negativen Nachrichten stark ansteigt.

Insgesamt hängt das Ausmaß der Einstellungsveränderung einer Individualmarke durch das Co-Branding von der im Weiteren noch darzustellenden Markenstabilität ab.

3.2.2.2.1 Konsistenztheorien

Grundidee aller Ansätze dieser Theorieklasse bildet die Annahme, dass das Individuum versucht, **disharmonische**, unausgeglichene oder dissonante **Zustände zwischen zwei Objekten zu reduzieren**, d.h. Inkongruenzen erhöhen die Motivation zur Einstellungsveränderung.[257] Diese Grundidee greifen verschiedene Theorien[258] auf, die sich insbesondere im Hinblick auf die Inkongruenz sowie die Folgen einer solchen unterscheiden. Die folgenden Abschnitte skizzieren die Balance-Theorie nach *Heider (1946, 1958)* sowie die Kongruenz-Theorie nach *Osgood/Tannenbaum (1955)* und adaptieren diese auf das Co-Branding.

(1) Balance-Theorie

Grundlage der Balance-Theorie[259] bildet die Existenz von zwei getrennten, aber verbundenen Einstellungsobjekten.[260] Zur Verdeutlichung der möglichen Beziehungen und Lösungsmöglichkeiten der Inkongruenz verwendet *Heider (1946, 1958)* eine spezielle Symbolik, die zwischen Einstellungs- und Beziehungsrelationen differenziert. Bei beiden Arten von Relationen handelt es sich um kategoriale Beziehungen mit den Ausprägungen positiv und negativ. Eine Balance existiert dann, wenn alle drei Beziehungen das gleiche Vorzeichen aufweisen oder wenn eine Beziehung positiv und die beiden anderen negativ ausfallen.

Übertragen auf das Co-Branding lässt sich das Modell dadurch adaptieren, dass die Beziehungsrelation als Fit interpretiert wird und die beiden Einstellungsrelationen die Pre-Einstellungen gegenüber den beiden Einzelmarken darstellen.[261] Aus dieser Triade lassen sich dann folgende Situationen ableiten: ein Co-Brand aus zwei Marken mit positiven Pre-Einstellungen und einem positiven Fit stellt eine balancierte Situation dar, d.h. es sind keine Spill-Over-Effekte zu erwarten. Hingegen führt ein Co-Brand von

---

[257] Vgl. z.B. **Eagly/Chaiken** (1993) S. 455.

[258] Vgl. z.B. die Balance-Theorie nach **Heider** (1946), das Strain-Toward-Symmetry-Model nach **Newcomb** (1953), die Congruity-Theorie nach **Osgood/Tannenbaum** (1955) und die Dissonanz-Theorie nach **Festinger** (1957). Im Marketingbereich findet diese Theorieklasse insbesondere im Rahmen der kognitiven Nachkaufdissonanz (vgl. zum Überblick z.B. **Silberer** 1987) Berücksichtigung. Im Markenbereich lässt sich die Kongruenzhypothese der Markenpersönlichkeitsforschung auf die allg. Kongruenztheorien zurückführen (vgl. z.B. **Sirgry** (1982); **Aaker/Forunier** (1995); **Bauer/Mäder/Huber** (2000), **Strebinger** (2001)).

[259] Vgl. auch im Folgenden **Heider** (1946), **Heider** (1958).

[260] Der überwiegende Teil der Ansätze zur Theorie der kognitiven Konsistenz geht dabei von einem persönlichen (z.B. Politiker) und einem unpersönlichen Einstellungsobjekt (z.B. Zeitschrift) aus; die Beziehung der beiden Objekte resultiert dann aus Aussagen der unpersönlichen Zeitschrift über die Person.

[261] Darüber hinaus lassen sich diese Triadendarstellung und -interpretation auch auf eine Marke, das Co-Brand sowie die Beziehung zwischen Marke und Co-Brand anwenden.

zwei Marken mit jeweils positiven Pre-Einstellungen und einem negativen Fit bzw. ein Co-Brand von einer positiv beurteilten Marke und einer negativ beurteilten Einzelmarke bei gleichzeitig hohem Fit zu einer unbalancierten Situation, woraus Spill-Over-Effekte resultieren. Abbildung C 31 verdeutlicht die möglichen Verhältnisse.[262]

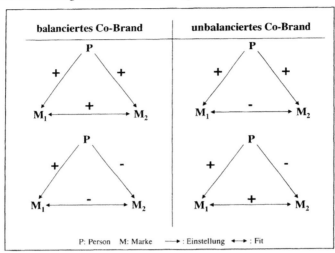

Abb. C 31: Kongruenzsituationen eines Co-Brands nach der Balance-Theorie

Nach der Balance-Theorie strebt die Person danach, unbalancierte in balancierte Zustände zu überführen. Nach *Heider (1946, 1958)* existieren drei Möglichkeiten zur Erreichung des balancierten Zustandes. Zunächst ist es möglich, die Einstellung gegenüber einer der Marken zu verändern. Eine zweite Möglichkeit besteht in einer Veränderung der Beziehungsrelation (Fit). Die letzte Alternative basiert auf einer Differenzierung einer der beiden Einstellungsobjekte. Abbildung C 32 verdeutlicht diese drei Strategien am Beispiel des Co-Brandings.

Problematisch an der Balance-Theorie für die vorliegende Problemstellung sind neben der Dichotomisierung der Relationen (Einstellung, Beziehung) die fehlenden Aussagen, welche der Strategien der Inkongruenzreduzierung in welcher Situation zum Tragen kommt. Diese Schwäche überwindet zumindest teilweise die Kongruenztheorie von *Osgood/Tannenbaum (1955)*.

---

[262] Darüber hinaus ist theoretisch auch der Fall eines Co-Brands von zwei Marken mit negativer Einstellung verbunden mit einem hohen Fit denkbar. Allerdings besitzt dieser theoretische Fall keine praktische Relevanz, da ein Inhaber einer Marke mit einer negativen Einstellung nicht mit einer weiteren negativ beurteilten Marke kooperieren wird. Daher bleibt dieser Fall unberücksichtigt.

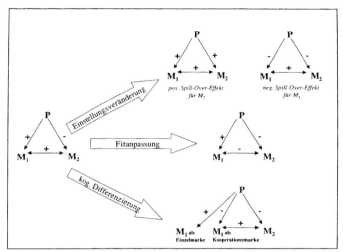

Abb. C 32: Strategien zur Kongruenzrealisierung nach der Balance-Theorie

(2) Kongruenztheorie

Osgood/Tannenbaum (1955)[263] differenzieren explizit bei den Einstellungsrelationen neben der Richtung (positiv, negativ) auch zwischen verschiedenen Intensitäten. Dadurch existieren auch unterschiedliche Ausmaße an Inkongruenz, die unterschiedlich starke Motivationen zur Einstellungsänderung bedingen (vgl. Abbildung C 33 Teil a)). Nach diesem Ansatz liegt Kongruenz vor, wenn bei positiver Beziehung der zwei Elemente eine ähnliche Einstellung in Richtung und Höhe, oder bei negativer Beziehung die zwei Elemente eine Einstellung in gleicher Höhe, aber in unterschiedlicher Richtung aufweisen. In den übrigen Konstellationen existiert eine mehr oder weniger starke Inkongruenz. Zur Lösung von Inkongruenzen kommt insbesondere die Einstellungsänderung in Betracht, wobei jeweils eine **Veränderung der Einstellung** beider Objekte stattfindet. Bei der Einstellungsänderung wird angenommen, dass die **extremere Einstellung weniger verändert** wird als die weniger extreme Einstellung. Diese Zusammenhänge verdeutlicht Abbildung C 33 Teil b) am Beispiel des Co-Brandings.

---

[263] Vgl. auch im Folgenden **Osgood/Tannenbaum** (1955); **Osgood/Suci/Tannenbaum** (1957) S. 199 ff.

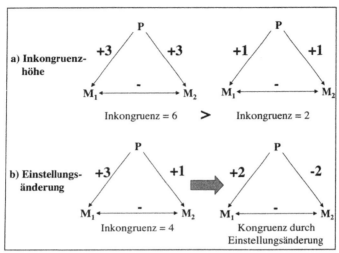

Abb. C 33: Kongruenz-Theorie am Beispiel des Co-Brandings

Aus der Kongruenz-Theorie von *Osgood/Tannenbaum* folgt zum einen für den Fall eines negativen Fits, dass die Gefahr von Spill-Over-Effekten höher ist, je extremer die Pre-Einstellungen sind. Zum anderen folgt aus dieser Theorie, dass bei Co-Brands mit Marken unterschiedlich extremer Einstellungen bei der Marke mit der geringer extremen Einstellung stärkere Spill-Over-Effekte auftreten als bei der mit der extremeren Pre-Einstellung.

3.2.2.2.2 Markenstabilität

Ein wichtiges Konzept insbesondere zur Erklärung der Spill-Over-Effekte stellt die Einstellungsstabilität[264] (attitude strength) dar.[265] Dabei erfolgt die Definition dieses Konzeptes über deren Konsequenzen[266], wonach sich Einstellungsstabilität durch die Komponenten **Dauerhaftigkeit** und **Einfluss** auszeichnet.[267] Die Dauerhaftigkeit setzt sich zusammen aus der **Stabilität im Zeitablauf** sowie **Widerstandsfähigkeit** gegenüber einzelnen Ereignissen. Der Einfluss der Einstellungsstabilität manifestiert sich in der **Beeinflussung der Informationsverarbeitung** und Beurteilung (z.B. selektive Wahrnehmung) sowie im **Zusammenhang zum Verhalten**. Im vorliegenden Fall bezieht sich die Einstellungsstabilität auf die Individualmarken, weshalb im Folgenden von Markenstabilität gesprochen wird.

---

[264] Auf eine wörtliche Übersetzung von attitude strength als Einstellungsstärke bzw. Markenstärke wird verzichtet, da dieser Begriff i.d.R. mit der Einstellung bzw. einer allgemeinen Wertschätzung der Marke gleichgesetzt wird, vgl. z.B. **Bekmeier-Feuerhahn** (1998) S. 148 ff.

[265] Vgl. zu einem Überblick von Theorien zur Einstellungsstabilität **Eagly/Chaiken** (1993) S. 559 ff.

[266] Vgl. zum Überblick möglicher Definitionsansätze **Krosnick/Petty** (1995) S. 2 ff.

[267] Vgl. **Krosnick/Petty** (1995) S. 3 f.

C. Explikative Mastertechniken 213

Grundsätzlich führt eine hohe Ausprägung der Markenstabilität zu geringen Spill-Over-Effekten (Dauerhaftigkeitskomponente) durch das Co-Brand sowie durch externe Ereignisse (insbesondere negative), die im Zusammenhang mit dem Co-Brand stehen. Weiterhin beeinflusst die Markenstabilität der Individualmarken auch die Beurteilung des Co-Brands (Einflusskomponente).

Um zu erklären, wann eine Einstellung eine hohe oder geringe Markenstabilität aufweist, sind deren Determinanten zu identifizieren. In der Literatur existiert eine Reihe von Faktoren[268], wobei im Folgenden die für Marken relevanten Faktoren Markenwichtigkeit, Markencommitment, Markenvertrautheit und Markenvertrauen im Mittelpunkt der Betrachtung stehen.

(1) Markenwichtigkeit

Die Markenwichtigkeit[269] gibt die **persönliche Relevanz einer Marke** wieder, die u.a. aus der Verbindung zu übergeordneten Werten, dem Selbstkonzept oder symbolischen Funktionen resultiert.[270] Die Markenwichtigkeit korrespondiert mit dem Ego-Involvement[271], weshalb die Operationalisierung des Ego-Involvements von *Beatty/ Kahle/Homer (1988)* als Operationalisierung der Markenwichtigkeit Verwendung finden kann.

Empirische verhaltenswissenschaftliche Studien haben nachgewiesen, dass mit steigender Wichtigkeit einer Einstellung die Einstellungsstabilität[272] und die Widerstandsfähigkeit[273] steigen.

(2) Markencommitment

Markencommitment[274] stellt die **emotionale Verbindung zu einer Marke** dar.[275] Es steht in einem engen Zusammenhang zur Markentreue. Nach *Jacoby/Chestnut (1978)*

---

[268] Vgl. z.B. **Raden** (1985); **Krosnick/Boninger/Chuang/Bernet/Carnot** (1993). Eine Differenzierung der verschiedenen Determinanten in motivationale und kognitive Faktoren stammt von **Eagly/Chaiken** (1993). Empirische Studien zur Operationalisierung der Einstellungsstärke zeigen, dass es sich um ein mehrdimensionales Konstrukt handelt, wobei die Bedeutung einzelner Dimensionen vom Kontext abhängig ist, vgl. **Krosnick/Boninger/Chuang/Bernet/Carnot** (1993) S. 1137 ff.

[269] Vgl. allg. **Krosnick/Boninger/Chuang/Bernet/Carnot** (1993) S. 1132.

[270] Vgl. **Beatty/Kahle/Homer** (1988) S. 153.

[271] Vgl. zum Konstrukt des Ego-Involvements z.B. **Beatty/Kahle/Homer** (1988) S. 150; **Sherif/Cantril** (1947) S. 93.

[272] Vgl. z.B. **Krosnick** (1988); **Abelson** (1988).

[273] Vgl. z.B. **Rhine/Severance** (1970).

[274] Vgl. allg. zur Bedeutung des Commitments im Zusammenhang mit der Einstellungsstärke **Eagly/ Chaiken** (1993) S. 582 f. Weiterhin findet das Konstrukt des Commitments auch regelmäßig im Zusammenhag mit dem Beziehungsmarketing Berücksichtigung (vgl. z.B. **Anderson/Weitz** (1992); **Söllner** (1993); **Morgan/Hunt** (1994); **Gundlach/Achrol/Mentzer** (1995); **Zimmer** (2000)), wobei das Commitment überwiegend als ein zweidimensionales Konstrukt mit den Dimensionen innere Verpflichtung und innere Verbundenheit (vgl. zusammenfassend **Zimmer** (2000) S. 28 f.) konzeptualisiert wird. Dagegen bezieht sich das Marken-Commitment mit der emotionalen Bindung nur auf die innere Verbundenheit.

[275] Vgl. **Lastovicha/Gardner** (1978); **Beatty/Kahle/Homer** (1988) S. 151.

ermöglicht dieses Konstrukt die Abgrenzung zwischen echter Markentreue (Loyalität) und anderen Formen wiederholten Kaufverhaltens.[276]

Theoretisch lässt sich das Commitment durch die **Dissonanztheorie** erklären, nach der Commitment dadurch entsteht, dass das Individuum versucht, die Abweichungen zwischen Verhalten (z.B. Markenkauf) und den dazugehörigen Kognitionen (z.B. Einstellungen) zu minimieren.[277] Dieser Vermeidungsmechanismus führt auch dazu, dass hohes Commitment durch die Bereitschaft gekennzeichnet ist, Nachteile (z.B. Wechsel des Geschäfts, falls die Marke nicht vorhanden ist) in Kauf zu nehmen.

Eine Operationalisierung für Markencommitment stammt von *Beatty/Kahle/Homer (1988)*.

Den Zusammenhang zwischen Commitment und Dauerhaftigkeit bestätigen sowohl verhaltenswissenschaftliche[278] als auch markenorientierte empirische Studien.[279]

(3) Markenvertrautheit

Eine dritte Determinante der Markenstabilität bildet die bereits behandelte Markenvertrautheit[280]. Diese führt zu einer Einbettung der Einstellung in ein enges und umfangreiches Netzwerk von Markenwissen. Dadurch resultiert aus einer Einstellungsänderung die Notwendigkeit zur Veränderung verbundener Assoziationen (sog. **Domino-Theorie**[281]). Diesen kognitiven Aufwand versucht das Individuum zu vermeiden, weshalb eine hohe Markenvertrautheit zu einer Erhöhung der Markenstabilität beiträgt.

(4) Markenvertrauen[282]

Vertrauen[283] wird in der verhaltenswissenschaftlichen Forschung zur Einstellungsstabilität nicht explizit behandelt, allerdings berücksichtigt die Forschung das Konstrukt

---

[276] Vgl. **Jacoby/Chestnut** (1978) S. 84.

[277] Vgl. **Eagly/Chaiken** (1993) S. 582.

[278] Vgl. zum Überblick **Eagly/Chaiken** (1993) S. 583 f.

[279] Vgl. **Ahluwalia/Burnkrant/Unnava** (2000); **Ahluwalia/Unnava/Burnkrant** (2001).

[280] Die verhaltenswissenschaftliche Forschung spricht allgemein von cognitive embeddeness (vgl. **Eagly/Chaiken** (1993) S. 585), knowledge (vgl. **Krosnick/Boninger/Chuang/Bernet/Carnot** (1993) S. 1133) und direct experience (vgl. **Krosnick/Boninger/Chuang/Bernet/Carnot** (1993) S. 1133).

[281] Vgl. **Eagly/Chaiken** (1993) S. 584.

[282] **Erdem/Swait/Louviere** (2002) und **Erdem/Swait** (1998) verwenden synonym den Begriff „brand credibility"; **DelVechio** (2000) spricht synonym von „brand reliability".

[283] Vertrauen stellt neben Commitment und Zufriedenheit das dritte zentrale Konstrukt des Beziehungsmarketings dar (vgl. z.B. **Anderson/Narus** (1990); **Moorman/Zaltman/Desphande** (1992); **Morgan/Hunt** (1994); **Plötner** (1995)). Das Vertrauen im Beziehungsmarketing und das Marken-Vertrauen weisen mit Ausnahme des Objektes (Beziehungsmarketing: einzelne Mitarbeiter bzw. Gesamtunternehmen; Marken-Vertrauen: Marke) eine hohe konzeptionelle Übereinstimmung auf. Im Rahmen des Beziehungsmarketings wird Vertrauen überwiegend als zweidimensionales Konstrukt mit den Dimensionen Leistungsfähigkeit und Leistungswille modelliert (z.B. **Henning-Thurau** (2000) S. 142). **Hess** (1995) unterscheidet dagegen beim Marken-Vertrauen die vier Dimensionen Altruism, Honesty, Reliability und Knowing what to expect. Diese vier Dimensionen lassen sich aber den beiden Grunddimensionen des Vertrauens, Leistungswille (insbesondere Altruism, Honesty) und Leistungsfähigkeit (insbesondere: Reliability), zuordnen.

C. Explikative Mastertechniken 215

der **Einstellungssicherheit**, die den Grad wiedergibt, inwieweit ein Individuum überzeugt ist, dass seine Einstellung richtig ist.[284] Aufgrund der Ähnlichkeit zwischen Einstellungssicherheit und Markenvertrauen sowie den empirischen Arbeiten zum Markenvertrauen, die für das Markenvertrauen sowohl Dauerhaftigkeits- als auch Einflussaspekte nachweisen konnten, wird dieses Konstrukt als vierte Determinante der Markenstabilität berücksichtigt.

Die Dauerhaftigkeitskomponente des Markenvertrauens zeigt sich insbesondere im Zusammenhang zwischen Markenvertrauen und Markencommitment. Das Markenvertrauen führt zu einer emotionalen Bindung, die letztlich dem Markencommitment zugrunde liegt. Diesen Zusammenhang konnten *Chaudhuri/Holbrook (2001)* für 149 Marken aus 49 Produktkategorien empirisch nachweisen (Strukturkoeffizient: 0,33). Neben der Wirkung des Markenvertrauens auf das Commitment konnten *Erdem/Swait (1998)* in einem informationsökonomischen Kontext nachweisen[285], dass das Markenvertrauen stark die Qualitätseinschätzung sowie das wahrgenommene Risiko beeinflusst, d.h. neben der Dauerhaftigkeit übt das Markenvertrauen auch einen direkten Einfluss auf die Markeneinstellung aus.

Eine Operationalisierung des Markenvertrauens stammt von *Erdem/Swait/Louviere (2002)*.[286]

Eine weitere Größe, die das Markenvertrauen beeinflusst, bildet die in der Markentransferforschung[287] teilweise berücksichtigte wahrgenommene **Qualitätsvarianz** der Leistungen einer Marke, wobei eine geringe Qualitätsvarianz zu einem höheren Markenvertrauen führt. Eine Operationalisierung der Qualitätsvarianz stammt von *DelVechio (2000)*.

Insgesamt hängt die Relevanz des Markenvertrauens vom wahrgenommenen Risiko ab, wobei mit steigendem Risiko dessen Bedeutung zunimmt.

Zusammenfassend bleibt festzuhalten, dass die Markenstabilität ein mehrdimensionales Konstrukt ist, dass sich im vorliegenden Kontext aus der Markenwichtigkeit, dem Markencommitment, der Markenvertrautheit und dem Markenvertrauen gegenüber den Einzelmarken zusammensetzt. Die Markenstabilität insgesamt beeinflusst zum einen das Ausmaß der Spill-Over-Effekte. Übertragen auf das Co-Branding wird angenommen, dass bei Marken mit einer hohen Markenstabilität nur geringe Spill-Over-Effekte auftreten. Zum anderen führen hohe Markenstabilitäten (insbesondere Markenvertrauen) der Individualmarken zu positiven Co-Brand-Einstellungen. Weiterhin beeinflusst das Verhältnis der Markenstabilitäten der beiden Individualmarken die Relevanz der Einstellungen der Individualmarken für die Co-Brand-Beurteilung.

---

[284] Vgl. **Krosnick/Boninger/Chuang/Bernet/Carnot** (1993) S. 1132.

[285] Vgl. Kap. C.II.3.2.2.1.1.

[286] Vgl. zu einer „längeren" Operationalisierung des Markenvertrauens **Hess** (1995); **Erdem/Swait** (1998) S. 143 f.; vgl. auch **Chaudhuri/Holbrook** (2001).

[287] Vgl. **Dacin/Smith** (1994); **Zatloukal** (1999); **DelVechio** (2000).

3.2.3 Kognitive Theorien

Eine Hauptrichtung zur Erklärung von Markenwirkungen stellen kognitive Ansätze dar, die sich dadurch auszeichnen, dass sie als neobehavioristische Ansätze die **Kognitionen und deren Einfluss auf die Informationsverarbeitung** in den Mittelpunkt des Interesses stellen.[288] Die folgenden Ausführungen unterscheiden zwischen Struktur- und Prozessansätzen.

3.2.3.1 Strukturansätze

Ein zentraler Aspekt der verhaltenswissenschaftlichen Erklärung der Marke bildet die **Speicherung der Marke** im Gedächtnis.

Das Grundmodell des menschlichen Gedächtnisses geht von drei unterschiedlichen Speichern aus, die miteinander in Verbindung stehen.[289] Ein alternatives Modell unterscheidet nicht zwischen mehreren Speichern, sondern zwischen verschiedenen Verarbeitungstiefen.[290] Das Mehrspeicher-Modell enthält implizit das Modell der Verarbeitungstiefe.

Der sensorische Speicher (Ultrakurzzeitspeicher) speichert für kurze Zeit die durch visuelle, auditive, olfaktorische und haptische Wahrnehmung aufgenommenen Reize. Die Kapazität des sensorischen Speichers ist groß, weist allerdings nur eine geringe Speicherdauer von 0,1 bis eine Sekunde auf.[291] Von den im sensorischen Speicher gespeicherten Informationen gelangt nur ein geringer Teil in den Kurzzeitspeicher. Dort werden die eingehenden Informationen mit dem Langzeitspeicher gespeicherten Wissen verglichen und verknüpft. Die im Kurzzeitspeicher verfügbaren Informationen werden entweder vergessen oder in das Langzeitgedächtnis übernommen. Der Langzeitspeicher bildet das eigentliche Gedächtnis. Zur Ablage der Informationen im Langzeitspeicher existieren verschiedene Modelle in der Literatur[292], von denen im Folgenden mit den assoziativen Netzwerken und dem Schemata-Ansatz zwei Grundmodelle im Mittelpunkt stehen.

3.2.3.1.1 Grundmodelle der Markenwissensrepräsentation

(1) Assoziative Netzwerke

Die Speicherung des Markenwissens erfolgt insbesondere im semantischen Gedächtnis, welches Faktenwissen, Integrationsregeln und analytische Problemlösungsmuster enthält. Das grundsätzliche Modell des semantischen Gedächtnis bildet das **Assoziative**

---

[288] Die Kognitionspsychologie fokussiert dabei auf die menschliche Informationsverarbeitung. Zentrale Bausteine der Kognitionspsychologie bilden die kognitiven Strukturen (insbesondere das Langzeitgedächtnis) sowie die kognitiven Prozesse (insbesondere Verbindung von gespeichertem Wissen und wahrgenommenen Informationen); vgl. zum Überblick der kognitiven Psychologie z.B. **Anderson** (1996); **Wessels** (1994). Zur Anwendung der kognitiven Ansätze im Marketing vgl. stellvertretend für viele **Bettmann** (1979); **Grunert** (1982); **Grunert** (1990).

[289] Vgl. **Atkinson/Shiffrin** (1968). Zur kritischen Beurteilung vgl. **Wessels** (1994) S. 135 ff.

[290] Vgl. **Craik/Lockhardt** (1972).

[291] Vgl. **Kroeber-Riel/Weinberg** (1999) S. 226.

[292] Vgl. zum Überblick z.B. **Tergan** (1986).

Netzwerk, welches sich aus Knoten und Kanten zusammensetzt. Die Knoten, die einzelne Konzepte (z.B. Eigenschaften) darstellen, sind über Beziehungen mit unterschiedlicher Intensität und Art verbunden. Abbildung C 34 zeigt für die Marke BMW ein mögliches Netzwerk, wobei die Zahlen die Reihenfolge und die Länge der Kanten die Intensität der Assoziationen wiederspiegeln.[293]

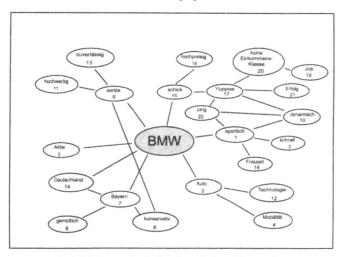

Abb. C 34: Exemplarisches Assoziatives Netzwerk
Quelle: *Baumgarth (2000a)* S. 52.

Die unterschiedliche Intensität der Kanten ist deshalb von Relevanz, da das Assoziative Netzwerk von dem **Prinzip der sich ausbreitenden Aktivierung** ausgeht.[294] Nach diesem Prinzip erfolgt durch einen Reiz die Aktivierung eines bestimmten Knotens (z.B. Marke BMW). Ausgehend von diesem Knoten weitet sich die Aktivierung weiterer angrenzender Knoten aus, wobei sich diese Aktivierung zwar über das Netzwerk ausdehnt, allerdings mit abnehmender Intensität. Daher besitzen für eine Marke insbesondere die Assoziationen eine hohe Relevanz, die möglichst eng mit der Marke verbunden sind. Für das exemplarische Netzwerk in Abbildung C 34 bedeutet die Ansprache des Knotens BMW insbesondere die Aktivierung der Assoziation „Sportlichkeit"; die Aktivierung von „hohe Einkommensklasse" oder „gemütlich" ist eher unwahrscheinlich.

Weiterhin ist die Intensität der Assoziationen nicht konstant, sondern hängt u.a. auch von der Anzahl der Wiederholungen[295] und dem Priming ab. **Priming** beschreibt die automatische Aktivierung von Assoziationen (z.B. dynamisch) durch die Präsentation eines bestimmten Reizes (z.B. BMW), wodurch die Assoziationsstärke zwischen

---

[293] Vgl. zur Erhebung dieses Netzwerkes **Baumgarth** (2000a) S. 51 f.
[294] Vgl. **Collins/Loftus** (1975) S. 407 ff.
[295] Vgl. z.B. **Anderson** (1996) S. 183 ff.

Ausgangsreiz und Assoziation zunimmt. Spätere assoziative Aufgaben (z.b. der Fit zwischen BMW und NIKE durch den Fitgrund „dynamisch") werden durch die höhere Assoziationsstärke beeinflusst.[296] Man kann Priming auch als "...die Verbesserung der Verarbeitung eines Stimulus als Funktion einer vorherigen Darbietung"[297] beschreiben. Dabei funktioniert das Priming unabhängig von einem Zusammenhang zwischen der ersten Aktivierung und der späteren Kategorisierung.

Das Priming wurde im Zusammenhang mit vielen kognitiven Vorgängen untersucht. *Herr (1986)* untersuchte z.b., wie Probanden eine Zielperson beurteilen, wenn ihnen vorher Attribute zur Charakterbewertung vorgelegt wurden. Die Probanden bekommen diese Attribute unter Vorspiegelung unabhängiger Umstände präsentiert, wodurch die Verwendung nicht bewusst geschieht.[298] Auch in der Konsumentenforschung wurde das Prinzip des Priming untersucht. Beispielsweise untersuchte *Herr (1989)* den Einfluss einer Aufgabe mit verschiedenen Pkws einer bestimmten Preiskategorie (Priming) auf die spätere Einschätzung des Preisniveaus von unbekannten Pkws.[299] Darüber hinaus verwendeten *Boush (1993)* und später *Pryor/Brodie (1998)* das Priming-Prinzip für Überlegungen zum Zusammenhang zwischen Werbung und Markentransferbeurteilung.[300]

(2) (Marken-)schemata

Eine spezielle Form der Assoziativen Netzwerke bilden (Marken-)schemata[301], wobei es sich dabei um **größere, komplexe Wissenseinheiten** handelt, die **typische Eigenschaften** und feste, standardisierte Vorstellungen umfassen, die jemand von einer Marke hat.[302] Ein Schema enthält nicht Knoten mit eindeutiger Zuordnung, sondern Platzhalter (Slots) mit einer gewissen Menge an möglichen Ausprägungen. Die Menge an möglichen Ausprägungen bestimmt die Variabilität des Merkmals.[303] Durch Wahrnehmung oder Aktivierung benachbarter Netzwerke erfolgt bei einem Slot die Auswahl einer dieser Werte (Filler).

---

[296] Vgl. **Anderson** (1996) S. 180 ff.

[297] **Anderson** (1996) S. 457.

[298] Vgl. zu weiteren Studien aus der Psychologie z.B. **Higgins/Bargh/Lombardi** (1985) S. 59 ff.; **Herr/ Sherman/Fazio** (1983) S. 323 ff; **Srull/Wyer** (1980) S. 841 ff.

[299] Vgl. zu weiteren Studien aus dem Konsumentenbereich z.B. **Homer/Kahle** (1986); **Chakravarti/ MacInnis/Nakamoto** (1990).

[300] Vgl. ausführlicher Kap. C.II.3.2.3.2.1.

[301] Ein ähnliches Konzept wie Schemata bilden Stereotype, die sich dadurch auszeichnen, dass sie innerhalb einer Gruppe (z.B. deutsche Bevölkerung) ähnlich ausgeprägt sind, vgl. **Größer** (1991) S. 103 ff. Weiterhin existiert zur Speicherung von Abläufen (z.B. Restaurant-Besuch) mit dem Script-Ansatz ein spezifischer Schema-Ansatz, vgl. z.B. **Schank/Abelson** (1977).

[302] Vgl. **Esch** (1998) S. 77 f.

[303] Vgl. **Park/Hastie** (1987) S. 621 ff.; **Sujan/Bettman** (1989) S. 456.

C. Explikative Mastertechniken

Falls kein passender Wert für ein Slot wahrgenommen wird, erfolgt die Ausfüllung eines Slots durch einen typischen Wert (**Default Wert**).[304] Weiterhin bestehen zwischen den einzelnen Fillern der verschiedenen Slots Beziehungen. Beispielsweise verbindet der Abnehmer in einem BMW-Schema ein bestimmtes Preisniveau mit einer bestimmten Ausstattung und Größe des Modells.

Ein weiteres Merkmal von Schemata ist die **hierarchische Speicherung** sowie die damit verbundene Eigenschaft der Vererbung. Nach dem Prinzip der hierarchischen Speicherung ist ein Markenschema dem Produktschema untergeordnet.[305] Dem Markenschema können wiederum weitere Subbrands als Schema untergeordnet sein. Bei der Aktivierung eines Schemas durch die Wahrnehmung der Marke (z.B. Werbung) bildet das Markenschema das Basisschema. Nur bei tieferer Elaboration erfolgt ein Rückgriff auf das untergeordnete Subbrandschema. Dagegen führt die Aktivierung einer Marke regelmäßig auch zu einer Aktivierung des übergeordneten Produktschemas. Im Gegensatz dazu aktiviert der Konsument bei eigenen Überlegungen (z.B. Planung des Einkaufs) eher das Produktschema und anschließend die verbundenen Markenschemata. Der Vererbungsmechanismus, der auf der Speicherung gemeinsamer Eigenschaften auf der übergeordneten Ebene basiert, reduziert den Speicheraufwand (**„Prinzip der kognitiven Ökonomie"**). Für die Analyse von Marken im Rahmen des Co-Brandings folgt daraus, dass neben der Marke und den damit verbundenen Assoziationen jeweils auch das übergeordnete Produktschema von Relevanz ist.

Neben Eigenschaften speichert ein Markenschema auch die Beurteilung der Eigenschaften sowie eine Globalbeurteilung (synonym: Einstellung).[306]

Zusammenfassend zeichnen sich Markenschemata durch folgende Merkmale aus:[307]

- Speicherung des typischen Wissens über eine Marke (→ Erwartungshaltung),
- Besitz von Leerstellen (sog. Slots), die durch Default-Werte gefüllt werden können,
- hierarchische Struktur (Produktschema ist dem Markenschema übergeordnet),
- Vererbungsmechanismus von der übergeordneten auf die untergeordnete Ebene,

---

[304] Ein Experiment zum Nachweis der Default-Werte stammt von **Brewer/Treyens** (1981). Im Rahmen dieses Experiments wurden 30 Vpn. in einen Raum geführt, wobei ihnen gesagt wurde, dass dieser Raum das Büro des Versuchsleiters ist. Nach 35 Sekunden kam der Versuchsleiter und führte die wartenden Vpn. in einen benachbarten Raum. Dort sollten die Vpn. alles aufschreiben, was sie aus dem Büro noch im Gedächtnis hatten. Die Annahme, dass die Wiedergabe der Vpn. stark von ihrem aktivierten Büro-Schema beeinflusst werden würde, bestätigte sich. Bspw. erinnerten sich 29 von 30 Teilnehmern an einen Stuhl und einen Schreibtisch (schemakongruent), allerdings nur acht Personen an einen anatomischen Schädel (schemainkongruent). Andererseits gaben neun Teilnehmer an, sie hätten Bücher gesehen, was aber tatsächlich nicht der Fall war.

[305] Vgl. allgemein **Rosch/Mervis/Gray/Johnson/Boyes-Braem** (1976) S. 385 f. Zur Anwendung in der Konsumentenforschung z.B. **Sujan/Dekleva** (1987) S. 372; **Hoyer/MacInnis** (1997) S. 93 ff.; **Herrmann** (1998) S. 81; **Farquhar/Herr/Fazio** (1990) S. 857; **Esch** (1998) S. 89; **Nedungandi** (1990) S. 265 f.; **Nedungandi/Hutchinson** (1985) S. 500; ähnlich auch **Meyers-Levy/Tybout** (1989) S. 42.

[306] Vgl. z.B. **Fiske/Pavelchak** (1986) S. 170; **Fiske/Neuberg/Beattie/Milberg** (1987) S. 401 ff.; **Mandler** (1982) S. 4.

[307] Vgl. **Tergan** (1986) S. 105 f.; **Mandl/Friedrich/Hron** (1988) S. 125 f.; **Esch** (1998) S. 77 f.

- Zustands- und Prozessansatz: Schemata stellen nicht nur eine Form der Speicherung des Wissens über eine Marke dar, sondern steuern auch Prozesse,
- Speicherung von Kognitionen und Affektionen.

Abbildung C 35 verdeutlicht exemplarisch die wichtigsten Aspekte des Markenschema-Ansatzes.

3.2.3.1.2 Beschreibungsmerkmale von Markenschemata

Eine nähere Charakterisierung verschiedener Markenschemata erlauben die Marken-Produkt-Beziehung, die Art der Markenassoziationen sowie die Markenbreite. Neben generellen Unterschieden zwischen Marken existieren auch interpersonelle Unterschiede für eine einzelne Marke in Abhängigkeit vom individuellen Markenwissen.

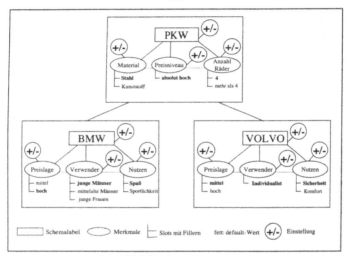

Abb. C 35: Markenschema-Ansatz

(1) Marken-Produkt-Beziehung

Eine wichtige Eigenschaft zur Charakterisierung des Markenschemas bildet die **Beziehung zu dem Produktschema**.[308] Dabei lassen sich zwei Beziehungen voneinander abgrenzen:[309] Produkt → Marke und Marke → Produkt. Die erste Beziehung bestimmt, ob dem Konsumenten bei der Aktivierung eines Produktschemas eine

---

[308] Dabei lassen sich unterschiedliche Marken-Produktschemata-Beziehungen differenzieren. Marken sind sowohl mit dem direkt übergeordneten Produktschema verbunden (z.B. COCA-COLA mit koffeinhaltiger Limonade) als auch mit indirekt übergeordneten Produktschemata (z.B. COCA-COLA mit Getränken); dabei kann die Assoziation einer Marke zu einem indirekt übergeordneten Produktschema im Vergleich zum direkt übergeordneten Produktschema größer ausfallen; vgl. **Nedungandi/Hutchinson** (1985) S. 500 f.

[309] Vgl. **Farquhar** (1989) S. 31; **Farquhar/Herr/Fazio** (1990); **Farquhar/Han/Herr/Ijiri** (1992) S. 34; **Farquhar/Herr** (1993) S. 264 ff.

bestimmte Marke einfällt. Diese Beziehung spiegelt sich in vielen Ansätzen der Markenforschung wider.[310] Beispielsweise stellt die recall- und die top-of-mind-Messung auf diesen Zusammenhang ab. Weiterhin lassen sich auch die verschiedenen set-Konzepte (z.B. evoked set, consideration set)[311] unter dieser Beziehung subsumieren. Marken, die ein Produktschema dominieren, d.h. die eine große Zahl von Abnehmern als erste Marke mit dem jeweiligen Produktschema verbinden, werden auch als **prototypische Marken** oder als Masterbrands bezeichnet. Prototypische Marken lassen sich nur schwer auf andere Leistungen transferieren[312], da das Produkt-Schema mit dem Marken-Schema eine hohe Übereinstimmung aufweist, wodurch die Marke kaum markenspezifische Assoziationen besitzt, und die Markenassoziationen Produktassoziationen darstellen, die im Vergleich zu abstrakteren Assoziationen einer Marke schwerer mit anderen Leistungskategorien kompatibel sind.[313]

Die zweite Beziehung, Marke → Produkt, determiniert, ob bei Aktivierung des Markenschemas automatisch auch das jeweilige Produkt-Schema aktiviert wird. Eine enge Beziehung führt dazu, dass bei der Beurteilung einer Markenerweiterung das jeweilige Produktschema von entscheidender Bedeutung ist.

Häufig bestehen symmetrische Beziehungen, d.h. sowohl eine starke bzw. schwache Produkt → Marke- als auch Marke → Produkt-Beziehung.[314] Allerdings lassen sich auch Fälle identifizieren, bei denen asymmetrische Beziehungen auftreten.[315] Abbildung C 36 verdeutlicht anhand einiger Beispiele die verschiedenen Beziehungsmuster.

		Marke → Produkt	
		gering	hoch
Produkt → Marke	gering	ALESSI AIGNER	ROLEX PORSCHE
	hoch	NIVEA BOSS DR. OETKER	TEMPO LEVIS TESA COCA-COLA

symmetrische Verhältnisse

Abb. C 36: Marken-Produktschema-Beziehungen

---

[310] Vgl. zum Überblick **Nedungandi/Hutchinson** (1985).

[311] Vgl. z.B. **Nedungandi** (1990).

[312] Vgl. **Farquhar/Han/Herr/Ijiri** (1992) S. 34 ff.; **Esch/Fuchs/Bräutigam/Redler** (2001) S. 773 ff.

[313] Vgl. **Hätty** (1989) 208 ff. Auch führt diese enge Verbindung dazu, dass typische Eigenschaften des Produktschemas auf die Transferleistung übertragen werden. Beispielsweise zeigt sich in der Studie von **Aaker/Keller** (1990), dass ein Transfer der Biermarke HEINEKEN auf Popcorn dazu führte, dass viele Probanden mit der Transferleistung einen Biergeschmack verbanden.

[314] Diese Beziehung wird in der Psychologie auch unter dem Begriff resonance diskutiert, vgl. **Nelson/Bennett/Gee/Schreiber/McKinney** (1993) S. 748 f.

[315] Vgl. **Farquhar/Herr/Fazio** (1990) S. 857.

Für das Co-Branding ist insbesondere die Beziehung Marke → Produkt von Bedeutung, da eine starke Marken-Produkt-Beziehung dazu führt, dass das Produktschema u.a. in starkem Maße die Fitbeurteilung beeinflusst.

(2) Markenassoziationen

Im Rahmen der Markenforschung wurde eine Reihe von speziellen Ansätzen entwickelt, die versuchen, typische Markenassoziationen zu strukturieren. Dabei lassen sich zum einen Ansätze finden, die insgesamt eine Strukturierung der Assoziationen vornehmen (globale Ansätze). Zu dieser Gruppe zählen z.B. die Ansätze von *Aaker (1992)*, *Farquhar/Herr/Han/Ijiri (1992)*, *Hätty (1989)*, *Keller (1993)*, die Imagetyp-Ansätze sowie die means-end-Ansätze. Zum anderen diskutiert die Literatur Ansätze, die bestimmte Ausschnitte der möglichen Assoziationen strukturieren (Detail-Ansätze). Zu dieser zweiten Gruppe zählen die Versuche zur Klassifizierung von emotionalen und sachlichen Markeneigenschaften sowie die Markenpersönlichkeitsansätze. Abbildung C 37 liefert einen Überblick verschiedener Ansätze.

Gruppe	Einzelansätze	Ausgewählte Quellen
Globalansätze	Markenassoziationen	1. Aaker (1992): Produkteigenschaften, Immaterielle Faktoren, Verbrauchsvorteile, Relativer Preis, Gebrauch/ Anwendung, Verbraucher/Kunde, Berühmtheit/Person, Lebensstil/Persönlichkeit, Produktklasse, Konkurrenten, Land/Region. 2. Farquhar/Han/Herr/Ijiri (1992): Produkt, Produkteigenschaften, Nutzungssituation, Nutzen. 3. Aaker/Joachimsthaler (2000): Produkt, Organisation, Person, Symbol. 4. Keller (1993): Preis, Verpackung, Nutzerimage, Nutzungssituation, Produkt, funktional, experimental, symbolisch, Einstellung.
	Imagetyp	1. Park/Jaworski/MacInnis (1986); Bhat/Reddy (1998): funktional, symbolisch, experimentell. 2. Park/Milberg/Lawson (1991): prestige- und funktionsorientiertes Image. 3. Hätty (1989): produkt-, image- (sachlich-funktional, emotional: Exklusivität, Lebensstil, Design, Mode) und verwendergruppengeprägtes Markenimage.
	means-end-Ansätze	Unterteilung der Assoziationen in Eigenschaften (konkret, abstrakt), Nutzen (funktional, sozial/psychisch), Werte (instrumentell, terminal) Quellen: Reynolds/Gutman (1984); Herrmann (1998).

C. Explikative Mastertechniken

Gruppe	Einzelansätze	Ausgewählte Quellen
Detailansätze	emotionale Assoziationen	1. Schmitz (1990): Imagery-Messung von 25 Anmutungen mit Hilfe von 73 bildlichen Imagery-Skalen. 2. Zeitlin/Westwood (1986): 40 sekundäre Emotionen, die durch Werbung ausgelöst werden (verbale Messung). 3. Petri (1992): Emotionale Schlüsselwörter als Assoziationsgrundlage: 220 Begriffe (allgemein emotional, sensorische Qualitäten, Länder und Gebiete, Jahreszeiten). 4. Nickel (1997); Woll (1997): 450 emotionale Begriffe (Adjektive), die durch ein Semantisches Differential in einem dreidimensionalen Raum positioniert wurden. 5. o.V. (1991): 27 Werbeinhalte (nur zum Teil emotionale Eigenschaften); inhaltsanalytische Überprüfung der Kategorien Automobile, Kaffee und Bier.
	sachliche Assoziationen	1. Resnik/Stern (1977); Stern/Resnik (1991)[316]: Kategorienschema zur Auswertung von Werbeinhalten: Price/Value, Quality, Performance, Components/Content, Availability, Special Offers, Taste, Nutrition, Packaging/Shape, Guarantee and Warranty, Safety, Independent Research, Company Research, New Ideas. 2. o.V. (1991): 27 Werbeinhalte (nur zum Teil informative Eigenschaften); inhaltsanalytische Überprüfung von Werbung am Beispiel der Kategorien Automobile, Kaffee und Bier. 3. Hansen (1975): Kategorienschema zur Inhaltsanalyse von Werbung: vier sachbezogene und 25 nicht warenkundlichsachhaltige Eigenschaften (überwiegend sachliche Assoziationen).
	Markenpersönlichkeit	1. Aaker (1997); Aaker (2001): verbale Messung; Dimensionen: Aufrichtigkeit, Erregung/Spannung, Kompetenz, Kultiviertheit, Robustheit. 2. Plummer (1984). 3. Munzinger/Schmidt (1996); BBDO (o.J.): Zuordnung von Personenphotos zu Marken; globale Messung. 4. Schönrade/Fuhrhop (2001): Gruppendiskussionen über das „Zusammenleben" verschiedener Marken in einem Haus.

Abb. C 37: Ansätze zur Strukturierung von Markenassoziationen

Neben der Art der in einem Markenschema gespeicherten Assoziationen bilden markenspezifische Assoziationen eine weitere relevante Beschreibungsgröße. Dabei ist eine **markenspezifische Assoziation** eine Eigenschaft oder ein Nutzen, der die Marke von anderen Marken unterscheidet.[317] Die Relevanz dieser markenspezifischen

---

[316] Das Kategorienschema von Resnik/Stern weist in der Marketingwissenschaft eine hohe Verbreitung auf; vgl. z.B. die vollständige Übernahme durch **Dowling** (1980), **Zandpour/Chang/Catalamo** (1992) und **Lin** (1993) sowie die Modifikationen von **Harmon/Razzouk/Stern** (1983); **Hong/Muderrisoglu/Zinkhan** (1987). Zum Überblick über diesen Kategorisierungsansatz vgl. **Nickel** (1997) S. 87 ff.

[317] Vgl. **Broniarczyk/Alba** (1994) S. 215.

Assoziation für den Abnehmer beeinflusst besonders stark die Markeneinstellung. Empirische Studien zum Markentransfer[318] konnten zeigen, dass markenspezifische, für den Transfer relevante Assoziationen einen größeren Einfluss auf die Transferbeurteilung ausüben als der Produktfit oder die Markeneinstellung.

(3) Umfang des Markenschemas (Markenbreite)

Eine weitere strukturelle Größe eines Markenschemas bildet die Markenbreite. Im Kontext des Markentransfers bezeichnet die Markenbreite die mit einer Marke verbundenen Produktschemata.[319] Neben der Anzahl der Produktschemata ist zur Beschreibung der Markenbreite auch die Assoziationsstärke zu berücksichtigen[320], wobei sich zwei Situationen voneinander abgrenzen lassen:

- gleichstarke Assoziationen zu mehreren Produktschemata (z.B. PHILIPS → Unterhaltungselektronik, Rasierer, Telefone usw.),
- starke Assoziationen zu einem Produktschema[321] und schwache Assoziationen zu weiteren Produktschemata (z.B. stark: HONDA → Autos; schwach: HONDA → Rasenmäher).

Die Assoziationsstärke kann, wie bei den aufgeführten Beispielen, allgemein gelten oder vom Kontext abhängen. Beispielsweise verbindet der Konsument i.d.R. mit BMW Autos, im Zusammenhang mit dem Kauf eines Motorrads dagegen verknüpft der Abnehmer die Marke auch stark mit dem Motorrad-Produktschema.

Neben der Konzentration auf die Marken-Produktschema-Beziehung interessieren im Rahmen des Co-Brandings auch die übrigen Assoziationsfelder. Beispielsweise existieren Marken mit einer starken Assoziation zu einer Verwendergruppe (z.B. MILCHSCHNITTE), andere Marken dagegen weisen enge Beziehungen zu mehreren Verwendergruppen auf (z.B. MILKA). Eine hohe Markenbreite liegt dann vor, wenn der Konsument in einer bestimmten Situation mit einer Marke eine breites Spektrum in einem oder mehreren Assoziationsfeldern besitzt. Abbildung C 38 verdeutlicht für mehrere Assoziationsfelder Marken mit einer hohen und einer geringen Markenbreite.

Eine hohe Markenbreite erleichtert dem Abnehmer, Beziehungen zwischen den beteiligten Marken aufzubauen, weshalb der Fit höher ausfällt.

3.2.3.2 Prozessansätze

Die Eigenschaften der Markenschemata führen zu einer Reihe von Besonderheiten in der Informationsverarbeitung. Dabei werden im Folgenden die Kategorisierung, das Schemakongruenz-Beurteilungsmodell, die Konzept-Verbindungs-Ansätze, die Schema-Veränderungs-Ansätze sowie die Ankeransätze behandelt.

---

[318] Vgl. **Bronciarzyk/Alba** (1994) sowie die Replikation von **Glynn/Brodie** (1998).

[319] Vgl. **Boush/Loken** (1991) S. 17; **Sheinin/Schmitt** (1994) S. 2. Teilw. wird in der Literatur in diesem Zusammenhang auch von „brand portfolio" gesprochen, vgl. **Dacin/Smith** (1994); **DelVechio** (2000) S. 458.

[320] Vgl. **Dawar** (1996) S. 190 f.

[321] Dabei wird das Produktschema mit der stärksten Verbindung zu der Marke auch als „Flagship Product" bezeichnet, vgl. **John/Loken/Joiner** (1998) S. 19.

Assoziationsfeld	geringe Markenbreite	hohe Markenbreite
Produkt	ROLEX (Uhr), FERRERO ROCHER (Konfekt), GEROLSTEINER (Mineralwasser)	SWATCH (Uhren, Pkws), MILKA (Schokolade, Schokoladen-Riegel, Kakaopulver, Pudding etc.), BOSS (Bekleidung, Parfüm)
Markenpersönlichkeit/typischer Verwender	MILCHSCHNITTE, KLOSTERFRAU MELISSENGEIST, PENATEN, RED BULL	DR. OETKER, VW, IGLO
Preislage	ROLEX	ACCOR HOTELS
sachliche Assoziationen	VOLVO (Sicherheit), NIVEA (Pflege), ALESSI (Design)	FIT FOR FUN (Gesundheit, Sportlichkeit, Lifestyle)
emotionale Assoziationen	FREIXNET (Erotik), MÖVENPICK (Genuss), ROLEX (Prestige)	MILKA (Genuss, Spaß, Abwechslung)

Abb. C 38: Beispiele für Marken mit geringer und hoher Markenbreite

3.2.3.2.1 Kategorisierungstheorien

Fit[322] bezeichnet allgemein das Ergebnis des Vergleichsprozesses zwischen den beteiligten Marken und der Co-Brand-Leistung, d.h. es handelt sich um die subjektive Einschätzung des Abnehmers, inwieweit die Individualmarken und die Leistung des Co-Brands zueinander passen. Die Ergebnisse im Rahmen der Markentransfer- und Testimonialforschung belegen die hohe Relevanz dieses Konstruktes für den Erfolg der jeweiligen Option, weshalb angenommen wird, dass der Fit insbesondere für die Co-Brand-Wirkung von entscheidender Bedeutung ist.

Die Fitbeurteilung lässt sich theoretisch auf der Basis von Kategorisierungstheorien erklären.[323] Allgemein versteht man unter der Kategorisierung die Einordnung eines Ereignisses in ein **bestehendes Schema**, woraus sich eine Gleichbehandlung dieses Ereignisses mit den übrigen Elementen des Schemas ergibt.[324]

Im Rahmen des Co-Brandings geht es darum, ob es dem Abnehmer gelingt, die beteiligten Marken unter einem der beteiligten Schemata zu integrieren bzw. ein neues Schema aufzubauen (**ad-hoc-Schema**). In diesen Fällen ist ein hoher Fit zu erwarten.

---

[322] Ähnliche Begriffe sind „similarity" (z.B. **Hem/Lines/Gronhaug** (2000)); „Kongruenz" (z.B. **Meyers-Levie/Louie/Curren** (1994)), „Kompatibilität" (**Hermann** (1999) S. 128 ff.) „coherence" (**Murphy/ Medin** (1985)). Darüber hinaus existieren in verwandten Gebieten ähnliche Konzepte. Beispielsweise wird im Bereich des Sponsoring von „Affinitäten" (vgl. z.B. **Bruhn** (1997) S. 6 33 ff.) und im Bereich der Testimonialwerbung von „match-up" (vgl. z.B. **Kamins** (1990); **Lynch/Schuler** (1994)) gesprochen.

[323] Der optische Fit (z.B. Markenlogos) als Passung der visuellen Markenelemente lässt sich durch Wahrnehmungstheorien (z.B. Gestaltgesetz) erklären. Im Mittelpunkt dieses Abschnittes steht aber die kognitive Passung zwischen den Marken.

[324] Vgl. z.B. **Rosch/Mervis/Gray/Johnson/Boyes-Bream** (1976) S. 283; **Boush** (2001) S. 812.

(1) Fitansätze

Zur Systematisierung der unterschiedlichen Ansätze der Kategorisierung liegen in der Literatur mehrere Vorschläge vor.[325] Ein Hauptunterscheidungsmerkmal ist die Differenzierung zwischen deterministischen[326] und intensitätsmäßigen Ansätzen. Während bei den ersten Ansätzen eine eindeutige Bestimmung der Zugehörigkeit eines Ereignisses zu einem Schema erfolgt, zeichnen sich intensitätsmäßige Ansätze durch eine abgestufte Beurteilung der Zugehörigkeit aus. Eine zweite Differenzierung basiert auf der unterschiedlichen Vorgehensweise der Kategorisierung, wobei sich eigenschaftsorientierte, beispielorientierte und theoretische Ansätze unterscheiden lassen.[327] Die eigenschaftsorientierten Ansätze berücksichtigen einem Vergleich zwischen den einzelnen Eigenschaften der Kategorie und dem Stimulus. Die beispielorientierten Ansätze bauen auf prototypischen oder realen Beispielen einer Kategorie auf. Eine Zugehörigkeit zu einer Kategorie resultiert aus einem ganzheitlichen Vergleich mit diesen Kategoriemitgliedern. Diese beiden ersten Ansätze basieren jeweils auf einer umfangreichen Ähnlichkeitsbeurteilung zwischen Schema und Objekt. Dagegen erfolgt bei theoretischen Ansätzen ein Vergleich durch eine „**Laientheorie**". Im Rahmen der Laientheorie basiert die Kategorisierung auf dem gesamten Wissen des Individuums, das dieser zur Konstruktion des Zusammenhangs zwischen Kategorie und Stimulus verwendet. Diese Fit-Beurteilung basiert häufig auf einem oder wenigen Erklärungsgründen. Abbildung C 39 gibt die Hauptaussagen dieser Ansätze für die Fitbeurteilung wieder und listet prominente Vertreter auf.

Der überwiegende Teil der Ansätze lehnt eine eindeutige Zuordnung zu einer Kategorie als unrealistisches Modell ab[328] und postuliert eine intensitätsmäßige Zugehörigkeit. Weiterhin spricht eine Reihe von Studien gegen die Invarianz der Zugehörigkeit[329]; vielmehr wird in Anlehnung an die ad-hoc-Kategorien von *Barsalou (1983)* angenommen, dass das Wissen der Menschen flexibel ist, und damit in Abhängigkeit vom Kontext unterschiedlichste Kategorien gebildet werden können.

Im Rahmen des Marketing finden die Ansätze der Kategorisierung an verschiedenen Stellen Berücksichtigung. Als Hauptgebiete lassen sich eher grundlagenorientierte Ansätze und Fit-Ansätze voneinander abgrenzen.

---

[325] Vgl. z.B. **Cohen/Murphy** (1984) S. 32 ff.; **Medin** (1989) S. 1469 ff.; **Cohen/Basu** (1987) S. 456 ff.

[326] Cohen/Murphy sprechen von Classical und Fuzzy-Ansätzen, vgl. **Cohen/Murphy** (1984) S. 33.

[327] Cohen/Murphy sprechen von Representional und Extensional-Ansätzen, vgl. **Cohen/Murphy** (1984) S. 33. Cohen/Basu sprechen von Analytic und Nonanalytic Comparison Processes, vgl. **Cohen/Basu** (1987) S. 457.

[328] Vgl. stellvertretend für viele **Cohen/Murphy** (1984) S. 34; **Smith/Medin** (1981); **Medin** (1989) S. 1470; **Cohen/Basu** (1987) S. 458.

[329] Vgl. stellvertretend für viele **Barsalou** (1983); **Mervis/Rosch** (1981); **Smith/Medin** (1981).

C. Explikative Mastertechniken

	deterministische Ansätze	intensitätsmäßige Ansätze
eigenschaftsorientierte Ansätze	• Kategorie ist durch notwendige Merkmale gekennzeichnet, • klare Kategoriengrenzen, • alle Kategorienmitglieder weisen einen gleichen Status auf.	• Mitglieder einer Kategorie weisen verschiedene Ähnlichkeitsgrade auf, • konstante Ähnlichkeitsstruktur.
	klassische Ansätze (z.B. Cohen/Basu (1987) S. 458)	*Modell des Merkmalsvergleichs (Smith/Shoben/Rips (1974)); Kontrastmodell (Tversky (1977))*
beispielorientierte Ansätze		• Mitglieder weisen einen unterschiedlichen Fit auf, • konstante Ähnlichkeitsstruktur, • holistische Ähnlichkeitsbeurteilung durch Vergleich mit einem typischen Mitglied der Kategorie.
		Prototype-Ansätze(Rosch/Mervis (1975)); Beispiels-Ansätze (Smith/Medin (1981), S. 143 ff.); Fuzzy-Set-Ansätze (Viswanathan/Childers (1999))
(laien-)theoretische Ansätze		• Kategorien sind kontextabhängig, • Kategorienbildung basiert auf dem gesamten Wissen der Person, • ein oder wenige Fitgründe.
		Familienähnlichkeit (Wittgenstein (1953)); Ad-hoc-Kategorien (Barsalou (1983))

Abb. C 39: Überblick verschiedener Kategorisierungsansätze

Erstere beschäftigen sich mit der Messung der Kategorisierung[330], dem Zusammenhang zwischen Kategorisierung und Produktbeurteilung[331], dem Transfer von Beurteilungen auf der Basis einer Kategorienzugehörigkeit[332] und dem Über-/Unterordnungsverhältnis von Produkt- und Markenkategorie[333]. Die zweite Richtung diskutiert insbesondere im Rahmen des Markentransfers und der Testimonialwerbung den Aussagewert der Kategorisierungsansätze für die Fitbeurteilung. Da sich die Fitfrage im Rahmen der Testimonialforschung insbesondere auf die physische Attraktivität des Testimonials beschränkt, berücksichtigen die folgenden Ausführungen diese Forschungsrichtung nicht weiter. Zunächst wird ein Überblick über Fit-Ansätze im Bereich Markentransfer geliefert.

---

[330] Vgl. z.B. **Loken/Ward** (1987) S. 22 ff.

[331] Vgl. z.B. **Sujan** (1985); **Loken/Ward** (1987); **Loken/Ward** (1990); **Meyers-Levy/Tybout** (1989).

[332] Vgl. z.B. **Fiske** (1982); **Fiske/Pavelchak** (1986).

[333] Vgl. z.B. **Boush** (2001); **Dawar** (1992) S. 25 ff.

Fast alle Ansätze zum Markentransfer enthalten den Fit als Erfolgsfaktor. Dabei lassen sich mit eher eigenschafts- bzw. beispielorientierten[334] und eher laientheoretischen[335] Ansätzen zwei Hauptrichtungen voneinander abgrenzen.[336]

Die eigenschafts- bzw. beispielorientierten Ansätze messen den Fit auf einer **globalen Ebene** und gehen davon aus, dass sich diese Beurteilung aus einem Merkmalsvergleich ergibt. Häufig beschränkt sich im Rahmen des Markentransfers diese Fitbeurteilung auf den Vergleich der Leistung der Muttermarke und der Transferleistung[337], wodurch spezifische Assoziationen einer Marke unberücksichtigt bleiben. Diese Ansätze besitzen den Nachteil, dass sie nicht erklären, warum ein Fit bzw. kein Fit besteht. Die fehlende Erklärung führt auch dazu, dass Aussagen über einen Fit im Vorfeld eines Markentransfers nicht möglich sind.

Auf der anderen Seite existieren Ansätze, die eher eine laientheoretische Kategorisierung zugrundelegen. Diese gehen von einem Fit auf der Basis bestimmter Assoziationen aus.[338] Teilweise berücksichtigen sie auch Kontextabhängigkeiten[339] sowie interpersonelle Unterschiede[340]. Ihre Operationalisierung basiert entweder auf einer Globalabfrage[341] oder auf einer Angabe spezifischer Fitgründe.

Die Fitgründe, welche die Laientheorie der Abnehmer bilden, stellen aus Sicht der Abnehmer die logische Verbindung zwischen der Muttermarke und der Transferleistung dar. Die Berücksichtigung der Laientheorie basiert auf der Vorgabe möglicher Fitgründe und der Abfrage, inwieweit die Marke bzw. Leistung mit der Transferleistung bei diesem Fitgrund Ähnlichkeiten besitzt. Teilweise wird auch die Beurteilung der einzelnen Fitgründe mit einer globalen Fitbeurteilung als abhängige Variable kombiniert. Diese Ansätze weisen den Vorteil auf, dass im Vorfeld eines Markentransfers

---

[334] Vgl. z.B. **Consumer Behavior Seminar** (1987), **Hartman/Price/Duncan** (1990); **Boush/Loken** (1991); **Muthuskrishnan/Weitz** (1991); **Dacin/Smith** (1994); **Keller/Aaker** (1992a); **Maoz** (1995).

[335] Vgl. z.B. **Schweiger** (1982); **Tauber** (1988); **Hätty** (1989); **Park/Lawson/Milberg** (1989); **Aaker/Keller** (1990); **Chakravarti/MacInnis/Nakamoto** (1990), **Farquhar/Herr/Fazio** (1990); **Meffert/Heinemann** (1990); **Park/Milberg/Lawson** (1991); **Bridges** (1992); **Dawar** (1992); **Keller/Aaker** (1992a); **Schmidt/Dubé** (1992); **Desai/Hoyer** (1993); **Lefkoff-Hagius/Mason** (1993); **Broniarczyk/Alba** (1994); **Bottomley/Doyle** (1996); **Dawar** (1996); **Hem/Lines/Gronhaug** (2000); **Meyers-Levy/Loui/Curen** (1994); **Oakenfull/Balir/Gelb/Dacin** (2000); **Martin/Stewart** (2001).

[336] Darüber hinaus existiert eine Reihe von Ansätzen, die beide integrieren und die Anwendung der Kategorisierung von situativen Faktoren abhängig machen.

[337] Vgl. z.B. **Boush/Loken** (1991); **Dacin/Smith** (1994); **Minnesota Consumer Behavior Seiminar** (1987).

[338] Vgl. z.B. **Aaker/Keller** (1990); **Bridges** (1992); **Dawar** (1992); **Desai/Hoyer** (1993); **Hätty** (1989); **Park/Lawson/Milberg** (1989); **Park/Milberg/Lawson** (1991).

[339] Vgl. z.B. **Schmitt/Dubé** (1992).

[340] Vgl. z.B. **Hem/Lines/Gronhaug** (2000); **Oakenfull/Blair/Gelb/Dacin** (2000). Ähnlich auch **Muthuskrishnan/Weitz** (1991), die allerdings von einem eigenschaftsorientierten Ansatz ausgehen.

[341] Vgl. z.B. **Bridges** (1992).

C. Explikative Mastertechniken 229

Prognosen über den Fit möglich sind. Abbildung C 40 zeigt ausgewählte Ansätze mit den entsprechenden Fitgründen.

Quelle	Fitgründe
Aaker/Keller (1990); Bootomley/Doyle (1996)	Komplementarität, Substituierbarkeit, Herstellungskompetenz.
Chakravarti/MacInnis/Nakamoto (1990)	Nutzen, Komplementarität, Herstellungssynergien.
Park/Milberg/Lawson (1991)	Produktähnlichkeit, Markenkonzeptähnlichkeit durch prestige- und funktionsorientiertes Image.
Smith/Park (1992)	Bedürfnisse[a], Nutzungssituation[a], Bestandteile[b], Herstellungskompetenzen[b] (a: extrinsische Fitgründe, b: intrinsische Fitgründe).
Bridges (1992); Bridges/Keller/Sood (2000)	attribut- und nicht-attributbezogene Fitgründe.
Lefkoff-Hagius/Mason (1993)	Eigenschaften, Nutzen, Image.
Broniarcyk/Alba (1994)	Markenspezifische Assoziationen.
Hem/Lines/Gronhaug (2000)	Nutzensituation, Verwenderimage, Einzeleigenschaften, Nutzen, Geschmacksähnlichkeiten, Bezugsgruppen.
Oakenful/Blair/Gelb/Dacin (2000)	Identifizierung von Fitgründen durch offene Befragung.
Klink/Smith (2001)	Bestandteile, Produkteigenschaften, Produktfunktionen, Bedürfnisse, Nutzungssituation, Herstellungskompetenz, Service.

Abb. C 40: Fitgründe im Rahmen des Markentransfers (Auswahl)

Bei Übertragung der Markentransferansätze auf das Co-Branding ist allerdings darauf zu achten, dass das Co-Branding insbesondere zwei Unterschiede aufweist:

- mehrere Leistungsbezüge (Partnermarken weisen mehr oder weniger stark ausgeprägte Leistungsbezüge auf; Co-Brand-Leistung),
- Vergleich mehrerer Marken.

Speziell das Vorhandensein mehrerer Marken führt zu einer Reihe von Besonderheiten. Neben einer zusätzlichen Fitebene resultiert daraus, dass alle Einflussfaktoren (Markenbreite, Markenwissen) in vielfachen Kombinationsmöglichkeiten auftreten können.

(2) Fitbeurteilung bei Co-Brands

Die bisher behandelten Fitansätze lassen sich zum Teil für die Fitbeurteilung im Rahmen des Co-Brandings nutzen. Als Basismodell der Fitbeurteilung werden hier folgende Anforderungen formuliert:

- intensitätsmäßige Abstufung des Fits,
- Basis für Fiturteile bilden nicht Eigenschaftslisten der Marken, sondern subjektive Laien-Theorien, wobei einzelne Assoziationen einen möglichen Fitgrund darstellen können,
- Fit basiert entweder auf der Kategorisierung einer Marke unter die Partnermarke oder durch Bildung einer neuen ad-hoc-Kategorie,
- interpersonelle Unterschiede,

- kontextabhängige Fitbeurteilung.

Im Rahmen des Co-Branding lassen sich zwei Fitebenen voneinander abgrenzen. Die erste Fitebene bildet die Beziehung zwischen den beteiligten Marken (**Markenfit**). Die zweite Ebene, die identisch ist mit dem Fit im Rahmen des Markentransfers, ist der Fit zwischen der Individualmarke und der Co-Brand-Leistung (**Transferfit**).

(2a) Markenfit

Aus den grundsätzlichen Fitansätzen folgt, dass der Abnehmer verschiedene Fitgründe bei der Beurteilung verwendet. Dabei lassen sich mit dem Beziehungsmuster und dem Inhalt zwei Aspekte unterscheiden. Die Verbindungen können unterschiedliche Beziehungsmuster aufweisen.[342] Zunächst kann ein hoher Fit auf einer hohen **Übereinstimmung** zwischen den Marken resultieren. Ein Beispiel für einen solchen Fitgrund bildet eine Übereinstimmung bei der Preispositionierung der beteiligten Marken. Weiterhin können aber auch Fitgründe existieren, die aus einer **Ergänzung** der Marken resultieren. Ein Beispiel für einen solchen Fitgrund stellen die Kompetenzen (Herstellung) der beiden Marken dar. Darüber hinaus existieren Aspekte der Marke, die **keinerlei Bedeutung** für die Fitbeurteilung besitzen. Neben Gründen, die zu einem hohen Fit führen, wird weiterhin angenommen, dass es Gründe gibt, die regelmäßig zu einer geringen Fitbeurteilung führen. Zusätzlich zu inhaltlichen Aspekten wird davon ausgegangen, dass speziell fehlende Übereinstimmungen zwischen den Marken, bei denen der Abnehmer Übereinstimmungen erwartet, zu negativen Fitbeurteilungen führen. Diese Annahme begründet eine **Asymmetrie** zwischen den Fitbasen. Während Markenbeziehungen, die auf einer Übereinstimmung basieren, bei Erfüllung zu einer positiven und bei Nichterfüllung zu einer negativen Fitbeurteilung führen, leisten Markenbeziehungen, die auf Ergänzung basieren, nur einen Beitrag zu einer positiven Fitbeurteilung. Diese Grundidee fasst Abbildung C 41 zusammen.

Im Folgenden ist zu klären, ob Fitgründe existieren, die besonders häufig für eine Fitbeurteilung verantwortlich sind (hinreichende Fitgründe).

Die Grundlage für die Entwicklung einer solchen Systematik liefern sowohl die behandelten Markentransfer-Studien als auch die Markenassoziationsansätze[343]. Auf der Basis dieser Ansätze lässt sich ein vorläufiger Bezugsrahmen der Markenfitbeurteilung entwickeln. Grundthese bildet die Annahme, dass der globale Markenfit auf verschiedenen Fitgründen als (subjektive) Laientheorie basiert. Die Systematisierung der möglichen Fitgründe differenziert zwischen **emotional-abstrakten Assoziationen**, **sachlich-konkreten Assoziationen** und der **Markenpersönlichkeit** bzw. dem typischen Verwender.

---

[342] Einen ähnlichen Ansatz haben Farquhar/Rao vorgeschlagen, die bei der Verbindung zwischen zwei Objekten verschiedene Beziehungen der Attribute annehmen. Bei den relevanten Attributen differenzieren sie zwischen Gleichheit („equibalancing"), Ungleichheit („counterbalancing"), Minimierung („undesirable") und Maximierung („desirable"). vgl. **Farquhar/Rao** (1976); **Rao/Mahajan/Varaiya** (1991).

[343] Vgl. Kap. C.II.3.2.3.1.2.

C. Explikative Mastertechniken   231

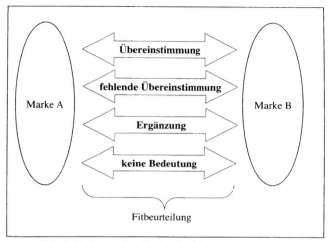

Abb. C 41: Arten der Markenbeziehungen (Markenfit)

Aufgrund der vermuteten hohen Relevanz der **wahrgenommenen Preislage** wird diese gesondert betrachtet. Die letzte relevante Assoziationsgruppe bildet das übergeordnete **Produktschema**, das aufgrund der Speicherung des Markenwissens mehr oder weniger stark mit jeder Marke verbunden ist.[344] Abbildung C 42 fasst den Bezugsrahmen der Markenfitbeurteilung zusammen.

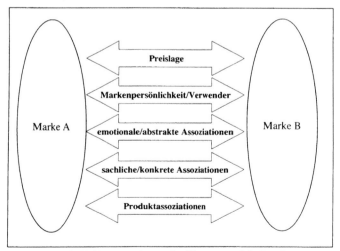

Abb. C 42: Bezugsrahmen der Fitgründe (Markenfit)

---

[344] Vgl. Kap. C.II.3.2.3.1.1.

Zu beachten ist bei dem Bezugsrahmen, dass die einzelnen Beziehungsebenen nicht unabhängig voneinander sind; vielmehr können innerhalb einer Beziehungsebene, aber auch zwischen den Beziehungsebenen Irradiationswirkungen[345] auftreten.

(2b) Transferfit

Der Transferfit spielt insbesondere dann eine Rolle für die Co-Brand-Beurteilung, wenn bislang keine der beteiligten Individualmarken die Co-Brand-Leistung angeboten hat, d.h. falls die Co-Brand-Leistung für beide Marken einen Transfer darstellt. Beispielsweise weist der Transferfit für das Co-Brand von FORD KA & LUFTHANSA kaum eine Bedeutung auf, da die Co-Brand-Leistung aus Sicht der Abnehmer nur eine Modifikation der bestehenden Leistung von FORD KA darstellt. Hingegen spielt bei einer neuen Leistung, wie dem Rasierer von PHILIPS & NIVEA mit integrierter Pflegeemulsion, der Transferfit eine größere Rolle, da beide Marken bisher eine solche Leistung nicht angeboten haben.

Den Transferfit hat bisher in der Co-Brand-Forschung nur *Hadjicharalambous (2001)* explizit berücksichtigt. Das Modell geht davon aus, dass sich der Gesamtfit aus dem Markenfit zwischen den beteiligten Individualmarken sowie aus dem Transferfit zwischen jeder Individualmarke und der Co-Brand-Leistung zusammensetzt. Weiterhin wird angenommen, dass der Transferfit und der Markenfit keinen direkten Einfluss auf die Co-Brand-Beurteilung ausüben, sondern nur einen indirekten Effekt über den Globalfit. Neben dem Fit berücksichtigt das Modell noch die Qualitätseinschätzungen der beteiligten Individualmarken. *Hadjicharalambous (2001)* testete das Modell für 16 Co-Brands von Computer- und UE-Marken, die verschiedene Gebrauchsgüter wie Fernseher-Computer-Kombinationen, CD-Player, Drucker und Kaffee-Maschinen als Co-Brand-Leistung angeboten haben. Das Modell mit den entsprechenden Strukturkoeffizienten gibt Abbildung C 43 wieder.

Die Güte des Modells weist zufriedenstellende Werte auf, weshalb der Einfluss des Transferfits auf den Globalfit und der indirekte Einfluss des Transferfits auf die Co-Brand-Beurteilung als empirisch bestätigt gelten können.[346]

(3) Beeinflussung durch Kommunikation und Branding

Die Fit-Beurteilung ist durch Kommunikationsmaßnahmen und das Branding beeinflussbar. Ein Ansatz bildet die Möglichkeit, durch Priming[347] bestimmte für den Fit notwendige Assoziationen im Rahmen der Kommunikation zu verstärken. Diese Idee wurde zuerst von *Boush (1993)* für den Bereich Markentransfer verwendet.

---

[345] Eine Irradiation ist der Schluss von einer Assoziation auf eine andere.

[346] Hadjicharalambous führte noch eine Replikationsstudie mit Co-Brands von Sport- und Softdrink-Marken durch, die zusammen verschiedene Leistungen (Sportgetränke, Koffeinhaltige Getränke, Bekleidung, CD-Player) als Co-Brand-Leistung angeboten haben. Die Ergebnisse bestätigen weitestgehend die Ergebnisse der ersten Studie, vgl. **Hadjicharalambous** (2001) S. 109 ff.

[347] Vgl. allg. zum Priming Kap. C.II.3.2.3.1.

C. Explikative Mastertechniken

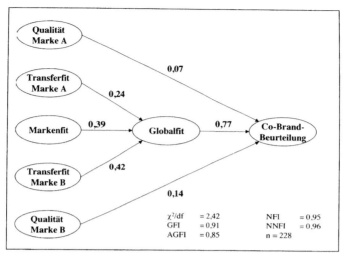

Abb. C 43: Bedeutung des Transferfits für die Co-Brand-Beurteilung
Quelle: (zusammengestellt aus) Hadjicharalambous (2001) S. 94 ff.

Boush (1993) ging davon aus, dass ein Transfer einen höheren Fit aufweist, wenn ein Priming Assoziationen aktiviert, die eine Verbindung zwischen Marke und Transferleistung ermöglichen. Als mögliche Maßnahme des Primings untersuchte *Boush (1993)* den Slogan. Falls der Slogan Assoziationen „primt", die für die Transferleistung von Relevanz sind, führt dies zu einem höheren Fit und damit verbunden auch zu einer positiveren Beurteilung. Die Studie von *Boush (1993)* sowie die Replikation von *Pryor/Brodie (1998)* bestätigten den Priming-Effekt des Slogans im Markentransferkontext.

Ein ähnliches Modell zum Zusammenhang zwischen Kommunikation und Fit im Markentransferkontext stammt von *Bridges (1992)*.[348] Das Modell basiert auf einer Differenzierung der Markenschemata in folgende zwei Typen:[349]

- produktorientiertes Markenschema,
- imageorientiertes Markenschema.

Eine Kategorisierung ist möglich, falls eine Assoziation mit einer hohen Assoziationsstärke („salient") für die Transferleistung Relevanz („relevant") besitzt. Die Stärke einer einzelnen Assoziation hängt vom Typ des Markenschemas ab. Die Kommunikation kann in zweifacher Weise die Fitbeurteilung beeinflussen: Zum einen

---

[348] Vgl. zu einer überarbeiteten Version **Bridges/Keller/Sood** (2000). Vgl. ähnlich auch **Aaker/Keller** (1990) S. 36 ff.; **Boush** (1993); **Chakravarti/MacInnis/Nakamoto** (1990); **Pryor/Brodie** (1998); **Lane** (2000) S. 82 ff. Neben dem Inhalt der Kommunikation wurde auch der Einfluss der Häufigkeit des Kontaktes auf die Fitbeurteilung untersucht, wobei sich zeigte, dass ein häufiger Kontakt zu einer Steigerung der Fitbeurteilung führt, vgl. **Lane** (2000) S. 81 ff.

[349] In der Originalarbeit von **Bridges** (1992) wurden drei Typen von Markenschemata unterschieden.

kann sie bestimmte für den Transfer relevante, aber aufgrund der geringen Assoziationsstärke nicht verfügbare Assoziationen betonen (sog. **relational communication strategy**). Zum anderen kann sie die Bedeutung von verfügbaren Assoziationen für den Transfer hervorheben (sog. **elaborational communication strategy**). *Bridges/Keller/Sood (2000)* zeigen, dass bei emotional-abstrakten Marken bei einer produktbezogenen Fitbeurteilung die relational communication strategy im Vergleich zu fehlender Kommunikation zu einem höheren Fit führt. Weiterhin führt bei produktorientierten Marken mit einer imageorientierten Fitbeurteilung eine elaborational communication strategy zu deutlich höheren Fitbeurteilungen.

Übertragen auf das Co-Branding ist zunächst zu erwarten, dass ein geringer Fit durch Kommunikations-Maßnahmen verbessert werden kann. Insbesondere muss die Werbung die Verbindung zwischen den beiden Marken hervorheben, wobei dies entweder durch die Hervorhebung einzelner Assoziationen beider Marken, die einen Fit verursachen (z.B. FORD KA & K2: „So klein und schon ein Flitzer") oder durch eine Hervorhebung der Beziehung (z.B. LINDT & DEUTSCHE POST: „So einfach kann Verschenken sein") geschehen kann.

Darüber hinaus ist es auch möglich, durch ein integriertes Branding des Co-Brands die Verbindung zwischen den beteiligten Marken zu betonen. Eine solche Integration der Markennamen oder der Markenlogos führt ebenfalls zu Priming-Effekten und damit zu einer Erhöhung des Markenfits. Abbildung C 44 stellt beispielhaft das Branding von Co-Brands mit geringer und hoher Integration gegenüber.

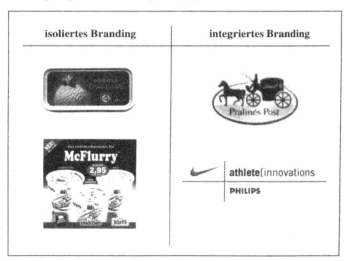

Abb. C 44: Branding von Co-Brands

3.2.3.2.2 Fit-Einstellungs-Modell

Neben dem bereits behandelten Einstellungstransfer der Einzelmarken auf das Co-Brand, der einen Fit voraussetzt und davon ausgeht, dass der Transfer stärker bei einem hohen Fit ausfällt, existiert ein direkter Effekt des Fits auf die Co-Brand-Beurteilung.

C. Explikative Mastertechniken 235

Dieser Zusammenhang wurde von *Mandler (1982)* entwickelt und u.a. von *Meyers-Levy/Tybout (1989), Stayman/Alden/Smith (1992), Ozanne/Brucks/Grewal (1992)*[350], *Meyers-Levy/Louie/Curren (1994), Maoz (1995), Walchi (1996)* und *Campbell/Goodstein (2001)* im Bereich der Konsumenten- und Markenforschung angewendet. Grundidee dieses Ansatzes ist, dass ein moderater Fit zu einer positiveren Beurteilung im Vergleich zu einem hohen oder geringen Fit führt. Die positivere Beurteilung der moderaten Schemainkongruenz im Vergleich zur Schemakongruenz folgt daraus, dass die notwendige, aber mit vertretbarem kognitiven Aufwand lösbare Abweichung zwischen Ereignis und Schema bei einer moderaten Schemainkongruenz überraschend und anregend wirkt[351], wodurch sich eine intensivere und auch positivere Beurteilung ergibt. Die Vorteilhaftigkeit des moderaten Fits im Vergleich zu einem geringen Fit resultiert daraus, dass die Schemainkongruenz lösbar ist, und daher keine Frustrationen auftreten. Abbildung C 45 fasst das Modell von *Mandler (1982)* zusammen.

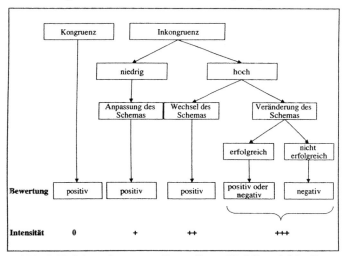

Abb. C 45: Schemakongruenz-Beurteilungs-Modell nach Mandler
Quelle: *Mandler (1982)* S. 22.

Neben der intensiveren und positiveren Beurteilung führt eine moderate Schemainkongruenz auch zu einer tieferen Verarbeitung und längeren Beurteilungsdauer.[352]

---

[350] Anzumerken ist, dass sich **Ozanne/Brucks/Grewal** (1992) nicht explizit auf **Mandler** (1982) beziehen; allerdings beziehen sie sich auf **Meyers-Levy/Tybout** (1989), die wiederum ihre Hypothesen aus dem Mandler-Ansatz ableiten.

[351] Ähnliche Aussagen lassen sich auch aus der Theorie des „optimal level of arousal" nach **Berlyne** (1974) ableiten. Die Verwandtschaft mit dem Ansatz von Mandler wird auch deutlich bei den sog. kollativen Variablen, die das Erregungsniveau erhöhen. **Berlyne** (1974) unterscheidet dabei zwischen novelty, surprisingness, incongruity, complexity; vgl. zur Anwendung dieser Theorie in der Werbung **Kasprik** (1993).

[352] Diese Annahmen bestätigen auch die empirischen Studien von **Ozanne/Brucks/Grewal** (1992) S. 459 und **Boush/Loken** (1991) S. 22.

238 II. Mastertechniken der theorieorientierten Explikation

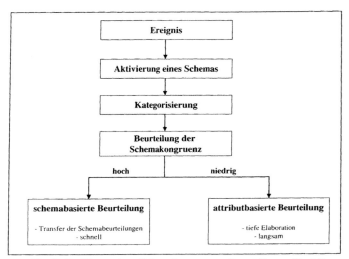

Abb. C 47: Allgemeines Schemakongruenz-Beurteilungs-Modell

(2) Grundmuster der Schemata-Verbindung

Aufbauend auf diesen beiden Grundmodellen der Schemakongruenz-Beurteilung haben *Lee/Ulgado (1994)* drei verschiedene Muster bei der Verbindung von zwei Schemata und dem Vorhandensein von externen Informationen vorgeschlagen. Sie unterscheiden zwischen Schemata-Integration, Subtyping und attributbasierter Beurteilung. Bei der **Schemata-Integration** erfolgt eine Verbindung der beteiligten Markenschemata durch eine bestimmte Integrationsregel (z.B. Adding, Averaging). Die einzelnen externen Attribute (z.B. Preisangabe, Geschmacksbeschreibung) spielen für die Beurteilung des verbundenen Schemas keine Rolle. Im Rahmen des **Subtyping-Modells** wird das verbundene Schema einem der beiden beteiligten Schemata untergeordnet, und es findet ein Einstellungstransfer von dem einen Markenschema auf das verbundene Schema statt. In diesem Fall dominiert ein Schema die Beurteilung des verbundenen Schemas. Die externen Informationen üben wiederum keinen Einfluss auf die Beurteilung aus. Das dritte Modell stellt die **attributbasierte Beurteilung** dar, bei der nicht die beteiligten Schemata, sondern die externen oder sonstige aus dem Langzeitgedächtnis abgerufenen Attribute die Beurteilung des verbundenen Schemas beeinflussen. Abbildung C 48 fasst diese drei Modelle zusammen.

Lee/Ulgado (1994) überprüften die drei verschiedenen Modelle durch ein Laborexperiment, wobei eine Marke und ein CoO-Hinweis die beiden Schemata und jeweils neun externe Informationen die externen Informationen bildeten. Für zwei Produkte (TV, Sportschuhe) konnten sie das Subtyping-Modell nachweisen. Die Ergebnisse lassen sich allerdings nicht ohne weiteres auf das Co-Branding übertragen, da das Subtyping-Modell auch dadurch zustande gekommen sein kann, dass die Marke im Vergleich zum CoO das dominierende Schema darstellt. Weiterhin wurde der Fit zwischen den beteiligten Schemata ungenügend berücksichtigt.

Modell	Schemaeffekt	Attributeffekt
Schemata-Integration	signifikante Haupteffekte der beteiligten Markenschemata bei der Co-Brand-Beurteilung; kein signifikanter Interaktionseffekt zwischen den beiden Schemata	kein signifikanter Einfluss der zusätzlichen Eigenschaftsinformationen
Subtyping	signifikanter Haupteffekt eines beteiligten Markenschemas bei der Co-Brand-Beurteilung; kein signifikanter Interaktionseffekt zwischen den beiden Schemata	kein signifikanter Einfluss der zusätzlichen Eigenschaftsinformationen
Attributbasierte Beurteilung	kein signifikanter Haupteffekt der beteiligten Markenschemata auf die Beurteilung des Co-Brands; kein signifikanter Interaktionseffekt zwischen den beteiligten Markenschemata	signifikanter Einfluss der zusätzlichen Eigenschaftsinformationen

Abb. C 48: Modelle zur Beurteilung verbundener Schemata
Quelle: (in starker Anlehnung an) *Lee/Ulgado (1994)* S. 484.

(3) Schemata-Integrationsmodelle

Es existieren eine Reihe von Ansätzen, die sich mit der (internen) Konstruktion von **Verbindungen zwischen Schemata** beschäftigen.[362] Diese Ansätze entstammen der kognitiven Psychologie und betrachten zunächst nur die Verbindung von Kognitionen, d.h. eine explizite Berücksichtigung von Affektionen nehmen diese Ansätze nicht vor. Da ein (Marken)schema neben Merkmalen auch Affektionen speichert, erfolgt in diese Richtung eine Erweiterung dieser Ansätze.

Forschungen aus dem Bereich der kognitiven Psychologie haben nachgewiesen, dass ein verbundenes Schema nicht eine einfache Kombination der Merkmale der Einzelschemata darstellt. Zum Nachweis wurde häufig auf einen Vergleich der Typikalität eines Beispiels für die einzelnen Schemata und das verbundene Schema abgestellt. Ein einfaches Beispiel verdeutlicht die Argumentation[363]: Ein Guppy ist kein typischer Fisch und auch kein typisches Haustier, allerdings ist er ein typischer Vertreter für ein Fisch-Haustier. Auf der Basis dieses Widerspruchs zu einfachen Minimumregeln, nach denen das kombinierte Schema die Schnittmenge der Einzelschemata ist, wurden mehrere Modelle entwickelt.

Zur Ableitung von Wirkungshypothesen für das Co-Branding eignen sich speziell das Selektions-Modifikations-Modell, das Modell von *Hampton (1987) (1991)* sowie der Ansatz der emergenten Eigenschaften.

---

[362] Vgl. zu Überblicken **Murphy** (1988); **Cohen/Murphy** (1984). Zur Anwendung dieser Ansätze im Bereich Markentransfer vgl. **Desai/Hoyer** (1993); zur Anwendung im Bereich Co-Branding vgl. **Park/Jun/Shocker** (1996).

[363] Vgl. **Osherson/Smith** (1982); **Hampton** (1991); vgl. auch **Osherson/Smith** (1981) S. 43 ff.

(a) Selektions-Modifikations-Modell

Smith/Osherson/Rips/Keane (1988) untersuchen die Verbindung von nicht gleichgewichtigen Schemata (sog. **noun-adjective-Verbindungen**). Das Modell basiert vereinfacht auf der Idee, dass das Hauptschema (noun) aus Slots mit bestimmten Wertebereichen besteht. Ein modifizierendes Schema (adjective) sucht sich in dem Hauptschema das entsprechende Slot, erhöht dessen Wichtigkeit und bildet den Filler des Slots. Diese Modifikation erhöht die Relevanz des Slots und verändert dessen Ausprägung.

Abbildung C 49 zeigt dieses Modell am fiktiven Beispiel MILKA und NUTRASWEET. Es wird dabei unterstellt, dass NUTRASWEET nur eine Assoziation „Kalorienreduzierung" aufweist. Das Co-Branding führt zu einer Verstärkung der Assoziation „Kalorien" (v0,3 vs. 0,8) und zu einer Fixierung dieser Assoziation auf die Ausprägung „gering".

Das Selektions-Modifikationsmodell eignet sich nur eingeschränkt für das Co-Branding[364], da es von zwei unterschiedlich ausgeprägten Markenschemata ausgeht. Anwendung kann es u.a. - wie in dem aufgeführten Beispiel gezeigt - bei Ingredient Brands finden, die eine einzelne markenspezifische Assoziation aufweisen, die grundsätzlich auch bei der Hauptmarke vorhanden ist.

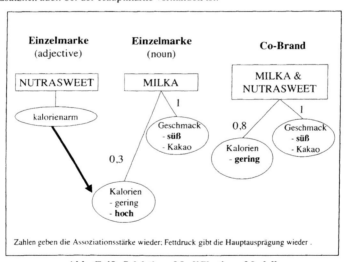

Abb. C 49: Selektions-Modifikations-Modell

(b) Hampton (1987, 1991)

Hampton untersucht Verbindungen zwischen grundsätzlich gleichgewichteten Konzepten (sog. **noun-noun-Verbindungen**). Der Bildung eines komplexen Schemas liegen folgende vier Annahmen zu Grunde:

---

[364] Zur allgemeinen Kritik vgl. **Murphy** (1988) S. 533 f.

C. Explikative Mastertechniken 241

- Vereinigungsregel

Nach dieser Regel besitzt das komplexe Schema zunächst einmal die Eigenschaften, die in beiden beteiligten Schemata enthalten sind.

- Wichtigkeit einzelner Eigenschaften

Die Wichtigkeit einer Eigenschaft im verbundenen Schema hängt von der Wichtigkeit dieser Eigenschaft in den Einzelschemata ab. Eine Eigenschaft, die in einem der Schemata eine geringe (bzw. hohe) Bedeutung besitzt, ist auch im verbundenen Schema unwichtig (bzw. wichtig). Diese Regel bedeutet auch, dass eine Eigenschaft, die in einem Schema eine sehr geringe Wichtigkeit aufweist, im verbundenen Schema vollständig fehlt (1. Fall von „**inheritance failure**").

- Notwendigkeits- und Unmöglichkeitsbedingung

Eine notwendige Eigenschaft eines der beteiligten Schemata (Eigenschaft, die für alle Fälle eines Schemas Gültigkeit besitzt), ist auch im verbundenen Schema vorhanden. Weiterhin gilt auch der umgekehrte Fall, nach dem eine Eigenschaft, die für eines der beiden Schemata unmöglich ist (unabhängig von der Bedeutung dieser Eigenschaft im anderen Schema), auch im verbundenen Schema unmöglich ist (2. Fall von „**inheritance failure**").

- Dominanzeffekt

Bei der Erklärung des verbundenen Konzeptes können die beteiligten Schemata eine unterschiedlich wichtige Rolle spielen. Ein Schema, welches mehr Eigenschaften besitzt, dominiert das verbundene Schema.

Übertragen auf das Co-Branding bedeutet die Vereinigungsregel, dass das Co-Brand keine Assoziationen aufweisen kann, die nicht in mindestens einem der beiden beteiligten Markenschemata vorhanden ist. Die Wichtigkeitsregel lässt sich durch die Assoziationsstärke erklären. Falls eine Marke stark mit einem bestimmten Assoziationsfeld verbunden wird (z.B. RED BULL mit dem typischen Verwender jugendlicher Raver) und die andere Marke keine Assoziation zu einer bestimmten Verwendergruppe (z.B. MILKA) aufweist, dann bildet die Assoziation „jugendlicher Raver" eine wichtige Assoziation eines Co-Brands von RED BULL & MILKA.

Die Notwendigkeits- und Unmöglichkeitsbedingung lässt sich durch die Markenbreite erklären. Falls eine Marke eine hohe Assoziationsstärke zu einem Assoziationsfeld und gleichzeitig nur eine geringe Markenbreite aufweist, dann handelt es sich um eine notwendige Eigenschaft im Sinne des Hampton-Ansatzes. Beispielsweise weist die Marke ROLEX eine starke Assoziation zu dem Assoziationsfeld Preis auf, wobei nur ein geringer, hochpreisiger Korridor als Merkmalsausprägung zur Verfügung steht. Wird diese Marke mit einer Marke wie z.B. NOKIA kombiniert, die eine relativ breite Palette an möglichen Preisen aufweist, führt die Notwendigkeitsbedingung dazu, dass der Konsument erwartet, dass es sich bei dem Co-Brand um ein hochpreisiges Produkt handelt. Die Dominanzregel wird bei Hampton durch die Anzahl an Assoziationen erklärt. Die Dominanz im Rahmen des Co-Brandings beeinflusst neben dem Verhältnis der beteiligten Markenschemata auch bewusste Entscheidungen des Managements (z.B. Verpackungsgestaltung, Werbung).[365]

Die Wichtigkeits- sowie die Notwendigkeits-/Unmöglichkeitsbedingung lassen sich für das Co-Branding sowohl für die Wichtigkeiten von einzelnen Assoziationen als auch für die Beurteilungen anwenden.[366]

(c) Ansatz der emergenten Eigenschaften

Der Ansatz von *Hastie/Schroeder/Weber (1990)*[367] basiert auf Verbindungen zwischen Objekten der gleichen Ebene, wobei dieser auf den Fall fokussiert, dass zwischen den Einzelschemata **Widersprüche** oder **größere Distanzen** existieren. Beispielsweise untersuchten *Hastie/Schroeder/Weber (1990)* die Assoziationen, welche die Vpn. mit Kombinationen wie weibliche Mechaniker oder männliche Krankenschwester im Vergleich zu männliche Mechaniker bzw. weibliche Krankenschwester verbinden. Dabei wurde angenommen, dass die Widersprüche zum gespeicherten Wissen eine tiefere Verarbeitung verursachen, bei denen die Vpn. auf Analogien zu ähnlichen Bereichen, abstrakte Überlegungen und/oder mentale Simulationen (Phantasie) zurückgreifen. Durch diese kognitiven Prozesse enthält das verbundene Schema Assoziationen, die in keinem der beiden beteiligten Schemata vorhanden sind (sog. **emergente Eigenschaften**). Diese Annahmen konnten *Hastie/Schroeder/Weber (1990)* empirisch bestätigen.

Übertragen auf das Co-Branding folgt daraus, dass der Abnehmer bei einem geringen Markenfit durch tiefere Verarbeitungsprozesse zusätzliche Assoziationen mit dem Co-Brand verbindet, die es ihm ermöglichen, einen Zusammenhang zwischen den beteiligten Marken zu erkennen.

3.2.3.2.4 Schema-Veränderung

Neben der Beantwortung der Bildung eines neuen Schemas für das Co-Brand erlaubt die Schematheorie auch Aussagen zur Veränderung eines bestehenden Markenschemas durch das Co-Branding (Spill-Over-Effekte). Theoretische Basis bilden die Veränderung von Personen-Stereotypen[368] sowie kognitive Lerntheorien[369]. Dabei lassen sich zunächst mit dem Bookkeeping- und dem Subtyping-Modell zwei grundsätzliche Ansätze zur Schema-Veränderung voneinander abgrenzen.[370] Neben diesen beiden Grundmodellen existieren verschiedene Partialansätze, die eine Schemastärkung

---

[365] Vgl. **Park/Jun/Shocker** (1996) S. 454.

[366] Vgl. **Park/Jun/Shocker** (1996) S. 456.

[367] Empirische Hinweise auf dieses Phänomen zeigten sich auch in der Studie von **Hampton** (1987) S. 58; ein ähnlicher Erklärungsansatz findet sich auch bei **Murphy** (1993) S. 187.

[368] Vgl. **Weber/Crocker** (1983).

[369] Vgl. **Rumelhart/Norman** (1978).

[370] Vgl. allg. **Weber/Crocker** (1983). Weitere Ansätze stellen das „Conversion-Modell" (vgl. **Weber/Crocker** (1983) S. 962) und das „Typikalitäts-Modell" (vg. **Loken/John** (1993) S. 72 f.) dar. Da dass Conversion-Modell von „dramatischen" Inkongruenzen ausgeht, und solche im Rahmen des Co-Branding nicht zu erwarten sind, wird auf dieses Modell nicht weiter eingegangen. Das „Typikalitäts-Modell" dagegen weist große Ähnlichkeit zu dem Subtyping-Modell auf.

oder eine Schemaverwässerung erklären. Dabei bedeutet eine Schemaverstärkung die Steigerung der Assoziationsstärke zwischen der Muttermarke und weiteren bereits vorhandenen Assoziationen. Eine Schemaverwässerung dagegen liegt vor, wenn bestehende Assoziationen verringert werden.

(1) Bookkeeping vs. Subtyping-Modell

Das **Bookkeeping-Modell** geht davon aus, dass jede inkonsistente Information des Co-Brands eine entsprechende Assoziation bei den Partnermarken modifiziert. Weisen mehrere Attribute des Co-Brands Inkongruenzen auf, hat dies Auswirkungen auf alle entsprechenden Assoziationen. Dabei spielt der Fit keine Rolle.[371] Das **Subtyping-Modell** dagegen geht davon aus, dass größere Inkongruenzen als Unterformen des Markenschemas der Individualmarke gespeichert werden. Diese separate Speicherung hat zur Folge, dass das Markenschema und die damit verbundene Einstellung unverändert bleiben und daher keine Spill-Over-Effekte zu erwarten sind.[372] Das Subtyping-Modell setzt die Möglichkeit zur Speicherung des Co-Brands als Ausnahme voraus. Falls ein Subtyping nicht möglich ist, findet eine Veränderung des Markenschemas statt. Insgesamt gilt, dass sich die Spill-Over-Effekte beim Bookkeeping-Modell im Zeitablauf verstärken, während beim Subtyping die Bindung zwischen dem ursprünglichen Markenschema und der Unterkategorie im Zeitablauf abschwächt und damit die Spill-Over-Effekte abnehmen.[373]

Um Aussagen über den Spill-Over-Effekt ableiten zu können, ist es notwendig, Bedingungen zu finden, die die Wahl des Schema-Veränderungs-Modells beeinflussen. Hinweise dazu finden sich insbesondere in der Markentransferforschung. In Studien von *Park/McCarthy/ Milberg (1993)* und *Milberg/Park/McCarthy (1997)* wurden jeweils die Spill-Over-Effekte von direkten (z.B. MARS-Kekse) und indirekten Markentransfers (z.B. MARS & BISC-Kekse) miteinander verglichen. In beiden Studien zeigte sich mindestens tendenziell, dass bei direkten Transfers negative Spill-Over-Effekte (konsistent mit dem Bookkeeping-Modell), hingegen bei indirekten Markentransfers keine Spill-Over-Effekte auftreten (konsistent mit dem Subtyping-Modell). Begründung dafür ist, dass bei einem indirekten Transfer die zusätzliche Markierung ein Subtyping vereinfacht. Eine ähnliche Funktion kann im Rahmen des Co-Brandings die jeweilige Partnermarke übernehmen.

In einer weiteren Markentransferstudie untersuchten *Gürhan-Canli/Maheswarn (1998)* den Einfluss der **Motivation zur Informationsverarbeitung** sowie des Fits zwischen Transfer und Muttermarke auf die Wahl des Schema-Veränderungs-Modells. Dabei zeigte sich, dass bei hoher Motivation zur Informationsverarbeitung hypothesenkonform das Bookkeeping-Modell[374] zum Tragen kommt, d.h. es findet unabhängig vom Fit

---

[371] Vgl. **Loken/John** (1993) S. 72 f.

[372] Vgl. **Weber/Crocker** (1983) S. 962; **Loken/John** (1993) S. 73.

[373] Vgl. ähnlich **Sujan/Bettman** (1989) S. 457.

[374] Begründung dafür liefert der hohe kognitive Aufwand des Bookkeeping-Modells, das eine attributbasierte Veränderung voraussetzt und daher nur bei hoher Motivation möglich ist.

sowohl ein positiver als auch ein negativer Spill-Over-Effekt bei Inkongruenzen[375] statt. Hingegen gilt bei geringer Motivation das Subtyping-Modell, d.h. bei hohem Fit treten Spill-Over-Effekte auf. Bei geringem Fit findet in dieser Situation ein Subtyping statt, weshalb in solchen Situationen nur geringe Spill-Over-Effekte zu erwarten sind. Abbildung C 50 fasst die beiden Modelle zusammen.

	Bookkeeping-Modell	Subtyping-Modell
Grundidee	Jede inkongruente Information führt zu einer Veränderung des Markenschemas	Nur falls kein Subtyping möglich ist, führen Inkongruenzen zu Veränderungen des Markenschemas
Spill-Over-Effekte	immer vorhanden	nur falls kein Subtyping möglich ist
Fit	kein Einfluss	geringer Fit führt zu Subtyping
Zweite Markierung	kein Einfluss	erleichtert das Subtyping
Motivation zur Informationsverarbeitung	hoch	gering

Abb. C 50: Modelle der Schema-Veränderung

(2) Schemastärkung vs. Schemaverwässerung

Die Stärkung eines bestehenden Markenschemas durch das Co-Branding lässt sich insbesondere durch das bereits behandelte **Priming** und **Wiederholungen** bzw. allgemein durch das **Prinzip der sich ausbreitenden Aktivierung** erklären. Dabei basieren die Ansätze darauf, dass durch Kontakt mit dem Co-Brand und der damit verbundenen Wahrnehmung der Individualmarke automatisch auch das Markenschema aktiviert wird. Das Prinzip der sich ausbreitenden Aktivierung führt dazu, dass entweder das gesamte Markenschema (Wiederholung) oder bestimmte Assoziationen (Priming) gestärkt werden.

In einer Markentransferstudie untersuchte *Jap (1993)*, inwiefern sich die Markenassoziationen durch mehrfache Markentransfers verstärken. Dabei zeigte sich übereinstimmend mit dem Ansatz der Wiederholung, dass konsistente Transfers zu einer Erhöhung der Genauigkeit und Assoziationsstärke beitragen. Ebenfalls im Markentransferkontext konnte *Morrin (1999)* für prototypische Marken aus verschiedenen Produktbereichen zeigen, dass die Recall-, direkte Kategorisierungs- und Recognition-Zeit für den Zusammenhang zwischen dem jeweiligen Hauptprodukt und der Marke durch die Einführung von Markentransfers sank, d.h. die Assoziationsstärke zwischen Marke und Hauptprodukt erhöhte sich. Diese Studien belegen die Möglichkeit, das Markenschema durch Transfers zu stärken.

Eine Schemaverwässerung erklärt sich allgemein durch **Vergessenseffekte**[376], wobei der Interferenz- und der Fan-Effekt die für den vorliegenden Zusammenhang

---

[375] Die Inkongruenzen wurden in der Studie von **Gürhan-Canli/Maheswaran** (1998) durch die Verknüpfung einer Marke (positive bzw. negative Einstellung) mit einer Werbebotschaft (negativ bzw. positiv) manipuliert.

[376] Vgl. z.B. allg. **Zimbardo** (1995) S. 339 ff.

C. Explikative Mastertechniken

wichtigsten Ansätze darstellen. Nach der **Interferenztheorie** beeinflussen sich gelernte und aktuelle Informationen gegenseitig, woraus insgesamt eine schwächere Assoziation zu der bestehenden sowie zu der neuen Assoziation im Vergleich zu einer isolierten Information resultiert.[377] Dabei beeinflussen in der Vergangenheit gelernte Informationen das Lernen neuer Informationen (**proaktive Interferenz**) bzw. neue Informationen beeinflussen bereits gelernte Informationen (**retroaktive Interferenz**). Für die vorliegenden Überlegungen zur Schemaverwässerung sind insbesondere die retroaktiven Interferenzen von Bedeutung. Ein Beispiel für einen solchen Interferenzeffekt liefert das Co-Brand von MCDONALD und DEVELEY für einen Tomatenketchup. Die Abnehmer assoziierten die Marke DEVELEY bisher mit traditionellen, bayerischen Senfsorten. Durch das Co-Brand mit MCDONALD erfolgen dagegen Assoziationen zu Amerika und Fast-Food. Diese neuen Informationen interferieren mit den bisher gelernten Informationen, wodurch sich die ursprünglichen Assoziationen von DEVELEY als bayerischem Traditionshersteller verringern.[378]

Eng mit den Interferenzeffekten verbunden ist der **Fan-Effekt**, der auf der Überlegung basiert, dass die Aktivierungsmenge begrenzt ist.[379] Aus dieser Begrenzung folgt, dass bei wenigen Assoziationen die sich ausbreitende Aktivierung die Stärke der einzelnen Assoziationen erhöht, hingegen bei einer Marke mit einer Vielzahl von konkurrierenden Assoziationen diese Stärkung nur eingeschränkt stattfindet, und durch den zeitlichen Vergessenseffekt (Zerfall) die Assoziationsstärke nach und nach abnimmt.

Im Rahmen der Markenforschung existieren keine empirischen Untersuchungen, die explizit Interferenz-Effekte nachweisen. Allerdings lassen sich die Arbeiten im Markentransferbereich, die allgemein die Spill-Over-Effekte des Transfers auf die Muttermarke analysieren, zur Erklärung der Schema-Verwässerung heranziehen. So konnten *John/Loken/Joiner (1998)* aufzeigen, dass schlechte Warentesturteile über bestimmte Merkmale eines Markentransfers diese Assoziationen der Muttermarke verschlechtern. Ähnlich konnten *Chen/Chen (2000)* in einer Studie zeigen, dass erfolglose Markentransfers die Hauptassoziationen der jeweiligen Muttermarke negativ beeinflussen. Allerdings handelt es sich bei den Markentransferarbeiten regelmäßig um die Spill-Over-Effekte negativer Ereignisse (schlechte Warentesturteile, erfolglose Transfers) auf die Muttermarke. Diese Ergebnisse lassen sich ebenfalls durch Kongruenztheorien erklären. Zudem treffen sie keine Aussagen darüber, wie erfolgreiche, aber inkonsistente Transfers sich auf das Markenschema auswirken.

Darüber hinaus existiert eine Reihe von Arbeiten, die die Interferenzwirkungen im Bereich der Werbung untersuchten. Beispielsweise konnten *Keller (1987)* und *Kent/*

---

[377] Vgl. ausführlich zur Interferenztheorie **Wessels** (1994) S. 174 ff.; **Anderson** (1996) S. 200 ff. Zur Anwendung im Konsumenten- und Markenbereich vgl. z.B. **Hoyer/MacInnis** (1997) S. 175 f.; **Engel/Blackwell/Miniard** (1995) S. 525f.; **Esch** (1998) S. 99 f.; **d'Astous/Valence/Turville** (2000). Speziell zu Interferenzwirkungen von Konkurrenzwerbung existiert eine umfangreiche Forschung, vgl. z.B. **Burke/Srull** (1988); **Keller** (1987); **Keller** (1991); **Kent/Allen** (1994).

[378] Anzumerken ist, dass die Interferenzwirkungen nicht nur zu einer Schemaverwässerung führen, sondern auch bewusst für Umpositionierungen genutzt werden können.

[379] Vgl. auch im Folgenden **Anderson** (1996) S. 201 ff.

Allen (1994) für Marken mit einer geringen Markenvertrautheit deutliche Interferenzeffekte von Konkurrenzwerbung auf die Wirkungen der Markenwerbung nachweisen.

Aufgrund der konkurrierenden Aussagen zur Schemastärkung oder -verwässerung durch das Co-Branding ist es notwendig, Faktoren zu identifizieren, die eine der beiden Wirkungsrichtungen beeinflussen.

Zunächst einmal zeigt sich, dass Marken mit einem **ausgeprägten Markenschema** relativ resistent gegenüber Schemaveränderungen durch Markentransfers sind.[380] Auch die Studie zu Interferenzwirkungen von Konkurrenzwerbung von *Kent/Allen (1994)* zeigt ähnlich, dass eine hohe **Markenvertrautheit** zu geringeren Interferenzwirkungen führt, d.h. das Markenschema ist stabiler. Weiterhin beeinflusst den Fit die Spill-Over-Effekte. *Morrin (1999)* konnte für nicht prototypische Marken zeigen, dass die Zugriffszeiten des Schemas der Muttermarke bei einem hohen Fit im Vergleich zu einem geringen Fit zum Hauptprodukt geringer wurden.[381]

Eine dritte Determinante stellt die **Kontakthäufigkeit** dar, wobei erwartet wird, dass mit steigender Kontaktzahl die Schemaveränderung ansteigt.[382] Eine vierte Determinante betrifft die **Konsistenz** der zusätzlichen Objekte mit der Muttermarke. *Jap (1993)* analysierte im Bereich Markentransfer den Unterschied zwischen konsistenten und unabhängigen Transfers auf die Schemata. Dabei zeichneten sich die konsistenten Transfers dadurch aus, dass die drei dargestellten Transfers in den Anzeigen Assoziationen betonten, die konsistent zur Muttermarke waren. Hingegen erfolgten bei den unabhängigen Transfers bei allen drei Anzeigen Hinweise auf unterschiedliche Assoziationen, die auch nicht mit den Assoziationen der Muttermarke übereinstimmten. Die Ergebnisse zeigten, dass die konsistenten Transfers zu einer Stärkung der Muttermarke, die unabhängigen Transfers eher zu einer Verwässerung führten.

3.2.3.2.5 Ankertheorien

Viele theoretische Modelle der Produktbeurteilung und der Einstellungsbildung gehen davon aus, dass das Individuum externe Reize mit anderen Informationen vergleicht, d.h. die Beurteilung hängt nicht von der absoluten Höhe, sondern von der Distanz zu einem Bezugspunkt (Anker) ab. Zusammenfassend werden diese Ansätze als Ankertheorien bezeichnet. Im Einzelnen zählen zu dieser Theoriegruppe die im Weiteren ausgeführten Ansätze Referenzpreistheorie, Anchoring-Adjustment-Modell und Assimilations-Kontrast-Modell.[383] Während sich die beiden ersten Ansätze mit dem Inhalt und der Bildung des Ankerpunktes beschäftigen, analysiert das Assimilations-

---

[380] Vgl. **Leong/Ang/Liau** (1997) S. 385; **John/Loken/Joiner** (1998); **Morrin** (1999) S. 520.

[381] Der Einfluss des Fits auf die Spill-Over-Effekte ist in der Markentransferforschung aber nicht einheitlich. Bspw. konnten **Keller/Aaker** (1992) nur für Marken mit mittlerer Qualität, und auch nur marginale Unterschiede zwischen Transfers mit hohem und geringem Fit feststellen. Auch **Romeo** (1991) konnte nur teilw. den Einfluss des Fits auf die Spill-Over-Effekte bestätigen.

[382] Die einzige Studie, die diesen Einfluss im Rahmen des Markentransfers untersucht, konnte diesen Zusammenhang nicht bestätigen, vgl. **Morrin** (1999) S. 521. Allerdings belegen die Werbestudien zu Interferenzwirkungen, dass mit steigender Anzahl von Konkurrenzwerbung die Interferenzeffekte zunehmen, vgl. **Keller** (1987) S. 325.

[383] Auch die speziell im Bundling häufig herangezogene Prospect-Theorie stellt eine Ankertheorie dar.

C. Explikative Mastertechniken

Kontrast-Modell die Auswirkungen des Vergleichs zwischen Ankerpunkt und Information.

(1) Referenzpreismodelle

Referenzpreise stellen einen Teil der **gespeicherten Preiskenntnisse** dar, die daneben auch Einzelpreise und Preisverteilungen beinhalten.[384] Sie dienen dem Individuum dazu, wahrgenommene Preise zu beurteilen und damit zu Preisgünstigkeits- und Preiswürdigkeitsurteilen zu gelangen.[385] Eine Studie von *Diller (1988)* zeigte, dass die Konsumenten über Sonderpreise den höchsten und über Referenzpreise den zweithöchsten Kenntnisstand besitzen. Umstritten ist allerdings die Operationalisierung des Referenzpreises.[386] Gängige Operationalisierungen sind fairer, geringster, höchster und normaler Preis[387] sowie höchste Preisbereitschaft (reservation price). In einer empirischen Studie von *Chandrashekaran/Jagpal (1995)* wurden die ersten vier Operationalisierungen für zwei verschiedene Güter (Turnschuhe, Stereoanlagen) getestet. In beiden Produktkategorien stellt der faire Preis eine zuverlässige Operationalisierung des Referenzpreises dar.

Weiterhin lassen sich mit der internen und externen Herkunft der Referenzpreise zwei Ansätze voneinander abgrenzen.[388] Während **interne Referenzpreise**[389] im Marken- oder Produktschema gespeichert sind, basieren externe Referenzpreise[390] auf wahrgenommenen Informationen (z.B. Handzettel, Preisauszeichnungen von Konkurrenzprodukten im Geschäft).[391]

Für die vorliegende Fragestellung sind die Details der Referenzpreismodelle nur bedingt von Bedeutung. Vielmehr geht es darum, dass der Konsument bei der Wahrnehmung eines Co-Brands einen Referenzpreis zur Preisbeurteilung heranzieht. Dabei wird davon ausgegangen, dass der Konsument entweder den Referenzpreis der Produktkategorie des Co-Brands oder einer der beteiligten Marken verwendet. Beispielsweise ordnet ein Konsument die Leistung des Co-Brands von PHILIPS & NIVEA der Produktkategorie Elektro-

---

[384] Vgl. **Diller** (1988) S. 20; **Diller** (2000) S. 141. Zu frühen Konzeptualisierungen der Referenzpreistheorie vgl. **Emery** (1969) S. 100 ff.; **Monroe** (1973) S. 74 ff. Zu einer Übersicht empirischer Studien zum Einfluss des Referenzpreises auf die Nachfrage vgl. **Kalyanaram/Winer** (1995). Zur Abhängigkeit der Referenzpreise von Personenvariablen vgl. **Erdem/Mayhew/Sun** (2001).

[385] Vgl. **Diller** (1988) S. 18; **Diller** (2000) S. 152 ff.

[386] Vgl. zum Überblick **Klein/Oglethorpe** (1987) S. 183; **Chandrashekaran/Jagpal** (1995) S. 230; **Briesch/Krishnamurti/Mazumdar/Raj** (1997) S. 203; **Wübker** (1998) S. 80.

[387] Diller spricht auch von mittlerem Preisempfinden (MPE), vgl. **Diller** (1978) S. 169 ff.

[388] Vgl. z.B. **Mayhew/Winer** (1992) S. 63. **Briesch/Krishnamurti/Mazumdar/Raj** (1997) sprechen auch von stimulus based und memory based Referenzpreisen.

[389] Vgl. z.B. **Urbanay/Bearden/Weilbaker** (1998) S. 96; **Winer** (1986) S. 251.

[390] Vgl. z.B. **Biswas/Blair** (1991) S. 1.

[391] Nach einer Studie von **Briesch/Krishnamurti/Mazumdar/Raj** (1997), bei der für vier unterschiedliche FMCG (Erdnussbutter, Reinigungsmittel, Papiertücher, Kaffee) verschiedene interne und externe Referenzpreismodelle getestet wurden, weist das interne Referenzpreismodell, bei dem der Referenzpreis auf markenspezifischen, historischen Preisen basiert, die größte Übereinstimmung mit dem beobachtbaren Entscheidungsverhalten auf.

rasierer zu und orientiert sich daher an dem Referenzpreis für Elektrorasierer. In den Fällen, bei denen eine Zuordnung der Co-Brand-Leistung zu einer Produktkategorie nicht eindeutig möglich ist, beeinflussen hauptsächlich die dominierende Marke den Referenzpreis. Die Dominanz der Marke im Co-Brand resultiert entweder aus der Marke (Markeneinstellung, -stabilität) oder aus Gestaltungsmaßnahmen. Beispiel für diesen zweiten Fall bildet das Co-Brand von MILKA & LEGO. Bei diesem Co-Brand ist für den Konsumenten nicht ersichtlich, ob es sich eher um eine Schokolade oder Spielzeug handelt. Da allerdings für diese beiden Produktkategorien extreme Referenzpreisunterschiede existieren, hängt die Wirkung des Co-Brands entscheidend davon ab, welche Marke den Referenzpreis bestimmt. Da beide Marken eine ähnliche Markeneinstellung und -stabilität aufweisen, hängt die Dominanz von der Gestaltung ab. Die reale Gestaltung führte zu einer Dominanz von MILKA, wodurch der Konsument nur einen geringen Referenzpreis bildete, und dadurch die Beurteilung des realen Preises häufig zu Negativurteilen führte.

(2) Anchoring-Adjustment-Modell nach Yadav

Ein Ankerpunktmodell im Rahmen des Bundling hat *Yadav (1994, 1990)*[392] entwickelt und empirisch für dieses Anwendungsgebiet getestet. Die Basis des Modells bilden Heuristiken, die das Individuum zur Informationsverarbeitung bei Entscheidungen verwendet.[393] Solche Heuristiken sind notwendig, damit das Individuum trotz beschränkter Kapazitäten der Informationsverarbeitung zu Entscheidungen gelangt. Diese Entscheidungen folgen nicht den Theorien der Wahrscheinlichkeitstheorie, sondern weisen **Verzerrungen** (Biases) auf.[394] Mögliche Heuristiken stellen die Repräsentativität, Verfügbarkeit und **Ankerpunkt-Anpassung** dar. Das Anchoring-Adjustment-Modell basiert auf der dritten Heuristik. Nach dieser Heuristik bildet das Individuum sein Urteil **sequentiell**, wobei es mit einem Ausgangswert (Ankerpunkt) startet und von diesem ausgehend die anderen verfügbaren Informationen das Urteil verändern. Die Verzerrung basiert darauf, dass der Ankerpunkt die Beurteilung dominiert, und daher die Beurteilung in Richtung des Ankerpunktes verzerrt wird. Diese grundsätzliche Heuristik wurde in vielen verschiedenen empirischen Bezügen bestätigt.[395] *Yadav (1990, 1994)* hat aufbauend auf einem Modell von *Lopes (1982)*[396] diese Heuristik auf das Bundling übertragen (vgl. Abbildung C 51).

---

[392] Ein weiteres Anchoring-Adjustment-Modell im Rahmen des Konsumentenverhaltens haben **Davis/Hoch/Ragsdale** (1986) für die Einschätzung der Produktpräferenzen des Ehepartners aufgestellt. Danach bilden die eigenen Präferenzen den Ankerpunkt, der stärker die Erwartungen der Präferenzen des Partners determiniert als die Anpassung aufgrund des Wissens über den Partner.

[393] Das Anchoring-Adjustement-Modell lässt sich daher der deskriptiven Entscheidungstheorie zuordnen.

[394] Vgl. grundsätzlich dazu **Tversky/Kahneman** (1974). Zum Überblick auch **Jungermann/Pfister/ Fischer** (1998) S. 166 f. Viele Details finden sich auch in dem Sammelwerk von **Kahneman/Slovic/Tversky** (1982).

[395] Vgl. zum Überblick **Yadav** (1994) S. 343; **Yadav** (1990) S. 81 ff.

[396] Zitiert nach **Yadav** (1990) S. 74 ff.

C. Explikative Mastertechniken 249

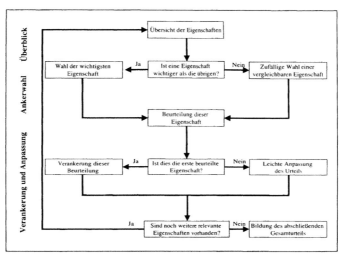

Abb. C 51: Anchoring-Adjustment-Modell
Quelle: *Yadav (1994)* S. 344.

Danach vollzieht sich der Prozess in drei Stufen: In einem ersten Schritt (Überblick) verschafft sich das Individuum eine Übersicht über die vorhandenen Informationen. Darauf aufbauend erfolgt die Auswahl eines Ankerpunktes (Ankerwahl), wobei dieser entweder auf einer höheren Wichtigkeit oder bei gleicher Wichtigkeit aller Informationen auf Zufall basiert. Dieser Ankerpunkt wird bewertet und bildet die erste Beurteilung. Ausgehend von ihr führen die übrigen Informationen in absteigender Wichtigkeit zu einer Anpassung der ersten Beurteilung.

Dieses Modell lässt sich auch auf die Beurteilung von Co-Brands übertragen. Das Co-Brand setzt sich in Analogie zum Bundling aus mehreren Eigenschaften zusammen (Marke 1, Marke 2, Preis des Co-Brands, weitere Informationen). Nach dem Anchor-Adjustment-Modell verschafft sich der Konsument in der ersten Phase bei einer Konfrontation mit dem Co-Brand einen Überblick über die verfügbaren intrinsischen und extrinsischen Informationen. Daran anschließend wählt er in Abhängigkeit der Dominanz einen Ankerpunkt aus, der die Basis für die erste Beurteilung des Co-Brands bildet. Die anderen verfügbaren Informationen werden sequentiell in den Beurteilungsprozess integriert. Dieser Prozess führt zu einer Verzerrung hin zum Ankerpunkt. Weiterhin bedingt das Anchoring-Adjustment-Modell, dass die Gesamtbeurteilung einen gewichteten Durchschnitt der Einzelbeurteilungen darstellt. Damit gelangt das Anchoring-Adjustement-Modell zu ähnlichen Aussagen wie die Averaging-Regel des Informations-Integrationsansatzes. Der Hauptunterschied besteht darin, dass das Anchoring-Adjustment-Modell einen Fokus auf die Auswahl und den Einfluss des Ankerpunktes legt, während der Informations-Integrationsansatz eher die eigentliche Urteilsbildung modelliert.

Für die Erklärung des Co-Brandings stellt daher die Identifizierung von Ankerpunkten einen Schwerpunkt dar. Da die Ankerpunkte bei verschiedenen Personen unterschiedlich ausgeprägt sein können, bildet dieses Modell auch eine mögliche Erklärungsgrundlage für die Vorteilhaftigkeit des Co-Brandings. Dazu wird angenommen, dass die Marken X und Y von jeweils 50 Personen präferiert werden. Die jeweils andere Marke besitzt dabei eine neutrale Ausprägung. Durch die Kombination der beiden Marken lassen sich positive Wirkungen des Verzerrungseffektes ausnutzen. 50 Personen wählen Marke X als Ankerpunkt, die neutrale Marke B passt die Gesamtbeurteilung nur leicht an. Dadurch beurteilen 50 Personen das Co-Brand fast genauso gut wie ein Transfer der Marke X auf das Produkt Z. Ähnliches gilt für die 50 Personen, die Y präferieren und daher diese Marke als Ankerpunkt für das Co-Brand wählen. Dadurch wird dieses Co-Brand von allen Personen zwar etwas schlechter als ein Transfer der jeweiligen präferierten Marke beurteilt, allerdings wird aggregiert das Co-Brand positiver als ein Transfer der Marke X oder der Marke Y empfunden.

(3) Assimilations-Kontrast-Modell

Die Differenzierung zwischen Kontrast- und Assimilationseffekten geht auf die Social-Judgement-Theorie von *Sherif/Hovland (1961)* zurück. Nach dieser Theorie bilden die Pre-Einstellungen des Individuums einen Ankerpunkt für die Beurteilung von externen Informationen.[397] Externe Stimuli, die in der Nähe des Ankerpunktes liegen, assimiliert der Mensch, d.h. er nimmt den Stimulus als ähnlicher wahr, als dieser tatsächlich ist. Weist der externe Stimulus dagegen eine bestimmte Distanz auf, kontrastiert das Individuum, d.h. es beurteilt diesen als unähnlicher als er tatsächlich ist.[398]

Assimilations- und **Kontrasteffekte** konnten auch im Kontext des Konsumentenverhaltens nachgewiesen werden.[399] Hauptfaktoren zur Erklärung der Assimilations- und Kontrasteffekte bilden der Grad der Übereinstimmung zwischen dem Ankerpunkt und dem Stimulus sowie der kognitive Aufwand, den das Individuum in der jeweiligen Beurteilungssituation zur Verfügung stellt.[400] Einen Beleg für den ersten Faktor hat *Herr (1989)* geliefert.[401] In einem Experiment wurden den Vpn. in einer Priming-Aufgabe Automarken mit verschiedenen Preisen (extrem teuer/billig, moderat teuer/billig) präsentiert. Anschließend schätzten die Vpn. den Preis einer fiktiven Automarke. In dem Fall von moderaten Preisen konnten die Vpn. die fiktive Marke unter die verfügbare Kategorie der Priming-Aufgabe kategorisieren, weshalb ein Assimilationseffekt auftrat. In dem Fall von extremen Preisen dagegen gelang die Kategorisierung für die

---

[397] Vgl. zum Überblick der Social-Judgement-Theorie z.B. **Eagly/Chaiken** (1993) S. 363 ff.

[398] Ein klassisches Experiment zum Nachweis dieser Assimilations- und Kontrasteffekte führten **Sherif/Taub/Hovland** (1958) durch. Dabei mussten Vpn. Gewichte anheben und verschiedenen Kategorien (sehr schwer bis sehr leicht) zuordnen. Ohne Ankerpunkt zeigte sich eine Gleichverteilung der Gewichte über die sechs Kategorien; bei Angabe von Ankerpunkten für die schwere Kategorie zeigte sich ein Assimilationseffekt dadurch, dass nun ein Großteil der Gewichte als schwer beurteilt wurde; hingegen führten extreme Gewichte zu Kontrasteffekten dadurch, dass die meisten Gewichte als leicht beurteilt wurden.

[399] Vgl. z.B. im Rahmen der Preisbeurteilung **Herr** (1989); im Rahmen der Werbung **Meyers-Levy/ Sternthal** (1993); im Rahmen des Markentransfers vgl. **Loken/John** (1993) S. 73; im Rahmen des Co-Brandings vgl. **Levin/Davis/Levin** (1996); **Levin/Levin** (2000).

[400] Vgl. **Meyers-Levy/Sternthal** (1993) S. 360.

[401] Vgl. auch **Herr/Sherman/Fazio** (1983); **Schwarz/Bless** (1992) S. 218 ff.

C. Explikative Mastertechniken 251

fiktive Marke nicht, weshalb Kontrasteffekte entstanden. Der zweite Faktor der kognitiven Ressourcen besagt, dass Personen mit hohen verfügbaren kognitiven Ressourcen[402] eher kontrastieren, Personen mit geringen kognitiven Ressourcen eher assimilieren. Diese beiden Faktoren haben *Meyers-Levy/Sternthal (1993)* zu einem Gesamtmodell integriert, wonach Kontrasteffekte dann auftreten, wenn ein geringer Grad an Übereinstimmung und gleichzeitig ausreichend kognitive Ressourcen zur Verfügung stehen. Zur Überprüfung führten sie ein Experiment durch, bei dem die Probanden ein neues Restaurant beurteilen sollten. Als Ankerpunkt standen den Probanden Beschreibungen von anderen Restaurants bzw. Bekleidungsgeschäften zur Verfügung, die in den gleichen Örtlichkeiten wie das neue Restaurant ihre Geschäfte hatten. Weiterhin wurden die Probanden in Abhängigkeit von den verwendeten kognitiven Ressourcen in zwei Gruppen eingeteilt. Die Ergebnisse der Studie unterstützen das Zweifaktoren-Modell der Assimilations-/ Kontrasteffekte.

Auf der Basis der Assimilations-/Kontrasteffekte entwickelten *Levin/Levin (2000)* ein Modell für das Co-Branding. Dieses fokussiert auf die Beurteilung einer Individualmarke A in Abhängigkeit vom Co-Brand und unterscheidet drei Effekte: Assimilations-, Kontrast- und Unabhängigkeitseffekte. **Assimilationseffekte** treten dann auf, wenn der Individualmarke bestimmte Assoziationen fehlen, und die Partnermarke diese fehlenden Assoziationen aufweist. **Kontrasteffekte** kommen dann vor, wenn beide Marken die gleichen Assoziationen mit unterschiedlicher Ausprägung aufweisen. Der **Unabhängigkeitseffekt** betrifft solche Assoziationen, die für die Individualmarke A (bzw. B) spezifisch sind. Aus der Summe dieser Effekte ergibt sich ein Netto-Co-Brand-Effekt (vgl. Abbildung C 52).

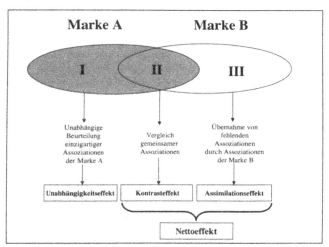

Abb. C 52: **Kontrast-Assimilations-Modell des Co-Brandings**
Quelle: *Levin/Levin (2000)* S. 45.

---

[402] **Eagly/Chaiken** (1993) S. 369 ff., die die Arbeiten von Sherif et. al. zusammenfassen, sprechen von Ego-Involvement. **Martin/Seta/Crelia** (1990) verwenden das Konzept NfC.

Das Modell geht davon aus, dass Assimilationseffekte insbesondere dann auftreten, wenn eine **intensive Verbindung** zwischen den zwei Marken existiert und das **Markenwissen** über die Individualmarke A **schwach** ausgeprägt ist. *Levin/Levin (2000)* haben das Modell im Zusammenhang mit dem Dual-Branding von Restaurants getestet. Dabei wurden zwei Restaurants anhand mehrerer Attribute (z.B. Menü, Essensqualität, Servicequalität) beschrieben. Variiert wurden die unabhängigen Variablen Verbindungsgrad der beiden Restaurants, die Beurteilung der Partnermarke B sowie der Umfang der Informationen über die Individualmarke A. Hypothesenkonform waren die Assimilationseffekte am stärksten ausgeprägt, wenn das Restaurant A nur in geringem Umfang beschrieben war, und gleichzeitig eine intensive Verbindung zwischen Marke A und Marke B vorlag.[403]

Zusammenfassend lassen sich aus den Assimilations-/Kontrast-Effekten folgende Wirkung für das Co-Branding ableiten: Insbesondere wenn Marken mit unterschiedlichem Markenwissen kombiniert werden, ist mit einem Assimilationseffekt zu rechnen, d.h. die Marke mit dem beschränkteren Markenschema wird ähnlich wie die Marke mit dem umfangreicheren Markenschema beurteilt. Damit wird das Co-Brand eine Durchschnittsbeurteilung der beteiligten Marken darstellen, wobei die Marke mit dem umfangreicheren Schema einen höheren Einfluss ausübt.[404] Diese Assimilationseffekte fallen weiterhin um so stärker aus, je intensiver die Verbindung der Marken gestaltet ist. Beispielsweise ist ein höherer Assimilationseffekt bei einem langfristigen Co-Brand zu erwarten, bei dem beide Partner zusammen ein neues Produkt entwickeln (z.B. PHILIPS & NIVEA) als bei einem Promotion-Co-Brand, bei dem beide Marken zusammen in einer Verpackung verkauft werden (z.B. MILKA & LEGO). Kontrasteffekte treten dagegen auf, wenn eine Marke extreme Assoziationen aufweist (z.B. Luxusmarke) und diese bei der anderen Marke mit einer abweichenden Ausprägung auch vorhanden sind.

Zusätzlich erklären die Assimilations- und Kontrasteffekte die Spill-Over-Wirkungen. Erwartet wird, dass Kontrasteffekte bei einer Kombination ungleicher Marken, starke Spill-Over-Effekte für die Marke mit einem beschränkten Markenschema verursachen.

Bei etwa gleich ausgeprägten Marken ist ein Assimilationseffekt zu erwarten, falls ein geringes Involvement und ein hoher Fit zwischen den Marken vorliegen. Hingegen führt ein geringer Fit verbunden mit einem hohen Involvement zu einem Kontrasteffekt.

---

[403] Vgl. **Levin/Levin** (2000) S. 47 f.

[404] Damit unterstützt der Assimilationseffekt auch das Averaging-Modell des Informations-Integrations-Ansatzes, vgl. Kap. C. II.3.2.2.1.1.

III. Mastertechniken der empirischen Explikation

Explikative Ansätze basieren häufig auch auf empirischer Forschung. In der Marketingwissenschaft existiert mittlerweile eine nicht mehr überschaubare Anzahl von Verfahren zur Entdeckung und Prüfung von Wirkungszusammenhängen, weshalb sich eine vollständige Darstellung verbietet. Die folgenden Abschnitte versuchen wichtige Mastertechniken der Marketingwissenschaft zu identifizieren und zu beschreiben.

Als grundsätzliche Richtungen lassen sich strukturanalysierende und strukturprüfende Ansätze voneinander abgrenzen.[405] Während strukturanalysierende Verfahren versuchen, theoretische Modelle zu entwickeln und zu verfeinern, zielen strukturprüfende Verfahren auf die Überprüfung von bestehenden Modellen ab. Im Rahmen der strukturanalysierenden Verfahren gelangt insbesondere die **Qualitative Routine** zum Einsatz.

Die strukturprüfende Forschung stellt das vorherrschende Paradigma der internationalen und auch deutschen empirischen Marketingforschung dar. Dabei erfolgt die empirische Überprüfung von theoretisch abgeleiteten Hypothesen.[406] Die Umsetzung dieser Grundlinie der strukturprüfenden Forschung erfolgt in unterschiedlicher Weise. Zwar existiert in der Literatur eine Reihe von Vorschlägen zur Systematisierung strukturprüfender Routinen[407], allerdings handelt es sich dabei überwiegend um Klassifizierungen, die auf der Basis eines einzelnen Merkmals (z.B. Erhebungsart, Anzahl der unabhängigen Variablen) künstliche Klassen ableiten, die nicht in der Lage sind, die Praxis der Marketingwissenschaft abzubilden. Vielmehr haben sich bestimmte Mastertechniken durchgesetzt, die bestimmte Auswahl-, Erhebungs- und Auswertungsverfahren miteinander kombinieren. Zwar existieren darüber hinaus weitere Routinen, allerdings handelt es sich dabei eher um Einzelfälle. Grundsätzlich lassen sich folgende strukturprüfende Routinen identifizieren:

- Replikationen,
- (Labor)experimente,
- Erfolgsfaktorenstudien.

---

[405] Auf strukturentdeckende Ansätze, die insbesondere auf multivariaten Verfahren (z.B. Clusteranalyse, Data-Minning, Explorative Faktorenanalyse) basieren, wird hier nicht eingegangen, da sie methodologisch zu der Gruppe der explorativ-deskriptiven Routinen zählen.

[406] I.d.R. wird dabei dem Grundkonzept des kritischen Rationalismus gefolgt, bei dem Hypothesen aus Theorien durch Deduktion generiert werden und anschließend versucht wird, diese mit Hilfe von empirischen Daten zu falsifizieren. Vgl. allgemein zum kritischen Rationalismus **Popper** (1989); **Schanz** (1966). Zur Anwendung in der Marketingwissenschaft vgl. z.B. **Hildebrandt** (2000).

[407] Vgl. z.B. **Homburg/Herrmann/Pflesser** (2000); **Backhaus/Erichson/Plinke/Weiber** (2000) S. XXI ff.

1. Qualitative Routine
1.1 Darstellung der Mastertechnik

Die qualitative Routine bildet keine einheitliche Mastertechnik, vielmehr lässt sie sich verschiedenen Orientierungen zuordnen.[408] Im Rahmen einer positivistischen Interpretation lassen sich zwei Haupteinsatzgebiete der Qualitativen Routine erkennen. Zum einen unterstützt die qualitative Forschung im Sinne von Vorstudien durch Expertengespräche oder unstrukturierte Befragungen (Einzelinterviews oder Gruppenbefragungen) die Generierung von Items[409] und das kennen lernen des Sprachverständnisses der Befragten[410] die quantitative Forschung.[411] Diese Richtung, der die in Kap. B behandelten Mastertechniken Fallstudie und Expertengespräch zuzuordnen sind, lässt sich als deskriptiv-explorative Richtung kennzeichnen. Zum anderen findet die qualitative Forschung als eigenständige explikative Mastertechnik durch eine induktive Vorgehensweise zur Entwicklung und zum Test von Modellen Verwendung. Diese Sichtweise der qualitativen Forschung stellt im Kern eine explikative empirisch-orientierte Mastertechnik dar, und wird im Folgenden unter dem Begriff der Qualitativen Routine subsummiert.

Eine einheitliche Definition der Qualitativen Routine ist vor dem Hintergrund der skizzierten Heterogenität der qualitativen Forschung erwartungsgemäß in der Literatur nicht zu finden.[412] Daher erfolgt wie in der Literatur üblich[413] eine Abgrenzung der qualitativen über konstituierende Merkmale, wobei die quantitative und qualitative Forschung nur die Extrempunkte eines Kontinuums darstellen.[414] Der Qualitativen Routine liegt die qualitative Forschungslogik zugrunde, die sich durch folgende Merkmale auszeichnet:[415]

---

[408] Auf der einen Seite erfolgt die Orientierung am Relativismus: **Carson/Gilmore/Perry/Gronhaug** (2001, S. 5 ff.) sprechen von Interpretativism; **Lamnek** (1995a, S. 39 ff.) ordnet die qualitative Forschung der Phänomologie und Hermeneutik zu. **Sayre** (2001, S. 8 f.) und **Gabriel** (1990, S. 508 f.) interpretieren die qualitative Forschung dagegen vor dem Hintergrund einer humanistischen Orientierung. Trotz aller Unterschiede dieser Orientierungen zeichnen sie sich alle durch die Ablehnung einer einzigen Wirklichkeit aus, und gehen davon aus, dass jeder Mensch eine eigene Wirklichkeit besitzt. Auf der anderen Seite erfolgt eine Zuordnung zum Positivismus: vgl. z.B. **Miles/Huberman** (1984) S. 19 ff.; **Homburg** (1995) S. 60 f. Auch **Kepper** (1996) lässt sich dieser Richtung zuordnen, da sie eine eindeutige Zuordnung zu einer Orientierung ablehnt und die qualitative (Markt-)Forschung durch Besonderheiten im Forschungsprozess charakterisiert.

[409] Vgl. z.B. **Homburg** (1995) S. 69 ff.

[410] Vgl. **Bartos** (1986) S. RC 4 f.

[411] Dieser Vorstudiencharakter findet sich häufig in der Literatur, vgl. z.B. **Wallace** (1984) S. 185; **Kepper** (1996) S. 2.

[412] Vgl. zum Überblick von Definitionsansätzen z.B. **Kepper** (1996) S. 13 ff.

[413] Vgl. z.B. **Lamnek** (1995a) S.21 ff.; **Kepper** (1996) S. 16 ff. Häufig erfolgt die Herausarbeitung von Merkmalen der qualitativen Forschung durch eine explizite Gegenüberstellung mit der quantitativen Forschung, vgl. z.B. **Tomczak** (1992) S. 82; **Bortz/Döring** (2002) S.298.

[414] Vgl. z.B. **Kepper** (1996) S. 14; **Carson/Gilmore/Perry/Gronhaug** (2001) S. 50 ff.

[415] Vgl. im Folgenden insbesondere **Kepper** (1996) S. 22 ff. und **Lamnek** (1995a) S. 21 ff.; ähnlich auch **Zanger/Sistenich** (1996) S. 351.

C. Explikative Mastertechniken 255

- Offenheit,
- Typisierung,
- Kommunikativität.

Die Offenheit bezieht sich darauf, dass im Vorfeld der Untersuchung auf die Ausformulierung von Hypothesen verzichtet wird (**konzeptionelle Offenheit**). Damit ist aber nicht gemeint, dass im Vorfeld der qualitativen Forschung überhaupt keine Modellbildung stattfindet, vielmehr muss der entwickelte Bezugsrahmen genügend Spielraum für Erweiterungen und Anpassungen aufweisen. Weiterhin bildet die Offenheit ein Merkmal der eingesetzten Methoden (**methodische Offenheit**), die sich in einem geringen Grad an Strukturierung und hoher Flexibilität während der Anwendung zeigt. Schließlich bezieht sich die Offenheit auf die Auswertung der Daten, die sich dadurch zeigt, dass im Rahmen der qualitativen Forschung häufig eine explikative Datenanalyse zum Einsatz kommt.[416]

Die Typisierung bezieht sich darauf, dass die qualitative Forschung versucht, Charakteristika der Problemstellung zu identifizieren ohne einen Anspruch auf Repräsentativität zu verfolgen. Die Typisierung zeigt sich sowohl in der Auswahl der Untersuchungspersonen als auch in der Auswertung. Die Auswahl zeichnet sich zum einen durch kleine Gruppen und zum anderen durch ein theoretical sampling[417] aus. Die Typisierung im Rahmen der Auswertung bedeutet, dass aufgrund der Daten versucht wird, typische Inhalte zu identifizieren (induktive Vorgehensweise).

Das dritte Merkmal der Kommunikativität bezieht sich darauf, dass nicht die Sprache des Forschers, sondern die der Auskunftsperson im Mittelpunkt steht. Aus dieser Ausrichtung an der Kommunikationsfähigkeit der Auskunftsperson folgt auch, dass standardisierte Fragen, die ein identisches Verständnis aller Personen voraussetzen, keine Methode der qualitativen Forschung darstellen.

Das Spektrum an Hilfstechniken, welche die konstituierenden Merkmale der qualitativen Forschung erfüllen, fällt umfangreich aus.[418] Daher erfolgt auch keine abschließende Aufzählung. Vielmehr verdeutlicht Abbildung C 53 an ausgewählten Beispielen aus der Markenforschung die Variabilität der Qualitativen Routine.

Mit der qualitativen Forschung ist eine Reihe von Problemen verbunden. Ein erstes Problem stellt die **fehlende Akzeptanz** in der wissenschaftlichen Community dar.[419]

---

[416] Eine explikative Datenanalyse ergänzt im Gegensatz zur reduzierenden Datenanalyse der quantitativen Forschung die erhobenen Daten durch weitere Informationen.

[417] Vgl. zu dieser Hilfstechnik Kap. B.III.1

[418] Vgl. allg. zu Überblicken **Lamnek** (1995b); **Bortz/Döring** (2002) S. 306 ff.; **Marshall/Rossman** (1995) S. 78 ff. Zu Überblicken der qualitativen Methoden im Marketingbereich **Kepper** (1996) S. 33 ff.; **Carson/Gilmore/Perry/Gronhaug** (2001) S. 73 ff.; **Sayre** (2001) S. 15 ff.

[419] Bspw. spricht **Tomczak** (1992, S. 77) bei quantitativer Forschung von Mainstream- und bei qualitativer Marktforschung von Outlaw-Forschung.

Diese geringe Akzeptanz zeigt sich z.B. in der geringen Anzahl von qualitativen Studien in renommierten Fachzeitschriften.[420]

Hilfstechnik	Durchführung	Quelle
Einzelinterviews	Phänomologische Interviews (jeweils 12 – 15 Stunden) mit drei bewusst ausgewählten Frauen zum Thema Beziehungen zur Marke; inhaltsanalytische Auswertung der wörtlichen Aufzeichnungen.	Fournier (1998)
Gruppendiskussion	Teilnehmer an einer Gruppendiskussion diskutieren über mehrere Marken als Persönlichkeiten, wobei die Metapher eines gemeinsamen Hauses Verwendung findet.	Schönrade/Furhop (2001)
Ordnungstechniken	Zuordnung von Karten mit Produkten durch 31 Auskunftspersonen zu einer bestimmten Marke (Markentransfer) in Abhängigkeit vom Fit und offene Befragung für die Fit/Nicht-Fitgründe; inhaltsanalytische Auswertung und Häufigkeitsanalysen.	Oakenfull/Blair/ Gelb/Dacin (2000)
Ethnografie	Aktive Teilnahme an Markenevents zur Analyse von Marken-Communities; Datenerhebung durch Fotografien, Videoaufzeichnungen, informelle Interviews und formalisierte Tiefeninterviews; Durchführungszeitraum: 8 Jahre; interpretative Auswertung.	McAlexander/ Schouten/Koenig (2002)
Projektive Techniken	Hausfrauen beurteilten fiktive Hausfrauen anhand ihrer Einkaufszettel, wobei zwei verschiedene Einkaufszettel zum Einsatz kamen, die sich nur in einer Position voneinander unterschieden (MAXWELL HOUSE COFFEE vs. NESCAFÉ Instant Kaffee).	Haire (1950)

Abb. C 53: Beispiele für qualitative Hilfstechniken in der Markenforschung

Ein weiterer Problembereich der qualitativen Forschung, der aus der fehlenden Quantifizierung resultiert, stellt die **Gütebeurteilung** dar. In der Literatur finden sich zur Lösung des Güteproblems insbesondere zwei Ansätze: der erste Ansatz entwickelt eigenständige Gütekriterien für die qualitative Forschung.[421] Der zweite, weitaus stärker vertretene Ansatz, versucht dagegen, Verfahren und Kriterien zu entwickeln, die mit den Gütekriterien der quantitativen Forschung korrespondieren.[422] Diese Vorgehensweise zeigt Abbildung C 54 exemplarisch.

Einen dritten Problembereich bildet die **Ergebnisdarstellung**. Die qualitative Forschung zeichnet sich durch eine Vermeidung von Reduktion aus, wodurch der Umfang der Ergebnisdarstellung hoch ausfällt.[423]

---

[420] Anders dagegen sieht die Bedeutung qualitativer Techniken in der praktischen Marktforschung aus. In der Studie von Ketelsen-Sontag von 130 deutschen Vollservice-Marktforschungsunternehmen führten 94 % qualitative mündliche Befragungen und 91 % Gruppendiskussionen durch; hingegen werden quantitative Techniken wie Experimente (76 %) oder repräsentative mündliche Befragungen (69 %) seltener eingesetzt, vgl. **Ketelsen-Sontag** (1988) S. 105 f.

[421] Vgl. z.B. **Marshall/Rossman** (1995) S. 143 ff.

[422] Vgl. z.B. **Kirk/Miller** (1987); **Sykes** (1990); **Gabriel** (1990); **Lamnek** (1995a) S. 152 ff.; **Kepper** (1996) 192 ff.; **Müller** (2000) S. 143 ff.

[423] Vgl. z.B. **Lamnek** (1995a) S. 242 f.

C. Explikative Mastertechniken 257

Gütekriterien	qualitative Forschung	quantitative Forschung
Objektivität	Offenheit/Nachvollziehbarkeit, Transparenz.	Durchführungs- und Auswertungsobjektivität.
Reliabilität	Intercoder-/Intracoder-Reliabilität.	Paralleltest-Reliabilität, Test-Retest-Reliabilität, Interne Konsistenz.
Validität	kommunikative Validität, kumulative Validität, Validierung an der Praxis.	face validity, Kriteriumsvalidität, Konstruktvalidität, Kreuzvalidität.
Repräsentanz/ Generalisierbarkeit	theoretical sampling, Typenbildung, Abstraktion.	statistische Zufallsauswahl, Rückschluss von der Stichprobe auf die Grundgesamtheit.

Abb. C 54: Korrespondierende Gütekriterien der qualitativen und quantitativen Forschung

Diese Vorgehensweise führt wiederum dazu, dass qualitative Studien entweder nur eine geringe Nachvollziehbarkeit aufweisen, da die eigentliche Auswertung nicht veröffentlicht wird, oder der Umfang der Auswertung eine Veröffentlichung verhindert. Daher erfordert auch die qualitative Forschung einen gewissen Grad der Reduktion.[424] Zur Auswertung von qualitativen Daten existiert eine Vielzahl von Hilfstechniken, die von visuellen Übersichtsdarstellungen[425] über quantitative Inhaltsanalysen in Verbindung mit einfachen Häufigkeitsauszählungen bis hin zum Einsatz von strukturentdeckenden Analyseverfahren (z.B. Cluster- oder Korrespondenzanalyse) reicht.

1.2 Qualitative Fitstudie

Zur Identifizierung der Fitgründe sowie der Beziehungsmuster wurde eine qualitative Studie durchgeführt. Erstes Ziel der Studie bildete die Überprüfung des Markenfit-Modells.[426] Dabei ist zum einen von Interesse, ob dieses alle Laientheorien abdeckt und zum anderen, wie häufig die Auskunftspersonen bestimmte Assoziationen als Fitbasis verwenden. Allerdings ist bei der zweiten Fragestellung zu beachten, dass die Auskunftspersonen gerade abstrakte Konzepte, wie z.B. Emotionen, kaum verbalisieren können, und daher diese bei einer offenen Befragung ohne Verbalisations- oder Visualisierungshilfen weniger häufig genannt werden. Deshalb fanden im Rahmen der Studie verbale und visuelle Stimuli für die Ebenen emotionale, sachliche und Markenpersönlichkeits-Fitbasen Berücksichtigung. Zweites Ziel bildete die Identifikation von

---

[424] Vgl. zu dieser Forderung auch **Miles/Huberman** (1984) S. 21.

[425] **Miles/Huberman** (1984, S. 79 ff.) sprechen von Data Display.

[426] Vgl. Kap. C.II.3.2.3.2.1.

Gründen, die regelmäßig zu einer negativen Fitbeurteilung führen. Drittes Ziel war es, ein Verständnis für den Zusammenhang zwischen den einzelnen Fitbasen und dem globalen Fit zu gewinnen.

1.2.1 Design

Aufgrund des qualitativen Charakters der Studie erfolgte eine willkürliche Auswahl. Als Ausgangsreize fanden zwei verschiedene Co-Brands Verwendung.[427] Das erste Co-Brand bildete ein Promotion Co-Brand mit konstanter Leistung (hier: Pkw). Als Marke fungierte BMW (3er Reihe), die beabsichtigt, ein Pkw-Sondermodell als Co-Brand-Leistung anzubieten. Bei dem zweiten Reiz handelte es sich um ein langfristiges Co-Brand mit einem Transfer der Hauptmarke in eine entfernte Leistungskategorie (hier: FMCG). Weiterhin variierte bei dem zweiten Stimulus die Leistungskategorie des Co-Brands, um so den Einfluss der Co-Brand-Leistung auf die Fit-Beurteilung zu berücksichtigen. Als Marke wurde FIT FOR FUN gewählt, die beabsichtigt, mit einer Partnermarke in den Lebensmittel- und Getränkebereich zu transferieren.

Die Studie gliederte sich grob in zwei Stufen. Die erste Stufe umfasste eine offene Fitanalyse, die sich an der Vorgehensweise von *Oakenfull/Blair/Gelb/Dancin (2000)* anlehnt. Die zweite Stufe umfasste eine Imageanalyse, die ein Zuordnungsverfahren mit einer Korrespondenzanalyse kombinierte. Eine vorgeschaltete standardisierte Messung des Globalfits ergänzte diese zweite Stufe.

Die offene Fitanalyse setzte sich aus mehreren Teilen zusammen. In einem ersten Teil wählten die Probanden in Abhängigkeit vom Fit aus einer Liste von 20 Marken jeweils fünf Marken mit einem hohen bzw. einem geringen Fit zu dem jeweiligen Co-Brands. Anschließend bildeten sie für beide Gruppen eine Rangfolge in Abhängigkeit vom Fit und gaben offen und unstandardisiert die Gründe für einen Fit bzw. einen fehlenden Fit an.

Die Imageanalyse setzte sich aus zwei Teilen zusammen. Im ersten Teil wurde den Probanden ein kurzer standardisierter Fragebogen vorgelegt, der den Globalfit zwischen BMW bzw. FIT FOR FUN und ausgewählten Marken durch jeweils drei Siebener-Likert-Skalen (Marken ergänzen sich, Markenzusammenarbeit wäre stimmig, Marken weisen keine Widersprüche auf) ermittelte. Im zweiten Teil wurden jeweils für ausgewählte Marken drei Zuordnungsverfahren eingesetzt. Die erste Aufgabe umfasste die emotionale Komponente. Zu diesem Zweck wurde ein kombinierter Satz aus zwölf Photos und emotionalen Adjektiven entwickelt. Diese Kombination fand trotz der Schwierigkeit, dass Bilder von Abnehmern mehrdeutig und interpersonell unterschiedlich beurteilt werden[428], Verwendung, da Emotionen insbesondere in der Kommunikation durch Bilder transportiert werden. Weiterhin fällt es Probanden leichter, Emotionen durch

---

[427] Bei der Auswahl der beiden Co-Brands wurde darauf geachtet, dass es sich um fiktive, aber durchaus realistische Co-Brands handelt.

[428] Vgl. zur Kritik an der Verwendung von Photos in diesem Zusammenhang **Schmitz** (1990) S. 157 ff. Aufbauend auf seiner Kritik wählt er daher als Stimulus Zeichnungen; da aber bei der vorliegenden Problemstellung nicht die Vollständigkeit aller Emotionen, sondern die grundsätzliche Relevanz der Emotionen für die Fitbeurteilung von Bedeutung ist, finden Photos Verwendung.

C. Explikative Mastertechniken

Bilder als durch abstrakte Begriffe zu verstehen. Ein dritter Grund ist ein forschungspragmatischer, insofern als Probanden bildorientierte Verfahren interessanter finden, und damit die Aufmerksamkeit steigt. Adjektive fanden Verwendung, da diese besser als Substantive in der Lage sind, Emotionen auszudrücken.[429] Die zweite Zuordnungsaufgabe beinhaltete die sachliche Komponente, wobei zusätzlich auch die Preis- und Qualitätskomponente integriert wurden. Diese Zuordnungsaufgabe basierte auf insgesamt 15 verbalen Stimuli. Die dritte Zuordnungsaufgabe betraf die Markenpersönlichkeit. Sie basierte auf 12 Personen-Photos, bei deren Auswahl darauf geachtet wurde, dass sie sich im Hinblick auf demografische (Alter, Geschlecht) und psychografische (Kleidungsstil, Einzigartigkeit) Merkmale unterscheiden.

Abgeschlossen wurde die Studie durch eine kurze Ermittlung demografischer Merkmale der Probanden. Abbildung C 55 fasst noch einmal das Design der qualitativen Fitstudie zusammen.

Abb. C 55: Design der qualitativen Fitstudie

Insgesamt beteiligten sich 36 Personen mit einem Durchschnittsalter von 27,5 Jahren an der Studie. Die Personen verteilten sich fast gleichmäßig auf Frauen (52,8 %) und Männer (47,2 %). Die Marke BMW war allen Auskunftspersonen und die Marke FIT FOR FUN 33 Personen bekannt. Die durchschnittliche Dauer der Befragung[430] betrug knapp 48 Minuten.

---

[429] Vgl. **Petri** (1992) S. 132 f.

[430] Der Durchschnittswert bezieht sich nur auf die Befragungen, bei denen sowohl BMW als auch FIT FOR FUN den Auskunftspersonen bekannt waren.

1.2.2 Ergebnisse der offenen Fitanalyse

Bei den offenen Fragen zum Fit bzw. Nichtfit der verschiedenen Marken zu BMW oder FIT FOR FUN nannten die 36 Personen 1097 Assoziationen. Die Assoziationen wurden mit Hilfe der Software atlas/ti und einem Kategorienschema, welches sich an das entwickelte Markenfitmodell anlehnt, ausgewertet. Als Kategorien fanden die in Abbildung C 56 dargestellten Assoziationen Verwendung. Die Inhaltsanalyse führten zwei Coder unabhängig voneinander durch (Intercoder-Reliabilität: 84,3 %).

Assoziationsgruppe	Beispielantworten
Preislage	„hochpreisig", „Billigmarke"
Markenpersönlichkeit	„Kinder-Zielgruppe", „beides für Männer"
emotionales Markenimage	„trendy", „modern und erfolgreich"
sachliches Markenimage	„Design", „kalorienarm"
Nutzungssituation	„während des Sports"
Produktebene	„Autoradio passt", „Produkte passen nicht"
Markenstärke	„hohe Qualität", „bekannte Marke"

Abb. C 56: Kategorienschema der quantitativen Inhaltsanalyse

Die Häufigkeiten der einzelnen Kategorien gibt Abbildung C 57 wieder.

Kategorie	BMW		FIT FOR FUN		Σ
	hoher Fit	geringer Fit	hoher Fit	geringer Fit	
Preislage	32 9,8 %	5 2,3 %	1 0 %	3 1,4 %	41
Markenpersönlichkeit	56 17,1 %	62 27,9 %	20 6,2 %	11 4,9 %	149
emotionales Markenimage	98 30,0 %	62 27,9 %	147 45,2 %	52 23,3 %	359
sachliches Markenimage	61 18,7 %	13 5,9 %	83 25,2 %	40 17,9 %	197
Nutzungssituation	8 2,5 %	1 0,1 %	12 3,7 %	0 0 %	21
Produktebene	40 12,2 %	65 29,3 %	45 13,9 %	111 49,8 %	261
Markenstärke	32 9,8 %	14 6,3 %	17 5,2 %	6 2,7 %	69
Σ	327 ≈ 100 %	222 ≈100 %	325 ≈100 %	223 100 %	1097

Abb. C 57: Ergebnisse der quantitativen Inhaltsanalyse

Insgesamt zeigt sich, dass die häufigsten Assoziationsgruppen, die der Fitbeurteilung zugrunde liegen, die emotionalen Markenimages (32.7 %) und die Produktassoziationen (23.8 %) darstellen. Eine mittlere Position nehmen die sachlichen Markenimages (18.0 %), die Markenpersönlichkeit (13.6 %) und die Markenstärke (6.3 %) ein. Relativ geringe Bedeutung für die Fitbeurteilung besitzen die Preislage (3,7 %) sowie die Nutzungssituation (1,9 %)[431]. Abbildung C 58 fasst das Modell der Fitbeurteilung noch einmal grafisch zusammen.

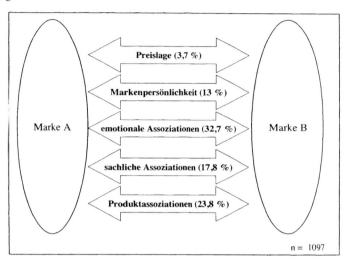

Abb. C 58: Allgemeines Markenfitmodell (beide Marken)

Die Ergebnisse zeigen, dass die Auskunftspersonen beim Fit im Vergleich zum Nicht-Fit mehr Assoziationen (652 vs. 445) nannten. Eine Begründung dafür könnte sein, dass es ihnen leichter fällt, Fitgründe im Vergleich zu Widersprüchen zu verbalisieren. Ein Vergleich der Häufigkeiten zwischen den Gruppen hoher und niedriger Fit verdeutlicht Unterschiede. Insbesondere Widersprüche bei den Produktassoziationen verursachen einen geringen Fit. Hingegen basiert ein hoher Fit auf emotionalen und sachlichen Markenassoziationen. Daraus lässt sich schließen, dass die Fitbeurteilung keine symmetrische Beurteilung darstellt. Abbildung C 59 zeigt das Markenfitmodell bei geringem, Abbildung C 60 bei hohem Fit.

Der Vergleich des Fit- und des Nichtfit-Modells zeigt, dass der **Produktfit** eine **notwendige Voraussetzung** für einen hohen Fit darstellt, da speziell Widersprüche auf dieser Ebene zu einem geringen Gesamtfit führen. **Hinreichende Bedingung** für einen hohen Fit stellen insbesondere die **emotionalen** und **sachlichen Markenassoziationen** dar, d.h. ein Abnehmer empfindet bei Voraussetzung eines Produktfits (emotional, Preislage) insbesondere dann einen hohen Fit, wenn die Markenimages zueinander passen.

---

[431] Aufgrund der geringen Häufigkeit wird diese Assoziation in den weiteren Ausführungen nicht berücksichtigt.

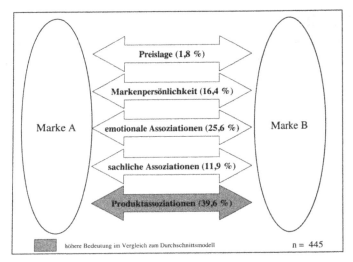

Abb. C 59: Markenfitmodell bei geringem Fit

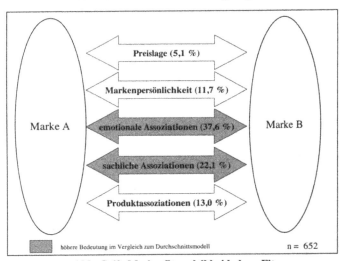

Abb. C 60: Markenfitmodell bei hohem Fit

Bei einer differenzierten Betrachtung der beiden untersuchten Co-Brands lässt sich auch eine Reihe von Unterschieden identifizieren. Für das BMW-Co-Brand (Sondermodell) spielen insbesondere die Markenpersönlichkeit bzw. der typische Verwender eine wichtige Rolle für die Fitbeurteilung. Weiterhin bilden die Preisassoziationen eine vergleichsweise häufige Basis für die Fitbeurteilung. Abbildung C 61 zeigt das allgemeine Fit-Modell für BMW.

C. Explikative Mastertechniken 263

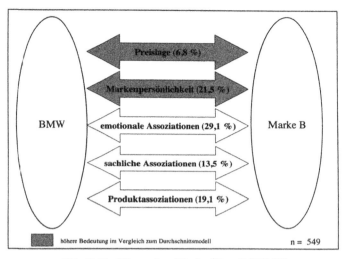

Abb. C 61: Allgemeines Markenfitmodell BMW

Bei dem FIT FOR FUN-Co-Brand (Lebensmittel) dagegen spielen die Produktassoziationen und die sachlichen Assoziationen eine wichtigere Rolle. Begründung dafür könnten die weite Entfernung zwischen der Zeitschriftenmarke FIT FOR FUN und Lebensmitteln sowie die Angabe von variierenden Produkten als Co-Brand-Leistungen sein. Bei einer Einzelbetrachtung der Antworten zeigt sich, dass die Auskunftspersonen ihr Fiturteil in diesem Fall häufig davon abhängig gemacht haben, ob das Transferprodukt zu den Hauptassoziationen Gesundheit und Sport/Fitness der Marke FIT FOR FUN passt. Bei diesem Co-Brand findet daher die Fitbeurteilung insbesondere durch einen Vergleich der Transferkategorie und den markenspezifischen Assoziationen von FIT FOR FUN statt. In diesem Beispiel ist daher der Transferfit[432] zwischen FIT FOR FUN und der Produktklasse von besonderer Bedeutung. Abbildung C 62 zeigt das allgemeine Fit-Modell des Co-Brands FIT FOR FUN.

---

[432] Vgl. Kap. C.II.3.2.3.2.1.

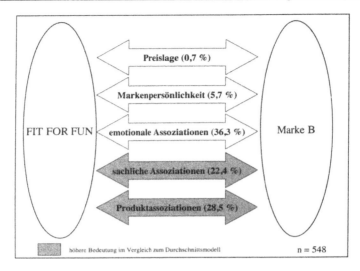

Abb. C 62: Allgemeines Markenfitmodell FIT FOR FUN

1.2.3 Ergebnisse der Imageanalyse

Der zweite Teil der qualitativen Fitstudie stellt die globale Fitbeurteilung dem Verhältnis der Markenimages der Individualmarken gegenüber. Die globale Fitmessung basiert auf einem Index aus drei Siebener-Likert-Skalen („Marken ergänzen sich"; „Marken-Zusammenarbeit ist stimmig"; „Marken weisen keine Widersprüche auf", $\alpha = 0{,}94$). Abbildung C 63 gibt die durchschnittliche Fitbeurteilung für die verschiedenen Co-Brands wieder.

Rang	BMW-Co-Brand	FIT FOR FUN-Co-Brand
1	BOSS (2,53)	APOLLINARIS (2,14)
2	BANG & OLUFSEN (2,67)	DANONE (2,14)
3	NOKIA (2,89)	KELLOGG (2,47)
4	SONY (3,63)	IGLO (4,42)
5	LUFTHANSA (4,54)	MAGGI (5,79)
6	COCA-COLA (5,81)	MILKA (5,95)
	1: hoher Fit; 7: geringer Fit	

Abb. C 63: Rangfolge der Co-Brand-Partner (globale Fitmessung)

Die Ergebnisse der globalen Fitmessung werden anschließend mit der Imageanalyse der Individualmarken verglichen. Dabei findet ein Vergleich zwischen den Marken, die einen hohen Globalfit zu der Ausgangsmarke (BMW bzw. FIT FOR FUN), und denen, die einen geringen Fit zu der Ausgangsmarke aufweisen (vgl. Grauschattierung in

C. Explikative Mastertechniken

Abbildung C 63) statt. Die Auswertung der Daten erfolgt mit Hilfe einer Korrespondenzanalyse.[433] Ein erster wichtiger Schritt der Korrespondenzanalyse bildet die Bestimmung der Anzahl der Dimensionen. Aufgrund fehlender Optimalitätskriterien wird auf einen Grenzwert von 80 % zurückgegriffen, d.h. es werden so viele Trägheitsachsen berücksichtigt, bis mindestens 80 % der Varianz erklärt wird.[434] Die Interpretation der Trägheitsachsen erfolgt vorrangig durch erklärende und erklärte Punkte (Marken bzw. Assoziationen).[435] Erklärende Punkte zeichnen sich dadurch aus, dass sie einen Erklärungsbeitrag (Point Inertia) zu den Achsen leisten. Erklärte Punkte dagegen zeichnen sich dadurch aus, dass sie eine hohe Korrelation zu den Achsen aufweisen. Folgende Auswahlregeln finden Anwendung:

- erklärende Punkte: Point Inertia liegt über dem Durchschnitt der Beiträge[436],
- erklärte Punkte: Punktvarianz beträgt über 50 %.

Die Ergebnispräsentation erfolgt durch die Angabe der Trägheitsgewichte, eine Interpretationshilfe sowie eine gemeinsame grafische Darstellung der Spalten- und Zeilenprofile.[437] Zunächst wird auf das Co-Brand von BMW eingegangen.

(1) BMW

Das erste Korrespondenzmodell bildet die gleichzeitige Positionierung der Marken und der emotionalen Assoziationen. Die Eigenwerte, die Inertia sowie den erklärten Varianzanteil gibt Abbildung C 64 wieder.

λ	Eigenwert	Inertia	Beitrag zur Varianzerklärung (in %)
1	0,569	0,324	37,5
2	0,497	0,247	28,6
3	0,403	0,162	18,8
Σ			84,9

Abb. C 64: Beitrag der Achsen zur Gesamtvarianz

Die Abbildung C 64 zeigt, dass drei Dimensionen notwendig sind, um den Schwellenwert von mindesten 80 % zu erreichen. Aus Übersichtsgründen zeigt Abbildung C 65 nur die beiden ersten Achsen.

---

[433] Vgl. allg. zur Darstellung der Korrespondenzanalyse z.B. **Greenacre** (1994); **Jambu** (1992) S. 149 ff.; **Fricke** (1990). Zur Anwendung im Marketing z.B. **Meyer/Diehl/Wendenburg** (2000); **Carroll/Green** (1988); **Hoffman/Franke** (1986); **Kaciak/Louviere** (1990); **Backhaus/Meyer** (1988). Zur Anwendung der Korrespondenzanalyse im Bereich Imageanalyse z.B. **Matiaske/Dobrov/Bronner** (1994); **Scharf** (1991) S. 199 ff.; **Munzinger/Schmidt** (1996).

[434] Vgl. **Jambu** (1992) S. 186.

[435] Vgl. **Jambu** (1992) S. 187 ff.; **Matiaske/Dobrov/Bronner** (1994) S. 47; **Meyer/Diehl/Wendenburg** (2000) S. 539.

[436] Z.B. folgt daraus bei sieben Marken ein Grenzwert von 0,14 (1 dividiert durch 7).

[437] Dabei handelt es sich um die Standardvorgehensweise zur Präsentation der Korrespondenzanalyse, vgl. z.B. **Matisake/Dobrov/Bronner** (1994) S. 46 ff.; **Meyer/Diehl/Wendenburg** (2000) S. 533 ff.; **Scharf** (1991) S. 233 ff.

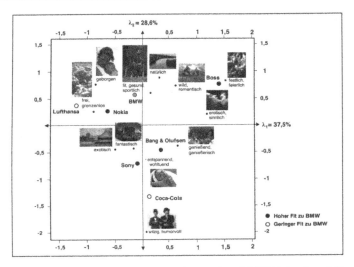

Abb. C 65: Emotionale Korrespondenzanalyse BMW (Achse 1 und 2)

Die Interpretation der drei Achsen stellt auf die erklärenden und erklärten Punkte ab. Abbildung C 66 gibt die Interpretationshilfe wieder.

Achse λ_1 (37,5 %)	
negativ	**positiv**
LUFTHANSA	BOSS
frei	festlich
	genießend
	erotisch
Achse λ_2 (28,6 %)	
negativ	**positiv**
COCA-COLA	
witzig	
Achse λ_3 (18,8 %)	
negativ	**positiv**
	BANG & OLUFSEN
	entspannend
	exotisch

Abb. C 66: Interpretationshilfe für emotionale Korrespondenzanalyse BMW

Die erste Dimension wird durch LUFTHANSA und frei auf der einen und BOSS, festlich, genießend, erotisch auf der anderen Seite erklärt. BMW nimmt auf dieser Achse eine Mittelposition ein. Die zweite Achse wird insbesondere durch COCA-COLA und witzig beschrieben. BMW steht dazu eher im Gegensatz, d.h. BMW gilt nicht als witzig. Die dritte Achse wird durch BANG & OLUFSEN und die Emotionen entspannend und exotisch beschrieben. Die drei Marken BOSS, BANG & OLUFSEN und NOKIA, die einen hohen Globalfit zu BMW besitzen, weisen bei der emotionalen Korrespondenzanalyse bei verschiedenen Dimensionen Bezüge zu BMW auf.

BOSS zeigt starke Ähnlichkeit bei der Dimension 2, d.h. bei beiden Marken handelt es sich um nicht witzige, sondern eher seriöse und ernste Marken. BANG & OLUFSEN dagegen weist bei der ersten Dimension Ähnlichkeit zu BMW auf. Allerdings lässt sich eine Interpretation auf der Basis der Korrespondenzanalyse nur schwer ableiten, da beide Marken eine mittlere Position einnehmen. Diese mittlere Position könnte entweder dadurch zustande kommen, dass beide Marken durchschnittlich bei dieser Dimension beurteilt werden, oder dass beide Marken sowohl für Freiheit als auch für Festlichkeit, Genuss und Erotik stehen. Unter Berücksichtigung der Rohdaten zeigt sich, dass BMW sowohl häufig mit Freiheit (18 Nennungen) als auch mit Genuss (9 Nennungen) verbunden wird. Für BANG & OLUFSEN dagegen ist die Dimension Freiheit (5 Nennungen) relativ unbedeutend, vielmehr steht diese Marke für Genuss (18 Nennungen). Der Fit der beiden Marken basiert darauf, dass BMW beide Aspekte beinhaltet, und BANG & OLUFSEN einen starken Bezug zu Genuss aufweist. Daraus folgt, dass eine Verbindung dieser beiden Marken zu einer Verstärkung der Genussassoziation bei BMW führt. NOKIA weist bei keiner der drei Dimensionen eine besonders hohe Verbindung zu BMW auf, vielmehr existieren bei allen drei Dimensionen Ähnlichkeiten, wodurch NOKIA in allen Matrizen eine räumliche Nähe zu BMW besitzt. Daraus lässt sich ableiten, dass NOKIA ein ähnliches emotionales Profil wie BMW aufweist. Der Nicht-Fit von LUFTHANSA und COCA-COLA kann nur teilweise durch die emotionale Korrespondenzanalyse erklärt werden. Zwar ist bei Dimension 1 eine ausgeprägte räumliche Distanz zwischen BMW und LUFTHANSA zu erkennen, allerdings basiert diese Distanz nicht auf Gegensätzen, sondern darauf, dass LUFTHANSA eindeutig mit Freiheit, BMW dagegen zusätzlich mit Genuss verbunden wird. Der Nicht-Fit zwischen COCA-COLA und BMW dagegen lässt sich durch die Witzigkeit von COCA-COLA im Vergleich zu BMW bei der Dimension 2 erklären.

Die zweite sachliche Korrespondenzanalyse ergab eine zweidimensionale Lösung, die 82,6 % der Varianz erklärt. Abbildung C 67 gibt die sachliche Korrespondenzanalyse und Abbildung C 68 die Interpretationstabelle wieder.

Die sachliche Korrespondenzanalyse zeigt zunächst, dass COCA-COLA als einzige FMCG-Marke mit Assoziationen wie günstig, überall erhältlich und lecker die Dimension 1 bestimmt. Diese sachlichen Assoziationen erklären den fehlenden Fit zwischen BMW und COCA-COLA. Zur Erklärung der weiteren Beziehungen besitzt diese Dimension keinen Aussagewert, da die übrigen Marken übereinstimmend nicht mit diesen Assoziationen verbunden werden und daher eine jeweils ähnlich hohe Distanz zu COCA-COLA aufweisen. Ein Widerspruch zu der globalen Fitanalyse zeigt sich bei der Nähe zwischen BMW und LUFTHANSA in der zweiten Dimension. Beide Marken werden mit Assoziationen wie sicher und schnell verbunden. Der Fit zu BANG & OLUFSEN und zu BOSS lässt sich durch die sachliche Korrespondenzanalyse nicht erklären.

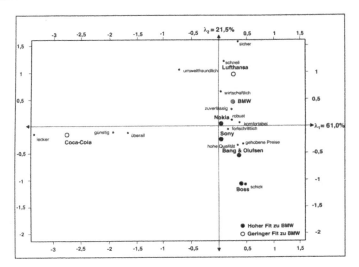

Abb. C 67: Sachliche Korrespondenzanalyse BMW

Achse λ_1 (61,0 %)	
negativ	**positiv**
COCA-COLA	
günstig	
lecker	
überall erhältlich	
Achse λ_2 (21,5 %)	
negativ	**positiv**
BOSS	LUFTHANSA
schick	sicher
	schnell

Abb. C 68: Interpretationshilfe für sachliche Korrespondenzanalyse BMW

Die dritte Markenpersönlichkeits-Korrespondenzanalyse lässt sich durch zwei Dimensionen hinreichend genau wiedergeben (85,4 % der Gesamtvarianz). Abbildungen C 69 und C 70 zeigen die Markenpersönlichkeits-Korrespondenzanalyse mit entsprechender Interpretationshilfe.

C. Explikative Mastertechniken 269

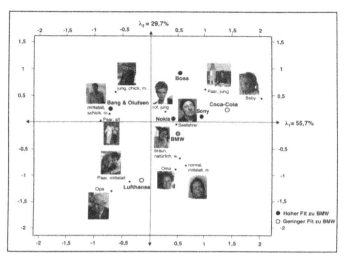

Abb. C 69: Markenpersönlichkeits-Korrespondenzanalyse BMW

Achse λ_1 (55,7 %)	
negativ	positiv
jung, schick, männlich	COCA-COLA
	SONY
	mittelalt, schick, männlich
	junges Paar
	Baby
Achse λ_2 (29,7 %)	
negativ	positiv
LUFTHANSA	BOSS
mittelaltes Paar	

Abb. C 70: Interpretationshilfe für Markenpersönlichkeits-Korrespondenzanalyse BMW

Die Markenpersönlichkeits-Korrespondenzanalyse kann alle Fit- und Nicht-Fit-Beziehungen sinnvoll erklären. Der Fit von BOSS bzw. BANG & OLUFSEN mit BMW basiert insbesondere auf der Dimension 1. Alle drei Marken werden mit schicken Personen verbunden. Die Dimension 2 erklärt den Fit von BMW und NOKIA, die Assoziationen zu jungen Personen ausweisen. Der Nicht-Fit von LUFTHANSA zu BMW erklärt sich durch die Dimension 2. Da die Befragten LUFTHANSA insbesondere mit älteren, nicht schicken Personen (Opa, mittelaltes Paar) in Verbindung brachten, besteht hier ein Widerspruch zu BMW. Der Nicht-Fit von BMW und COCA-COLA zeigt sich bei der ersten Dimension. COCA-COLA wird mit ganz jungen (Baby) und leger gekleideten Personen (Jugendpaar) verknüpft, während BMW mit schicken Personen unterschiedlichsten Alters verknüpft wird.

Zusammenfassend lässt sich festhalten, dass die Fit- und Nicht-Fiturteile von BMW und anderen Marken auf unterschiedlichen Dimensionen basieren. Abbildung C 71 fasst die Ergebnisse noch einmal zusammen.

	emotionale Korrespondenzanalyse	sachliche Korrespondenzanalyse	Markenpersönlichkeits-Korrespondenzanalyse
BOSS	nicht witzig	k.A.	schicke Personen
BANG & OLUFSEN	Genuss	k.A.	schicke Personen
NOKIA	k.A.	k.A.	jung-mittelalt
LUFTHANSA	k.A.	sicher, schnell*	alt, nicht schick
COCA-COLA	witzig	günstig, überall erhältlich, lecker	Kinder/Jugendliche
Grauschattierung = geringer Fit zu BMW			
*: Widerspruch, da Lufthansa und BMW mit diesen Assoziationen verbunden werden			

Abb. C 71: Synopse der Ergebnisse der Korrespondenzanalyse BMW

Die Synopse zeigt, dass für das Beispiel BMW insbesondere die Markenpersönlichkeit zur Erklärung des Fits bzw. des Nicht-Fits beitragen kann. Diese Ergebnisse spiegeln auch die Ergebnisse der offenen Fitanalyse wieder. Die sachlichen Assoziationen dagegen leisten nur einen Beitrag zur Erklärung des Nicht-Fits, wobei es sich überwiegend um Assoziationen der Produktkategorie handelt.

(2) FIT FOR FUN

Die Korrespondenzanalysen für FIT FOR FUN führten in allen drei Fällen zu dreidimensionalen Lösungen. Allerdings konnte für die dritte Dimension nur in einem Modell[438] ein Punkt identifiziert werden, der die Anforderungen an aussagefähige Punkte erfüllt. Daher erscheint es gerechtfertigt, im Folgenden jeweils nur die zweidimensionale Lösung zu präsentieren.

Die emotionale Korrespondenzanalyse mit zwei Dimensionen erklärt 67,7 % der Gesamtvarianz. Das Modell sowie die Interpretationshilfe geben die Abbildungen C 72 und C 73 wieder.

Der Fit von APOLLINARIS, DANONE und KELLOGG'S zu FIT FOR FUN lässt sich insbesondere durch die Dimension 1 erklären. Alle vier Marken stehen für Fitness, wobei APOLLINARIS und FIT FOR FUN die stärkste Beziehung zu dieser Assoziation aufweisen. Der Nichtfit von FIT FOR FUN und MILKA bzw. MAGGI erklärt sich wiederum aus der Dimension 1, da MILKA und noch stärker MAGGI eher mit Assoziationen wie genießend und geborgen, nicht aber mit Fitness verbunden werden. Die Dimension 2 trägt nicht direkt zur Erklärung des Fits bzw. Nicht-Fits bei, allerdings zeigen Assoziationen wie exotisch, erotisch, frei und entspannend Hauptassoziationen von FIT FOR FUN auf, die unterschiedlich stark von den Marken APOLLINARIS, DANONE und KELLOGG'S abgedeckt werden. KELLOGG'S weist bei diesen Assoziationen eher Widersprüche zu FIT FOR FUN auf.

---

[438] Nur bei der sachlichen Korrespondenzanalyse konnte mit MILKA ein einzelner Punkt für die dritte Dimension identifiziert werden.

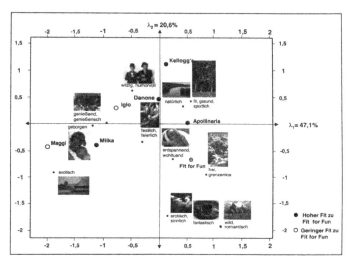

Abb. C 72: Emotionale Korrespondenzanalyse FIT FOR FUN

Achse λ_1 (47,1 %)	
negativ	positiv
MAGGI	fit
MILKA	
exotisch	
genießend	
geborgen	
Achse λ_2 (20,6 %)	
negativ	positiv
erotisch	KELLOGG'S

Abb. C 73: Interpretationshilfe für emotionale Korrespondenzanalyse FIT FOR FUN

Die zweidimensionale Lösung der sachlichen Korrespondenzanalyse erklärt 77 % der Gesamtvarianz und liegt damit nur knapp unter dem geforderten Grenzwert von 80 %. Abbildungen C 74 und C 75 zeigen die Lösung sowie die dazugehörige Interpretationshilfe der sachlichen Korrespondenzanalyse.

Die sachliche Korrespondenzanalyse zeigt ein ähnliches Bild wie die emotionale. Bei der Dimension 1, die den Hauptteil der Varianz erklärt, weisen die Marken APOLLINARIS, DANONE und KELLOGG'S mit abnehmender Tendenz Ähnlichkeiten zu FIT FOR FUN auf. Assoziationen, die zu diesem Fit führen, sind die Assoziationen schick und gesund sowie –eingeschränkt- fortschrittlich.

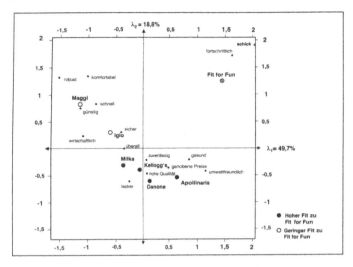

Abb. C 74: Sachliche Korrespondenzanalyse FIT FOR FUN

Achse λ_1 (49,7 %)	
negativ	positiv
MAGGI	FIT FOR FUN
günstig	schick
	gesund
Achse λ_2 (18,8 %)	
negativ	positiv
DANONE	
lecker	
hohe Qualität	

Abb. C 75: Interpretationshilfe für sachliche Korrespondenzanalyse FIT FOR FUN

Die Dimension 2 dagegen zeigt eine räumliche Distanz zwischen FIT FOR FUN auf der einen und APOLLINARIS, DANONE und KELLOGG'S auf der anderen Seite. Diese wird insbesondere durch die Assoziationen lecker und hohe Qualität verursacht, die nicht mit der Marke FIT FOR FUN verbunden werden. Die Nicht-Fits von MILKA und insbesondere von MAGGI basieren auf der ersten Dimension. Mit MAGGI und MILKA werden Assoziationen wie robust, komfortabel, schnell, günstig, wirtschaftlich, sicher und überall verfügbar verbunden. Diese Assoziationen stehen im Widerspruch zu den Assoziationen fortschrittlich, schick und gesund, die mit FIT FOR FUN verknüpft sind.

Die dritte Korrespondenzanalyse umfasst die Markenpersönlichkeitsebene. Die zweidimensionale Lösung erklärt insgesamt 74,1 % der Gesamtvarianz, womit wiederum der Grenzwert nur knapp verfehlt wurde. Die beiden Abbildungen C 76 und C 77 geben die Ergebnisse der Markenpersönlichkeits-Korrespondenzanalyse wieder.

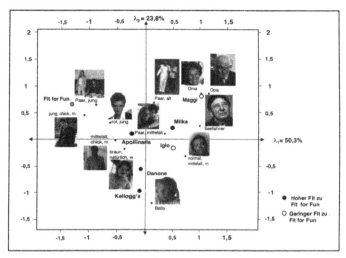

Abb. C 76: Markenpersönlichkeits-Korrespondenzanalyse FIT FOR FUN

Achse λ_1 (50,3 %)	
negativ	positiv
FIT FOR FUN,	MAGGI,
junges Paar,	Oma,
junge, natürliche, braunhaarige Frau,	mittelalter Mann.
junge, schicke, rothaarige Frau.	
Achse λ_2 (23,8 %)	
negativ	positiv
DANONE,	
KELLOGG'S,	
Baby.	

Abb. C 77: Interpretationshilfe für die Markenpersönlichkeits-Korrespondenzanalyse FIT FOR FUN

Die Markenpersönlichkeits-Korrespondenzanalyse verdeutlicht zwar das Image der Marke FIT FOR FUN (jung, weiblich), allerdings lässt sie sich nur eingeschränkt zur Interpretation des Fit einsetzen. Zwar lässt sich ein Fit von APOLLINARIS, DANONE sowie KELLOGG'S und FIT FOR FUN teilweise über die Dimension 1 und die damit verbundenen Assoziationen (jung) erklären, wobei allerdings diese Marken bei der Dimension 2 beträchtliche Unterschiede zu FIT FOR FUN aufweisen. Der Nicht-Fit von MAGGI und teilweise von MILKA ist insbesondere durch die unterschiedliche Position bei der Dimension 1 erklärbar. Während FIT FOR FUN mit der Assoziation jung verknüpft wird, weisen MILKA und vor allem MAGGI Beziehungen zu älteren Markenpersönlichkeiten auf.

Abbildung C 78 fasst noch einmal die Ergebnisse der Korrespondenzanalysen der Marke FIT FOR FUN zusammen.

	emotionale Korrespondenzanalyse	sachliche Korrespondenzanalyse	Markenpersönlichkeits-Korrespondenzanalyse
APOLLINARIS	Fitness	schick, fortschrittlich	jung
DANONE	Fitness	schick, fortschrittlich	jung,
KELLOGG'S	Fitness, teilw. Widersprüche	schick, fortschrittlich	jung, teilw. Widersprüche (Baby)
MILKA	Genuss, Geborgenheit	robust, komfortabel, schnell, günstig, wirtschaftlich, sicher, überall verfügbar	mittelalt
MAGGI	Genuss, Geborgenheit	robust, komfortabel, schnell, günstig, wirtschaftlich, sicher, überall verfügbar	alt

Grauschattierung = geringer Fit zu FIT FOR FUN

Abb. C 78: Synopse der Ergebnisse der Korrespondenzanalyse FIT FOR FUN

1.2.4 Zusammenfassung der qualitativen Fitstudie

Die Qualitative Fitstudie führte zu folgenden Ergebnissen:

- emotionale Assoziationen spielen, gefolgt von Produktassoziationen, die größte Rolle für die Fitbeurteilung,
- Fit führt zu mehr Assoziationen,
- Fit- und Nichtfit sind keine symmetrischen Beurteilungen,
- emotionale und sachliche Assoziationen führen zu einem hohen Fit,
- Widersprüche bei Produktassoziationen und Preislage führen zu einem geringen Fit,
- Fitbeurteilung ist markenabhängig,
- Korrespondenzanalyse ist ein hilfreiches Instrument zur Interpretation globaler Fiturteile,
- sachliche Korrespondenzanalyse eignet sich nur, falls die Marken vergleichbare Produktassoziationen aufweisen,
- besonders aussagefähig ist die Markenpersönlichkeits-Korrespondenzanalyse.

Unabhängig von den Ergebnissen ist bei dem Aussagewert auf den qualitativ-explorativen Charakter der Studie hinzuweisen. Neben einer eingeschränkten Anzahl von Marken und einem geringen Umfang (n = 36) der Convenience-Stichprobe weisen auch die eingesetzten Analyseverfahren mehrere subjektive Momente auf (Codierung im Rahmen der Inhaltsanalyse, Interpretation der Korrespondenzanalysen). Weiterhin handelt es sich bei den verwendeten emotionalen Assoziationen, sachlichen Assoziationen und Markenpersönlichkeiten um ad-hoc-Listen, die nicht validiert wurden und mit 12 bzw. 15 Items nur eingeschränkt alle Möglichkeiten abdecken.

2. Replikation

2.1 Darstellung der Mastertechnik

Allgemein versteht man unter Replikation die primärforscherische Wiederholung einer durchgeführten empirischen Studie.[439] Allerdings stellt die Replikation keine einheitliche Methode dar, vielmehr existieren unterschiedliche Formen.[440] Grundsätzlich lassen sie sich nach dem Grad der Ähnlichkeit mit der Primärstudie differenzieren. Während bei **nahen Replikationen**[441] versucht wird, alle unabhängigen und abhängigen Variablen in der gleichen Art zu messen, das Design identisch ist sowie die Stichproben aus der gleichen Grundgesamtheit stammen, werden bei **weiten Replikationen** bewusst oder unbewusst bestimmte Aspekte der Primärstudie variiert. Unbewusste Abweichungen können dadurch auftreten, dass bei der Replikation nicht alle Details über die Ursprungsstudie vorliegen, und dadurch bestimmte Aspekte nicht identisch wiederholbar sind. Dieses Problem weist eine hohe Bedeutung auf, da Veröffentlichungen häufig nicht die genauen Operationalisierungen oder das genaue Design der Studie wiedergeben. Dieses Problem verschärft noch die fehlende Bereitschaft von Forschern, Originaldaten oder Details der Studien anderen Forschern zu Zwecken der Replikation zur Verfügung zu stellen.[442]

Zusätzlich weisen zur Verfügung gestellte Unterlagen Unvollständigkeiten auf, und führen Reanalysen der Daten zu abweichenden Ergebnissen.[443]

Bei der Unterscheidung zwischen naher und weiter Replikation ist auf ein Paradoxon hinzuweisen.[444] Bei einer nahen Replikation strebt der Forscher insbesondere einen

---

[439] Vgl. z.B. **Hubbard/Armstrong** (1994) S. 236.

[440] Bspw. unterscheidet Hunter zwischen statistischen, wissenschaftlichen und konzeptionellen Replikationen, vgl. **Hunter** (2001), S. 149 ff. Lindsay/Ehrenberg unterscheiden zwischen nahen und differenzierten Replikationen; weiterhin betrachten sie Hold-out-Samples (Teilstichproben in einer empirischen Erhebung, die nicht zum Test der Hypothesen eingesetzt werden, sondern anschließend zur Überprüfung des Ergebnisses) als eine Form der sehr nahen Replikation, vgl. **Lindsay/Ehrenberg** (1993) S. 220 f. Hubbard/Armstrong unterscheiden zwischen Replikation und Replikation mit Erweiterung, vgl. **Hubbard/Armstrong** (1994) S. 236. Smith unterscheidet zwischen direkten und systematischen Replikationen, wobei bei direkten Replikationen entweder mit den gleichen Personen oder vergleichbaren Vpn. das Experiment identisch wiederholt wird, während bei einer systematischen Replikation, eine Veränderung bestimmter Faktoren erfolgt; vgl. **Smith** (1970). Vgl. zu einem Überblick von Systematisierungen **Schweizer** (1989); **Easley/Madden/Dunn** (2000).

[441] Auf Termini wie strikte, exakte oder identische Replikationen wird hier verzichtet, da aus Gründen der abweichenden Stichproben und des Zeitbezugs in den Sozialwissenschaften vollständig gleiche Replikationen unmöglich sind.

[442] **Reid/Rotfeld/Wimmer** (1982) forderten von 99 Autoren empirischer Aufsätze (JoCR, JoM, JoMR, JoA, JoAR) Unterlagen zu den Studien für Replikationszwecke an. Trotz eines zweiten Anschreibens erklärten sich nur knapp 50 % bereit, Daten und Unterlagen zur Verfügung zu stellen. Zu einem ähnlichen Ergebnis kommen auch **Madden/Franz/Mittelstaedt** (1979), bei denen 29 von 60 angeschriebenen Autoren bereit waren, Details über die jeweilige Studie zu liefern, die eine Replikation ermöglichen. In einer Studie des Journal of Money, Credit and Banking wurden 62 Autoren angeschrieben, von denen 42 antworteten; allerdings stellten von diesen Autoren 20 keine Daten zur Verfügung, vgl. **Dewald/Thursby/Anderson** (1986) S. 590 ff.

[443] Vgl. **Dewald/Thursby/Anderson** (1986) S. 591.

[444] Vgl. **Bornstein** (1990) S. 73; **Schweizer** (1989) S. 93.

Widerspruch zu der Primärstudie an, da bei Bestätigung die Veröffentlichung häufig mit dem Hinweis auf bereits vorhandenes Wissen („das haben wir bereits vorher gewusst") abgelehnt wird. Allerdings ist mit einem Widerspruch zu den Originalergebnissen häufig das Problem verbunden, dass es sich um nicht signifikante Ergebnisse handelt, die wiederum zu einer Ablehnung der Veröffentlichung führen. Bei einer weiten Replikation dagegen ist eine Übereinstimmung mit den Originalergebnissen Erfolg versprechender, da ein Widerspruch dazu führt, dass Unterschiede nicht erklärbar sind (fehlende Gültigkeit der Originalstudie, Abweichungen der Replikation).

Bewusste Veränderungen variieren die Ursprungsstudie, um die Aussagen zu generalisieren. Typische Variationen im Bereich der Co-Brand-Forschung können folgende sein:[445]

- Variation der Grundgesamtheit (z.B. US-amerikanische vs. deutsche Grundgesamtheit; Studierendensample vs. Gesamtbevölkerung),

- Variation der unabhängigen Variablen (z.B. zusätzliche Marken, zusätzliche Leistungskategorien),

- Variation der abhängigen Variablen (Ergänzung von verhaltensfernen durch verhaltensnahe Indikatoren).

Grundsätzliche Ziele von Replikationen bilden die empirische Bewährung (deduktive Forschungslogik) und die Generalisierung[446] von Aussagen (induktive Forschungslogik).[447]

Als Detailziele einer weiten Replikation sind Folgende zu nennen:[448]

- Erhöhung der Konvergenzvalidität durch Verwendung unterschiedlicher Methoden,[449]

- Erhöhung der internen Validität,[450]

- Erhöhung der externen Validität[451] und -damit verbunden- der praktischen Verwertbarkeit,

- Identifikation der Grenzen von Aussagen.

Eine weitere, häufig genannte Funktion von Replikationen stellt die Ausbildung von jungen Wissenschaftlern dar.[452]

---

[445] Vgl. allgemein **Hubbard/Armstrong** (1994) S. 236; **Lindsay/Ehrenberg** (1993) S. 223.

[446] Vgl. zu den Anforderungen an eine „gute empirische Generalisierung" **Barwise** (1995) S. G29 ff.

[447] Vgl. **Schweizer** (1989) S. 87.

[448] Vgl. **Lindsay/Ehrenberg** (1993) S. 221.

[449] Diese Idee ist vergleichbar mit der Methode der Triangulation im Rahmen der Fallstudienmethode (vgl. **Yin** (1994) S. 91 ff.) sowie dem Multi-Trait-Multi-Method-Ansatz (vgl. **Campbell/Fiske** 1959).

[450] Vgl. **Hubbard/Vetter** (1991) S. 71.

[451] Vgl. **Easley/Madden/Dunn** (2000) S. 84.

[452] Vgl. **Raney** (1970) S. 1177.

C. Explikative Mastertechniken 277

Zur Durchführung von Replikationen empfiehlt sich eine mehrstufige Vorgehensweise.[453] In einem ersten Schritt wählt der Forscher eine Studie aus, die es wert ist, repliziert zu werden. Diese Auswahlentscheidung unterstützen folgende Indikatoren:[454]

- wichtige Inhalte[455],
- häufiges Zitieren in nachfolgenden Arbeiten ohne bisherige Replikationen[456],
- statistische Signifikanz der Ergebnisse.

Der nächste Schritt zielt durch Studium des Aufsatzes und der angegebenen Literatur sowie Kontakt mit dem Verfasser auf ein genaues Verständnis der Primärstudie ab. Sinnvoll kann auch eine Reanalyse der Studie auf Basis der Rohdaten sein, insbesondere bei der Verwendung von fortgeschrittenen Verfahren, die häufig einen größeren Manipulationsspielraum aufweisen. Anschließend an diesen Schritt des Verstehens der Primärstudie ist zu entscheiden, welche Form der Replikation (nahe, weite) gewählt wird. Die Entscheidung für eine weite Replikation führt zu Entscheidungen über die Veränderungen gegenüber der Primärstudie. Nach diesen Designentscheidungen erfolgt die eigentliche Durchführung der Replikation sowie daran anschließend die Auswertung. Im letzten Schritt empfiehlt sich zunächst eine isolierte Interpretation der Replikation und daran anschließend der Vergleich mit der Primärstudie. Bei übereinstimmenden Ergebnissen erhöht sich die Gültigkeit der Aussagen der Primärstudie. Hingegen versucht der Forscher, bei abweichenden Ergebnissen, Gründe für die Differenzen zu finden. Abbildung C 79 fasst diesen idealtypischen Ablauf einer Replikationsstudie noch einmal zusammen.

Die Marketingforschung als sozialwissenschaftliche Disziplin ist im Gegensatz zur naturwissenschaftlichen Forschung[457] dadurch gekennzeichnet, dass i.d.R. empirische Studien einmalige Studien darstellen[458], d.h. es erfolgt keine unabhängige Prüfung der Hypothesen. Beispielsweise zeigt die Durchsicht der Markentransferforschung, dass von 80 Arbeiten[459] nur fünf eine Replikationsstudie darstellen. Im Bereich des Co-Brandings existiert bisher noch keine unabhängige Replikaktionsstudie.

---

[453] Der Ablauf basiert teilw. auf **Lindsay/Ehrenberg** (1993) S. 219 ff. sowie auf den Replikationsstudien von **Pryor/Brodie** (1998) und **Sunde/Brodie** (1993).

[454] Vgl. ähnlich **Hubbard/Armstrong** (1994) S. 242 f.

[455] Weniger entscheidend für die Auswahl zur Replikation ist der Anspruch der Methode, da Replikationen nicht auf eine Verbesserung von Methoden, sondern auf eine Generalisierung von Aussagen abzielen. Ein Indikator für die Wichtigkeit kann das Erscheinen in einer renommierten Zeitschrift sein; vgl. zur Rangfolge internationaler Marketing-Journale z.B. **Hult/Neese/Bashaw** (1997); nach diesem Ranking belegen folgende Zeitschriften die ersten zehn Plätze: JoM (1), JoMR (2); JoCR (3), JoR (4), Journal of the Academy of Marketing Science (5), Marketing Science (6), HBR (7), JoBR (8), JoA (9) und JoAR (10). Zu einer Übersicht verschiedener Rankings internationaler Managementzeitschriften vgl. **Harzing** (2001).

[456] Vgl. **Barwise** (1995) S. G33.

[457] Vgl. zu den unterschiedlichen „Normen" dieser beiden Forschungsbereiche **Chase** (1970).

[458] Vgl. zu dieser Problematik z.B. **Reid/Soley/Wimmer** (1981) S. 4 ff.

[459] Vgl. Kap. C.II.2.2.2.

278 III. Mastertechniken der empirischen Explikation

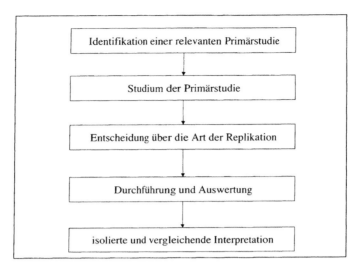

Abb. C 79: Ablauf einer Replikationsstudie

Auch breiter angelegte Auswertungen zeigen, dass die Methode der Replikation im Marketing nur selten zum Einsatz gelangt.[460] Abbildung C 80 gibt die Häufigkeit von Replikationen in drei führenden internationalen Marketingzeitschriften JoM, JoMR und JoCR wieder.[461]

	1974 – 1989		
	Anzahl der Aufsätze	Replikationen inkl. Erweiterungen	Prozent
JoM	362 (207)	7	1,9 (3,4)
JoMR	420 (366)	7	1,7 (1,9)
JoCR	338 (262)	6	1,8 (2,3)
Σ	1120 (835)	20	1,8 (2,4)
Werte in Klammern geben die Anzahl empirischer Studien an			

Abb. C 80: Häufigkeit von Replikationen in internationalen
Marketingzeitschriften
Quelle: *Hubbard/Armstrong (1994)* S. 237.

Dieser geringe Anteil ist deshalb besonders problematisch, da ein Großteil der durchgeführten Replikationen die Ergebnisse der Originalstudien gar nicht oder nur zum Teil

---

[460] Eine Begründung für die relativ geringe Häufigkeit von Replikationen liegt in der Reviewpraxis. Nach den Befragungen von **Kerr/Tolliver/Petree** (1977) und **Rowney/Zensiek** (1980) führt die direkte Replikation einer Studie in der jeweiligen Zeitschrift in 52% bzw. 34% zu einer Ablehnung des Papers; vgl. auch **Neuliep/Crandall** (1990); **Bornstein** (1990).

[461] Vgl. zu ähnlichen Zahlen **Brown/Coney** (1976), die 649 Aufsätze für den Zeitraum 1971 – 1975 bzw. 1974 – 1975 der Zeitschriften JoM, JoMR und JoCR auswerteten. Replikationen hatten einen Anteil von 2 %. **Reid/Soley/Wimmer** (1981) werteten 501 Artikel für den Zeitraum 1977 – 1979 zum Themenbereich Werbung aus und ermittelten einen Anteil an Replikationen von 6 %.

bestätigten. Abbildung C 81 fasst einige Ergebnisse über die Bestätigungsrate von Originalstudien durch Replikationen zusammen.

Quelle	Bereich (Anzahl der Replikationen)	bestätigt	zum Teil bestätigt	nicht bestätigt
Reid/Soley/Wimmer (1981)	Werbung (30)	40 %	20 %	40 %
Hubbard/Vetter (1991)	Finanzwissenschaft (55)	20 %	20 %	60 %
Hubbard/Armstrong (1994)	Marketing (20)	15 %	25 %	60 %

Abb. C 81: Bestätigungsraten von Originalstudien durch Replikationen

Gründe für diese Nichtbestätigung der Originalstudien sind neben theoretischen Schwächen insbesondere die folgenden methodischen Unterschiede:[462]

- Operationalisierungen,
- Interviewer- und Untersuchungsleitereinfluss,
- verwendete Algorithmen[463],
- Populationen (z.B. Stichprobe Studierende vs. Gesamtbevölkerung),
- kulturelle Kontexte[464].

Zusätzlich führt die Veröffentlichungspraxis zu der fast ausschließlichen Publikation von hypothesenbestätigenden Ergebnissen.[465] Dies kann soweit gehen, dass die Verfasser von Papers aufgrund der Reviewpraxis nicht bestätigte Hypothesen eliminieren. Daher bilden die veröffentlichten Papers eine verzerrte Stichprobe der empirischen Ergebnisse zu einer bestimmten Fragestellung.

---

[462] Vgl. allg. **Shimp/Hyatt/Snyder** (1991) S. 276.

[463] Bspw. konnten **Bottomley/Holden** (2001) für den Bereich Markentransfer nachweisen, dass bei gleichem Datensatz durch eine spezielle Zentrierungstechnik im Vergleich zu den Originalergebnissen von **Aaker/Keller** (1990) abweichende und im Sinne von Aaker/Keller sogar bessere, da hypothesenkonforme Ergebnisse ermittelt wurden.

[464] Vgl. **Aaker/Keller** (1993) zu dieser Problematik am Beispiel der Studien von **Aaker/Keller** (1990) und **Sunde/Brodie** (1993).

[465] Befragungen von **Kerr/Tollivier/Petree** (1977) und **Rowney/Zensiek** (1980) bei verschiedenen Gutachtern wissenschaftlicher Journale (Managementwissenschaft, Sozialwissenschaft) zeigen, dass die fehlende statistische Signifikanz jeweils einer der Hauptgründe für die Ablehnung von Papers darstellt.

2.2 Replikation der Studie Simonin/Ruth (1998)
2.2.1 Primärstudie von Simonin/Ruth (1998)[466]

Im vorliegenden Fall wurde als Replikationsstudie die Studie von *Simonin/Ruth (1998)* (im Folgenden werden die Autoren durch *S&R* abgekürzt) ausgewählt, die 1998 im JoMR erschienen ist. Die Auswahl der Studie basiert auf deren Innovationsgrad, da sie eine der ersten Studien war, die ihr Hauptaugenmerk auf die Spill-Over-Effekte im Rahmen des Co-Brandings gelegt hatte. Weiterhin untersuchten *S&R* als eine der wenigen Studien Spill-Over-Effekte nicht für fiktive Marken, sondern für reale Marken mit unterschiedlicher Markenvertrautheit. Darüber hinaus zitieren nachfolgende Veröffentlichungen zum Thema Co-Branding regelmäßig diese Studie.[467] Zusätzlich replizierten bisher nur die beiden Autoren selbst die Studie.[468] Schließlich zeichnet sich die Studie im Vergleich zu einer Reihe von Laborexperimenten in dem Bereich der Co-Brand-Forschung durch eine relativ hohe externe Validität aus, da verschiedene reale Marken Verwendung gefunden haben. Schließlich stellt das aufgestellte Modell, insbesondere auch durch die Berücksichtigung der moderierenden Variable Markenvertrautheit, ein komplexes und flexibles Modell dar.

Gegenstände der Studie von *S&R* bilden sowohl die Beurteilung des Co-Brands als auch die Spill-Over-Effekte auf die beiden beteiligten Marken. Die Hypothesen teilen *S&R* in die Gruppen Spill-Over-Effekte, Co-Brand-Beurteilung und Markenvertrautheit als moderierende Größen auf. Abbildung C 82 gibt einen Überblick über die getesteten Hypothesen.

Der Test der Hypothesen basierte auf einer Studie aus dem Pkw-Bereich. Dazu wurden vier Pkw-Marken (FORD, TOYOTA, HYUNDAI, VOLKSWAGEN) sowie vier Mikroprozessoren-Marken (MOTOROLA, FUJITSU, SAMSUNG, SIEMENS) in einem Pretest (n = 183) ausgewählt. Der Wahl dieser Kombination liegt die Überlegung zugrunde, dass alle Pkw-Marken bei den Befragten eine hohe und die Mikroprozessoren-Marken eine stark unterschiedliche Markenvertrautheit aufweisen.

An der Hauptstudie nahmen 350 Studierende und Universitätsangehörige teil, wobei 16 verschiedene Fragebogenvarianten eingesetzt wurden. Die Befragung teilte sich in mehrere Abschnitte, die durch Filler-Material zeitlich und gedanklich getrennt wurden. Im ersten Teil wurde die Pre-Einstellung und die Vertrautheit mit den Marken erhoben. Nach der Präsentation unterschiedlicher Anzeigen (u.a. auch die Stimuli-Anzeigen, vgl. Abbildung C 83) wurde die Co-Brand-Einstellung gefolgt von den Marken- und Produktfitbeurteilungen erhoben.

---

[466] Die Ausführungen basieren auf den Angaben im Originalpaper, dem Originalfragebogen sowie persönlichen Hinweisen von Dr. Julie A. Ruth. Für die Kooperationsbereitschaft von Frau Dr. Julie A. Ruth wird an dieser Stelle noch einmal ausdrücklich gedankt.

[467] Von den insgesamt 13 nach 1998 erschienenen Beiträgen zitieren neun Arbeiten die Arbeit von S&R.

[468] Vgl. **Simonin/Ruth** (1998) S. 38.

C. Explikative Mastertechniken

		Hypothesen	Bestätigung
Spill-Over-Effekte	H_1:	Einstellungen gegenüber dem Co-Brand beeinflussen positiv die Post-Einstellungen gegenüber den Einzelmarken.	●
	H_2:	Pre-Einstellugnen zu den Einzelmarken beeinflussen positiv die jeweiligen Post-Einstellungen.	●
Co-Brand-Beurteilung	H_3:	Pre-Einstellungen zu den Einzelmarken beeinflussen positiv die Co-Brand-Einstellung.	●
	H_4:	Produktfit beeinflusst positiv die Co-Brand-Einstellung.	●
	H_5:	Markenfit beeinflusst positiv die Co-Brand-Einstellung.	●
Markenvertrautheit	H_{6a}:	Bei geringerer (höherer) Markenvertrautheit ist der Einfluss des Co-Brands auf die Post-Einstellung höher (geringer).	○
	H_{6b}:	Bei geringerer (höherer) Markenvertrautheit ist der Einfluss der Pre- auf die Post-Einstellung geringer (höher)	●
	H_{6c}:	Bei geringerer (höherer) Markenvertrautheit ist der Einfluss der Pre-Einstellung auf die Co-Brand-Einstellung geringer (höher).	●
	H_{6d}:	Bei geringerer (höherer) Markenvertrautheit ist der Einfluss des Markenfits auf die Co-Brand-Einstellung geringer (höher).	●
	H_{7a}:	Falls eine Marke eine geringere Markenvertrautheit als die andere Partnermarke aufweist, trägt sie schwächer zu der Co-Brand-Einstellung bei.	●
	H_{7b}:	Falls eine Marke eine geringere Markenvertrautheit als die andere Partnermarke aufweist, erhält sie höhere Spill-Over-Effekte.	●
	H_{8a}:	Falls beide Marken eine hohe Markenvertrautheit aufweisen, üben sie einen gleich hohen Einfluss auf die Co-Brand-Beurteilung aus.	●
	H_{8b}:	Falls beide Marken eine hohe Markenvertrautheit aufweisen, erhalten beide Marken gleichstarke Spill-Over-Effekte.	●

●: bestätigt   ○: nicht bestätigt

Abb. C 82: Hypothesen der *S&R*-Studie

Headline:

(CAR BRAND) and (CHIP BRAND) Are the Right Partners for You

Body Copy:

The engineers at (CAR BRAND) search relentlessly for the very best parts and accessories to use in making (CAR BRAND) vehicles. They found the best microprocessors are made by (CHIP BRAND), a U.S. company.

They found that (CHIP BRAND) microprocessors are powerful yet fuel-efficient. That'd why (CHIP BRAND) microprocessors are used in every vehicle made by (CAR BRAND). Just one of the reasons why people around the world believe (CAR BAND) vehicles to be superior.

CAR BRAND (logo and brand name) CHIP BRAND (logo and brand name)

Tagline:

(CHIP BRAND) and (CAR BRAND), partners for you

Abb. C 83: Stimuli-Anzeige der *S&R*-Studie

Nach weiterem Filler-Material wurden in einem letzten Teil die Post-Einstellungen gegenüber den Marken erhoben.

Alle Variablen wurden durch zwei oder drei Indikatoren mit jeweils siebenstufigen bipolaren semantischen Differentialen operationalisiert, die Abbildung C 84 zusammenfasst[469].

Prior (atta: $\alpha = 0,96$) and Post Attitude (patta: $\alpha = 0,97$)toward the Car Brand
My overall attitude toward (brand) is negative/positive.
My overall attitude toward (brand) is unfavorable/favorable.
My overall attitude toward (brand) is bad/good.

Prior (attb: $\alpha = 0,98$) and Post Attitude (pattb: $\alpha = 0,97$) toward the Chip Brand
My overall attitude toward (brand) is negative/positive.
My overall attitude toward (brand) is unfavorable/favorable.
My overall attitude toward (brand) is bad/good.

Attitude toward the Brand Alliance (co: $\alpha = 0,98$)
My overall attitude toward (the alliance) is negative/positive.
My overall attitude toward (the alliance) is unfavorable/favorable.
My overall attitude toward (the alliance) is bad/good.

Product Fit (prfit: $\alpha = 0,95$)
Overall, I think this combination of products is (not) a consistent combination.
Overall, I think this combination of products is (not) complementary.

Brand Fit (brfit: $\alpha = 0,87$)
Overall, I think these two brand images are (not) consistent.
Overall, these two brand images are (not) complementary.

Brand Familiarity (α = k.A.)
extremely familiar – not at all familiar.
definetely recognize – definitely do not recognize.
definetely have heard of it before – definetely have not heard of it before.

Abb. C 84: Operationalisierungen der *S&R*-Studie

Getestet wurden die Hypothesen zu den Spill-Over-Effekten sowie zu der Co-Brand-Beurteilung durch ein vollständiges Kausalmodell (vgl. Abbildung C 85). Die Hypothesen zur Markenvertrautheit wurden durch einen Vergleich verschiedener Kausalmodelle in Verbindung mit der Chi-Quadrat-Statistik getestet.[470]

---

[469] Die Frageformulierungen sowie die Werte für Cronbach's Alpha stammen aus der persönlichen Korrespondenz des Verfassers mit Julie A. Ruth; anzumerken ist, dass der Originalfragebogen für jede latente Variable mehr als die später verwendeten Indikatoren erhebt.

[470] Vgl. allg. zu dieser Vorgehensweise **Jöreskog/Sörbom** (1999) S. 51 ff.

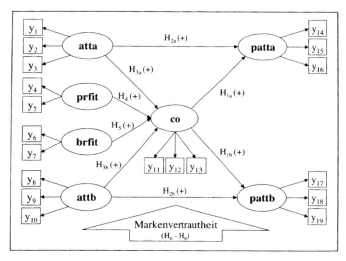

Abb. C 85: Kausalmodell von *S&R*

Für das Strukturmodell ergaben sich bei *S&R* die in Abbildung C 86 angegebenen Strukturkoeffizienten.[471]

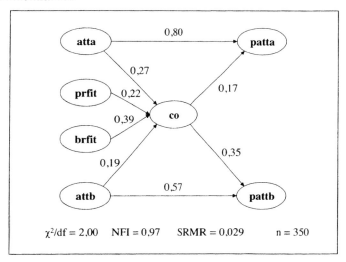

Abb. C 86: Strukturmodell von *S&R*

---

471 Angaben zu den Messmodellen sind nicht möglich, da zu diesen im Originaltext keine Angaben vorhanden sind, und dem Verfasser auch nur die Matrizen für die beiden Gruppen hohe und geringe Markenvertrautheit vorlagen.

2.2.2 Replikationen
2.2.2.1 Design

Dieser Abschnitt liefert einen Überblick über das Design der durchgeführten Replikationsstudien. Um die paradoxe Situation der Bestätigung bzw. Widerlegung der Originalstudie zu vermeiden, wurde sowohl eine nahe (Pkw-Co-Brand) als auch eine weite (Müsli-Co-Brand) Replikation durchgeführt.

(1) Pretest

Das Design lehnt sich eng an die Studie von *S&R* an. Zur Identifizierung von Marken mit hoher bzw. geringer Markenvertrautheit wurde zunächst ein Pretest (n = 120) durchgeführt. Ziel des Pretests war es, für ausgewählte Marken die Markenvertrautheit zu überprüfen.

Dabei sollten für die nahe Replikation die Pkw-Marken (BMW, VW, OPEL PORSCHE) insgesamt eine hohe Markenvertrautheit und die Unterhaltungselektronik-Marken (im Folgenden abgekürzt als UE) sowohl hohe (SONY, BLAUPUNKT) als auch geringe Markenvertrautheit (AIWA, BANG & OLUFSEN) aufweisen. Für die weite Replikation dagegen sollte sowohl für Müsli (hoch: KELLOGG'S, DR. OETKER VITALIS; niedrig: KÖLLN FLOCKEN, SEITENBACHER) als auch für Schokolade (hoch: MILKA, RITTER SPORT; niedrig: ESZET, LINDT) eine Varianz der Markenvertrautheit hergestellt werden. Die Markenvertrautheit wurde durch drei Items zuverlässig gemessen ($0{,}71 < \alpha < 0{,}91$), weshalb eine Indexbildung durchgeführt wurde. Die Ergebnisse für die verschiedenen Marken fasst Abbildung C 87 zusammen.

	Marken	durchschnittliche Markenvertrautheit	Erwartung erfüllt
nahe Replikation	BMW	1,72	●
	VW	1,61	●
	OPEL	1,92	●
	PORSCHE	2,15	●
	SONY	1,81	●
	BANG & OLUFSEN	4,02	●
	BLAUPUNKT	2,67	●
	AIWA	3,05	●
weite Replikation	SEITENBACHER	4,66	●
	KÖLLN FLOCKEN	2,91	●
	KELLOGG'S	1,95	●
	DR. OETKER VITALIS	1,78	●
	RITTER SPORT	1,79	●
	MILKA	1,16	●
	LINDT	2,02	○
	ESZET	2,91	●

●: erfüllt   ○: nicht erfüllt;   1: hohe Markenvertrautheit; 7: geringe Markenvertrautheit

Abb. C 87: Markenvertrautheit (Pretest)

C. Explikative Mastertechniken 285

Die Ergebnisse des Pretests bestätigten für die nahe Replikation die Annahme, dass die Automarken insgesamt eine hohe und die UE-Marken eine variable Markenvertrautheit aufweisen. Für die weite Replikation bestätigten die Ergebnisse die Erwartungen nur zum Teil, da die Schokoladenmarke LINDT entgegen der Annahme eine hohe Markenvertrautheit aufweist. Daher wurde diese Marke in der Hauptstudie nicht berücksichtigt, sondern durch die Marke ESZET ersetzt.

(2) Hauptstudie

Im Rahmen der nahen Replikation wurde jeweils eine Pkw-Marke mit einer UE-Marke kombiniert. Dieses Co-Brand ist damit von der Produktkategorie vergleichbar mit dem Beispiel von *S&R*, wobei das gewählte Beispiel aufgrund der in der Realität vorzufindenden Beispiele im Vergleich zu der Primärstudie realitätsnäher ist, wie der in Abbildung C 88 gezeigt Anzeigenausschnitt für die Kooperation zwischen LANCIA und BLAUPUNKT belegt.

Abb. C 88: Reales Beispiel für ein Pkw- & UE-Co-Brand (LANCIA & BALUPUNKT)

Analog zur Originalstudie sollte sich das Pkw-Co-Brand dadurch auszeichnen, dass die Automarke bei allen Probanden eine hohe Markenvertrautheit und die UE-Marke eine schwankende Markenvertrautheit aufweist. Zur Sicherstellung der Vergleichbarkeit der Co-Brand-Leistung mit der Originalstudie wurde nicht auf ein konkretes Produkt (z.B. Autoradio), sondern allgemein auf Multi-Media-Systeme abgestellt.

Die Co-Brand-Leistung der weiten Replikation bildete ein Schokoladen-Müsli. Im Gegensatz zu der nahen Replikation wurden bei beiden Produkten (Müsli, Schokolade) sowohl solche mit einer hohen als auch einer geringen Markenvertrautheit ausgewählt. Auch dieses Co-Brand weist eine hohe Realitätsnähe auf, da eine Vielzahl von Co-Brands im FMCG-Bereich existiert.[472] Die Markenvertrautheit wurde durch ein Semantisches Differential mit folgenden Adjektivpaaren gemessen:

---

[472] Von den 103 Beispielen der Co-Brand-Datenbank (vgl. Kap. B.II.3.2.2.) lassen sich über 30 % dem FMCG-Bereich zuordnen.

Markenvertrautheit ($\alpha_{\text{UE-Marke}} = 0{,}93$; $\alpha_{\text{Müsli-Marke}} = 0{,}92$; $\alpha_{\text{Schokoladen-Marke}} = 0{,}93$)
vertraut – nicht vertraut
bekannt – nicht bekannt
habe ich viel von gehört – habe ich wenig von gehört

Cronbach's Alpha weist für alle drei Markengruppen[473] hohe Werte auf, weshalb ein Gesamtindex für die Markenvertrautheit gebildet wurde. Für die abgefragten Marken ergaben sich die in Abbildung C 89 wiedergegebenen Mittelwerte und Standardabweichungen.

Als zusätzliche moderierende Personenvariablen fanden das Markenbewusstsein sowie das NfC in den Replikationsstudien Berücksichtigung. Zur Messung des Markenbewusstseins wurde in Anlehnung an die TDW-Studie eine Alternativskala (Preis vs. Marke) für insgesamt neun Produkte[474] gewählt. Daraus wurde ein Index berechnet, der umso höher ausfällt, je häufiger der Befragte angab, dass die Produktwahl eher von der Marke als vom Preis abhängt.[475]

	Marken	durchschnittliche Markenvertrautheit (Standardabweichung)
UE-Marken	SONY	1,62 (0,80)
	BLAUPUNKT	2,49 (1,17)
	AIWA	4,00 (1,86)
	BANG & OLUFSEN	4,36 (2,15)
Müslimarken	DR. OETKER VITALIS	3,43 (1,84)
	KELLOGG'S	1,79 (0,91)
	SEITENBACHER	4,91 (1,94)
	KÖLLN FLOCKEN	3,71 (1,79)
Schokoladenmarken	MILKA	1,39 (0,52)
	RITTER SPORT	1,63 (0,67)
	ESZET	3,81 (1,95)

Abb. C 89: Markenvertrautheit (Replikationsstudie)

Die Operationalisierung des NfC basierte auf einer verkürzten Version der NfC-Skala von *Cacioppo/Petty (1982)* und *Cacioppo/Petty/Chuan (1984)* mit insgesamt 13 Items (Likert-Skalierung). Da diese Skala nur eine geringe Reliabilität aufwies ($\alpha = 0{,}64$), wurden zwei Items eliminiert. Folgende Items fanden Berücksichtigung:

---

[473] Für die Pkw-Marken wird keine Differenzierung zwischen hoher und geringer Markenvertrautheit vorgenommen, da alle vier eine durchweg hohe Markenvertrautheit aufweisen. Weiterhin wurde auch in der Studie von **Simonin/Ruth** (1998) bei den Pkw-Marken keine Trennung vorgenommen. Überraschenderweise erreicht die Markenvertrautheit bei den Pkw-Marken mit $\alpha = 0{,}71$ nur ein zufriedenstellendes Ergebnis.

[474] Folgende Produkte wurden gewählt: Limonade, Mineralwasser, Sekt, Bier, Kaffee, Schokolade, Pkw, Bekleidung, Zahnpasta.

[475] Die Fragestellung lautete: „Im Folgenden sind einige Produktgruppen aufgeführt. Bitte kreuzen Sie für jede Produktkategorie an, ob Sie beim Kauf eher auf den Preis oder die Marke achten."

C. Explikative Mastertechniken 287

> **NfC ($\alpha = 0{,}69$)**
> Ich bevorzuge eine anspruchsvolle und wichtige Aufgabe im Vergleich zu einer einfachen und weniger wichtigen Aufgabe!*
> Der Gedanke, durch geistige Arbeit Karriere zu machen, spricht mich nicht an!
> Abstraktes Denken reizt mich nicht!
> Ich setze mich gedanklich nur so weit mit einer Sache auseinander wie unbedingt nötig!
> Ich beschäftige mich gedanklich lieber mit begrenzten Tagesprojekten als mit langfristigen Projekten!
> Ich würde lieber eine Tätigkeit ausführen, die wenig „Kopfarbeit" erfordert, als eine Tätigkeit, die eine Herausforderung für meine geistigen Fähigkeiten darstellt!
> Knifflige und zeitlich umfangreiche Probleme sind für mich wenig befriedigend!
> Ich empfinde eher Erleichterung als Befriedigung nach Erledigung einer Aufgabe, die eine hohe geistige Leistung forderte!
> Kopfarbeit entspricht nicht meiner Vorstellung von Spaß!
> Ich bevorzuge es, wenn mein Leben voller Herausforderungen ist, die ich lösen muss!*
> Ich ziehe komplexe einfachen Problemen vor!*
> *: gedrehte Skalen

Die Stichprobe setzte sich trotz der Probleme der externen Validität aufgrund des Replikationsgedankens aus Studierenden und Universitätsangehörigen zusammen. Insgesamt wurden 342 Leute befragt, die durch Werbung innerhalb der Universität Siegen zur Mitarbeit gewonnen werden konnten. Als Anreiz wurde unter allen vollständig ausgefüllten Fragebögen eine Verlosung von Geld- und Sachpreisen[476] ausgelobt. Weiterhin wurde ein ähnlicher Fragebogenaufbau wie von S&R gewählt, d.h. zunächst wurde die Markenvertrautheit sowie die Einstellung gegenüber den Einzelmarken erhoben. Neben den interessierenden Marken wurden zusätzliche Marken abgefragt. Anschließend beantworteten die Probanden Fragen zur Person (NfC, Markenbewusstsein, demographische Angaben). Dieser Fillerblock beanspruchte ungefähr zehn bis fünfzehn Minuten. Nach diesem Fillerblock bekamen die Probanden vier Anzeigen vorgelegt, wobei jeweils die erste und dritte die interessierenden Stimuli-Anzeigen bildeten. Abbildung C 90 zeigt exemplarisch jeweils eine Anzeige für die nahe und für die weite Replikation.

---

[476] Für die Unterstützung der Studie durch die Spende von Sachpreisen dankt der Verfasser ganz herzlich folgenden Personen und Marken: Frau T. Feldmann (SCHWARTAU), Frau A. Ludwig (TEEKANNE), Herrn W. Laux (HEWI), Frau A. Ludwig (HENKEL-SCHWARZKOPF), Herrn F. Wecker (BMW), Herrn E. v. Heyking (MINI), Frau P. Linke (FIT FOR FUN), Frau K. Schneidewind (MILKA), Herrn F. Behling (DIREKTMARKETING-CENTER SIEGEN DER DEUTSCHEN POST), Frau S. Fischer (CITROEN), Herrn V. Haebel (MOTOROLA), Frau F. Gray (JÄGERMEISTER), Herrn H. Eickmeier (KROMBACHER), Herrn O. Obermeier (RITTAL), Herrn F. Schübel (NESTLÉ), Herrn Dr. Wecker (DACHSER), Frau S. Feldmann (BOSCH-SIEMENS), Herrn M. Willenborg (PHILIPS), Herrn F.-E. Weller (HAILO).

BMW und SONY - die perfekten Partner für Sie!	SEITENBACHER & ESZET SCHNITTEN - der gesunde Genuss
BMW sucht weltweit das beste Zubehör für seine Autos. Deshalb statten wir unsere Modelle alle mit dem neuesten SONY-Multimedia-System aus. Ein weiterer Grund, warum Menschen rund um den Globus BMW-Autos als führend bezeichnen!	Nicht nur gesund, sondern auch Genuss! Bis heute mussten Sie zwischen gesunder Ernährung und Genuss wählen. Jetzt haben SEITENBACHER und ESZET SCHNITTEN ein leckeres und gesundes Schoko-Müsli entwickelt. Probieren Sie es aus und geniessen Sie gesund!
	Seitenbacher
BMW und SONY - die perfekten Partner für Sie!	SEITENBACHER & ESZET SCHNITTEN

Abb. C 90: Beispielanzeigen der Replikation

Daran anschließend beantworteten die Probanden Fragen zur Co-Brand-Einstellung sowie zum Produkt- und Markenfit. Im Anschluss an diese Co-Brand-Beurteilung folgten weitere Filler-Aufgaben, wobei entweder eine Computerbefragung[477] oder ein Werbeexperiment[478] durchgeführt wurden. Dieser Block, der ungefähr zwanzig Minuten dauerte, bildete eine starke kognitive Ablenkung, weshalb es sich bei den Veränderungen der Einstellungen gegenüber den Einzelmarken um tatsächliche Spill-Over-Effekte handelt. Abgeschlossen wurde der Fragebogen durch eine offene Frage nach dem Ziel der Studie. Insgesamt dauerte die Befragung ungefähr 50 Minuten, womit eine ähnliche Dauer wie in der Originalstudie erreicht wurde. Die gewählten Operationalisierungen der Hauptstudie fasst Abbildung C 91 zusammen.

Indikatorvariablen	Konstrukt	Cronbach's Alpha
schlecht - gut negativ - positiv unvorteilhaft - vorteilhaft	Pre-Einstellung (atta bzw. attb)	$\alpha_{Pkw} = 0{,}90$; $\alpha_{UE} = 0{,}93$ $\alpha_{Müsli} = 0{,}91$ $\alpha_{Schokolade} = 0{,}88$
passen zusammen - passen nicht zusammen ergänzen sich - ergänzen sich nicht	Produktfit[479] (prfit)	$\alpha_{Pkw-Cobrand} = 0{,}82$ $\alpha_{Müsli-Cobrand} = 0{,}88$
passen zusammen - passen nicht zusammen ergänzen sich - ergänzen sich nicht	Markenfit[480] (brfit)	$\alpha_{Pkw-Cobrand} = 0{,}84$ $\alpha_{Müsli-Cobrand} = 0{,}94$
schlecht - gut negativ - positiv unvorteilhaft - vorteilhaft	Co-Brand-Beurteilung[481] (co)	$\alpha_{Pkw-Cobrand} = 0{,}94$ $\alpha_{Müsli-Cobrand} = 0{,}94$
schlecht - gut negativ - positiv unvorteilhaft - vorteilhaft	Post-Einstellung (patta bzw. pattb)	$\alpha_{Pkw} = 0{,}94$; $\alpha_{UE} = 0{,}94$ $\alpha_{Müsli} = 0{,}93$ $\alpha_{Schokolade} = 0{,}89$

Abb. C 91: Operationalisierungen der Variablen (Hauptstudie)

---

477 Dabei handelte es sich um die Replikation der Studie von **Samu/Krishnan/Smith** (1999).

478 Vgl. Kap. C. IV.3.2.3.

479 Wortlaut: „Wie gut passen aus Ihrer Sicht die Produkte A und B zusammen?"

480 Wortlaut: „Wie gut passen aus Ihrer Sicht die Marken X und Y zusammen?"

481 Wortlaut: „Wir beurteilen sie die Zusammenarbeit zwischen X und Y?"

C. Explikative Mastertechniken

Fragebögen, bei denen pro Konstrukt nicht mindestens eine Antwort vorhanden war oder die den Sinn der Studie explizit formulierten, wurden aus der Auswertung eliminiert. Insgesamt konnten 336 Fragebögen berücksichtigt werden. Fehlende Werte wurden durch die jeweiligen Mittelwerte des konkreten Co-Brands ersetzt.[482]

Die Auswertung der Daten erfolgte mit Hilfe der Statistik-Pakete SPSS (Version 10.0) und LISREL (Version 8.30). Bevor anschließend auf die Ergebnisse ausführlich eingegangen wird, behandelt ein kurzer Exkurs wichtige Grundlagen der Kausalanalyse.

Exkurs: Kausalanalyse[483]

Die Kausalanalyse stellt kein einheitliches Verfahren dar, sondern ist ein Sammelbegriff für verschiedene Verfahren, die Kausalbeziehungen zwischen nicht beobachtbaren Konstrukten analysieren.[484] Zur Erreichung dieses Ziels unterscheidet die Kausalanalyse explizit zwischen beobachteten und theoretischen Variablen. Ausgehend von einer empirischen Kovarianz-[485] oder Korrelationsmatrix schätzt die Kausalanalyse unter Berücksichtigung von vorher theoretisch bestimmten Mess- und Strukturmodellen eine Kovarianzmatrix, die möglichst gut[486] mit der empirischen Matrix übereinstimmt. Neben der Kovarianzmatrix benötigt die Kausalanalyse noch den jeweiligen Stichprobenumfang. Aufbauend auf diesen Informationen (Kovarianzmatrix, Stichprobenumfang, Strukturmodell, Messmodelle) berechnet die Kausalanalyse die Parameter der Messmodelle und des Strukturmodells sowie die Messfehler des Messmodells. Zur Beurteilung des berechneten Modells existiert eine Reihe von Gütekriterien[487], wobei sich Kriterien zur Beurteilung der Teilstrukturen sowie des Gesamtmodells voneinander abgrenzen lassen. I.d.R. wird eine sukzessive Vorgehensweise vorgeschlagen, wobei zunächst die Teilstrukturen (sog. lokale Maße) und daran anschließend bei zufriedenstellenden Ergebnissen das Gesamtmodell (sog. Globalgrößen) beurteilt werden.[488] Da es sich mit Ausnahme des Chi-Quadrat-Wertes bei allen Kriterien um

---

[482] Vgl. allgemein zu verschiedenen Möglichkeiten des Umgangs mit fehlenden Werten z.B. **Decker/Wagner/Temme** (2000) S. 81 ff.; **Zatloukal** (1999) S. 104 ff.

[483] Für wichtige Hinweise zur Anwendung der Kausalanalyse dankt der Verfasser Herrn Dipl.-Kfm. Ralf Mäder (Universität Mannheim) sowie Herrn Prof. Dr. S. Kühnel (Universität Göttingen).

[484] Vgl. zum Überblick der Kausalanalyse z.B. **Homburg** (1992); **Homburg/Hildebrandt** (1998) S. 15 ff.; **Backhaus/Erichson/Plinke/Weiber** (2000) S. 390 ff.; **Diamantopoulos** (1994). Zur Verbreitung der Kausalanalyse im Marketing hat im internationalen Bereich insbesondere **Bagozzi** (1980) beigetragen. Im deutschsprachigen Raum sind als Pioniere insbesondere **Fritz** (1992); **Hildebrandt** (1983) und **Homburg** (1989; 1995) zu nennen.

[485] Empfohlen wird die Verwendung einer Kovarianzmatrix, da diese mehr Informationen zur Verfügung stellt; vgl. **Backhaus/Erichson/Plinke/Weiber** (2000) S. 492.

[486] Das „gut" ist davon abhängig, welches Schätzverfahren Verwendung findet. In der vorliegenden Studie wurde das ML-Verfahren eingesetzt, da dieses die zuverlässigsten Ergebnisse liefert. Weiterhin stellt das ML-Verfahren das am häufigsten eingesetzte Verfahren dar (nach einer Meta-Analyse von **Baumgartner/Homburg** (1996) im internationalen Bereich setzen 95 % der analysierten Studien das ML-Schätzverfahren ein). Welches Schätzverfahren **Simonin/Ruth** (1998) verwendeten, ist aus dem Paper nicht ersichtlich.

[487] Vgl. zu ausführlichen Überblicken z.B. **Homburg/Baumgartner** (1985); **Jöreskog/Sörbom** (1998) S. 111 ff.

[488] Vgl. **Diamantopoulos** (1994) S. 120.

Beschreibungsmerkmale handelt, existieren auch keine exakten Größen, nach denen bestimmte Werte als gut bezeichnet werden. Weiterhin hängen die Kriterien von der Stichprobengröße und/oder der Komplexität des Modells ab. Daher empfiehlt die Literatur den Vergleich mehrerer Gütemaße mit empfohlenen Werten. Abbildung C 92 fasst die in den Replikationen verwendeten Maße zusammen.[489]

Beurteilungsebene	Gütemaß	Empfohlener Wert
Messmodell	Indikatorreliabilität	$\geq 0{,}4$
	Faktorreliabilität	$\geq 0{,}6$
	Durchschnittliche erfasste Varianz	$\geq 0{,}5$
	Signifikanztest der Faktorladungen	$t \geq 1{,}96$
Strukturmodell	Quadrierte multiple Korrelation für jede endogene latente Variable	$\geq 0{,}4$
Gesamtmodell	χ^2/df*	$\leq 2{,}5$
	GFI	$\geq 0{,}9$
	AGFI	$\geq 0{,}9$
	SRMR*	$\leq 0{,}1$
	NFI*	$\geq 0{,}9$
	NNFI*	$\geq 0{,}9$
*: in der Studie von *S&R* angegebene Größen		

Abb. C 92: Kriterienkatalog zur Beurteilung von LISREL-Modellen
Quelle: (zusammengestellt aus) *Homburg/Baumgartner (1985); Homburg/Giering (1996); Backhaus/Erichson/Plinke/Weiber (2000)*[490]

Zur Berechnung der Kausalanalyse existiert mittlerweile eine Vielzahl von Softwareprogrammen, die sich i.d.R. in der Benutzerführung und in den berechneten Gütekriterien unterscheiden.[491] Aufgrund der hohen Verbreitung, der eigenen Verfügbarkeit sowie der Verwendung dieser Software durch *S&R* wurde das Programm LISREL in der Version 8.30 eingesetzt. Zur Programmierung wurde auf die Kommandosprache SIMPLIS zurückgegriffen, der Output wurde als LISREL-Output bestimmt.

---

[489] Zur Überprüfung der Messmodelle bieten sich auch die Kriterien der ersten Generation wie die explorative Faktorenanalyse, Cronbach's Alpha ($\geq 0{,}7$, vgl. zusammenfassend z.B. **Kiedaisch** (1997) S. 68. Die durchschnittliche Höhe von Cronbach's Alpha schwankt in führenden Marketingzeitschriften zwischen 0,75 und 0,80; vgl. **Peterson** (1994) S. 384) sowie Item to Total-Korrelation (vgl. z.B. **Homburg/Giering** (1996) S. 7) an.

[490] Höhere Anforderungen an die Güte fordern teilw. die Sozialwissenschaften. Bspw. legt **Faulbaum** (1981) folgende Werte fest: GFI $\geq 0{,}98$; AGFI $\geq 0{,}95$ und RMR $\leq 0{,}05$. Allerdings zeigt die Meta-Analyse von **Baumgartner/Homburg** (1996), dass die in den international führenden Marketing-Journalen (JoMR, JoCR, JoM, IJRM) veröffentlichten Kausalmodelle nur zu 50 % überhaupt mindestens ein Gütekriterium für den Global-Modell-Fit angeben, und bei diesen der durchschnittliche GFI = 0,95, der durchschnittliche AGFI = 0,91 und der durchschnittliche RMR = 0,05 erreicht, d.h. dass eine Reihe der Modelle die geforderten Werte von Faulbaum verfehlt.

[491] Vgl. zum Vergleich der Softwareprogramme z.B. **Böing** (2001) S. 100; **Homburg/Sütterlin** (1990). Zur Verbreitung der einzelnen Verfahren vgl. die Metaanalysen von **Homburg/Baumgartner** (1995) und **Baumgartner/Homburg** (1996). Danach entfallen rund 90 % (deutschsprachiger Raum) bzw. 85 % (internationaler Raum) der Anwendungen im Marketing auf das Programmpaket LISREL.

C. Explikative Mastertechniken

Das Globalmodell der *S&R*-Studie stellt eine Längsschnittuntersuchung dar, weil die Einstellungen gegenüber den Marken vor und nach dem Co-Brand-Kontakt gemessen werden. Daher wird, wie von *Jöreskog/Sörbom (1998)* empfohlen und von *S&R* auch eingesetzt, nicht auf Differenzen zwischen den Pre- und Post-Messungen, sondern auf die Korrelation der Fehlervarianzen zwischen den beobachteten Variablen zur Messung der Einstellungen abgestellt.[492]

Der Test der Hypothesen zum Einfluss der Markenvertrautheit[493] basiert auf einer Teilung der Ausgangsstichprobe anhand des Mittelwertes bzw. Medians der moderierenden Größe. Für die so gebildeten Gruppen erfolgt dann jeweils die Berechnung einer Kovarianzmatrix. Diese werden dann im Programm LISREL als sog. **Multi-Samples**[494] berechnet. Die eigentliche Überprüfung erfolgt durch den Vergleich zweier Modelle, wobei bei dem einen Modell einer der interessierenden Parameter entweder gemeinsam geschätzt oder restringiert wird. Durch einen Vergleich des Chi-Quadrat-Wertes in Verbindung mit der Anzahl der Freiheitsgrade ist dann entscheidbar, ob das komplexere Modell (weniger Freiheitsgrade) zu signifikanten Verringerungen des Chi-Quadrat-Wertes beiträgt.

2.2.2.2 Ergebnisse
2.2.2.2.1 Nahe Replikation

(1) Deskriptive Ergebnisse

Zunächst wird in diesem Abschnitt ein Überblick über die deskriptiven Ergebnisse der Co-Brands gegeben. Die Ergebnisse basieren alle auf einer Indexbildung der einzelnen Größen. Die Post-Einstellung wird hier als Veränderung angegeben, d.h. sie basiert auf einer Differenzbildung zwischen Pre- und Post-Einstellung, wobei ein positiver Wert auf eine Einstellungsverbesserung hinweist (positiver Spill-Over-Effekt). Abbildung C 93 zeigt die Ergebnisse für die Pkw-Co-Brands.

Insgesamt zeigen sich sowohl für die Pkw-Marken (t = 5,06, p < 0,01) als auch für die UE-Marken (t = 2,77, p<0,01) stark signifikante Abweichungen von 0, weshalb für beide Produktbereiche positive Spill-Over-Effekte vorliegen. Im Einzelnen zeigen die deskriptiven Ergebnisse, dass nur in zwei von 32 Fällen ein negativer Spill-Over-Effekt auftritt. Insbesondere bei den Co-Brands BMW & BANG&OLUFSEN, VW & AIWA sowie VW & BLAUPUNKT lassen sich für beide Marken deutliche positive Spill-Over-Effekte nachweisen. Schließlich belegen die Beispiele PORSCHE & BANG&OLUFSEN, VW & SONY sowie OPEL & BANG&OLUFSEN die Asymmetrie der Spill-Over-Effekte. Im Rahmen der Kausalanalyse ist anschließend zu untersuchen, welche Faktoren die Co-Brand-Beurteilung bzw. die Spill-Over-Effekte beeinflussen.

---

[492] Vgl. **Jöreskog/Sörbom** (1998) S. 29 ff.

[493] Im Rahmen der Replikation wird diese Testlogik auch für die moderierenden Variablen NfC und Markenbewusstsein eingesetzt.

[494] Vgl. ausführlich zu Multi-Sample-Anwendungen z.B. **Jöreskog/Sörbom** (1998) 51 ff.

	Pkw-Markeneinstellung (atta)	UE-Markeneinstellung (attb)	Produktfit (prfit)	Markenfit (brfit)	Co-Branding-Beurteilung (co)	Pkw-Marken-Post-Einstellung (Differenz)	UE-Marken-Post-Einstellung (Differenz)
BMW & SONY	5,94	6,22	6,07	5,74	5,97	0,21	0,00
BMW & BANG&OLUFSEN	5,41	5,01	5,87	5,28	5,56	0,43	0,45
BMW & BLAUPUNKT	5,76	5,16	5,54	5,00	5,22	0,24	0,17
BMW & AIWA	5,77	4,35	5,11	3,57	4,14	0,08	0,30
VW & SONY	5,70	6,12	5,29	4,81	5,05	0,41	0,02
VW & BANG&OLUFSEN	5,98	5,15	5,25	4,40	4,82	0,17	0,13
VW & BLAUPUNKT	5,56	5,22	5,43	5,17	5,25	0,27	0,43
VW & AIWA	5,65	4,46	4,78	3,92	4,70	0,37	0,31
OPEL & SONY	3,90	5,13	5,45	3,95	4,50	0,10	0,25
OPEL & BANG&OLUFSEN	4,29	4,83	4,69	3,45	4,17	0,17	-0,28
OPEL & BLAUPUNKT	3,88	5,20	5,69	4,74	4,94	0,24	0,12
OPEL & AIWA	4,14	4,69	5,67	4,84	4,83	-0,16	0,08
PORSCHE & SONY	5,63	5,73	4,82	4,08	4,86	0,16	0,17
PORSCHE & BANG&OLUFSEN	5,53	4,92	5,22	5,28	4,98	0,32	0,00
PORSCHE & BLAUPUNKT	5,54	5,37	5,25	4,64	5,42	0,17	0,07
PORSCHE & AIWA	5,89	4,39	5,72	3,95	4,52	0,21	0,18

Abb. C 93: Deskriptive Ergebnisse (nahe Replikation)

(2) Gesamtmodell

Das Gesamtmodell lehnt sich eng an das von S&R entwickelte und angewandte Modell an, wobei zusätzlich zu der Korrelation zwischen den Messfehlern der Indikatoren für die Einstellung gegenüber der Pkw- sowie UE-Marke noch die Messfehler des „Ergänzungsfit" (BRFIT2 und PRFIT2) miteinander korreliert wurden, da angenommen werden kann, dass gerade die Ergänzungsdimensionen des Produkt- und Markenfits ähnliche Messfehler aufweisen. Damit ergibt sich bei insgesamt 19 Indikatorvariablen ein Modell mit 131 Freiheitsgraden. Das in Abbildung C 94 wiedergegeben Gesamtmodell weist bei allen Gütekriterien zufriedenstellende Werte auf.

C. Explikative Mastertechniken 293

Beurteilungsebene	Gütemaß	Erreichter Wert
Messmodell	Indikatorreliabilität	$\geq 0{,}60$
	Faktorreliabilität	$\geq 0{,}80$
	Durchschnittliche erfasste Varianz	$\geq 0{,}67$
Strukturmodell	Signifikanztest der Faktorladungen	$t \geq 8{,}38$
	Quadrierte multiple Korrelation für jede endogene latente Variable	$\geq 0{,}62$
Gesamtmodell	χ^2/df	1,68
	GFI	0,94
	AGFI	0,91
	SRMR	0,031
	NFI	0,96
	NNFI	0,98

Abb. C 94: Gütemaße des Globalmodells (nahe Replikation)

Abbildung C 95 gibt die Strukturkoeffizienten sowie die t-Werte wieder.

Hypothese	Pfad	standardisierter Koeffizient	t-Werte	Hypothese
H_{1a}	co → patta	0,05	1,47	○
H_{1b}	co → pattb	0,17	4,30	●
H_{2a}	atta → patta	0,87	23,04	●
H_{2b}	attb → pattb	0,72	17,23	●
H_{3a}	atta → co	0,04	1,00	○
H_{3b}	attb → co	0,04	0,82	○
H_4	prfit → co	0,03	0,63	○
H_5	brfit → co	0,72	12,01	●

●: bestätigt   ○: nicht bestätigt

Abb. C 95: Strukturkoeffizienten des Gesamtmodells (nahe Replikation)

Dabei zeigt sich, dass die Pfade atta → co sowie co → patta den kritischen Wert von 1,65 knapp unterschreiten, d.h. die Einstellung gegenüber dem Pkw hat keinen signifikanten Einfluss auf die Co-Brand-Beurteilung, und das Co-Brand weist auch keinen Spill-Over-Effekt für die Automarke auf. Auch der Pfad attb → co unterschreitet den kritischen Wert, d.h. die Einstellung gegenüber der UE-Marke übt ebenfalls keinen Einfluss auf die Co-Brand-Beurteilung aus. Weiterhin unterschreitet der Pfad prfit → co den kritischen Wert, d.h. der Produktfit beeinflusst in diesem Fall nicht die Co-Brand-Beurteilung. Die anderen Pfade sind alle signifikant, wobei auffällt, dass das Co-Brand besonders stark durch den Markenfit beeinflusst wird. Zusammenfassend lässt sich für das Gesamtmodell festhalten, dass die Co-Brand-Beurteilung nur vom Markenfit abhängt. Weiterhin zeigen sich nur für die UE-Marken deutliche Spill-Over-Effekte.

Insgesamt erklärt das Modell 61 % der Varianz der Co-Brand-Beurteilung. Weiterhin werden 78 % der Post-Einstellung Pkw-Marke und 63 % der Varianz der Post-Einstellung UE-Marke erklärt. Abbildung C 96 fasst das Strukturmodell mit den jeweiligen Messmodellen noch einmal zusammen.

(3) Markenvertrautheit

Neben dem Gesamtmodell wurde weiterhin ein Mehrgruppenvergleich für das Pkw-Beispiel durchgeführt. Dabei ging es um den Vergleich zwischen hoher und geringer Markenvertrautheit mit der UE-Marke. Zu diesem Zweck wurde eine Teilung der Stichprobe durch den Median (2,67) des Indexes für die Markenvertrautheit mit UE-Marken ($\alpha = 0,93$) vorgenommen, wobei sich eine Einteilung in Gruppen mit hoher (n = 181) und geringer Markenvertrautheit (n = 155) ergab.

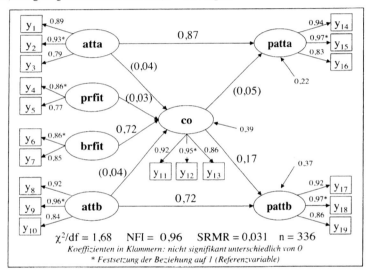

Abb. C 96: Modell der nahen Replikation

Für die beiden Gruppen erfolgte die Berechnung von getrennten Kovarianzmatrizen. Anschließend wurde dann jeweils der Chi-Quadrat-Wert des Basismodells, bei dem alle Größen für beide Gruppen unabhängig voneinander geschätzt wurden, verglichen mit dem Chi-Quadrat-Wert, der sich ergibt, wenn der interessierende Pfadkoeffizient in beiden Modellen gemeinsam geschätzt wird. Ein statistisch relevanter Unterschied der Pfadkoeffizienten liegt vor, wenn folgende Bedingung gilt:

$\chi^2_{\text{reduziertes Modell}} - \chi^2_{\text{Grundmodell}} = x$
tendenziell (*): $x > 2,71$ ($p < 0,1$, df =1)
signifikant (**): $x > 3,84$ ($p < 0,05$, df = 1)
hochsignifikant (***): $x > 6,64$ ($p < 0,01$; df = 1)

Die Strukturmodelle für die beiden Gruppen zeigt Abbildung C 97.

C. Explikative Mastertechniken 295

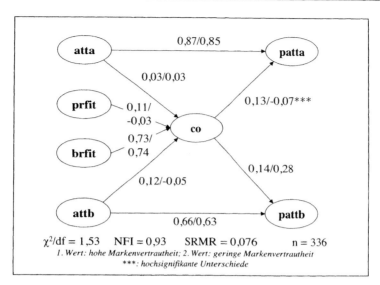

Abb. C 97: Strukturmodell für Markenvertrautheit (nahe Replikation)

Zum Test der Hypothesen fasst Abbildung C 98 die Strukturkoeffizienten mit den jeweiligen t-Werten sowie die Chi-Quadrat-Differenzen zusammen.

Pfad	hohe Markenvertrautheit		geringe Markenvertrautheit		χ^2-Differenz
	standardisierter Koeffizient	t-Werte	standardisierter Koeffizient	t-Werte	
co → patta	0,13	3,04	-0,07	-1,39	8,93***
co → pattb	0,14	2,43	0,28	4,12	1,49
atta → patta	0,87	17,08	0,85	16,83	-0,13
attb → pattb	0,66	9,95	0,63	9,33	-0,04
atta → co	0,03	0,49	0,03	0,53	-0,01
attb → co	0,12	2,04	-0,05	-0,75	2,11
prfit → co	0,11	1,48	-0,03	-0,37	0,82
brfit → co	0,73	9,22	0,74	8,88	-0,05

Abb. C 98: Strukturkoeffizienten und Chi-Quadrat-Differenzen für Markenvertrautheit (nahe Replikation)

Die Strukturkoeffizienten in Abbildung C 98 zeigen ein ähnliches Bild wie beim Gesamtmodell. Danach beeinflussen der Produktfit und die Einstellung zur Pkw-Marke sowohl bei hoher als auch geringer Markenvertrautheit mit der Stereomarke die Co-Brand-Beurteilung nicht. Weiterhin besteht kein Spill-Over-Effekt auf die Pkw-Marke in der Gruppe mit geringer Markenvertrautheit mit der UE-Marke. Dieser zunächst überraschende Effekt ist dadurch erklärbar, dass nur die UE-Marke bei hoher Markenvertrautheit die Co-Brand-Beurteilung beeinflusst, und dadurch das Co-Brand von einer Durchschnittsbeurteilung abweicht.

Es zeigt sich tendenziell, dass die Einstellung gegenüber der UE-Marke das Co-Brand bei hoher Markenvertrautheit positiv beeinflusst (0,12 vs. -0,05). Entgegen der H_6 ist der Spill-Over-Effekt des Co-Brands auf die UE-Marke statistisch nicht nachweisbar. Auch die angenommene geringere Bedeutung des Markenfits in der Gruppe mit geringer Markenvertrautheit ist nicht identifizierbar. Zusammenfassend zeigt sich, dass die Markenvertrautheit im vorliegenden Beispiel nur zu einer Veränderung der Beziehung Co-Brand → Pkw-Marke bzw. Pkw-Marke Pre- → Post-Einstellung beiträgt. Weiterhin lässt sich tendenziell erkennen, dass bei geringer Markenvertrautheit ein geringerer Zusammenhang zwischen Pre- und Post-Einstellung bei der UE-Marke (H_{6b}), ein größerer Spill-Over-Effekt auf die UE-Marke (H_{6a}) und ein schwächerer Einfluss der UE-Marke auf das Co-Brand (H_{6c}) besteht. Eine unterschiedliche Relevanz des Markenfits (H_{6d}) zwischen den Gruppen mit hoher und geringer Markenvertrautheit konnte dagegen nicht nachgewiesen werden.

In einem nächsten Schritt wurde analysiert, ob die beiden Marken die gleiche Bedeutung für die Co-Brand-Beurteilung bzw. ob sie gleiche Spill-Over-Effekte bei symmetrischer im Vergleich zu asymmetrischer Markenvertrautheit aufweisen. Zu diesem Zweck wurde das Basismodell mit jeweils einem Modell verglichen, bei dem die interessierenden Pfade in einer Gruppe restringiert wurden. Abbildung C 99 gibt die Chi-Quadrat-Differenzen wieder.

	Chi-Quadrat-Differenzen	
	hohe Markenvertrautheit	geringe Markenvertrautheit
atta → co = attb → co	1,29	-0,12
co → patta = co → pattb	0,14	15,93***

Abb. C 99: Chi-Quadrat-Differenzen (nahe Replikation)

Die Chi-Quadrat-Differenzen in Abbildung C 99 zeigen, dass für den Fall geringe Markenvertrautheit und Spill-Over-Effekte ein signifikanter Unterschied besteht, d.h. für diesen Fall existieren hypothesenkonform (H_{8b}, H_{7b}) unterschiedlich hohe Spill-Over-Effekte. Dagegen lassen sich bei dem Einfluss der Marken auf die Co-Brand-Beurteilung keine Unterschiede erkennen (H_{8a}, H_{7a}), wobei anzumerken ist, dass insgesamt die nahe Replikation nur einen geringen Einfluss der Markeneinstellungen auf das Co-Brand zeigt.

(4) Markenbewusstsein

Die Überlegungen von *S&R* wurden durch die Berücksichtigung der Personenvariablen Markenbewusstsein erweitert. Dabei wird vermutet, dass Personen mit einem hohen Markenbewusstsein eher die Markeneinstellungen zur Beurteilung des Co-Brands heranziehen, der Markenfit eine größere und der Produktfit eine geringere Rolle bei der Co-Brand-Beurteilung spielten. Weiterhin wird erwartet, dass das hohe Markenbewusstsein zu stabileren Markeneinstellungen führt, wodurch die Spill-Over-Effekte bei

C. Explikative Mastertechniken 297

hohem Markenbewusstsein geringer ausfallen. Zusammenfassend lassen sich folgende Hypothesen formulieren:

H_{9a}: *Bei hohem (geringen) Markenbewusstsein ist der Einfluss der Einzelmarken auf die Co-Brand-Beurteilung höher (geringer).*

H_{9b}: *Bei hohem (geringen) Markenbewusstsein ist der Einfluss des Markenfits auf die Co-Brand-Beurteilung höher (geringer).*

H_{9c}: *Bei hohem (geringen) Markenbewusstsein ist der Einfluss des Produktfits auf die Co-Brand-Beurteilung geringer (höher).*

H_{10a}: *Bei hohem (geringen) Markenbewusstsein ist der Spill-Over-Effekt des Co-Brands auf die Marken geringer (höher).*

H_{10b}: *Bei hohem (geringen) Markenbewusstsein ist der Einfluss der Pre-Einstellung auf die Post-Einstellung geringer.*

Zum Test dieser Hypothesen wurde analog zur Markenvertrautheit eine Zweiteilung der Stichprobe durchgeführt. Als Trennwert wurde der Median von 5 Markenentscheidungen gewählt, d.h. Personen, die angaben, mindestens fünf der neun Entscheidungen an der Marke auszurichten, zählten zu der Gruppe mit hohem Markenbewusstsein. Für die beiden Gruppen wurden dann wiederum zwei Kovarianzmatrizen berechnet, und daran anschließend die beiden Modelle miteinander verglichen (vgl. Abbildung C 100).

Pfad	hohes Markenbewusstsein		geringes Markenbewusstsein		χ^2-Differenz
	standardisierter Koeffizient	t-Werte	standardisierter Koeffizient	t-Werte	
co → patta	0,00	0,07	0,11	2,27	2,40
co → pattb	0,11	2,22	0,26	4,31	3,13*
atta → patta	0,92	19,93	0,80	13,82	3,15*
attb → pattb	0,80	14,61	0,61	9,86	2,59
atta → co	0,05	0,84	0,04	0,54	-0,04
attb → co	0,03	0,50	0,06	0,83	-0,31
prfit → co	0,05	0,68	0,01	0,18	0,58
brfit → co	0,73	9,57	0,61	8,15	0,10

Abb. C 100: Strukturkoeffizienten und Chi-Quadrat-Differenzen für Markenbewusstsein (nahe Replikation)

Die Ergebnisse zeigen, dass das Markenbewusstsein nur einen geringen Einfluss auf die Spill-Over-Effekte ausübt. Tendenziell bestätigen sich die Hypothesen zu den Spill-Over-Effekten sowie dem Zusammenhang zwischen Pre- und Post-Einstellungen. Die Hypothesen zur Co-Brand-Beurteilung finden dagegen keine Bestätigung.

(5) NfC

Die letzte berücksichtigte moderierende Variable bildet das NfC[495]. Dabei wird angenommen, dass Personen mit einem hohen NfC stärker über Stimuli (hier: Co-Brand) nachdenken und auch mehr Informationen zur Urteilsbildung heranziehen. Personen mit einem geringen NfC dagegen beschränken sich bei ihrer Urteilsbildung auf wenige, oberflächliche Informationen. Im Rahmen des Co-Branding ist zu erwarten, dass Personen mit einem hohen NfC alle Informationen (Marke A, Marke B, Markenfit, Produktfit) zur Beurteilung heranziehen. Personen mit einem geringen NfC werden dagegen nur eine leicht zu interpretierende Information verwenden, wobei zu erwarten ist, dass die Markeneinstellungen im Vergleich zu den beiden Fitgrößen eine größere Bedeutung für die Beurteilung des Co-Brands bilden, da sowohl der Marken- als auch der Produktfit intensiveres Nachdenken voraussetzen. Aufgrund fehlender Arbeiten in diesem Bereich wird allerdings auf eine explizite Hypothesenformulierung verzichtet, d.h. es handelt sich um eine explorative Vorgehensweise. Abbildung C 101 gibt die geschätzten Parameter des Strukturmodells wieder.

Pfad	hohes NfC		geringes NfC		χ^2-Differenz
	standardisierter Koeffizient	t-Werte	standardisierter Koeffizient	t-Werte	
co → patta	0,01	0,26	0,11	2,43	2,46
co → pattb	0,14	2,42	0,22	3,85	1,72
atta → patta	0,84	15,92	0,90	14,99	-0,36
attb → pattb	0,75	12,18	0,68	10,74	0,36
atta → co	0,01	0,18	0,07	1,06	-0,34
attb → co	0,02	0,41	0,07	1,04	0,24
prfit → co	0,09	1,22	-0,03	-0,43	1,03
brfit → co	0,69	12,18	0,79	8,87	1,04

Abb. C 101: Strukturkoeffizienten und Chi-Quadrat-Differenzen für NfC (nahe Replikation)

Die Strukturkoeffizienten für das Modell geringes und hohes NfC weisen nur geringe Unterschiede auf, so dass in diesem Beispiel diese Personenvariable keine zusätzliche Erklärung liefert.

2.2.2.2.2 Weite Replikation

Die weite Replikation verfolgt das Ziel, das Modell von S&R auch für andere Produktklassen zu testen.

(1) Deskriptive Ergebnisse

Abbildung C 102 gibt zunächst für die zwölf Co-Brands die deskriptiven Ergebnisse wieder.

---

[495] Vgl. zu diesem Konstrukt ausführlich Kap. C.II.3.2.1.1.

C. Explikative Mastertechniken

	Müsli-Markeneinstellung (atta)	Schokoladen-Markeneinstellung (attb)	Produktfit (prfit)	Markenfit (brfit)	Co-Branding-Beurteilung (co)	Müsli-Marken-Post-Einstellung (Differenz)	Schokoladen-Marken-Post-Einstellung (Differenz)
DR. OETKER VITALIS & ESZET	5,16	4,74	5,18	4,06	4,34	-0,11	0,02
DR. OETKER VITALIS & MILKA	4,62	5,49	5,23	4,95	5,21	0,91	0,10
DR. OETKER VITALIS & RITTER SPORT	5,21	5,33	5,00	4,27	4,22	0,13	0,12
KELLOGG'S & ESZET	4,98	4,22	5,67	4,27	4,63	0,14	0,09
KELLOGG'S & MILKA	5,48	5,58	5,85	5,05	5,12	0,12	0,03
KELLOGG'S & RITTER SPORT	5,45	5,37	5,30	4,80	5,18	0,32	-0,05
KÖLLN FLOCKEN & ESZET	4,83	4,44	5,42	4,43	4,71	0,21	0,19
KÖLLN FLOCKEN & MILKA	4,89	5,59	4,64	3,95	4,68	0,32	0,25
KÖLLN FLOCKEN & RITTER SPORT	4,61	5,35	5,26	4,34	5,19	0,42	0,12
SEITENBACHER & ESZET	4,21	4,62	5,38	3,99	4,36	0,17	0,14
SEITENBACHER & MILKA	4,21	5,58	4,43	3,76	4,21	0,46	0,13
SEITENBACHER & RITTER SPORT	4,03	5,27	5,83	4,78	4,63	0,25	0,18

Abb. C 102: Deskriptive Ergebnisse (weite Replikation)

Insgesamt lassen sich für die Produktbereiche Müsli (t = 4,79; p<0,01) und Schokolade (t = 2,83; p<0,01) positive Spill-Over-Effekte nachweisen. Die deskriptiven Ergebnisse im Detail zeigen ähnlich wie bei der nahen Replikation, dass nur in wenigen Fällen (2 von 24) negative Spill-Over-Effekte auftreten. Deutlich positive Spill-Over-Effekte lassen sich insbesondere bei den Müsli-Marken feststellen (z.B. DR. OETKER VITALIS & MILKA, SEITENBACHER & MILKA). Dagegen scheinen die Einstellungen gegenüber den Schokoladen-Marken relativ stabil zu sein, weshalb sich nur geringe Spill-Over-Effekte nachweisen lassen. Schließlich zeigen sich auch im Rahmen dieses Co-Brands asymmetrische Spill-Over-Effekte (z.B. KELLOGG'S & RITTER SPORT, SEITENBACHER & MILKA).

(2) Gesamtmodell

Abbildung C 103 gibt die Gütemaße zunächst für das Gesamtmodell wieder.

Das Modell erfüllt alle geforderten globalen und partiellen Gütekriterien. Abbildung C 104 gibt die Strukturkoeffizienten dieses Gesamtmodells wieder.

Beurteilungsebene	Gütemaß	Erreichter Wert
Messmodell	Indikatorreliabilität	$\geq 0{,}482$
	Faktorreliabilität	$\geq 0{,}89$
	Durchschnittliche erfasste Varianz	$\geq 0{,}74$
	Signifikanztest der Faktorladungen	$t \geq 15{,}06$
Strukturmodell	Quadrierte multiple Korrelation für jede endogene latente Variable	$\geq 0{,}521$
Gesamtmodell	χ^2/df	1,64
	GFI	0,94
	AGFI	0,91
	SRMR	0,047
	NFI	0,96
	NNFI	0,98

Abb. C 103: Gütemaße des Globalmodells (weite Replikation)

Hypothesen	Pfad	standardisierter Koeffizient	t-Werte	Hypothese
H_{1a}	co → patta	0,12	2,81	●
H_{1b}	co → pattb	0,14	3,88	●
H_{2a}	atta → patta	0,68	15,28	●
H_{2b}	attb → pattb	0,81	19,33	●
H_{3a}	atta → co	0,10	2,51	●
H_{3b}	attb → co	0,10	2,45	●
H_4	prfit → co	0,18	3,52	●
H_5	brfit → co	0,60	11,23	●
●: bestätigt				

Abb. C 104: Strukturkoeffizienten des Gesamtmodells (weite Replikation)

Im Gegensatz zu der nahen Replikation bestätigt die weite Replikation alle Hypothesen. Damit hängt die Co-Brand-Beurteilung sowohl von den beiden Markeneinstellungen (Müsli- und Schokoladenmarke) als auch den beiden Fitbeurteilungen (Produkt- und Markenfit) ab, wobei wiederum der Markenfit die höchste Bedeutung aufweist. Weiterhin zeigt sich, dass die Pre- die Post-Einstellungen stark beeinflussen, gleichzeitig aber auch ein signifikanter Spill-Over-Effekt des Co-Brands auf die Post-Einstellungen existiert. Abbildung C 105 fasst noch einmal grafisch das Gesamtmodell zusammen.

C. Explikative Mastertechniken

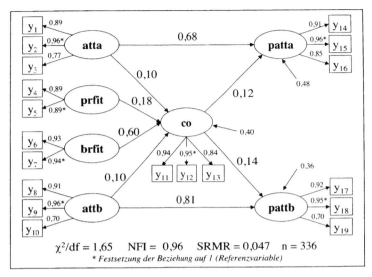

Abb. C 105: Modell der weiten Replikation

(3) Markenvertrautheit

Analog zu der nahen Replikation und der Originalstudie wurde das Modell in Abhängigkeit von der Markenvertrautheit getestet. Im Unterschied zu der nahen Replikation und der Originalstudie existierten allerdings bei beiden Produktgruppen (Schokolade, Müsli) sowohl Marken mit hoher als auch mit geringer Markenvertrautheit, weshalb sich vier Gruppen ergaben. Aufgrund der zu geringen Stichprobengröße wird allerdings nicht eine simultane Schätzung aller vier Gruppen vorgenommen, sondern es wird ein Modell entwickelt, bei dem die Markenvertrautheit mit der Müslimarke in zwei Gruppen bei gleichzeitiger Variation der Vertrautheit mit den Schokoladenmarken durchgeführt wird. Anschließend wird die Markenvertrautheit mit der Schokoladenmarke in zwei Gruppen eingeteilt. Bei einer Gegenüberstellung der beiden Gruppen zeigt sich, dass eine hohe bzw. geringe Markenvertrautheit mit einer Marke nicht mit einer entsprechenden Markenvertrautheit bei der anderen Marke zusammenhängt. Dies verdeutlicht auch die Kreuztabelle in Abbildung C 106.

		Markenvertrautheit Müslimarke		Σ
		hoch	gering	
Markenvertrautheit Schokoladenmarke	hoch	92 (27,4 %)	76 (22,6 %)	168 (50 %)
	gering	83 (24,7 %)	85 (25,3 %)	168 (50 %)
Σ		175 (52,1 %)	161 (47,9 %)	336 (100 %)

Abb. C 106: Markenvertrautheit mit Schokoladen- und Müslimarken

Abbildung C 107 gibt die Strukturparameter und die Chi-Quadrat-Differenzen für die Markenvertrautheitsmodelle wieder.

Pfad	hohe Markenvertrautheit (Müsli/Schokolade)		geringe Markenvertrautheit (Müsli/Schokolade)		χ^2- Differenz
	standardi-sierter Koef-fizient	t-Werte	standardi-sierter Koef-fizient	t-Werte	
co → patta	0,09/0,09	1,46/1,41	0,19/0,12	2,87/2,00	0,88/0,12
co → pattb	0,07/0,14	1,54/2,14	0,22/0,21	4,16/3,77	4,28**/1,12
atta → patta	0,79/0,73	9,48/9,65	0,41/0,64	5,84/8,78	13,19***/0,17
attb → pattb	0,77/0,82	10,89/8,84	0,83/0,65	11,06/9,48	0,33/3,85**
atta → co	0,13/0,10	2,40/1,83	0,07/0,09	1,09/1,52	-0,2/-0,02
attb → co	0,07/0,04	1,30/0,70	0,13/0,11	2,18/1,84	0,09/-0,02
prfit → co	0,21/0,12	3,00/1,70	0,15/0,26	1,99/3,39	0,66/1,57
brfit → co	0,58/0,62	7,66/7,75	0,64/0,59	7,60/7,54	0,17/-0,04

Abb. C 107: Strukturkoeffizienten des Markenvertrautheitsmodells (weite Replikation)

Das Markenvertrautheitsmodell bestätigt insbesondere den unterschiedlichen Zusammenhang zwischen Pre- und Post-Einstellung (H_{6b}). In beiden Fällen ist der Zusammenhang zwischen der Pre- und Post-Einstellung bei hoher Markenvertrautheit signifikant (Müsli) bzw. hochsignifikant (Schokolade). Die Höhe der Pfadkoeffizienten belegt auch, dass das Co-Brand bei geringerer Markenvertrautheit höhere Spill-Over-Effekte verursacht (H_{6a}). Hingegen lassen sich vergleichbar mit der nahen Replikation keine Unterschiede bei der Co-Brand-Beurteilung feststellen. Insbesondere der Markenfit übt sowohl bei hoher als auch bei geringer Markenvertautheit einen fast gleich großen Einfluss auf die Co-Brand-Beurteilung aus.

(4) Markenbewusstsein

Abbildung C 108 gibt die Ergebnisse für das Markenbewusstseinsmodell wieder. Insgesamt lassen sich keine signifikanten Unterschiede zwischen der Gruppe mit hohem im Vergleich zu der Gruppe mit geringem Markenbewusstsein erkennen. Tendenziell zeigt sich, dass bei hohem Markenbewusstsein der Markenfit eine etwas größere und der Produktfit eine etwas geringere Rolle bei der Co-Brand-Beurteilung einnehmen.

(5) NfC

Abbildung C 109 zeigt das Modell der weiten Replikation in Abhängigkeit von dem NfC.

Signifikante Unterschiede bestehen nur bei dem Zusammenhang zwischen Pre- und Post-Einstellung bei der Schokoladenmarke, wobei in der Gruppe mit geringem NfC der Zusammenhang schwächer ausfällt.

C. Explikative Mastertechniken

Pfad	hohes Markenbewusstsein		geringes Markenbewusstsein		χ^2- Differenz
	standardisierter Koeffizient	t-Werte	standardisierter Koeffizient	t-Werte	
co → patta	0,13	2,34	0,12	1,79	-0,07
co → pattb	0,12	2,57	0,16	2,85	0,3
atta → patta	0,69	10,07	0,67	8,45	0,03
attb → pattb	0,74	11,02	0,90	10,65	1,15
atta → co	0,05	0,89	0,18	2,82	3,83*
attb → co	0,13	2,43	0,06	0,91	1,3
prfit → co	0,14	2,00	0,24	3,02	1,16
brfit → co	0,64	8,84	0,55	6,41	1,87

Abb. C 108: Strukturkoeffizienten und Chi-Quadrat-Differenzen für Markenbewusstsein (weite Replikation)

Pfad	hohes NfC		geringes NfC		χ^2- Differenz
	standardisierter Koeffizient	t-Werte	standardisierter Koeffizient	t-Werte	
co → patta	0,10	1,87	0,20	2,88	0,55
co → pattb	0,16	3,39	0,12	2,28	0,36
atta → patta	0,74	10,06	0,60	8,16	1,70
attb → pattb	0,92	12,02	0,69	9,91	4,22**
atta → co	0,06	1,03	0,17	2,77	1,39
attb → co	0,07	1,26	0,13	2,22	0,15
prfit → co	0,24	3,19	0,14	1,86	1,65
brfit → co	0,67	8,32	0,50	6,26	1,80

Abb. C 109: Strukturkoeffizienten und Chi-Quadrat-Differenzen für NfC (weite Replikation)

Weiterhin fällt auf, dass die Pre-Einstellungen der Müsli- und der Schokoladenmarke in der Gruppe mit geringem NfC signifikanten Einfluss auf die Co-Brand-Beurteilung aufweisen, hingegen in der Gruppe mit hohem NfC diese Pfade nicht signifikant sind. Weiterhin weisen in der Gruppe mit hohem NfC die beiden Fitgrößen (Marke, Produkt) einen stärkeren Zusammenhang zu der Co-Brand-Beurteilung auf. Diese Unterschiede stützen, wenn auch auf nicht signifikantem Niveau, den vermuteten Einfluss des NfC auf die Co-Brand-Beurteilung.

2.2.2.3 Vergleich mit S&R

Im Rahmen dieses Abschnittes erfolgt ein Vergleich der Ergebnisse der S&R-Studie mit den Replikationsergebnissen. Weiterhin wird versucht, Erklärungsansätze für abweichende Ergebnisse zu liefern. Zunächst erfolgt ein Vergleich der Güte der drei Modelle, wobei aus Verfügbarkeitsgründen nur die von S&R präsentierten Gütekriterien Berücksichtigung finden (vgl. Abbildung C 110).

	S&R	nahe Replikation	weite Replikation
χ^2/df	2,00	1,68	1,64
NFI	0,97	0,96	0,96
NNFI	0,98	0,98	0,98
SRMR	0,029	0,031	0,047

Abb. C 110: Vergleich der Güte der Globalmodelle

Der Vergleich zeigt für alle drei Modelle fast identische Gütewerte[496], die alle die empfohlenen Werte deutlich erreichen. Anzumerken ist, dass die Güte der Replikationsmodelle etwas höher einzuschätzen ist, da diese auf eine mehrfache Operationalisierung mit anschließender Eliminierung einzelner Indikatoren verzichteten. S&R haben die Einstellungen gegenüber den Marken sowie dem Co-Brand jeweils durch sechs Indikatoren und die Fitgrößen jeweils durch fünf Größen gemessen. Vermutlich wurden dann zur Berechnung des Kausalmodells die Indikatoren ausgewählt, die am besten das Konstrukt widerspiegelten.

Abbildung C 111 vergleicht die Strukturkoeffizienten zum Test der Hypothesen H_1 bis H_5 miteinander. Dabei werden auch die von S&R durchgeführten Replikationsergebnisse integriert, wobei der Originalbeitrag nur wenige methodische Hinweise zu den Studien enthält.

Hypothese	Pfad	S&R			nahe Replikation	weite Replikation
		Pkw/Chip	NORTHWEST/VISA	DISNEY/Händler		
H_{1a}	co → patta	0,17 ●	0,20 ●	0,15 ●	0,05	0,12 ●
H_{1b}	co → pattb	0,35 ●	0,16 ●	0,16 ●	0,17 ●	0,14 ●
H_{2a}	atta → patta	0,80 ●	0,69 ●	0,85 ●	0,87 ●	0,68 ●
H_{2b}	attb → pattb	0,57 ●	0,77 ●	0,79 ●	0,72 ●	0,81 ●
H_{3a}	atta → co	0,27 ●	0,21 ●	0,28 ●	0,04	0,10 ●
H_{3b}	attb → co	0,19 ●	0,21 ●	0,20 ●	0,04	0,10 ●
H_4	prfit → co	0,22 ●	0,22 ●	0,15 ●	0,03	0,18 ●
H_5	brfit → co	0,39 ●	0,31 ●	0,29 ●	0,72 ●	0,60 ●
●: Hypothese bestätigt						

Abb. C 111: Vergleich der Gesamtmodelle

---

[496] Ein direkter Vergleich der Güte zwischen den Studien ist in diesem Fall aussagekräftig, da die Studien ähnliche Freiheitsgrade und Stichprobenumfänge aufweisen.

C. Explikative Mastertechniken 305

Der Vergleich zwischen der Originalstudie und der nahen Replikation zeigt deutliche Unterschiede. Insbesondere beeinflussen in der Pkw-Studie von *S&R* die Pre-Einstellungen die Co-Brand-Beurteilung in weitaus größerem Umfang. Hingegen konnten in der nahen Replikation solche Effekte nicht nachgewiesen werden.

Eine mögliche Begründung für diese Abweichung könnte die etwas abweichende Operationalisierung der Co-Brand-Beurteilung in der Replikationsstudie liefern. Während *S&R* stärker auf die Beurteilung des Produktes abstellten, stand in den beiden Replikationsstudien die Beurteilung der Kooperation im Mittelpunkt, da diese eher den Zusatznutzen des Co-Brands gegenüber einem Markentransfer berücksichtigte. Abbildung C 112 vergleicht die beiden Operationalisierungen.

S&R	Replikationsstudie
My overall attitude toward a X car powered by Y microprocessors is:	Wie beurteilen Sie die Zusammenarbeit zwischen X und Y?
negative – positive	schlecht – gut
unfavorable – favorable	negativ – positiv
bad – good	unvorteilhaft – vorteilhaft

Abb. C 112: Vergleich der Operationalisierung der Co-Brand-Beurteilung

Weiterhin besitzt in der nahen Replikation der Produktfit keinerlei Bedeutung für die Beurteilung des Co-Brands. Eine Begründung dafür könnte darin liegen, dass die Vpn. ein Autoradio/CD-Player als normalen Bestandteil eines Pkw's ansehen, und daher der Produktfit keinerlei Bedeutung besitzt, da er von allen Probanden als hoch eingestuft wird. Diese Erklärung unterstützen auch die relativ hohen Werte für den Produktfit (5,47 bzw. 5,28). Dagegen ist ein Computerchip zumindest aus Sicht der Abnehmer vermutlich kein „üblicher" Bestandteil von Pkws.

Bei dem Vergleich der drei Studien von *S&R* mit den beiden Replikationsstudien fällt allgemein auf, dass die Replikationsstudien insgesamt eine höhere Bedeutung des Markenfits sowie einen schwächeren Einfluss der Pre-Einstellungen auf die Co-Brand-Beurteilung aufweisen. Diese Unterschiede lassen sich wiederum auf die abweichende Operationalisierung der Co-Brand-Beurteilung zurückführen.

Insgesamt zeigt sich aber, dass zumindest unter der Bedingung, dass das Co-Brand einen gewissen Neuigkeitsgrad aus Sicht der Abnehmer aufweist, das von *S&R* aufgestellte Modell eine breite empirische Unterstützung besitzt und daher aufgrund der unterschiedlichen Produktklassen (Gebrauchsgüter: Pkw, FMCG: Müsli, Dienstleistungen: Reisen, Kreditkarten) und der unterschiedlichen Kulturkreise (USA, Deutschland) eine Generalisierung ermöglicht.

Der zweite Block von Hypothesen (H_{6a} – H_{6d}) bezog sich auf die Unterscheidung zwischen Marken mit hoher bzw. geringer Markenvertrautheit. Abbildung C 113 vergleicht die Ergebnisse der *S&R*-Studie mit den Ergebnissen der nahen und weiten Replikation. Zu beachten ist, dass in der weiten Replikation jeweils die Marke B diejenige ist, die in der Markenvertrautheit variiert.

Der Vergleich der Markenvertrautheitsmodelle zeigt, dass die Replikation nur zum Teil die Ergebnisse der Primärstudie bestätigt.

Markenvertrautheit		S&R		nahe Replikation		weite Replikation	
Hypothese	Pfad	hoch	gering	hoch	gering	hoch[1]	gering[1]
H_{6a}	co → patta	0,19	0,15	0,14	-0,05*	0,07/0,09	0,22*/0,12
	co → pattb	0,32	0,36	0,16	0,23	0,09/0,14	0,19/0,21
H_{6b}	atta → patta	0,78	0,82	1,01	0,69*	0,77/0,73	0,83/0,64
	attb → pattb	0,73	0,15*	0,76	0,23(*)	0,79/0,82	0,41*/0,65*
H_{6c}	atta → co	0,28	0,26	0,02	0,04	0,07/0,10	0,13/0,09
	attb → co	0,24	0,02*	0,12	-0,05	0,14/0,04	0,07/0,11
H_{6d}	prfit → co	0,15	0,33	0,11	-0,05	0,21/0,12	0,15/0,26
	brfit → co	0,48	0,27*	0,70	0,77	0,58/0,62	0,64/0,59

*: signifikante Unterschiede [1]: erster Wert: Müsli; zweiter Wert: Schokolade

Abb. C 113: Vergleich der Markenvertrautheitsmodelle

Über alle Studien stabil ist der unterschiedliche Zusammenhang zwischen Pre- und Post-Einstellung für die Marke mit der geringen Markenvertrautheit (H_{6b}). Tendenziell zeigen die Replikationen auch, dass das Co-Brand bei geringer Markenvertrautheit einen größeren Spill-Over-Effekt ausübt (H_{6a}), wobei keine signifikanten Differenzen vorliegen. Dagegen lassen sich keine Unterschiede des Einflusses der Pre-Einstellung auf das Co-Brand in den Replikationsstudien nachweisen, wobei wiederum auf die abweichende Operationalisierung der Co-Brand-Beurteilung hinzuweisen ist. Auch lassen sich beim Markenfit keine Unterschiede zwischen hoher und geringer Markenvertrautheit identifizieren. Eine Begründung für die abweichenden Ergebnisse beim Markenfit könnte darin liegen, dass die Marken in den Replikationsstudien zwar teilweise eine geringe Markenvertrautheit aufweisen, dennoch aber mit speziellen Assoziationen verbunden sind, und daher als Basis für die Markenfitbeurteilung dienen. In der *S&R*-Studie dagegen scheinen die Chip-Marken bei geringer Markenvertrautheit praktisch keine Assoziationen aufzuweisen, weshalb in diesen Fällen nur eingeschränkt eine Markenfitbeurteilung möglich ist. Ein Indiz für diese Argumentation liefert die erhöhte Bedeutung des Produktfits in der Situation geringe Markenvertrautheit im Rahmen der *S&R*-Studie. Zusammenfassend kann festgehalten werden, dass der Zusammenhang zwischen Pre- und Post-Einstellung entscheidend von der Markenvertrautheit abhängt. Tendenziell zeigt sich in den Replikationsstudien auch, dass bei geringer Markenvertrautheit das Co-Brand einen stärkeren Spill-Over-Effekt aufweist. Der unterschiedliche Einfluss der Marke sowie des Markenfits auf die Co-Brand-Beurteilung konnten dagegen nicht repliziert werden.

Den letzten Hypothesenblock (H_{7a}, H_{7b}, H_{8a}, H_{8b}) der *S&R*-Studie bildete der Vergleich zwischen den beiden beteiligten Marken des Co-Brands in Abhängigkeit von der Markenvertrautheit. Abbildung C 114 vergleicht die *S&R*-Studie mit den Ergebnissen der nahen Replikation.

		Chi-Quadrat-Differenzen			
		S&R		nahe Replikation	
Markenvertrautheit		hoch	gering	hoch	gering
H_{8a}, H_{7a}	atta → co = attb → co	0,65 ●	6,14 ●	1,29 ●	-0,12
H_{8b}, H_{7b}	co → patta = co → pattb	3,82 ●	7,21 ●	0,14 ●	15,93 ●
●: Hypothese bestätigt					

Abb. C 114: Vergleich der Asymmetrie-Modelle

Der Vergleich zwischen der Primärstudie und der nahen Replikation zeigt ähnliche Ergebnisse. Danach gilt, falls beide Marken eine hohe Markenvertrautheit aufweisen, fallen sowohl der Effekt der Marken auf das Co-Brand (H_{8a}) als auch die Spill-Over-Effekte (H_{8b}) für beide Marken gleich hoch aus.

Weiterhin zeigt sich, dass die Spill-Over-Effekte (H_{7b}) unter der Bedingung geringe Markenvertrautheit für die beiden beteiligten Marken unterschiedlich ausfallen. Hingegen konnte die Replikationsstudie den in der S&R-Studie nachgewiesenen unterschiedlichen Einfluss der Marken bei geringer Markenvertrautheit auf die Co-Brand-Beurteilung (H_{7a}) nicht bestätigen.

2.2.3 Zusammenfassung der Replikation

Aufgrund der hohen Bedeutung der Studie von S&R wurde diese repliziert. Bei dieser Studie handelt es sich um den Test eines Co-Brand-Kausalmodells, welches sowohl die Co-Brand-Wirkung als auch die Spill-Over berücksichtigt.

Die Primärstudie bestätigte mit einer Ausnahme die von S&R aufgestellten Hypothesen. Im Rahmen der Replikation wurde versucht, die Methodik (Laborexperiment, Aufbau des Fragebogens, Frageformulierungen, Zusammensetzung der Stichprobe, Auswertung mit Hilfe von LISREL) möglichst genau zu replizieren. Die Unterschiede bezogen sich zum einen auf den Kulturkreis (USA vs. Deutschland) und zum anderen auf die Marken (nahe Replikation) bzw. den Produktbereich (weite Replikation: Pkw vs. Müsli).

Insgesamt bestätigen die durchgeführten Replikationen nur zum Teil die Hypothesen. Hauptunterschiede zwischen der Originalstudie und den Replikationen zeigen sich zum einen in der schwächeren Bedeutung der Markeneinstellungen für die Co-Brand-Beurteilung und zum anderen in der höheren Bedeutung des Markenfit in den Replikationsstudien. Abbildung C 115 vergleicht zusammenfassend die Ergebnisse der Replikationen mit denen der Primärstudie.

Abgesehen von diesen Unterschieden, die teilweise auf einer etwas abweichenden Operationalisierung der Co-Brand-Beurteilung basieren können, bestätigen die Replikationen das Modell von S&R. Daher kann es als das Modell mit der größten Allgemeingültigkeit im Bereich des Co-Brandings angesehen werden. Die Gültigkeit bezieht sich auf zwei Kulturkreise, unterschiedliche Produktbereiche (Gebrauchsgüter, Dienstleistungen, FMCG) und unterschiedliche Co-Brand-Intensitäten (Co-Advertising, Co-Brand i.e.S.). Weiterhin erlaubt das Modell die Berücksichtigung zusätzlicher moderierender Variablen, wobei bisher die Variablen Markenvertrautheit, Markenbewusstsein und NfC integriert wurden. Damit weist das Modell auch eine hohe Flexibilität auf.

Bereich	Hypothese	S&R	Replikationen
Spill-Over-Effekt	H_1	●	◐
	H_2	●	●
Co-Brand	H_3	●	◐
	H_4	●	◐
	H_5	●	●
Markenvertrautheit	H_{6a}	○	(●)
	H_{6b}	●	◐
	H_{6c}	●	○
	H_{6d}	●	○
	H_{7a}	●	○
	H_{7b}	●	●
	H_{8a}	●	●
	H_{8b}	●	●

●: Hypothese bestätigt; (●): Hypothese tendenziell bestätigt ; ○: Hypothese nicht bestätigt
◐: Hypothese eingeschränkt bestätigt (nicht für alle Replikationen bestätigt).

Abb. C 115: Hypothesenbestätigung von *S&R* und Replikationen

Einschränkend ist allerdings eine Reihe von Grenzen zu formulieren:[497]

- bisherige Studien verwendeten jeweils Studierende bzw. Hochschulangehörige, womit die externe Validität eingeschränkt ist[498],
- alle Studien fanden unter der Bedingung hohen Involvements statt, wodurch die Gültigkeit für Situationen mit geringem Involvement fraglich ist,
- grobe Operationalisierung des Markenfits, wodurch die Relevanz unterschiedlicher Fitbasen unberücksichtigt bleibt,
- Beschränkung auf einen Kontakt[499] mit dem Co-Brand: in der Realität ist mit einer Vielzahl von Kontakten (z. B. Werbung) mit dem Co-Brand zu rechnen; weiterhin erfolgt in der Realität auch häufig ein Probierkauf oder eine Verköstigung und damit verbunden eine direkte Erfahrung mit dem Co-Brand; diese führt zu abweichenden Beurteilungsprozessen, wie z.B. Attributionen der Co-Brand-Leistung auf die einzelnen Partner[500],
- Vernachlässigung von langfristigen Effekten: im Rahmen der Originalstudie und der Replikation handelte es sich um ca. einstündige Experimente: fraglich ist die zeitliche Stabilität der Spill-Over-Effekte.

---

[497] Vgl. auch **Simonin/Ruth** (1998) S. 39 ff.

[498] Vgl. zur Diskussion dieses Faktors **Wells** (1993) S. 491 f.; **Lynch** (1999) S. 370 f.

[499] Vgl. zu diesem Problem im Rahmen der Markentransferforschung **Klink/Smith** (2001) S. 327.

[500] Vgl. zu der Bedeutung von direkten Erfahrungen im Kontext des Markentransfers **Sheinin** (2000). Im Rahmen des Co-Brandings berücksichtigen nur 4 von 21 Arbeiten direkte Erfahrungen mit dem Co-Brand (vgl. Kap. C.II.1.2).

C. Explikative Mastertechniken 309

3. (Labor)experimente
3.1 Darstellung der Mastertechnik

Ein Experiment lässt sich definieren „...als wiederholbare Beobachtung unter kontrollierten Bedingungen, wobei eine (oder mehrere) unabhängige Variable(n) derartig manipuliert wird (werden), dass eine Überprüfungsmöglichkeit der zugrundeliegenden Hypothese (Behauptung eines Kausalzusammenhangs) in unterschiedlichen Situationen gegeben ist."[501] Nach dieser Definition zeichnet sich ein Experiment insbesondere durch folgende konstitutive Merkmale aus:

- Untersuchung einer Kausalhypothese,
- Manipulation der unabhängigen Variable(n),
- kontrollierte Bedingungen,
- grundsätzliche Replizierbarkeit.

Zentrales Merkmal von Experimenten stellt die empirische Untersuchung von **Kausalhypothesen** dar. Ohne die philosophische und metatheoretische Diskussionen über den Kausalitätsbegriff ausführlich zu führen[502] zeichnet sich Kausalität durch folgende Merkmale aus:[503]

- Korrelation von zwei oder mehreren Variablen,
- Zeitliche Abfolge: Änderung von Y folgt zeitlich der Änderung von X,
- Konstanz weiterer Faktoren: mit Ausnahme von X bleiben alle Einflussfaktoren von Y im Untersuchungszeitraum konstant.

Eine Kausalhypothese ist danach eine theoretisch begründete Vermutung über einen gerichteten Zusammenhang zwischen zwei Variablen. Im Rahmen der Sozialwissenschaften handelt es sich dabei regelmäßig um probalistische Kausalitäten, d.h. X ist nur zum Teil notwendig und hinreichend für Veränderungen von Y.[504]

Das zweite Merkmal der **Manipulation** bezieht sich darauf, dass im Rahmen des Experiments der Experimentator bewusst die unabhängigen Variablen variiert. Das Merkmal der **kontrollierten Bedingungen** bedeutet, dass sich im Rahmen des Experiments die Untersuchung auf die Kausalität zwischen den unabhängigen und abhängigen Variablen beschränkt. In sozialwissenschaftlichen Experimenten lässt sich die Kontrollbedingung nur eingeschränkt realisieren. Die wichtigsten Hilfstechniken zur Kontrolle unerwünschter systematischer Störvariablen bilden die Eliminierung, die

---

[501] **Zimmermann** (1972) S. 37; vgl. zu einem Überblick von Experimentdefinitionen z.B. **Stapf** (1984) S. 240 ff. Zur Abgrenzung zwischen Test und Experiment vgl. z.B. **Stapf** (1984) S. 243; **Hammann/ Erichson** (1994) S. 155.

[502] Vgl. zum Überblick z.B. **Zimmermann** (1972) S. 39 ff.; **Cook/Campbell** (1979) S. 9 ff.; zu einem Überblick im Kontext der empirischen Marketingforschung **Bagozzi** (1980) S. 1 ff.

[503] Vgl. z.B. **Zimmermann** (1972) S. 39 ff.; **Hunt** (1976) S. 51 f.; **Hammann/Erichson** (1994) S. 156 f.

[504] Vgl. zur exemplarischen Unterscheidung zwischen deterministischer und probalistischer Kausalität **Zimmermann** (1972) S. 42 ff.

Konsthanthaltung, die Parallelisierung sowie die Randomisierung.[505] Die Eliminierung versucht, Störvariablen auszuschalten. Speziell in Laborexperimenten ermöglicht die „künstliche" Situation die Eliminierung einer Reihe von Störvariablen, z.B. durch die gleiche Örtlichkeit für alle Vpn. Die Konstanthaltung kommt dann zum Einsatz, wenn eine Eliminierung bestimmter Störvariablen nicht möglich ist. In diesen Fällen werden alle Vpn. mit den gleichen Störvariablen konfrontiert. Bspw. kann die Schulbildung der Vpn. eine Störvariable darstellen. Die Technik der Konstanthaltung führt bei dieser Störvariablen dazu, dass nur Personen mit gleicher Schulbildung an dem Experiment teilnehmen. Dieser Technik liegt die Überlegung zugrunde, dass die Störvariable bei allen Vpn. einen gleichen Einfluss auf die abhängige(n) Variable(n) ausübt. Die dritte Technik der Parallelisierung basiert dagegen auf einer Gleichverteilung der Störvariablen in allen Experimentalgruppen[506], wobei die Annahme zugrunde liegt, dass der Einfluss der Störvariable(n) in allen Gruppen vergleichbar ist. Die Technik der Randomisierung dagegen basiert auf einer zufälligen Zuteilung der Vpn. zu einer der Experimentalbedingungen, wodurch ein Ausgleich der Verzerrungen in den einzelnen Gruppen stattfindet.

Bisher wurde auf die Experimentalmethode im Allgemeinen eingegangen. Allerdings existieren unterschiedlichste Formen von Experimenten in den Sozialwissenschaften und im Marketing. Im Folgenden steht das **Laborexperiment** im Mittelpunkt, da dieses aufgrund des Einsatzes verschiedener Kontrolltechniken als einzige Mastertechnik in der Lage ist, Kausalhypothesen zuverlässig zu prüfen. Das Laborexperiment zeichnet sich im Gegensatz zum Feldexperiment dadurch aus, dass die Vpn. nicht in ihrer natürlichen Umgebung, sondern in speziell geschaffenen Untersuchungsumgebungen mit den unabhängigen Variablen konfrontiert werden. Im Rahmen der (Labor-)Experimente lassen sich in Abhängigkeit vom Experimentaldesign unterschiedliche Formen voneinander abgrenzen:

- Basisformen vs. statistische Formen,
- vollständiges vs. reduziertes Design,
- Between-Subject- vs. In-Between-Subject-Design.

Basisformen[507] des Experimentaldesigns berücksichtigen lediglich den Einfluss einer unabhängigen Variablen auf die abhängige Variable. Die Auswertung erfolgt durch eine einfache Differenzbetrachtung. Dagegen berücksichtigen statistische Designs[508] jeweils mehr als eine unabhängige Variable, wobei deren Einfluss durch eine statistische Aufteilung der Gesamtvarianz erfolgt.

Vollständige Experimente berücksichtigen alle Kombinationsmöglichkeiten der unabhängigen Variablen. Dadurch ist insbesondere die Analyse von Interaktionseffekten zwischen den unabhängigen Variablen möglich. Hingegen berücksichtigen reduzierte

---

[505] Vgl. auch im Folgenden **Stapf** (1984) S. 250 f.

[506] Bspw. stellt das Matching eine solche Technik dar. Hier erfolgt eine „Zwillingsbildung" der Vpn.

[507] Meffert spricht von informalen Designs, vgl. **Meffert** (1986b) S. 45.

[508] Meffert spricht von formalen Experimenten, vgl. **Meffert** (1986b) S. 45.

C. Explikative Mastertechniken 311

Designs nicht alle Kombinationsmöglichkeiten der Ausprägungen der unabhängigen Variablen, wodurch nur eine Schätzung der Haupteffekte möglich ist.

Between-Subject- und In-Between-Subject-Design beziehen sich darauf, ob die Analyse der Wirkungen der unabhängige(n) Variable(n) durch einen Vergleich verschiedener Personen oder einer Person stattfindet. Aufgrund von verzerrenden Lerneffekten ist das Between-Subject- dem In-Between-Subject-Design methodisch überlegen, wobei es allerdings auch einen höheren Aufwand verursacht.[509]

Die Auswertung von Laborexperimenten basiert überwiegend auf **varianzanalytischen Verfahren** wie ANOVA, MANOVA, ANCOVA und MANCOVA. Die vorläufige Bestätigung bzw. Ablehnung der Kausalhypothesen orientiert sich am Signifikanzniveau, wobei folgende übliche Sprachweise Verwendung findet:

- $p < 0,1$: tendenzieller Einfluss (*),
- $p < 0,05$: signifikanter Einfluss (**),
- $p < 0,01$: hoch signifikanter Einfluss (***).

Das Laborexperiment stellt speziell in der Konsumentenverhaltensforschung die häufigste empirische Mastertechnik dar. Beispielsweise dominiert sie bei den empirischen Arbeiten zum Co-Branding[510] (74 %).

Das Laborexperiment ist mit einer Reihe von Problemen verbunden:

- fehlende interne Validität,
- fehlende externe Validität,
- Artefakte durch Versuchsleitereffekte (experimenter expectancy effect),
- Artefakte durch Versuchspersoneneffekte (demand artefacts).

Die interne und externe Validität bezieht sich auf die Gültigkeit der Kausalhypothese.[511] Die interne Validität ist dann hoch, wenn in einem (Labor-)Experiment die Variation der abhängigen Variable(n) eindeutig auf die Manipulation der unabhängigen Variablen zurückzuführen ist. Dagegen bezieht sich die externe Validität[512] auf die Übertragbarkeit der getesteten Kausalhypothese auf andere Situationen, d.h. auf die Repräsentanz und die Generalisierbarkeit. Beide Validitätsarten, die häufig in einer Konkurrenzbeziehung zueinander stehen, lassen sich nicht quantifizieren. Allerdings haben *Campbell/Stanley (1963)* bzw. *Cook/Campbell (1979)* folgende Faktoren abgeleitet, die die jeweilige Validität negativ beeinflussen:

---

[509] Vgl. zum Einfluss des Designs auf die Ergebnisse **Rosenthal/Rubin** (1980).

[510] Vgl. Kap. C.II.1.2.2.

[511] Die Begriffe interne und externe Validität gehen auf **Campbell** (1957) zurück.

[512] Teilw. wird auch von ökologischer Validität gesprochen, vgl. **Pawlik** (1976) S. 59 ff.; **Stapf** (1984) S. 249.

a) interne Validität:
- Zeiteinflüsse: Verzerrung durch zusätzliche Ereignisse neben der experimentellen Variablen, die zwischen der ersten und der zweiten Messung auftreten,
- biologisch-psychologische Veränderungen der Vpn.: Prozesse, die unabhängig von besonderen Ereignissen allein durch die Zeit auf die Versuchsperson einwirken (z.B. Alterung, Müdigkeit, Hunger),
- Messeffekte: erste Messung beeinflusst das Ergebnis der zweiten Messung,
- Veränderungen der Messinstrumente,
- statische Regression: geringe Variation der abhängigen Variablen aufgrund der Auswahl von Extremgruppen als Vpn.,
- Auswahlverzerrungen: Verzerrungen durch zu unterschiedliche Personen für die Experimental- und Kontrollgruppe,
- Ausfälle von Versuchspersonen: Ausfall von Vpn. während des Experiments, wobei diese besondere Eigenschaften aufweisen.

b) externe Validität:
- Interaktion von Messungen: Pre-Messung kann die Vpn. für den experimentellen Stimulus sensibilisieren, wobei dieser Lerneffekt nur für die Experimentalsituation und nicht für externe Populationen gilt,
- Interaktion von Selektion der Vpn. und unabhängiger Variable: häufig erfolgt aus forschungsökonomischen Gründen die Heranziehung von nicht-repräsentativen Stichproben (häufig: Studierende) im Laborexperiment. Falls der experimentelle Faktor bei dieser nicht-repräsentativen Stichprobe systematisch anders reagiert als bei einer Zufallsstichprobe, ist eine Übertragung auf andere Populationen nicht möglich,
- reaktive Effekte der Untersuchungssituation: die Spezifität der Untersuchungssituation kann die Reaktion der Vpn. systematisch beeinflussen (z.B. Hawthorne-Effekt),
- Überlagerung mehrerer experimenteller Effekte.

Neben den aufgeführten Gründen beeinflussen der Versuchsleitereffekt und der Aufforderungscharakter von Laborexperimenten die Validität.

Der **Versuchsleitereffekt**[513] basiert auf den Erwartungen des Versuchsleiters über den Ausgang des durchgeführten Laborexperiments.[514] Eine Vermeidung dieses Effektes ist dadurch möglich, dass der Versuchsleiter nicht mit dem Forscher identisch ist und der Versuchsleiter über die Hypothesen im Vorfeld nicht informiert wird.[515]

---

[513] Aufgrund umfangreicher Forschungsarbeiten von Rosenthal zu diesem Effekt wird dieser häufig auch als Rosenthal-Effekt bezeichnet. vgl. z.B. **Stapf** (1984) S. 252.

[514] Vgl. auch im Folgenden **Rosenthal** (1969) S. 195 ff.

[515] Vgl. **Stapf** (1984) S. 253; zu weiteren Kontrolltechniken vgl. **Zimmermann** (1972) S. 255 ff.

Bei den **Artefakten** durch Vpn. geht es um den Einfluss der Vpn. auf die unabhängigen Variablen durch Mutmaßungen über das Ziel des Laborexperiments.[516] Ein solcher Effekt tritt auf, wenn eine Vpn. die unabhängige Variable identifiziert, die zugrundeliegende Kausalhypothese entdeckt und sich dann entsprechend der Hypothese verhält.[517] Speziell die Verhaltenskomponente hängt von der Motivstruktur der Vpn. ab. Dabei differenziert die Literatur insbesondere zwischen den beiden Grundformen positive und negative Motive.[518] Während eine positive Motivstruktur dazu führt, dass die Vpn. versucht, die Kausalhypothese zu bestätigen, folgt aus einer negativen Motivstruktur die Sabotage der Hypothese. Über den Umfang und die Bedingungen dieser Motive existiert bis heute keine Einigkeit. Zur Vermeidung dieses Verzerrungseffektes schlägt die Literatur insbesondere zwei Vorgehensweisen vor:[519] Die erste Möglichkeit besteht in der Täuschung der Vpn. in Bezug auf das Untersuchungsziel, wobei mit dieser Maßnahme ethische Konflikte verbunden sein können.[520] Die zweite Möglichkeit besteht in einer Nachbefragung der Vpn. über den Untersuchungszweck und bei „richtiger" Antwort in der Nichtberücksichtigung dieser Vpn..[521]

Insgesamt gilt, dass aufgrund der besseren Kontrolltechniken die interne Validität von Laborexperimenten relativ hoch, die externe Validität hingegen eher gering ausfällt.

3.2 Laborexperimente zum Co-Branding

Im Folgenden verdeutlichen drei Laborexperimente den Einsatz dieser Mastertechnik zur empirisch-explikativen Analyse des Co-Brandings. Das erste Laborexperiment untersucht den Einfluss des Marken- und Produktfits und der Anordnung auf die Co-Brand-Beurteilung. Das zweite Laborexperiment dagegen untersucht insbesondere den Einfluss der Anordnung auf Preisbereitschaft und Kaufabsicht. Das abschließende Laborexperiment analysiert den Zusammenhang zwischen der Gestaltung der Werbung und der Fit- bzw. der Co-Brand-Beurteilung.

3.2.1 Laborexperiment I: Wirkungen des Marken- und Produktfits[522]
3.2.1.1 Hypothesenableitung

Die Beurteilung des Co-Brands lässt sich in Anlehnung an das Schemakongruenz-Beurteilungs-Modell[523] als ein zweistufiger Prozess interpretieren. In einer ersten Stufe

---

[516] Vgl. z.B. **Orne** (1969) S. 143; **Stapf** (1984) S. 253; **Carlopio/Adair/Lindsay/Spinner** (1983); **Weber/Cook** (1972).

[517] Vgl. **Shimp/Hyatt/Snyder** (1991) S. 275 f.

[518] Vgl. zum Überblick **Sawyer** (1975) S. 20.

[519] Vgl. zu weiteren Kontrolltechniken **Zimmermann** (1972) S. 264 ff.; speziell zur Methode des Rollenspiels vgl. **Willis/Willis** (1970).

[520] Vgl. **Stapf** (1984) S. 254; **Sawyer** (1975) S. 27.

[521] Vgl. **Sawyer** (1975) S. 23; zur Kritik an dieser Vorgehensweise vgl. **Shimp/Hyatt/Snyder** (1991) S. 280.

[522] Vgl. zu einer ausführlicheren Dokumentation dieses Laborexperiments **Baumgarth** (2000b); **Baumgarth** (2000c).

[523] Vgl. Kap. C.II.3.2.3.2.3.

beurteilt der Konsument den Fit zwischen den beteiligten Marken. Dieser Fit ist dabei sowohl von den beteiligten Marken als auch von den Produkten abhängig, die mit den Marken bzw. dem Produkt des Co-Brands verbunden sind. Diese Fit-Beurteilung beeinflusst die zweite Stufe. Falls ein hoher Marken- und Produktfit vorliegt, erfolgt eine schemabasierte Beurteilung des Co-Brands (Schemata-Integration, Subtyping)[524]. Falls ein geringer Fit vorliegt, verwendet der Konsument eine attributorientierte Vorgehensweise (Attributbasierte Einstellungsmodelle[525], Ansatz der emergenten Eigenschaften[526]). Das Modell geht vom Kontinuum zwischen attributorientierter und schemabasierter Beurteilung aus. Danach werden Co-Brands mit einem hohen Marken-, aber geringem Produktfit bzw. Co-Brands mit einem hohen Produkt-, aber geringem Markenfit sowohl schemabasiert als auch attributorientiert beurteilt.

Weiterhin modelliert das Wirkungsmodell den Aspekt der Markenanordnung bei der Urteilsbildung. Diesen Anordnungseffekt, der durch den Primacy- und Wichtigkeitseffekt[527] erklärbar ist, berücksichtigt das Modell durch eine sprachliche Anordnung der Marken.[528] Danach wird dem deutschen Sprachverständnis gefolgt, wonach bei dem Co-Brand „X von Y" die Y-Marke die dominierende Marke darstellt. Abbildung C 116 gibt zusammenfassend das Wirkungsmodell schematisch wieder.

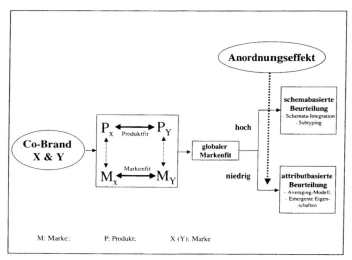

Abb. C 116: Wirkungsmodell des Co-Branding

---

[524] Vgl. Kap. C.II.3.2.3.2.3.

[525] Vgl. Kap. C.II.3.2.2.1.1.

[526] Vgl. Kap. C.II.3.2.3.2.3.

[527] Vgl. Kap. C.II.3.2.2.1.1.

[528] Vgl. ähnlich **Park/Jun/Shocker** (1996).

C. Explikative Mastertechniken

Aufbauend auf diesem Modell erfolgt zunächst die Ableitung der Hypothesen zum Fiteffekt. Daran anschließend werden Wirkungshypothesen zum Anordnungseffekt formuliert.

Auf der Basis von attributorientierter (speziell: **Averaging**) bzw. **schemabasierter Beurteilung** lassen sich folgende Hypothesen ableiten:

H_1: *Je geringer der Markenfit zwischen den beteiligten Marken ist, desto schlechter fällt die Globalbeurteilung des Co-Brands aus.*

Diese Hypothese lässt sich noch näher spezifizieren:

H_{1a}: *Je geringer der Markenfit bei bestehendem Produktfit zwischen den beteiligten Marken ist, desto schlechter wird das Co-Brand insgesamt beurteilt.*

H_{1b}: *Je geringer der Markenfit bei nicht bestehendem Produktfit zwischen den beteiligten Marken ist, desto schlechter wird das Co-Brand insgesamt beurteilt.*

Weiterhin wird eine ordinale Interaktion zwischen dem Produkt- und Markenfit angenommen, d.h. beide Haupteffekte (Marken- und Produktfit) sind eindeutig interpretierbar. Auf der Basis der Fit-Überlegungen wird erwartet, dass sich beide Effekte ergänzen. Daraus lassen sich folgende Hypothesen ableiten:

H_{1c}: *Ein Co-Brand mit hohem Markenfit und hohem Produktfit wird positiver beurteilt als ein Co-Brand mit hohem Markenfit aber geringem Produktfit.*

H_{1d}: *Ein Co-Brand mit geringem Markenfit und hohem Produktfit wird positiver beurteilt als ein Co-Brand mit geringem Markenfit und geringem Produktfit.*

Diese Hypothesen gelten nicht nur für die Globalbeurteilung, sondern auch für die Nennung von neutralen, positiven und negativen Assoziationen. Daraus resultieren folgende Hypothesen:

H_{2a}: *Je geringer der Markenfit zwischen den beteiligten Marken bei Konstanz des Produktfits des Co-Brands ist, desto*

    a) höher ist die Anzahl von Eigenschaften,
    b) höher ist die Anzahl von negativen Eigenschaften und
    c) geringer ist die Anzahl von positiven Eigenschaften.

H_{2b}: *Je geringer der Produktfit zwischen den beteiligten Marken des Co-Brands bei Konstanz des Markenfit ist, desto*

    a) höher ist die Anzahl von Eigenschaften,
    b) höher ist die Anzahl von negativen Eigenschaften und
    c) geringer ist die Anzahl von positiven Eigenschaften.

Nach dem Ansatz der **emergenten Eigenschaften** steigt bei abnehmendem Fit die Anzahl von Co-Brand-Assoziationen, die keine der beteiligten Individualmarken aufweisen.[529] Insbesondere bei einem Co-Brand mit fehlendem Marken- und Produktfit werden viele emergente Eigenschaften erwartet. Folgende Hypothese lässt sich formulieren:

H_3: *Je geringer sowohl der Marken- als auch der Produktfit zwischen den beteiligten Marken am Co-Brand ausfällt, um so mehr emergente Eigenschaften weist das Co-Brand auf.*

Weiterhin lassen sich auf der Basis des **Hampton**-Ansatzes[530] Hypothesen über die Einzeleigenschaften des Co-Brands ableiten:

H_4: *Falls eine Eigenschaft bei einer der beteiligten Marken besonders positiv beurteilt wird, wird auch das Co-Brand bei dieser Eigenschaft besonders positiv beurteilt.*

H_5: *Falls eine Eigenschaft bei einer der beteiligten Marken besonders negativ beurteilt wird, wird auch das Co-Brand bei dieser Eigenschaft negativ beurteilt.*

Bezüglich der Anordnung der Marken lässt sich zunächst auf der Basis des Hampton-Ansatzes folgende Hypothese global ableiten:

H_6: *Die Beurteilung des Co-Brands X von Y ist ungleich der Beurteilung des Co-Brands Y von X.*

Dabei gilt diese Hypothese sowohl für die Wichtigkeiten der Eigenschaften als auch für deren Beurteilungen. Daraus ergeben sich folgende Hypothesen:

H_{6a}: *Die Einschätzung der Wichtigkeiten der Eigenschaften für das Co-Brand X von Y sind ungleich den Einschätzungen bei dem Co-Brand Y von X.*

H_{6b}: *Die Beurteilung der Eigenschaften für das Co-Brand X von Y sind ungleich den Beurteilungen bei dem Co-Brand Y von X.*

Der Hampton-Ansatz erlaubt eine Aussage über die Richtung des Anordnungseffektes. Danach beeinflusst die Hauptmarke stärker die Beurteilung des Co-Brands als die Modifizierer-Marke. In einem Co-Brand X von Y bildet die Y-Marke die Hauptmarke und X die Modifizierer-Marke. Danach ergibt sich folgende Hypothese:

H_7: *Die Beurteilung des Co-Brands X von Y (bzw. Y von X) ist der Beurteilung der Einzelmarke Y (bzw. X) ähnlicher.*

---

[529] Vgl. Kap. C.II.3.2.3.2.3.

[530] Vgl. Kap. C.II.3.2.3.2.3.

C. Explikative Mastertechniken 317

3.2.1.2 Design

Die Überprüfung der Hypothesen erfolgte durch ein Laborexperiment. Die folgenden Abschnitte beschreiben die Planung, Durchführung und die Ergebnisse des Experiments.

(1) Pretest

Ziel der durchgeführten Pretests war die Identifizierung von Marken und Produkten (Ver- und Gebrauchsgüter) mit hohem (ungestützten) Bekanntheitsgrad, die sich im Hinblick auf ihren globalen Fit voneinander unterscheiden.

Der erste Pretest zielte darauf ab, zu den in Experteninterviews und Literaturstudien als geeignet identifizierten Produktklassen (hier: Armbanduhr und Schokolade), Produkte auszuwählen, die einen hohen bzw. geringen Produktfit aufweisen. Probanden (n =16) beurteilten auf einer Siebener-Skala die Ähnlichkeit zwischen einer Armbanduhr und verschiedenen Produktklassen[531], wobei Schmuck ($\bar{x}$ = 1,75) als besonders ähnlich und PCs ($\bar{x}$ = 5,63) als besonders unähnlich identifiziert wurden. Für alle Produktklassen wurden jeweils ungestützt drei Marken erhoben. Für die Produktklasse Armbanduhren wurden am häufigsten ROLEX (H = 8) und SWATCH (H = 7), bei Schmuck CARTIER (H = 9) und bei PCs die Marken VOBIS/HIGHSCREEN (H = 6) und IBM (H = 6) angegeben. Bei den Verbrauchsgütern[532] wiesen Eis ($\bar{x}$ = 2,50) eine hohe und Joghurt ($\bar{x}$ = 4,94) eine geringe Ähnlichkeit zu Schokolade auf. Besonders häufig wurden bei Schokolade die Marken MILKA (H = 15), LINDT (H = 7), RITTER SPORT (H = 6) sowie ALPIA (H =5), bei Joghurt DANONE (H = 9) und BAUER (H = 7) und bei Eis MÖVENPICK (H = 13), LANGNESE (H = 12) sowie SCHÖLLER (H = 12) genannt.

Ziel des zweiten Pretests bildete die Ermittlung von Markenkombinationen, die aus Sicht der Studierenden unterschiedlich gut zusammenpassen. Weiterhin ermittelte der Pretest für die Produktklassen relevante Beurteilungseigenschaften. Deshalb wurden drei verschiedene Fragebogenvarianten entwickelt, die jeweils eine Produktklasse aus dem Bereich Verbrauchs- und eine aus dem Bereich Gebrauchsgüter umfasste. Die zwölf vorgegebenen Markenkombinationen[533] dagegen waren bei allen Fragebögen identisch. Die Probanden (n = 22) beurteilten die Markenkombinationen ROLEX & CARTIER ($\bar{x}$ = 2,68), LINDT & MÖVENPICK ($\bar{x}$ = 2,09), SWATCH & VOBIS ($\bar{x}$ = 3,55) und BAUER & ALPIA ($\bar{x}$ = 3,82) als gut zusammenpassend. Einen geringen Fit dagegen bescheinigen die Pobanden den Kombinationen CARTIER & SWATCH ($\bar{x}$ = 5,55), ROLEX & VOBIS ($\bar{x}$ = 5,82), LINDT & BAUER ($\bar{x}$ = 4,09) sowie ALPIA & MÖVENPICK ($\bar{x}$ = 4,77). Bei der Beurteilung verschiedener Kriterien ergaben sich für die Verbrauchsgüter zehn, für die Gebrauchsgüter acht relevante Kriterien.

---

[531] Folgende Produktklassen wurden beurteilt: Schmuck, Batterien, Taschenrechner, Herrenanzüge, Brillen, Handys, PCs und Unterhaltungselektronik.

[532] Folgende Produktklassen wurden beurteilt: Kuchenmischung, Joghurt, Brotaufstrich/Marmelade, Kaffee, Kekse, Müsli/Frühstückscerealien, Eis und Milchmixgetränke.

[533] Folgende Markenkombinationen fanden Verwendung: ROLEX & CARTIER; LINDT & MÖVENPICK; CARTIER & SWATCH; ROLEX & VOBIS; BAUER & MILKA; SWATCH & VOBIS; LINDT & BAUER; MÖVENPICK & MILKA; SWATCH & IBM; ROLEX & IBM; ALPIA & MÖVENPICK.

318 III. Mastertechniken der empirischen Explikation

Die Prestests ermöglichen eine Zuordnung von Co-Brands aus dem Ver- und Gebrauchsgüterbereich zu den Feldern der Matrix, die sich aus dem Produkt- und Markenfit ergibt (vgl. Abbildung C 117).

		Markenfit	
		hoch	gering
Produktfit	hoch	a) LINDT & MÖVENPICK b) ROLEX & CARTIER	a) ALPIA & MÖVENPICK b) SWATCH & CARTIER
	gering	a) ALPIA & BAUER b) SWATCH & VOBIS	a) LINDT & BAUER b) ROLEX & VOBIS

Abb. C 117: Co-Brands des Laborexperiments

(2) Hauptstudie

Die Hauptstudie bildete ein Laborexperiment mit einem 2 (Reihenfolge der Marke: X von Y vs. Y von X) x 2 (Markenfit: hoch vs. gering) x 2 (Produktfit: hoch vs. gering) Between-Subject-Design. Die Studie wurde im Juni/Juli 1999 an der Universität Siegen mit insgesamt 229 Studierenden durchgeführt. Als Anreiz zur Mitarbeit an der ca. zwanzig Minuten dauernden schriftlichen Befragung wurden Geld- sowie Sachpreise verlost.[534] Die Probanden waren zu 24,5 % weiblich und studierten überwiegend Wirtschaftswissenschaften (49,3 %), Wirtschaftsingenieurwesen (11,4 %) sowie Technische Informatik (13,5 %). Die Probanden füllten in einem Laborraum in Kleingruppen (max. 5 Personen) einen neunseitigen Fragebogen aus. Entsprechend der Matrix bekam jeder Proband eine Markenkombination aus dem Ver- und eine aus dem Gebrauchsgüterbereich vorgelegt. Insgesamt bestand der Fragebogen aus 6 Teilen. In Teil I wurden offene (Gebrauchsgüter) bzw. geschlossene Fragen (Verbrauchsgüter) zu den Einzelmarken gestellt. Die Beschränkung auf jeweils einen Fragetyp (offene vs. geschlossene Frage) erfolgte aus Überlegungen zur Fragebogenlänge. Teil II enthielt allgemeine Fragen zum Co-Branding, die als Ablenkungsfragen die Einzelbeurteilungen der Marken (Teil I) von den Beurteilungen der Co-Brands (Teil III und IV) zeitlich und vor allem gedanklich trennten. Teil III und Teil IV beinhaltete geschlossene Fragen mit einer Siebener-Ratingskala (1 = positiv bzw. wichtig bzw. trifft zu; 7 = negativ bzw. unwichtig bzw. trifft nicht zu) sowohl zur globalen Beurteilung der entsprechenden Co-Brands als auch zur Einschätzung der Einzelmerkmale sowie deren Wichtigkeit. Teil V diente der Treatment-Überprüfung, und Teil VI schloss mit einigen demografischen Fragen den Fragebogen ab.

3.2.1.3 Ergebnisse

Alle Probanden wurden mit Fragen zur Ähnlichkeit zwischen den verschiedenen Produktklassen sowie den verschiedenen Markenkombinationen konfrontiert (vgl. Abbildung C 118). Abbildung C 118 bestätigt die Pretest-Ergebnisse und verdeutlicht die Zuverlässigkeit der Treatment-Auswahl und -Gestaltung.

---

[534] An dieser Stelle gilt der Dank folgenden Personen und Institutionen: Kommission für Forschung und wissenschaftlichen Nachwuchs der Universität Siegen (damalige Vorsitzende: Prof. Dr. T. Hantos), Herrn H. Eickmeier (KROMBACHER BRAUEREI), Herrn A. Rink (RITTAL) und Herrn H. Schulte-Wrede (PANORAMA PARK).

C. Explikative Mastertechniken 319

Produktklasse	Mittelwerte des Produktfits (1=ähnlich; 7=unähnlich)
Schmuck/Armbanduhren	2,10
Eis/Schokolade	2,78
Schokolade/Joghurt	4,16
Armbanduhren/PCs	6,08
Markenkombination	**Mittelwerte des Markenfits** (1 = passen zusammen; 7 = passen nicht zusammen)
ROLEX & CARTIER	2,28
LINDT & MÖVENPICK	2,47
BAUER & ALPIA	3,42
SWATCH & VOBIS/HIGHSCREEN	3,91
LINDT & BAUER	4,08
ALPIA & MÖVENPICK	4,18
CARTIER & SWATCH	5,25
ROLEX & VOBIS/HIGHSCREEN	6,24

Abb. C 118: Produkt- und Markenfit

Die Überprüfung der Hypothesen erfolgte durch Mittelwertvergleiche (t-Test) und mehrfaktorielle Varianzanalysen (F-Test). Die offenen Fragen (Eigenschaften der Einzelmarken, Eigenschaften des Co-Brands) wurden durch Coder inhaltsanalytisch nach folgendem Schema ausgewertet:

1. Emergente Eigenschaften: Eigenschaften, die beim Co-Brand, aber bei keiner der beiden Einzelmarken genannt wurden.

Bsp. für emergente Eigenschaften:

Marke 1	Marke 2	Co-Brand
• *Uhr,* • *edel,* • *teuer,* • *modern.*	• *PC-Fachhandel,* • *hohe Qualität,* • *weit verbreitet,* • *relativ günstig,* • *bekannter durch Werbung.*	• *modern,* • *was Neues* • *Qualitätsprodukt,* • *...aber doch irgendwie Spielzeug.*

Im obigen Beispiel handelt es sich bei den Eigenschaften „was Neues" und „...aber doch irgendwie Spielzeug" des Co-Brands um emergente Eigenschaften, da sie bei keiner der beiden Einzelmarken von der Vpn. erwähnt wurden.

2. Beurteilungen der genannten Co-Brand-Eigenschaften (positiv, neutral, negativ).

Zwei Coder führten unabhängig voneinander diese Auswertung durch, wobei sich eine Intercoder-Reliabilität von 89,2 % für die emergenten Eigenschaften und von 83,6 % für die Beurteilung der Eigenschaften ergaben. Zweifelsfälle entschied ein dritter Coder.

Abbildung C 119 (Verbrauchsgüter) und Abbildung C 120 (Gebrauchsgüter) geben die für H_1 und H_6 relevanten Daten wieder.[535]

---

[535] Die Präsentation der Ergebnisse orientiert sich an der Studie von **Park/Jun/Shocker** (1996), da teilw. ähnliche Hypothesen aufgestellt wurden, und daher eine ähnliche Ergebnisdarstellung die Vergleichbarkeit verbessert.

	LINDT von MÖVENPICK	MÖVENPICK von LINDT	ALPIA von MÖVENPICK	MÖVENPICK von ALPIA	ALPIA von BAUER	BAUER von ALPIA	LINDT von BAUER	BAUER von LINDT
Fit	(m:+, p:+)	(m:+, p:+)	(m:-, p:+)	(m:-, p:+)	(m:+, p:-)	(m:+, p:-)	(m:-, p:-)	(m:-, p:-)
allgemeine Beurteilung	2,79[b*]	3,28[b]	3,90	4,03	3,34	3,43	3,32	3,11
Probekaufabsicht	2,97	3,34	3,24	3,45	3,03	3,68	3,75	3,25
Wichtigkeit der Eigenschaften								
geringer Kaloriengehalt	5,48	4,62	4,86	5,24	3,93[a]	4,93	4,57	5,00
guter Geschmack	1,28	1,21	1,34	1,31	1,34	1,26	1,39[a]	1,14
hohes Prestige	4,55	4,86	4,48	4,76	5,00	4,93	4,32	4,14
gesundheitsfördernd	4,83	4,83	4,62	4,79	4,10	4,63	4,39	4,86
ansprechende Verpackung	3,03	3,21	3,17	3,59	3,34	3,38	3,04	3,07
gutes Preis-Leistungsverhältnis	2,14	1,79	2,00	1,79	2,00	1,59	2,25	1,89
Abwechslung/Vielfalt	2,69	2,79	2,45	3,00	2,76	2,74	3,07	2,54
hohe Qualität	1,55	1,45	1,72	1,54	1,55	1,63	1,61	1,64
geringer Fettgehalt	5,59[a*]	4,07[b*;d*]	4,90	5,07	4,17	4,37[c]	4,86	5,21
appetitliches Aussehen	2,03[d]	1,66[b*;d*]	1,83	2,21	2,62[a;c*]	1,96	1,61[a]	2,21
Beurteilung der Eigenschaften								
geringer Kaloriengehalt	6,14[d*]	6,24	6,07	6,17	5,14	5,04[c*]	5,32	5,93
guter Geschmack	1,93[b*;d]	2,24[b]	2,72	2,86	2,68	2,86[c*]	2,46	2,00
hohes Prestige	2,28[b*]	2,00[b*]	3,34	3,28	3,79[c*]	3,86[c*]	2,82	2,36
gesundheitsfördernd	5,86[d*]	6,10[d]	5,93	5,97	5,43	5,29	5,07	5,54
ansprechende Verpackung	2,07[b*;d*]	2,28	2,83	2,55	3,25	3,36[c*]	2,68	2,43
gutes Preis-Leistungsverhältnis	4,48	4,59	3,96	4,07	3,86	3,43	4,04	3,93
Abwechslung/Vielfalt	2,93	2,76	3,14	2,93	3,46	3,89[c*]	3,36[a]	2,79
hohe Qualität	1,79[b*]	1,86[b*]	2,59	2,75	3,00[c*]	2,93[c*]	2,07	1,75
geringer Fettgehalt	6,17[d]	5,97	6,00	6,00	5,57	5,54	5,57	6,04
appetitliches Aussehen	2,10	2,14	2,54	2,62	3,14[c*]	2,79	2,25	2,29

a: signifikanter Unterschied zwischen der Markenkombination X von Y und der Kombination Y von X ($p<0,1$, t-Test; *: $p<0,05$)
b: signifikanter Unterschied zwischen der Kombination (m: +, p: +) und (m: -, p:+) ($p<0,1$, t-Test, *: $p<0,05$)
c: signifikanter Unterschied zwischen der Kombination (m: +, p: -) und (m: -, p:-) ($p<0,1$, t-Test, *: $p<0,05$)
d: signifikanter Unterschied zwischen der Kombination (m: +, p: +) und (m: -, p: -) ($p<0,1$, t-Test, *: $p<0,05$)

Abb. C 119: Beurteilung der Co-Brands (Verbrauchsgüter)

C. Explikative Mastertechniken

	ROLEX von CARTIER	CARTIER von ROLEX	CARTIER von SWATCH	SWATCH von CARTIER	SWATCH von VOBIS	VOBIS von SWATCH	ROLEX von VOBIS	VOBIS von ROLEX
Fit	(m:+, p:+)	(m:+, p:+)	(m:-, p:+)	(m:-, p:+)	(m:+, p:-)	(m:+, p:-)	(m:-, p:-)	(m:-, p:-)
allgemeine Beurteilung	3,79^d	3,90^{d*}	4,36	4,57	3,34^{c*}	3,43^{c*}	4,69	5,07
Verwendungsabsicht	2,76	3,38	2,64	3,07	2,86	3,11	3,55	3,45
Wichtigkeit der Eigenschaften								
gutes Design	1,83	1,52^d	1,37	1,71	1,97	1,57	1,55	2,00
lange Lebensdauer	1,62	1,38$^{b;d}$	1,85	1,86	1,62	1,79	1,48	1,86
hohes Prestige	3,10	3,31	3,48	3,46	4,07	4,32	3,76	3,69
hohe Funktionalität	2,34^{d*}	2,31	2,30	2,61	1,72	1,75	1,66	1,76
gutes Preis-Leistungsverhältnis	3,21^{d*}	2,69	2,33	2,50	1,86	1,75	2,03	2,17
hohe Qualität	1,48	1,31	1,67	1,89	1,66	1,86	1,45	1,59
Umweltverträglichkeit	4,45	3,90	3,70	3,57	3,72	3,89	3,76	3,72
modische Aktualität	3,69	3,86^b	2,96	3,07	2,93	3,50	3,55	3,69
Beurteilung der Eigenschaften								
gutes Design	2,45	2,68	2,63	2,25	2,48	2,64	2,79 $^\bullet$	3,03
lange Lebensdauer	1,79$^{b*;d*}$	1,89$^{b;d*}$	2,44	2,93	4,21^{c*}	4,11^{c*}	3,31	3,10
hohes Prestige	1,83$^{b*;d*}$	1,54^{d*}	2,00^{a*}	2,82	3,07	3,00	2,90	3,24
hohe Funktionalität	3,18	2,86	3,33	3,18	3,59	3,64	2,93	3,34
gutes Preis-Leistungsverhältnis	5,41^b	5,29	4,74	4,61	4,07^{c*}	3,46^{c*}	4,90	5,24
hohe Qualität	1,78$^{b*;d*}$	1,86^{d*}	2,30^a	2,96	3,68^{c*}	3,79^{c*}	2,93	2,69
Umweltverträglichkeit	4,62	4,46^d	4,67^d	4,04	5,17	5,21	5,00	5,07
modische Aktualität	3,66^{b*}	3,21^b	2,41	2,11	2,24	1,96^{c*}	3,07	3,52

a: signifikanter Unterschied zwischen der Markenkombination X von Y und der Kombination Y von X ($p<0,1$, t-Test; *: $p<0,05$)
b: signifikanter Unterschied zwischen der Kombination (m: +, p: +) und (m: -, p:+) ($p<0,1$, t-Test, *: $p<0,05$)
c: signifikanter Unterschied zwischen der Kombination (m: +, p: -) und (m: -, p: -) ($p<0,1$, t-Test, *: $p<0,05$)
d: signifikanter Unterschied zwischen der Kombination (m: +, p: +) und (m: -, p: -) ($p<0,1$, t-Test, *: $p<0,05$)

Abb. C 120: Beurteilung der Co-Brands (Gebrauchsgüter)

H_{1a} und H_{1b} nahmen für einen konstanten Produktfit an, dass ein Co-Brand mit einem hohen Markenfit positiver als ein Co-Brand mit einem geringen Markenfit beurteilt wird. Diese Hypothesen wurden in allen Fällen, wenn auch nicht immer signifikant, bestätigt (hochgestelltes b und c in den Abbildungen C 119 und C 120). Beispielsweise wird LINDT von MÖVENPICK ($\bar{x} = 2,79$) positiver beurteilt als ALPIA von MÖVENPICK ($\bar{x}$

= 3,90). Bei den Gebrauchsgütern wird SWATCH von VOBIS ($\bar{x}$ = 3,34) positiver beurteilt als ROLEX von VOBIS ($\bar{x}$ = 4,69). Auch wird VOBIS von SWATCH ($\bar{x}$ = 3,43) positiver beurteilt als VOBIS von ROLEX ($\bar{x}$ = 5,07). H_{1c} und H_{1d} vermuteten den gleichen Zusammenhang für die Variation des Produktfits bei konstantem Markenfit. Bei der Interpretation der Ergebnisse ist zu beachten, dass sich die beiden zu vergleichenden Co-Brands jeweils aus vier verschiedenen Marken zusammensetzen (z.B. LINDT von MÖVENPICK vs. ALPIA von BAUER). H_{1c} lässt sich tendenziell nur für die Verbrauchsgüter bestätigen. Bei diesen wird sowohl LINDT von MÖVENPICK ($\bar{x}$ = 2,79) als auch MÖVENPICK von LINDT ($\bar{x}$ = 3,28) positiver beurteilt als ALPIA von BAUER ($\bar{x}$ = 3,34) und BAUER von ALPIA ($\bar{x}$ = 3,43). H_{1d} lässt sich tendenziell nur für die Gebrauchsgüter nachweisen. Insgesamt finden die Hypothesen zum Markenfit Bestätigung, hingegen die zum Produktfit nur teilweise Bestätigung.

Die Zusammenhänge zwischen Fit und Globalbeurteilung verdeutlichen die Diagramme in Abbildung C 121.

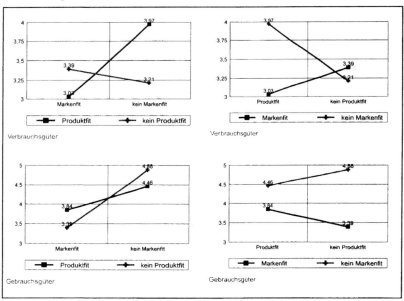

Abb. C 121: Zusammenhang zwischen Markenfit und Globalbeurteilung

H_{2a} und H_{2b} wurden auf der Basis der Inhaltsanalyse der offenen Fragen zu den Gebrauchsgütern durch eine zweifaktorielle Varianzanalyse überprüft (vgl. Abbildung C 122).

Nur der Produktfit beeinflusst signifikant die Anzahl der Eigenschaften ($F_{1,214}$ = 4,61, p>0,033), wobei die Richtung der Hypothese Bestätigung findet. Für den Markenfit ($F_{1,214}$ = 0,51, p>0,82) sowie den kombinierten Effekt ($F_{1,214}$ = 0,12, p>0,91) sind die Ergebnisse nicht signifikant. Bei den positiven Eigenschaften weist sowohl der Markenfit ($F_{1,214}$ = 4,88, p>0,028) als auch der kombinierte Effekt aus Marken- und

C. Explikative Mastertechniken 323

Produktfit ($F_{1,214}$ = 4,75, p>0,030) die erwartete Richtung auf einem signifikanten Niveau auf. Der Zusammenhang zwischen Produktfit ($F_{1,214}$ = 0,30, p>0,86) und Anzahl positiver Eigenschaften ist nicht signifikant. Bei den negativen Eigenschaften lässt sich der erwartete Effekt sowohl für Marken- ($F_{1,214}$ = 3,18, p>0,076) und Produktfit ($F_{1,214}$ = 8,91, p>0,003) als auch für den kombinierten Effekt ($F_{1,214}$ = 8,57, p>0,004) nachweisen. Zusammenfassend bestätigen die Ergebnisse H_{2a} und H_{2b}.

Fit	(m: +, p: +)	(m: -, p: +)	(m: +, p: -)	(m: -, p: -)
Anzahl von Eigenschaften	3,82 (100 %)	3,85 (100 %)	4,35 (100 %)	4,43 (100 %)
positive Eigenschaften	1,63 (42,7 %)	1,63 (42,3 %)	2,09 (48 %)	1,09 (24,6 %)
negative Eigenschaften	1,82 (47,6 %)	1,58 (41 %)	1,84 (42,3 %)	2,83 (63,9 %)
neutrale Eigenschaften	0,35 (9,2 %)	0,65 (16,9 %)	0,36 (8,3 %)	0,48 (10,8 %)
emergente Eigenschaften	47,6 %	62,6 %	76,8 %	77,6 %

Abb. C 122: Ergebnisse der Inhaltsanalyse

Die Überprüfung von H_3 basiert auf einer zweifaktoriellen Varianzanalyse der inhaltsanalytischen Auswertung der offenen Fragen für die Gebrauchsgüter (vgl. Abbildung C 121). Diese bestätigte signifikant die unterstellte Hypothese, wonach der Anteil der emergenten Eigenschaften mit abnehmendem Fit steigt. Dies gilt sowohl für Marken- ($F_{1,214}$ = 3,97, p>0,047) und Produktfit ($F_{1,214}$ = 31,38, p>0,000) als auch tendenziell für den Interaktionseffekt zwischen Marken- und Produktfit ($F_{1,214}$ = 3,21, p>0,075).

H_4 und H_5 wurden für die Verbrauchsgüter überprüft. Dazu wurden zunächst jeweils solche Eigenschaften ermittelt, bei denen eine der Einzelmarken besonders positiv bzw. negativ eingeschätzt wurde (t-Test: Beurteilung der Dimension im Vergleich zum Skalenmittelwert von 4,0) und diese Bewertung von der Beurteilung der Partnermarke deutlich abweicht (hochgestelltes a). Abbildungen C 123 und C 124 zeigen die Ergebnisse für die Co-Brands ALPIA & MÖVENPICK sowie LINDT & BAUER.

	ALPIA von MÖVENPICK			MÖVENPICK von ALPIA			Extrem-Effekt
	MÖVENPICK	ALPIA	Co-Brand	MÖVENPICK	ALPIA	Co-Brand	
geringer Kaloriengehalt	6,00*[a]	6,43*	6,07*	6,17*[a]	6,55*	6,17*	(
guter Geschmack	2,17*[a]	3,43	2,72*[c]	2,48*[a]	3,52	2,86*	●
hohes Prestige	2,79*[a]	4,86*	3,34*	2,59*[a]	4,34	3,28*[c]	●
gesundheitsfördernd	5,41*	5,64*	5,93*[c]	5,66*	5,86*	5,97*	n.g.
ansprechende Verpackung	3,03*[a]	4,54	2,83*	3,17*[a]	4,72*	2,55*[c]	●
gutes Preis-Leistungsverhältnis	4,14[a]	3,00*	3,96[c]	4,52[a]	3,21*	4,07[c]	n.g.
Abwechslung/Vielfalt	2,83*[a]	4,07	3,14*	2,72*[a]	3,69	2,93*[c]	●
hohe Qualität	2,07*[a]	3,61	2,59*	2,48*[a]	3,41*	2,75*[c]	●
geringer Fettgehalt	5,24*[a]	5,96*	6,00*[c]	5,55*[a]	5,97*	6,00*	●
appetitliches Aussehen	2,17*[a]	3,79	2,54*	2,17*[b]	3,62	2,62*[c]	●

*: t-Test: signifikanter Unterschied (p<0,05) zwischen dem Mittelwert und dem Mittelwert der Skala (4)
a: signifikanter Unterschied zwischen MÖVENPICK und ALPIA (p<0,05, t-Test)
b: signifikanter Unterschied zwischen X von Y und Y von X (p<0,05, t-Test)
c: signifikanter Unterschied zwischen dem Co-Brand und der Hauptmarke (z.B.: MÖVENPICK von ALPIA → ALPIA) (p<0,05, t-Test)
●: bestätigt : nicht bestätigt n.g.: nicht getestet, da keine Extremassoziation

Abb. C 123: Extrem- und Anordnungseffekt ALPIA & MÖVENPICK

	LINDT von BAUER			BAUER von LINDT			Extrem-Effekt
	LINDT	BAUER	Co-Brand	LINDT	BAUER	Co-Brand	
geringer Kaloriengehalt	6,43*ᵃ	4,41	5,32*ᶜ	6,46*ᵃ	4,25	5,93*	●
guter Geschmack	2,00*ᵃ	3,04*	2,46*ᶜ	2,18*	2,46*	2,00*	●
hohes Prestige	1,86*ᵃ	3,85	2,82*ᶜ	1,96*ᵃ	3,32*	2,36*	●
gesundheitsfördernd	5,96*ᵃ	3,52	5,07*ᶜ	5,86*ᵃ	3,64	5,54*	●
ansprechende Verpackung	2,43*ᵃ	3,74	2,68*ᶜ	2,43*ᵃ	3,86	2,43*	●
gutes Preis-Leistungsverhältnis	4,54ᵃ	3,48	4,04	3,96ᵃ	3,25*	3,93	n.g.
Abwechslung/Vielfalt	3,07*	3,37	3,36*	2,89*	2,68*	2,79*ᵇ	n.g.
hohe Qualität	2,00*ᵃ	2,81*	2,07*ᶜ	1,82*ᵃ	2,46*	1,75*	●
geringer Fettgehalt	5,96*ᵃ	4,11	5,57*ᶜ	6,18*ᵃ	4,18	6,04*	●
appetitliches Aussehen	2,14*ᵃ	2,96*	2,25*ᶜ	2,36*	2,79*	2,29*	●

*: t-Test: signifikanter Unterschied ($p<0,05$) zwischen dem Mittelwert und dem Mittelwert der Skala (4)
a: signifikanter Unterschied zwischen LINDT und BAUER ($p<0,05$, t-Test)
b: signifikanter Unterschied zwischen X von Y und Y von X ($p<0,05$, t-Test)
c: signifikanter Unterschied zwischen dem Co-Brand und der Hauptmarke (z.B.: LINDT von BAUER → BAUER) ($p<0,05$, t-Test)
●: bestätigt   n.g.: nicht getestet, da keine Extremassoziation

Abb. C 124: Extrem- und Anordnungseffekt LINDT & BAUER

H 4 und H 5, die sich auf den Extremeffekt einzelner Assoziationen der Einzelmarken beziehen, fanden in fast allen Fällen Bestätigung. Beispielsweise wird MÖVENPICK bei der Dimension Geschmack positiv beurteilt ($\bar{x} = 2,17$ bzw. $\bar{x} = 2,48$), ALPIA dagegen eher durchschnittlich ($\bar{x} = 3,43$ bzw. $\bar{x} = 3,52$) (hochgestelltes a). Das aus diesen beiden Einzelmarken gebildete Co-Brand schneidet bei dieser Dimension überdurchschnittlich positiv ab ($\bar{x} = 2,72$ bzw. $\bar{x} = 2,86$).

Auch für den negativen Fall gilt dieser Wirkmechanismus. Beispielsweise wird LINDT bei der Dimension Kaloriengehalt negativ beurteilt ($\bar{x} = 6,43$ bzw. $\bar{x} = 6,46$), BAUER dagegen weist eine durchschnittliche Beurteilung auf ($\bar{x} = 4,41$ bzw. $\bar{x} = 4,25$). Das Co-Brand LINDT von BAUER wird mit $\bar{x} = 5,32$ und das Co-Brand BAUER von LINDT mit $\bar{x} = 5,93$ negativ beurteilt.

H_6 und H_7 bezogen sich auf den Anordnungseffekt. H_{6a} und H_{6b} nahmen allgemein einen Unterschied zwischen dem Co-Brand X von Y und Y von X sowohl für die Wichtigkeiten als auch für die Beurteilung der Eigenschaften an. Diese Hypothesen lassen sich nur zum Teil bestätigen (vgl. Abbildungen C 123 und C 124, hochgestelltes b). Beispielsweise wird LINDT von BAUER ($\bar{x} = 3,36$) bei dem Kriterium Abwechslung/Vielfalt als signifikant schlechter gegenüber BAUER von LINDT ($\bar{x} = 2,79$) eingeschätzt. Auch verbinden die Vpn. CARTIER von SWATCH mit einem höherem Prestige ($\bar{x} = 2,00$) und einer höheren Qualität ($\bar{x} = 2,30$) als SWATCH von CARTIER (Prestige: $\bar{x} = 2,82$; Qualität: $\bar{x} = 2,96$). Allerdings handelt es sich dabei bezogen auf die Gesamtheit der Einschätzungen um Ausnahmefälle.

H_7 hat diesen Anordnungseffekt genauer formuliert, wonach die Hauptmarke (...von X) das entsprechende Co-Brand stärker beeinflusst. Um diese Hypothese zu testen, wurden zunächst solche Dimensionen identifiziert, bei denen zwischen den Individualmarken X und Y überhaupt Unterschiede bestehen (vgl. Abbildungen C 123 und C 124; hochgestelltes a) und zwar in beiden Co-Brand-Anordnungen. Bei diesen Fällen wurde dann getestet, ob das Co-Brand X von Y bei der entsprechenden Dimension anders beurteilt wurde als Y von X (vgl. Abbildungen C 123 und C 124; hochgestelltes b beim ersten Co-Brand). Die Individualmarken ALPIA und MÖVENPICK unterscheiden sich in den Dimensionen „Kaloriengehalt", „Geschmack", „Prestige", „Verpackung", „Preis-Leistungsverhältnis", „Abwechslung/Vielfalt", „Qualität", „Fettgehalt" und „appetitliches Aussehen" signifikant voneinander. Die beiden Co-Brands allerdings weisen fast identische Profile auf, weshalb ein Anordnungseffekt nicht nachweisbar ist. Bei der Markenkombination von LINDT und BAUER existieren für die Dimensionen „Kaloriengehalt", „Prestige", „gesundheitsfördernd", „Verpackung", „Preis-Leistungs-Verhältnis", „Qualität" und „Fettgehalt" Unterschiede. Obwohl die Unterschiede der beiden Co-Brands nicht in allen Fällen signifikant sind, bestätigt sich die erwartete Richtung[536]. Für die nicht aufgeführten Ergebnisse der Co-Brands LINDT & MÖVENPICK und BAUER & ALPIA konnte H_7 überwiegend nicht bestätigt werden. Zusammenfassend lässt sich der Anordnungseffekt nur eingeschränkt, am stärksten für Co-Brands mit fehlendem Marken- und Produktfit, nachweisen.

3.2.1.4 Zusammenfassung

Zunächst ist festzuhalten, dass der Fit, differenziert nach Marke und Produkt, die Beurteilung des Co-Brands beeinflusst. Anordnungseffekte konnten die Ergebnisse des Experiments nicht bestätigen, womit die Studie von *Park/Jun/Shocker (1996)* zum Teil widerlegt wurde. Abbildung C 125 fasst die getesteten Hypothesen noch einmal zusammen.

Hypothese	Bestätigung
H_{1a}: Je geringer der Markenfit bei bestehendem Produktfit zwischen den beteiligten Marken ist, desto schlechter wird das Co-Brand insgesamt beurteilt.	●
H_{1b}: Je geringer der Markenfit bei nicht bestehendem Produktfit zwischen den beteiligten Marken ist, desto schlechter wird das Co-Brand insgesamt beurteilt.	●
H_{1c}: Ein Co-Brand mit hohem Markenfit und hohem Produktfit wird positiver beurteilt als ein Co-Brand mit hohem Markenfit aber geringem Produktfit.	◐
H_{1d}: Ein Co-Brand mit geringem Markenfit und hohem Produktfit wird positiver beurteilt als ein Co-Brand mit geringem Markenfit und geringem Produktfit.	◐
H_{2a}: Je geringer der Markenfit zwischen den beteiligten Marken bei Konstanz des Produktfits des Co-Brands, desto a) höher ist die Anzahl von Eigenschaften, b) höher ist die Anzahl von negativen Eigenschaften, c) geringer ist die Anzahl von positiven Eigenschaften.	◐ ● ●
H_{2b}: Je geringer der Produktfit zwischen den beteiligten Marken des Co-Brands bei Konstanz des Markenfits, desto a) höher ist die Anzahl von Eigenschaften, b) höher ist die Anzahl von negativen Eigenschaften, c) geringer ist die Anzahl von positiven Eigenschaften.	● ● ●
H_3: Je geringer sowohl der Marken- als auch der Produktfit zwischen den beteiligten Marken am Co-Brand ausfällt, umso mehr emergente Eigenschaften weist das Co-Brand auf.	●

---

[536] Der Anordnungseffekt wird bei dem Co-Brand LINDT & BAUER vermutlich durch den Effekt der unterschiedlichen Markenstärke der beiden Marken überlagert.

H_4:	Falls eine Eigenschaft bei einer der beteiligten Marken besonders positiv beurteilt wird, wird auch das Co-Brand bei dieser Eigenschaft besonders positiv beurteilt.	●
H_5:	Falls eine Eigenschaft bei einer der beteiligten Marken besonders negativ beurteilt wird, wird auch das Co-Brand bei dieser Eigenschaft negativ beurteilt.	●
H_{6a}:	Die Einschätzung der Wichtigkeiten der Eigenschaften für das Co-Brand X von Y sind ungleich den Einschätzungen bei dem Co-Brand Y von X.	◐
H_{6b}:	Die Beurteilung der Eigenschaften für das Co-Brand X von Y sind ungleich den Beurteilungen bei dem Co-Brand Y von X.	◐
H_7:	Die Beurteilung des Co-Brands X von Y (bzw. Y von X) ist der Beurteilung der Einzelmarke Y (bzw. X) ähnlicher.	◐

●: bestätigt   ◐: teilw. bestätigt

Abb. C 125: Synopse der getesteten Hypothesen (Laborexperiment I)

3.2.2 Laborexperiment II: Wirkungen der Anordnung auf Preisbereitschaften und Kaufabsichten[537]

Ziel des zweiten Laborexperiments stellte die Analyse der Anordnung und der Pre-Einstellungen der Individualmarken auf die verhaltensnahen Größen Preisbereitschaft und Kaufbereitschaft dar.

3.2.2.1 Hypothesenableitung

Mit den Individualmarken hat der Abnehmer entsprechend den Referenzpreismodellen für eine bestimmte Marke einen **Referenzpreis** gespeichert.[538] Dieser interne Referenzpreis für eine Marke resultiert dabei entweder aus dem verbundenen Produktschema oder aus dem Markenschema selbst. Dabei weist ein produktschemabasierter Referenzpreis eine höhere Varietät im Vergleich zum Marken-Referenzpreis auf. Bspw. verbindet der Abnehmer mit der Marke MILKA das Produktschema Schokolade. Aufgrund seiner Erfahrungen hat der Abnehmer gelernt, dass eine Tafel Schokolade zwischen 0,40 € und 0,90 € kostet. Für die Marke MILKA dagegen hat der Abnehmer einen internen Referenzpreis von 0,60 € für eine Tafel Schokolade gespeichert. Welcher Referenzpreis stärker zum Tragen kommt hängt entscheidend vom Wissen des Abnehmers ab.[539] Ein Laie einer Marke wird eher den produktschema-basierten Referenzpreis kennen und diesen zur Bildung der Preisbereitschaft verwenden. Hingegen greift ein Experte bei der Bildung einer Preiserwartung bzw. Preisbereitschaft gegenüber einer neuen Leistung (hier: Co-Brand) auf den markenbezogenen Referenzpreis zurück, da dieser einen höheren „Predictive Value"[540] aufweist.

Bei einem Co-Brand lassen sich mit den beiden Referenzpreisen für die Individualmarken sowie die Co-Brand-Leistung drei verschiedene interne Referenzpreise

---

[537] Die Studie basiert auf der Diplomarbeit **Wachendorf** (2001), die vom Verfasser dieser Habil.-Schrift initiiert und betreut wurde; vgl. zu einer überarbeiteten Version der Diplomarbeit **Wachendorf/ Baumgarth** (2002).

[538] Vgl. Kap. C.II.3.2.3.3.5.

[539] Vgl. Kap. C.II.3.2.1.2.

[540] Vgl. Kap. C.II.3.2.2.1.1.

identifizieren. Falls der Abnehmer nur ein geringes Produktwissen über die Co-Brand-Leistung besitzt bzw. eine eindeutige Kategorisierung der Co-Brand-Leistung unter eine gespeicherte Produktkategorie nicht möglich ist, basiert der Referenzpreis und die damit verbundene Preiserwartung bzw. Preisbereitschaft auf den beteiligten Individualmarken. Falls die Marken des Co-Brands asymmetrisch angeordnet sind, dominiert eine Individualmarke den Referenzpreis des Co-Brands. Theoretische Begründung dafür liefern der **Primacy-Effekt** der **Informations-Integrationsmodelle**[541] und das **Anchoring-Adjustment-Modell**[542].

Aufbauend auf diesen Ausführungen lässt sich folgende Hypothese formulieren:

H_1: *Die aus Sicht der Abnehmer dominierende Marke eines Co-Brands weist im Vergleich zu der zweiten Individualmarke einen größeren Einfluss auf die Preisbereitschaft gegenüber dem Co-Brand auf.*

Weiterhin verbindet der Abnehmer mit positiv beurteilten Marken i.d.R. einen höheren Referenzpreis als mit negativ beurteilten Marken. Daher lässt sich folgende Hypothese formulieren:

H_2: *Je positiver die Pre-Einstellungen zu den beteiligten Partnermarken ausfallen, umso größer ist die Preisbereitschaft für das entsprechende Co-Brand.*

Weitere Hypothesen beziehen sich auf die Kaufbereitschaft gegenüber dem Co-Brand in Abhängigkeit von der Anordnung der Marken und den Pre-Einstellungen. Aufgrund der Ansätze zum **Einstellungstransfer**[543] wird zunächst davon ausgegangen, dass ein Transfer der Pre-Einstellungen auf das Co-Brand stattfindet. Bei einer asymmetrischen Anordnung der Marken findet insbesondere ein Transfer der Einstellung der dominierenden Marke auf das Co-Brand statt. Falls beide Marken eine ähnlich positive Einstellung aufweisen, ist zu erwarten, dass die Co-Brand-Einstellung unabhängig von der Anordnung ausfällt. Hingegen sind in Abhängigkeit von der Anordnung Unterschiede bei Co-Brands mit Individualmarken mit unterschiedlichen Pre-Einstellungen zu vermuten. Da die Einstellung i.d.R. die Kaufabsicht positiv beeinflusst[544], folgt aus einer positiven Einstellung gegenüber dem Co-Brand auch eine erhöhte Kaufabsicht. Zusammenfassen lassen sich diese Überlegungen durch folgende Hypothesen:

H_3: *Falls beide Individualmarken eine ähnliche Pre-Einstellung aufweisen, übt die Anordnung keinen Einfluss auf*

    a)   die Co-Brand-Einstellung,

    b)   und die Kaufbereitschaft gegenüber dem Co-Brand aus.

---

[541]   Vgl. Kap. C.II.3.2.2.1.1.

[542]   Vgl. Kap. C.II.3.2.3.3.5.

[543]   Vgl. Kap. C.II.3.2.2.1.2.

[544]   Vgl. zur Diskussion des Zusammenhanges zwischen Einstellung und Kaufabsicht **Wachendorf/ Baumgarth** (2002) S. 13 f.

H_4: *Falls beide Individualmarken unterschiedliche Pre-Einstellungen aufweisen, besitzt ein Co-Brand, bei dem die Individualmarke mit der positiveren Pre-Einstellung das Co-Brand im Vergleich zu dem Co-Brand, bei dem die Individualmarke mit der negativeren Pre-Einstellung dominiert,*

  a) *eine positivere Co-Brand-Einstellung und*

  b) *und eine höhere Kaufbereitschaft gegenüber dem Co-Brand.*

3.2.2.2 Design

Gegenstand der Befragung bildeten das von den Marken MILKA und LEGO gebildete Co-Brand „Weihnachtsfreude" (vgl. Abbildung C. 126) und zum Zweck dieses Laborexperiments manipulierte Verpackungsabbildungen.

Zum Test der Hypothesen wurden die Preisbereitschaften, Einstellungen und Kaufabsichten der Vpn. für das durch die Marke MILKA dominierte Co-Brand „Weihnachtsfreude" erhoben und mit den entsprechenden Werten für das grafisch manipulierte, durch die Marke LEGO dominierte Produkt bzw. für ein Co-Brand LEGO & ALPIA verglichen. Dieser Vorgehensweise liegt die Annahme zugrunde, dass sich die mit den Individualmarken gespeicherten Referenzpreise und Einstellungen deutlich voneinander unterscheiden.[545]

Abb. C 126: MILKA & LEGO-Weihnachtsfreude (Originalverpackung)

---

[545] Erwartet wurden insbesondere deutlich niedrigere Referenzpreise für die Schokoladenmarken (MILKA, ALPIA) als für die Marke LEGO und deutlich niedrigere Einstellungswerte für die Marke ALPIA als für die Marke LEGO. Die Marken MILKA und LEGO wurden hingegen als ähnlich positiv bewertete Marken eingeschätzt.

C. Explikative Mastertechniken

Die Befragung wurde im September 2001 mit einem Convenience-Sample durchgeführt. Insgesamt beteiligten sich 112 Personen, 44,6% davon waren weiblich. Die meisten der Probanden (63,4%) befanden sich in der Ausbildung bzw. waren Schüler oder Studenten; 28,6% waren berufstätig, 4,5% Rentner/Pensionäre sowie 3,6% nicht berufstätig. Das Durchschnittsalter der Befragten betrug 29,5 Jahre. Die Befragten füllten entweder zu Hause oder an der Universität Siegen einen zweiseitigen Fragebogen aus. Das Ausfüllen des Fragebogens beanspruchte durchschnittlich ca. 5 Minuten. Jede Vpn. bekam einen Fragebogen mit der Produktabbildung der Markenkombination M&L oder A&L. Beide Co-Brands wurden in der Anordnung variiert, wodurch sich insgesamt ein 2 (Co-Brand) x 2 (Anordnung) Between-Subject-Design ergab (vgl. Abbildung C 127).

		Dominante Marke	
		Schokolade	LEGO
Schokoladen-Marke	MILKA	M & L (Gruppe 1)	M & L (Gruppe 2)
	ALPIA	A & L (Gruppe 3)	A & L (Gruppe 4)

Abb. C 127: Co-Brands der Befragung

Der Fragebogen bestand insgesamt aus vier Teilen. In Teil 1[546] beurteilten die Befragten das jeweilige Co-Brand anhand der Produktabbildung und -beschreibung. Zur Ermittlung der Preisbereitschaft wurde direkt der (Maximal-)Preis erhoben, den man für das Produkt höchstens zu zahlen bereit wäre. Um die Preisangabe nicht zu beeinflussen, erfolgte die Abfrage der Preisbereitschaft offen, d.h. ohne Vorgaben. Aus Überlegungen zur Fragebogenlänge fand zur Co-Brand-Einstellungsmessung eine einfache Einstellungsabfrage mittels einer 7-stufigen, bipolaren Skala („negativ" bis „positiv") Verwendung.[547] Ebenfalls auf einer bipolaren 7-stufigen Skala wurden die Kaufabsichten für das Co-Brand erhoben. Da es sich bei „Weihnachtsfreude" überwiegend um ein Geschenk-Produkt handelte, wurde nach der subjektiven Wahrscheinlichkeit gefragt, ob es als Geschenk gekauft würde („nein, auf gar keinen Fall" bis „ja, auf jeden Fall"). In der letzten Frage von Teil 1 war das jeweilige Co-Brand auf einer 7-stufigen Skala der Kategorie „Spielzeug" oder „Schokolade" zuzuordnen.[548] Teil 2 bildete eine für alle Befragten gleich gestaltete Conjoint-Analyse, die im Folgenden nicht weiter dargestellt wird. Teil 3 enthielt allgemeine Fragen zur Person. Diese wurden zwischen den Fragen zu den Co-Brands (Teil 1 und 2) sowie den Einzelbeurteilungen der Marken (Teil 4) platziert, um diese Teile zeitlich und gedanklich voneinander zu trennen. Teil 4 diente durch die Abfrage der Einstellungen und Referenzpreise gegenüber den Individualmarken der Manipulationsüberprüfung, da die Hypothesen H_2 - H_4 einen Einfluss der Einstellungen der Individualmarken auf die

---

[546] Abgefragt wurde zunächst die Bekanntheit beider Partnermarken des Co-Brands. War mindestens eine der beteiligten Marken nicht bekannt, wurde die Befragung an dieser Stelle abgebrochen und nicht gewertet.

[547] Durch die Unterteilung der Skala blieb den Befragten die Möglichkeit, bei keiner ausgeprägt positiven oder negativen Meinung die neutrale Mitte zu wählen. Auf eine numerische Kennzeichnung der einzelnen Abstufungen wurde verzichtet.

[548] Diese Frage diente dazu, die jeweilige Manipulation auf ihre Wirkung beim Befragten zu testen.

Bewertung des Co-Brands unterstellen. Hierzu wurden die erwarteten Ladenpreise der Einzelbestandteile des Co-Brands (Schokoladen-Weihnachtsmann, LEGO-Figur) wie in Frage 2a direkt abgefragt.[549] Weiterhin wurden die Einstellungen für die jeweiligen Individualmarken wie in Teil 1 über einfache bipolare („negativ" bis „positiv"), Siebener-Skalen erhoben.[550]

Zweifaktorielle Varianzanalysen prüften die Hypothesen. Zu Beginn der Auswertung erfolgte zunächst eine Überprüfung der vorgenommenen Manipulationen. Zunächst wurde überprüft, ob die Anordnung manipuliert durch die Größenverhältnisse der Logos auch zu einer subjektiv abweichenden Zuordnung des Co-Brands zu den Kategorien Spielzeug bzw. Schokolade führte. Im Durchschnitt ordneten die Befragten aller Gruppen das Co-Brand der Produktkategorie (Schokolade oder Spielzeug) der jeweils dominant dargestellten Marke zu.[551] Abbildung C 128 gibt die durchschnittlichen Wahrnehmungswerte wieder.

Co-Brand	Mittelwert der Wahrnehmung (1 = Spielzeug; 7 = Schokolade)
M & L (Gruppe 1)	5,57
M & L (Gruppe 2)	2,25
A & L (Gruppe 3)	5,04
A & L (Gruppe 4)	2,46

Abb. C 128: Wahrnehmung der Co-Brands

Die grafischen Manipulationen führten also deutlich zu den jeweils beabsichtigten Wahrnehmungen ($F_{(1,110)} = 182,3$, $p < 0,01$) und eignen sich somit zum Test von H_1 und H_4. Weiterhin wurden die Manipulationen überprüft, die sich auf das unterschiedliche Preisniveau von Spielzeug- und Schokoladenmarken sowie auf die Einstellungen gegenüber den Individualmarken bezogen. Abbildung C 129 fasst die Ergebnisse zusammen.

Wie erwartet, unterschieden sich die mit den Einzelbestandteilen des Co-Brands verbundenen Referenzpreise deutlich[552], d.h. die Manipulation zum Test von H_1 ist erfüllt. Weiter beurteilten die Probanden die Einzelmarken ALPIA und LEGO annahmegemäß deutlich unterschiedlich, während sich für MILKA und LEGO nahezu identische Werte ergaben.[553] Auch die Vermutung über die unterschiedlichen Ein-

---

[549] Ein signifikanter Unterschied zwischen den mit den Einzelbestandteilen verbundenen Preisvorstellungen ist die Voraussetzung zum Test der H_{1a}.

[550] Ein signifikanter Unterschied zwischen den Einstellungswerten für die Einzelmarken ist die Voraussetzung zum Test von H_2 - H_4.

[551] Die Mittelwerte unterschieden sich jeweils stark signifikant (Signifikanzniveau sowohl für M&L als auch für A&L 0.000).

[552] Der durchschnittlich erwartete Ladenpreis für die LEGO-Figur unterschied sich zwischen den Gruppen M&L mit DM 9.25 und A&L mit DM 8.46 nicht signifikant.

[553] Die durchschnittlichen Einstellungswerte für LEGO unterschieden sich zwischen den Gruppen M&L mit 6.36 und A&L mit 6.34 nicht voneinander.

C. Explikative Mastertechniken

stellungswerte für MILKA und ALPIA wurde stark signifikant bestätigt.[554] Somit sind alle zum Test der Hypothesen zugrunde gelegten Annahmen gültig.

Marke	MILKA	ALPIA	LEGO
Produkt	Schokoladen-Weihnachtsmann (150g)		Figur (34 Teile)
Preisbereitschaft	4,36 DM	3,01 DM	8,86 DM
Einstellung (1 = negativ; 7 = positiv)	6,34	3,88	6,35

Abb. C 129: Durchschnittliche Bewertung der Einzelkomponenten

3.2.2.3 Ergebnisse[555]

Zum Test von H_1 wurden die Preisbereitschaften für das Co-Brand der Gruppen 1 und 2 (M&L) miteinander verglichen, ebenso die der Gruppen 3 und 4 (A&L). Sowohl im Fall M&L ($\bar{x}_{M\&L}$ = DM 9,71; $\bar{x}_{M\&L}$ = DM 14,27, $F_{(1,54)}$ = 6,73, $p < 0,05$) als auch im Fall A&L ($\bar{x}_{A\&L}$ = DM 7,21; $\bar{x}_{A\&L}$ = DM 9,40, $F_{(1,54)}$ = 6,98, $p < 0,05$) sind die Unterschiede signifikant. Die Ergebnisse bestätigen somit H_1. Abbildung C 130 gibt die Preisbereitschaften für die verschiedenen Co-Brands wieder.

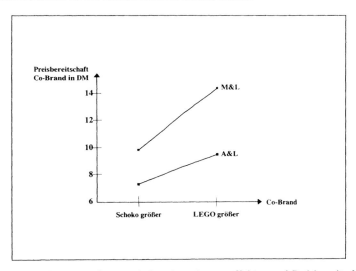

Abb. C 130: Zusammenhang zwischen Anordnungseffekten und Preisbereitschaft

---

[554] Das Signifikanzniveau lag bei 0,000.

[555] Bei der Präsentation der Ergebnisse wird auf eine Umrechnung in € verzichtet, da dadurch Preisschwellen u.ä. verzerrt werden.

Da zum Test von H_2 die Anordnungseffekte des Co-Brands keine Rolle spielen, wurden die Werte der Gruppen 1 und 2 (beide Marken: positive Einstellungen) sowie 3 und 4 (eine Marke mit positiver und eine Marke mit negativer Einstellung) jeweils zusammengefasst. Daraus ergeben sich für das Co-Brand stark signifikante Unterschiede in den durchschnittlichen Preisbereitschaften ($\bar{x}_{M\&L}$ = 11,99 DM; $\bar{x}_{A\&L}$ = 8,30 DM, $F_{(1,110)}$ = 13,01, p < 0,01). Die Ergebnisse bestätigen somit H_2 stark signifikant.

Zum Test von H_3 und H_4 wurden für die Co-Brands MILKA & LEGO bzw. ALPIA & LEGO die Einstellungen gegenüber dem Co-Brand sowie die Kaufabsichten jeweils zwischen den beiden Gruppen mit unterschiedlicher Anordnung miteinander verglichen. Bei dem Vergleich der Einstellungen ($\bar{x}_{M\&L}$ = 4,86 vs. $\bar{x}_{M\&L}$ = 5,00, p = 0,716) und Kaufabsichten ($\bar{x}_{M\&L}$ = 5,00 vs. $\bar{x}_{M\&L}$ = 4,43, p = 0,273) bei dem Co-Brand MILKA & LEGO ergeben sich keine signifikanten Unterschiede. Diese Ergebnisse bestätigen H_3. Die Co-Brand-Einstellung bei Dominanz von ALPIA ($\bar{x}_{A\&L}$ = 4,29) liegt zwar hypothesenkonform leicht unter dem Wert bei einem Co-Brand mit Dominanz von LEGO ($\bar{x}_{A\&L}$ = 4,79), jedoch auf einem nicht signifikanten Niveau (p = 0,172). Demgegenüber unterscheiden sich die direkt abgefragten Kaufabsichten zwischen der ALPIA-Gruppe ($\bar{x}_{A\&L}$ = 4,00) und der LEGO-Gruppe ($\bar{x}_{A\&L}$ = 4,86) tendenziell (p = 0,061). H_4 kann somit teilweise bestätigt werden. Diese Zusammenhänge gibt Abbildung C 131 wieder.

Zum Abschluss wurde für die Größen Preisbereitschaft, Einstellung sowie Kaufabsicht überprüft, ob zwischen der Dominanz der Marken und der Markeneinstellung (gegenüber der Schokoladenmarke) ein Interaktionseffekt besteht. In allen drei Fällen liegt ein signifikanter Interaktionseffekt vor, weshalb die gefundenen Wirkungen unabhängig voneinander auftreten.

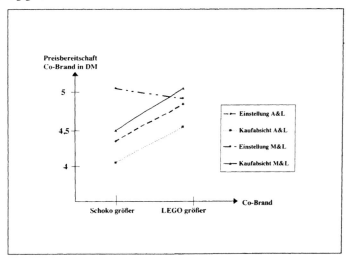

Abb. C 131: Zusammenhang zwischen Anordnungseffekten und Einstellung sowie Kaufabsicht

C. Explikative Mastertechniken 333

3.2.2.4 Zusammenfassung

Die Ergebnisse des zweiten Laborexperiments verdeutlichen die hohe Relevanz der Anordnungsentscheidung für die Co-Brand-Beurteilung. Insbesondere kann eine „falsche" Anordnung zu geringen Preisbereitschaften führen. Abbildung C 132 fasst noch einmal die getesteten Hypothesen zusammen.

	Hypothese	Bestätigung
H_1:	Die aus Sicht der Abnehmer dominierende Marke eines Co-Brands weist im Vergleich zu der zweiten Individualmarke einen größeren Einfluss auf die Preisbereitschaft gegenüber dem Co-Brand auf.	●
H_2:	Je positiver die Pre-Einstellungen zu den beteiligten Partnermarken ausfallen, umso größer ist die Preisbereitschaft für das entsprechende Co-Brand.	●
H_3:	Falls beide Individualmarken eine ähnliche Pre-Einstellung aufweisen, übt die Anordnung keinen Einfluss auf a) die Co-Brand-Einstellung und b) die Kaufbereitschaft gegenüber dem Co-Brand aus.	● ●
H_4:	Falls beide Individualmarken unterschiedliche Pre-Einstellungen aufweisen, besitzt ein Co-Brand, bei dem die Individualmarke mit der positiveren Pre-Einstellung das Co-Brand im Vergleich zu dem Co-Brand, bei dem die Individualmarke mit der negativeren Pre-Einstellung dominiert, a) eine positivere Co-Brand-Einstellung und b) eine höhere Kaufbereitschaft gegenüber dem Co-Brand.	○ ◐
	●: bestätigt ◐: teilw. bestätigt ○: nicht bestätigt	

Abb. C 132: Synopse der getesteten Hypothesen (Laborexperiment II)

3.2.3 Laborexperiment III: Wirkungen der Werbegestaltung auf die Co-Brand-Beurteilung[556]

Das dritte Laborexperiment analysierte den Einfluss der Werbung auf die Co-Brand-Beurteilung.

3.2.3.1 Hypothesenableitung

Die Ableitung der Hypothesen geht jeweils von dem Fall aus, dass es sich um ein Co-Branding mit einem geringen Fit handelt. Als abhängige Variable dient daher insbesondere der Fit. Weiterhin untersucht das Laborexperiment, ob die Art der Werbung und das damit verbundene Werbegefallen die Beurteilung des Co-Brands beeinflusst. Abbildung C 133 gibt dieses allgemeine Wirkungsmodell der Werbung auf die Co-Brand-Beurteilung im Überblick wieder.

Auf der Basis der **Werbegefallensmodelle**[557] wird vermutet, dass ein höheres Werbegefallen zu einer positiveren Fit-Beurteilung beiträgt. Weiterhin führt das **Dual-Mediation-Modell**[558] zu der Annahme, dass ein höheres Werbegefallen einen höheren Fit zur Folge hat, und damit das Werbegefallen auch indirekt zu einer Verbesserung der Co-Brand-Beurteilung beiträgt.

---

[556] Die Studie basiert auf der Diplomarbeit **Turgay** (2002), die vom Verfasser dieser Habil.-Schrift initiiert und betreut wurde.

[557] Vgl. Kap. C.II.3.2.2.1.2.

[558] Vgl. Kap. C.II.3.2.2.1.2.

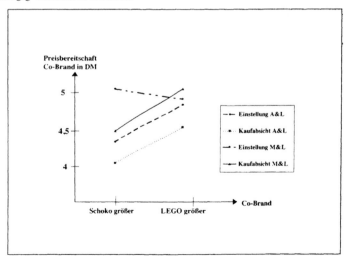

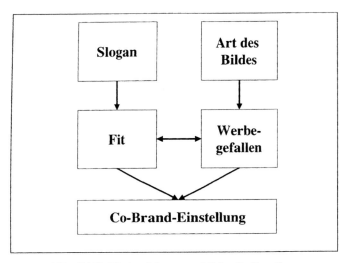

Abb. C 133: Werbewirkungsmodell des Co-Brandings

Ein Haupteinflussfaktor des Werbegefallens bildet die Art des Bildes in der Werbung. Bei der Verwendung eines Bildes gibt es mit emotionalen und produktpräsentierenden Bildern zwei grundsätzliche Möglichkeiten. Dabei wird angenommen, dass das emotionale Bild zu einem höheren Werbegefallen und einem höheren Fit führt und dadurch insgesamt auch zu einer positiveren Co-Brand-Beurteilung. Daraus lassen sich folgende Hypothesen ableiten:

H_1: *Bei einem Co-Branding zweier inkongruenter Marken führt die Verwendung emotionaler im Vergleich zu produktpräsentierenden Bildern in den Werbeanzeigen*

    a) *zu einem höheren Markenfit,*

    b) *zu einem höheren Werbegefallen und*

    c) *zu einer positiveren Co-Brand-Einstellung.*

Weiterhin gilt, dass Co-Brands mit hohem Fit im Vergleich zu solchen mit geringem Fit generell positiver bewertet[559] und mit mehr positiven und weniger negativen Eigenschaften[560] verbunden werden. Haupteinflussfaktor der Fitbeurteilung bildet die Möglichkeit, durch eine Laientheorie einen Fit zu konstruieren.[561] Der Slogan kann die Konstruktion einer solchen Laientheorie unterstützen. Der **Priming-Ansatz**[562] erklärt

---

[559] Dies gilt insbesondere bei geringem Involvement. Auch gilt diese Annahme für Co-Brands mit sehr geringem Fit im Vergleich zu Co-Brands mit einem moderaten Fit. Vgl. Kap. C.II.3.2.3.2.2.

[560] Vgl. Laborexperiment 1.

[561] Vgl. Kap.C.II.3.2.3.2.1.

[562] Vgl. Kap. C.II.3.2.3.1.1.

die Bedeutung von externen Reizen im Vorfeld für die spätere Verarbeitung. die Wahrnehmung eines Slogan der Eigenschaften beider Marken enthält, aktiviert diese Assoziationen in den beteiligten Markenschemata. Bei einer anschließenden Fit-Beurteilung erfolgt insbesondere ein Rückgriff auf die in dem Slogan enthaltenen Assoziationen, da diese durch das Priming eine höhere Assoziationsstärke aufweisen. Da ein Slogan, der Assoziationen beider Marken anspricht, implizit auch einen Zusammenhang erklärt, bildet dieser auch die Basis für eine Laientheorie[563], wodurch der Markenfit steigt.

Aufbauend auf diesen Überlegungen lässt sich folgende Hypothesen formulieren:

H_2: *Bei einem Co-Branding zweier inkongruenter Marken führt die Verwendung eines Slogans, der in seinem Wortlaut auf beide kooperierenden Marken Bezug nimmt, im Vergleich zu einem Slogan, der nur auf eine Marke Bezug nimmt,*

    a)   *zu einem höheren Markenfit,*

    b)   *zu einem höheren Werbegefallen und,*

    c)   *zu einer positiveren Co-Brand-Einstellung.*

Das im Folgenden dargestellte Laborexperiment überprüft diese Hypothesen empirisch.

3.2.3.2 Design

Das Experiment erforderte die Durchführung mehrerer Pre-Tests, die im Weiteren kurz skizziert werden. Vorab wurden als mögliche Co-Brands reale Marken mit einem hohen Bekanntheitsgrad ausgewählt.

(1) Markenauswahl

Die Studie geht davon aus, dass die Auswahl des Kooperationspartners für Co-Branding bereits abgeschlossen ist und in Frage kommende Partner ausgewählt wurden. Es wurde die Entscheidung getroffen, ausschließlich bekannte Marken zu verwenden, die aus verschiedenen Produktkategorien stammen, um die Allgemeingültigkeit der Ergebnisse zu erhöhen. Zunächst wurden die Produktkategorien Bier, salziges Knabbergebäck, Auto, Sportschuhe, Zahnpasta, Badezusatz, Instant-Cappuccino und Schokoriegel ausgewählt. Unter Bezugnahme auf Sekundärforschung wurden Marken aus diesen Kategorien ermittelt, die ausreichend bekannt sind. Für die Produktkategorie Bier wurde die Marke KROMBACHER[564], für salziges Knabbergebäck BAHLSEN[565], für Autos

---

[563] Vgl. Kap. C.II.3.2.3.2.1.

[564] Es wurden Zahlen über den tatsächlichen Gebrauch der Marke KROMBACHER gefunden. KROMBACHER verfügt über den zweithöchsten Gebrauchswert. Daraus soll auf eine hohe Markenbekanntheit geschlossen werden: Quelle: **TdW** (2000) S. 127.

[565] Die Zahlen beziehen sich auf den tatsächlichen Gebrauch in den letzten 4 Wochen. Dabei wurde BAHLSEN als meistverwendete Marke identifiziert. Daraus soll auf die große Markenbekanntheit geschlossen werden. Quelle: **VA 2000** (2000) S. 139.

BMW[566], für Sportschuhe NIKE[567], für Zahnpasta DENTAGARD[568], für Badezusätze TETESEPT[569], für Instant-Cappuccino NESCAFÉ-Cappuccino[570] und für Schokoriegel SNICKERS[571] gewählt. Aufgrund der Pretests musste auf die Marken KROMBACHER und BAHLSEN verzichtet werden. Stattdessen wurden die Produktkategorien Handies und Spielzeug mit den Marken SIEMENS[572] und LEGO[573] berücksichtigt. Es wurden folgende Co-Brands gebildet:

- BMW-Laufschuhe von NIKE,
- DENTAGARD-Wohlfühlbad von TETESEPT,
- LEGO-Handy S35 L von SIEMENS,
- NESCAFÉ-CAPPUCCINO mit SNICKERS-Geschmack.

(2) Pretests

Aufbauend auf dieser Markenauswahl wurden mehrere Pretests durchgeführt, die die Bekanntheit der Marken, den geringen Fit der Co-Brands sowie die Wirkung der entwickelten Werbeanzeigen analysierten.

(2a) Pretests zu Markenbekanntheit und zu Markenassoziationen

Ziel des ersten Pretests bildete die Überprüfung der Markenbekanntheit sowie die Identifikation von Marken-Assoziationen, welche die Basis für die Sloganformulierung bildeten. Alle Pretests verwendeten von standardisierte Fragebögen. Die Probanden, die überwiegend Studierende der Universität Siegen waren, wurden zufällig angesprochen und zum Ausfüllen des Fragebogens aufgefordert. Die Marken SIEMENS und LEGO

---

[566] Die Zahlen beziehen sich auf die Markenbekanntheit, wobei BMW eine Bekanntheit von 99% erreicht. Quelle: **MP9** (2001) S. 238.

[567] Die Zahlen beziehen sich auf die Markenbekanntheit, wobei NIKE eine Bekanntheit von 82% erreicht. Quelle: **MP9** (2001) S. 204.

[568] Die Zahlen beziehen sich auf den tatsächlichen Gebrauch. Dabei wurde DENTAGARD als meistverwendete Zahnpasta-Marke identifiziert. Daraus soll auf die große Markenbekanntheit geschlossen werden. Quelle: **VA2000** (2000) S. 78.

[569] Die Marke TETESEPT ist zwar nicht die bekannteste Marke, wurde aber wegen ihrer optischen Nähe zu DENTAGARD gewählt. Quelle: **VA 2000** (2000) S. 75.

[570] Es wurden Zahlen über den tatsächlichen Gebrauch der Marke NESCAFÉ-Cappuccino gefunden. Sie verfügt über den höchsten Gebrauchswert. Daraus soll auf eine hohe Markenbekanntheit geschlossen werden. Quelle: **TdW** (2000) S. 133.

[571] Die Zahlen beziehen sich auf den tatsächlichen Gebrauch. Dabei wurde SNICKERS zwar nicht als meistverwendete, aber als recht häufig verwendete Marke angegeben. Daraus soll auf die recht große Markenbekanntheit geschlossen werden. Quelle: **VA 2000** (2000) S. 136.

[572] Es wurden Zahlen über den tatsächlichen Gebrauch der Marke SIEMENS gefunden. Sie verfügt über den zweithöchsten Gebrauchswert. Daraus soll auf eine hohe Markenbekanntheit geschlossen werden. Quelle: **TdW** (2000) S. 133.

[573] Zunächst beziehen sich die Zahlen auf den tatsächlichen Besitz von LEGO bei Kindern. Es kann eine sehr weite Verbreitung festgestellt werden, wodurch auf eine hohe Markenbekanntheit geschlossen werden soll. Quelle: **KVA 2000** (2000) S. 12; hier wurde der Wert für tatsächlich gekauftes Spielzeug ermittelt, wobei LEGO am häufigsten gekauft wurde. Daraus lässt sich ebenfalls auf eine hohe Bekanntheit schließen. Quelle: **VA 2000** (2000) S. 54.

C. Explikative Mastertechniken

wurden nachträglich ergänzt und getrennt abgefragt. Am Pretest für BMW, KROMBACHER, SNICKERS, DENTAGARD nahmen 29 Vpn., am zweiten für TETESEPT, BAHLSEN, NIKE, NESCAFÉ-Cappuccino zehn und am dritten für die Marken SIEMENS und LEGO acht Vpn. teil. Die erste Variante ermittelte die Markenbekanntheit durch eine Siebener-Skala (1 = völlig unbekannt, 7 = sehr bekannt).[574] Bei der zweiten und dritten Variante wurden zur Erfragung der Markenbekanntheit ebenfalls Siebener-Skalen (1 = sehr bekannt; 7 = gar nicht bekannt) eingesetzt.[575] Daraus wurde jeweils das arithmetische Mittel gebildet. Die Abfrage der Assoziationen erfolgte bei allen drei Varianten offen. Abbildung C 134 zeigt die Mittelwerte und die am häufigsten genannten Assoziationen für die jeweiligen Marken. Die betrachteten Marken haben sich alle als ausreichend bekannt erwiesen.

Test-Nr.	Marke	Mittelwert	Häufigste Assoziationen (Anzahl der Nennung)
\multicolumn{4}{c}{7 = sehr bekannt (Pretest 1)}			
1	BMW	6,66 → sehr bekannt	- teuer (22) - sportlich, schnell jeweils (13)
1	KROMBACHER	5,7 → bekannt	- Geschmack/ lecker (11) - kalt/ kühl, Bier jeweils (7)
1	SNICKERS	5,1 → bekannt	- süß (20) - Nuß/Erdnuß (16)
1	DENTAGARD	4,3 → mittlere Bekanntheit	- Kräuter (11) - frisch, gesund, grün (jeweils 9)
\multicolumn{4}{c}{1 = sehr bekannt (Pretest 2 und 3)}			
2	TETESEPT	3,5 → bekannt	- Baden/Badewanne (6) - entspannend, angenehm, Erholung (jeweils 3)
2	BAHLSEN	1,9 → sehr bekannt	- Chips (6) - Bier (5)
2	NIKE	1,3 → sehr bekannt	- sportlich/Sport (9) - teuer (7)
2	NESCAFÉ-CAPPUCCINO	2,5 → bekannt	- italienisch (5) - lecker (4) - Café, gemütlich (jeweils 2)
3	SIEMENS	1,8 → sehr bekannt	- Technik (6) - gute Qualität (6)
3	LEGO	1,1 → sehr bekannt	- Spaß (7) - bunt (6)

Abb. C 134: Markenbekanntheit und am häufigsten genannte Assoziationen mit Anzahl der Nennungen

---

[574] Die Frage lautete: „Für wie bekannt halten Sie die Marke XY?"

[575] Die Aufforderung hieß: „Geben Sie bitte auf der Siebener-Skala durch Ankreuzen an, für wie bekannt Sie die Marke XY halten!"

(2b) Pretest Attribute

Dieser Pretest wurde ebenfalls nachträglich um die Marken LEGO und SIEMENS ergänzt. Auch an diesem Pretest nahmen überwiegend Studierende der Universität Siegen teil. Hier wurde getestet, welche Attribute auf welche Marken zutreffen, um später Slogans daraus zu gestalten. Der erste Test wurde mit zehn Vpn. durchgeführt. Alle Marken, bis auf LEGO und SIEMENS, wurden in Tabellen eingetragen, die jeweils ein Attribut enthielten. Die Vpn. kreuzten an, ob das Attribut zutrifft oder nicht. Der zweite Test wurde auf die gleiche Weise durchgeführt, wobei die Marken LEGO und SIEMENS die Marken MERZINGER und GEROLSTEINER ersetzten. Es wurden auch nur die Attribute „bunt" und „Technik" abgefragt, da diese vorher am häufigsten im Zusammenhang mit LEGO bzw. SIEMENS genannt wurden. Es nahmen wieder zehn Vpn. teil. Abbildung C 135 gibt die Ergebnisse für die interessierenden Marken wieder.

Marke	Attribute
DENTAGARD	frisch, wohltuend, beliebt, bunt
TETESEPT	frisch, wohltuend, hohe Qualität, teuer
BMW	Spaß, hohe Qualität, teuer, schnell, sportlich, beliebt, Technik
NIKE	Spaß, hohe Qualität, teuer, schnell, sportlich, beliebt, bunt
NESCAFÉ-CAPPUCCINO	Spaß, wohltuend, hohe Qualität, teuer, schnell, Genuss, beliebt
SNICKERS	Genuss, beliebt
LEGO	bunt (weitere Attribute wurden nicht abgefragt)
SIEMENS	Technik (weitere Attribute wurden nicht abgefragt)

Abb. C 135: Marken und Assoziationen

(2c) Pretest zum Fit der Co-Brands

Dieser Pretest untersuchte den Fit zwischen den gewählten Markenpaaren. Zur Vermeidung von Reihenfolge-Effekten wurde dieser Fragebogen in zwei Varianten mit unterschiedlicher Reihenfolge gestaltet. Die Fragebögen enthielten zu jedem Markenpaar zwei Siebener-Skalen (1 = passen; 7 = passen nicht und 1 = ergänzen sich; 7 = ergänzen sich nicht). Zunächst beurteilten 30 Studierende die Markenpaare KROMBACHER & BAHLSEN, BMW & NIKE, NESCAFÉ-CAPPUCCINO & SNICKERS und DENTAGARD & TETESEPT. Da sich später herausstellte, dass das Markenpaar KROMBACHER & BAHLSEN wegen eines unerwartet hohen Fits ungeeignet ist, beurteilten nochmals 10 Studierende das Co-Brand SIEMENS & LEGO. Abbildung C 136 gibt die Mittelwerte wieder.

Markenkombinationen	„passen"	„ergänzen sich"
KROMBACHER & BAHLSEN	2,4	2,4
BMW & NIKE	5,3	6,1
NESCAFÉ-CAPPUCCINO & SNICKERS	4,13	4,47
DENTAGARD & TETESEPT	4,97	5,0
LEGO & SIEMENS	6,8	7,0

Abb. C 136: Mittelwerte des Markenfits

Die Kombinationen DENTAGARD & TETESEPT, NESCAFÉ-CAPPUCCINO & SNICKERS, BMW & NIKE und SIEMENS & LEGO weisen wie beabsichtigt alle einen relativ geringen Fit auf.

C. Explikative Mastertechniken 339

(2d) Pretest-Anzeigen

Dieser Pretest überprüfte die gestalteten Werbeanzeigen in Bezug auf die Emotionalität und die Sloganzuordnung. An dem Pretest nahmen 52 Auszubildende des Berufsbildungszentrums Siegen teil. Jeweils vier Klassen beurteilten jeweils eine der vier Versionen.

Den Vpn. wurden nacheinander die Anzeigen der entsprechenden Version ca. 1 Minute lang präsentiert. Danach beantworteten sie einen Fragebogen zu den Anzeigen. Zunächst sollten die Vpn. anhand zweier Siebener-Skalen (1 = trifft zu; 7 = trifft nicht zu) angeben, ob der jeweilige Slogan zu der Marke passt. Anschließend gaben sie mit Hilfe einer offenen Frage die Assoziationen und Gedanken wieder. Dies ermöglichte die Überprüfung, ob diese eher emotional oder eher sachlich wirken. Abbildung C 137 enthält Anzeigenkombinationen der Versionen mit Bild- und Slogangestaltung.

Gruppe (n)	Co-Brand	Bild	Slogan
1 (10)	NESCAFÉ-Cappuccino mit SNICKERS-Geschmack	Packungsabbildung *(sachlich)*	Für die italienischen Momente im Leben. Der neue NESCAFÉ-Cappuccino mit der SNICKERS-Note *(passt nur zu NESCAFÉ)*
	BMW-Laufschuh von NIKE	Schuhabbildung *(sachlich)*	Sportlichkeit, Dynamik, Erfolg vereint in einem Schuh *(passt zu beiden Marken)*
	SIEMENS-LEGO-Handy S35 L	junge, trendige, feiernde Menschen *(emotional)*	Just imagine...Jedem seine Farbe. Das neue S35 L-Spaß & Technik *(passt zu beiden Marken)*
2 (15)	NESCAFÉ-Cappuccino mit SNICKERS-Geschmack	Straßencafe mit zwei flirtenden Menschen *(emotional)*	Genießen Sie ihn nicht allein. Der neue NESACAFÉ-Cappuccino mit dem nussig-süßen SNICKERS-Geschmack *(passt zu beiden Marken)*
	BMW-Laufschuh von NIKE	Schuhabbildung *(sachlich)*	Get the feeling *(passt nur zu NIKE)*
	DENTAGARD-Wohlfühlbad von TETESEPT	Packungsabbildung *(sachlich)*	Das erfrischende Wohlfühlbad *(passt zu beiden Marken)*
3 (16)	NESCAFÉ-Cappuccino mit SNICKERS-Geschmack	Packungsabbildung *(sachlich)*	Genießen Sie ihn nicht allein. Der neue NESACAFÉ-Cappuccino mit dem nussig-süßen SNICKERS-Geschmack *(passt zu beiden Marken)*
	BMW-Laufschuh von NIKE	Formel 1 und Jogger *(emotional)*	Sportlichkeit, Dynamik, Erfolg vereint in einem Schuh *(passt zu beiden Marken)*
	DENTAGARD-Wohlfühlbad von TETESEPT	Packungsabbildung *(sachlich)*	Das Wohlfühlbad *(passt nur zu TETESEPT)*
4 (11)	NESCAFÉ-Cappuccino mit SNICKERS-Geschmack	Frau in Dessous *(emotional)*	Für die süßen Momente im Leben. Der neue NESCAFÉ-Cappuccino mit der nussigen SNICKERS-Note *(passt nur zu SNICKERS)*
	SIEMENS-LEGO-Handy S35 L	Produktabbildung *(sachlich)*	Spaß und Technik. Just imagine...Jedem seine Farbe. Das neue S35 L. *(passt zu beiden Marken)*
	DENTAGARD-Wohlfühlbad von TETESEPT	Frau liegt lächelnd und entspannt in der Badewanne *(emotional)*	Das erfrischende Wohlfühlbad *(passt zu beiden Marken)*

Abb. C 137: Bild und Slogan der Anzeigen für die Co-Brands (Pretest)

Um zu prüfen, ob die Slogans zu den jeweiligen Marken passen, wurde über alle Fragebögen das arithmetische Mittel gebildet. Zwei Personen, die in den Inhalt der Untersuchung nicht eingeweiht waren, teilten die offenen Fragen inhaltsanalytisch in die beiden Kategorien emotional und sachlich ein. Die Ergebnisse zeigten, dass der BMW-Laufschuh von NIKE und das DENTAGARD-Wohlfühlbad von TETESEPT nicht für diese Studie geeignet sind. Diese wurden deshalb in DENTAGARD-Wohlfühlbad und BMW-Laufschuh geändert und fungierten in der Hauptstudie als Störanzeigen. Das SIEMENS & LEGO-Handy S35 L und der NESCAFÉ-CAPPUCCINO mit SNICKERS-Geschmack waren geeignet.

(3) Design

Es handelt sich bei dieser Studie um ein Laborexperiment mit einem 2 (Bild: emotional vs. produktpräsentierend) x 2 (Slogan: trifft auf zusätzlich markierte Marke zu vs. trifft auf beide Marken zu) Between-Subject-Design.

An dem Laborexperiment nahmen 171 Personen teil, die sich zu 96,5% aus Studierenden verschiedener Fachrichtungen der Universität Siegen zusammensetzten, wobei 52,8% Wirtschaftswissenschaften studierten und 45,6% weiblich waren. Das Durchschnittsalter der Teilnehmer lag bei 23 Jahren. Diese 171 Vpn. wurden zufällig in vier Gruppen eingeteilt (Gruppe 1: 42 Probanden; Gruppe 2 – 4: jeweils 43 Probanden).

Die Pretests hatten ergeben, dass die Co-Brands NESCAFÉ-Cappuccino mit SNICKERS-Geschmack und SIEMENS & LEGO-Handy S35 L die notwendigen Voraussetzungen erfüllten, um die Gültigkeit der Hypothesen zu prüfen

Die betrachteten unabhängigen Variablen sind das Bild und der Slogan, die zu „emotional vs. produktpräsentierend" und „Wortlaut trifft auf beide Marken zu vs. Wortlaut trifft auf zusätzlich markierte Marke zu" variiert wurden. Die Anzeigen wurden so gestaltet, dass das jeweilige emotionale Bild einmal mit dem Slogan, der auf beide Marken zutrifft, versehen wurde und einmal mit dem Slogan, der nur auf die zusätzlich markierte Marke zutrifft. Bei den nicht-emotionalen Anzeigen wurde ebenso verfahren, so dass für jedes Co-Brand vier verschiedene Anzeigen vorlagen. Die Zusammensetzung der Versionen verdeutlicht am Beispiel des Co-Brands SIEMENS & LEGO Abbildung C 138. Jede der Versionen enthielt ebenfalls die beschriebenen Störanzeigen. Es wurde immer als erste die Anzeige für NESCAFÉ-Cappuccino mit SNICKERS-Geschmack präsentiert, als zweite die Anzeige für den BMW-Laufschuh, als dritte die SIEMENS & LEGO-Handy S35 L Anzeige und zum Schluss die DENTAGARD-Bad Anzeige, d.h. die Reihenfolge war in allen vier Versionen identisch.

Die Probanden hatten sich zu einem abgesprochenen Termin in einem Raum einzufinden. Nach kurzen Erläuterungen des Moderators zu der Studie wurden Fragebögen verteilt. Den Probanden wurde der eigentliche Zweck der Untersuchung nicht mitgeteilt.

C. Explikative Mastertechniken   341

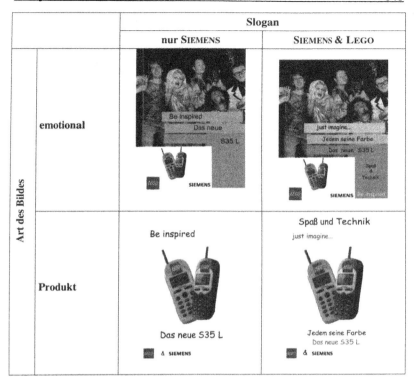

Abb. C 138: Stimuli Co-Brand SIEMENS & LEGO

Die Fragebögen enthielten zunächst einen Fragenkomplex, anhand dessen die Emotionalität der Anzeige geprüft werden sollte. Dabei wurde auf die „Emotional Quotient Scale" von *Wells (1964)* Bezug genommen:[576]

„Emotional Quotient Scale" ($\alpha_{Nescafe} = 0{,}82$; $\alpha_{Siemens} = 0{,}87$)[577]
Diese Anzeige spricht mich sehr an.
Dies ist eine wundervolle Anzeige.
Diese Anzeige ist für mich von geringem Interesse.
Dies ist die Art von Anzeigen, die man leicht vergisst.
Durch diese Anzeige fühle ich mich gut.
Diese Anzeige lässt mich kalt.

---

[576] Vgl. **Wells** (1964) S. 46; die Originalskala enthält zwölf Aussagen, zu denen der Proband anhand einer Siebener-Skala angeben soll, inwieweit er zustimmt oder nicht. Hier wurden nur sechs von diesen Aussagen ausgewählt, die die Emotionalität belegen sollen.

[577] Item 4 wurde aufgrund einer zu geringen Item to Total-Correlation eliminiert.

Danach wurde gefragt, inwieweit die abgebildeten Slogans auf die jeweiligen Marken zutreffen. Dazu wurde zunächst der Slogan wiederholt und dann die Aussage formuliert, dass er auf die Marke X zutrifft. Der Proband sollte nun anhand einer Siebener-Skala angeben, inwieweit er dieser Aussage zustimmt (1 = „trifft zu" und 7 = „trifft nicht zu"). Dies wurde für jede Co-Brand-Marke getrennt vorgenommen. Als nächstes wurde die Einstellung zum Co-Brand-Produkt durch drei Siebener-Skalen abgefragt („schlecht" - „gut"; „negativ" - „positiv"; „unvorteilhaft" - „vorteilhaft"; $\alpha_{\text{NESCAFÉ \& SNICKERS}} = 0{,}90$; $\alpha_{\text{SIEMENS \& LEGO}} = 0{,}90$).

Die nächste abhängige Variable Markenfit wurde jeweils auf der Marken- und Produktebene durch zwei Siebener-Skalen gemessen („passen zusammen" - „passen nicht zusammen"; „ergänzen sich" - „ergänzen sich nicht"; $\alpha_{\text{NESCAFÉ \& SNICKERS}} = 0{,}90$; $\alpha_{\text{SIEMENS \& LEGO}} = 0{,}90$). Zum Schluss wurde das Gefallen der Anzeige abgefragt, wobei ebenfalls auf Siebener-Skalen zurückgegriffen wurde („vorteilhaft" - „unvorteilhaft"; „interessant" - „langweilig"; $\alpha_{\text{NESCAFÉ \& SNICKERS}} = 0{,}75$; $\alpha_{\text{SIEMENS \& LEGO}} = 0{,}80$). Die Items der drei abhängigen Variablen wurden jeweils zu einem Index verdichtet.

(2) Manipulationsüberprüfung

Bevor die Hypothesen getestet werden, ist es notwendig zu überprüfen, ob die emotionalen Anzeigen als solche bewertet wurden und ob die Verwendung eines Slogans, dessen Wortlaut auf beide Marken zutrifft, tatsächlich zu einer Erhöhung der Zuordnung zu beiden Marken führt.

Abbildung C 139 gibt die Mittelwerte sowie die Testergebnisse für die Emotionalität der Anzeigen wieder.

Co-Brand	Anzeigentyp	Beurteilung der Emotionalität (Mittelwert)	t-Test
NESCAFÉ	Produkt	2,48	$p = 0{,}01$
	emotional	3,17	
SIEMENS	Produkt	2,91	$p = 0{,}015$
	emotional	3,42	

Abb. C 139: Manipulationsüberprüfung Emotionalität der Anzeigen

Die Manipulationsüberprüfung zeigt, dass die Manipulation für beide Fälle funktioniert.

Die zweite Manipulationsüberprüfung bezog sich auf die Zuordnung des Slogans auf eine bzw. beide Marken des Co-Brands (vgl. Abbildung C 140).

Die Manipulationsüberprüfung zeigt zunächst, dass in beiden Fällen der zweite Slogan, wie beabsichtigt, auch der zweiten Marke zugeordnet wird. Allerdings ist für das Co-Brand SIEMENS & LEGO auch zu erkennen, dass der zweite Slogan signifikant schlechter der Marke SIEMENS zugeordnet wird. Da es sich aber mit 4,86 immer noch um einen relativ hohen Wert handelt, wird die Manipulation als erfolgreich interpretiert.

C. Explikative Mastertechniken 343

Co-Brand	Slogantyp	Zuordnung zur Hauptmarke (Mittelwert)	t-Test	Zuordnung zur Nebenmarke (Mittelwert)	t-Test
NESCAFÉ	nur NESCAFÉ	4,05	p = 0,569	1,86	p = 0,000
	NESCAFÉ & SNICKERS	3,86		3,26	
SIEMENS	nur SIEMENS	5,63	p = 0,006	1,98	p = 0,000
	SIEMENS & LEGO	4,86		4,35	

Abb. C 140: Manipulationsüberprüfung Sloganzuordnung

3.2.3.3 Ergebnisse

Der Hypothesentest für die beiden Co-Brands wird durch eine mehrfaktorielle Varianzanalyse unabhängig voneinander durchgeführt.

Abbildung C 141 gibt zunächst die deskriptiven Ergebnisse für das Co-Brand NESCAFÉ & SNICKERS wieder.

	nur NESCAFÉ		NESCAFÉ & SNICKERS	
	sachlich	emotional	sachlich	emotional
Fit	2,94	3,33	3,89	3,97
Gefallen der Anzeige	2,76	3,55	3,60	3,72
Co-Brand-Einstellung	2,59	3,09	3,74	3,89
höhere Werte = positive Ausprägungen				

Abb. C 141: Deskriptive Statistiken des Co-Brands NESCAFÉ & SNICKERS

Abbildung C 142 fasst die Ergebnisse für das zweite Co-Brand SIEMENS & LEGO zusammen.

	nur SIEMENS		SIEMENS & LEGO	
	sachlich	emotional	sachlich	emotional
Fit	1,86	2,39	3,13	2,39
Gefallen der Anzeige	2,05	3,83	4,12	4,07
Co-Brand-Einstellung	2,43	2,91	3,76	3,16
höhere Werte = positive Ausprägungen				

Abb. C 142: Deskriptive Statistiken des Co-Brands SIEMENS & LEGO

H 1 prüft den Einfluss der Emotionalität der Anzeige auf die abhängigen Größen Fit, Gefallen der Anzeige und Co-Brand-Einstellung.

Für das Co-Brand NESCAFE & SNICKERS führt die emotionale Anzeige zwar zu keinem höheren Fit (F = 0,83; p= 0,364), aber zu einem signifikant höheren Werbegefallen (F = 3,25; p = 0,073). Weiterhin resultiert aus ihr keine signifikant positivere Co-Brand-Einstellung (F = 1,87; p = 0,173). Zusammenfassend lässt sich für das erste Co-Brand nur H_{1b} bestätigen. H_{1c} weist zwar keine signifikanten Ergebnisse auf, allerdings zeigt sich ein tendenzieller Unterschied.

Für das Co-Brand SIEMENS & LEGO lassen sich ähnliche Ergebnisse feststellen. Der Fit ist nicht abhängig von der Emotionalität der Anzeige (F = 0,239; p = 0,626). Hingegen liegen beim Werbegefallen hochsignifikante Unterschiede vor (F = 13,853; p = 0,000). Schließlich besteht für die Co-Brand-Einstellung kein Unterschied zwischen den beiden Gruppen (F = 0,058; p = 0,81). Zusammenfassend gilt auch für das zweite Co-Brand, dass die Emotionalität nur das Werbegefallen signifikant beeinflusst (H_{1b}).

Die Hypothese H_2 testet den Einfluss der Sloganzuordnung auf die Größen Fit, Werbegefallen und Co-Brand-Einstellung.

Für das erste Co-Brand NESCAFE & SNICKERS führt der gemeinsame Slogan zu signifikanten Unterschieden bei allen drei Größen. Ein gemeinsamer Slogan führt sowohl beim Fit (F = 9,48; p = 0,002) und beim Werbegefallen (F = 4,12; p = 0,044) als auch bei der Co-Brand-Einstellung (F = 17,067; p = 0,00) zu positiveren Werten.

Ähnliche Ergebnisse zeigen sich auch bei dem zweiten Co-Brand SIEMENS & LEGO. Ein gemeinsamer Slogan führt zu signifikant höheren Werten beim Fit (F = 8,52, p = 0,004), beim Werbegefallen (F = 13,853, p = 0,00) und bei der Co-Brand-Einstellung (F = 9,994, p = 0,002).

Zusammenfassend lässt sich festhalten, dass für beide Co-Brands die Emotionalität der Anzeige nur das Werbegefallen beeinflusst. Der gemeinsame Slogan dagegen führt bei beiden Co-Brands zu signifikanten Ergebnissen für alle drei abhängigen Variablen.

Zur weiteren Interpretation der Ergebnisse ist noch zu klären, ob zwischen den beiden unabhängigen Variablen Interaktionseffekte existieren. Diese lassen sich bei dem ersten Co-Brand nicht erkennen. Hingegen existieren beim zweiten Co-Brand für alle drei abhängigen Variablen ausgeprägte Interaktionseffekte (vgl. Abbildungen C 143 bis C 145).

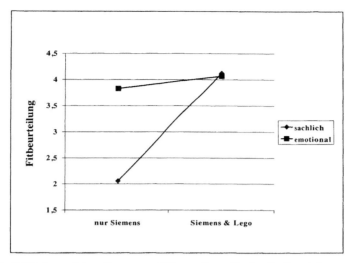

Abb. C 143: Interaktionsdiagramme Fitbeurteilung für das Co-Brand SIEMENS & LEGO

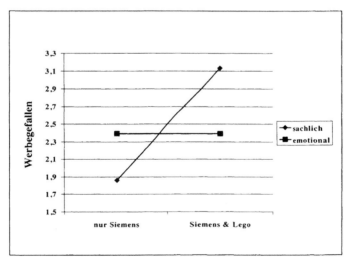

Abb. C 144: Interaktionsdiagramme Werbegefallen für das Co-Brand SIEMENS & LEGO

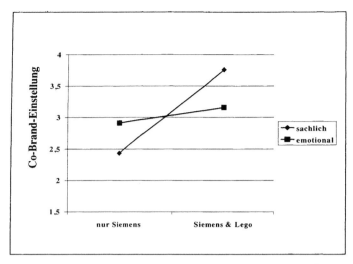

Abb. C 145: Interaktionsdiagramme Co-Brand-Einstellung für das Co-Brand SIEMENS & LEGO

(4) Kausalmodell

Das im Theorieteil entwickelte Kausalmodell zum Zusammenhang zwischen Werbegefallen, Fit und Co-Brand-Einstellung[578] ergänzt die Auswertungen. Dazu wird auf der Basis der Kovarianzen mit Hilfe der Software LISREL ein vollständiges Kausalmodell gerechnet.[579]

Abbildungen C 146 und C 147 geben die Ergebnisse der beiden Kausalmodelle für die Co-Brands NESCAFÉ & SNICKERS und SIEMENS & LEGO wieder.

Beide Modelle erfüllen vollständig die in der Literatur geforderten Gütekriterien. Weiterhin weisen beide ähnliche Strukturkoeffizienten auf. Diese belegen den vermuteten Zusammenhang des **Werbegefallens auf den Fit** sowie den positiven Einfluss des **Werbegefallens** sowie des **Fits** auf die **Co-Brand-Einstellung**. Zusammenfassend belegen auch die Resultate der Kausalanalyse die Relevanz der Werbung i.S.v. Werbegefallen für den Co-Brand-Erfolg.

---

[578] Vgl. Kap. C.II.3.2.2.1.2.

[579] Vgl. zur Darstellung der Kausalanalyse Kap. C.III.2.2.2.1.

C. Explikative Mastertechniken 347

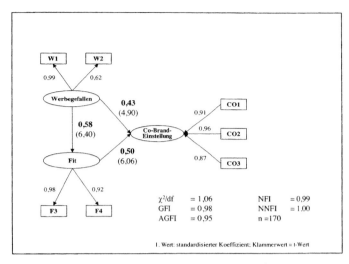

Abb. C 146: Kausalmodell des Co-Brands NESCAFÉ & SNICKERS

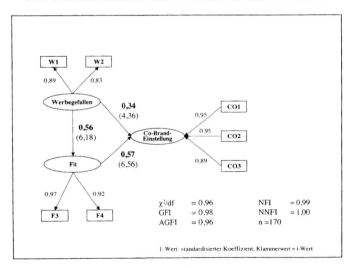

Abb. C 147: Kausalmodell des Co-Brands SIEMENS & LEGO

3.2.3.4 Zusammenfassung

Die Ergebnisse des dritten Laborexperiments verdeutlichen die hohe Relevanz der Werbung (Bild, Slogan) für die Co-Brand-Beurteilung. Insbesondere für Co-Brands mit einem geringen Markenfit kann ein emotionales Anzeigenmotiv und ein gemeinsamer

Slogan zu einer Verbesserung des Werbegefallens, des Fits sowie der Co-Brand-Beurteilung beitragen. Abbildung C 148 fasst noch einmal die getesteten Hypothesen zusammen.

Hypothese	Bestätigung
H 1: Bei einem Co-Branding zweier inkongruenter Marken führt die Verwendung emotionaler im Vergleich zu produktpräsentierenden Bildern in den Werbeanzeigen a) *zu einem höheren Markenfit,* b) *zu einem höheren Werbegefallen und* c) *zu einer positiveren Co-Brand-Einstellung.*	○ ● ○
H 2: Bei einem Co-Branding zweier inkongruenter Marken führt die Verwendung eines Slogans, der in seinem Wortlaut auf beide kooperierenden Marken Bezug nimmt, im Vergleich zu einem Slogan, der nur auf eine Marke Bezug nimmt a) *zu einem höheren Markenfit,* a) *zu einem höheren Werbegefallen und* b) *zu einer positiveren Co-Brand-Einstellung.*	● ● ●
● : bestätigt ○ : nicht bestätigt	

Abb. C 148: Synopse der getesteten Hypothesen (Laborexperiment III)

4. Erfolgsfaktorforschung

4.1 Darstellung der Mastertechnik

Die Mastertechnik Erfolgsfaktorenforschung stellt keine einheitliche Methodik dar, vielmehr reicht das Spektrum von Einzelfallstudien über den Gruppenvergleich erfolgreicher und nicht erfolgreicher Objekte bis zu experimentellen Ansätzen.[580] Grundidee aller Erfolgsfaktoren-Ansätze bildet die Annahme, dass trotz der Multikausalität, der Vielzahl an Interdependenzen zwischen Einflussfaktoren und der situativen Bedingtheit einige **wenige zentrale Determinanten** den Erfolg eines Unternehmens[581], einer Strategischen Geschäftseinheit oder - wie im vorliegenden Fall - einer Option der Markenführung beeinflussen.[582] Diese zentralen Determinanten stellen die sog. Erfolgsfaktoren[583] dar. Das Denkmodell der Mastertechnik, welches auf die Identifizierung dieser Erfolgsfaktoren aus einer Vielzahl von Faktoren abstellt, zeichnet sich durch folgende Merkmale aus:

- Auswahl und Art der relevanten Erfolgsindikatoren,
- Auswahl der potentiellen Erfolgsfaktoren,
- Analyse der Relevanz der Erfolgsfaktoren für den Erfolg.

Das Denkmodell der Erfolgsfaktorenforschung verfolgt die Ziele der Selektion, der Explikation, und der Technologie.[584] Die **Selektion** bezieht sich auf die Identifizierung von Erfolgsfaktoren aus der Vielzahl möglicher Faktoren. Die **Explikation** untersucht den Zusammenhang zwischen einem Erfolgsfaktor und den Erfolgsindikatoren. Der **technologische** Aspekt[585] der Erfolgsfaktorenforschung resultiert insbesondere aus der Komplexitätsreduktion, wodurch dem Entscheidungsträger verständliche und anwendbare Handlungsanweisungen zur Verfügung stehen.[586]

---

[580] Die Vielfalt belegt u.a. die Analyse von **Fritz** (1990) von 40 verschiedenen Erfolgsfaktorenstudien auf der Ebene der Betriebswirtschaft. Weiterhin interpretiert **Böing** (2001) „Erfolgsgeschichten" von Gründern über Expertengespräche und Fallstudien bis hin zu dem von ihm eingesetzten Kausalmodell als Erfolgsfaktorenstudien im Bereich e-Commerce.

[581] Teilw. findet sich in der Literatur die Beschränkung der Erfolgsfaktorenforschung auf Unternehmensebene bzw. die Ebene einzelner Geschäftsbereiche, vgl. **Fritz** (1990) S. 92.

[582] Vgl. z.B. **Leidecker/Bruno** (1984); **Grünig/Heckner/Zeus** (1996) S. 4; **Hildebrandt** (2001) S. 420; **Haenecke** (2002) S. 166.

[583] Synonyme Begriffe: Einflussfaktoren, Erfolgskomponenten, strategische Schlüsselfaktoren, kritische Erfolgsfaktoren, Erfolgspositionen, critical success factors, vgl. zum Überblick **Göttgens** (1996) S. 30. Zu verschiedenen Definitionen von Erfolgsfaktoren vgl. **Kube** (1991) S. 2.

[584] Vgl. ähnlich **Daschmann** (1994) S. 12.

[585] Vgl. zu der Betonung der technologischen Sichtweise im Rahmen der Erfolgsfaktorenforschung **Schürmann** (1993) S. 11.

[586] Vgl. z.B. **Böing** (2001) S. 10 f. Allerdings schränkt ein Verzerrungseffekt des Managements bei der Perzeption von Ergebnissen der Erfolgsfaktorenforschung das Technologiepotential ein, da das Management häufig nicht nach „wissenschaftlichen Wahrheiten" (sog. information-seeker-These), sondern nach bestätigenden Informationen (sog. confirmation-seeker-These) sucht, vgl. **Diller/Lücking** (1993).

Die Mastertechnik Erfolgsfaktorenforschung bedient sich einer Reihe unterschiedlicher Hilfstechniken.[587] Im Folgenden liegt die Systematik von *Haenecke (2002)* zugrunde, die auf der von *Grünig/Heckner/Zeus (1996)* aufbaut. Die einzelnen Ansätze verdeutlichen soweit wie möglich Erfolgsfaktorenstudien aus dem Markenbereich.[588] Einen Überblick über die Methoden einer Erfolgsfaktorenforschung[589] liefert Abbildung C 149.

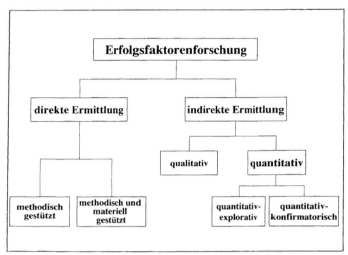

Abb. C 149: Hilfstechniken zur Identifikation von Erfolgsfaktoren
Quelle: *Haenecke (2002)* 168.

Die direkte Ermittlung von Erfolgsfaktoren basiert auf Expertenbefragungen mittels direkter Fragen nach den Erfolgsursachen des Untersuchungsgegenstandes.[590] Methodisch lässt sich diese Form der Erhebung z.B. durch Delphi-Befragung und Kreativitätstechniken oder materiell z.B. durch Checklisten unterstützen.[591] Ein Beispiel für die direkte Ermittlung von Erfolgsfaktoren bildet die jährliche Markenumfrage der Zeitschrift Absatzwirtschaft, die u.a. Markenverantwortliche nach den primären Erfolgs-

---

[587] Vgl. zu Systematisierungen u.a. **Lange** (1982) S. 31; **Grünig/Heckner/Zeus** (1996) S. 6 ff.; **Böing** (2001) S. 20 f.; **Haenecke** (2002) S. 167 ff.

[588] Vgl. zu Überblicken von Erfolgsfaktorenstudien mit unterschiedlichem Fokus z.B. **Fritz** (1990) [Unternehmensebene]; **Schröder** (1994) [Handel]; **Bastian** (1999) [Handel]; **Göttgens** (1996) [stagnierende und schrumpfende Märkte]; **Böing** (2001) [e-Commerce].

[589] Darüber hinaus lassen sich Erfolgsfaktoren auch theoretisch ermitteln; vgl. zur Anwendung dieser Vorgehensweise für das Co-Branding **Baumgarth** (2001c).

[590] Nicht markenbezogene direkte Erfolgsfaktorenstudien stammen u.a. von **Wahle** (1991) S. 166 ff. [Handel] und **Daschmann** (1994) S. 130 ff. [Mittelständische Unternehmen].

[591] Vgl. **Grünig/Heckner/Zeus** (1996) S. 6 f.; **Haenecke** (2001) S. 166.

C. Explikative Mastertechniken 351

faktoren für die Markenführung neuer Marken befragt.[592] Auch die in Kap. B.IV. durchgeführte Expertenbefragung erhob unmittelbar Erfolgs- und Misserfolgsfaktoren. Die direkte Ermittlung von Erfolgsfaktoren spielt im Wissenschaftsbereich aufgrund der Vielzahl an methodischen Problemen nur eine untergeordnete Rolle. Der weitaus größere Anteil an Erfolgsfaktorenstudien im Markenbereich lässt sich den indirekten Methoden zuordnen. Gemeinsames Merkmal ist, dass durch gedankliche und/oder statistische Verfahren ein Zusammenhang zwischen Erfolgsfaktor und Erfolgsindikator hergestellt wird. Qualitative Studien basieren auf qualitativen Daten, wobei Fallstudien im Bereich der Markenforschung den breitesten Raum einnehmen. Die Fallstudiensammlung „Markterfolg mit Marken" herausgegeben von *Dichtl/Eggers (1996)* oder der seit 2001 jährlich vergebene Marken-Award der Zeitschrift Absatzwirtschaft und dem Deutschen Marketing-Verband (DMV) bilden Beispiele für diesen Ansatz.[593] Die quantitativen Ansätze dagegen basieren auf umfangreichen Studien, wobei entweder die Identifizierung von Erfolgsfaktoren (explorativer Ansatz) oder die Überprüfung von angenommenen Erfolgsfaktoren (konfirmatorischer Ansatz) im Mittelpunkt stehen.[594]

Explorative Ansätze im Markenbereich stellen bspw. die Studie „Key Driver starker Marken" herausgegeben von der GfK und der GWA[595] und die Markentransferstudie von *Smith/Park (1992)* dar.[596] Die Studie der GfK und der GWA untersuchte im Bereich FMCG auf der Basis unterschiedlichster Datenquellen den Einfluss von Marketing-Mix-Variablen[597] auf verschiedene Erfolgsindikatoren (Brand Potential Index, First Choice Buyer, Marktanteil). Die Studie von *Smith/Park (1992)* analysierte durch die Kombination einer Konsumenten- (insbesondere Beurteilung der Erfolgsfaktoren) und einer Unternehmens-Befragung (insbesondere Erhebung der Erfolgsindikatoren) den Erfolgsbeitrag von acht potentiellen Erfolgsfaktoren[598] auf die Erfolgsindikatoren Werbeeffizienz und Marktanteil.

---

[592] Vgl. **Plewe** (2002) S. 21.

[593] Nicht markenbezogene qualitative Erfolgsfaktorenstudien stammen u.a. von **Peters/Waterman** (1984) [Unternehmensebene]; **Meffert** (1987) [Handel], **Booz, Allen & Hamilton** (2000) [e-Commerce]; **Tomczak/Reinecke** (1998) und **Tomczak/Reinecke/Karg/Mühlmeyer** (1998) [Best-Pratice-Studie zum Marketing].

[594] Anzumerken ist, dass die Trennung zwischen explorativen und konfirmatorischen Erfolgsfaktorenstudien nicht immer eindeutig ist, da auch explorative Studien die Hypothese aufstellen, dass die erhobenen Faktoren zumindest potentiell einen Einfluss auf den Erfolg ausüben. Allerdings zeichnen sich explorative Studien durch eine Vielzahl von potentiellen Erfolgsfaktoren aus, die im Rahmen der Analyse auf wenige reduziert werden sollen; hingegen weisen konfirmatorische Ansätze eine theoretische Fundierung und eine geringere Zahl von Faktoren auf; weiterhin existiert im Vorfeld explizit ein zu prüfendes Modell.

[595] Vgl. **Högl/Twardaa/Hupp** (2000).

[596] Nicht markenbezogene explorative Erfolgsfaktorenstudien sind u.a. das PIMS-Programm (vgl. z.B. **Buzzel/Gale** 1989) [Unternehmensebene]; **Patt** (1988) [Handel]; **Wahle** (1991) [Handel].

[597] Im Einzelnen fanden folgende Faktoren Berücksichtigung: Preisreduktion, Werbequalität, Brand Positioning, Promotionsaktivität, Distribution.

[598] Im Einzelnen berücksichtigte die Studie die Markenstärke, die Anzahl bisheriger Transfers, die Markenstrategie (Neumarke, Markentransfer), den Produktfit, die Beurteilungsstrategie der Abnehmer, den Lebenszyklus, das Produktwissen und die Anzahl der Wettbewerber.

Konfirmatorische Ansätze im Markenbereich[599] stellen u.a. die Markentransferstudien von *Aaker/Keller (1990)* und *Zatloukal (1999)* dar. Weiterhin lassen sich aufgrund der Mehrzahl von Faktoren, der Mehrzahl an Marken, dem Vorhandensein eines expliziten Modells sowie der theoretischen Fundierung die Co-Brand-Studien von *Simonin/Ruth (1998)* und *Hadjicharalambous (2001)* als erste konfirmatorische Co-Brand-Erfolgsfaktorenstudien interpretieren. Die Wissenschaft präferiert wegen methodischer Stärken gegenüber den anderen Hilfstechniken konfirmatorisch-quantitative Erfolgsfaktorenstudien.[600] Allerdings setzt diese Vorgehensweise u.a. einen hohen Entwicklungsstand der Theorie, eine umfangreiche Stichprobe sowie ein hohes Forschungsbudget voraus.[601] Bedingt durch den vorhandenen Wissensstand über Co-Branding, der überlegenen Güte im Vergleich zu alternativen Hilfstechniken sowie den vorhandenen Forschungsressourcen (Zeit, Budget) wird im Folgenden die quantitativ-konfirmatorische Vorgehensweise für die Erfolgsfaktorenstudie Co-Branding gewählt.

4.2 Erfolgsfaktorenstudie Co-Branding

Die Co-Brand-Erfolgsfaktorenstudie verfolgt insbesondere das Ziel, ein auf den bisherigen Erkenntnissen (Sekundärforschung, Analogien, Replikation, Theorie, qualitative Studie, Laborexperimente) entwickeltes Modell für eine Mehrzahl von Co-Brands zu überprüfen. Der konfirmatorische Charakter erfordert zunächst die Darstellung des theoretischen Erfolgsfaktorenmodells. Daran anschließend erfolgt die Beschreibung des Designs, wobei u.a. ein Exkurs die Wahl einer www-Befragung begründet und deren Besonderheiten skizziert. Abschließend steht die Präsentation zentraler Ergebnisse im Mittelpunkt.[602]

4.2.1 Erfolgsfaktorenmodell

Die Erfolgsfaktoren des Co-Brandings lassen sich zu folgenden Gruppen zusammenfassen:

- Eigenschaften der Einzelmarken,
- Verhältnis der Einzelmarke zu der Co-Brand-Leistung,
- Verhältnis zwischen den Einzelmarken,
- Marketinginstrumente,
- moderierende Persönlichkeitsmerkmale.

Die Eigenschaften der Einzelmarken setzen sich aus der **Markenprototypikalität**, der **Markenbreite**, der **Markeneinstellung** und der **Markenstabilität** zusammen. Die

---

[599] Nicht markenbezogene konfirmatorische Erfolgsfaktorenstudien stammen u.a. von **Kube** (1991) [Handel]; **Fritz** (1992) [Unternehmensebene]; **Göttgens** (1996) [Unternehmensebene]; **Bastian** (1999) [Einkaufszentren]; **Böing** (2001) [e-Commerce].

[600] Vgl. **Grünig/Heckner/Zeus** (1996) S. 11; **Haenecke** (2002) S. 173.

[601] Vgl. **Haenecke** (2002) 175 f.

[602] Aufgrund der Übersichtlichkeit beschränken sich die Ausführungen auf zentrale Aspekte.

C. Explikative Mastertechniken 353

Meta-Variable Markenstabilität wiederum besteht aus dem **Markencommitment**, der **Markenwichtigkeit**, der **Markenvertrautheit** und dem **Markenvertrauen**.

Der **Transferfit** bildet das Verhältnis der Einzelmarke zu der Co-Brand-Leistung.

Das Verhältnis der Einzelmarken zueinander ist der Markenfit, der sich wiederum aus dem **Globalfit** und den Fitebenen **Produktfit, sachlicher Fit, emotionaler Fit, Markenpersönlichkeitsfit** und **Preisfit** zusammensetzt.

Als Marketinginstrument findet in der Erfolgsfaktorenstudie das **Werbegefallen** Berücksichtigung.

Als Persönlichkeitsvariable, die die Beiträge der einzelnen Faktoren auf den Erfolg moderieren, sind das **Produktinvolvement**, die **Produktvertrautheit** sowie das **Markenbewusstsein** von Relevanz.

Bei den Erfolgsgrößen lassen sich mit den Co-Brand-Wirkungen und den Spill-Over-Effekten zwei Ebenen voneinander abgrenzen. Die Co-Brand-Wirkungen zeigen sich in der Co-Brand-Einstellung, der Preisbeurteilung, der Qualitätsbeurteilung sowie der Kaufabsicht. Die Spill-Over-Effekte werden durch die Post-Einstellungen der Individualmarken berücksichtigt. Im Mittelpunkt der Erfolgsfaktorenstudie steht allerdings der Erfolg des Co-Brands, da die Spill-Over-Effekte nur unzureichend durch das vorliegende Design mit einfachem Co-Brand-Kontakt, fehlender Leistungserfahrung und geringer Wirkungsdauer realisierbar sind.

Bei den Wirkungen der Erfolgsfaktoren lassen sich direkte und indirekte Effekte voneinander abgrenzen. Einen Überblick der wichtigsten Wirkungsbeziehungen liefert Abbildung C 150.

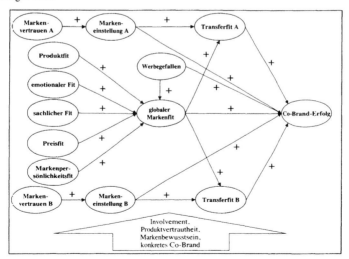

Abb. C 150: Erfolgsfaktorenmodell des Co-Brandings

Die Begründung der einzelnen Hypothesen erfolgt im Rahmen der jeweiligen Partialmodelle.

4.2.2 Design

Sowohl bei den potentiellen Erfolgsfaktoren und den Persönlichkeitsvariablen als auch bei den Erfolgsindikatoren handelt es sich durchgehend um theoretische Konstrukte, weshalb eine mehrfaktorielle Operationalisierung gewählt wurde. Allerdings steht diese Anforderung insbesondere im Kontext einer Erfolgsfaktorenstudie im Kontrast zu einem möglichst geringem Aufwand für die Auskunftsperson. Daher wurden zwar die Konstrukte mehrfaktoriell, aber mit möglichst wenigen Items operationalisiert. Alle Konstrukte wurden durch siebenstufige Skalen (Semantisches Differential, Likert-Skala) gemessen. Abbildung C 151 gibt die Operationalisierungen für die potentiellen Erfolgsfaktoren wieder.[603]

Potentieller Erfolgsfaktor	Operationalisierung
Markeneinstellung (atta bzw. attb)	„Ingesamt beurteile ich die Marke X folgendermaßen: schlecht – gut unsympathisch – sympathisch positiv – negativ" ($\alpha_{atta} = 0,89; \alpha_{attb} = 0,93$) Quelle: z.B. Simonin/Ruth (1998)
Prototypikalität (protoa bzw. protob)	„Es gibt Marken, die stehen stellvertretend für bestimmte Leistungskategorien (z.B. Marke X = Y). Wie typisch ist aus Ihrer Sicht die jeweilige Marke für die angegebene Leistung? Marke X und Leistung Y typisch – weniger typisch"
Markenbreite (mbreite)	„Wieviele Leistungen werden außer der gerade genannten Leistung unter der jeweiligen Marke angeboten? Schätzen Sie bitte ganz spontan die Anzahl!" Quelle: Zatloukal (1999)
Markenwichtigkeit (wicha bzw. wichb)	„Marke X ist für mich persönlich wichtig" „Marke X passt gut zu meiner Persönlichkeit" „Meine Freunde und Bekannten lästern über mich, falls ich bei Produkt Y nicht die Marke X verwende" (*Eliminierung des dritten Items:* $\alpha_{wicha} = 0,77; \alpha_{wichb} = 0,83$) Quelle: Beatty/Kahle/Homer (1988)
Markenvertrauen (vtraua bzw. vtraub)	„Die Marke X hält was sie verspricht!" „Werbung der Marke X ist glaubwürdig!" „Ich vertraue der Marke X!" „Falls ich die Marke X kaufe, kann ich mich auf die Qualität verlassen!" „X-Produkte weisen eine konstante Qualität auf!" „Falls die Marke X ein neues Produkt anbietet, erwarte ich die gleiche Qualität wie bei den bisherigen Produkten!" Quelle: Erdem/Swait/Louviere (2002); DelVechio (2000)
Markenvertrautheit (verta bzw. vertb)	„Falls ich Y verwende, dann häufig die Marke X!" „Ich weiß viel über die Marke X!" ($\alpha_{verta} = 0,60; \alpha_{vertb} = 0,68$) Quelle: Laroche/Kim/Zhou (1996)

---

[603] Alle Skalen wurden vor der Auswertung umkodiert, so dass jeweils geringe Werte eine geringe Ausprägung des jeweiligen Konstruktes widerspiegeln.

C. Explikative Mastertechniken

Markencommitment (coma bzw. comb)	„Falls X im Geschäft nicht verfügbar ist, kaufe ich einfach eine andere Marke!" „Mich selbst bezeichne ich als einen treuen Kunden der Marke X!" „Falls eine andere Marke im Sonderangebot ist, kaufe ich anstelle von X diese Marke!" *(Eliminierung des zweiten Items $2\alpha_{coma} = 0,71$; $\alpha_{comb} = 0,83$)* Quelle: Beatty/Kahle/Homer (1988)
Transferfit (transa bzw. transb)	„Inwiefern passt Marke X zu dem neuen Produkt Y?" „passt gut – passt nicht gut"
Markenfit (brandfit)	„Bitte beurteilen Sie nun ganz generell, wie gut die Marken des neuen Y aus Ihrer Sicht zusammenpassen!" „ergänzen sich" „-Zusammenarbeit ist stimmig" „weisen keine Widersprüche auf" ($\alpha_{brandfit} = 0,93$) Quelle: z.B. Simonin/Ruth (1998)
Produktfit (prfit)	„Denken sie bitte jetzt einmal an die Produkte, die unter den Marken X und Z bisher angeboten wurden. Wie gut passen diese Produkte zusammen?" „passen gut zusammen – passen schlecht zusammen"
emotionaler Fit (emofit)	„Wie gut passen aus Ihrer Sicht die Marken X und Z bei emotionalen Merkmalen wie z.B. Image, Lebensfreude und Prestige zusammen?" „passen gut zusammen – passen schlecht zusammen"
sachlicher Fit (sachfit)	„Wie gut passen aus Ihrer Sicht die Marken X und Z bei rationalen Merkmalen wie z.B. Haltbarkeit, Technik oder Geschmack zusammen?" „passen gut zusammen – passen schlecht zusammen"
Preisfit (preisfit)	„Marken werden mit bestimmten Preisniveaus verbunden (z.B. Porsche: hohes Preisniveau bei Pkw's; Aldi: niedriger Preis bei Lebensmitteln). Wie gut passen aus Ihrer Sicht die Marken X und Z beim Preisniveau zusammen?" "passen gut zusammen – passen schlecht zusammen"
Markenpersönlichkeitsfit (mperfit)	„Stellen Sie sich bitte nun mal vor, dass die beiden Marken X und Z Menschen sind. Passen die Personen, die sie sich gerade vorstellen, zusammen?" „passen gut zusammen – passen schlecht zusammen"
Werbegefallen (attad)	„Wie beurteilen Sie ganz allgemein die Anzeige?" „gefällt mir – gefällt mir nicht" „schlecht – gut" „angenehm – unangenehm" ($\alpha_{attad} = 0,89$) Quelle: Gierl/Satzinger (2000); Batra/Holbrook (1987)

Abb. C 151: Operationalisierung potentieller Co-Brand-Erfolgsfaktoren

Für die Messung der Persönlichkeitsmerkmale als situative Faktoren fanden aufgrund von Überlegungen zur Fragebogenlänge verkürzte Standard-Skalen Verwendung. Abbildung C 152 fasst die eingesetzten Operationalisierungen zusammen.

situative Faktoren	Operationalisierung
Produktinvolvement	„Bei der Auswahl von Y fühle ich mich immer etwas unsicher"
	„Die Entscheidung für eine Y-Marke fällt mir schwer"
	„Der Kauf von Y ist unterhaltsam"
	„Der Kauf von Y macht mir Spaß"
	„Der Kauf von Y ist aufregend"
	„Die einzelnen Y-Marken sind in ihrer Qualität untereinander identisch"
	„Für mich schmecken alle Y-Marken gleich"
	„Y ist für mich etwas Unentbehrliches"
	„Y ist für mich ein Produkt, auf das ich auch leicht verzichten könnte"
	„Die Y-Marke, die ein anderer Mensch benutzt, verrät einiges über seine Lebensweise"
	„Andere Menschen beurteilen mich danach, welche Y-Marke ich nutze"
	„Es ist egal, welche Y-Marken man kauft, da man finanziell nicht viel dabei verlieren kann"
	($\alpha_{Inv orig.} = 0,58$; Eliminierung der Items 1 und 5 $\alpha_{Inv} = 0,63$)
	Quelle: Hupp (1998)
Markenbewusstsein	kategoriebezogenes Markenbewusstsein: „Bei dem Kauf von Y achte ich besonders auf:
	Marke – Preis"
	Quelle: VA 2000
	allgemeines Markenbewusstsein: „Im Folgenden sind einige Produktgruppen aufgeführt. Bitte kreuzen Sie für jede Kategorie an, ob Sie beim Kauf eher auf den Preis oder die Marke achten!"
	9 Produktkategorien
	Quelle: TDW 2000/2001
Produktwissen	„Wie gut kennen Sie sich in der Produktkategorie Y aus?
	„vertraut – nicht vertraut"
	„Experte – Laie"
	„nutze ich regelmäßig – nutze ich nie"
	($\alpha_{prwiss} = 0,91$)
	Quelle: Muthuskrishnan/Weitz (1991)

Abb. C 152: Operationalisierung potentieller moderierender Faktoren (Persönlichkeitsmerkmale)

Die Indikatoren Einstellung, Qualitätsbeurteilung, Preisbereitschaft und Kaufabsicht repräsentieren den Erfolg des Co-Brandings. Darüber hinaus bilden i.w.S. auch die Post-Einstellungen der Individualmarken einen Erfolgsindikator des Co-Brandings. Die Operationalisierung der Erfolgsindikatoren i.e.S. fasst Abbildung C 153 zusammen.

Bei der Auswahl der Co-Brand-Leistungen wurde darauf geachtet, dass aus Sicht der beteiligten Marken sowohl relativ nahe Leistungen als auch relativ weit entfernte vertreten waren.

Weiterhin decken die ausgewählten Co-Brands die Leistungskategorien **FMCG**, **Gebrauchsgüter** und **Dienstleistungen** ab. Schließlich wurden sowohl Co-Brand-Leistungen mit geringem als auch mit hohem Neuigkeitsgrad berücksichtigt.

C. Explikative Mastertechniken 357

Erfolgsindikatoren	Operationalisierung
Co-Brand-Einstellung (co)	„Wie beurteilen Sie ganz allgemein das in der Anzeige angebotene neue Produkt?" „schlecht – gut" „unsympathisch – sympathisch" „positiv – negativ" ($\alpha_{co} = 0,95$) Quelle: z.B. Simonin/Ruth (1998)
Preisbeurteilung (copreis)	„Der durchschnittliche Marktpreis für ein Produkt aus der Produktkategorie Y beträgt x €. Wie viel wären sie maximal bereit, für das neue Produkt zu zahlen?"
Qualität (coqual)	„Welche Qualität erwarten Sie von dem neuen Y?" „hohe Qualität – niedrige Qualität"
Kaufabsicht (cokauf)	„Würden Sie die neue Leistung Y von X und Z, unabhängig davon, ob Sie es aktuell benötigen, kaufen?" „wahrscheinlich – unwahrscheinlich"

Abb. C 153: Operationalisierung der Co-Brand-Erfolgsindikatoren

Die Markenwahl für die Co-Brands beschränkte sich auf solche Marken, die in der Zielgruppe einen hohen Bekanntheitsgrad aufweisen. Weiterhin wurden sowohl schwache als auch starke Marken ausgewählt. Schließlich wurde versucht, sowohl Markenkombinationen mit geringem als auch mit hohem Markenfit zu finden. Insgesamt bestand das Ziel der Co-Brand-Auswahl in der Schaffung von realistischen Co-Brands, die ein breites Leistungsspektrum abdecken und gleichzeitig zu einer hohen Varianz der potentiellen Erfolgsfaktoren führen. Insgesamt berücksichtigt die Studie, die in Abbildung C 154 skizzierten zwölf Co-Brands. Die Beschreibung der Leistung ergänzte jeweils die Angabe eines Durchschnittspreises, der sich an realen Durchschnittspreisen für vergleichbare Leistungen orientierte.

Nr.	Co-Brand	Beschreibung	Preis (in €)	Leistungsart
1	ESZET & SEITENBACHER	Schoko-Müsli von ESZET SCHNITTEN und SEITENBACHER • mit leckeren Vollmilchschokoladendrops von ESZET SCHNITTEN, • ohne Rosinen, • ballaststoffhaltig, • für Genießer.	4,00	FMCG
2	MILKA & SLIM FAST	Schokoladen Diät-Getränk von MILKA & SLIM FAST • einfach und flexibel, • bewusste, abwechslungsreiche Ernährung mit Spaß und Vergnügen, • nur 220 Kalorien.	2,00	

Nr.	Co-Brand	Beschreibung	Preis (in €)	Leistungsart
3	ASPIRIN & TEMPO	Taschentuch mit integrierter Erkältungsmedizin von TEMPO & ASPIRIN • Medizin befreit Rachen und Nasen und lindert gleichzeitig Erkältungsbeschwerden wie Kopfschmerzen, • apothekenpflichtig.	2,00	
4	ESZET & LANGNESE	Eiskugeln mit ganzen Schokoladenstückchen von ESZET SCHNITTEN & LANGNESE	3,00	
5	ALPIA & LEGO	Geschenk-Sonderverpackung von ALPIA & LEGO • 1 ALPIA Weihnachtsmann (67,5g), • 1 ALPIA Weihnachtsmann (20 g), • 5 ALPIA Alpenmilch-Kugeln (je 12,5 g), • 1 LEGO-Figur.	5,00	
6	FORD & BOSS	Autosondermodell von FORD & BOSS • Zweisitzer mit großem Kofferraum, • exklusive Innenraumgestaltung aus gebürstetem Aluminium mit zweifarbigen Ledersitzen und voluminösem Dreispeichen-Lenkrad, • 4,0-Liter-V8 Motor mit 270 PS, • 3000 Exemplare (weltweit).	25.000	
7	PUMA & GORETEX	Atmungsaktive Freizeitbekleidung mit Sonnenschutz von PUMA & GORETEX • waschbar bis 60^0, • Lichtschutzfaktor 35, • keine Abnutzung der Sonnenschutzwirkung.	120	Gebrauchsgut
8	PHILIPS & NIKE	MP3 Player – speziell für Sportler von PHILIPS & NIKE • tragbare MP3- und MP3-CD-Player, speziell für den Sport, • innovative elektronische Sportartikel, • dynamische neue Produkte und Bekleidungswelt, • ergonomisch, benutzerfreundlich, tragbar, robust und schockresistent, • hochwertige Tonqualität.	150	
9	BMW & NIKE	Federleichter High-Tech-Laufschuh von BMW & NIKE • NIKE-AIR-Technologie, • Doppeldruck-Air-Sohlen-Einheit, Footbridge und Phylon-Mittelsohle mit doppelter Dichte..	120	
10	FREUNDIN & MAGGI	Wellness-Kochkurs für Singles von FREUNDIN & MAGGI • dreitägiger Kochkurs in First-Class-Hotels in Hamburg, Berlin oder München, • inkl. 3 Übernachtungen, • gesunde und schnelle Küche, auch für den Kochanfänger.	250	Dienstleistung

C. Explikative Mastertechniken 359

Nr.	Co-Brand	Beschreibung	Preis (in €)	Leistungsart
11	DEUTSCHE POST & MCDONALD'S	Frühstück-Lieferservice von DEUTSCHE POST & MCDONALD'S • MCDONALD'S-Frühstück, • nach Hause-Lieferung, • zwischen 7.00 und 11.00 Uhr (jeden Tag), • Bestellung per Telefon, per Internet oder beim Postboten.	2,00	
12	TUI & FIT FOR FUN	Funsport-Urlaub auf Mallorca von TUI & FIT FOR FUN • 1 Woche inkl. Flug und Wellness-Vollpension, • Unterkunft in wunderschönen Fincas, • 3 Funsportarten zum Kennenlernen, • professionelle Betreuung durch Spitzensportler.	400	

Abb. C 154: Co-Brands und Co-Brand-Leistungen der Erfolgsfaktorenstudie

Neben der verbalen Beschreibung wurden die Co-Brands auch in Produktabbildungen und in Werbeanzeigen umgesetzt. Bei den Werbeanzeigen, die auch typische Markenelemente wie Slogan oder Logo integrierten, wurden sowohl relativ neutrale Anzeigen (reine Produktabbildung) als auch emotionale Anzeigen (z.B. Ferienmotiv, Personen) eingesetzt. Abbildung C 155 zeigt exemplarisch neutrale und emotionale Anzeigen.

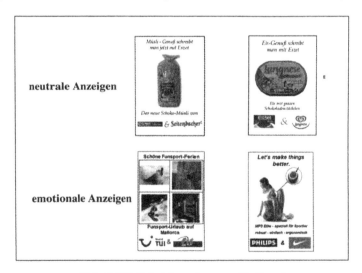

Abb. C 155: Beispielanzeigen von Co-Brands

Als Erhebungsmethode wurde eine www-Befragung eingesetzt. Der folgende Exkurs thematisiert wichtige Grundlagen dieser relativ neuen Hilfstechnik der Datenerhebung[604], wobei jeweils auch auf die durchgeführte Studie Bezug genommen wird.

Exkurs: www-Befragung

Eine www-Befragung zeichnet sich dadurch aus, dass die Auskunftsperson den Fragebogen **online** bearbeitet[605], wobei der Fragebogen im WorldWideWeb (www) vorliegt.[606] Vergleichbar mit klassischen Befragungen lassen sich qualitative[607] und quantitative Formen voneinander abgrenzen, wobei sich die weiteren Ausführungen aufgrund des Einsatzes im Rahmen einer konfirmatorischen Erfolgsfaktorenstudie auf letztere beschränken.

Im Vergleich zu alternativen Befragungsformen weisen www-Befragungen eine Reihe von Vorteilen, aber auch Nachteilen auf.[608] Der Aufwand (Kosten, Zeit), die Repräsentanz (Grundgesamtheit, Rücklaufquote), die Reliabilität sowie die Validität bilden die wichtigen Vergleichskriterien.

Die Kosten für eine www-Befragung haben überwiegend **Fixkostencharakter**, da die Versendung der Einladungs-e-mails, die Anzahl der Antworter und der Datenauswertungsaufwand für den Forscher zu keinen Zusatzkosten führen. Dadurch ermöglicht die www-Befragung gerade auch für wissenschaftliche Institutionen die Durchführung von großzahligen Erhebungen, die bei klassischen Formen an den Kosten scheitern. Die Fixkosten umfassen insbesondere die Erstinvestitionen in die Auswahl einer Software und die Einarbeitung in diese. Darüber hinaus führt die Programmierung des Fragebogens sowie evtl. projektbezogene Mietkosten der Software zur Fragebogengeneration zu projektbezogenen Fixkosten. Insgesamt beurteilt fallen zumindest bei großzahligen Befragungen die Kosten einer www-Befragung im Vergleich zu traditionellen Formen geringer aus.[609]

Die Zeitkomponente bezieht sich auf die Projektdauer. Diese ist insbesondere davon abhängig, ob der Forscher die Programmierung der Fragebögen selbst übernimmt und sich in die Software einarbeiten muss oder das Know-how bereits vorhanden ist. Die Zeitdauer der Programmierung fällt unter der Voraussetzung vorhandenen Know-hows ähnlich lang aus wie bei traditionellen Fragebögen. Die **Feldphase** dagegen fällt

---

[604] Nach Erhebungen des ADM Arbeitskreis Deutscher Markt- und Sozialforschungsinstitute e.V. betrug der Anteil der Online-Interviews unter den quantitativen Befragungen im Jahre 2001 4 % (1999:1 %; 2000: 3 %); vgl. www.adm-ev.de/zahlen.html (vom 20.7.2002).

[605] Dadurch grenzt sich die www-Befragung gegenüber einer e-mail-Befragung ab.

[606] Vgl. **Starsetzki** (2001) S. 43 f.

[607] Vgl. z.B. **Görts** (2001).

[608] Vgl. zum Überblick z.B. **Theobald** (2000) S. 21 ff. und S. 107 ff.; **Vogt** (1999) S. 127; **Zerr** (2001) S. 12 ff.

[609] Relativ hohe Kosten fallen bei der www-Befragung an, falls ein Online-Panel eingesetzt wird. Allerdings ist auch bei anderen Befragungsformen der Einsatz von Panel-Lösungen mit hohen Kosten verbunden.

C. Explikative Mastertechniken

insbesondere im Gegensatz zu schriftlichen Befragungen **erheblich kürzer** aus.[610] Weiterhin handelt es sich bei der www-Befragung um eine computergestützte Befragung, wodurch im Vergleich zu einer schriftlichen Befragung die Fragebogeneingabe per Hand oder Scanner entfällt (**kein Medienbruch**). Zusammenfassend ist daher der Zeitaufwand einer www-Befragung unter der Voraussetzung von vorhandenem Programmierungs-Know-how im Vergleich zu traditionellen Formen als geringer einzuschätzen.

Den größten Nachteil der www-Befragung stellt gegenüber traditionellen Formen die fehlende Repräsentanz dar. Aufgrund der notwendigen technischen Ausstattung und der persönlichen Kompetenz kann eine www-Befragung maximal eine **Internet-Repräsentativität** erreichen. Neben der Grundgesamtheit hängt die Repräsentanz auch von der Rücklaufquote ab, die die Ausschöpfung der Stichprobe wiedergibt. Genaue Aussagen über die Rücklaufquote einer www-Befragung im Vergleich zu traditionellen Formen sind nicht möglich, da sowohl Gründe für eine höhere (z.B. Leichtigkeit der Bearbeitung, erhöhte Neugier) als auch für eine geringere (z.B. technische Probleme, geringere Wichtigkeit) Rücklaufquote existieren.[611]

Studien über die Reliabilität und Validität von www-Befragungen basieren regelmäßig auf einem Split-Half-Ansatz, der die Ergebnisse einer www-Befragung denen von traditionellen Verfahren gegenüberstellt.[612] Eine hohe Reliabilität liegt dann vor, wenn zwischen den Ergebnissen der www-Befragung und der traditionellen Form ähnliche Antwortmuster entstehen. In der Studie von *Batinic (2001)* zeigten sich bei einem Vergleich einer www- und einer schriftlichen Befragung für zwölf Merkmale zur Beurteilung einer Zugfahrt bei der Rangfolge der relativen Wichtigkeiten sowie bei den Mittelwerten hohe Übereinstimmungen. In einem Methodenvergleich zwischen www-Befragung und CATI-Telefoninterview ermittelten *Niebrügge/Hagemann/Nelke (2002)* für die Bekanntheitsgrade von Senfmarken vergleichbare Reihenfolgen und auch ähnliche Werte für die gestützte Bekanntheit. Zusammenfassend lässt sich damit die Reliabilität von www-Befragungen als **gleich hoch** wie die **Reliabilität** traditioneller Formen einschätzen.

Die Validität von www-Befragungen kann durch die höhere Anonymität der Teilnahme und das Incentive-System beeinflusst werden, wodurch viele Teilnehmer einer www-

---

[610] In einem Methodenvergleich zwischen einer www-Befragung und einer schriftlichen Befragung bei einer Universitätsstichprobe zeigte sich, dass bei der www-Befragung bereits am ersten Tag fast 65 % des Gesamtrücklaufs erfolgte und nach vier Tagen der letzte Rücklauf einging. Hingegen bei der schriftlichen Befragung erst nach vier Tagen der erste Rücklauf. Weiterhin kamen bei der schriftlichen Version auch noch nach Wochen Fragebögen zurück; vgl. **Batinic** (2001) S. 125 f. In der Erfolgsfaktorenstudie Co-Branding wurden im Durchschnitt am ersten Tag rund 40 % und nach dem zweiten Tag bereits 60 % des Gesamtrücklaufs erreicht.

[611] Eine geringere Rücklaufquote einer elektronischen im Vergleich zu einer schriftlichen Befragung weisen z.B. die Studien von **Batinic** (2001) und **Kiesler/Sproull** (1986) nach. Eine höhere Quote der www- im Vergleich zur schriftlichen Befragung findet sich z.B. bei **Bandilla/Bosnjak/Altdorfer** (2001) S. 13 f. Zu verschiedenen Begründungen für eine geringere Rücklaufquote vgl. **Couper** (2000) S. 473 ff.

[612] Vgl. z.B. **Rietz/Wahl** (1999); **Bogner/Mayer** (2000); **Bandilla/Bosnjak/Altdorfer** (2001); **Batinic** (2001); **Hofmann/Steinmeyer/Paul** (2001); **Lanninger** (2001); **Pivrosky/Komarek** (2001); **Niebrügge/Hagemann/Nelke** (2002); **Stanton** (1998).

Befragung die Befragung unsorgfältig, sinnlos oder unvollständig ausfüllen.[613] Kennzahlen, die die Ernsthaftigkeit oder die Anzahl von fehlenden Werten[614] belegen ermöglichen eine Überprüfung der Validität. Darüber hinaus erlauben www-Befragungen auch Konsistenz- und Zeitprüfungen[615], die sinnlose Antworten aufdecken. In der Studie von *Batinic (2001)* wurde die Ernsthaftigkeit durch eine relativ hohe Korrelation (r = 0,32) der tatsächlich benötigten und der geschätzten Ausfüllzeit belegt. Die gleiche Studie zeigte auch, dass sich der Anteil fehlender Werte zwischen www- und schriftlicher Befragung nicht unterscheiden.[616] Zusammenfassend erreicht die www-Befragung eine gleich hohe Validität wie die traditionellen Befragungsformen. Durch das Fehlen eines Interviewer-Effektes lässt sich gegenüber der mündlichen und telefonischen Befragung eine höhere Validität vermuten. Im Vergleich zur schriftlichen Befragung erlauben die Kontrollmöglichkeiten (Zeitkontrolle) die Realisierung einer **höheren Validität**.

Abbildung C 156 stellt zusammenfassend die www-Befragung und traditionellen Formen für großzahlige Studien gegenüber.[617]

	www-Befragung	schriftliche Befragung	mündliche Befragung	telefonische Befragung
Kosten	●	◐	○	◐
Zeit	●	◐	○	◐
Abdeckung der Grundgesamtheit	○	●	●	●
Rücklaufquote	◐	○	●	●
Reliabilität	●	●	●	●
Validität	●	◐	◐	◐
●: positiv ◐: neutral ○: negativ				

Abb. C 156: Vergleichende Beurteilung der www-Befragung

Zur Differenzierung der www-Befragung bieten sich insbesondere die Unterscheidung zwischen adressierten und anonymen Befragungen[618] an. Eine **anonyme www-**

---

[613] Vgl. **Batinic** (2001) S. 119.

[614] Die Reduzierung der Anzahl fehlender Werte ist im Rahmen einer www-Befragung auch durch das Restringieren von Antworten möglich, wodurch die Auskunftsperson gezwungen wird, eine Antwort zu geben, bevor sie die nächste Seite bearbeiten kann. Allerdings ist mit diesem Instrument auch die Gefahr eines Abbruchs möglich. In der Studie Erfolgsfaktoren des Co-Brandings wurde ein Mittelweg gewählt, indem eine Restringierung nur bei „wichtigen" Fragen vorgenommen wurde.

[615] Eine Daumenregel zur Identifizierung von „Ausreißern" bildet die Abweichung um 2,5 Standardabweichungen, vgl. **Janetzko/Hildebrandt/Meyer** (2001) S. 202.

[616] Vgl. aber **Stanton** (1998) S. 716.

[617] Vgl. zu ähnlichen Vergleichen **Theobald** (2000) S. 24.

[618] Vgl. auch im Folgenden **Zerr** (2001) S. 11 f.; vgl. auch **Couper** (2000) S. 477 ff.

C. Explikative Mastertechniken 363

Befragung basiert auf einem allgemein zugänglichen www-Fragebogen.[619] Anonyme Befragungen weisen die Nachteile von Stichprobenverzerrungen und Missbrauch (z.B. Mehrfachausfüllen) auf. **Adressierte Befragungen** dagegen basieren auf einer persönlichen Einladung der einzelnen Auskunftsperson. Diese Form hat Vorteile im Rahmen der Repräsentanz, der Ausschöpfung sowie der Vermeidung von Missbrauch. Voraussetzung bildet das Vorhandensein eines Adressenpools (i.d.R. e-mail-Adressen).

Der praktische Einsatz einer www-Befragung erfordert vom Forscher eine Vielzahl von Entscheidungen. Die folgenden Ausführungen erörtern mit der Adressen-Rekrutierung, der Fragebogengenerierung, des Fragebogendesigns sowie der Teilnehmermotivierung vier zentrale Aspekte, wobei jeweils auch auf die Umsetzung im Rahmen der Erfolgsfaktorenstudie zum Co-Branding eingegangen wird.

(1) Adressen-Rekrutierung

Bei einer adressierten www-Befragung bildet die Gewinnung von e-mail-Adressen eine fundamentale Voraussetzung. Als grundsätzliche Alternativen bieten sich für den einzelnen Forscher folgende:

- Nutzung vorhandener e-mail-Listen,
- Generierung von e-mail-Listen (offline und online),
- Nutzung eines Online-Panels[620].

Bei der ersten Form werden vorhandene e-mail-Listen verwendet, die i.d.R. für andere Zwecke gesammelt wurden. Dabei kann es sich um eigene oder um käuflich erworbene Listen handeln. Insgesamt weisen diese Listen den Nachteil einer geringen Repräsentanz auf. Weiterhin verletzen sie aufgrund der anderen Zielsetzung der Adressensammlung die Grundsätze der Netikette[621], wodurch Verweigerungen auftreten können. Schließlich ist die Adressenqualität solcher Listen problematisch. Dagegen besitzt diese Form der adressierten Befragung Kosten- und Zeitvorteile. Weiterhin handelt es sich teilweise um Listen von Teilnehmern, die gegenüber dem Forschungsprojekt eine hohe intrinsische Motivation aufweisen, wodurch sich hohe Ausschöpfungsquoten realisieren lassen.

Die zweite Alternative basiert auf einer mehrstufigen Vorgehensweise. In einem ersten Schritt erfolgt die Ankündigung der www-Befragung in offline- oder online-Medien verbunden mit der Bitte um Zusendung der eigenen e-mail-Adresse. Diese Vorgehensweise erfüllt die Netikette und Datenschutzbestimmungen. Weiterhin ist aufgrund der Zusendung der e-mail-Adresse die Teilnahmebereitschaft hoch und somit

---

[619] Die Aufmerksamkeit auf den Fragebogen erfolgt u.a. durch Einträge in Suchmaschinen, Bannerwerbung oder Hinweise in Offline-Medien. Eine spezielle Form der anonymen www-Befragungen stellen Pop-up-Befragungen dar, wobei häufig das Prinzip des n-ten-Besuchers eingesetzt wird, vgl. zu diesem Prinzip **Pfleiderer** (2001) S. 57 ff.

[620] Vgl. zum Überblick über Online-Panel z.B. **Göritz** (2001); **Gräf** (2001).

[621] Netikette (bzw. Netiquette) sind ein Kunstwort aus Netz und Etikette; sie umfasst ungeschriebene Verhaltensregeln für die Nutzung von e-mails und anderen Internet-Diensten, vgl. z.B. www.benkoe.de/netikette (Abruf am 13.8.2002).

auch die Ausschöpfungsquote. Nachteile dieser Vorgehensweise sind neben einer fehlenden Repräsentanz insbesondere der hohe zeitliche und organisatorische Aufwand.

Die dritte Alternative stellt die Nutzung eines Online-Panels dar. Unter einem Online-Panel versteht man eine Gruppe von registrierten Personen, die sich bereit erklärt haben, wiederholt an www-Befragungen teilzunehmen.[622] Im Vergleich zu den beiden bisher skizzierten Formen bedingt diese Form relativ hohe Kosten für die Fragebogenintegration, die Teilnehmerverwaltung sowie die Incentivierung der Teilnehmer. Vorteile dieses Ansatzes liegen in der erhöhten Repräsentanz.[623]

Weiterhin verkürzt sich der Fragebogenumfang, da die sog. Stammdaten automatisch den Befragungsdaten zugespielt werden. Schließlich besitzen alle Online-Panel-Teilnehmer Erfahrungen mit www-Befragungen, wodurch keine Ausfälle durch fehlende Internetkompetenz zu erwarten sind.

Im Rahmen der Erfolgsfaktorenstudie wurden die ersten beiden Alternativen miteinander kombiniert.

Als Listen fanden u.a. folgende Berücksichtigung:

- Newsletterliste der Werbeagentur PGPA[624],
- Studenten-e-mail-Liste der Fachhochschule Nord-Ost-Niedersachsen und der Fachhochschule Stuttgart (Hochschule der Medien)[625],
- private e-mail-Listen[626],
- e-mail-Listen von zwei Marketing-Alumni-Vereinen (Universität Hamburg[627], Universität Siegen),
- e-mail-Liste aller Angehörigen der Universität Siegen.

Darüber hinaus wurde durch eine Wurfzettelaktion, eine Sammel-e-mail an alle Studierenden der Universität Siegen sowie einen Verweis auf der Seite www.marketing.de[628] auf die Befragung hingewiesen.

(2) Fragebogengenerierung

Die Erstellung des Fragebogens erfolgt entweder durch eine Selbstprogrammierung oder durch den Einsatz von entsprechenden Softwaretools. Die Selbstprogrammierung setzt entsprechende Programmierkenntnisse voraus und verursacht einen hohen

---

[622] Vgl. **Göritz** (2001) S. 68.

[623] Insgesamt lässt sich durch www-Befragungen keine Repräsentanz für die Gesamtbevölkerung erreichen, allerdings ist eine „Internet-Repräsentanz" realisierbar.

[624] Dank gilt Herrn Prof. Dr. M. Bernecker (PGPA).

[625] Dank gilt Frau Prof. Dr. K. Brockelmann (FH Nord-Ost-Niedersachsen) und Herrn S. Reichmann (FH Stuttgart – Hochschule der Medien).

[626] Dank gilt folgenden Personen: Frau T. Feldmann, Herrn F. Wachendorf, Frau S. Feldmann, Frau U. Hansjosten, Herrn M. Stuhlert; Herrn H. Schmick.

[627] Dank gilt Herrn N. Andres (Universität Hamburg).

[628] Dank gilt Herrn D. Pfaff (Fa. infomarketing).

C. Explikative Mastertechniken

Zeitaufwand. Der Einsatz von Tools dagegen beschleunigt die Erstellung. Weiterhin weisen insbesondere professionelle Tools eine Vielfalt an Funktionen auf. Nachteilig sind neben der Unübersichtlichkeit des Angebotes[629] und dem Schulungs- bzw. Lernaufwand die Kosten für den Kauf bzw. die Miete der entsprechenden Softwareprogramme. In der Erfolgsfaktorenstudie Co-Branding wurde die Software **umfragecenter**[630] der Fa. **Globalpark** eingesetzt, da diese Software vielfältige Funktionen wie Fortschrittsanzeige, Echtzeitauswertung, kontinuierliche Feldkontrolle, Teilnehmerverwaltung sowie die Einbindung von Bildern ermöglichte.

(3) Fragebogendesign

Unabhängig von Designfragen, die allgemein für Fragebögen gelten, existieren für www-Befragungen einige Besonderheiten sowie Möglichkeiten.[631]

Zunächst ermöglicht bzw. erleichtert die computergestützte Befragung allgemein und damit auch die www-Befragung im Vergleich zu einer Papierversion den Einsatz von Filtern, die Randomisierung von Fragen sowie die Rotation von Items. Im vorliegenden Fall wurde zur Verringerung von Reihenfolge-Effekten auf das Verfahren der Item-Rotation zurückgegriffen. Weiterhin verzichtete die Studie auf die in Papierfragebögen üblichen Matrixfragen.[632]

Ferner wurde darauf geachtet, dass der Nutzer des Fragebogens ohne Scrollen auskommt.[633] Schließlich wurde ein einfaches Bildschirmdesign ohne Einsatz der Flash-Technologie verwendet, um ein vergleichbares Erscheinungsbild bei geringer Ladezeit bei allen Auskunftspersonen zu gewährleisten. Zusätzlich erfolgte zur Motivation der Teilnehmer die Integration einer Fortschrittsanzeige, da der Befragte bei einem www-Fragebogen im Vergleich zu einem Papierfragebogen, keinen Überblick über die Länge des Fragebogens hat.[634]

Abbildung C 157 zeigt eine exemplarische Seite der Befragung.

---

[629] Bspw. weist das Themenportal www.online-forschung.de (Zugriff am 20.7.2002) in der Rubrik Fragebogengeneratoren 27 Tools auf.

[630] Version 2.0; für die Kooperation bedankt sich der Verfasser bei Herrn K. Grüner (Fa. Globalpark).

[631] Vgl. ausführlich **Gräf** (1999).

[632] Vgl. zu dieser Forderung **Gräf** (1999) S. 165 ff. In einem Methodenexperiment konnten **Couper/Traugott/Lamias** (2001) zeigen, dass „Eine Frage pro Screen" vs. „Mehrere Fragen pro Screen" keine signifikanten Reliabilitätsunterschiede (gemessen durch Cronbach's Alpha) aufweisen, allerdings führt die Version „Eine Frage pro Screen" zu einer längeren Bearbeitungszeit und auch zu mehr Missings. Daher wurde eine mittlere Lösung gewählt, d.h. es wurde auf Matrixfragen verzichtet, allerdings mehrere Items pro Screen programmiert; vgl. zu einer Kompromiss-Lösung auch **Pötschke/Simonson** (2001) S. 19.

[633] Dabei handelt es sich allerdings nur um eine Zielgröße. Eine vollständig Realisierung verhindern die unterschiedlichen Browser, die unterschiedlichen Hardwareausstattungen sowie die unterschiedlichen Auflösungen der Bildschirme.

[634] In einem Methodenexperiment von **Couper/Traugott/Lamias** (2001) wurde der Einfluss einer Fortschrittsanzeige auf die Größen Abbruchquoten, Zeitbedarf und Missings untersucht. Zwar zeigte sich bei dem Einsatz der Fortschrittsanzeige eine leicht geringere Abbruchquote, allerdings war dieser Unterschied nicht signifikant; ein Grund dafür könnte aus Sicht der Autoren der festgestellte höhere Zeitbedarf für die Fragebogenversion mit Forschrittsanzeige darstellen (Downloadzeit).

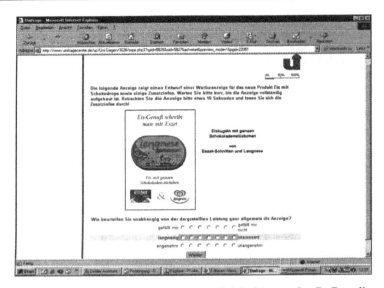

Abb. C 157: Beispielseite der www-Befragung Erfolgsfaktoren des Co-Brandings

(4) Teilnehmermotivierung

Valide Aussagen setzen die Vermeidung eines Non-Response-Bias voraus. Weiterhin stehen dem Forscher i.d.R. aufgrund der hohen Kosten für den Aufbau von Adressenlisten nur endlich viele e-mail-Adressen zur Verfügung, weshalb er versuchen muss, eine möglichst hohe Ausschöpfungsquote zu erreichen.

Zur Realisierung hoher Ausschöpfungsquoten existiert eine umfangreiche Forschung aus dem Bereich der schriftlichen Befragung.[635] Zur Teilnahmebereitschaft an www-Befragungen liegen bisher kaum Untersuchungen vor. Eine Ausnahme bildet die Studie von *Bosnjak/Batinic (1999)*, die eine qualitative und quantitative Befragung zur Thematik Teilnahmebereitschaft an e-mail-Befragungen kombiniert. Abbildung C 158 zeigt die wichtigsten Ergebnisse.

Die Erfolgsfaktorenstudie Co-Branding setzte folgende Maßnahmen zur Erreichung einer hohen Ausschöpfungsquote ein:

- professionelles Fragebogenlayout,
- geringe Ladezeiten,
- Fortschrittsanzeige,
- Zusicherung der Anonymität,
- Betonung der Unterstützung der Wissenschaft in der Einladungsmail,

---

[635] Vgl. stellvertretend für viele **Yu/Cooper** (1983).

C. Explikative Mastertechniken 367

- Verlosung von Geld- und Sachpreisen[636],
- Erinnerungs-e-mail.

Frageaspekt	Extrahierte Items (qualitative Studie)	Rang (quantitative Studie)
Teilnahmemotiv	Materieller Anreiz	4
	Neugier	1
	Selbsterkenntnis	3
	Beitrag für die Forschung leisten	2
Teilnahmerelevante Vorinformationen	Informationen über den genauen Untersuchungsgegenstand	3
	Informationen über den Zugang zur e-mail-Adresse	1
	Rückmeldung über das Gesamtergebnis	2
	Vollständige Anonymität der Antworten	4
	Persönlicher Appell des Forschers	5

Abb. C 158: Relevanz von Teilnahmemotiven und Vorinformationen
Quelle: (zusammengestellt aus) *Bosnjak/Batinic (1999)* S. 147 ff.

Eine www-Befragung erlaubt im Vergleich zur schriftlichen Befragung eine detaillierte Analyse der Abbruchquoten.[637] Abbildung C 159 analysiert die Abbruchquoten auf der Basis eines Schemas von *Theobald (2000)* für die durchgeführte www-Befragung. Die Aufstellung zeigt zunächst, dass knapp 10 % der Adressen nicht zustellbar waren. Die 43,7 % der Aufrufe des Fragebogens spiegeln den Werbeerfolg des Anschreibens sowie der Ankündigung von Incentives wieder. Die 89 % geben an, inwieweit es gelungen ist, die Teilnehmer zur Mitarbeit zu motivieren. Die 76,7 % verdeutlichen eine geringe Abbruchquote.[638] Eine solche detaillierte Aufstellung erlaubt es auch, Stärken und Schwächen einer www-Befragung zu identifizieren. Insgesamt ergibt sich für die

---

[636] Insgesamt wurden 70 Preise unter allen Teilnehmern verlost (1.Preis: 200 €, 2. - 4. Preis: 100 €; 5 - 70 Preis: Sachpreise wie Taschen, Bücher, Schokolade); an dieser Stelle gilt der Dank für die Bereitstellung der Preise folgenden Personen und Firmen: Herrn E. v. Heyking (MINI/BMW Group), Frau P. Linke (VERLAGSGRUPPE MILCHSTRAßE); Frau S. Fischer (CITROEN); Herrn O. Obermeier (RITTAL); Frau A. Ludwig (HENKEL-SCHWARZKOPF); Herrn F. Wecker (BMW); Herrn T. Herzgen (STOLLWERCK); Frau T. Feldmann (SCHWARTAU).

[637] Vgl. zu verschiedenen Ansätzen z.B. **Theobald** (2000) S. 72 ff.; **Bosnjak/Tuten/Bandilla** (2001) S. 7 ff.

[638] Die eingesetzte Software „umfragecenter" erlaubt auch eine Analyse, auf welchen Seiten der Abbruch jeweils stattgefunden hat. Eine solche Analyse ist sinnvoll, um schwer verständliche Fragen oder technische Probleme zu identifizieren. In den eingesetzten sechs Varianten konnten keine besonderen Häufungen, mit Ausnahme der zwei ersten Fragebogenseiten, festgestellt werden.

Erfolgsfaktorenstudie Co-Branding eine **Responsequote** von **29,9 %**, die aufgrund des Fragebogenumfangs als hoch einzuschätzen ist[639].

Mengen	Erfolgsfaktorenstudie Co-Branding	Selektionsrate
Angeschriebene Personen	4.410	
Fehlerhafte E-mail-Adressen	425	
potentielle Auskunftspersonen	3.985	90,4 %
Aufruf der Startseite	1.742	43,7 %
Beginn des Fragebogens (mindestens die erste Fragebogenseite aufgerufen)	1.550	89,0 %
vollständig ausgefüllte Fragebögen	1.193	76,7 %

Abb. C 159: Selektionsraten der Erfolgsfaktorenstudie Co-Branding

4.2.3 Ergebnisse

4.2.3.1 Demografische Ergebnisse und Markenbekanntheiten

Insgesamt beteiligten sich an der Erfolgsfaktorenstudie Co-Branding 1.193 Personen (weiblich: 40,5 %; männlich: 59,5 %), die sich vergleichbar mit der Nutzerstruktur des Internets überwiegend aus jüngeren Altersgruppen (20 – 29 Jahre: 53,3 %; 30 – 39 Jahre: 29,6 %) zusammensetzte. Weiterhin bildeten die Studierenden (43,3 %) gefolgt von den Angestellten (40,3 %) die größten Gruppen. Die Stichprobe und die demografische Verteilung der Antworter verdeutlicht, dass die vorliegende Studie **keinen Anspruch** auf **Bevölkerungsrepräsentativität** verfolgt. Allerdings weist sie im Vergleich zu den bisher veröffentlichten Co-Brand-Studien eine höhere Variabilität der Befragten, eine Mehrzahl von Co-Brands sowie eine hohe Fallzahl (n= 2.368[640]) auf, wodurch eher generalisierbare Ergebnisse vorliegen.

Insgesamt berücksichtigte die Studie zwölf Co-Brands mit insgesamt 22 Marken.[641] Abbildung C 160 verdeutlicht, dass alle Marken bei den Teilnehmern eine hohe gestützte Markenbekanntheit aufweisen, womit die gewählten Beispiele die Anforderungen an ein Co-Brand erfüllen.

---

[639] Der Median der Bearbeitungszeiten der Versionen betrug zwischen 22 und 29 Minuten.

[640] Jeder Befragte beantwortete die Fragen zu zwei Co-Brands. Im Folgenden wird daher jedes Co-Brand als ein Fall interpretiert, wodurch sich die Fallzahl verdoppelt.

[641] Die Marken ESZET SCHNITTEN und NIKE wurden jeweils in zwei verschiedenen Co-Brands berücksichtigt.

Marke	gestützte Bekanntheit (in %)	Marke	gestützte Bekanntheit (in %)
ESZET	79,4	FREUNDIN	97,4
SEITENBACHER	76,8	MAGGI	100
MILKA	100	DEUTSCHE POST	100
SLIM FAST	95,4	MCDONALD'S	100
ASPIRIN	99,0	TUI	99,5
TEMPO	100	FIT FOR FUN	79,8
LANGNESE	100	PUMA	100
ALPIA	93,0	GORE-TEX	96,5
LEGO	100	PHILIPS	100
FORD	100	NIKE	100
BOSS	99,5	BMW	100

Abb. C 160: Gestützte Bekanntheit der Individualmarken

4.2.3.2 Co-Brand-Wirkungen

Vor der Überprüfung des Erfolgsfaktoren-Modells erfolgt die Präsentation deskriptiver Ergebnisse auf der Co-Brand-Ebene.

Die Analyse der Erfolgsfaktoren basiert auf einer mehrstufigen Vorgehensweise. Zunächst findet eine Untersuchung der Detailmodelle Marken, Transferfit, Markenfit und Werbung statt. Diese Analysen verwenden überwiegend Kausalanalysen[642], wobei zur Interpretation auch bivariate Vergleiche zwischen erfolgreichen und erfolglosen Co-Brands in Abhängigkeit von dem einzelnen Erfolgsfaktor mit Hilfe eines t-Tests durchgeführt werden.[643]

Die Bildung der Gruppe der erfolgreichen bzw. erfolglosen Co-Brands stellt auf die Größe Co-Brand-Einstellung ab. Anschließend an die Partialmodelle erfolgt der Test des Gesamtmodells, wobei nur Faktoren, die in den Detailmodellen als Erfolgsfaktoren identifiziert wurden, Berücksichtigung finden.

Im Anschluss erfolgt die Analyse von moderierenden Variablen (Markenbewusstsein, Involvement, Produktvertrautheit) sowie eine Überprüfung des Gesamtmodells für die einzelnen Co-Brands. Eine Betrachtung der Spill-Over-Effekte schließt diese Erfolgsfaktorenstudie ab.

4.2.3.2.1 Deskriptive Ergebnisse

Einen ersten Eindruck über die Ergebnisse vermittelten die in Abbildung C 161 zusammengestellten Ausprägungen der Erfolgsfaktoren und des Co-Brand-Erfolges auf

---

[642] Die Modellschätzungen basieren auf dem ML-Verfahren.
[643] Vgl. zu einer analogen Vorgehensweise **Böing** (2001) S. 93 ff.

der Ebene der einzelnen Co-Brands. Zu diesem Zweck wurden für alle mehrfaktoriellen Messungen Indizes berechnet.

	ESZET & SEITENBACHER	MILKA & SLIM FAST	ASPIRIN & TEMPO	ESZET & LANGNESE	ALPIA & LEGO	FORD & BOSS	FREUNDIN & MAGGI	DEUTSCHE POST & MCDONALD'S	TUI & FIT FOR FUN	PUMA & GORE-TEX	PHILIPS & NIKE	BMW & NIKE
atta	4,62	5,87	5,52	4,46	4,32	3,80	4,70	4,69	5,14	5,09	5,19	5,62
protoa	3,71	6,14	6,87	3,60	4,83	5,55	4,93	6,01	5,80	5,63	5,11	5,97
breita*	3,00	5,50	4,00	2,00	3,00	5,00	2,00	10,00	5,00	6,00	10,00	5,00
coma	3,23	2,60	2,74	3,22	1,75	2,28	3,43	3,12	2,01	2,51	2,74	3,49
wicha	1,62	2,53	2,23	1,70	1,53	1,63	1,78	3,87	1,99	2,34	2,58	3,24
verta	1,49	3,30	3,40	1,54	1,86	2,35	2,10	5,06	2,31	2,50	2,80	2,86
vtraua	4,01	4,84	4,95	3,94	3,68	3,64	3,91	4,41	4,19	4,42	4,64	5,33
quala	4,95	5,84	5,74	4,81	4,65	4,15	4,55	4,81	4,67	5,25	5,24	5,91
attb	4,60	2,99	6,01	6,06	6,40	5,18	5,44	4,25	4,16	5,71	5,32	5,34
transa	4,56	2,45	4,92	4,24	4,13	4,18	4,95	3,83	5,45	4,85	5,70	3,48
protob	4,62	5,62	6,93	6,32	6,37	5,22	5,95	6,46	3,40	6,25	6,34	6,27
breitb*	5,00	3,00	4,00	5,00	4,00	5,00	20,00	3,00	3,00	5,00	5,00	5,00
comb	2,30	3,39	1,97	2,83	5,79	2,25	3,01	2,92	2,88	3,67	2,52	2,25
wichb	2,00	1,16	2,42	3,33	3,79	2,84	3,14	2,36	1,92	3,08	2,84	2,99
vertb	2,18	1,60	3,17	4,20	4,36	2,68	4,28	4,33	1,88	2,99	3,30	3,38
vtraub	4,20	2,38	5,17	5,14	5,81	4,59	5,32	4,13	3,49	5,39	4,67	4,75
qualb	4,93	3,37	5,85	5,94	6,26	5,53	5,85	4,92	4,12	5,83	5,39	5,32
transb	5,16	4,37	3,69	5,33	3,93	3,32	4,92	4,78	5,62	5,80	4,78	6,16
attad	3,46	3,38	3,17	3,58	3,62	3,66	4,11	4,06	4,46	4,44	4,64	4,27
brandfit	4,72	2,49	4,08	4,61	3,75	2,83	4,52	4,19	5,50	5,34	5,03	3,87
emofit	3,94	3,05	4,39	3,70	3,58	2,77	4,58	3,06	5,27	4,70	4,86	5,27
sachfit	4,85	3,89	4,76	4,93	3,23	3,53	4,01	3,56	4,52	5,44	5,20	5,34
preisfit	4,71	4,57	5,76	4,65	3,11	2,29	4,91	4,48	4,89	5,05	5,43	5,68
mpfit	3,80	2,45	4,61	3,82	2,96	2,36	4,25	3,29	4,95	4,61	4,70	5,02
co	4,40	3,16	3,66	4,60	3,82	4,04	4,81	4,30	5,16	5,17	5,22	4,43
coqual	5,91	5,31	5,45	6,09	5,31	5,48	5,49	4,78	5,76	6,31	6,08	6,22
cokauf	2,99	2,30	2,32	3,93	2,21	1,93	2,47	3,17	3,49	3,75	3,14	3,35
copreis (in €)	3,50	1,77	3,00	2,97	4,30	23,35	193,54	2,28	458,15	107,82	123,35	103,76

*: Median; bei allen übrigen Angaben handelt es sich um den arithmetischen Mittelwert (1: gering; 7: hoch)

Abb. C 161: Deskriptive Ergebnisse für die Individualmarken und die Co-Brands

C. Explikative Mastertechniken 371

Die Aufstellung zeigt, dass sich die Individualmarken deutlich voneinander unterscheiden. Beispielsweise handelt es sich bei MILKA, ASPIRIN, BMW, TEMPO, LANGNESE, LEGO und GORE-TEX um starke Marken (positive Einstellung, hohe Markenstabilität). Hingegen fällt die Markenstärke für die Marken ESZET SCHNITTEN, ALPIA, FORD und SLIM FAST eher gering aus.

Auch besitzen die Marken ein unterschiedlich hohes Transferpotential für die Co-Brand-Leistung. Marken mit einem hohen Transferfit sind u.a. TUI, PHILIPS, FIT FOR FUN, GORE-TEX und NIKE (Laufschuh). MILKA, BMW und BOSS weisen dagegen einen geringen Transferfit auf. Auch der Fit zwischen den Marken fällt zwischen den Co-Brands unterschiedlich aus. Einen hohen Markenfit besitzen die Co-Brands TUI & FIT FOR FUN, PUMA & GORE-TEX und PHILIPS & NIKE. Ein geringer Markenfit lässt sich bei den Co-Brands MILKA & SLIM FAST und FORD & BOSS identifizieren.

Schließlich beurteilen die Teilnehmer auch die Co-Brands unterschiedlich. Positive Bewertungen erhalten TUI & FIT FOR FUN, PUMA & GORE-TEX und PHILIPS & NIKE. Relativ schlecht dagegen schätzen die Teilnehmer die Co-Brands MILKA & SLIM FAST und ASPIRIN & TEMPO ein. Interessant ist in diesem Zusammenhang auch, dass nur die Co-Brands ASPIRIN & TEMPO, DEUTSCHE POST & MCDONALD'S sowie TUI & FIT FOR FUN die externen Referenzpreise im Durchschnitt überschreiten.

Bei der Interpretation der Ergebnisse ist darauf hinzuweisen, dass die Gestaltung der Werbung bewusst variiert wurde, so dass eine positive bzw. negative Co-Brand-Beurteilung nicht nur auf die Individualmarken, das Verhältnis der Marken und die Co-Brand-Leistung zurückgeführt werden kann. Weiterhin existieren zwischen den einzelnen Faktoren Abhängigkeiten. Schließlich existieren interpersonelle Unterschiede. Daher betrachtet die anschließende Erfolgsfaktorenanalyse auch nicht die einzelnen Co-Brands, sondern die einzelne Person.

4.2.3.2.2 Erfolgsfaktoren des Co-Brandings

(1) Markenmodell

Das Markenmodell unterstellt auf der Basis der Theorie zum **Einstellungstransfer**[644], dass die Markeneinstellungen direkt die Co-Brand-Beurteilung im Sinne eines Einstellungstransfers beeinflussen. Weiterhin führen die Ansätze zur **Markenstabilität**[645] und die attributbasierten Einstellungsmodelle (speziell: **Informationsökonomie**)[646] zu der Annahme, dass das Markenvertrauen die Markeneinstellung und dadurch auch indirekt die Co-Brand-Beurteilung beeinflusst. Daher lassen sich folgende Hypothesen formulieren:

H_1: *Je positiver die Markeneinstellung für die Individualmarken des Co-Brand ist, desto positiver fällt die Co-Brand-Beurteilung aus.*

H_2: *Je höher das Markenvertauen ausgeprägt ist, desto positiver ist die Markeneinstellung.*

---

[644] Vgl. Kap. C.II.3.2.2.1.2.
[645] Vgl. Kap. C.II.3.2.2.2.2.
[646] Vgl. Kap. C. II.3.2.2.1.1.

H_3: *Je höher das Markenvertrauen ist, desto höher ist der Einfluss der Markeneinstellung auf die Co-Brand-Beurteilung.*

Ein vollständiges Kausalmodell prüft diese drei Hypothesen. Die Gütebeurteilung[647] des Modells gibt Abbildung C 162 wieder.[648]

Beurteilungsebene	Gütemaß	Erreichter Wert
Messmodell	Indikatorreliabilität	$\geq 0,61$
	Faktorreliabilität	$\geq 0,89$
	Signifikanztest der Faktorladungen	$\geq 42,6$
Gesamtmodell	GFI	0,97
	AGFI	0,96
	SRMR	0,038
	NFI	0,98
	NNFI	0,98

Abb. C 162: Gütemaße des Markenmodells (Gesamt)

Insgesamt erfüllt das Partialmodell alle Kriterien, weshalb sich das in Abbildung C 163 dargestellte Modell gut mit dem empirischen Datensatz vereinbaren lässt.

Das Modell zeigt zunächst, dass die Markeneinstellungen beider Individualmarken die Co-Brand-Beurteilung direkt beeinflussen. Weiterhin bestehen starke Beziehungen zwischen dem jeweiligen Markenvertrauen und der Markeneinstellung. Schließlich lässt sich auch ein indirekter Effekt vom Markenvertrauen auf die Co-Brand-Einstellung nachweisen, da ein Alternativmodell mit einem direkten Einfluss des Markenvertrauens auf die Co-Brand-Beurteilung zu zwei nicht-signifikanten Pfadkoeffizienten führte. Insgesamt erklären die Markeneinstellung und das Markenvertrauen **15 % der Varianz** der Co-Brand-Beurteilung.

---

[647] Vgl. allg. Kap. C.III.2.2.2.1.

[648] Dabei wird auf das Gütekriterium χ^2 d.f. verzichtet, da der χ^2-Wert direkt proportional mit der Fallzahl steigt, und daher auch minimale Abweichungen zwischen Datensatz und Modell zu großen χ^2-Werten führen; vgl. allg. zu diesem Problem z.B. **Bagozzi** (1981) S. 380; **Homburg** (1989) S. 188 f. Vgl. zu einer ähnlichen Argumentation zur Nichtberücksichtigung dieses Gütemaßes **Rudolph** (1998) S. 146. Weiterhin wird bei den Partialmodellen darauf verzichtet, die Quadrierte Multiple Korrelation für die endogenen Variablen als Gütemaß zu verwenden, da jeweils nur wenige ausgewählte exogene Variablen berücksichtigt werden und daher zu erwarten ist, dass diese nur einen geringen Teil der Varianz der Co-Brand-Beurteilung erklären.

C. Explikative Mastertechniken 373

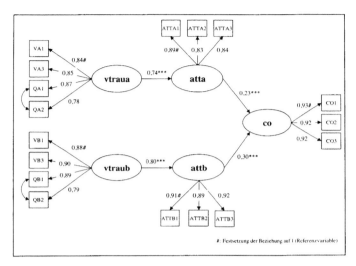

Abb. C 163: Markenmodell (Gesamt)

Auch die bivariaten Analysen belegen den Einfluss des Markenvertrauens und der Markeneinstellung auf die Co-Brand-Beurteilung (vgl. Abbildung C 164).

	erfolglose Co-Brands (Mittelwerte)	erfolgreiche Co-Brands (Mittelwerte)
Markeneinstellung A	4,68	5,15***
Markenvertrauen A	4,28	4,77***
Markeneinstellung B	4,78	5,49***
Markenvertrauen B	4,46	5,14***
***: $p<0{,}01$		

Abb. C 164: Vergleich erfolgreicher und erfolgloser Co-Brands in Abhängigkeit von den Marken

Zusammenfassend bestätigt sowohl die Kausalanalyse als auch die bivariate Analyse die Hypothesen H_1 - H_3.

(2) Transferfitmodell

Ein weiterer potentieller Erfolgsfaktor bildet der Transferfit[649], der das Verhältnis zwischen der Individualmarke und der Co-Brand-Leistung angibt. Erwartet wird, dass ein direkter Effekt existiert, da der Abnehmer im Kontext des Co-Brandings aufgrund der erhöhten Komplexität durch die Mehrzahl an Marken einen geringen kognitiven Aufwand präferiert. Weiterhin führen die **Kategorisierungstheorien**[650] zu der

---

[649] Vgl. Kap. C.II.3.2.3.2.1.

[650] Vgl. Kap. C.II.3.2.3.2.1.

Annahme, dass ein Einstellungstransfer von der Individualmarke auf das Co-Brand stärker stattfindet, wenn das Co-Brand eine Ähnlichkeit zu der Individualmarke aufweist. Daher übt der Transferfit auch eine moderierende Rolle auf den Einstellungstransfer aus. Insgesamt lassen sich folgende Hypothesen aufstellen:

H_4: *Je höher der Transferfit ist, desto positiver fällt die Co-Brand-Beurteilung aus.*

H_5: *Je höher der Transferfit ist, desto stärker findet ein Einstellungstransfer der Individualmarke auf das Co-Brand statt.*

Diese Hypothesen lassen sich durch ein Kausalmodell testen, wobei aus Vereinfachungsgründen das Markenvertrauen als ein Haupteinflussfaktor der Markeneinstellung unberücksichtigt bleibt. Dieses Modell erreicht wie Abbildung C 165 zeigt eine zufriedenstellende Güte.

Beurteilungsebene	Gütemaß	Erreichter Wert
Messmodell	Indikatorreliabilität	≥ 0,69
	Faktorreliabilität	≥ 0,89
	Signifikanztest der Faktorladungen	≥ 48,7
Gesamtmodell	GFI	0,98
	AGFI	0,96
	SRMR	0,07
	NFI	0,98
	NNFI	0,98

Abb. C 165: Gütemaße des Transferfitmodells (Gesamt)

Abbildung C 166 gibt das vollständige Kausalmodell für den Transferfit wieder.

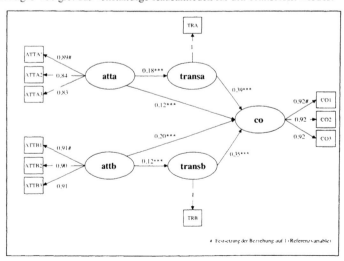

Abb. C 166: Transferfitmodell

C. Explikative Mastertechniken 375

Die Erfolgsfaktoren Markeneinstellung und Transferfit erklären **36,4 %** **der Varianz** der Co-Brand-Beurteilung. Weiterhin weisen die stark signifikanten Pfadkoeffizienten die erwarteten Richtungen auf, d.h. der Transferfit beeinflusst direkt die Co-Brand-Beurteilung. Zudem moderiert der Transferfit den Einstellungstransfer.

Den starken Einfluss des Transferfits auf die Co-Brand-Beurteilung bestätigen auch die bivariaten Analysen in Abbildung C 167.

	erfolglose Co-Brands (Mittelwerte)	erfolgreiche Co-Brands (Mittelwerte)
Transferfit A	3,53	5,27***
Transferfit B	4,07	5,56***
***: $p<0,01$		

Abb. C 167: Vergleich erfolgreicher und erfolgloser Co-Brands in Abhängigkeit vom Transferfit

Zusammenfassend bestätigen damit die Ergebnisse der Studie die beiden aufgestellten Hypothesen H_4 und H_5 zum Transferfit.

(3) Markenfitmodell

Ein weiterer zentraler Erfolgsfaktor stellt das Verhältnis zwischen den beteiligten Marken dar. Dabei setzt sich der globale Markenfit entsprechend der **Kategorisierungstheorie**[651] aus mehreren Fitbasen zusammen. Weiterhin lässt sich aus dem **Fit-Einstellungs-Modell**[652] ableiten, dass zumindest bei geringem Involvement ein positiver Markenfit zu einer positiven Co-Brand-Beurteilung führt. Da sich alle in der Erfolgsfaktorenstudie berücksichtigten Co-Brands aus Marken unterschiedlicher Leistungskategorien zusammensetzen, wird vermutet, dass diese einen geringen Markenfit aufweisen. Daher ist ein höherer Markenfit im Rahmen der Studie als „Lösung der Inkongruenz" zu interpretieren, wodurch der positive Effekt des mittleren Markenfits auf die Co-Brand-Beurteilung bei hohem Involvement zum Tragen kommt. Weiterhin wird angenommen, dass der Markenfit für den Abnehmer eine Laientheorie für den Transferfit darstellt, da bei zusammenpassenden Marken der Abnehmer auch den Fit zwischen der Individualmarke und dem Co-Brand höher einschätzt. Im Einzelnen lassen sich folgende Hypothesen ableiten:

H_6: *Je höher der Markenfit ist, desto positiver wird das Co-Brand beurteilt.*

H_7: *Der Markenfit wird höher beurteilt, wenn ein hoher*

    a) Produktfit,

    b) emotionaler Markenfit,

    c) sachlicher Markenfit,

    d) Preisfit,

    e) Markenpersönlichkeitsfit vorliegen.

---

[651] Vgl. Kap. C.II.3.2.3.2.1 und Kap. C.III.1.2.
[652] Vgl. Kap. C.II.3.2.3.2.2.

H_8: Je höher der Markenfit ist, desto höher fällt der Transferfit aus.

Das Kausalmodell zum Test dieser Hypothesen weist, wie Abbildung C 168, zeigt ebenfalls eine zufriedenstellende Güte auf.

Beurteilungsebene	Gütemaß	Erreichter Wert
Messmodell	Indikatorreliabilität	≥ 0,74
	Faktorreliabilität	≥ 0,93
	Signifikanztest der Faktorladungen	≥ 62,0
Gesamtmodell	GFI	0,97
	AGFI	0,95
	SRMR	0,04
	NFI	0,98
	NNFI	0,97

Abb. C 168: Güte des Markenfitmodells (Gesamt)

Abbildung C 169 gibt das vollständig Kausalmodell wieder.

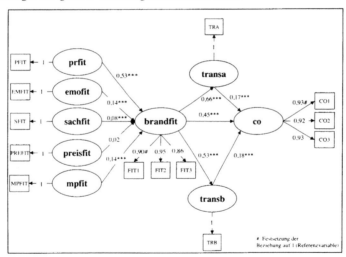

Abb. C 169: Markenfitmodell

Der Markenfit sowie die beiden Transferfits erklären **45,2 % der Varianz** der Co-Brand-Beurteilung. Weiterhin existiert zwischen globalem Markenfit und Co-Brand-Beurteilung ein hochsignifikanter Zusammenhang. Zusätzlich belegt das Kausalmodell den Einfluss des Markenfits auf die beiden Transferfits. Die Fitbasen besitzen mit Ausnahme des Preisfits alle einen signifikanten Einfluss auf den globalen Markenfit. Den stärksten Einfluss auf den globalen Markenfit weist der Produktfit auf. Weiterhin erklären der Markenpersönlichkeitsfit und der emotionale Fit deutlich den globalen Markenfit. Relativ geringen Einfluss dagegen übt der sachliche Fit aus.

C. Explikative Mastertechniken 377

Die positiven Wirkungen des globalen Markenfits und der Fitbasen auf die Co-Brand-Beurteilung belegen zudem die bivariaten Analysen in Abbildung C 170.

	erfolglose Co-Brands (Mittelwerte)	erfolgreiche Co-Brands (Mittelwerte)
globaler Markenfit	3,28	5,20***
Produktfit	3,05	4,53***
emotionaler Markenfit	3,40	4,78***
sachlicher Markenfit	3,88	4,99***
Preisfit	4,17	5,07***
Markenpersönlichkeitsfit	3,21	4,59***
	***: $p<0,01$	

Abb. C 170: Vergleich erfolgreicher und erfolgloser Co-Brands in Abhängigkeit vom Markenfit

Zusammenfassend lässt sich festhalten, dass die Ergebnisse der Kausalanalyse die Hypothesen H_6 und H_8 sowie mit Ausnahme des Preisfits auch die Hypothese H_7 bestätigen.

(4) Werbemodell

Das vierte Partialmodell untersucht mit dem Konstrukt des Werbegefallens den Einfluss von Marketinginstrumenten auf die Co-Brand-Beurteilung. Aufbauend auf den **Werbegefallensmodellen**[653] sowie den Ergebnissen des Laborexperiments Werbung-Co-Brand-Beurteilung[654] wird zunächst ein direkter Effekt vom Werbegefallen auf das Co-Brand erwartet. Weiterhin führen der Ansatz des **Primings**[655] und das Laborexperiment Werbung-Co-Brand-Beurteilung[656] zu der Überlegung, dass das Werbegefallen die Fit-Beurteilung positiv beeinflusst, wobei aus Vereinfachungsgründen eine Fokussierung auf den globalen Markenfit erfolgt. Aus diesen Überlegungen lassen sich folgende Hypothesen formulieren:

H_9: *Je höher das Werbegefallen ist, desto positiver wird das Co-Brand beurteilt.*

H_{10}: *Je höher das Werbegefallen ist, desto höher fällt der Markenfit aus.*

Zum Test dieser beiden Hypothesen wurde ein Kausalmodell gerechnet, dass die in Abbildung C 171 zusammengefasste Güte aufweist.

Das Modell weist insgesamt eine hohe Güte auf. Abbildung C 172 gibt das vollständige Kausalmodell wieder.

---

[653] Vgl. Kap. C.II.3.2.2.1.2.
[654] Vgl. Kap. C.III.3.2.3.
[655] Vgl. Kap. C.II.3.2.3.1.1.
[656] Vgl. Kap. C.III.3.2.3.

Beurteilungsebene	Gütemaß	Erreichter Wert
Messmodell	Indikatorreliabilität	≥ 0,64
	Faktorreliabilität	≥ 0,89
	Signifikanztest der Faktorladungen	≥ 49,5
Gesamtmodell	GFI	0,99
	AGFI	0,98
	SRMR	0,02
	NFI	0,99
	NNFI	0,99

Abb. C 171: Güte des Werbemodells (Gesamt)

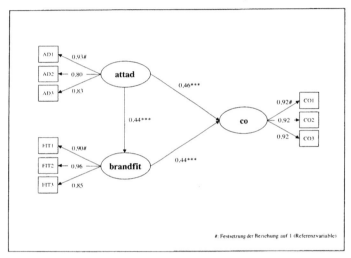

Abb. C 172: Werbemodell

Das Kausalmodell belegt die Ergebnisse des Laborexperiments Werbung-Co-Brand-Beurteilung, d.h. das Werbegefallen übt auf die Co-Brand-Beurteilung sowohl einen direkten Effekt als auch einen indirekten Effekt durch die Beeinflussung des Markenfits aus. Insgesamt erklären die beiden Erfolgsfaktoren **56,8 % der Varianz**.

Auch die bivariaten Ergebnisse in Abbildung C 173 belegen deutlich den hohen Einfluss des Werbegefallens auf die Co-Brand-Beurteilung.

	erfolglose Co-Brands (Mittelwerte)	erfolgreiche Co-Brands (Mittelwerte)
Werbegefallen	3,07	4,73***
***: p<0,01		

Abb. C 173: Vergleich erfolgreicher und erfolgloser Co-Brands in Abhängigkeit vom Werbegefallen

C. Explikative Mastertechniken 379

Zusammenfassend bestätigen die Ergebnisse der Studie die Hypothesen H_9 und H_{10}.

(5) Gesamtmodell

Im Folgenden erfolgt eine Integration der vier Partialmodelle zum Gesamtmodell Erfolgsfaktoren des Co-Brandings. Erst eine simultane Gesamtschau mehrerer Erfolgsfaktoren erlaubt die Beantwortung der Fragen, welche Faktoren insgesamt den Erfolg beeinflussen, und welche Faktoren eine besonders hohe Bedeutung für den Co-Brand-Erfolg besitzen. Aus Gründen der Übersichtlichkeit, und weil die einzelnen Messmodelle bereits im Rahmen der Partialmodelle als zuverlässig beurteilt wurden, beschränken sich die Darstellungen auf das Strukturmodell.

Zunächst gibt Abbildung C 174 die globalen Gütemaße des Gesamtmodells wieder.

Gütemaß	Erreichter Wert
GFI	0,96
AGFI	0,94
SRMR	0,04
NFI	0,97
NNFI	0,97

Abb. C 174: Güte des Erfolgsfaktoren-Modells (Gesamt)

Die Güte des Gesamtmodells liegt zwar jeweils etwas unter den Güteergebnissen der Partialmodelle, allerdings führt eine steigende Komplexität der Modelle regelmäßig zu einer Verringerung der Güte. Insgesamt erreichen aber die Gütemaße deutlich die geforderten Niveaus. Abbildung C 175 zeigt das Erfolgsfaktoren-Strukturmodell des Co-Brandings, das **60,2 % der Gesamtvarianz** der Co-Brand-Beurteilung erklärt.

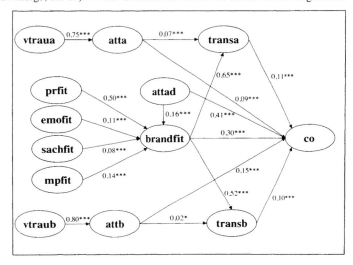

Abb. C 175: Erfolgsfaktoren-Modell (Gesamt)

Das Erfolgsfaktorenmodell zeigt zunächst, dass alle berücksichtigten Erfolgsfaktoren direkt oder indirekt die Co-Brand-Beurteilung beeinflussen. Zur Bestimmung einer Rangfolge in Bezug auf den Einfluss auf die Co-Brand-Beurteilung erfolgt ein Rückgriff auf die **totalen Effekte**, die sich aus direkten und indirekten Effekten zusammensetzen.[657] Abbildung C 176 gibt die totalen Effekte sowie die Rangplätze wieder.

Erfolgsfaktor	totaler Effekt auf die Co-Brand-Beurteilung	Rang
Werbegefallen (attad)	0,42	1
globaler Markenfit (brandfit)	0,37	2
Produktfit (prfit)	0,18	3
Markeneinstellung (atta bzw. attb)	0,1 bzw. 0,17	4
Markenvertrauen (vtraua bzw. vtraub)	0,08 bzw. 0,14	5
Transferfit (transa bzw. transb)	0,09 bzw. 0,08	6
Markenpersönlichkeits-Fit (mpfit)	0,05	7
emotionaler Fit (emofit)	0,04	8
sachlicher Fit (sachfit)	0,03	9

Abb. C 176: Totale Effekte der Erfolgsfaktoren

Die Aufstellung der totalen Effekte zeigt, dass das **Werbegefallen**, der **globale Markenfit** und der **Produktfit** die drei zentralen Erfolgsfaktoren darstellen. Eine nachrangige Position nehmen die Markeneinstellung, das Markenvertrauen sowie der Transferfit ein. Allerdings ist bei diesen drei Größen darauf hinzuweisen, dass diese bei einem Co-Brand jeweils mindestens zweimal existieren und wirken, wodurch sie insgesamt einen ähnlich hohen Effekt wie der Produktfit aufweisen. Relativ unbedeutend sind dagegen die Fitbasen Markenpersönlichkeit, emotionaler und sachlicher Fit.

Den globalen Markenfit beeinflussen in absteigender Bedeutung folgende Fitbasen:

1. Produktfit,

2. Markenpersönlichkeitsfit,

3. emotionaler Fit,

4. sachlicher Fit.

Zusätzlich zeigt sich, dass der Markenfit deutlich die beiden Transferfits beeinflusst. Dieser starke Einfluss unterstreicht die hohe Bedeutung des Markenfit insgesamt für die Beurteilung des Co-Brand.

Schließlich belegt das Kausalmodell, dass das jeweilige Markenvertrauen die Markeneinstellung, die einen mittelstarken Effekt auf die Co-Brand-Beurteilung ausübt, stark beeinflusst.

---

[657] Vgl. z.B. **Backhaus/Erichson/Plinke/Weiber** (2000) S. 457 ff.

4.2.3.2.3 Einfluss moderierender Personenvariablen

Aufbauend auf diesem Gesamtmodell behandelt dieser Abschnitt, inwieweit moderierende Personenvariable die Struktur des Modells verändern. Aus Übersichtsgründen erfolgt dabei eine Beschränkung auf das Markenfitmodell sowie die direkten Effekte auf die Co-Brand-Beurteilung. Die Analyse basiert jeweils auf einem Gruppenvergleich zwischen hoher und geringer Ausprägung der moderierenden Variablen. Um leichter zu interpretierende Ergebnisse zu erhalten, erfolgt jeweils eine Aufteilung der Gesamtfälle in drei Gruppen (gering, mittel, hoch), wobei sich der Vergleich auf die beiden Extremgruppen beschränkt. Aussagen zur Unterschiedlichkeit zwischen den Gruppen basieren auf einem Chi-Quadrat-Test.[658] Bei allen Modellen wird jeweils nur das Strukturmodell frei geschätzt, hingegen erfolgt eine gemeinsame Schätzung der Messmodelle. Im Einzelnen untersucht dieser Abschnitt den Einfluss der Persönlichkeitsmerkmale Involvement, Produktvertrautheit und Markenbewusstsein.

(1) Involvement

Aufgrund des geringen kognitiven Aufwandes bei geringem Involvement[659] wird angenommen, dass eher ein direkter als ein indirekter Einstellungstransfer stattfindet. Weiterhin ist zu erwarten, dass das Werbegefallen als peripherer Reiz bei geringem Involvement eine höhere Bedeutung für die Co-Brand-Beurteilung aufweist. Schließlich ist aufgrund der existierenden Inkongruenz zwischen den Marken der berücksichtigten Co-Brands zu erwarten, dass der Markenfit bei geringem und hohem Involvement eine gleich hohe Bedeutung für die Co-Brand-Beurteilung aufweist. Zusammenfassend lassen sich folgende Hypothesen ableiten:

H_{11}: *Je geringer das Involvement ist, desto stärker findet ein direkter und desto schwächer ein indirekter Einstellungstransfer auf das Co-Brand statt.*

H_{12}: *Je geringer das Involvement ist, desto stärker beeinflusst das Werbegefallen die Co-Brand-Beurteilung.*

H_{13}: *Der Einfluss des globale Markenfits auf die Co-Brand-Beurteilung ist unabhängig vom Involvement.*

Abbildung C 177 gibt die relevanten Strukturkoeffizienten sowie die jeweiligen Chi-Quadrat- Differenzen wieder.

Die Chi-Quadrat-Differenzen zeigen für Marke B und eingeschränkt für Marke A, dass der indirekte Einstellungstransfer (attb → transb und transb → co) bei hohem Involvement höher ausfällt als bei geringem. Hingegen lässt sich ein Unterschied beim direkten Transfer nur für die Marke B feststellen. Insgesamt bestätigen die Ergebnisse daher die Hypothese H_{11} nur zum Teil.

Ein signifikanter Unterschied des Einflusses des Werbegefallens auf die Co-Brand-Beurteilung, wie in H_{12} angenommen, lässt sich feststellen. Danach weist das Werbegefallen insbesondere unter geringem Involvement einen hohen direkten Effekt auf die Co-Brand-Beurteilung auf. H_{13} unterstellte keinen Unterschied des Einflusses

---

[658] Vgl. ausführlich Kap. C.III.2.2.2.2.1.

[659] Vgl. Kap. C.II.3.2.1.1.

des Markenfits auf die Co-Brand-Beurteilung in Abhängigkeit vom Involvement. Die fast gleichen Strukturkoeffizienten und die geringe Chi-Quadrat-Differenz belegen diese Hypothese.

Pfad	geringes Involvement (n = 862)		hohes Involvement (n= 773)		χ^2- Differenz
	standardisierter Koeffizient	t-Wert	standardisierter Koeffizient	t-Wert	
atta → transa	0,05	1,73#	0,13	4,44	4,97**
atta → co	0,09	3,41	0,12	4,63	0,54
transa → co	0,07	2,28	0,10	3,22	0,86
attb → transb	-0,08	-2,59	0,10	3,00	20,16***
attb → co	0,21	8,72	0,08	3,07	10,26***
transb → co	0,10	3,54	0,10	4,12	0,44
attad → co	0,47	16,56	0,38	12,81	6,81***
brandfit → co	0,28	7,30	0,32	8,23	0,03
	#: nicht signifikanter Strukturkoeffizient; **: signifikant; ***: hochsignifikant				

Abb. C 177: **Ausgewählte Strukturkoeffizienten und Chi-Quadrat-Differenzen für das Involvement (Erfolgsfaktorenmodell)**

(2) Produktvertrautheit

Bei geringer Produktvertrautheit[660] ist zu erwarten, dass die geringe Kenntnis über die Co-Brand-Leistung dazu führt, dass der indirekte Einstellungstransfer schwächer und der direkte stärker auf das Co-Brand wirkt. Weiterhin ist anzunehmen, dass der Transferfit bei hoher Produktvertrautheit einen stärkeren Einfluss auf die Co-Brand-Beurteilung ausübt. Aufgrund der geringeren Kenntnis bei geringer Produktvertrautheit erfolgt die Einstellungsbildung auf sonstigen Informationen über die Co-Brand-Leistung. Eine solche Information stellt auch das Werbegefallen dar, weshalb vermutet wird, dass dieses bei geringer Produktvertrautheit eine größere Bedeutung aufweist. Da eine geringe Produktvertrautheit (z.B. Müsli) auch eine geringe Markenvertrautheit mit einer der beteiligten Marken (z.B. SEITENBACHER) impliziert, wird eine unterschiedliche Markenfit-Beurteilung erwartet. Bei geringer Markenvertrautheit besitzt die Auskunftsperson kaum direkte Erfahrungen mit der jeweiligen Marke. Daher resultiert das Image überwiegend aus der Werbung, welche hauptsächlich mit emotionalen Assoziationen arbeitet. Daher lässt sich erwarten, dass bei geringer Vertrautheit der Markenpersönlichkeitsfit sowie der emotionale Markenfit den Globalfit stark beeinflussen. Hingegen übt bei hoher Vertautheit auch die der sachliche Fit einen starken Einfluss auf den globalen Markenfit aus. Zusammenfassend lassen sich folgende Hypothesen formulieren:

---

[660] Vgl. Kap. C.II.3.2.1.2.

C. Explikative Mastertechniken

H_{14}: *Je geringer die Produktvertrautheit ist, desto stärker fällt der direkte und desto schwächer der indirekte Einstellungstransfer auf die Co-Brand-Beurteilung aus.*

H_{15}: *Je geringer die Produktvertrautheit ist, desto schwächer beeinflusst der Transferfit die Co-Brand-Beurteilung.*

H_{16}: *Je geringer die Produktvertrautheit ist, desto stärker beeinflusst das Werbegefallen die Co-Brand-Beurteilung.*

H_{17}: *Je geringer die Markenvertrautheit ist, desto stärker wird der globale Markenfit durch*

    a)   *den Markenpersönlichkeitsfit und*

    b)   *den emotionalen Fit beeinflusst.*

H_{18}: *Je höher die Markenvertrautheit ist, desto stärker wird der globale Markenfit durch den sachlichen Fit beeinflusst.*

Abbildung C 178 gibt die relevanten Strukturkoeffizienten sowie die jeweiligen Chi-Quadrat-Differenzen wieder.

Pfad	geringe Produkt-Vertrautheit (n = 781)		hohe Produkt-Vertrautheit (n= 759)		χ^2-Differenz
	standardisierter Koeffizient	t-Wert	standardisierter Koeffizient	t-Wert	
atta → transa	0,05	1,69#	0,10	3,52	4,23*
atta → co	0,09	3,26	0,08	3,08	0,08
transa → co	0,07	2,09	0,12	3,48	1,76
attb → transb	-0,07	-2,42	0,16	4,40	28,11***
attb → co	0,20	8,01	0,10	3,29	6,27**
transb → co	0,07	3,25	0,09	3,07	-0,06
attad → co	0,46	15,33	0,39	12,83	3,11*
brandfit → co	0,28	6,76	0,30	7,17	-0,22
prfit → brandfit	0,50	15,78	0,48	14,87	0,31
emofit → brandfit	0,18	5,27	0,06	1,73#	6,26**
sachfit → brandfit	0	-0,09#	0,15	4,96	13,63***
mpfit → brandfit	0,18	4,95	0,08	2,27	4,41**
#: nicht signifikanter Strukturkoeffizient; *: tendenziell; **: signifikant; ***: hochsignifikant					

Abb. C 178: Ausgewählte Strukturkoeffizienten und Chi-Quadrat-Differenzen für die Produkt-Vertrautheit (Erfolgsfaktorenmodell)

Die Chi-Quadrat-Differenzen weisen für den indirekten Einstellungstransfer sowohl für Marke A als auch Marke B deutliche Unterschiede in der erwarteten Richtung auf. Weiterhin zeigt sich auch für Marke B ein deutlich höherer direkter Transfer bei geringer im Vergleich zu hoher Produktvertrautheit. Insgesamt kann damit H_{14} als überwiegend bestätigt angesehen werden. Hingegen lässt sich die erhöhte Bedeutung des Transferfits bei hoher Produktvertrautheit weder bei der Marke A noch B nachweisen, weshalb H_{15} abgelehnt werden muss.

Die Ergebnisse bestätigen nur tendenziell den erhöhten Einfluss des Werbegefallens bei geringer im Vergleich zu hoher Produktvertrautheit, weshalb H_{16} nur eingeschränkt als gültig angenommen wird.

Hingegen lässt sich der unterschiedliche Einfluss der Fitbasen erkennen. Bei geringer Vertrautheit besitzen der emotionale Fit und der Markenpersönlichkeitsfit eine höhere Bedeutung im Vergleich zu der Gruppe mit hoher Vertrautheit. Weiterhin übt der sachliche Fit nur in der Gruppe mit hoher Vertrautheit einen signifikanten Einfluss auf den globalen Markenfit aus. Zusammenfassend zeigt sich, dass der Markenfit bei beiden Gruppen einen ähnlich hohen Einfluss auf die Co-Brand-Beurteilung ausübt, wobei allerdings bei geringer Vertrautheit eher emotionale Fitbasen und bei hoher Vertrautheit die sachliche Fitbasis diesen beeinflussen.

(3) Markenbewusstsein

Die dritte berücksichtigte Personenvariable bildet das Markenbewusstsein. Dabei wird angenommen, dass ein hohes Markenbewusstsein[661] dazu führt, dass der Markenfit eine größere Bedeutung bei der Co-Brand-Beurteilung spielt, da die Marken insgesamt als wichtige Information angesehen werden. Da ein hohes Markenbewusstsein auch zu einer höheren Markenvertrautheit führt, ist ähnlich wie bei der Markenvertrautheit damit zu rechnen, dass bei geringem Markenbewusstsein der direkte Einstellungstransfer höher und der indirekte geringer ausfällt. Damit lasen sich folgende Hypothesen formulieren:

H_{19}: *Je geringer das Markenbewusstsein ist, desto schwächer beeinflusst der Markenfit die Co-Brand-Beurteilung.*

H_{20}: *Je geringer das Markenbewusstsein ist, desto stärker fällt der direkte Einstellungstransfer und desto geringer der indirekte Einstellungstransfer auf die Co-Brand-Beurteilung aus.*

Der Test dieser beiden Hypothesen basiert auf dem produktspezifischen Markenbewusstsein. Abbildung C 179 fasst die relevanten Strukturkoeffizienten sowie die jeweiligen Chi-Quadrat-Differenzen zusammen.

Der unterschiedliche Einfluss des Markenfits in Abhängigkeit vom Markenbewusstsein lässt sich nicht signifikant nachweisen, weshalb H_{19} abgelehnt werden muss. H_{20} lässt sich zumindest tendenziell für Marke B bestätigen. Der direkte Einstellungstransfer von Marke B auf das Co-Brand fällt bei geringem Markenbewusstsein höher aus, hingegen zeigt sich, wenn auch statistisch nicht signifikant, bei hohem Markenbewusstsein ein stärkerer indirekter Einstellungstransfer.

---

[661] Vgl. Kap. C.II.3.2.1.3.

C. Explikative Mastertechniken 385

Pfad	geringes Markenbewusstsein (n = 958)		hohes Markenbewusstsein (n = 846)		χ^2-Differenz
	standardisierter Koeffizient	t-Wert	standardisierter Koeffizient	t-Wert	
atta → transa	0,09	3,17	0,07	2,57	1,15
atta → co	0,08	3,39	0,06	2,42	1,25
transa → co	0,11	3,56	0,11	3,47	-0,17
attb → transb	0,03	1,09#	0,06	1,98	0,25
attb → co	0,18	7,65	0,13	5,39	3,63*
transb → co	0,09	3,48	0,13	4,60	0,58
brandfit → co	0,27	7,26	0,32	8,04	1,20
#: nicht signifikanter Strukturkoeffizient; *: tendenziell.					

Abb. C 179: **Ausgewählte Strukturkoeffizienten und Chi-Quadrat-Differenzen für das Markenbewusstsein (Erfolgsfaktorenmodell)**

4.2.3.2.4 Einzelne Co-Brands

Abschließend erfolgt die Berechnung des Erfolgsfaktoren-Modells für die einzelnen Co-Brands. Dabei wird auch der Preisfit berücksichtigt. Die Modelle weisen aufgrund der hohen Komplexität bei relativ geringem Stichprobenumfang nur geringe Gütemaße auf (0,81 < GFI < 0,87). Daher dienen sie nur zur Verdeutlichung der Unterschiede zwischen den einzelnen Co-Brands. Abbildung C 180 zeigt die Strukturkoeffizienten im Überblick.

Die überwiegend signifikanten und hypothesenkonformen Strukturkoeffizienten zeigen zunächst, dass das Erfolgsfaktoren-Modell auch für den überwiegenden Teil der einzelnen Co-Brands ein passendes Modell darstellt.

Allerdings belegen die Ergebnisse auch, dass relativ große Unterschiede zwischen den einzelnen Co-Brands existieren. Besonders hohe Strukturkoeffizienten pro Pfad sind durch eine Grauschattierung hervorgehoben. Zur Interpretation der Unterschiede bietet sich eine induktive Vorgehensweise an. Im Folgenden werden die Aspekte Einstellungstransfer, Markenfit und Werbegefallen behandelt.

(1) Einstellungstransfer

Zunächst sind die Fälle von Interesse, bei denen von einer Marke kein direkter Einstellungstransfer erkennbar ist. Im Einzelnen handelt es sich um folgende Marken (Fettdruck):

- **DEUTSCHE POST** & MCDONALD'S,
- **BMW** & NIKE,
- ALPIA & **LEGO**,
- PHILIPS & NIKE,
- ASPIRIN & **TEMPO**.

	Eszet & Seitenbacher	Milka & Slim Fast	Aspirin & Tempo	Eszet & Langnese	Alpia & Lego	Ford & Boss	Freundin & Maggi	Deutsche Post & McDonald's	Tui & Fit For Fun	Puma & Gore-Tex	Philips & Nike	BMW & Nike
vtraua → atta	0,68	0,63	0,69	0,79	0,80	0,81	0,65	0,73	0,64	0,71	0,69	0,74
atta → transa	0,12	0,09#	0,14	0,09	0,18	0,35	0,12#	0,11#	0,14	0,23	0,19	0,03#
atta → co	0,17	0,05	0,17	0,11	0,09	0,20	0,23	-0,02#	0,30	0,13	0,03#	0,07#
transa → co	0,06#	0,06	0,32	0,17	0,03#	0,03#	0,05#	0,14	0,05#	0,05#	0,18	-0,10#
vtraub → attb	0,69	0,65	0,58	0,45	0,53	0,76	0,79	0,81	0,62	0,71	0,75	0,70
attb → transb	0,13	0,07#	-0,08#	0,13#	0,12	0,13	0,05#	0,21	0,15	0,27	0,15	0,27
attb → co	0,28	0,23	-0,03#	0,11	0,01#	0,18	0,11	0,35	0,27	0,21	0,15	0,14
transb → co	0,11#	-0,03#	0,01#	0,15	0,07#	0,20	0,12	0#	0,15	0,10#	0,16	-0,06#
prfit → brandfit	0,35	0,29	0,37	0,63	0,36	0,30	0,50	0,37	0,48	0,74	0,26	0,66
emofit → brandfit	0,17	0,16	0,20	0,20	0,20	0,13#	0,15	0,04#	0,23	0#	0,20	0,06#
sachfit → brandfit	0,09#	0,03#	0,09#	0,12	0,04#	0,15	0,09#	0,12#	0,04#	0,02#	0,18	0,03#
preisfit → brandfit	0,08#	0,04#	0,01#	0,01#	0#	0,17	-0,03#	0,07#	-0,11#	0,05#	-0,05#	0,12
mpfit → brandfit	0,10#	0,31	0,09#	0,01#	0,14	0,05#	0,13#	0,22	0,28	0,07#	0,11#	-0,01#
attad → brandfit	0,17	0,13#	0,20	0,08#	0,32	0,24	0,10#	0,19	-0,09#	0,10	0,25	0,10
brandfit → co	0,29	0,33	0,31	0,21#	0,13	0,11#	0,22	0,39	0,17	0,36	0,17	0,58
attad → co	0,29	0,58	0,16	0,37	0,75	0,47	0,48	0,22	0,39	0,39	0,44	0,39
brandfit → transa	0,79	0,76	0,59	0,84	0,52	0,13#	0,43	0,64	0,46	0,66	0,39	0,86
brandfit → transb	0,58	0,14#	0,75	0,51	0,60	0,55	0,52	0,43	0,65	0,49	0,51	0,12#

#: nicht signifikanter Strukturkoeffizient

Abb. C 180: Strukturkoeffizienten für die einzelnen Co-Brands (Erfolgsfaktoren-Modell)

Der fehlende direkte Einstellungstransfer bei den ersten drei aufgeführten Co-Brands lässt sich dadurch erklären, dass die Marken ohne direkten Einstellungstransfer im Vergleich zu der jeweiligen Partnermarke kaum einen Bezug zur Co-Brand-Leistung aufweisen. Weiterhin unterstützen die jeweiligen Anzeigen bzw. Produktbeschreibungen eine eindeutige Dominanz der jeweiligen Partnermarke. Der fehlende direkte Einstellungstransfer von PHILIPS ist dadurch erklärbar, dass ein ausgeprägter indirekter Einstellungstransfer auf das Co-Brand stattfindet. Bei dem letzten Co-Brand könnte die Produktbeschreibung dafür verantwortlich sein, dass nur Aspirin einen starken direkten und indirekten Einstellungstransfer aufweist.

Zusammenfassend lässt sich vermuten, dass ein direkter Einstellungstransfer nur dann auftritt, wenn die Marke einen Bezug zur Co-Brand-Leistung aufweist. Weiterhin führt die Dominanz einer Marke i.d.R. dazu, dass diese Marke einen größeren Einfluss auf die Co-Brand-Beurteilung ausübt.

(2) Markenfit

Der Markenfit umfasst mit dem Einfluss auf die Co-Brand-Beurteilung sowie der unterschiedlichen Relevanz der Fitbasen zwei Aspekte. Zunächst zeigt sich, dass der

Markenfit mit Ausnahme der Co-Brands ESZET SCHNITTEN & LANGNESE, ALPIA & LEGO und FORD & BOSS immer einen direkten Einfluss auf die Co-Brand-Beurteilung aufweist. Die Strukturkoeffizienten unterschreiten auch bei den drei Ausnahmen nur knapp das Signifikanz-Niveau. Besonders hoch fällt der Einfluss des Markenfits auf die Co-Brand-Beurteilung bei den Co-Brands BMW & NIKE und DEUTSCHE POST & MCDONALD'S aus. Bei beiden handelt es sich solche mit relativ hoher Inkongruenz, d.h. der Markenfit fällt relativ gering aus (brandfit$_{\text{BMW \& Nike}}$ = 3,87; brandfit$_{\text{Deutsche Post \& McDonald's}}$ = 4,19). Die höhere Bedeutung des Markenfits als Erfolgsfaktor bei geringem Markenfit belegen auch die Beispiele MILKA & SLIM FAST und ASPIRIN & TEMPO.

Bei den Fitbasen zeigen sich zwischen den einzelnen Co-Brands deutliche Unterschiede. Während beispielsweise der Markenfit bei dem Co-Brand TUI & FIT FOR FUN eindeutig auf emotionalen Fitbasen (emotionaler Fit, Markenpersönlichkeitsfit) basiert, resultiert der Markenfit des Co-Brands PUMA & GORE-TEX aus dem Produktfit. Darüber hinaus existieren Co-Brands, bei denen sich der Markenfit sowohl aus emotionalen als auch sachlichen Fitbasen zusammensetzt (z.B. PHILIPS & NIKE).

Zusammenfassend lässt sich festhalten, dass der Markenfit insbesondere dann einen kritischen Erfolgsfaktor darstellt, wenn eine höhere Inkongruenz vorliegt. Hingegen ist er bei einem hohen Markenfit relativ unbedeutend für den Erfolg des Co-Brand, d.h. er stellt einen notwendigen, aber keinen hinreichenden Erfolgsfaktor dar. Weiterhin setzt sich der Markenfit aus unterschiedlichen Fitbasen zusammen, wobei die Relevanz von den Images der beteiligten Marken abhängt.

(3) Werbegefallen

Das Werbegefallen stellt für alle zwölf betrachteten Co-Brands einen direkten Erfolgsfaktor für die Co-Brand-Beurteilung dar. Dieser relativ hohe Einfluss ist deshalb erstaunlich, da die Anzeigen völlig unterschiedlich gestaltet waren. Sowohl bei reinen Produktabbildungen (z.B. ESZET SCHNITTEN & LANGNESE) als auch bei emotionalen Anzeigen (z.B. TUI & FIT FOR FUN) treten fast gleich hohe Strukturkoeffizienten auf. Zwar belegen diese Ergebnisse die hohe Relevanz der Werbung für den Erfolg des Co-Brandings, allerdings ist bei der Interpretation zu beachten, dass es sich um eine künstliche Situation handelte, und den Auskunftspersonen neben der Werbeanzeige und der Produktbeschreibung nur die beiden Marken als Beurteilungseigenschaften zur Verfügung standen.

4.2.3.3 Spill-Over-Effekte

Die Spill-Over-Effekte beschränken sich mit der Differenz zwischen Pre- und Post-Einstellung in der vorliegenden Studie auf Einstellungsveränderungen. Die Ansätze zur **Markenstabilität**[662] führen zu der Überlegung, dass Spill-Over-Effekte eher bei Marken auftreten, die über eine geringe Markenstabilität verfügen, da diese Markeneinstellungen eine geringere Stabilität im Zeitablauf sowie eine geringere Widerstandsfähigkeit aufweisen. Die Markenstabilität setzt sich aus den Komponenten **Markenwichtigkeit**, **Markencommitment**, **Markenvertrautheit** und **Markenvertrauen** zusammen.

---

[662] Vgl. Kap. C.II.3.2.2.2.2.

Die Ansätze zur Markenstabilität beziehen sich allgemein auf Spill-Over-Effekte, d.h. sie gelten sowohl für positive als auch negative Spill-Over-Effekte.

Weiterhin ermöglichen **Konsistenztheorien**[663] Aussagen über die Spill-Over-Effekte bei einem geringem Fit der Marken. Danach führt zunächst ein geringer Fit zu Spill-Over-Effekten und ein hoher zu keinen Spill-Over-Effekten. Bei einem geringen Fit hängt das Ausmaß der Spill-Over-Effekte von dem Verhältnis der Markeneinstellungen ab. Falls eine Marke eine deutlich positivere Einstellung besitzt als die andere, führt das dazu, dass die schwächere Marke stärkere Spill-Over-Effekte aufweist. Bei etwa gleich starken Marken erfolgt ein gleichmäßiger Spill-Over-Effekt auf beide Marken.

Zusammenfassend lassen sich folgende Hypothesen formulieren:

H_{21}: *Je höher die Markenstabilität der Individualmarke ist, desto geringer fallen die Spill-Over-Effekte aus.*

H_{22}: *Bei geringem globalen Markenfit treten im Vergleich zu hohem Markenfit stärkere Spill-Over-Effekte auf.*

H_{23}: *Falls das Co-Brand sich aus zwei Marken mit unterschiedlicher Marken-Einstellung zusammensetzt und gleichzeitig ein geringer Markenfit vorliegt, führt das zu stärkeren Spill-Over-Effekten für die schwächere im Vergleich zur stärkeren Marke.*

H_{24}: *Falls das Co-Brand sich aus zwei Marken mit gleicher Markeneinstellung zusammensetzt und gleichzeitig ein geringer Markenfit vorliegt, führt das zu gleichen Spill-Over-Effekten für beide Marken.*

Aufgrund der Hypothese wurde als Differenz der Absolutbetrag zwischen Pre- und Post-Einstellung gebildet. Die Bestimmung der Markenstabilität der einzelnen Marken basiert auf einer Indexbildung der einzelnen Determinanten ($\alpha_{MarkeA} = 0,88$; $\alpha_{MarkeB} = 0,91$). Der Test der Hypothese H_{21} basiert auf der Korrelation zwischen Markenstabilität und Spill-Over-Effekte. Weiterhin wurden für alle 24 Marken die Spill-Over-Effekten und Markenstabilitäten in einer zweidimensionalen Matrix dargestellt. Die Ergebnisse gibt Abbildung C 181 wieder.

Sowohl die Signifikanz der Korrelationskoeffizienten als auch die optische Analyse für die einzelnen Marken zeigen deutlich, dass mit steigender Markenstabilität die Spill-Over-Effekte zurückgehen. Daher bestätigen die Ergebnisse die formulierte Hypothese.

Ein formaler Test der Hypothesen H_{21} – H_{23} ist aufgrund der fehlenden Kontrollmöglichkeiten in der vorliegenden Studie nicht möglich. Allerdings verschafft eine visuelle Inspektion der Spill-Over-Effekte und der Größen Globalfit sowie Markeneinstellungen einen ersten Eindruck (vgl. Abbildung C 182).

---

[663] Vgl. Kap. C.II.3.2.2.2.1.

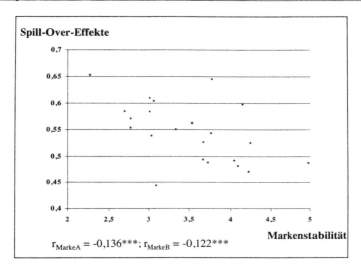

Abb. C 181: Zusammenhang zwischen Markenstabilität und Spill-Over-Effekten

Co-Brand	Marken fit	Marken-einstellung A	Marken-einstellung B	Spill-Over-Ef-fekte A	Spill-Over-Ef-fekte B
ESZET & SEITENBACHER	4,72	4,62	4,60	0,54	0,44
MILKA & SLIM FAST	2,49	5,87	2,99	0,54	0,65
ASPIRIN & TEMPO	4,08	5,52	6,01	0,65	0,49
ESZET & LANGNESE	4,61	4,46	6,06	0,61	0,47
ALPIA & LEGO	3,75	4,32	6,40	0,59	0,49
FORD & BOSS	2,83	3,80	5,18	0,57	0,56
FREUNDIN & MAGGI	4,52	4,70	5,44	0,61	0,53
DEUTSCHE POST & MCDONALD'S	4,19	4,69	4,25	0,60	0,52
TUI & FIT FOR FUN	5,50	5,14	4,16	0,58	0,55
PUMA & GORE-TEX	5,34	5,09	5,71	0,55	0,48
PHILIPS & NIKE	5,03	5,19	5,32	0,56	0,49
BMW & NIKE	3,87	5,62	5,34	0,49	0,53

Abb. C 182: Co-Brand-Kongruenz und Spill-Over-Effekte

Zunächst zeigt sich, dass sowohl bei hohem als auch geringem Markenfit deutliche Spill-Over-Effekte auftreten. Daher lässt sich H_{21} nicht stützen. Die Bedeutung des Verhältnisses der Markeneinstellungen für die Spill-Over-Effekte lässt sich insbesondere an den Co-Brands MILKA & SLIM FAST, ALPIA & LEGO und FORD & BOSS auf der einen und BMW & NIKE auf der andere Seite verdeutlichen. Alle vier Co-Brands weisen einen relativ geringen Markenfit auf. Während sich die Co-Brands der ersten Gruppe durch ein unausgeglichenes Verhältnis der Marken auszeichnen, weisen die Marken BMW und NIKE ähnlich positive Markeneinstellungen auf. Hypothesenkonform lassen sich bei den Co-Brands MILKA & SLIM FAST und ALPIA & LEGO für die jeweils schwächere Marke stärkere Spill-Over-Effekte im Vergleich zu der stärkeren Marke erkennen. Ein solcher Effekt ist bei dem Co-Brand FORD & BOSS nicht zu identifizieren. Bei dem Co-Brand PHILIPS & NIKE weisen hypothesenkonform beide Marken fast gleich hohe Spill-Over-Effekte auf.

Obwohl es sich um keinen strengen Hypothesentest handelt, liefern die Ergebnisse Indizien dafür, dass das Ausmaß der Spill-Over-Effekte vom Verhältnis der Marken abhängt. Dies lässt sich auch dadurch stützen, dass Marken mit einer positiven Einstellung i.d.R. eine höhere Markenstabilität aufweisen, und daher wie, H_{21} vermutetet, immuner gegenüber Spill-Over-Effekten sind.

4.2.4 Zusammenfassung

Die umfangreiche Erfolgsfaktorenstudie, die auf einer www-Befragung von 1.191 Personen basiert, bestätigte überwiegend das aufgestellte Erfolgsfaktoren-Modell. Dabei bilden das Werbegefallen, der globale Markenfit sowie der Produktfit die drei wichtigsten Erfolgsfaktoren. Weiterhin zeigte sich, dass die moderierenden Variablen Inolvement, Produktvertautheit und Markenbewusstsein partiell das Modell verändern. Ferner zeigten sich bei einer Betrachtung des Modells für die einzelnen Co-Brands teilweise deutliche Unterschiede. Speziell die Relevanz der Fitbasen schwankt stark. Schließlich ergab sich für die Spill-Over-Effekte, dass diese gering ausfallen, wenn die Marke eine hohe Markenstabilität aufweist. Abbildung C 183 fasst die gestesteten Hypothesen zusammen.

Die Interpretation der Ergebnisse muss jeweils die methodischen Grenzen berücksichtigen. Zwar handelt es sich bei der Erfolgsfaktorenstudie um die bislang umfangreichste Studie im Bereich der Co-Brand-Forschung in Bezug auf die Anzahl der berücksichtigten Co-Brands und die Anzahl der Auskunftspersonen, die auch im Gegensatz zu einer Reihe bisheriger Studien ausschließlich reale Marken und vorstellbare Co-Brands berücksichtigte.

Allerdings führt die Befragungssituation, die Stichprobe sowie die Befragungsmethode zu einer Mehrzahl von Verzerrungen. Beispielsweise fällt das Involvement aufgrund der Befragungssituation bei allen Personen unabhängig vom gemessenen Produktinvolvement hoch aus, wodurch die Wirkung des Co-Brandings unter verschiedenen Involvement-Konstellationen nur eingeschränkt möglich ist. Weiterhin führt die künstliche Trennung der Fälle auf der Basis einer Personenvariablen zu einer Ungleichverteilung der Co-Brands. Da diese wiederum aufgrund der Werbe-, Preis- und Produktgestaltung nicht unmittelbar miteinander vergleichbar sind, ist eine eindeutige Zuordnung von Unterschieden auf die jeweilige Personenvariable problematisch. Auch handelt es sich bei der eingesetzten Methode nicht um eine Überprüfung von Kausalitäten, da die berücksichtigten Beziehungen durch nicht berücksichtigte und nicht kontrollierte Störvariablen beeinflusst werden können. Bei dem aufgestellten und geprüften Erfolgsfaktoren-Modell handelt es sich daher nur um ein mögliches Modell, das den empirischen Daten nicht widerspricht.

C. Explikative Mastertechniken

Hypothese	Bestätigung
H_1: Je positiver die Markeneinstellung für die Individualmarken des Co-Brand ist, desto positiver fällt die Co-Brand-Beurteilung aus.	●
H_2: Je höher das Markenvertrauen ausgeprägt ist, desto positiver ist die Markeneinstellung.	●
H_3: Je höher das Markenvertrauen ist, desto höher ist der Einfluss der Markeneinstellung auf die Co-Brand-Beurteilung.	●
H_4: Je höher der Transferfit ist, desto positiver fällt die Co-Brand-Beurteilung aus.	●
H_5: Je höher der Transferfit ist, desto stärker findet ein Einstellungstransfer der Individualmarke auf das Co-Brand statt.	●
H_6: Je höher der Markenfit ist, desto positiver wird das Co-Brand beurteilt.	●
H_7: Der Markenfit wird höher beurteilt, wenn ein hoher a) Produktfit, b) emotionaler Markenfit, c) sachlicher Markenfit, d) Preisfit, e) Markenpersönlichkeitsfit vorliegen.	● ● ● ○ ●
H_8: Je höher der Markenfit ist, desto höher fällt der Transferfit aus.	●
H_9: Je höher das Werbegefallen ist, desto positiver wird das Co-Brand beurteilt.	●
H_{10}: Je höher das Werbegefallen ist, desto höher fällt der Markenfit aus.	●
H_{11}: Je geringer das Involvement ist, desto stärker findet ein direkter und desto schwächer ein indirekter Einstellungstransfer auf das Co-Brand statt.	◐
H_{12}: Je geringer das Involvement ist, desto stärker beeinflusst das Werbegefallen die Co-Brand-Beurteilung.	●
H_{13}: Der Einfluss des globale Markenfits auf die Co-Brand-Beurteilung ist unabhängig vom Involvement.	●
H_{14}: Je geringer die Produktvertrautheit ist, desto stärker fällt der direkte und desto schwächer der indirekte Einstellungstransfer auf die Co-Brand-Beurteilung aus.	●
H_{15}: Je geringer die Produktvertrautheit ist, desto schwächer beeinflusst der Transferfit die Co-Brand-Beurteilung.	○
H_{16}: Je geringer die Produktvertrautheit ist, desto stärker beeinflusst das Werbegefallen die Co-Brand-Beurteilung.	◐
H_{17}: Je geringer die Markenvertrautheit ist, desto stärker wird der globale Markenfit durch a) den Markenpersönlichkeitsfit und b) den emotionalen Fit beeinflusst.	● ◐
H_{18}: Je höher die Markenvertrautheit ist, desto stärker wird der globale Markenfit durch den sachlichen Fit beeinflusst.	●
H_{19}: Je geringer das Markenbewusstsein ist, desto schwächer beeinflusst der Markenfit die Co-Brand-Beurteilung.	○
H_{20}: Je geringer das Markenbewusstsein ist, desto stärker fällt der direkte Einstellungstransfer und desto geringer der indirekte Einstellungstransfer auf die Co-Brand-Beurteilung aus.	◐
H_{21}: Je höher die Markenstabilität der Individualmarke ist, desto geringer fallen die Spill-Over-Effekte aus.	●
H_{22}: Bei geringem globalen Markenfit treten im Vergleich zu hohem Markenfit stärkere Spill-Over-Effekte auf.	○
H_{23}: Falls das Co-Brand sich aus zwei Marken mit unterschiedlicher Marken-Einstellung zusammensetzt und gleichzeitig ein geringer Markenfit vorliegt, führt das zu stärkeren Spill-Over-Effekten für die schwächere im Vergleich zur stärkeren Marke.	◐
H_{24}: Falls das Co-Brand sich aus zwei Marken mit gleicher Markeneinstellung zusammensetzt und gleichzeitig ein geringer Markenfit vorliegt, führt das zu gleichen Spill-Over-Effekten für beide Marken.	◐

●: bestätigt　　◐: teilw. bestätigt　　○: nicht bestätigt

Abb. C 183: Synopse der getesteten Hypothesen (Erfolgsfaktorenstudie)

IV. Zwischenfazit
1. Explikative Erkenntnisse über das Co-Branding

Auf der Basis eines Strukturmodells leiteten theoretische und empirische Mastertechniken Erklärungen für die Zusammenhänge zwischen Einflussfaktoren und verschiedenen Wirkungskategorien ab.

Die explikative Sekundäranalyse, die insgesamt 21 Arbeiten zum Co-Branding auswertete, ergab zunächst, dass zu Beginn der Forschung zum Thema Co-Branding die Co-Brand-Wirkungen im Mittelpunkt standen, mittlerweile aber auch verstärkt Spill-Over-Effekte Berücksichtigung finden. Zudem zeigte sich, dass zwar eine Reihe von Arbeiten den Fit als wichtigen Faktor berücksichtigten, allerdings fehlt eine differenzierte Auseinandersetzung mit diesem Konstrukt. Weiterhin analysieren fast alle Arbeiten den Einfluss der Markenstärke der Individualmarken auf die Co-Brand-Wirkung, wobei die Markenstärke i.d.R. identisch mit der Markeneinstellung ist. Zwar weist die Co-Brand-Forschung mit dem Test von insgesamt 83 Hypothesen bereits einen umfangreichen Korpus von Wissen auf, allerdings existieren mehrere methodische Probleme (z.B. geringe externe Validität durch Studierenden-Sample, fehlende deutsche Studien) und offene Fragestellungen (z.B. Vernachlässigung von Marketinginstrumenten und Personenvariablen).

Die zweite Mastertechnik untersuchte das Analogiepotential anderer Forschungsfelder für die Co-Brand-Forschung. Im Einzelnen wurden 158 Studien aus den Bereichen Markentransfer-, Bundling-, Testimonialwerbe-, Sponsoring- und Country-of-Origin-Forschung als mögliche Analogiefelder identifiziert, wobei die Markentransferforschung aufgrund der Ähnlichkeit zum Co-Branding sowie dem großen Umfang und der Heterogenität der bisherigen Forschung das höchste Analogiepotential aufweist.

Die dritte theorieorientierte Mastertechnik Theorie, die auf der explikativen Sekundäranalyse und der Analogiemethode aufbaute, unterschied zwischen Persönlichkeitstheorien, Einstellungs- und Imagetheorien und Kognitiven Theorien. Während die erste Theorieklasse die Wirkungsbeziehungen des Strukturmodells moderiert, tragen die beiden anderen Theoriegruppen zur Erklärung von Zusammenhängen zwischen Einflussfaktoren und Wirkungen direkt bei. Zentrale Theorien zur Erklärung von Co-Brand-Wirkungen stellen attributbasierte Einstellungsmodelle, der Einstellungstransfer, Kategorisierungstheorien, das Fit-Einstellungs-Modell, die Schemata-Verbindungsansätze sowie die Ankertheorien dar. Aussagen über Spill-Over-Effekte lassen sich insbesondere auf der Basis von Ansätzen zur Markenstabilität, Konsistenztheorien, Schema-Veränderungs-Ansätzen und Ankertheorien ableiten.

Während die theorieorientierten Mastertechniken eher zur Identifizierung von Forschungslücken und zur Ableitung von Hypothesen beitragen, liegt der Schwerpunkt der empirischen Mastertechniken auf der Überprüfung von Hypothesen.

Die qualitative Fitanalyse untersuchte ein theoretisch abgeleitetes Fit-Modell, welches fünf Fitebenen des Markenfit unterscheidet. Dabei zeigte sich, dass emotionale Assoziationen gefolgt von Produktassoziationen und sachlichen Assoziationen die wichtigsten Fitbasen bilden. Weiterhin ergab die qualitative Fitstudie, dass der Nichtfit und der Fit aus unterschiedlichen Fitbasen resultiert. Schließlich konnte für die beiden berücksichtigten Co-Brands gezeigt werden, dass eine Korrespondenzanalyse auf der Basis von Markenpersönlichkeiten in der Lage ist, den globalen Markenfit zu erklären.

Die zweite empirische Mastertechnik replizierte die Co-Brand-Studie von *Simonin/Ruth (1998)*. Global bestätigten sowohl die enge als auch die weite Replikation das Kausalmodell der Primärstudie. Damit besitzt das Modell aufgrund der erfolgreichen Replikationen, die gleichzeitig auch durch die Berücksichtigung anderer Produktklassen (FMCG) und deutscher Probanden das Gültigkeitsspektrum erweiterten, den höchsten Allgemeinheitsgrad im Rahmen der Co-Brand-Forschung. Allerdings führten die durchgeführten Replikationen mit dem geringeren Einfluss der Markeneinstellungen der Individualmarken auf die Co-Brand-Beurteilung und den stärkeren Einfluss des Markenfits im Vergleich zur Primärstudie zu deutlichen Unterschieden.

Die drei durchgeführten Laborexperimente untersuchten die Relevanz des Markenfits, der Anordnung sowie der Werbung auf die Beurteilung des Co-Brand. Das erste Laborexperiment ergab u.a., dass der Marken- und Produktfit die Co-Brand-Beurteilung positiv beeinflussen. Weiterhin führt ein geringer Marken- und Produktfit zu einer Vielzahl von Assoziationen, die keine der beiden Individualmarken aufweist (sog. emergente Eigenschaften), wodurch eine Prognose über die Co-Brand-Wirkung verhindert wird. Schließlich konnte das Laborexperiment ähnlich wie *Park/Jun/Shocker (1996)* zeigen, dass sich dominante Assoziationen der Individualmarken (positiv, negativ) auch im Co-Brand durchsetzen.

Das zweite Laborexperiment verdeutlichte insbesondere die Auswirkungen der Markenanordnung auf die Preisbereitschaft. Bei einer ungünstigen Anordnung ist es möglich, dass der Abnehmer das Co-Brand einer „falschen" Produktkategorie zuordnet und damit einen Referenzpreis verbindet, der weit unter dem geforderten Preis liegt, wodurch die Kaufbereitschaft sinkt.

Das dritte Laborexperiment verdeutlichte die Möglichkeiten, durch die Gestaltung der Werbung (Bild, Slogan) den Markenfit und damit verbunden die Co-Brand-Beurteilung zu steigern. Dabei bieten sich Slogans an, die auf beide beteiligte Marken Bezug nehmen. Bei der Auswahl der Bilder weisen solche einen positiven Effekt auf, die zu einem erhöhten Werbegefallen beitragen (insbesondere emotionale Bilder).

Die abschließende Mastertechnik bildete eine umfangreiche Erfolgsfaktorenstudie, die auf der Basis von knapp 2.400 Fällen ein Erfolgsfaktorenmodell für insgesamt zwölf verschiedene Co-Brands testete. Die Analyse ergab, dass die wichtigsten Erfolgsfaktoren das Werbegefallen, der globale Markenfit sowie der Produktfit sind. Die Markeneinstellung, der Transferfit sowie die Fitbasen Markenpersönlichkeit, emotionale und sachliche Assoziationen dagegen weisen eine geringere Bedeutung auf. Weiterhin ergab sich, dass speziell die Relevanz der Fitbasen von der Markenvertrautheit abhängt. Für die einzelnen Co-Brands konnte zwar das aufgestellte Modell überwiegend bestätigt werden, allerdings zeigte sich auch eine Reihe von spezifischen Wirkungsbeziehungen. Schließlich bestätigte die Erfolgsfaktorenstudie, dass die Spill-Over-Effekte deutlich von der jeweiligen Markenstabilität abhängen. Bei Marken, die eine hohe Markenstabilität aufweisen, ist die Gefahr, aber auch die Möglichkeit von Spill-Over-Effekten gering.

2. Beurteilung der explikativen Mastertechniken

Insgesamt wurden drei theorie- und vier empirisch-orientierte explikative Mastertechniken dargestellt und für das Beispiel Co-Branding angewandt. Diese werden im Folgenden zunächst einzeln beurteilt und anschließend synoptisch gegenübergestellt.

(1) Sekundäranalyse

Die Sekundäranalyse bedarf mindestens einen mittleren Entwicklungsstand des Wissens. Speziell anspruchsvollere Hilfstechniken der Sekundäranalyse wie Meta-Analysen setzen einen hohen Entwicklungsstand voraus.

Die Eignung für die vorliegende Problemstellung ist aufgrund des relativ geringen Entwicklungsstandes der Co-Brand-Forschung als mittel einzuschätzen. Daher trägt eine systematische Zusammenfassung bisheriger Studien nur eingeschränkt zu neuem Wissen über den Forschungsbereich bei. Die Sekundäranalyse weist grundsätzlich einen relativ geringen Forschungsaufwand auf, da moderne Hilfstechniken wie Datenbankabfragen und Internetrecherchen relativ schnell und kostengünstig eine Sammlung der wichtigsten Quellen ermöglichen. Im vorliegenden Fall erwies sich aber aufgrund der Begriffsunklarheit sowie der hohen Dynamik des Forschungsgebietes[664] die Identifikation der Primärquellen aufwendig, weshalb insgesamt diese Mastertechnik im Rahmen der vorliegenden Problemstellung einen mittleren Forschungsaufwand besitzt. Die Sekundäranalyse besitzt ein mittleres Forschungsrenommee, da speziell in der Co-Brand-Forschung bisher keine vollständige Sekundäranalyse publiziert wurde.

Das Technologiepotential ist als mittel einzustufen, da zwar das Management mit geringem eigenen Aufwand eine Reihe von Erklärungen geliefert bekommt, jedoch weisen die Studien z.T. Widersprüche auf und es fehlt eine Übersetzung in Management-Tools.

Die Sekundäranalyse weist eine hohe Verständlichkeit auf, da sie auf methodische Details (z.B. Auswertungsverfahren) verzichtet und lediglich das Design und insbesondere die Ergebnisse der Studien in komprimierter Form darstellt.

Die wissenschaftliche Attraktivität, die sich aus den Teilkriterien Generalisierbarkeit, Allgemeingültigkeit und Präzision zusammensetzt, ist für den vorliegenden Anwendungsfall als gering einzuschätzen, da die Studien untereinander kaum vergleichbar sind. Weiterhin verwenden 89 % der Studien eine Studierenden-Stichprobe. Auch die fehlenden deutschen Studien verringern die Generalisierbarkeit der Ergebnisse. Speziell ist mit der Sekundäranalyse auch die Gefahr verbunden, dass die reine Darstellung der getesteten Hypothesen und die Angabe der Bestätigung bzw. Ablehnung dazu führen, dass die Ergebnisse als generalisierbare, allgemeingültige und präzise Aussagen angesehen werden, obwohl sich die Studien auf Spezialfälle (z.B. fiktive Marken, Restaurants) mit speziellen Stichproben und geringen Stichprobenumfängen beziehen.

---

[664] Über 60 % der Studien sind in den Jahren 1999 – 2002 erschienen; bei zwei Arbeiten handelte es sich um amerikanische Dissertationen; bei weiteren zwei Arbeiten handelt es sich um bisher nicht publizierte Arbeitspapiere.

C. Explikative Mastertechniken 395

(2) Analogien

Analogien bieten sich gerade dann an, wenn das interessierende Forschungsfeld nur einen geringen Entwicklungsstand aufweist.

Aufgrund des geringen bis mittleren Entwicklungsstandes der Co-Brand-Forschung sowie der Vielzahl an verwandten Analogiefeldern, die einen z.T. sehr hohen Entwicklungsstand aufweisen (z.B. Markentransferforschung) besitzt diese Mastertechnik eine hohe Eignung für die vorliegende Problemstellung.

Der Forschungsaufwand dieser Mastertechnik ist insgesamt als hoch einzuschätzen, da neben der Identifizierung von Analogiefeldern und Quellen sowie deren physischen Beschaffung verursachen auch die Bearbeitung und Verdichtung einen hohen Zeitaufwand. Weiterhin führt auch die Heterogenität der Analogiefelder hinsichtlich Terminologie, Theorien, speziellen Journals oder Kongressen zu einem erhöhten Aufwand.

Die Analogiemethode weist ein mit der Sekundärforschung vergleichbares Forschungsrenommee auf, wobei sich eine explizite Anwendung dieser Mastertechnik nur selten in der Literatur findet.

Die Beurteilung des Technologiepotentials und der Verständlichkeit fällt mit ähnlichen Argumenten wie die Beurteilung der Sekundäranalyse jeweils mittel aus.

Voraussetzung für die Generalisierbarkeit der Analogieergebnisse für das Co-Branding bildet eine Allgemeingültigkeit. Zwar geht die Analogiemethode grundsätzlich davon aus, dass Strukturähnlichkeiten in bestimmten Aspekten eine Übertragbarkeit der Erkenntnisse aus dem Analogiefeld auf die Co-Brand-Forschung ermöglichen, allerdings handelt es sich dabei um eine schwer zu bestätigende Prämisse. Die Präzision der Aussagen fällt ebenfalls gering aus, da schon die Präzision im Analogiefeld häufig gering ist, und die Übertragung zu noch unpräziseren Aussagen führt.

(3) Theorie

Der notwendige Entwicklungsstand im Forschungsfeld für den Einsatz der Mastertechnik Theorie fällt gering aus, da gerade diese Mastertechnik darauf basiert, aus allgemeinen Theorien durch Deduktion spezielle Hypothesen für einen Anwendungsfall abzuleiten.

Diese Mastertechnik eignet sich für die Problemstellung Wirkungen des Co-Branding sehr gut, da es eine Vielzahl von Ansätzen zur Erklärung von Einstellungsbildung und – veränderung gibt. Die Theorie bedingt speziell im verhaltenswissenschaftlichen Bereich aufgrund der Vielzahl von Partialansätzen sowie dem Problem der Interdisziplinarität einen hohen Forschungsaufwand. Ein fehlender Gesamtüberblick über mögliche Ansätze, uneinheitliche Terminologien sowie die Anwendung der Theorien in vollkommen abweichenden Problembereichen erhöhen den Forschungsaufwand. Aufgrund der hohen Akzeptanz der deduktiven Vorgehensweise in der „scientific community" besitzt diese Mastertechnik einen hohes wissenschaftliches Renommee. Dies wird auch darin ersichtlich, dass kaum ein empirischer Journalbeitrag auf eine theoretische Diskussion verzichtet.

Das Technologiepotential und die Verständlichkeit dieser Mastertechnik sind eher negativ zu werten, da der Umfang der Diskussion, der hohe Abstraktionsgrad, die sich widersprechenden Aussagen sowie die Fachsprache zu einer geringen technologischen Attraktivität beitragen.

Die wissenschaftliche Attraktivität dagegen fällt mit Ausnahme der Präzision hoch aus, da die Theorien keine Beschränkung bzgl. der Personen und des Anwendungsfelds machen. Im Gegenteil basiert diese Mastertechnik darauf, dass die jeweiligen Theorien für eine Vielzahl von Anwendungsfeldern Gültigkeit besitzen. Die Präzision der theoretischen Aussagen ist zunächst nur mittel zu beurteilen, da zum einen verschiedene Theorien für die gleiche Fragestellung zu abweichenden Aussagen gelangen. Zum anderen erfordert die Anwendung der Theorien für die Co-Brand-Fragestellung häufig eine Präzisierung der theoretischen Aussagen. Beispielsweise führen die Kategorisierungstheorien zu der Aussage, dass ein Fit auf einer Laientheorie basiert. Eine Anwendung im Rahmen des Co-Branding erfordert eine Präzisierung dieser Aussage durch ein mehrdimensionales Fitmodell.

Eine besondere Herausforderung der Mastertechnik Theorie stellt das „Theory Borrowing" aus anderen Wissenschaften dar, wodurch Fehler und Ungenauigkeiten auftreten können.[665]

(4) Qualitative Routinen

Aufgrund des eher induktiven Charakters von Qualitativen Routinen benötigt diese Mastertechnik nur einen geringen Entwicklungsstand des Wissens. Wegen der bisher oberflächlichen Behandlung des Markenfit in der Co-Brand-Forschung, der hohen Relevanz dieses Konstruktes sowie der Schwierigkeiten der Erhebung emotionaler Aspekte durch quantitative Forschung, eignet sich die Qualitative Routine hervorragend für diese Fragestellung.

Der Forschungsaufwand dieser Mastertechnik fällt aufgrund des hohen Zeitaufwandes für die Durchführung der qualitativen Interviews und der inhaltsanalytischen Auswertung der Interviews hoch aus. Wie bereits im Rahmen der Darstellung der Mastertechnik thematisiert[666], weist die Qualitative Routine in der Marketingwissenschaft nur eine, wenn auch zunehmende Akzeptanz auf, weshalb das Forschungsrenommee gering ausfällt. Die durchgeführte Studie besitzt ein mittleres Technologiepotential, da zum einen der untersuchte Bereich zentral das Co-Branding betrifft, und zum anderen ist das getestete Modell sowie der Einsatz der Korrespondenzanalyse für die Markenfitanalyse für konkrete Co-Brand-Projekte adaptierbar. Zunächst weist eine Qualitative Studie generell die Gefahr auf, dass die Ergebnisdarstellung aufgrund des Umfanges schwer verständlich ist.[667] Allerdings führt die in der vorliegenden Studie durchgeführte Reduktion zu einer guten Verständlichkeit der Ergebnisse. Vorteilhaft für die Verständlichkeit von Qualitativen Routinen ist weiterhin der Verzicht auf anspruchsvolle mathematische Verfahren, die häufig die Nachvollziehbarkeit quantitativer Studien erschweren.

---

[665] Vgl. Kap. C.II.3.1.

[666] Vgl. Kap. C.III.1.1.

[667] Vgl. Kap. C.III.1.1.

Aufgrund der geringen Anzahl von Interviews sowie der nicht-zufälligen Auswahl lassen sich die Ergebnisse kaum auf andere Populationen generalisieren. Auf der anderen Seite führt die Intensität der Befragung verbunden mit der Vielzahl an berücksichtigten Markenkombinationen dazu, dass die Ergebnisse einen gewissen Grad an Allgemeingültigkeit aufweisen und das Markenfitmodell auch für andere Co-Brands Gültigkeit besitzt.

Relativ gering fällt aufgrund des hohen interpretativen Anteils bei der Datenauswertung die Präzision der Aussagen aus. Zwar lassen sich die „klassischen" Gütekriterien nicht auf Qualitative Routinen anwenden[668], jedoch führt die ausführliche Dokumentation der Studie und die hohe Intercoder-Reliabilität zu mittleren Beurteilungen der Objektivität und Reliabilität. Die Diskussion des Markenfitmodells mit Praktikern sowie die Anwendung im Rahmen der Erfolgsfaktorenstudie bestätigen in Grundzügen das Modell, weshalb die kumulative Validierung und die Validierung an der Praxis insgesamt zu einer mittleren Beurteilung der Validität führen.

(5) Replikation

Die Anwendung der Replikation setzt voraus, dass mindestens eine replikationswürdige Studie existiert. Dies ist eher zu erwarten, wenn das entsprechende Wissensgebiet eine gewisse Reife aufweist. Mit der Studie von *Simonin/Ruth (1998)*, die fast alle nachfolgenden Studien zitieren, die ein breites Anwendungsspektrum aufweist und die mit der Co-Brand-Beurteilung und den Spill-Over-Effekten die zentralen Wirkungskategorien berücksichtigt, existiert in der Co-Brand-Forschung mindestens eine replikationswürdige Studie. Weiterhin unterstützt allgemein die hohe Anzahl an nicht bestätigten Studien in der Marketingforschung[669] sowie der unterschiedliche kulturelle Kontext zwischen den USA und Deutschland die Durchführung der Replikation. Insgesamt besitzt diese Mastertechnik daher eine hohe Eignung für die Co-Brand-Forschung.

Der Forschungsaufwand der Replikation fällt ähnlich hoch wie für eine Primärstudie aus, da zwar das Design und die Hypothesen vorgegeben sind, aber aus der Identifizierung einer replikationswürdigen Studie, der Beschaffung der Originalmaterialien sowie dem Vergleich zwischen Primär- und Replikationsstudie ein zusätzlicher Zeitaufwand resultiert. Trotz des hohen Forschungsaufwandes und der Notwendigkeit dieser Mastertechnik besitzt die Replikation ein geringes Forschungsrenommee.[670] Der hohe Aufwand verbunden mit dem geringen Renommee erklärt auch die geringe Verbreitung dieser Mastertechnik in der Marketingwissenschaft.

Das Technologiepotential dieser Mastertechnik hängt entscheidend von der Primärstudie ab. Falls die Primärstudie bereits ein hohes Technologiepotential aufweist, führt die Bestätigung, die Nichtbestätigung oder die situative Relativierung der Primärstudie durch die Replikation zu einer weiteren Steigerung. Aufgrund des umfassenden Bezugsrahmens der Primärstudie und der Durchführung einer nahen und weiten Replikation besitzt diese Mastertechnik ein mittleres Technologiepotential. Der Umfang

---

[668] Vgl. Kap. C.III.1.1

[669] Vgl. Kap. C.III.2.1.

[670] Vgl. Kap. C.III.2.1.

sowie die eingesetzten Hilfstechniken (Kausalanalysen) schränken dagegen die Verständlichkeit ein.

Die wissenschaftliche Attraktivität einer Replikation ist positiv zu werten, da die Verwendung anderer Populationen die Generalisierbarkeit, die Berücksichtigung anderer Marken und Leistungskategorien die Allgemeingültigkeit und die Berücksichtigung von Personenvariablen die Präzison der Aussagen steigern.

Die möglichst genaue Abbildung des Designs und der Auswertung der Primärstudie schränkt die Subjektivität stark ein, wodurch die Replikation eine hohe Objektivität aufweist. Da in der Replikationsstudie die gleichen Operationalisierungen Verwendung finden, analysiert eine Replikation gleichzeitig auch die Re-Test-Reliabilität. Da es sich bei der durchgeführten Studie um ein Laborexperiment handelte, konnten die üblichen Kontrolltechniken eingesetzt werden, weshalb eine hohe Validität der Ergebnisse vorliegt.

(6) (Labor-)Experiment

Die Anwendung der Mastertechnik Laborexperiment setzt voraus, dass zumindest eine erste Strukturierung des Wissensgebietes vorliegt und sich spezifische Hypothesen formulieren lassen, weshalb diese Mastertechnik mindestens einen mittleren Entwicklungsstand voraussetzt.

Der hohe Zeitaufwand für die Ableitung von Forschungshypothesen, die Planung und Durchführung des Experiments sowie die hohen Kosten für die Probandenrekrutierung und teilweise die Entwicklung der Stimuli führen zu einem hohen Forschungsaufwand. Allerdings besitzt die experimentelle Forschung im Gegensatz zur Replikation ein hohes Forschungsrenommee[671].

Vergleichbar mit der Replikation fällt die Beurteilung der Praxisrelevanz aus. Das Technologiepotential hängt entscheidend von der Hypothesenwahl ab. Bei den drei durchgeführten Laborexperimenten wurden jeweils Problemstellungen mit einer hohen Praxisrelevanz (Partnerauswahl, Anordnung, Werbung für das Co-Brand) ausgewählt, wodurch das Technologiepotential mindestens eine mittlere Bewertung erreicht. Hingegen weist diese Mastertechnik aufgrund der vielen notwendigen Pretests, der damit zusammenhängenden Länge der Dokumentation sowie der eingesetzten Analyseverfahren (Varianzanalysen, t-Test) eine relativ geringe Verständlichkeit auf.

Convenience-Samples von Studierenden schränken die Generalisierbarkeit der Ergebnisse der durchgeführten Laborexperimente stark ein. Ähnlich ist die Allgemeingültigkeit eher gering zu beurteilen, da jedes Laborexperiment nur ganz spezifische Co-Brands berücksichtigte.

Hingegen ist die Präzison der Aussagen für die untersuchten Co-Brands und die jeweiligen Probandengruppe sehr hoch, da standardisierte Messinstrumente eingesetzt wurden und die experimentelle Methode dazu führt, dass Veränderungen der abhängigen Variable auf die unabhängigen Variablen zurückführbar sind.

---

[671] Dies belegt auch eine ältere Studie für den Zeitraum von 1964 – 1989 von **Waheeduzzaman/ Krampf** (1992). Diese Studie zeigt für die internationalen Journals JoM, JoMR, JoCR, JoA, JoAR, Journal of Academy of Marketing Science, dass über 20 % aller veröffentlichten Beiträge Experimente darstellen; vgl. **Waheeduzzaman/Krampf** (1992) S. 292.

C. Explikative Mastertechniken 399

Das Laborexperiment führt aufgrund des strengen methodischen Aufbaus, der Verwendung von überwiegend getesteten Skalen zur Messung der abhängigen Variablen sowie der Vielzahl von Kontrolltechniken insgesamt zu einer hohen methodischen Güte.

(7) Erfolgsfaktorenforschung

Die Durchführung einer Erfolgsfaktorenstudie ist erst dann sinnvoll, wenn ein hoher Entwicklungsstand des Wissens vorliegt, da diese Mastertechnik darauf abzielt, aus einer Vielzahl von Einflussfaktoren die relevantesten zu identifizieren. Aus diesen Gründen wurde die Erfolgsfaktorenstudie erst zum Schluss der Arbeit durchgeführt, da so eigene und fremde Forschungsarbeiten dazu führten, dass ein ausreichende Anzahl an möglichen Erfolgsfaktoren vorlag.

Allerdings führte das Fehlen genügend realer Fälle dazu, dass die Erfolgsfaktorenstudie „künstliche" Co-Brands berücksichtigte. Dadurch konnte eine Vielzahl von Erfolgsfaktoren wie Erfahrungen mit dem Co-Brand, Distribution und Kommunikation nur sehr eingeschränkt berücksichtigt werden.

Der Forschungsaufwand in zeitlicher und finanzieller Hinsicht fällt aufgrund der notwendigen Stichprobenanzahl, der aufwendigen Fragebogengestaltung (6 alternative Fragebögen) sowie der Auswertungsverfahren (Kausalanalyse) hoch aus. Das Forschungsrenommee ist als mittel einzustufen, da trotz der konfirmatorischen Vorgehensweise der strenge Test von Kausalitäten fehlt.

Hingegen ist die Praxisrelevanz der Erfolgsfaktorenforschung allgemein und speziell im Rahmen des Co-Branding als sehr hoch einzuschätzen, da das Management gerade an den Faktoren interessiert ist, die allgemein den höchsten Einfluss auf den Erfolg ausüben. Auch führten eine Rangfolge der Erfolgsfaktoren und eine grafische Darstellung des Erfolgsfaktorenmodells zu einer guten Verständlichkeit der Studie. Eingeschränkt wird diese nur durch das eingesetzte Verfahren der Kausalanalyse.

Die Verwendung einer großen und heterogene Stichprobe führt dazu, dass die Ergebnisse der Erfolgsfaktorenstudie im Vergleich zu den übrigen Mastertechniken eher generalisierbar sind. Die Verwendung von zwölf Co-Brands aus drei Leistungsbereichen mit insgesamt 22 Individualmarken unterschiedlicher Markenstärke, die Verwendung verschiedener Anzeigen sowie die Berücksichtigung einer Vielzahl von Personenmerkmalen bedingen eine hohe Allgemeingültigkeit der Aussagen. Hingegen führen die vielfältigen Beziehungen zwischen den Erfolgsfaktoren sowie die fehlende Kontrollierbarkeit weiterer Störgrößen nur zu einer mittleren Präzision.

Die empirische Güte der Erfolgsfaktorenstudie Co-Branding ist als mittel zu beurteilen. Die Vielzahl an möglichen Beziehungen und die damit verbundene Subjektivität der Auswahl sowie die Manipulationsmöglichkeiten der Kausalanalyse führen zu einer mittleren Objektivität. Die Befragungsform und -länge sowie Frageanordnung können dazu führen, dass die durch Cronbach's Alpha und die Faktor- und Indikatorreliabilitäten gemessene Reliabilität künstlich in die Höhe getrieben wurde, weshalb eine mittlere Reliabilität angenommen wird. Die Validität kann ebenfalls durch das Befragungsdesign (z.B. erhöhtes Involvement, Reihenfolgeeffekte) und das Fehlen von Kontrolltechniken beeinträchtigt sein, daher wird diese auch nur als mittel beurteilt.

Abbildung C 184 fasst abschließend die Beurteilung der sieben explikativen Mastertechniken synoptisch zusammen.

	theorieorientierte Mastertechniken			empirische Mastertechniken			
	Sekundäranalyse	Analogie	Theorie	Qualitative Routine	Replikation	(Labor)Experiment	Erfolgsfaktorenforschung
Entwicklungsstand des Wissens	mittel	gering	gering	gering	mittel – hoch	mittel	hoch
Eignung für die Problemstellung	◑	●	●	●	●	●	◑
Forschungsaufwand	◑	○	○	○	○	○	○
Forschungsrenommee	◑	◑	●	○	○	●	◑
Technologiepotential	◑	◑	○	◑	◑	◑	●
Verständlichkeit	●	◑	○	◑	○	○	●
Generalisierbarkeit	○	○	●	○	●	○	●
Allgemeingültigkeit	○	○	●	◑	●	○	●
Präzision	○	○	◑	○	●	●	◑
Objektivität	k.B.	k.B.	k.B.	◑	●	●	◑
Reliabilität	k.B.	k.B.	k.B.	◑	●	●	◑
Validität	k.B.	k.B.	k.B.	◑	●	●	◑

●: positiv; ◑: mittel; ○: negativ; k.B.: keine Bewertung möglich

Abb. C 184: Beurteilung der explikativen Mastertechniken

D. Zusammenfassung und Implikationen

Kap. D beantwortet zusammenfassend die in Kap. A.III formulierten Forschungsfragen zum Co-Branding. Ferner erfolgt eine synoptische Gegenüberstellung der verwendeten Mastertechniken. Abschließend werden einige zukünftige Forschungsfelder formuliert.

I. Zusammenfassung der Co-Branding-Wirkungen

Insgesamt wurde auf der Basis unterschiedlicher Mastertechniken eine Vielzahl von deskriptiven und explikativen Aussagen zum Co-Branding abgeleitet. Detaillierte Zusammenfassungen finden sich in den Abschnitten B.V.1. und C.IV.1. Die folgenden Ausführungen liefern Antworten auf die zu Beginn der Arbeit formulierten Forschungsfragen.

Zunächst bestimmte die Arbeit auf der Basis einer nachfragerorientierten Markenauffassung und dem Kooperationsbegriff den Begriff des Co-Branding, wobei die Merkmale „Verbindung von mindestens zwei Marken", „beteiligte Marken sind vor, während und nach dem Co-Branding aus Sicht der Abnehmer isolierte Marken", gemeinsame Markenpolitik", gemeinsame Leistung" und „Wahrnehmung der Zusammenarbeit durch Abnehmer" konstituierend sind. Diese Begriffsbestimmung ermöglichte eine Abgrenzung gegenüber einer Vielzahl ähnlicher Begriffe aus den Bereichen Kommunikation, Marke und Unternehmen.

Der taxonomatische Ansatz ermöglichte auf der Basis von 103 realen Co-Brands die Ableitung der vier Typen Innovations-Co-Brand, Promotion-Co-Brand, Ingredient-Brand und Multi-Co-Brand. Die Durchführung einer Fallstudie für jeden der vier Typen verdeutlichte die Besonderheiten dieser Co-Brand-Typen.

Die Sekundäranalyse, die Theorie, die Replikation der Studie von *Simonin/Ruth (1998)*, das Laborexperiment II sowie die Erfolgsfaktorenstudie liefern Aussagen zu der Relevanz von Markeneigenschaften für die Co-Brand-Wirkung. Der überwiegende Teil der Mastertechniken belegen einen positiven Zusammenhang zwischen Markeneinstellung und Co-Brand-Beurteilung. Darüber hinaus liefern Theorien Argumente dafür, dass die Co-Brand-Beurteilung auch von der Markenstabilität abhängt. Ferner beeinflusst der Fit zwischen der Individualmarke und dem Co-Brand (Transferfit) positiv die Co-Brand-Beurteilung, wie die Sekundäranalyse, die Analogien und die Erfolgsfaktorenstudie belegen.

Der Einfluss des (kognitiven) Verhältnisses der beteiligten Marken auf die Co-Brand-Beurteilung, welches unter dem Begriff des Fit diskutiert wurde, stellte einen Schwerpunkt der vorliegenden Arbeit dar. Dabei belegen die Expertenbefragung, die Sekundäranalyse, die Analogie, die Theorie, die Qualitative Fitstudie, das Laborexperiment I sowie die Erfolgsfaktorenstudie, dass der Fit ein mehrdimensionales Konstrukt darstellt. Zusammenfassend lassen sich mit dem Produkt- und dem Markenfit zwei Hauptdimensionen des Fit identifizieren, wobei vor allem der Markenfit von einer Vielzahl von Fitbasen (z.B. emotionaler Fit, sachlicher Fit, Markenpersönlichkeitsfit, Preisfit) abhängt. Die Qualitative Fitstudie konnte zusätzlich nachweisen, dass der Fit und der Nichtfit keine symmetrischen Beurteilungen darstellen. Auch konnten das Laborexperiment III und die Erfolgsfaktorenstudie zeigen, dass der Fit durch den Einsatz von emotionaler Werbung positiv beeinflusst werden kann.

I. Zusammenfassung der Co-Branding-Wirkungen

Den Zusammenhang zwischen Marketingmaßnahmen und Co-Brand-Beurteilung untersuchten die bisher vorliegenden Studien im Co-Brand-Bereich nur eingeschränkt. Die Theorie, das Laborexperiment I und II analysierten den Einfluss der Anordnung der Partnermarken (z.B. Produktverpackung) auf die Co-Brand-Wirkungen. Dabei zeigte sich jeweils, dass die Dominanz einer Marke auch zu einem größeren Einfluss dieser auf die Co-Brand-Beurteilung führt. Besonders kritisch erwies sich dabei im Laborexperiment II der Einfluss der Anordnung auf die Preisbereitschaften für das Co-Brand. Insgesamt lässt sich festhalten, dass die Marke mit den positiveren individuellen Markeneigenhaften (z.B. Referenzpreis, Markeneinstellung, Markenstabilität, Transferfit) das Co-Brand dominieren soll.

Ferner untersuchten die Theorie, das Laborexperiment III sowie die Erfolgsfaktorenstudie den Einfluss der Werbung auf die Co-Brand-Wirkungen. Alle Ergebnisse zeigen einen stark positiven Einfluss des Werbegefallens auf die Co-Brand-Beurteilung. Dieser positive Zusammenhang wird noch dadurch verstärkt, dass ein hohes Werbegefallen gleichzeitig zu einem erhöhten Marken- und Produktfit beiträgt. Ein positives Werbegefallen lässt sich insbesondere durch emotionale Werbeelemente (z.B. Bilder) realisieren. Einen weiteren Aspekt der Werbung wurde mit dem Slogan in Laborexperiment III untersucht. Die Ergebnisse belegen, dass einen Slogan der Bezug auf alle beteiligten Marken nimmt, die Co-Brand-Beurteilung positiv beeinflusst.

Als moderierende Persönlichkeitsvariablen wurden im Rahmen der Theorie, der Replikation sowie der Erfolgsfaktorenstudie das NfC, das Involvement, die Marken- und Produktvertrautheit sowie das Markenbewusstsein untersucht. Stärkere moderierende Effekte üben das Involvement und die Marken- und Produktvertrautheit aus.

Die Spill-Over-Effekte des Co-Branding bildeten Gegenstände der Expertenbefragung, der Sekundäranalyse, der Theorie, der Replikation sowie der Erfolgsfaktorenstudie. Auslöser für Spill-Over-Effekte sind nach diesen Analysen Skandale, Erfahrungen mit dem Co-Brand, fehlender Fit zwischen den beteiligten Marken sowie die Co-Brand-Beurteilung. Bei den Skandalen wird ein negativer Spill-Over-Effekt nur erwartet, wenn dieser in einem engen Produktzusammenhang zum Co-Brand steht. Insbesondere die Ergebnisse der Sekundäranalyse belegen, dass (positive) Erfahrungen mit dem Co-Brand zu positiven Spill-Over-Effekten beitragen. Die Sekundäranalyse sowie die Theorien führen zur Aussage, dass ein geringer Fit zwischen den beteiligten Marken einen negativen Spill-Over-Effekt verursacht. Ferner bestätigt die Replikation, dass eine positive Co-Brand-Beurteilung zu einem positiven Spill-Over-Effekt beiträgt. Schließlich lässt sich aus der Replikation und der Erfolgsfaktorenstudie ableiten, dass eine hohe Markenvertrautheit bzw. Markenstabilität das Ausmaß an Spill-Over-Effekten reduziert.

II. Zusammenfassung der Mastertechniken

Insgesamt wurden in der vorliegenden Arbeit vier deskriptiv-explorative und sieben explikative Mastertechniken beschrieben und eingesetzt. Abschnitte B.V.2. und C.IV.2. Die behandelten die Einzelbeurteilung der Techniken. Dieser Abschnitt beurteilt die verwendeten Mastertechniken unabhängig von der konkreten Anwendung in der vorliegenden Analyse anhand der zwei Metakriterien „**Forscher**" und „**Wissenschaft**". Das erste Kriterium bezieht sich auf den einzelnen Forscher, der bei der Auswahl einer Mastertechnik durch die Berücksichtigung des Forschungsaufwandes und des Forschungsrenommees, ein **Kosten-Nutzen-Kalkül** verwendet. Das zweite Kriterium umfasst global die Beurteilung, inwieweit die Mastertechnik zu einem **Fortschritt des Wissens** beiträgt. Diese Beurteilung hängt u.a. von der wissenschaftlichen Attraktivität, der methodischen Qualität und auch vom Technologiepotential ab. Diese Gegenüberstellung ist daher interessant, da zwischen den individuellen Zielen des einzelnen Forschers und dem Nutzen für die Wissenschaft durchaus Diskrepanzen zu erwarten sind.

Aus Sicht des Forschers sind insbesondere die Mastertechniken Laborexperiment, Erfolgsfaktorenforschung und Terminologie positiv zu werten, da sie entweder ein hohes Forschungsrenommee bei vertretbarem Aufwand oder einen geringen Aufwand bei mittlerem Forschungsrenommee aufweisen. Geringe Attraktivität aus Sicht des einzelnen Forschers dagegen besitzen aufgrund des fehlenden Forschungsrenommees bei hohem Forschungsaufwand die Mastertechniken Replikation, Qualitative Routinen, Analogie, Fallstudie und Taxonomie.

Aus Sicht der Wissenschaft zeichnen sich insbesondere die Mastertechniken Replikation, Theorie, Erfolgsfaktorenforschung und Laborexperiment durch eine hohe wissenschaftliche Attraktivität und hohe methodische Qualität aus. Darüber hinaus weist insbesondere die Erfolgsfaktorenforschung ein hohes Technologiepotential auf. Geringen Nutzen aus Sicht der Wissenschaft weisen die aufgrund geringer wissenschaftlicher Attraktivität die Fallstudie und Terminologie auf. Darüber hinaus ist die Überprüfung der methodischen Qualität bei Fallstudien nur schwer realisierbar.

Abbildung D 1 ordnet die elf Mastertechniken in die zweidimensionale Matrix ein.

Wissenschaftlicher Nutzen				
	hoch	Replikation	Theorie Erfolgsfaktoren- forschung	(Labor)experiment
	mittel	Qualitative Routine Analogien Taxonomie	Sekundäranalysen Expertenbefragung	
	gering		Fallstudie	Terminologie
		gering	**mittel**	**hoch**
		Nutzen für den Forscher		

D 1: Beurteilung der Mastertechniken aus Wissenschafts- und Forschersicht

Abbildung D 1 hilft, einige zu beobachtende Phänomene der Marketingwissenschaft zu verstehen. Zunächst einmal führt die positive Nutzenbeurteilung der Mastertechnik Laborexperiment aus Wissenschafts- und Forschersicht dazu, dass diese häufig eingesetzt wird. Ähnliche Argumentation gilt auch für die Mastertechniken Theorie und Erfolgsfaktorenforschung. Diese drei Mastertechniken dominieren die Marketingwissenschaft. Ferner lässt sich die Häufigkeit von Terminologien und eingeschränkt Fallstudien in der Marketingwissenschaft mit deren hohem Nutzen aus Forschersicht erklären, wobei der Nutzen für die Wissenschaft jeweils gering ausfällt.

Selten finden sich in der Marketingwissenschaft hingegen Replikationen aufgrund des geringen Nutzens für den Forscher, obwohl diese Mastertechnik einen hohen wissenschaftlichen Nutzen aufweist. Ähnliche Argumente gelten abgeschwächt auch für die Mastertechniken Qualitative Routinen, Analogie und Taxonomie.

Eine Reduzierung dieser Diskrepanz zwischen dem Nutzen aus Wissenschafts- und Forschersicht für bestimmte Mastertechniken setzt den Anstieg des Forschungsrenommees voraus. Da das Forschungsrenommee vor allem von Reviewprozessen nationaler und internationaler Journale und Kongresse abhängt, ist ein Umdenken in diesen Bereichen notwendig.

III. Ansatzpunkte für die weiterführende Forschung

Ansatzpunkte für weiterführende Forschungsarbeiten in dem Gebiet Co-Branding lassen sich zunächst bei allen methodischen Mastertechniken identifizieren. Dabei sollten zukünftige Forschungsarbeiten versuchen, die jeweiligen methodischen Grenzen zu überwinden. Exemplarisch sind für die Fallstudie die geringe Anzahl von Beispielen, für die Expertenbefragung der geringe bisherige Kenntnisstand der Experten, für die Qualitative Routinen die geringe Anzahl von Vpn., für die Replikation und die Laborexperimente die Verwendung von Universitätsangehörigen (speziell: Studierende) sowie für die Erfolgsfaktorenforschung die Künstlichkeit der Befragungssituation zu nennen.

Darüber hinaus erfordern die Primärstudien Qualitative Routine, Laborexperimente und Erfolgsfaktorenforschung jeweils eine Replikation, wobei auch andere Marken und kulturelle Kontexte Berücksichtigung finden können.

Neben diesen Ansätzen, die auf eine Steigerung der Generalisierbarkeit der abgeleiteten Aussagen abzielen, lassen sich auch Ansatzpunkte für Erweiterungen identifizieren. Einen ersten Ansatzpunkt stellen Multi-Co-Brands dar, da für diesen Bereich bisher keine Forschungsarbeiten vor liegen. Mögliche Fragestellungen beziehen sich darauf, inwieweit andere Co-Brands das interessierende Co-Brand beeinflussen und wie hoch die Gefahr von Markenverwässerung durch Multi-Co-Brands ist.

Eine zweite materielle Erweiterung bezieht sich auf Langfristwirkungen des Co-Branding. Bisher beschränken sich alle Analysen im Co-Brand-Bereich auf kurzfristige Aspekte. Eine dritte notwendig Erweiterung bildet die Berücksichtigung von ökonomischen Wirkungen. Bisher standen verhaltensferne und verhaltensnahe Wirkungen bei den Abnehmern im Mittelpunkt der Co-Brand-Forschung. Ökonomisch relevantes Verhalten (Kauf) sowie Kostenaspekte des Co-Branding fehlen bisher in der Forschung. Eine solche Betrachtung würde zu Aussagen über den monetären Wert eines Co-Branding führen. Damit verbunden ist auch ein vierter Erweiterungsaspekt, der sich

D. Zusammenfassung und Implikationen

darauf bezieht, dass Marktzahlen (z.B. Panelanalysen) zur Modellierung von Co-Branding-Wirkungen zukünftig Berücksichtigung finden sollten. Ein fünfter Erweiterungsaspekt bezieht sich auf einen Vergleich zwischen Markentransfer und Co-Branding, um die Situationen zu bestimmen, in denn einer der beiden Optionen erfolgversprechender ist.

Weitere Ergänzungen der Co-Branding-Forschung beziehen sich auf die Berücksichtigung zusätzlicher Personenvariablen (z.B. wahrgenommenes Risiko), zusätzlicher Marketingparameter (z.B. Preispolitik) und zusätzlicher Markierungsparameter (z.B. Bildung eines neuen Markennamen oder eines neuen Markenlogos für das Co-Brand).

Schließlich bieten technologische Aussagen ein weiteres zukünftiges Forschungsfeld im Rahmen des Co-Branding. Das Management ist darauf angewiesen, theoretisch gestützte, aber gleichzeitig einfach zu handhabende Instrumente zur Verfügung zu haben. Daher sollten zukünftige Arbeiten vorhandene Technologien (z.B. Scoring-Modelle, Expertensysteme, Conjoint-Analysen) auf das Problemfeld adaptieren.

Literaturverzeichnis

AiCR:	Advances in Consumer Research
asw:	Absatzwirtschaft
DBW:	Die Betriebswirtschaft
Diss.:	Dissertation
DU:	Die Unternehmung
Habil.:	Habilitation
HBR:	Harvard Business Review
HWA:	Handwörterbuch Absatzwirtschaft
HWM:	Handwörterbuch des Marketing
HWO:	Handwörterbuch Organisation
IJoRM:	International Journal of Research in Marketing
IMM:	Industrial Marketing Management
JBR:	Journal of Business Research
JdAV:	Jahrbuch der Absatz- und Verbrauchsforschung
JoA:	Journal of Advertising
JoAP:	Journal of Applied Psychology
JoAR:	Journal of Advertising Research
JoBM:	The Journal of Brand Management
JoCM:	Journal of Consumer Marketing
JoCP:	Journal of Consumer Psychology
JoCR:	Journal of Consumer Research
JoM:	Journal of Marketing
JoMM:	Journal of Marketing Management
JoMR:	Journal of Marketing Research
JoMRS:	Journal of Market Research Society
JoPBM:	Journal of Product and Brand Management
JoPSP:	Journal of Personality and Social Psychology
Marketing ZFP:	Marketing Zeitschrift für Forschung und Praxis
MJ:	Marketing Journal
ML:	Marketing Letters
MS:	Marketing Science
p&a:	planung & analyse

P&M:	Psychology & Marketing
PB:	Psychological Bulletin
POQ:	Public Opinion Qurterly
PR:	Psychological Review
SMR:	Sloan Management Review
W&P:	transfer – Werbeforschung & Praxis
WiSt:	Wirtschaftswissenschaftliches Studium
wisu:	Das Wirtschaftstudium
ZfB:	Zeitschrift für Betriebswirtschaft
zfbF:	Zeitschrift für betriebswirtschaftliche Forschung

A

Aaker, D. A. (1992): Management des Markenwerts, Frankfurt u.a. 1992.

Aaker, D. A.; Joachimsthaler, E. (2000): Brand Leadership, New York 2000.

Aaker, D. A.; Keller, K. L. (1990): Consumer Evaluations of Brand Extensions, in: JoM, 54. Jg. (1990), H. 1, S. 27 – 41.

Aaker, D. A.; Keller, K. L. (1993): Interpreting cross-cultural replications of brand extension research, in: IjoRM, 10. Jg. (1993), H. 1, S. 55 – 59.

Aaker, D. A.; Kumar, V.; Day, G. S. (1998): Marketing Research, 6. Aufl., New York u.a. 1998.

Aaker, J. L. (1997): Dimensions of Brand Personality, in: JoMR, 34. Jg. (1997), H. 3, S. 347 – 356.

Aaker, J. L. (2001): Dimensionen der Markenpersönlichkeit, in: Moderne Markenführung, Hrsg.: Esch, F.-R., 3. Aufl., Wiesbaden 2001, S. 91 – 102.

Aaker, J. L.; Fournier, S. (1995): A Brand as a Character, a Partner and a Person, in: AiCR, 22. Jg. (1995), o.H., S. 391 – 395.

Abcede, A.; Dwyer, S.; Shook, P.; Smith, D. (1994): From Car Hops to Co-Branding, in: National Petroleum News, o.Jg. (1994), o.H., S. 34 – 45.

Abell, M (o.J.): Co-Branding, London o.J.

Abell, M.; Cookson, B. (1997): Beware the pitfalls of co-branding, in: Managing Intellectual Property, o. Jg. (1997), o.H., S. 15 – 18.

Abelson, R. P. (1988): Conviction, in: American Psychologist, 43. Jg. (1988), H. 2, S. 267 – 275.

Adler, L. (1966): Symbiotic Marketing, in: HBR, 44. Jg. (1966), H. 6, S. 59 – 71.

Aeberhard, K. (1996): Strategische Analyse, Diss., Bern u.a. 1996.

Ahlert, D.; Schlüter, H.; Vogel, S. (1999): „Shop in ..."-Konzepte als Diversifikationsalternativen im Konsumgüterhandel, in: Alternative Vertriebswege, Hrsg.: Tomczak, T., u.a., St. Gallen 1999, S. 136 – 150.

Ahluwalia, R.; Burnkrant, R. E.; Unnava, H. R. (2000): Consumer Response to Negative Publicity, in: JoMR, 37. Jg. (2000), H. 2, S. 203 – 214.

Ahluwalia, R.; Unnava, H. R.; Burnkrant, R. E. (2001): The Moderating Role of Commitment on the Spillover Effect of Marketing Communications, in: JoMR, 38. Jg. (2001), H. 4, S. 458 – 470.

Alba, J. W.; Hutchinson, J. W. (1987): Dimensions of Consumer Expertise, in: JoCR, 13. Jg. (1987), H. 4, S. 411 - 454.

Alden, D. L.; Hoyer, W. D.; Crowley, A. E. (1993): Country-of-Origin, Perceived Risk and Evaluation Strategy, in: AiCR, 20. Jg. (1993), o.H., S. 678 – 683.

Alewell, K. (1974): Markenartikel, in: HWA, Hrsg.: Tietz, B., Stuttgart 1974, Sp. 1217 – 1227.

Altmeyer, M. (1997): Gestaltung von Produktkooperationen, Diss., Frankfurt u.a. 1997.

Anderson, B. B.; Venkatesan, M. (1987): Interdisciplinary Borrowing in Consumer Behavior, in: Marketing Theory AMA Winter Educators Conference Marketing, Hrsg.: AMA, 1987, S. 276 – 279.

Anderson, E.; Weitz, B. (1992): The Use of Pledges to Build and Sustain Commitment in Distribution Channels, in: JoMR, 29. Jg. (1992), H. 1, S. 18 – 34.

Anderson, J. C.; Narus, J. A. (1990): A Model of Distributor Firm and Manufacturer Firm Working Partnerships, in: JoM, 54. Jg. (1990), H. 1, S. 42 – 58.

Anderson, J. R. (1996): Kognitive Psychologie, Heidelberg u.a. 1996.

Anderson, N. H. (1981): Information Integration Theory, New York u.a. 1981.

Andrews, J. C.; Durvasula, S.; Akhter, S. H. (1990): A Framework for Conceptualizing and Measuring the Involvement Construct in Advertising Research, in: JoA, 19. Jg. (1990), H. 4, S. 27 – 40.

Antil, J. H. (1988): Conceptualization and Operationalization of Involvement, in: AiCR, 11. Jg. (1988), o.H., S. 203 – 209.

Arndt, J. (1985): On Making Marketing Science More Scientific, in: JoM, 29. Jg. (1985), H. 3, S. 11 – 23.

Arnold, D. O. (1970): Dimensional Sampling: A Approach for Studying a Small Number of Cases, in: American Sociologist, 5. Jg. (1970), H. 2, S. 147 – 150.

Atkinson, R. C.; Shiffrin, R. M. (1968): Human Memory, in: The psychology of learning and motivation, 2. Jg. (1968), o.H., S. 89 – 195.

Aumüller, J. (1997): American Express öffnet sich für Kooperationen, in: cards Karten cartes o. Jg. (1997), H. 4, S. 19 – 23.

Axelrod, J. N. (1968): Attitude Measures That Predict Purchase, in: JoAR, 8. Jg. (1968), H. 1, S. 3 - 17.

B

Bacher, J. (1996): Clusteranalyse, 2. Aufl., München, Wien 1996.

Backhaus, K.; Erichson, B.; Plinke, W.; Weiber, R. (1994): Multivariate Analysemethoden, 7. Aufl., Berlin u.a. 1994.

Backhaus, K.; Meyer, M. (1988): Korrespondenzanalyse, in: Marketing ZFP, 10. Jg. (1988), H. 4, S. 295 – 307.

Bagozzi, R. (1980): Casual Models in Marketing, New York 1980.

Bagozzi, R. (1981): Evaluating Structural Equation Models with Unobservable Variables and Measurement Error, in: JoMR, 18. Jg. (1981), H. 3, S. 375 – 381.

Baker, M. J.; Churchill, G. A. (1977): The Impact of Physically Attractive Models on Advertising Evaluations, in: JoMR, 14. Jg. (1977), H. 4, S. 538 – 555.

Baker, W.; Hutchinson, J. W.; Moore, D.; Nedungadi, P. (1986): Branding Familiarity and Advertising Effects on the Evoked Set and Brand Preference, in: AiCR, 13. Jg. (1988), o.H., S. 637 - 642.

Bandilla, W.; Bosnjak, M.; Altdorfer, P. (2001): Effekte des Erhebungsverfahrens?, in: ZUMA Nachrichten, 25. Jg. (2001), H. 49, S. 7 – 28.

Bangert-Drowns, R. L. (1986): Review of Developments in Meta-Analytic Method, in: PB, 99. Jg. (1886), H. 3, S. 388 – 399.

Barone, M. J.; Miniard, P. W.; Romeo, J. B. (2000): The Influence of Positive Mood on Brand Extension Evaluations, in: JoCR, 26. Jg. (2000), H. 4, S. 386 – 400.

Barrett, J.; Lye, A.; Venkateswarlu, P. (1999): Consumer Perceptions of Brand Extensions, in: Journal of Empirical Generalisations in Marketing Science, 4. Jg. (1999), o.H., S. 1 – 12.

Barsalou, L. W. (1983): Ad hoc Categories, in: Memory & Cognition, 11. Jg. (1983), H. 3, S. 211 – 227.

Bartels, R. (1970): Marketing Theory and Metatheory, Homewood 1970.

Bartos, R. (1986): Qualitative Research, in: JoAR, 26. Jg. (1986), H. 3, S. RC3 – RC6.

Barwise, P.: Good Empirical Generalizations, in: MS, 14. Jg. (1995), H. 3, S. G29 - G25.

Bastian, A. (1999): Erfolgsfaktoren von Einkaufszentren, Diss., Wiesbaden 1999.

Batinic, B. (2001): Datenqualität bei internetbasierten Befragungen, in: Online-Marktforschung, Hrsg.: Theobald, A.; Dreyer, M.; Starsetzki, T., Wiesbaden 2001, S. 115 – 132.

Batra, R.; Ahtola, O. (1990): Measuring the Hedonic and Utilitarian Sources of Consumer Attitudes, in: ML, 2. Jg. (1990), H. 2, S. 159 – 170.

Batra, R.; Stayman, D. M. (1990): The Role of Mood in Advertising Effectiveness, in: JoCR, 17. Jg. (1990), H. , S. 203 –214.

Bauer, H. H.; Mäder, R.; Huber, F. (2000): Markenpersönlichkeit als Grundlage von Markenloyalität, Arbeitspapier des IMU der Universität Mannheim 2000.

Baumgarth, C. (2000a): Methoden zur Markenfitanalyse, in: p&a, o. Jg. (2000), H. 5, S. 48 - 52.

Baumgarth, C. (2000b): Effects of Brand- and Product-Fit on the Evaluation of Cobranding, in: Proceedings of the 29th EMAC Conference, Rotterdam 2000 (CD-ROM).

Baumgarth, C. (2000c): Fit- und Anordnungseffekte beim Co-Branding, Arbeitspapier des Lehrstuhl für Marketing der Universität Siegen, Siegen 2000.

Baumgarth, C. (2001a): Markenpolitik, Wiesbaden 2001.

Baumgarth, C. (2001b): Markenanreicherung, in: Kommunikationspraxis, Hrsg.: Weidner, L., 33. Nachlieferung, März 2001, Landsberg 2001, S. 1 - 25.

Baumgarth, C. (2001c): Co-Branding, in: W&P, 46. Jg. (2001), H. 1, S. 24 - 30.

Baumgarth, C.; Feldmann, T. (2002): Formen und Erfolgsfaktoren des Co-Advertising, in: Kommunikationspraxis, Hrsg.: Weidner, L., 37. Nachlieferung, März 2002, Landsberg 2002, S. 1 - 29.

Baumgarth, C.; Hansjosten, U. (2002): Messansätze für freche Marken, in: MJ, 35. Jg. (2002), H. 4, S. 42 - 47.

Baumgarth, C.; Vetter, I. (2003): Zweisamkeit der Markenpolitik, in: Markenartikel, 65. Jg. (2003), H. 2, S. 26 - 29.

Baumgartner, H.; Homburg, C.: Applications of structural equation modelling in marketing and consumer research, in: IJoRM, 13. Jg. (1996), H. 2, S. 139 - 161.

BBDO (1999): Brand Parity III, interne Daten, Düsseldorf 1999.

BBDO (o.J.): Brand Fitness Study, Düsseldorf o.J.

Beaman, A. L. (1991): An Empirical Comparison of Meta-analytic and Traditional Reviews, in: Personality and Social Psychology Bulletin, 17. Jg. (1991), H. 3, S. 252 - 257.

Bearden, W. O.; Netemeyer, R. G. (1999): Handbook of Marketing Scales, 2. Aufl., Thousand Oaks 1999.

Beatty, S. E.; Kahle, L. R.; Homer, P. (1988): The Involvement-Commitment-Model, in: JBR, 16. Jg. (1988), H. 2, S. 149 - 167.

Beatty, S. E.; Smith, S. H. (1987): External Search Effort, in: JoCR, 14. Jg. (1987), H. 1, S. 83 - 95.

Becker, D. (1974): Analyse der Delphi-Methode und Ansätze zu ihrer optimalen Gestaltung, Diss., Frankfurt, Zürich 1974.

Becker, J. (2001) : Einzel-, Familien- und Dachmarken als grundlegende Handlungsoptionen, in: Moderne Markenführung, Hrsg.: Esch, F.-R., 3. Aufl., Wiesbaden 2001, S. 297 - 316.

Beeskow, W.; Dichtl, E.; Finck, G.; Müller, S. (1983): Die Bewertung von Marketing-Aktivitäten, in: Enzyklopädie der Psychologie, Bd. 5, Hrsg.: Irle, M.; Bussmann, W., Göttingen 1983, S. 483 – 674.

Behrens, K. C. (1963): Absatzwerbung, Wiesbaden 1963.

Bekmeier, S. (1989): Nonverbale Komunikation in der Fernsehwerbung, Diss., Heidelberg 1989.

Bekmeier-Feuerhahn, S. (1998): Marktorientierte Markenbewertung, Habil., Wiesbaden 1998.

Bekmeier-Feuerhahn, S. (2001): Messung von Markenvorstellungen, in: Moderne Markenführung, Hrsg.: Esch, F.-R., 3. Aufl., Wiesbaden 2001, S. 1105 – 1122.

Belz, C. (1999): Leistungssysteme und Marketingkoalitionen, in: Thexis, 16. Jg. (1999), H. 3, S. 2 – 8.

Belz, C. (2002): Marketing Update 2005, St. Gallen 2002.

Belz, C.; Reinhold, M. (Hrsg.) (1999): Internationales Vertriebsmanagement für Industriegüter, Wien 1999.

Benerza, K. (1994): Working on the Chain Gang, in: Brandweek, o. Jg. (1994), H. 19, S. 45 – 51.

Berekoven, L. (1978): Zum Verständnis und Selbstverständnis des Markenwesens, in: Markenartikel heute, o. Hrsg., Wiesbaden 1978, S. 35 - 48.

Berekoven, L.; Eckert, W.; Ellenrieder, P. (2001): Marktforschung, 9. Aufl., Wiesbaden 2001.

Bergen, M.; John, G. (1997): Understanding Cooperative Advertising, in: JoMR, 34. Jg. (1997), H. 3, S. 357 – 369.

Bergler, R. (Hrsg.) (1975): Das Eindrucksdifferential, Bern u.a. 1975.

Berlyne, D. E. (1974): Konflikt, Neugier, Erregung, Stuttgart 1974.

Berndt, R. (1985): Kooperative Werbung, in: WiSt, 14. Jg. (1985), H. 1, S. 1 – 7.

Berndt, R. (1993): Product Placement, in: Handbuch Marketing-Kommunikation, Hrsg.: Berndt, R.; Hermanns, A., Wiesbaden 1993, S. 673 – 694.

Bettman, J. R.; Capon, N.; Lutz, R. J. (1975a): Cognitive Algebra in Multi-Attribut Attitude Models, in: JoMR, 12. Jg. (1975), H. 2, S. 151 – 164.

Bettman, J. R.; Capon, N.; Lutz, R. J. (1975b): Multiattributive Measurement Models and Multiattributive Attitude Theory, in: JoCR, 1. Jg. (1975), H. 4, S. 1 – 15.

Bettman, J. R.; Sujan, M. (1987): Effects of Framing on Evaluation of Comparable and Noncomparable Alternatives by Experts and Novice Consumers, in: JoCR, 14. Jg. (1987), H. 2, S. 141 – 154.

Bettmann, J. R. (1979): An Information Processing Theory of Consumer Choice, Reading 1979.

Bhat, S.; Reddy, S. K. (1998): Symbolic and functional positioning of brands, in: JoCM, 15. Jg. (1998), H. 1, S. 32 – 43.

Bidlingmaier, J. (1967): Begriff und Formen der Kooperation im Handel, in: Absatzpolitik und Distribution, Hrsg.: Bidlingmaier, J.; u.a., Wiesbaden 1967, S. 353 - 395.

Bilkey, W. J.; Nes, E. (1982): Country-of-Origin Effects on Product Evaluations, in: Journal of International Business Studies, 13. Jg. (1982), H. 1, S. 89 – 99.

Binder, C. U. (1996): Brand Alliances, in: asw, 39. Jg. 1996, H. 4, S. 54 - 63.

Binder, C. U. (2001): Lizenzierung von Marken, in: Moderne Markenführung, Hrsg.: Esch, F.-R., 3. Aufl., Wiesbaden 2001, S. 385 - 411.

Biswas, A.; Blair, E. (1991): Contextual Effects of Reference Prices in Retail Advertisments, in: JoM, 55. Jg. (1991), H. 3, S. 1 – 12.

Bitner, M. J.; Obermiller, C. (1985): The Elaboration Likelihood Model, in: AiCR, 12. Jg. (1985), o.H., S. 420 – 425.

Blackett, T., Russel, N. (1999): What is Co-Branding?, in: Co-Branding, Hrsg.: Blackett, T., Boad, B., Houndmills u. a. 1999, S. 1 - 21.

Blackett, T.; Boad, B. (Hrsg.) (1999): Co-Branding, Houndmills u.a. 1999.

Bleicker, U. (1983): Produktbeurteilung der Konsumenten, Würzburg, Wien 1983.

Bloch, P. H.; Sherrell, D. L.; Ridgway, N. M. (1986): Consumer Search, in: JoCR, 13. Jg. (1986), H. 2, S. 119 – 126.

Blohm, H. (1980): Kooperation, in: HWO, Hrsg.: Grochla, E., 2. Aufl., Stuttgart 1980, Sp. 1112 - 1117.

Boad, B. (1999a): Co-Branding Opportunities and Benefits, in: Co-Branding, Hrsg.: Blackett, T.; Boad, B., Houndmills u.a. 1999, S. 22 – 37.

Boad, B. (1999b): The Risks and Pittfalls of Co-Branding, in: Co-Branding, Hrsg.: Blackett, T.; Boad, B., Houndmills u.a. 1999, S. 38 – 46.

Bogner, W.; Mayer, M. (2000): Die Validität von Onlinebefragungen II, in: p&a, o.Jg. (2000), H. 1, S. 50 – 55.

Böing, C. (2001): Erfolgsfaktoren im Business-to-consumer-E-Commerce, Diss., Wiesbaden 2001.

Böll, K. (1999): Merchandising und Licensing, München 1999.

Bonoma, T. V. (1985): Case Research in Marketing: Opportunities, Problems, and a Process, in: JoMR, 22. Jg. (1985), H. 2, S. 199 – 208.

Boone, J. M. (1997): Hotel-Restaurant Co-Branding, in: Hotel and Restaurant Administration Quarterly, o.Jg. (1997), H. 3, S. 34 – 43.

Booz, Allen & Hamilton (2000): 10 Erfolgsfaktoren im e-business, Frankfurt 2000.

Bornstein, R. F.: Publication Politics, Experimenter Bias and the Replication Process in Social Science Research, in: Journal of Social Behavior and Personality, 5. Jg. (1990), H. 4, S. 71 – 81.

Bortz, J.; Döring, N. (2002): Forschungsmethoden und Evaluation, 3. Aufl., Berlin u.a. 2002.

Bosch, K. (1993): Statistik-Taschenbuch, 2. Aufl., München, Wien 1993.

Bosnjak, M.; Batinic, B. (1999): Determiannten der Teilnahmebereitschaft an internetbasierten Fragebogenuntersuchugnen am Beispiel E-Mail, in: Online Research, Hrsg.: Batinic, B.; Werner, A.; Gräf, L.; Bandilla, W., Göttingen u.a. 1999, S. 145 – 157.

Bosnjak, M.; Tuten, T. L.; Bandilla, W. (2001): Participation in Web Surveys, in: ZUMA Nachrichten, 25. Jg. (2001), H. 48, S. 7 – 17.

Bottomley, P. A.; Doyle, J. R. (1996): The Formation of Attitudes Toward Brand Extensions, in: IJoRM, 13. Jg. (1996), H. 4, S. 365 – 377.

Bottomley, P. A.; Holden, S. J. S. (2001): Do We Really Know How Consumers Evaluate Brand Extensions?, in: JoMR, 38. Jg. (2001), H. 4, S. 494 – 500.

Boush, D. M. (1993): How Advertising Slogans Can Prime Evaluations of Brand Extensions, in: P&M, 10. Jg. (1993), H. 1, S. 67 – 78.

Boush, D. M. (2001): Marken als Kategorien, in: Moderne Markenführung, Hrsg.: Esch, F.-R., 3. Aufl., Wiesbaden 2001, S. 809 – 824.

Boush, D. M.; Loken, B. (1991): A Process-Tracing Study of Brand Extension Evaluation, in: JoMR, 28. Jg. (1991), H. 1, S. 16 – 28.

Braitmayer, O. (1998): Die Lizenzierung von Marken, Diss., Frankfurt u.a. 1998.

Brewer, W. F.; Treyens, J. C. (1981): Role of schemata in memory for places, in: Cognitive Psychology, 13. Jg. (1981), H. 2, S. 207 – 230.

Bridges, S. (1992): A Schema Unification Model of Brand Extensions, Arbeitspapier des Marketing Science Institute, Cambridge 1992.

Bridges, S.; Keller, K. L.; Sood, S. (2000): Communication Strategies for Brand Extensions, in: JoA, 29. Jg. (2000), H. 4, S. 1 – 11.

Briesch, R. A.; Krishnamurthi, L.; Mazumdar, T.; Raj, S. P. (1997): A Comparative Analysis of Reference Price Models, in: JoCR, 24. Jg. (1997), H. 2, S. 202 – 214.

Brinberg, D.; Hirschman, E. C. (1986): Multiple Orientations for the Conduct of Marketing Research, in: JoM, 50. Jg. (1986), H. 4, S. 161 – 173.

Brinberg, D.; McGrath, J. E. (1982): A Network of Validity Concepts Within the Research Process, in: Forms of Validity in Research, Hrsg.: Brinberg, D.; Kidder, L. H., San Francisco u.a. 1982, S. 5 – 21.

Brinberg, D.; McGrath, J. E. (1985): Validity and the Research Process, Beverly Hills u.a. 1985.

Brisoux, J. E.; Cheron, E. J. (1990): Brand Categorization and Product Involvement, in: AiCR, 17. Jg. (1990), o.H., S. 101 – 109.

Broniarczyk, S. M.; Alba, J. W. (1994): The Importance of the Brand in Brand Extension, in: JoMR, 31. Jg. (1994), H. 2, S. 214 – 228.

Brosius, G.; Brosius, F. (1995): SPSS, Bonn u.a. 1995.

Brown, S. P.; Stayman, D. M. (1992): Antecedents and Consequences of Attitude toward the Ad, in: JoCR, 19. Jg. (1992), H. 1, S. 34 – 51.

Brown, S. W.; Corney, K.A. (1976): Building a Replication Tradition in Marketing, in: Marketing 1776 - 1976 and beyond, Hrsg.: Bernhardt, K. L., Chicago (1976), S. 622 - 625.

Bruckmann, G. (1977): Prognose mittels Analogieschluss, in: Langfristige Prognose, Hrsg.: Bruckmann, G., Würzburg, Wien 1977, S. 72 - 75.

Brucks, M. (1985): The Effects of Product Class Knowledge on Information Search Behavior, in: JoCR, 12. Jg. (1985), H. 1, S. 1 – 16.

Bruhn, M. (1992): Markenpolitik, in: Vahlens Großes Marketing Lexikon, Hrsg.: Diller, H., München 1992, S. 643 – 645.

Bruhn, M. (1994): Begriffsabgrenzungen und Erscheinungsformen von Marken, in: Handbuch Markenartikel, Hrsg.: Bruhn, M., Bd. 1, Stuttgart 1994, S. 3 - 41.

Bruhn, M. (1997): Kommunikationspolitik, München 1997.

Bruhn, M.; Bunge, B. (1996): Beziehungsmarketing als integrativer Ansatz der Marketingwissenschaft, in: DU, 50. Jg. (1996), H. 3, S. 171 – 194.

Bruner, G. C.; Hensel, P. J. (1994): Marketing Scales Handbook, Chicago 1994.

Bruner, G. C.; Hensel, P. J. (1998): Marketing Scales Handbook, Bd. 2, Chicago 1998.

Bruner, G. C.; James, K.. E.; Hensel, P. J. (2001): Marketing Scales Handbook, Bd. 3, Chicago 2001.

Bucklin, L. P.; Sengupta, S. (1993): Organizing Successful Co-Marketing Alliances, in: JoM, 57. Jg. (1993), H. 2, S. 32 – 46.

Bugdahl, V. (1996): Ingredient Branding, in: Markenartikel, 58. Jg. (1996), H. 3, S. 110 – 113.

Bugdahl, V. (1998): Marken machen Märkte, München 1998.

Burke, R. J.; Srull, T. K.: Competitive Interference and Consumer Memory for Advertising, in: JoCR, 15. Jg. (1988), H. 1, S. 55 – 68.

Büschken, J. (1997): Welche Rolle spielen Investitionsgütermarken?, in: asw, 40. Jg. (1997), Sondernummer, S. 192 – 195.

Büschken, J.; von Thaden, C. (2000): Clusteranalyse, in: Marktforschung, Hrsg.: Herrmann, A.; Homburg, C., 2. Aufl., Wiesbaden 2000, S. 337 – 380.

Buzzel, R. D.; Gale, B. T. (1989): Das PIMS-Programm, Wiesbaden 1989.

C

Cacioppo, J. T.; Petty, R. E. (1982): The Need for Cognition, in: JoPSP, 42. Jg. (1982), H. 1, S. 116 – 131.

Cacioppo, J. T.; Petty, R. E.; Kao, C. (1984): The efficient assessment of need for cognition, in: Journal of Personality Assessment, 48. Jg. (1984), H. 2, S. 306 – 307.

Callcott, M. F.; Lee, W.-N. (1995): Establishing the Spokes-Character in Academic Inquiry, in: AiCR, 22. Jg. (1995), o.H., S. 144 – 151.

Campbell, D. T. (1957): Factors Relevant to the Validity of Experiments in Social Settings, in: PB, 54. Jg. (1957), H. 4, S. 297 – 311.

Campbell, D. T.; Fiske, D. W.: Convergent and Discriminant Validity by the Multitrait-Multimethod Matrix, in: PB, 56. Jg. (1959), S. 81 – 105.

Campbell, D. T.; Stanley, J. C. (1963): Experimental and Quasi-Experimental Designs for Research on Teaching, in: Handbook of Research on Teaching, Hrsg.: Gage, N. L., Chicago 1963, S. 171 – 246.

Campbell, M. C.; Goodstein, R. C. (2001): The Moderating Effect of Perceived Risk on Consumers' Evaluations of Product Incongruity, in: JoCR, 28. Jg. (2001), H. 2, S. 257 - 272.

Carlopio, J.; Adair, J. G.; Lindsay, R. C. L. (1983): Avoiding Artifact in Search for Bias, in: JoPSP, 44. Jg. (1983), H. 4, S. 693 – 701.

Carnap, R. (1958): Beobachtungssprache und theorètische Sprache, in: Dialectica, 12. Jg. (1958), H. 2, S. 236 - 248.

Carnap, R.; Stegmüller, W. (1959): Induktive Logik und Wahrscheinlichkeit, Wien 1959.

Carroll, J. D.; Green, P.E. (1988): An INDSCAL-Based Approach to Multiple Correspondence Analysis, in: JoMR, 25. Jg. (1988), H. 2, S. 193 – 203.

Carson, D.; Gilmore, A.; Perry, C.; Gronhaug, K. (2001): Qualitative Marketing Research, London u.a. 2001.

Cegarra, J.-J.; Michel, G. (2000): Co-Branding, in: http://panoramix.univ-paris1.fr/GREGOR/2000-02.htm (8.8.2001).

Celsi, R. L.; Olson, J. C. (1988): The Role of Involvement in Attention and Comprehension Process, in: JoCR, 15. Jg. (1988), H. 2, S. 210 - 224.

Chaiken, S. (1980): Heuristic Versus Systematic Information Processing and the Use of Source Message Cues in Persuasion, in: JoPSP, 39. Jg. (1980), H. 5, S. 752 – 766.

Chakravarti, D.; MacInnis, D. J.; Nakamoto, K. (1990): Product Category Perceptions, Elaborative Processing and Brand Name Extension Strategies, in: AiCR, 17. Jg. (1990), o.H., S. 910 – 916.

Chandrashekaran, R.; Jagpal, H. (1995): Is There a Well-Defined Internal Reference Price?, in: AiCR, 22. Jg. (1995), o.H., S. 230 – 235.

Chao, P. (1998): Impact of Country-of-Origin Dimensions on Product Quality and Design Quality Perceptions, in: JBR, 42. Jg. (1998), H. 1, S. 1 – 6.

Chao, P.; Rajendran, K. N. (1993): Consumer Profiles and Perceptions, in: International Marketing Review, 10. Jg. (1993), H. 2, S. 22 – 39.

Chase, J. M. (1970): Criteria for Scientific Publication, in: American Sociologist, 5. Jg. (1970), H. 3., S. 262 – 265.

Chattopadhay, A.; Nedungandi, P. (1992): Does Attitude toward the Ad Endure?, in: JoCR, 19. Jg. (1992), H. 1, 26 – 33.

Chaudhuri, A.; Holbrook, M. B. (2001): The Chain of Effects from Brand Trust and Brand Affect to Brand Performance, in: JoM, 65. Jg. (2001), H. 2, S. 81 – 93.

Chen, A.; Chen, S. K. (2000): Brand dilution effect of extension failure, in: JoPBM, 9. Jg. (2000), H. 4, S. 243 – 254.

Chernatony, L. d., Riley, F. D. (1998): Defining A „Brand", in: JoMM, 14. Jg. (1998), H. 4, S. 417 – 443.

Chernatony, L. d.; McDonald, M. (1998): Creating Powerfull Brands, 2. Aufl., Oxford 1998.

Chmielewicz, K. (1979): Forschungskonzeption der Wirtschaftswissenschaft, 2. Aufl., Stuttgart 1979.

Churchill, G. A. (1999): Marketing Research, 7. Aufl., Fort Worth 1999.

Clark, S. (2000): The Co-Marketing Solution, Lincolnwood 2000.

Cohen, A. R.; Stotland, E.; Wolfe, D. M. (1955): An Experimental Investigation of Need for Cognition, in: Journal of Abnormal and Social Psychology, 51. Jg. (1955), H. 3, S. 291 – 294.

Cohen, B.; Murphy, G. L. (1984): Models of Concepts, in: Cognitive Science, 8. Jg. (1984), H. 1, 27 – 58.

Cohen, J. B.; Basu, K. (1987): Alternative Models of Categorization: Toward a Contingent Processing Framework, in: JoCR, 13. Jg. (1987), H. 4, S. 455 – 472.

Collins, A. M.; Loftus, E. F. (1975): A Spreading-Activation Theory of Semantic Processing, in: Psychological Review, 82. Jg. (1975), H. 6, S. 407 – 428.

Consumer Behavior Seminar (1987): Affect Generalization to Similar and Dissimilar Brand Extensions, in: P&M, 4. Jg. (1987), H. 3, S. 225 – 237.

Cook, T. D.; Campbell, D. T. (1979): Quasi-Experimentation, Chicago 1979.

Cooke, S.; Ryan, P. (2000): Global and Transnational Brand Alliances, in: Proceedings of the International Marketing Educators' Conference "Marketing in a Global Economy," Hrsg.: Pils, J.; Stewart, D. W., Buenos Aires 2000 (CD-ROM).

Cooper, H. M. (1986): Literature-Searching Strategies of Integrative Research Reviewers, in: Knowledge, 8. Jg. (1986), H. 2, S. 372 – 383.

Cooper, H. M. (1989): Integrating Research, 2. Aufl., Newbury Park u.a. 1989.

Cordell, V. V. (1992): Effects of Consumer Preferences for Foreign Sourced Products, in: Journal of International Business Studies, 23. Jg. (1992), H. 2, S. 251 – 259.

Costley, C. L. (1988): Meta Analysis of Involvement Research, in: AiCR, 15. Jg. (1988), o.H., S. 554 – 562.

Couper, M. P. (2000): Web Surveys, in: POQ, 64. Jg. (2000), H. 4, S. 464 – 494.

Couper, M. P.; Traugott, M. W.; Lamias, M. J. (2001): Web Survey Design and Administration, in: POQ, 65. Jg. (2001), H. 2, S. 230 – 253.

Cowley, E. J. (1994): Recovering Forgotten Information, in: AiCR, 21. Jg. (1994), o.H., S. 58 – 63.

Cox, D. F. (1967): The Sorting Rule Model of Consumer Product Evaluation Process, in: Risk Tasking and Information Handling in Consumer Behavior, Hrsg.: Cox, D. F., Boston 1969, S. 324 – 369.

Craik, F. I.; Lockhardt, R. S. (1972): Levels of Processing: A Framework for Memory Research, in: Journal of Verbal Learning and Verbal Behavior, 11. Jg. (1972), H. 6, S. 671 – 684.

Cullik, I. (1998): Co-Branding, unveröffentlichte Diplomarbeit der Universität Siegen, Siegen 1998.

D

d'Astous, A.; Valence, G.; Tourville, J. (2000): Consumer Evaluations of Multiple Sponsorship Programmes, in: Proceedings of the 29th EMAC Conference, Rotterdam 2000 (CD-ROM).

Dancin, P. A.; Smith, D. C. (1993): The Effects of Adding Products to a Brand on Consumers' Evaluation of New Brand Extensions, in: AiCR, 20. Jg. (1993), o.H., S. 594 – 598.

Dancin, P. A.; Smith, D. C. (1994): The Effect of Brand Portfolio Characteristics on Consumer Evaluations of Brand Extensions, in: JoMR, 31. Jg. (1994), H. 2, S. 229 – 242.

Darby, M. R.; Karni, E. (1973): Free Competition and the Optimal Amount of Faud, in: Journal of Law and Economics, 16. Jg. (1973), H. 1, S. 67 – 88.

Daschmann, H.-A. (1994): Erfolgsfaktoren mittelständischer Unternehmen, Diss., Stuttgart 1994.

Davis, H. L.; Hoch, S. J.; Ragsdale, E. K. E. (1986): An Anchoring and Adjustment Model of Spousal Predictions, in: JoCR, 13. Jg. (1986), H. 1, S. 25 – 37.

Dawar, N. (1992): Brand Extensions, Diss., Ann Arbor 1992.

Dawar, N. (1996): Extensions of Broad Brands, in: JoCP, 5. Jg. (1996), H. 2, S. 189 – 207.

Dawar, N.; Anderson, P. F. (1994): The Effects of Order and Direction on Multiple Brand Extensions, in: JBR, 30. Jg. (1994), H. 2, S. 119 – 129.

Dawar, N.; Pillutla, M. M. (2000): Impact of Product-Harm Crises on Brand Equity, in: JoMR, 37. Jg. (2000), H. 2, S. 215 – 225.

Day, G. S. (1972): Evaluating Models of Attitude Structure, in: JoMR, 9. Jg. (1972), H. 3, S. 279 - 286.

Debevec, K.; Iyer, E. (1986): The Influence of Spokespersons in Altering a Product's Gender Image, in: JoA, 15. Jg. (1986), H. 4, S. 12 – 20.

Decker, R.; Schlifter, J. M. (2001): Dynamische Allianzen, in: Markenartikel, 63. Jg. (2001), H. 2, S. 38 – 45.

Decker, R.; Wagner, R.; Temme, T. (2000): Fehlende Werte in der Marktforschung, in: Marktforschung, Hrsg.: Herrmann, A.; Homburg, C., 2. Aufl., Wiesbaden 2000, S. 79 – 98.

DeGraba, P.; Sullivan, M. W. (1995): Spillover effects, cost savings, R&D and the use of brand extensions, in: International Journal of Industrial Organization, 13. Jg. (1995), H. 2, S. 229 – 248.

Deimel, K. (1989): Grundlagen des Involvement und Anwendung im Marketing, in: Marketing ZfP, 11. Jg. (1989), H. 3, S. 153 – 161.

DelVechio, D. (2000): Moving beyond fit, in: JoPBM, 9. Jg. (2000), H. 7, S. 457 – 471.

Desai, K. K.; Hoyer, W. D. (1993): Line extensions, in: AiCR, 20. Jg. (1993), o.H., S. 599 – 606.

Desai, K. K.; Keller, K. L. (2002): The Effects of Ingredient Branding on Strategies on Host Brand Extendibility, in: JoM, 66. Jg. (2002), H. 1, S. 73 – 93.

Despande, R. (1983): "Paradigms Lost", in: JoM, 47. Jg. (1983), H. 4, S. 101 – 110.

Dewald, W. G.; Thursby, J. G.; Anderson, R. G.: Replication in Empirical Economics, in: The American Economic Review, 76. Jg. (1986), H. 4, S. 587 – 603.

Diamantoploulus, A.: Modelling with LISREL, in: JoMM, 10. Jg. (1994), H. 3, S. 105 – 136.

Dichtl, E.; Eggers, W. (Hrsg.) (1996): Markterfolg mit Marken, München 1996.

Dick, A.; Chakravarti, D.; Biehal, G. (1990): Memory-Based Inference During Consumer Choice, JoCR, 17. Jg. (1990), H. 1, S. 82 - 93.

Diller, H. (1978): Das Preisbewusstsein der Verbraucher und seine Förderung durch Bereitstellung von Verbraucherinformationen, Habil., Mannheim 1978.

Diller, H. (1988): Das Preiswissen von Konsumenten, in: Marketing ZFP, 10. Jg. (1988), H. 1, S. 17 – 24.

Diller, H. (2000): Preispolitik, 3. Aufl., Stuttgart u.a. 2000.

Diller, H.; Lücking, J. (1993): Die Ressonanz der Erfolgsfaktorenforschung beim Management von Großunternehmen, in: ZfB, 63. Jg. (1993), H. 12, S. 1229 – 1249.

Dodds, W. B., Monroe, K. B. (1985): The Effect of Brand and Price Information on Subjective Product Evaluations, in: AiCR, o. Jg. (1985), o.H., S. 85 – 90.

Dodds, W. B.; Monroe, K. B.; Grewal, D. (1991): Effects of Price, Brand, and Store Information on Buyers' Product Evaluations, in: JoMR, 28. Jg. (1991), H. 3, S. 307 – 319.

Donthu, N.; Gilliand, D. (1996): The Infomercial Shopper, in: JoAR, Jg. (1996), H. 2, S. 69 – 76.

Dörfler, G. (1993): Product Placement, Diss., Frankfurt u.a. 1993.

Dowling, G. R. (1980): Information Content in U.S. and Australian Advertising, in: JoM, 44. Jg. (1980), H. 4, S. 34 – 37.

Drees, N. (1989): Sportsponsoring, Diss., Wiesbaden 1989.

E

Eagly, A. H.; Chaiken, S. (1993): The Psychology of Attitudes, Fort Worth u.a. 1993.

Easley, R. W.; Madden, C. S.; Dunn, M. G. (2000): Conducting Marketing Science, in: JBR,48. Jg. (2000), H. 1, S. 83 – 92.

Eisenhardt, K. M. (1989): Building Theories from Case Study Research, in: Academy of Management Review, 14. Jg. (1989), H. 4, S. 532 – 550.

Emery, F. (1969): Some Psychological Aspects of Price, in: Pricing Strategy, Hrsg.: Taylor, B.; Wils, G., Princeton 1969, S. 98 - 111.

Engel, J. F.; Blackwell, R. D.; Miniard, P. W. (1995): Consumer Behavior, 8. Aufl., Forth Worth u.a. 1995.

Eppen, G. D.; Hanson, W. A.; Martin, R. K. (1991): Bundling, in: Sloan Management Review, 32. Jg. (1991), H. 4, S. 7 – 13.

Erber, D. (1999): Ausgewählte kognitive Ansätze zur Erklärung der Wirkungsweise des Co-Branding, unveröffentlichte Diplomarbeit am Lehrstuhl für Marketing der Universität Siegen, Siegen 1999.

Erdem, T.; Mayhew, G.; Sun, B. (2001): Understanding Reference-Price Shoppers: A Within- and Cross-Category Analysis, in: JoMR, 38. Jg. (2001), H. 4, S. 445 - 457.

Erdem, T.; Swait, J. (1998): Brand Equity as a Signaling Phenomen, in: JoCP, 7. Jg. (1998), H. 2, S. 131 – 158.

Erdem, T.; Swait, J.; Louviere, J. (2002): The impact of brand credibility on consumer price sensitivity, in: IJoRM, 19. Jg. (2002), H. 1, S. 1 – 19.

Erdmeier, P. (1996): Intel inside, unveröffentlichte Diplomarbiet am Fachbereich Wirtschaftswissenschaften der FU Berlin, Berlin 1996.

Erdogan, B. Z.; Baker, M. J.; Tagg, S. (2001): Selecting Celebrity Endorsers: the Practitioner's Perspective, in: JoAR, 41. Jg. (2001), H. 3, S. 39 – 48.

Erdtmann, S. L. (1989): Sponsoring und emotionale Erlebniswerte, Diss., Wiesbaden 1989.

Erickson, G. M.; Johansson, J. K.; Chao, P. (1984): Image Variables in Multi-Attribute Product Evaluations, in: JoCR, 11. Jg. (1984), H. 2, S. 694 – 699.

Eroglu, S. A.; Machleit, K. A. (1989): Effects of Individual and Product-specific Variables on Utilising Country of Origin as a Product Quality Cue, in: International Marketing Review, 6. Jg. (1989), H. 6, S. 27 – 41.

Esch, F.-R. (1998): Wirkungen integrierter Kommunikation, Habil., Wiesbaden 1998.

Esch, F.-R. (Hrsg.) (2001): Moderne Markenführung, 3. Aufl., Wiesbaden 2001.

Esch, F.-R.; Fuchs, M.; Bräutigam, S.; Redler, J. (2001): Konzeption und Umsetzung von Markenerweiterungen, in: Moderne Markenführung, Hrsg.: Esch, F.-R., 3. Aufl., Wiesbaden 2001, S. 755 – 791.

Esch, F.-R.; Langner, T. (2001): Branding als Grundlage zum Markenaufbau, in: Moderne Markenführung, Hrsg.: Esch, F.-R., 3. Aufl., Wiesbaden 2001, S. 437 – 450.

F

Farley, J. U.; Lehmann, D. R. (1986): Meta-analysis in Marketing, Lexington 1986.

Farquhar, P. H. (1989): Managing Brand Equity, in: Marketing Research, 1. Jg. (1989), H. 3, S. 24 – 33.

Farquhar, P. H.; Han, J. Y.; Herr, P. M.; Ijiri, Y. (1992): Strategies for Leveraging Master Brands, in: Marketing Research, 4. Jg. (1992), H. 3, S. 32 - 43.

Farquhar, P. H.; Herr, P. M. (1993): The Dual Structure of Brand Associations, in: Brand Equity & Advertising, Hrsg.: Aaker, D. A.; Biel, A. L., Hilsdale 1993, S. 263 – 277.

Farquhar, P. H.; Herr, P. M.; Fazio, R. H. (1990): A Relational Model for Category Extensions of Brands, in: AiCR, 17. Jg. (1990), o.H., S. 856 – 860.

Farquhar, P. H.; Rao, V. R. (1976): A Balance Model for Evaluating Subsets of Multiattributed Items, in: Management Science, 22. Jg. (1976), H. 5, S. 528 – 539.

Faulbaum, F. (1981): Konfirmatorische Analyse der Reliabilität von Wichtigkeitseinstufungen beruflicher Merkmale, in: ZUMA-Nachrichten, 9. Jg. (1981), H. 1, S. 22 – 44.

Feldmann, J. M.; Lynch, J. G. (1988): Self generated Validity and other Effects of Measurement on Belief, Attitude, Intention, and Behavior, in: JoAP, 73. Jg. (1988), H. 3, S. 421 - 435.

Felser, G. (1997): Werbe- und Konsumentenpsychologie, Heidelberg u.a. 1997.

Ferrand, A.; Pagès, M. (1996): Image Sponsoring, in: Journal of Sport Management, 10. Jg. (1996), H. 2, S. 278 – 291.

Festinger, L. (1957): A theory of cognitive dissonance, Evanston 1957.

Fishbein, M. (1967): A Behavior Theory Approach to the Relations between Beliefs about an Object and the Attitude Toward the Object, in: Readings in Attitude Theory and Measurement, Hrsg.: Fishbein, M., New York u.a. 1967, S. 389 – 400.

Fiske, S. T. (1980): Attention and Weight in Person Perception, in: JoPSP, 38. Jg. (1980), H. 6, S. 889 – 906.

Fiske, S. T. (1982): Schema-triggered Affect: Applications to Social Perception, in: Affect and Cognition, Hrsg.: Clark, M. S.; Fiske, S. T., Hillsdale 1982, S. 55 – 78.

Fiske, S. T.; Neuberg, S. L. (1990): A continuum of Impression Formation, in: Advances in Experimental Social Psychology, 23. Jg. (1990), o.H., S. 1 – 74.

Fiske, S. T.; Neuberg, S. L.; Beattie, A. E.; Milberg, S. J. (1987): Category-Based and Attribute-Based Reactions to Others, in: Journal of Experimental Social Psychology, 23. Jg. (1987), H. 5, S. 399 – 427.

Fiske, S. T.; Pavelchak, M. A. (1986): Category-Based versus Piecemeal-Based Affective Responses, in: The Handbook of Motivation and Cognition, Hrsg.: Sorrentino, R. M.; Higgins, E. T., New York 1986, S. 167 – 203.

Fontanari, M. (1996): Kooperationsgestaltungsprozesse in Theorie und Praxis, Diss., Berlin 1996.

Forgas, J. P.; Bower, G. H. (1987): Mood Effects on Person-Perception Judgements, in: JoPSP, 53. Jg. (1987), H. 1, S. 53 - 60.

Fournier, S. (1998): Consumers and Their Brands, in: JoCR, 24. Jg. (1998), H. 4, S. 343 – 373.

Freter, H. (1974): Mediaselektion, Diss., Wiesbaden 1974.

Freter, H. (1976): Mehrdimensionale Einstellungsmodelle im Marketing. Interpretation, Vergleich und Aussagewert, Arbeitspapier des Lehrstuhl für Marketing der Universität Münster, Münster 1976.

Freter, H. (1979): Interpretation und Aussagewert mehrdimensionaler Einstellungsmodelle im Marketing, in: Konsumentenverhalten und Information, Hrsg.: Meffert, H.; Steffenhagen, H., Freter, H., Wiesbaden 1979, S. 163 – 184.

Freter, H. (1983): Marktsegmentierung, Stuttgart u.a. 1983.

Freter, H., Baumgarth, C. (2001): Ingredient Branding, in: Moderne Markenführung, Hrsg. Esch, F.-R., 3. Aufl., Wiesbaden 2001, S. 315 - 343.

Freter, H.; Baumgarth, C. (1996): Komplexer als Konsumgüter-Marketing, in: Markenartikel, 58. Jg. (1996), H. 10, S. 482 – 489.

Freter, H.; Obermeier, O. (2000): Marktsegmentierung, in: Marktforschung, Hrsg.: Herrmann, A.; Homburg, C., 2. Aufl., Wiesbaden 2000, S. 739 – 763.

Frey, U. D. (1996a): VKF Trends Deutschland 1996, Düsseldorf 1996.

Frey, U. D. (1996b): Erhöhung der Marketing-Power durch Co-Branding, in: Co-Branding, Hrsg.: Management Circle, Wiesbaden 1996, o. S.

Fricke, D. (1990): Einführung in die Korrespondenzanalyse, Frankfurt 1990.

Friedman, H. H.; Friedman, L. (1979): Endorsers Effectiveness by Product Type, in: JoAR, 19. Jg. (1979), H. 5, S. 63 – 71.

Friedrichs, J. (1990): Methoden der empirischen Sozialforschung, 14. Aufl., Opladen 1990.

Fritz, W. (1990): Marketing, in: Marketing ZFP, 12. Jg. (1990), H. 2, S. 91 – 110.

Fritz, W.: Marktorientierte Unternehmensführung und Unternehmenserfolg, Habil., Stuttgart 1992.

Fuerderer, R. (1999): Optimal Price Bundling, in: Optimal Bundling, Hrsg.: Fuederer, R.; Herrmann, A.; Wuebker, G., Berlin u.a. 1999, S. 31 – 59.

G

Gabriel, C. (1990): The vailidity of qualitative market research, in: Journal of Market Research Society, 32. Jg. (1990), H. 4, S. 507 – 519.

Gaeth, G.; Levin, I. P.; Chakraborty, G.; Levin, A. M. (1990): Consumer Evaluation of Multi-Product Bundles, in: Marketing Letters, 2. Jg. (1990), H. 1, S. 47 – 57.

Gardner, M. P. (1985): Does Attitude Toward the Ad Affect Brand Attitude Under a Brand Evaluation Set?, in: JoMR, 22. Jg. (1985), H. 2, S. 192 – 198.

Gierl, H. (1995): Marketing, Stuttgart u.a. 1995.

Gierl, H.; Ertel, T. N. (1993): Die Wirkung von Werbeanzeigen für unbekannte Marken von Low-Involvement-Produkten, in: JdAV, 39. Jg. (1993), H. 1, S. 87 – 104.

Gierl, H.; Kirchner, A. (1999): Emotionale Bindung und Imagetransfer durch Sportsponsoring, in: W&P, 44. Jg. (1999), H. 3, S. 32 – 35.

Gierl, H.; Satzinger, M. (2000): Gefallen der Werbung und Einstellung zur Marke, in: der markt, 39. Jg. (2000), H. 3, S. 115 – 122.

Gierlich, W. (1982): Die Gemeinschaftswerbung, in: Die Werbung, Hrsg.: Tietz, B., Landberg 1982, S. 2968 – 2990.

Glaser, B.; Strauss, A. (1977): The discovery of grounded theory, 8. Aufl., Chicago 1977.

Glass, G. V. (1976): Primary, Secondary, and Meta-Analysis of Research, in: Educational Researcher, 5. Jg. (1976), H. 7, S. 3 – 8.

Glass, G. V.; McGaw, B.; Smith, M. L. (1981): Meta-Analysis in Social Research, Beverly Hills, London 1981.

Glogger, A. (1999): Imagetransfer im Sponsoring, Diss., Frankfurt u.a. 1999.

Glynn, M. S.; Brodie, R. J. (1998): The importance of brand-specific associations in brand extension, in: JoPBM, 7. Jg. (1998) , H. 6, S. 509 – 518.

Goode, W.; Hatt, P. K. (1972): Die Einzelfallstudie, in: Beobachtung und Experiment in der Sozialforschung, Hrsg.: König, R., 8. Aufl., Köln 1972, S. 299 – 313.

Gordon, W.; Langmaid, R. (1988): Qualitative Market Research, Aldershot u.a. 1988.

Göritz, A. S. (2001): Online-Panels, in: Online-Marktforschung, Hrsg.: Theobald, A.; Dreyer, M.; Starsetzki, T., Wiesbaden 2001, S. 67 – 78.

Görts, T. (2001): Gruppendiskussionen, in: Online-Marktforschung, Hrsg.: Theobald, A.; Dreyer, M.; Starsetzki, T., Wiesbaden 2001, S. 149 – 164.

Göttgens, O. (1996): Erfolgsfaktoren in stagnierenden und schrumpfenden Märkten, Diss., Wiesbaden 1996.

Götze, U. (1993): Szenario-Technik in der strategischen Unternehmensplanung, 2. Aufl., Wiesbaden 1993.

Gräf, L. (1999): Optimierung von WWW-Umfragen, in: Online Research, Hrsg.: Batinic, B.; Werner, A.; Gräf, L.; Bandilla, W., Göttingen u.a. 1999, S. 159 – 177.

Gräf, L. (2001): Internet Access Panels in der Praxis, in: Online-Marktforchung, Hrsg.: Theobald, A.; Dreyer, M.; Starsetzki, T., Wiesbaden 2001, S. 319 – 334.

Greenacre, M. J. (1994): Correspondence analysis in social science, London u.a. 1994.

Greenwald, A. G.; Leavitt, C. (1984): Audience Involvement in Advertising, in: JoCR, 11. Jg. (1984), H. 1, S. 581 - 592.

Gregan-Paxton, J.; John, D. R. (1997): Consumer Learning by Analogy, JoCR, 24. Jg. (1997), H. 3, S. 266 – 284.

Grings, W.; Dawson, M. E. (1987): Emotions and Bodily Responses, New York u.a. 1987.

Grochla, E. (1980): Organisationstheorie, in: HWO, Hrsg.: Grochla, E., 2. Aufl, Stuttgart 1980, Sp. 1795 – 1814.

Größer, H. (1991): Markenartikel und Industriedesign, Diss., München 1991.

Grossman , R.P. (1997): Co-Branding in advertising, in: JoPBM, 6. Jg. (1997), H. 3, S. 191 - 201.

Grunert, K. G. (1982): Informationsverarbeitungsprozesse bei der Kaufentscheidung, Diss., Frankfurt u.a. 1982.

Grunert, K. G. (1983): Magnitude-Skalierung, in: Marketing ZFP, 5. Jg. (1983), H. 2, S. 108 – 112.

Grunert, K. G. (1990): Kognitive Strukturen in der Konsumforschung, Habil., Heidelberg 1990.

Grünig, R.; Heckner, F.; Zeus, A. (1996): Methoden zur Identifikation strategischer Erfolgsfaktoren, in: DU, 50. Jg. (1996), H. 1, S. 3 – 12.

Guiltinan, J. P. (1987): The Price Bundling of Services, in: JoM, 51. Jg. (1987), H. 2, S. 74 – 85.

Gümbel, R.; Woratschek, H. (1995): Institutionenökonomik, in: HWM, Hrsg.: Tietz, B.; Köhler, R.; Zentes, J., 2. Aufl., Stuttgart 1995, Sp. 1008 – 1019.

Gundlach, G.; Achrol, R.; Mentzer, J. (1995): The Structure of Commitment in Exchange, in: JoM, 59. Jg. (1995), H. 1, S. 78 – 92.

Gürhan-Canli, Z.; Maheswaran, D. (1998): The Effects of Extensions on Brand Name Dilution and Enhancement, in: JoMR, 35. Jg. (1998), H. 4, S. 464 – 473.

Gürhan-Canli, Z.; Maheswaran, D. (2000): Determinants of Country-of-Origin Evaluations, in: JoCR, 27. Jg. (2000), H. 1, S. 96 – 108.

H

Haase, H. (1986): Testimonial-Werbung, in: Werbung und Kommunikation, Hrsg.: Haase, H.; Koeppler, K.-F., Bonn 1986, S. 125 – 141.

Haase, H. (2000): Testimonialwerbung, in: p&a, o.Jg. (2000), H. 3, S. 56 – 60.

Hadjicharalambous, C. (2001): Show me Your Friends and I will tell You who you are, Diss., Ann Arbor 2001.

Haenecke, H. (2002): Methodenorientierte Systematisierung der Kritik an der Erfolgsfaktorenforschung, in: ZfB, 72. Jg. (2002), H. 2, S. 165 – 183.

Haire, M. (1950): Projective Techniques in Marketing Research, in: JoM, 14. Jg. (1950), H. 5, S. 649 – 656.

Hammann, P.; Erichson, B. (1994): Marktforschung, 3. Aufl., Stuttgart, Jena 1994.

Hampton, J. A. (1987): Inheritance of Attributes in Natural Concept Conjunctions, in: Memory & Cognition, 15. Jg. (1987), H. 1, S. 55 – 71.

Hampton, J. A. (1991): The Combination of Prototype Concepts, in: The Psychology of Word Meanings, Hrsg.: Schwanenflugel, P. J., Hillsdale 1991, S. 91 – 116.

Han, C. M. (1989): Country Image, in: JoMR, 26. Jg. (1989), H. 2, S. 222 – 229.

Han, C. M.; Terpstra, V. (1988): Country-of-Origin Effects for Uni-National and Bi-National Products, in: Journal of International Business Studies, 19. Jg. (1988), H. 2, S. 235 – 255.

Hansen, R. (1975): Zum Informationsgehalt von Werbeanzeigen, Diss., Hamburg 1975.

Harmon, R. R.; Razzouk, N. Y.; Stern, B. L. (1983): The Information Content of Comparative Magazine Advertisements, in: JoA, 12. Jg. (1983), H. 4, S. 10 – 19.

Hartman, C. L.; Price, L. L.; Duncan, C. P. (1990): Consumer Evaluation of Franchise Extension Products, in: AiCR, 17. Jg. (1990), o.H., S. 120 – 127.

Harzing, A.-W. (2001): Bradford University School of Management Journal Quality List, Arbeitspapier der Bradford University School of Management, Melbourne 2001 (www.harzing.com).

Hasher, L.; Zacks, R. T. (1984): Automatic processing of fundamental information, in: American Psychologist, 39. Jg. (1984), H. 6, S. 1372 – 1388.

Hastie, R.; Schroeder, C.; Weber, R. (1990): Creating complex social conjunction categories from simple categories, in: Bulletin of the Psychonomic Society, 28. Jg. (1990), H. 3, 242 – 247.

Hätty, H. (1989): Der Markentransfer, Heidelberg 1989.

Häubl, G.; Schweiger, G. (1996): Mercedes Benz made in...?, in: W&P, 41. Jg. (1996), H. 1, S. 14 – 19.

Haugtvedt, C. P.; Petty, R. E.; Cacioppo, J. T. (1992): Need for Cognition and Advertising: Understanding the Role of Personality Variables in Consumer Behavior, in: JoCP, 1. Jg. (1992), H. 3, S. 239 – 260.

Haugtvedt, C. P.; Petty, R. E.; Cacioppo, J. T.; Steidley, T. (1988): Personality and Ad Effectiveness: Exploring the Utility of Need for Cognition, in: AiCR, 15. Jg. (1988), o.H., S. 209 – 212.

Hausruckinger, G. (1993): Herkuftsbezeichnungen als präferenzdeterminierende Faktoren, Diss., Frankfurt u.a. 1993.

Heath, T. B.; Chatterjee, S.; France, K. R. (1995): Mental Accounting and Changes in Price, in: JoCR, 22. Jg. (1995), H. 1, S. 90 – 97.

Hedges, L. V.; Olkin, I. (1985): Statistical Methods for Meta-Analysis, Boston u.a. 1985.

Heider, F. (1946): Attitudes and Cognitive Organization, in: The Journal of Psychology, 21. Jg. (1946), H. 1, S. 107 – 112.

Heider, F. (1958): The psychology of interpersonal relations, New York 1958.

Hem, L. E.; Lines, R.; Gronhaug, K. (2000): Factors Influencing Perceived Similarity Between Established Brands and Brand Extensions, in: Proceedings of the 29th EMAC Conference, Rotterdam 2000 (CD-ROM).

Henning-Thurau, T.: Die Qualität von Geschäftsbeziehungen auf Dienstleistungsmärkten, in: Dienstleistungsmanagement Jahrbuch 2000, Hrsg.: Bruhn, M.; Stauss, B., Wiesbaden 2000, S. 133 – 158.

Hermanns, A. (1993): Sponsoring, in: Sport- und Kultursponsoring, Hrsg.: Hermanns, A., München 1989, S. 1 – 14.

Hermanns, A.; Lindemann, M. (1993): Kooperative Marketing-Kommunikation, in: Handbuch der Marketing-Kommunikation, Hrsg.: Berndt, R.; Hermanns, A., Wiesbaden 1993, S. 71 – 90.

Herr, P. M. (1986): Consequences of priming, in: Journal of Personality and Social Psychology, 51. Jg. (1986), H. 6, S. 1106 – 1115.

Herr, P. M. (1989): Priming Price, in: JoCR, 16. Jg. (1989), H. 1, S. 67 – 75.

Herr, P. M.; Sherman, S. J.; Fazio, R. H. (1983): On the Consequences of Priming, in: Journal of Experimental Social Psychology, 19. Jg. (1983), H. 4, S. 323 – 340.

Herrmann, A. (1998): Produktmanagement, München 1998.

Herrmann, A.; Bauer, H. H. (1996): Ein Ansatz zur Preisbündelung auf der Basis der „prospect"-Theorie, in: zfbf, 48. Jg. (1996), H. 7/8, S. 675 – 694.

Herrmann, A.; Bauer, H. H.; Huber, F. (1996): Die Gestaltung von Produkt- und Servicebündeln bei PKW, in: JdAV, 42. Jg. (1996), H. 2, S. 164 – 183.

Herrmann, A.; Wricke, M. (1999): Evaluating Multidimensional Prices in the Bundling Context, in: Optimal Bundling, Hrsg.: Fuederer, R.; Herrmann, A.; Wuebker, G., Berlin u.a. 1999, S. 237 – 251.

Herrmann, C. (1999): Die Zukunft der Marke, Frankfurt 1999.

Hess, J. S. (1995): Construction and Assessment of a Scale to Measure Consumer Trust, in: AMA Educator's Proceedings, 6. Jg. (1995), Chicago 1995, S. 20 – 26.

Higgins, E. T.; Bargh, J. A.; Lombardi, W. (1985): Nature of priming effects on categorization, in: Journal of Experimental Psychology, 11. Jg. (1985), H. 1, S. 59 – 69.

Higie, R. A.; Feick, L. F.; Price, L. L. (1991): The Importance of Peripherial Cues in Attitude Formation for Enduring and Task Involved Individuals, in: AiCR, 18. Jg. (1991), o.H., S. 187 – 193.

Hildebrandt, L. (1983): Konfirmatorische Analysen von Modellen des Konsumentenverhaltens, Berlin 1983.

Hildebrandt, L. (1984): Kausalanalytische Validierung in der Marketingforschung, Marketing ZFP, 6. Jg. (1984), H. 1, S. 41 – 51.

Hildebrandt, L. (2000): Hypothesenbildung und empirische Datenerhebung, in: Marktforschung, Hrsg.: Herrmann, A.; Homburg, C., 2. Aufl., Wiesbaden 2000, S. 33 – 57.

Hildebrandt, L. (2001): Erfolgsfaktoren, in: Vahlens Großes Marketing Lexikon, Hrsg.: Diller, H., 2. Aufl., München 2001, S. 420 – 421.

Hill, S.; Lederer, C. (2001): The Infinite Asset, Boston 2001.

Hillyer, C.; Tikoo, S. (1995): Effect of Cobranding on Consumer Product Elevations, in AiCR, 22. Jg. (1995), o.H., S. 123 - 127.

Hirschmann, P. (1998): Kooperative Gestaltung unternehmensübergreifender Geschäftsprozesse, Diss., Wiesbaden 1998.

Hoffman, D. L.; Franke, G. R. (1986): Correspondence Analysis, in: JoMR, 23. Jg. (1986), H. 3, S. 213 – 227.

Hoffmann, O.; Steinmeyer, S.; Paul, M. (2001): Online-Marktforschung – Andere Ergebnisse als Offline?, in: Online-Marktforschung, Hrsg.: Theobald, A.; Dreyer, M.; Starsetzki, T., Wiesbaden 2001, S. 133 – 148.

Hofstätter, P. R. (1973): Einführung in die Sozialpsychologie, 5. Aufl., Stuttgart 1973.

Högl, S.; Twardawa, W.; Hupp, O. (2000): Key Driver starker Marken, in: Key Driver starker Marken, Hrsg.: GWA, Frankfurt 2001, S. 15 – 59.

Holbrook, M.; Batra, R. (1987): Assessing the Role of Emotions as Mediators of Consumers Responses to Advertising, in: JoCR, 14. Jg. (1987), H. 3, S. 404 – 419.

Homburg, C. (1989): Exploratorische Ansätze der Kausalanalyse als Instrument der Marketingplanung, Diss., Frankfurt 1989.

Homburg, C. (1995): Kundennähe von Industriegüterunternehmen, Habil., Wiesbaden 1995.

Homburg, C.; Baumgartner, H. (1985): Beurteilung von Kausalmodellen, in: Marketing ZFP, 17. Jg. (1985), H. 3, S. 162 - 176.

Homburg, C.; Giering, A. (1996): Konzeptualisierung und Operationalisierung komplexer Konstrukte, in: Marketing ZFP, 8. Jg. (1996), H. 1, S. 5 – 24.

Homburg, C.; Herrmann, A.; Pflesser, C. (2000): Methoden der Datenanalyse im Überblick, in: Marktforschung, Hrsg.: Herrmann, C.; Homburg, C., 2. Aufl., Wiesbaden 2000, S. 101 – 125.

Homburg, C.; Sütterlin, S. (1990): Kausalmodelle in der Marketingforschung, in: Marketing ZFP, 12. Jg. (1990), H. 3, S. 181 – 192.

Homer, P. M. (1990): The Mediating Role of Attitude Toward the Ad: Some Additional Evidence, in: JoMR, 27. Jg. (1990), H. 1, S. 78 – 86.

Homer, P. M.; Kahle, L. R. (1986): A social adaption explanation of the effects of surrealism on advertising, in: JoA, 15. Jg. (1986), H. 1, S. 50 – 54.

Hong, J. W.; Muderrisoglu, A.; Zinkhan, G. M. (1987): Cultural Differences and Advertising Expression, in: JoA, 16. Jg. (1987), H. 1, S. 55 – 62.

Hong, S.-T.; Wyer, R. S. (1989): Effects of Country-of-Origin and Product-Attribute Information on Product Evaluation, in: JoCR, 16. Jg. (1989), H. 2, S. 175 – 187.

Hong, S.-T.; Wyer, R. S. (1990): Determinants of Product Evaluation, in: JoCR, 17. Jg. (1990), H. 3, S. 277 - 288.

Hovland, C. I.; Lumsdaine, A. A.; Sheffield, F. D. (1949): Experiments on mass communication, Princeton 1949.

Hoyer, W. D.; MacInnis, D. J. (1997): Consumer Behavior, Boston, New York 1997.

Hubbard, R.; Armstrong, J. S. (1994): Replications and Extensions in Marketing, in: IJoRM, 11. Jg. (1994), H. 2, S. 233 - 248.

Hubbard. R.; Vetter, D. (1991): Replications in the Finance Literature, in: Quarterly Journal of Business and Economics, 30. Jg. (1991), H. 4, S. 70 – 80.

Huber, F.; Kopsch, A. (2000): Produktbündelung, in: Handbuch Produktmanagement, Hrsg.: Albers, S.; Herrmann, A., Wiesbaden 2000, S. 577 – 605.

Hughes, G. D. (1974): The Measurement of Beliefs and Attitudes, in: Handbook of Marketing Research, Hrsg.: Ferber, R., New York, u.a. 1974, S. 3-16 - 3-43.

Hult, G. T. M.; Neese, W. T.; Bashaw, R. E. (1997): Faculty Perceptions of Marketing Journals, in: Journal of Marketing Education, 19. Jg. (1997), H. 1, S. 37 – 52.

Hunt, S. D. (1976): Marketing Theory, Columbus 1976.

Hunt, S. D. (1990): Truth in Marketing Theory and Research, in: JoM, 54. Jg .(1990), H. 3, S. 1 – 15.

Hunt, S. D. (1991): Modern Marketing Theory, Cincinati 1991.

Hunt, S. D.; Burnett, J. J. (1982): The Macromarketing/Micromarketing Dichotomy, in: JoM, 46. Jg. (1982), H. 3, S. 11 –26.

Hunter, J. E.: The Desperate Need for Replications, in: JoCR, 28. Jg (2001), H. 2, S. 149-159.

Hunter, J. E.; Schmidt, F. L. (1990): Methods of Meta-Analysis, Newbury Park u.a. 1990.

Hupp, O. (1998): Das Involvement als Erklärungsvariable für das Entscheidungs- und Informationsverhalten von Konsumenten, Arbeitspapier in der Reihe Konsum und Verhalten, Nr. 22, Saarbrücken 1998.

Hupp, O. (2001a): Wie stark sind große Marken wirklich?, in: Markenartikel, 63. Jg. (2001), H. 1, S. 20 – 22.

Hupp, O. (2001b): Wovon hängen die Erfolgschancen von Markentransfers ab?, in: Markenartikel, 63. Jg. (2001), H. 2, S. 12 – 16.

Hupp, O. (2001c): Sind starke Marken stark genug für Neuprodukt-Einführungen?, in: Markenartikel, 63. Jg. (2001), H. 3, S. 60 – 62.

Hüttermann, M. U. (1991): Chancen und Risiken des Co-Branding, Hamburg 1991.

Hüttner, M. (1986): Prognoseverfahren und ihre Anwendung, Berlin, New York 1986.

Hüttner, M.; Schwarting, U. (1997): Grundzüge der Marktforschung, 5. Aufl., München, Wien 1997.

J

Jackson, G. B. (1980): Methods for Integrative Reviews, in: Review of Educational Research, 50. Jg. (1980), H. 3, S. 438 – 460.

Jacoby, J.; Chestnut, R. W. (1978): Brand Loyality, New York u.a. 1978.

Jacoby, J.; Chestnut, R. W.; Fisher, W. A. (1978): A Behavioral Process Approach to Information Acquisition in Nondurable Purchasing, in: JoMR, 15. Jg. (1978), H. 4, S. 532 – 544.

Jacoby, J.; Szybillo, G. J.; Busato-Schach, J. (1977): Information Acquisition Behavior in Brand Choice Situations, in: JoCR, 3. Jg. (1977), H. 4, S. 209 – 216.

Jain, K.; Srinivasan, N. (1990): An Empirical Assesment of Multiple Operationalizations of Involvement, in: AiCR, 17. Jg. (1990), o.H., S. 594 – 602.

Jambu, M. (1992): Explorative Datenanalyse, Stuttgart u.a. 1992.

Janetzko, D.; Hildebrandt, M.; Meyer, H. A. (2001): Zeiterfassungen in Online-Fragebögen, in: Online-Marktforschung, Hrsg.: Theobald, A.; Dreyer, M.; Starsetzki, T., Wiesbaden 2001, S. 191 – 212.

Janiszewski C.; Kwee, L.; Meyvis T. (2001): Brand Alliances, Arbeitspapier der University of Florida, Florida 2001.

Janiszewski, C.; Osselaer, S. M. J. v. (2000): A connection model of brand-quality associations, in: JoMR, 37. Jg. (2000), H. 3, S. 331-350.

Jap, S. (1993): An Examination of the Effects of Multiple Brand Extensions on the Brand Concept, in: AiCR, 20. Jg. (1993), o.H., S. 607 – 611.

Jeck-Schlottmann, G. (1988): Werbewirkung bei geringem Involvement, Diss., Saabrücken 1988.

Jevons, C.; Gabott, M.; Chernatony, L. d. (2001): A taxonomy of brand linkages, in: http://business.ac.uk/business/papers/taxonomy (20.12.2001).

Johannsen, U. (1971): Das Marke- und Firmen-Image, Berlin 1971.

Johansson, J. K.; Douglas, S. P.; Nonaka, I. (1985): Assessing the Impact of Country of Origin on Product Evaluations, in: JoMR, 22. Jg. (1985), H. 4, S. 388 – 396.

Johansson, J. K.; Nebenzahl, I. D. (1986): Multinational Production, in: Journal of International Business Studies, 17. Jg. (1986), H. 1, S. 101 – 126.

John, D. R.; Loken, B.; Joiner, C. (1998): The Negative Impact of Extensions, in: JoM, 62. Jg. (1998), H. 1, S. 19 – 32.

Johnson, E. J.; Russo, J. E. (1984): Product Familiarity and Learning New Information, in: JoCR, 11. Jg. (1984), H. 1, S. 542 – 550.

Jöreskog, K.; Sörbom, D.: LISREL 8: Structural Equation Modelling with the SIMPLIS Command Language, 4. Aufl., Hillsdale 1999.

Joseph, W. B. (1982): The Credibility of Physically Attractive Communicators, in: JoA, 11. Jg. (1982), H. 3, S. 15 – 24.

Jungermann, H.; Pfister, H.-R.; Fischer, K. (1998): Die Psychologie der Entscheidung, Heidelberg, Berlin 1998.

Juster, F. T. (1966): Consumer Buying Intentions and Purchase Probability, in: Journal of the American Statistical Association, 61. Jg. (1966), H. 3, S. 658 – 696.

K

Kaas, K. P. (1990): Marketing als Bewältigung von Informations- und Unsicherheitsproblemen im Markt, in: DBW, 50. Jg. (1990), H. 4, S. 539 – 548.

Kaas, K. P. (1991): Marktinformationen, in: ZfB, 61. Jg. (1991), H. 3, S. 357 - 370.

Kaas, K. P. (1995): Informationsökonomik, in: HWM, Hrsg.: Tietz, B.; Köhler, R.; Zentes, J., 2. Aufl., Stuttgart 1995, Sp. 971 – 981.

Kaas, K. P.; Busch, A. (1996): Inspektions-, Erfahrungs- und Vertrauenseigenschaften von Produkten, in: Marketing ZFP, 18. Jg. (1996), H. 4, S. 243 – 252.

Kaciak, E.; Louviere, J. (1990): Multiple Correspondence Analysis of Multiple Choice Experiment Data, in: JoMR, 27. Jg. (1990), H. 4, S. 455 – 465.

Kahle, L. R.; Homer, P. M. (1985): Physical Attractiveness of the Celebrity Endorser, in: JoCR, 11. Jg. (1985), H. 4, S. 954 – 961.

Kahneman, D.; Slovic, P.; Tversky, A. (Hrsg.) (1982): Judgement under uncertainty, Cambridge 1982.

Kaicker, A. (1993): Product Bundling and Consumer Perceptions of Value, Diss., Ann Arbor 1993.

Kaicker, A.; Bearden, W. O.; Manning, K. C. (1995): Component versus Bundle Pricing, in: JBR, 33. Jg. (1995), H. 2, S. 231 – 239.

Kaikati, J. G. (1987): Celebrity Advertising, in: International Journal of Advertising, 6. Jg. (1987), H. 2, S. 93 – 105.

Kalyanaram, G.; Winer, R. S. (1995): Empirical Generalizations From Reference Price Research, in: MS, 14. Jg. (1995), H. 3, S. G161 - G169.

Kamins, M. A. (1990): An Ivestigation into the „Match-Up" Hypothesis in Celebrity Advertising, in: JoA, 19. Jg. (1990), H. 1, S. 4 – 13.

Kanungo, R.; Pang, S. (1973): Effects of Human Models on Perceived Product Quality, in: Journal of Applied Psychology, 57. Jg. (1973), H. 2, S. 172 – 178.

Kapferer, J.-N. (1995): Brand Confusion, in: P&M, 12. Jg. (1995), H. 6, S. 551 – 568.

Kapferer, J.-N.; Laurent, G. (1986): Consumer Involvement Profiles; in: JoAR, 25. Jg. (1986), H. 6, 48 - 56.

Kaplan, K. J. (1972): On the ambivalence-indifference problem in attitude theory and measurement, in: PB, 77. Jg. (1972), H. 2, S. 361 – 372.

Kaplitza, G. (1992): Kaufabsicht und Kaufpotential, in: p&a, o.Jg. (1992), H. 4, S. 41 – 45.

Kardes, F. R. (1988): Spontaneous Inference Processes in Advertising, in: JoCR, 15. Jg. (1988), H. 2, S. 225 – 233.

Kardes, F. R.; Allen, C. T. (1991): Perceived Variability and Inferences about Brand Extensions, in: AiCR, 18. Jg. (1991), o.H., S. 392 – 398.

Kardes, F. R.; Kalyanaram, G. (1992): Order-of-Entry Effects on Consumer Memory and Judgement, in: JoMR, 29. Jg. (1992), H. 3, S. 343 – 357.

Kasprik, R. (1993).: Erinnerungsstarke Werbung durch die Verwendung von unstimmigen Bildern?, Diss., Thun u.a. 1993.

Keller, K. L. (1987): Memory Factors in Advertising, in: JoCR, 14. Jg. (1987), H. 3, S. 316 - 333.

Keller, K. L. (1991): Memory and Evaluation Effects in Competitve Advertising Enviroments, in: JoCR, 17. Jg. (1991), H. 4, S. 463 – 476.

Keller, K. L. (1993): Conceptualizing, Measuring, and Managing Customer-Based Brand Equity, in: JoM, 57. Jg. (1993), H. 1, S. 1-22.

Keller, K. L. (1998): Strategic Brand Management, Upper Saddle River 1998.

Keller, K. L. (2001): Kundenorientierte Messung des Markenwerts, in: Moderne Markenführung, Hrsg.: Esch, F.-R., 3. Aufl., Wiesbaden 2001, S. 1059 - 1079.

Keller, K. L.; Aaker, D. A. (1992a): The Effects of Sequential Introduction of Brand Extensions, in: JoMR, 29. Jg. (1992), H. 1, S. 35 – 50.

Keller, K. L.; Aaker, D. A. (1992b): The Effects of Corporate Images and Branding Strategies on New Product Evaluations, Arbeitspapier Nr. 1216 der Stanford University, Stanford 1992.

Kelz, A. (1989): Die Weltmarke, Diss., Idstein 1989.

Kemper, A. C. (1997): Ingredient Branding, in: DBW, 57. Jg. (1997), H. 2, S. 271 – 274.

Kent, R. J.; Allen, C. T. (1994): Competitive Interference Effects in Consumer Memory for Advertising, in: JoM, 58. Jg. (1994), H. 3, S. 97 - 105.

Kepper, G. (1996): Qualitative Marktforschung, Diss., 2. Aufl., Wiesbaden 1996.

Kerby, J. K. (1967): Semantic Generalization in the Formulation of Consumer Attitudes, in: JoMR, 4. Jg. (1967), H. 3, S. 314 – 317.

Kerr, S.; Tolliver, J.; Petree, D.: Manuscript Characteristics Which Influence Acceptance for Management and Social Science Journals, in: Academy of Management Journal, 20. Jg. (1977), H. 1, S. 132 - 141.

Ketelsen-Sontag, H. (1988): Empirische Sozialforschung im Marketing, Spardorf 1988.

Kiedaisch, I.: Internationale Kunden-Lieferanten-Beziehungen, Diss., Wiesbaden 1997.

Kiesler, S.; Sproull, L. S. (1986): Response Effects in the Electronic Survey, in: POQ, 50. Jg. (1986), H. 3, S. 402 – 413.

Kim, B.; Sullivan, M. W. (1998): The Effects of Parent Brand Experience on Line Extension Trial and Repeat Purchase, in: Marketing Letters, 9. Jg. (1998), H. 2, S. 181 – 193.

Kircher, S. (1997): Corporate Branding, in: p&a, o.Jg. (1997), H. 1, S. 60 – 61.

Kirk, J.; Miller, M. (1987): Reliability and validity in qualitative research, Beverly Hills 1987.

Klebba, J. M.; Unger, L. S. (1981): The Impact of Negative and Positive Information on Source Credibility in a Field Setting, in: AiCR, 8. Jg. (1981), o.H., S. 11 – 16.

Klein, N. M.; Oglethorpe, J. E. (1987): Cognitive Reference Points in Decison Making, in: AiCR, 14. Jg. (1987), o.H., S. 183 – 187.

Klink, R. R.; Smith, D. C. (2001): Threats to the External Validity of Brand Extension Research, in: JoMR, 38. Jg. (2001), H. 3, S. 326 – 335.

Kluge, S. (1999): Empirisch begründete Typenbildung, Opladen 1999.

Knappe, H.-J. (1981): Informations- und Kaufverhalten unter Zeitdruck, Diss., Frankfurt, Bern 1981.

Knoblich, H. (1969): Zwischenbetriebliche Kooperation, in: ZfB, 30. Jg. (1969), S. 497 – 514.

Knoblich, H. (1972): Die typologische Methode in der Betriebswirtschaftslehre, in: WiSt, 2. Jg. (1972), H. 4, S. 141 – 147.

Koeppler, K. (2000): Strategien erfolgreicher Kommunikation, München, Wien 2000.

Köhler, R.; Majer, W.; Wiezorek, H. (Hrsg.) (2001): Erfolgsfaktor Marke, München 2000.

Kolb, H. L. (1988): Marketing für Zulieferunternehmen, Diss., Frankfurt u.a. 1988.

Kornhauser, A.; Lazarsfeld, P. F. (1955): The Analysis of Consumer Actions, in: The Language of Social Research, Hrsg.: Lazarsfeld, P. F.; Rosenberg, M., New York, London 1955, S. 392 – 404.

Kotler, P. (2003): Marketing Management, 11. Aufl., Upper Saddle River 2003.

Kreuz, P.; Förster, A. (2002): Wie Marketing die Zukunft gestaltet, in: asw, 45. Jg. (2002), H. 7, S. 24 – 29.

Kroeber-Riel, W.; Esch, F.-R. (2000): Strategie und Technik der Werbung, 5. Aufl., Stuttgart u.a. 2000.

Kroeber-Riel, W.; Weinberg, P. (1999): Konsumentenverhalten, 7. Aufl., München 1999.

Kromphardt, J.; Clever, P.; Klippert, H. (1979): Methoden der Wirtschafts- und Sozialwissenschaften, Wiesbaden 1979.

Krosnick, J. A. (1988): Attitude Importance and Attitude Change, in: Journal of Experimental Social Psychology, 24. Jg. (1988), H. 3, S. 240 – 255.

Krosnick, J. A.; Boninger, D. S.; Chuang, Y. C.; Bernet, M. K.; Carnot, C. G. (1993): Attitude Strength, in: JoPSP, 65. Jg. (1993), H. 6, S. 1132 – 1151.

Krosnick, J. A.; Petty, R. E. (1995): Attitude Strength, in: Attitude Strength, Hrsg.: Petty, R. E.; Krosnick, J. A., Mahwah 1995, S. 1 - 24.

Krugman, H. (1965): The Impact of Televison Advertising, in: POQ, 29. Jg. (1965), H. 3, 349 – 356.

Kube, C. (1991): Erfolgsfaktoren in Filialsystemen, Diss., Wiesbaden 1991.

Kunkel, R. (1977): Vertikales Marketing im Herstellerbereich, Diss., München 1977.

Kuß, A. (1987): Information und Kaufentscheidung, Berlin, New York 1987.

L

Laaksonen, P. (1994): Consumer Involvement-Concepts and Research, London, New York 1994.

Laforet, S.; Saunders, J. (1994): Managing Brand Portfolios, in: JoAR, 34. Jg. (1994), H. 5, S. 64 – 76.

Lamnek, S. (1995a): Qualitative Sozialforschung, Bd. 1, Weinheim 1995.

Lamnek, S. (1995b): Qualitative Sozialforschung, Bd. 2, 2. Aufl., Weinheim 1995.

Lane, V. R. (2000): The Impact of Ad Repetition and Ad Content on Consumer Perceptions of Incongruent Extensions, in: JoM, 64. Jg. (2000), H. 2, S. 80 – 91.

Lane, V. R.; Jacobson, R. (1997): The Reciprocal Impact of Brand Leveraging, in: ML, 8. Jg. (1997), H. 3, S. 261 – 271.

Lange, B. (1982): Bestimmung strategischer Erfolgsfaktoren und Grenzen ihrer empirischen Fundierung, in: DU, 36. Jg. (1982), H. 1, S. 27 – 41.

Lanninger, T. (2001): Methodentests als Basisvoraussetzung für Online-Forschung, in: p&a, o.Jg. (2001), H. 6, S. 50 – 54.

Laroche, M.; Kim, C.; Zhou, L. (1996): Brand Familiarity and Confidence as Determinants of Purchase Intention, in: JBR, 37. Jg. (1996), H. 2, S. 115 – 120.

Lastovicka, J. L.; Gardner, D. M. (1978): Low involvement versus high involvment cognitive structures, in: AiCR, 5. Jg. (1977), o.H., S. 87 – 92.

Lastovicka, J. L.; Gardner, D.M (1979): Components of Involvement, in: Attitude Research Plays for High Stake, Hrsg.: Maloney, J. C.; Silverman, B., Chicago 1979, S. 53 – 73.

Laurent, G.; Kapferer, J.-N. (1985): Measuring Consumer Involvement Profiles, in: JoMR, 22. Jg. (1985), H. Feb, S. 41 – 53.

Lautmann, R. (1979): Wert und Norm, 2. Aufl., Opladen 1979.

Leavitt, C.; Greenwald, A. G.; Obermiller, C. (1981): What is low Involvement low in?, in: AiCR, 8. Jg. (1981), o.H., S. 15 - 19.

Lebrenz, S. (1996): Länderimages, Diss., Lohmar, Köln 1996.

Lechler, P. (1982): Kommunikative Validierung, in: Verbale Daten, Hrsg.: Huber, G.; Mandl, H., Weinheim, Basel 1982, S. 243 – 258.

Leclerc, F.; Schmitt, B. H.; Dubé, L. (1994): Foreign Branding and Its Effects on Product Perceptions and Attitudes, in: JoMR, 31. Jg. (1994), H. 2, S. 263 – 270.

Lee, J. S. (1995): Role of Attitude Toward Brand Advertising on Consumer Perception of Brand Extension, in: AiCR, 22. Jg. (1995), o.H., S. 116 – 122.

Lee, M.; Ulgado, F. M. (1994): Alternative Models of Cognitive Processes Underlying Consumer Reactions to Conjunction Categories, in: AiCR, 21. Jg. (1994), o.H., S. 483 – 488.

Lefkoff-Hagius, R.; Mason, C. H. (1993): Characteristics, Beneficial, and Image Attributes in Consumer Judgements of Similarity and Preference, in: JoCR, 20. Jg. (1993), H. 1, S. 100 – 110.

Lehmann, H. (1976): Typologie und Morphologie in der Betriebswirtschaftslehre, in: HWB, Hrsg.: Grochla, E.; Wittmann, W., Bd. 3, Stuttgart 1976, Sp. 3941 – 3952.

Leidecker, J. K.; Bruno, A. V. (1984): Identifying and Using Critical Sucess Factors, in: Long Range Planning, 17. Jg. (1984), H. 1, S. 23 –32.

Lenzen, W. (1984): Die Beurteilung von Preisen durch Konsumenten, Diss., Frankfurt u.a. 1984.

Leong, S. M.; Ang, S. H.; Liau, J. (1997): Dominance and dilution, in: JoCM, 14. Jg. (1997), H. 5, S. 380 – 390.

Leplin, J. (Hrsg.) (1984): Scientific Realism, Berkeley u.a. 1984.

Levin, A., Davis, J., Levin, I. (1996): Theoretical and Empirical Linkages Between Consumers' Responses to Different Branding Strategies, in: AiCR, 23. Jg. (1996), o. H., S. 296 - 300.

Levin, I. P.; Gaeth, G. J. (1988): How Consumers Are Affected by the Framing of Attribute Information Before and After Consuming the Product, in: JoCR, 15. Jg. (1988), H. 3, S. 374 – 378.

Levin, I.; Levin, A. M. (2000): Modeling the Role of Brand Alliances in the Assimilation of Product Evaluations, in: JoCP, 9. Jg. (2000), H. 1, S. 43 - 52.

Li, W.-K.; Leung, K.; Wyer, R. S. (1993): The Roles of Country of Origin Information on Buyers' Product Evaluations, in: AiCR, 20. Jg. (1993), o.H., S. 684 – 689.

Li, W.-K.; Monroe, K. B.; Chan, D. K. (1994): The Effects of Country of Origin, Brand, and Price Information, in: AiCR, 21. Jg. (1994), o.H., S. 449 – 457.

Li, W.-K.; Wyer, R. S. (1994): The Role of Country of Origin in Product Evaluations, in: JoCP, 3. Jg. (1994), H. 2, S. 187 – 212.

Light, R. J.; Smith, P. V. (1971): Accumulating Evidence, in: Harvard Educational Review, 41. Jg. (1971), H. 4, S. 429 – 471.

Lillis, C. M.; Narayana, C. L. (1974): Analysis of "Made in" Product Images, in: Journal of International Business Studies, 5. Jg. (1974), H. 1, S. 119 – 127.

Lin, C. A. (1993): Cultural Differences in Message Strategies, JoAR, 33. Jg. (1993), H. 4, S. 40 – 48.

Lindsay, R. M.; Ehrenberg, A. S. C.: The Design of Replicated Studies, in: The American Statistician, 47. Jg. (1993), H. 3, S. 217 - 228.

Linert, G. A.; Raatz, U. (1998): Testaufbau und Testanalyse, 6. Aufl., Weinheim 1998.

Linn, N. (1989): Die Implementierung vertikaler Kooperationen, Diss., Frankfurt u.a. 1989.

Linné, H. (1993): Wahl geeigneter Kooperationspartner, Diss., Frankfurt u.a. 1993.

Linxweiler, R. (1999): Marken-Design, Wiesbaden 1999.

Loken, B.; John, D. R. (1993): Diluting Brand Beliefs, in: JoM, 57. Jg. (1993), H. 3, S. 71 – 84.

Loken, B.; Ward, J. (1987): Measures of the Attribute Structure Underlying Product Typicality, AiCR, 14. Jg. (1987), o.H., S. 22 – 26.

Loken, B.; Ward, J. (1990): Alternative Approaches to Understanding the Determinants of Typicality, in: JoCR, 17. Jg. (1990), H. 2, S. 111 – 126.

Lutz, R. J.; MacKenzie, S. B.; Belch, G. E. (1983): Attitude Toward the Ad as a Mediator of Advertising Effectiveness, in: AiCR, 10. Jg. (1983), o.H., 532 – 539.

Lynch, J. G. (1999): Theory and External Validity, in: Journal of the Academy of Marketing Science, 27. Jg. (1999), H. 3, S. 367 – 376.

Lynch, J. G.; Marmorstein, H.; Weigold, M. F. (1988): Choices from Sets Including Remembered Brands, in: JoCR, 15. Jg. (1988), H. 2, S. 169 – 184.

Lynch, J.; Schuler, D. (1994): The Matchup Effect of Spokesperson and Product Congruency, in: P&M, 11. Jg. (1994), H. 5, S. 417 – 445.

M

MacKenzie, S. B.; Lutz, R. J.; Belch, G. E. (1986): The Role of Attitude Toward the Ad as a Mediator of Advertising Effectiviness, in: JoMR, 23. Jg. (1986), H. 2, S. 130 – 143.

Madden, C. S.; Franz, L. S., Mittelstaedt, R.: The Replicability of Research in Marketing, in: Conceptual and Theoretical Developments in Marketing, Hrsg.: Ferrell, O. C., u.a., Chicago 1979, S. 76 - 85.

Madji, F. (1998): Markenkooperation: Eröffnung neuer Markenpotentiale durch strategische Kooperation, Diplomarbeit der Universität Regensburg 1998.

Maheswaran, D. (1994): Country of Origin as a Stereotype, in: JoCR, 21. Jg. (1994), H. 2, S. 354 – 365.

Maheswaran, D.; Mackie, D. M.; Chaiken, S. (1992): Brand Name as a Heuristic Cue, in: JoCP, 1. Jg. (1992), H. 4, S. 317 – 336.

Mandl, H.; Friedrich, H. F.; Hron, A. (1988): Theoretische Ansätze zum Wissenserwerb, in: Wissenspsychologie, Hrsg.: Mandl, H.; Spada, H., München 1988, S. 123 -160.

Mandler, G. (1982): The Structure of Value: Accounting for Taste, in: Affect and Cognition, Hrsg.: Clark, M. S.; Fiske, S. T., Hillsdale 1982, S. 3 – 36.

Mano, H.; Davis, S. M. (1990): The Effects of Familiarity on Cognitive Maps, in: AiCR, 17. Jg. (1990), o.H., S. 275 – 282.

Maoz, E. (1995): Similarity and The Moderating Role of Involvement in the Evaluation of Brand Extensions, Diss., Evanston 1995.

Marshall, C.; Rossman, G. B. (1995): Designing Qualitative Research, 2. Aufl., Thousand Oaks 1995.

Martin, I. M.; Stewart, D. W. (2001): The Differential Impact of Goal Congruency on Attitudes, Intentions, and the Transfer of Brand Equity, in: JoMR, 38. Jg. (2001), H. 4, S. 471 – 484.

Martin, L. L.; Seta, J. J.; Crelia, R. A. (1990): Assimilation and Contrast as Function of People's Willingness and Ability to Expend Effort in Forming an Impression, in: JoPSP, 59. Jg. (1990), H. 1, S. 27 – 37.

Martino, J. P. (1972): Technological Forecasting for Decisionmaking, New York 1972.

Mäßen, A. (1998): Werbemittelgestaltung im vorökonomischen Werbewirkungsprozess, Diss., Wiesbaden 1998.

Masterman, M. (1974): Die Natur eines Paradigmas, in: Kritik und Erkenntnisfortschritt, Hrsg.: Lakatos, I.; Musgrave, A., Braunschweig 1974, S. 59 – 88.

Matiaske, W.; Dobrov, I.; Bronner, R. (1994): Verwendung der Korrespondenzanalyse in der Imageforschung, in: Marketing ZFP, 16. Jg. (1994), H. 1, S. 42 – 54.

Mayer, A.; Mayer, R. U. (1987): Imagetransfer, Hamburg 1987.

Mayerhofer, W. (1995): Imagetransfer, Habil., Wien 1995.

Mayhew, G. E.; Winer, R. (1992): An Empirical Analysis of Internal and External Reference Prices Using Scanner Data, in: JoCR, 19. Jg. (1992), H. 1, S. 62 – 70.

Mayring, P. (2000): Qualitative Inhaltsanalyse, 7. Aufl., Weinheim 2000.

Mazanec, J. A.; Schweiger, G. (1981): Improved marketing efficiency through multi-product brand names?, in: European Research, 9. Jg. (1981), H. 1, S. 32 – 44.

Mazumdar, T.; Jun, S. Y. (1993): Consumer Evaluations of Multiple versus Single Price Change, in JoCR, 20. Jg. (1993), H. 3, S. 441 – 450.

McAlexander, J. H.; Schouten, J. W.; Koenig, H. F. (2002): Building Brand Community, in: JoM, 66. Jg. (2002), H. 1, S. 38 – 54.

McCarthy, M. S.; Norris, D. G. (1999): Improving competitve position using branded ingredients, JoPBM, 8. Jg. (1999), H. 4, S. 267 – 285.

McCracken, G. (1989): Who Is the Celebrity Endorser?, in: JoCR, 16. Jg. (1989), H. 3, S. 310 – 321.

Medin, D. L. (1989): Concepts and Conceptual Structure, in: American Psychologist, 44. Jg. (1989), H. 6., S. 1469 – 1481.

Meffert, H. (1986a): Marketing, 7. Aufl., Wiesbaden 1986.

Meffert, H. (1986b): Marktforschung, Wiesbaden 1986.

Meffert, H. (1987): Erfolgsfaktoren im Einzelhandelsmarketing, in: Marketing-Erfolgsfaktoren im Handel, Hrsg.: Bruhn, M., Frankfurt 1987, S. 13 – 45.

Meffert, H. (1989): Strategische Unternehmensführung und Marketing, Wiesbaden 1989.

Meffert, H. (1998): Marketing, 8. Aufl., Wiesbaden 1998.

Meffert, H. (2000): Marketing, 9. Aufl., Wiesbaden 2000.

Meffert, H. (2002): Zukunftsaspekte der Markenführung, in: Markenmanagement, Hrsg.: Meffert, H.; Burmann, C.; Koers, M., Wiesbaden 2002, S. 671 – 673.

Meffert, H., Perrey, J. (1988): Mehrmarkenstrategien – Ein Beitrag zum Management von Markenportfolios, Arbeitspapier der Wissenschaftlichen Gesellschaft für Marketing und Unternehmensführung e. V., Nr. 121, Münster 1998.

Meffert, H.; Bierwirth, A. (2001): Stellenwert und Funktionen der Unternehmensmarke, in: THEXIS, 18. Jg. (2001), H. 4, S.5 – 11.

Meffert, H.; Burmann, C. (1996): Identitätsorientierte Markenführung, Arbeitspapier der Wissenschaftlichen Gesellschaft für Marketing und Unternehmensführung e.V., Nr. 100, Münster 1996.

Meffert, H.; Burmann, C.; Koers, M. (Hrsg.) (2002): Markenmanagement, Wiesbaden 2002.

Meffert, H.; Heinemann, G. (1990): Operationalisierung des Imagetransfers, in: Marketing ZFP, 12. Jg. (1990), H. 1, S. 5 – 10.

Mellerowicz, K. (1963): Markenartikel, 2. Aufl., München, Berlin 1963.

Melzer-Lena, B.; Barlovic, I. (1997): Zielgruppe Jugend, in: bank und markt, o.Jg. (1997), H. 2, S. 24 – 27.

Merton, R. K.; Fiske, M.; Kendall, P. L. (1990): The Focused Interview, 2. Aufl., New York u.a. 1990.

Merton, R. K.; Kendall, P. L. (1979): Das fokussierte Interview, in: Qualitative Sozialforschung, Hrsg.: Hopf, C.; Weingarten, E., Stuttgart 1979, S. 171 – 204.

Mervis, C. B.; Rosch, E. (1981): Categorization of Natural Objects, in: Annual Review of Psychology, 32. Jg. (1981), o. H., S. 89 – 115.

Meyer, M.; Diehl, H.-J.; Wendenburg, D. (2000): Korrespondenzanalyse, in: Marktforschung, Hrsg.: Herrmann, A.; Homburg, C., 2. Aufl., Wiesbaden 2002, S. 513 – 548.

Meyers-Levy, J.; Louie, T. A.; Curren, M. T. (1994): How Does the Congruity of Brand Names Affect Evaluations of Brand Name Extensions?, in: Journal of Applied Psychology, 79. Jg. (1994), H. 1, S. 46 – 53.

Meyers-Levy, J.; Malaviya, P. (1999): Consumers' Processing of Persuasive Advertisements: An Integrative Framework of Persuasion Theories, in: JoM, 63. Jg. (1999), Special Issue, S 45 – 60.

Meyers-Levy, J.; Sternthal, B. (1993): A Two-Factor Explanation of Assimilation and Contrast Effects, in: JoMR, 30. Jg. (1993), H. 3, S. 359 - 368.

Meyers-Levy, J.; Tybout, A. M. (1989): Schema Congruity as a Basis for Product Evaluation, in: JoCR, 16. Jg. (1989), H. 1, S. 39 - 54.

Milberg, S. J.; Park, C. W.; McCarthy, M. S. (1997): Managing Negative Feedback Effects Associated With Brand Extensions, in: JoCP, 6. Jg. (1997), H. 2, S. 119 – 140.

Miles, M.; Huberman, A. M. (1984): Qualitative data analysis, Beverly Hills 1984.

Miniard, P. W.; Bhatla, S.; Rose, R. L. (1990): On the Formation and Relationship of Ad and Brand Attitudes, in: JoMR, 27. Jg. (1990), H. 3, S. 290 – 303.

Mintzberg, H. (1979): An Emerging Strategy of „Direct" Research, in: ASQ, 24. Jg. (1979), H. 4, S. 582 – 589.

Misra, S.; Beatty, S. E. (1990): Celebrity Spokesperson and Brand Congruence, in: JBR, 21. Jg. (1990), , H. 1, S. 159 – 173.

Mitchell, A. A. (1979): Involvement, in: AiCR, 6. Jg. (1979), o.H., S. 191 – 196.

Mitchell, A. A.; Olson, J. C. (1981): Are Product Attribute Beliefs Only Mediator of Advertising Effects on Brand Attitude?, in: JoMR, 18. Jg. (1981), H. 3, S. 318 – 332.

Mittal, B. L. (1989): A theoretical analysis of two recent measures of involvement, in: AiCR, 15. Jg. (1989), o.H., S. 697 – 702.

Mittal, V.; Tsiros, M. (1995): Does Country of Origin Transfer Between Brands?, in: AiCR, 22. Jg. (1995), o.H., S. 292 – 296.

Molinari, G. F. (1971): Das Tiefeninterview in der Absatzforschung, Winterthur 1971.

Monroe, K. B. (1973): Buyers' Subjective Perceptions of Price, in: JoMR, 10. Jg. (1973), H. 1, S. 70 - 80.

Moorman, C.; Zaltman, G.; Deshpande, R. (1992): Relationships Between Porviders and Users of Market Research, in: JoMR, 29. Jg. (1992), H. 3, S. 314 – 328.

Morgan, G. (1980): Paradigms, Metaphors, and Puzzle Solving in Organization Theory, in: ASQ, 25. Jg. (1980), H. 4, S. 605 – 622.

Morgan, R.; Hunt, S. (1994): The Commitment-Trust Theory of Relationship Marketing, in: JoM, 58. Jg. (1994), H. 2, S. 20 – 38.

Morrin, M. (1999): The Impact of Brand Extensions on Parent Brand Memory Structures and Retrieval Processes, in: JoMR, 36. Jg. (1999), H. 4, S. 517 - 525.

Moschis, G. P. (1981): Patterns of Consumer Learning, in: Journal of the Academy of Marketing Science, 9. Jg. (1981), H. 2, S. 110 – 126.

Mowen, J. C.; Brown, S. W. (1981): On Explaining and Predicting the Effectiveness of Celebrity Endorsers, in: AiCR, 8. Jg. (1981), S. 437 – 441.

Mowen, J. C.; Brown, S. W.; Schulman, M. (1979): Theoretical and Empirical Extensions of Endorser Effectiveness, in: Proceedings of the 1979 Summer Educator's Conference, Chicago 1979, S. 258 – 262.

Muehling, D. D.; Laczniak, R. N.; Andrews, J. C. (1993): Defining, Operationalizing, and Using Involvement in Advertising Research, in: Journal of Current Issues and Research in Advertising, 15. Jg. (1993), H. 1, S. 21 – 57.

Mühlbacher, H. (1988): Ein situatives Modell der Motivation zur Informationsaufnahme und -verarbeitung bei Werbekontakten, in: Marketing ZfP, 10. Jg. (1988), H. 2, S. 85 – 94.

Müller, G. (1971): Das Image des Markenartikels, Diss., Opladen 1971.

Müller, S. (2000): Grundlagen der Qualitativen Marktforschung, in: Marktforschung, Hrsg.: Herrmann, A.; Homburg, C., 2. Aufl., Wiesbaden 2000, S. 127 – 157.

Müller, S.; Kesselmann, P. (1996): Buy Regional, in: DBW, 56. Jg. (1996), H. 3, S. 363 – 377.

Muncy, J. A. (1996): Measuring Perceived Brand Parity, in: AiCR, 23. Jg. (1996), o.H., S. 411 – 417.

Munzinger, U.; Schmidt, A. (1996): Planung der Kommunikation, in: Kommunikationspraxis, Hrsg.: Weidner, L., Landsberg 1996, S. 1 – 30.

Murphy, G. L. (1988): Comprehending Complex Concepts, in: Cognitive Science, 12. Jg. (1988), H. 4, S. 529 – 562.

Murphy, G. L. (1993): Theories and Concept Formation, in: Categories and Concepts, Hrsg.: Mechelen, I.v., u.a., London u.a. 1993, S. 173 - 200.

Murphy, G. L.; Medin, D. L. (1985): The Role of Theories in Conceptual Coherence, in: Psychological Review, 92. Jg. (1985), H. 3, S. 289 – 316.

Murray, J. B.; Evers, D. J. (1989): Theory Borrowing and Reflectivity in Interdisciplinary Fields, in: AiCR, 16. Jg. (1989), o.H., S. 647 – 652.

Murray, J. B.; Evers, D. J.; Janda, S. (1995): Marketing, Theory Borrowing, and Critical Reflection, in: Journal of Macromarketing, 15. Jg. (1995), H. 2, S. 92 – 106.

Muthuskrishnan, A. V.; Weitz, B. A. (1991): Role of Product Knowledge in Evaluation of Brand Extension, in: AiCR, 18. Jg. (1991), o.H., S. 407 – 413.

N

Nakamoto, K.; MacInnis, D. J.; Jung, H. (1993): Advertising Claims and Evidence as Bases for Brand Equity and Consumer Evaluations of Brand Extensions, in: Brand Equity & Advertising, Hrsg.: Aaker, D. A.; Biel, A. L., Hillsdale 1993, S. 281 – 297.

Nedungadi, P. (1990): Recall and Consumer Consideration Sets: Influencing Choice without Altering Brand Evaluations, in: JoCR, 17. Jg. (1990), H. 3, S. 263 – 276.

Nedungandi, P.; Hutchinson, J. W. (1985): The Prototypicality of Brands, in: AiCR, 12. Jg. (1985), S. 498 – 503.

Neibecker, B. (1985): Konsumentenemotionen, , Würzburg, Wien 1985.

Nelson, D. L.; Bennett, D. J.; Gee, N. R.; Schreiber, T. A.; McKinney, V. M. (1993): Implicit Memory, in: Journal of Experimental Psychology, 19. Jg. (1993), H. 4, S. 747 – 764.

Nelson, P. (1974): Advertising as Information, in: Journal of Political Economy, 82. Jg. (1974), H. 4, S. 729 – 754.

Neuliep, J. W.; Crandall, R. (1990): Editorial Bias Against Replication Research, in: JoPSP, 5. Jg. (1990), H. 4, S. 85 – 90.

Newcomb, T. M. (1953): An approach to the study of communicative acts, in: Psychological Review, 60. Jg. (1953), H. 6, S. 393 – 404.

Nickel, O. (1997): Werbemonitoring, Diss., Wiesbaden 1997.

Niebrügge, S.; Hagemann, K.; Nelke, K. (2002): Messung der Markenbekanntheit, in: planung & analyse, o.Jg. (2002), H. 2, S. 30 – 33.

Nijssen, E.; Uijl, R.; Bucklin, P. (1995): The Effect of Involvement on Brand Extensions, in: Proceedings of the 24th Annual EMAC Conference, Paris 1995, S. 867 – 870.

Noelle-Neumann, E.; Petersen, T. (1998): Alle, nicht jeder, 2. Aufl., München 1998.

Norris, D. G. (1992): Ingredient Branding, in: JoCM, 9. Jg. (1992), H. 3, S. 19 – 31.

O

o.V. (1991): Was Werbung sagt und was nicht, in: asw, 34. Jg. (1991), H. 7, S. 42 – 45.

o.V. (1995): Free Willy 2 startet mit breiter Cross Promotion, in: Horizont, o.Jg. (1995), H. 40, S. 22.

o.V. (1997a): Eine Jacke von Mars, in: w & v, 42. Jg. (1997), H. 1-2, S. 26.

o.V. (1997b): Kooperative Wege zum Kunden, in: Horizont, o.Jg. (1997), H. 3, S. 17.

o.V. (1997c): Autan gibt es jetzt auch als Zelt, in: Horizont, o.Jg. (1997), H. 47, S. 28.

o.V. (1998): Branding Franchising, in: food service, o. Jg. (1998), H. 3, S. 77 – 100.

Oakenfull, G.; Blair, E.; Gelb, B.; Dancin, P. (2000): Measuring Brand Meaning, in: JoAR, 40. Jg. (2000), H. 5, S. 43 – 53.

Oden, G. C.; Anderson, N. H. (1971): Differential Weighting in Integration Theory, in: Journal of Experimental Psychology, 89. Jg. (1971), H. 1, S. 152 - 161.

Ohanian, R. (1990): Construction and Validation of a Scale to Measure Celebrity Endorsers' Perceived Expertise, Trustworthiness, and Attractiveness, in: JoA, 19. Jg. (1990), H. 3, S. 39 – 52.

Ohanian, R. (1991): The Impact of Celebrity Spokespersons' Perceived Image on Consumers' Intention to Purchase, in: JoAR, 31. Jg. (1991), H. 1, S. 46 – 54.

Ohlwein, M., Schiele, T. P. (1994): Co-Branding, in: WiSt, 23. Jg. (1994), H. 11, S. 577 - 578.

Olson, J. C.; Jacoby, J. (1972).: Cue Utilization in the Quality Perception Process, in: AiCR, 3. Jg. (1972), o.H., S. 167 – 179.

Opitz, O. (1980): Numerische Taxonomie, Stuttgart, New York 1980.

Orne, M. T. (1962): On the Social Psychology of the Psychological Experiment, in: American Psychologist, 17. Jg. (1962), H. 4, S. 776 – 783.

Osgood, C. E.; Tannenbaum, P. H. (1955): The Principle of Congruity in the Prediction of Attitude Change, in: Psychological Review, 62. Jg. (1955), H. 1, 42 – 55.

Osgood, C.; Suci, G. J.; Tannenbaum, P. H. (1957): The Measurement of Meaning, Chicago, London 1957.

Osherson, D. N.; Smith, E. E. (1981): On the adeqancy of prototype theory as a theory of concepts, in: Cognition, o.Jg. (1981), H. 9, S. 35 – 58.

Osherson, D. N.; Smith, E. E. (1982): Gradeness and conceptual combination, in: Cognition, o.Jg. (1982), H. 12, S. 299 – 318.

Osselaer, S. M. J. v.; Alba, J. W. (2000): Consumer Learning and Brand Equity, in: JoCR, 27. Jg. (2000), H. 1, S. 1 – 16.

Osselaer, S. M. J. v.; Janiszewski, C. (2001): Two ways of learning brand associations, Arbeitspapier der University of Chicago und University of Florida, Florida 2001.

Ozanne, J. L.; Brucks, M.; Grewal, D. (1992): A Study of Information Search Behavior during the Categorization of New Products, in: JoCR, 18. Jg. (1992), H. 4, S. 452 – 463.

P

Pabst, O. (1993): Vertikales Marketing in schnellebigen Märkten, Diss., St. Gallen 1993.

Palupski, R.; Bohmann, B. A. (1994): Co-Promotion, in: Marketing ZFP, 16. Jg. (1994), H. 4, S. 257 – 264.

Pampel, J. (1993): Kooperation mit Zulieferern, Diss., Wiesbaden 1993.

Panne, F. (1977): Das Risiko im Kaufentscheidungsprozeß des Konsumenten, Diss., Frankfurt u.a. 1977.

Park, B.; Hastie, R. (1987): Perception of Variability in Category Development, in: JoPSP, 53. Jg. (1987), H. 4, S. 621 - 635.

Park, C. W.; Jaworski, B. J.; MacInnis, D. J. (1986): Strategic Brand Concept-Image Management, in: JoM, 50. Jg. (1986), H. 4, S. 135 – 145.

Park, C. W.; Jun, S. Y.; Shocker, A. D. (1996): Composite Branding Alliances, in: JoMR, 33. Jg. (1996), H. 4, S. 453 – 466.

Park, C. W.; Jun. S. Y.; Shocker, A. D. (1999): Markenerweiterung durch Composite Branding, in: Moderne Markenführung, Hrsg.: Esch, F.-R., Wiesbaden 1999, S. 799 – 820.

Park, C. W.; Lawson, R.; Milberg, S. (1989): Memory Structure of Brand Names, in: AiCR, 16. Jg. (1989), o.H., S. 726 – 731.

Park, C. W.; McCarthy, M. S.; Milberg, S. J. (1993): The Effects of Direct and Associative Brand Extension Strategies on Consumer Response to Brand Extensions, in: AiCR, 20. Jg. (1993), o.H., S. 28 – 33.

Park, C. W.; Milberg, S.; Lawson, R. (1991): Evaluation of Brand Extensions, in: JoCR, 18. Jg. (1991), H. 2, S. 185 – 193.

Park, C. W.; Young, S. M. (1986): Consumer Response to Television Commercials, in: JoMR, 23. Jg. (1986), H. 1, S. 11 –24.

Park, J.; Kim, K. (2001): Role of Consumer Relationships with a Brand in Brand Extensions, in: AiCR, 28. Jg. (2001), S. 179 – 185.

Patt, P.-J. (1988): Strategische Erfolgsfaktoren im Einzelhandel, Diss., Frankfurt u.a. 1988.

Pausenberger, E. (1989): Zur Systematik von Unternehmenszusammenschlüssen, in: wisu, 18. Jg. (1989), H. 11, S. 621 – 626.

Pawlik, K. (1976): Ökologische Validität, in: Umweltpsychologie, Hrsg.: Kaminski, K., Stuttgart 1976, S. 59 – 72.

Pawlowski, T. (1980): Begriffsbildung und Definition, Berlin, New York 1980.

Pearson, C. M.; Mitroff, I. I. (1993): From crisis prone to crisis prepared, in: Academy of Management Executive, 7. Jg. (1993), H. 1, S. 48 – 59.

Perrey, J. (1998): Nutzenorientierte Marktsegmentierung, Diss., Wiesbaden 1998.

Peter, J. (1979): Reliability, in: JoMR, 16. Jg. (1979), H. 1, S. 6 – 17.

Peter, J. (1981): Construct Validity, in: JoMR, 18. Jg. (1981), H. 2, S. 133 – 145.

Peter, J. P.; Olson, J. C. (1987): Consumer Behavior, Homewood 1987.

Peters, T. J.; Waterman, R. H. (1984): Auf der Suche nach Spitzenleistungen, 10. Aufl., Landsberg 1984.

Peterson, R. A. (2001): On the Use of College Students in Social Science Research, in: JoCR, 28. Jg. (2001), H. 3, S. 450 - 461.

Peterson, R. A.: A Meta-analysis of Cronbach's Coefficient alpha, in: JoCR, 21. Jg. (1994), H. 2, S. 381 - 391.

Peterson, R. A.; Jolibert, A. J. P. (1995): A Meta-Analysis of Country-of-Origin Effects, in: Journal of International Business Studies, 25. Jg. (1995), H. 4, S. 883 - 900.

Peterson, R. A.; Kerin, R. A. (1977): The Female Role in Advertisements, in: JoM, 41. Jg. (1977), H. 4, S. 59 - 63.

Petri, C. (1992): Entstehung und Entwicklung kreativer Werbeideen, Diss., Heidelberg 1992.

Petroshius, S. M.; Crocker, K. E. (1989): An Empirical Analysis of Spokesperson Characteristics on Advertisement and Product Evaluations, in: Journal of the Academy of Marketing Science, 17. Jg. (1989), H. 3, S. 217 - 225.

Petty, R. E.; Cacioppo, J. T. (1981): Issue Involvement as a Moderator of the Effects on Attitude of Advertising Content and Context, in: AiCR, 8. Jg. (1981), o.H., S. 20 - 24.

Petty, R. E.; Cacioppo, J. T. (1984): The Effects of Involvement on Responses to Argument Quantity and Quality: Central and Peripheral Routes to Persuasion, in: JoPSP, 46. Jg. (1984), H. 1, S. 69 - 81.

Petty, R. E.; Cacioppo, J. T. (1986): Communication and Persuasion, New York 1986.

Petty, R. E.; Cacioppo, J. T.; Schumann, D. (1983): Central and Peripheral Routes to Advertising Effectiveness, in: JoCR, 10. Jg. (1983), H. X, S. 135 - 146.

Pfleiderer, R. (2001): Zufallsauswahl im Internet, in: Online-Marktforschung, Hrsg.: Theobald, A.; Dreyer, M.; Starsetzki, T., Wiesbaden 2001, S. 55 - 65.

Pivrosky, W.; Komarek, F. (2001): Online-Research, in: p&a, o.Jg. (2001), H. 1, S. 28 - 32.

Plewe, H. (2002): Wer kreiert die neuen Powerbrands?, in: Marken - Sonderausgabe der Absatzwirtschaft, o.Jg. (2002), S. 16 - 21.

Plötner, O. (1995): Das Vertrauen des Kunden, Diss., Wiesbaden 1995.

Plummer, J. T. (1984): How Personalities Makes a Difference, in: JoAR, 24. Jg. (1984), H. 6, S. 27 - 31.

Poiesz, B. C.; Cess, J. P. M. (1995): Do we need Involvement to Understand Consumer Behavior?, in: AiCR, 22. Jg. (1995), o.H., S. 448 - 452.

Popper, K. R. (1966): Logik der Forschung, 2. Aufl., Tübingen 1966.

Pötschke, M.; Simonson, J. (2001): Online-Erhebungen in der empirischen Sozialforschung, in: ZA-Information, o.Jg. (2001), H. 49, S. 6 - 28.

Priemer, V. M. (1997): Bundling im Marketing, Diss., Wien 1997.

Priemer, V. M. (2000): Bundling im Marketing, Wiesbaden 2000.

Prim, R.; Tilmann, H. (1989): Grundlagen einer kritisch-rationalen Sozialwissenschaft, 6. Aufl., Heidelberg, Wiesbaden 1989.

Pryor, K.; Brodie, R. J. (1998): How advertising slogans con prime evaluations of brand extensions, in: JoPBM, 7. Jg. (1998), H. 6, S. 497 – 508.

Purtschert, R. (1988): Möglichkeiten und Grenzen der Gemeinschaftswerbung, in: ZfB, 58. Jg. (1988), H. 4, S. 521 – 534.

R

Raden, D. (1985): Strength-Related Attitude Dimensions, in: Social Psychology Quarterly, 48. Jg. (1985), H. 4, S. 312 – 330.

Raffée, H. (1995): Marketingwissenschaft, in: HWM, Hrsg.: Tietz, B. u.a., 2. Aufl., Stuttgart 1995, sp. 1668 – 1682.

Raffee, H.; Hefner, M.; Schöler, M.; Grabicke, K.; Jacoby, J. (1976): Informationsverhalten und Markenwahl, in: DU, 30. Jg. (1976), H. 2, S. 95 – 107.

RAL (Hrsg.) (1994): Grundsätze für Gütezeichen, 12. Aufl., St. Augustin 1988.

Raney, J. F.: A Plea and a Plan for Replication, in: American Psychologist, 35. Jg. (1970), H. 12, S. 1176 – 1177.

Rangaswamy, A.; Burke, R. R.; Oliva, T. A. (1993): Brand equity and the extendibility of brand names, in: IJoRM, 10. Jg. (1993), H. 1, S. 61 – 75.

Rao, A. R. (1997): Strategic brand alliances, in: JoBM, 5. Jg. (1997), H. 2, S. 111 - 119

Rao, A. R., Rueckert, R. W. (1994): Brand Alliances as Signals of Product Quality, in: Sloan Management Review, 36. Jg.(1994), H. 3, S. 87 – 97.

Rao, A. R.; Monroe, K. B. (1989): The Effect of Price, Brand Name, and Store Name on Buyers' Perceptions of Product Quality, in: JoMR, 26. Jg. (1989), H. 3, S. 351 – 357.

Rao, A. R.; Qu, L.; Rueckert, R. W. (1999): Signaling Unobservable Product Quality Through a Brand Ally, in: JoMR, 36. Jg. (1999), H. 2, S. 258 - 268.

Rao, V. R.; Mahajan, V.; Varaiya, N. P. (1991).: A Balance Model for Evaluating Firms for Acquisition, in: Management Science, 37. Jg. (1991), H. 3, 331 – 349.

Ray, M. K. (1973): Marketing communication and the hierarchy-of-effects, in: New Models for Mass Communication Research, Hrsg.: Clarke, P., Beverly Hills 1973, S. 147 – 176.

Ray, M. K. (1979): Involvement and other variables mediating communication effects as opposed to explaining all consumer behavior', in: AiCR, 6. Jg. (1979), o.H., S. 197 – 199.

Reddy, S. K.; Holak, S. L.; Bhat, S. (1994): To Extend or Not to Extend, in: JoMR, 31. Jg. (1994), H. 2, S. 243 – 262.

Reid, L. N.; Soley, L. C.; Wimmer, R. D.: Replication in Advertising Research, in: JoA, 10. Jg. (1981), H. 1, S. 3 – 13.

Reid, L.N.; Rotfeld, H.J.; Wimmer, R.D.: How Researchers Respond to Replication Requests, in: JoCR, 9. Jg. (1982), H. 2, S. 216 - 218.

Reischauer, C. (1996): Markenkooperationen: Diamanten und Düfte, in: Wirtschaftswoche, o.Jg. (1996), H. 8, S. 71 - 73.

Reiter, G. (1991): Strategien des Imagetransfers, in: JdAV, 37. Jg. (1991), H. 3, S. 210 – 222.

Resnik, A.; Stern, B. L. (1977): An Analysis of Information Content in Television Advertising, in: JoM, 41. Jg. (1977), H. 1, S. 50 – 53.

Reynolds; J. T.; Gutman, J. (1984): Advertising is Image Management, in: JoAR, 24. Jg. (1984), H. 1, S. 27 – 38.

Rhine, R. J.; Severance, L. J. (1970): Ego-Involvement, Discrepancy, Source Credibility, and Attitude Change, in: JoPSP, 16. Jg. (1970), H. 2, S. 175 - 190.

Richins, M. L.; Bloch, P. H. (1986): After the New Wears Off, in JoCR, 13. Jg. (1986), H. 2, S. 280 – 285.

Richter, R.; Furubotn, E. (1996): Neue Institutionenökonomik, Tübingen 1996.

Rietz, I.; Wahl, S. (1999): Vergleich von Selbst- und Fremdbild von PsychologInnen im Internet und auf dem Papier, in: Online Research, Hrsg.: Batinic, B.; Werner, A.; Gräf, L.; Bandilla, W., Göttingen u.a. 1999, S. 77 – 92.

Roman, H. S. (1969): Semantic Generalization in Formation of Consumer Attitudes, in: JoMR, 6. Jg. (1969), H. 3, S. 369 – 373.

Romeo, J. B. (1991): The Effect of Negative Information on the Evaluations of Brand Extensions and the Family Brand, in: AiCR, 18. Jg. (1991), o.H., S. 399 – 406.

Rosch, E.; Mervis, C. B. (1975): Family resemblances, in: Cognitive Psychology, 7. Jg. (1975), H. 3, S. 573 – 605.

Rosch, E.; Mervis, C. B.; Gray, W. D.; Johnson, D. M.; Boyes-Bream, P. (1976): Basic objects in natural categories, in: Cognitive Psychology, 8. Jg. (1976), H. 2, S. 382 – 439.

Rosenthal, R. (1969): Interpersonal Expectations, in: Artifact in Behavioral Research, Hrsg.: Rosenthal, R.; Rosnow, R. L., New York, London 1969, S. 181 – 277.

Rosenthal, R.; Rubin, D. B. (1980): Comparing Within- and Between-Subject Studies, in: Sociological Methods & Research, 9. Jg. (1980), H. 1, S. 127 – 136.

Rossiter, J. R.; Percy, L (1997): Advertising Communication & Promotion Management, Boston u.a. 1997.

Rotering, C. (1993): Zwischenbetriebliche Kooperation als alternative Organisationsform, Stuttgart 1993.

Rothman, J. (1964): Formulation of an Index of Propensity To Buy, in: JoMR, 1. Jg. (1964) H. 1, S. 21 – 25.

Rothschild, M. L. (1984): Perspectives on Involvement, in: AiCR, 11. Jg. (1984), o.H., S. 216 – 217.

Rowney, J. A.; Zensiek, T. J. (1980): Manuscript Characteristics Influencing Reviewers' Decisions, in: Canadian Psychology, 21. Jg. (1980), H. 1, S. 17 - 21.

Rudolph, B. (1998): Kundenzufriedenheit im Industriegüterbereich, Diss., Wiesbaden 1998.

Rueckert, R. W.; Rao, A,. R.; Benavent, C. (1994): Alliances de Marques, in: Décisons Marketing, o. Jg. (1994), H. 1, S. 35 – 45.

Ruge, H.-D. (1988): Die Messung bildhafter Konsumerlebnisse, Diss., Heidelberg 1988.

Rummelhart, D. E.; Norman, D. A. (1978): Accretion, Tuning, and Restructuring: Three Modes of Learning, in: Semantic Factors in Cognition, Hrsg.: Klatzky, R. L.; Cotton, J. W., Hilsdale 1978, S. 37 - 53.

Ruttenberg, A., Kavitzky, A., Oren, H. (1995): Compositioning, in: JoBM, 3. Jg. (1993), H. 3, S. 169 - 176.

S

Salcher, E. F. (1995): Psychologische Marktforschung, 2. Aufl., Berlin, New York 1995.

Samu, S.; Krishnan, H. S.; Smith, R. E. (1999): Using Advertising Alliances for New Product Introduction, in: JoM, 63. Jg. (1999), H. 1, S. 57 – 74.

Sander, M. (1994): Die Bestimmung und Steuerung des Wertes von Marken, Diss., Heidelberg 1994.

Sattler, H. (1991): Herkunfts- und Gütezeichen im Kaufentscheidungsprozeß, Diss., Stuttgart 1991.

Sattler, H. (1997): Monetäre Bewertung von Markenstrategien für neue Produkte, Habil., Stuttgart 1997.

Sattler, H. (2001): Markenpolitik, Stuttgart u.a. 2001.

Saunders, J.; Guoqun, F. (1997): Dual Branding, in: JoPBM, 6. Jg. (1997), H. 1, S. 40 – 48.

Sawyer, A. G. (1975): Demand Artifacts in Laboratory Experiments in Consumer Research, in: JoCR, 1. Jg. (1975), H. 4, S. 20 – 30.

Sayre, S. (2001): Qualitative Methods for Marketplace Research, Thousand Oaks u.a. 2001.

Schank, R. C.; Abelson, R. (1977): Scripts, plans, goals, and understanding, Hillsdale 1977.

Schanz, G. (1988): Methodologie für Betriebswirte, 2. Aufl., Stuttgart 1988.

Scharf, A. (1991): Konkurriende Produkte aus Konsumentensicht, Diss., Frankfurt 1991.

Schimborski, A. (1997): Imagekontrolle mit längsschnittorientierten Positionierungsmodellen unter besonderer Berücksichtigung der konfirmartorischen Faktorenanalyse, Diss., Frankfurt u.a. 1997.

Schmidt, H. B. (1958): Die Fallmethode, Essen 1958.

Schmitt, B. H.; Dubé, L. (1992): Contextualized Representations of Brand Extensions, in: ML, 3. Jg. (1992), H. 2, S. 115 – 126.

Schmitz, C. A. (1990): Die Entwicklung eines Imagery-Instrumentariums zur Erhebung von Anmutungsansprüchen, Diss., Köln 1990.

Schneider, D. J. G. (1973): Unternehmensziele und Unternehmenskooperation, Wiesbaden 1973.

Schnell, R.; Hill, P. B.; Esser, E. (1999): Methoden der empirischen Sozialforschung, 6. Aufl., München, Wien 1999.

Schölling, M. (2000): Informationsökonomische Markenpolitik, Diss., Frankfurt u.a. 2000.

Schönrade, U.; Fuhrhop, U. (2001): Marken im Container, in: p&a, o.Jg. (2001), H. 1, S. 34 – 37.

Schrattenecker, G. (1984): Die Beurteilung von Urlaubsländern durch Reise-Konsumenten, Diss., Wien 1984.

Schröder, H. (1994): Erfolgsfaktorenforschung im Handel, in: Marketing ZFP, 16. Jg. (1994), H. 2, S. 89 – 105.

Schröter, R.; Waschek, J. (1996): Wenn Marken zueinander finden, in: w&v, 34. Jg. (1996), H. 21, S. 72 – 73.

Schub von Bosiatzky, G. (1992): Psychologische Marketingforschung, München 1992.

Schuh, A.; Hozmüller, H. H. (1992): Skandalbewältigung durch Marketing, in: WiSt, 21. Jg. (1992), H. 7, S. 343 - 347.

Schürmann, U. (1993): Erfolgsfaktoren der Werbung im Produktlebenszyklus, Diss., Frankfurt u.a. 1993.

Schütze, F. (1978): Die Technik des narrativen Interviews in Interaktionsfeldstudien – dargestellt an einem Projekt zur Erforschung von kommunalen Machtstrukturen, 2. Aufl., Bielefeld 1978.

Schütze, R. (1992): Kundenzufriedenheit, Diss., Wiesbaden 1992.

Schwaiger, M. (1997): Multivariate Werbewirkungskontrolle, Habil., Wiesbaden 1997.

Schwarz, N.; Bless, H. (1992): Constructing Reality and Its Alternatives, in: The Construction of Social Judgements, Hrsg.: Martin, L. L.; Tesser, A., Hilsdale 1992, S. 217 – 245.

Schweiger, G. (1982): Imagetransfer, in: MJ, 15. Jg. (1982), H. 4, S. 321 – 322.

Schweiger, G. (1983): Verwendung von gleichen Markennamen für unterschiedliche Produktgruppen (Imagetransfer), in: p&a, o. Jg. (1983), H. 6, S. 260 – 263.

Schweiger, G. (1985): Nonverbale Imagemessung, in: W&P, 30. Jg. (1985), H. 4, S. 126 - 134.

Schweiger, G.; Wiklicky, W. (1986): Entwicklung eines standardisierten Verfahrens der nonverbalen Imagemessung für Markenartikel, in: p&a, o. Jg. (1986), H. 5, S. 175 – 180.

Schweizer, K.: Eine Analyse der Konzepte, Bedingungen und Zielsetzungen von Replikationen, in: Arch. Psychologie, 141. Jg. (1989), S. 85 – 97.

Sengupta, J.; Goodstein, R. C.; Boninger, D. S. (1997): All Cues Are Not Created Equal, in: JoCR, 23. Jg. (1997), H. 4, S. 351 – 361.

Shanteau, J.; Ptacek, C. H. (1983): Role and Implications of Averaging Processes in Advertising, in: Advertising and Consumer Psychology, Hrsg.: Percy, L.; Wodside, A. G., Lexington u.a. 1983, S. 149 - 167.

Sheinin, D. A. (1998): Positioning brand extensions, in: JoPBM, 7. Jg. (1998), H. 2, S. 137 – 149.

Sheinin, D. A. (2000): The Effects of Experience with Brand Extensions on Parent Brand Knowledge, in: JBR, 49. Jg. (2000), H. 1, S. 47 – 55.

Sheinin, D. A.: The Effects of Experience with Brand Extensions on Parent Brand Knowledge, in: JBR, 49. Jg. (2000), H. 1, S. 37 – 55.

Sheinin, D. A.; Schmitt, B. H. (1994): Extending Brands with New Product Concepts, in: JBR, 31. Jg. (1994), H. 1, S. 1 – 10.

Sheluga, D. A.; Jaccard, J.; Jacoby, J. (1979): Preference, Search, and Choice, in: JoCR, 6. Jg. (1979), H. 2, S. 166 – 176.

Sherif, M.; Cantril, H. (1947): The psychology of ego-involvements, New York 1947.

Sherif, M.; Howland, C. I. (1961): Social judgement, New Haven 1961.

Sherif, M.; Sherif, C. W. (1967): Attitude as the individual's own categories, in: Attitude, ego-involvement and change, Hrsg.: Sherif, C. W.; Sherif, M., New York 1967, S. 105 – 139.

Sherif, M.; Taub, D.; Hovland, C. I. (1958): Assimilation and Contrast Effects of Anchoring Stimuli on Judgements, in: Journal of Experimental Psychology, 55. Jg. (1958), H. 2, S. 150 – 155.

Sheth, J. N.; Gardner, D. M.; Garrett, D. (1988): Marketing Theory, New York u.a. 1988.

Shim, S.; Gehrt, K. C. (1996): Hispanic and Native American Adolescents, in: Journal of Retailing, 72. Jg. (1996), H. 3, S. 307 – 324.

Shimp, T. A.; Hyatt, E. M.; Snyder, D. J. (1991): A Critical Appraisal of Demand Artifacts in Consumer Research, in: JoCR, 18. Jg. (1991), H. 3, S. 273 – 283.

Shimp, T. A.; Samiee, S.; Madden, T. J. (1993): Countries and Their Products, in: Journal of the Academy of Marketing Science, 21. Jg. (1993), H. 4, S. 323 – 330.

Shocker, A. D. (1995): Positive and Negative Effects of Brand Extensions and Co-Branding, in: AiCR, 22. Jg. (1995), o. H., S. 432 - 434.

Sigry, M. J. (1982): Self-Concept in Consumer Behavior, in: JoCR, 9. Jg. (1982), H. 3, S. 287 – 300.

Silberer, G. (1987): Dissonanz bei Konsumenten, in: Wirtschaftspsychologie in Grundbegriffen, Hrsg.: Hoyos, C.; Kroeber-Riel, W.; v. Rosenstiel, L.; Strümpel, B., 2. Aufl., Weinheim 1987, S. 344 – 351.

Simon, H. (1992): Preismanagement, 2. Aufl., Wiesbaden 1992.

Simon, H.; Sebastian, K.-H. (1995): Reift ein junger Markentypus?, in: asw, 38. Jg. (1995), H. 6, S. 42 – 48.

Simonin, B. L.; Ruth, J. A. (1995): Bundling as a Strategy for New Product Introduction, in: JBR, 33. Jg. (1995), H. 3, S. 219 – 230.

Simonin, B. L.; Ruth, J. A. (1998): Is a Company Known by the Company It Keeps?, in: JoMR, 35. Jg. (1998), H. 1, S. 30 – 42.

Singh, J. (1991): Redundancy in Constructs, in: JBR, 22. Jg. (1991), H. 2, S. 255 – 280.

Six, B. (1983): Effektivität der Werbung, in: Marktpsychologie, Hrsg.: Irle, M., Halbbd. 2, Göttingen u.a. 1983, S. 341 – 386.

Skowronski, J. J.; Carlston, D. E. (1989): Negativity and Extremity Biases in Impression Formation, in: PB, 105 Jg. (1989), H. 1, S. 131 – 142.

Smith, D. C. (1992): Brand Extensions and Advertising Efficiency, in: JoAR, 38. Jg. (1992), H. 4, S. 11 – 20.

Smith, D. C.; Andrews, J. (1995): Rethinking the Effect of Perceived Fit on Customers' Evaluation of New Products, in: Journal of the Academy of Marketing Science, 23. Jg. (1995), H. 1, S. 4 – 14.

Smith, D. C.; Park, W. (1992): The Effects of Brand Extensions on Market Share and Advertising Efficiency, in: JoMR, 29. Jg. (1992), H. 3, S. 296 – 313.

Smith, E. E.; Medin, D. L. (1981): Categories and Concepts, Cambridge 1981.

Smith, E. E.; Osherson, D.N.; Rips, L. J.; Keane, M. (1988): Combining Prototypes, in: Cognitive Science, 12. Jg. (1988), H. 4, S. 485 – 527.

Smith, E. E.; Shoben, E. J.; Rips, L. J. (1974): Structure and process in semantic memory, in: Psychological Review, 81. Jg. (1974), H. 3, S. 214 – 241.

Smith, N. C.: Replication Studies, in: American Psychologist, 25. Jg. (1970), H. 9, S. 970 - 975.

Sodeur, W. (1974): Empirische Verfahren zur Klassifikation, Stuttgart 1974.

Söllner, A. (1993): Commitment in Geschäftsbeziehungen, Diss., Wiesbaden 1993.

Solomon, M. R.; Ashmore, R. D.; Longo, L. C. (1992): The Beauty Match-Up Hypothesis, in: JoA, 21. Jg. (1992), H. 4, S. 24 – 34.

Spangenberg, E. R.; Voss., K. E.; Crowley, A. E. (1997): Measuring the Hedonic and Utilitarian Dimensions of Attitude, in: AiCR, 24. Jg. (1997), o.H., S. 235 – 241.

Spethmann, B., Benezra, K. (1994): Co-Brand or be damned, in: Brandweek, o. Jg. (1994), H. 21, S. 21 - 24.

Srull, T. K.; Wyer, R. S. (1980): Category Accesibility and Social Perception, in: JoPSP, 38. Jg. (1980), H. 6, S. 841 - 856.

Stahlberg, D.; Frey, D. (1993): Das Elaboration-Likelihood-Modell von Petty und Cacioppo, in: Kognitive Theorien, Hrsg.: Frey, D.; Irle, M., 2. Aufl., Bern 1993, S. 327 – 359.

Stanton, J. M. (1998): An Empirical Assessment of Data Collection using the Internet, in: Personnel Psychology, 51. Jg. (1998), H. 3, S. 709 – 725.

Stapf, K. H. (1984): Laboruntersuchungen, in: Sozialwissenschaftliche Methoden, Hrsg.: Roth, E., München, Wien 1984, S. 238 – 254.

Starsetzki, T. (2001): Rekrutierungsformen und ihre Einsatzbereiche, in: Online-Marktforchung, Hrsg.: Theobald, A.; Dreyer, M.; Starsetzki, T., Wiesbaden 2001, S. 41 – 53.

Stayman, D. M.; Alden, D.; Smith, K. H. (1992): Some Effects of Schematic Processing on Consumer Expectations and Disconfirmation Judgements, in: JoCR, 19. Jg. (1992), H. 2, S. 240 – 255.

Steffenhagen, H. (1996): Wirkungen der Werbung, Aachen 1996.

Steinhausen, D.; Langer, K. (1977): Clusteranalyse, Berlin, New York 1977.

Stern, B. L.; Resnik, A. J. (1991): Information Content in Television Advertising, in: JoAR, 31. Jg. (1991), H. 3, S. 36 – 46.

Stewart, A. L. (1995): Cobranding just starting in Europe, in: Marketing News, 29. Jg. (1995), H. 4, S. 5.

Stippel, P. (1998): Was bringt 1999, in: asw, 41. Jg. (1998), H. 9, S. 100 – 120.

Stippel, P. (2001): Wie viel New Marketing steckt (in den Plänen) der Brand Economy?, in: asw, 44. Jg. (2001), H. 9, S. 12 – 33.

Stölzle, W. (1999):Industrial Relationships, München, Wien 1999.

Strebinger, A. (2001): Die Markenpersönlichkeit und das Ich des Konsumenten, in: W&P, 46. Jg. (2001), H. 2, S. 19 – 24.

Stuke, G. (1974): Zwischenbetriebliche Kooperation im Absatzbereich von Industriebetrieben, Frankfurt, Zürich 1974.

Sujan, M. (1985): Consumer Knowledge: Effects on Evaluation Strategies Mediating Consumer Judgements, in: JoCR, 12. Jg. (1985), H. 1, S. 31 – 46.

Sujan, M.; Bettmann, J. R. (1989): The Effects of Brand Positioning Strategies on Consumers' Brand and Category Perceptions, in: JoMR, 26. Jg. (1989), H. 4, S. 454 – 467.

Sujan, M.; Dekleva, C. (1987): Product Categorization and Inference Making, in: JoCR, 14. Jg. (1987), H. 3, S. 372 – 378.

Sullivan, M. W. (1992): Brand Extensions, in: Management Science, 38. Jg .(1992), H. 6, S. 793 – 806.

Sunde, L.; Brodie, R. J. (1993): Consumer evaluations of brand extensions, in: IJoRM, 10. Jg. (1993), H. 1, S. 47 – 53.

Suri, R.; Monroe, K. B. (1995): Effect of Consumers' Purchase Plans on the Evaluation of Bundle Offers, in: AiCR, 22. Jg. (1995), o.H., S. 588 – 593.

Sykes, W. (1990): Validity and Reliability in Qualitative Market Research, in: JoMRS, 32. Jg. (1990), H. 3, S. 289 – 328.

Szybillo, G. J.; Jacoby, J. (1974): Intrinsic versus Extrinsic Cues as Determinants of Perceived Product Quality, in: JoAP, 59. Jg. (1974), H. 1, S. 74 – 78.

T

Tauber, E. M. (1988): Brand Leverage, in: JoAR, 28. Jg. (1988), H. 4, S. 26 – 30.

Tauber, E. M. (1993): Fit and Leverage in Brand Extensions, in: Brand Equity & Advertising, Hrsg.: Aaker, D. A.; Biel, A. L., Hillsdale 1993, S. 313 – 318.

Tergan, S.-O. (1986): Modelle der Wissensrepräsentation als Grundlage qualitativer Wissensdiagnostik, Opladen 1986.

Theisen, M. R. (1997): Wissenschaftliches Arbeiten, 8. Aufl., München 1997.

Theobald, A. (2000): Das World Wide Web als Befragungsinstrument, Diss., Wiesbaden 2000.

Thorelli, H. B.; Lim, J.-S.; Ye, J. (1989): Relative Importance of Country of Origin, Warranty and Retail Store Image on Product Evaluations, in: International Marketing Review, 6. Jg. (1989), H. 1, S. 35 – 46.

Tietz, B. (1960): Bildung und Verwendung von Typen in der Betriebswirtschaftslehre, Köln, Opladen 1960.

Tietz, B. (1993): Marketing, Düsseldorf 1993.

Tietz, B.; Mathieu, G. (1979): Das Kontraktmarketing als Kooperationsmodell, Köln u.a. 1979.

Till, B. D.; Busler, M. (1998): Matching products with endorsers, in: JoCM, 15. Jg. (1998), H. 6, S. 576 – 586.

Till, B. D.; Shimp, A. (1998): Endorsers in Advertising, in: JoA, 27. Jg. (1998), H. 1, S. 67 – 82.

Tolle, E. (1994): Informationsökonomische Erkenntnisse für das Marketing bei Qualitätsunsicherheit der Konsumenten, in: zfbf, 46. Jg. (1994), H. 11, S. 926 – 938.

Tolle, E.; Steffenhagen, H. (1994): Kategorien des Markenerfolges und einschlägige Meßmethoden, in: Handbuch Markenartikel, Hrsg.: Bruhn, M., Bd. 2, Stuttgart 1994

Tomczak, T. (1992): Forschungsmethoden in der Marketingwissenschaft, in: Marketing ZFP, 14. Jg. (1992), H. 2, S. 77 – 87.

Tomczak, T.; Reinecke, S.; Karg, M.; Mühlmeyer, J. (1998): Best Practice in Marketing, Fachbericht für Marketing des Forschungsinstituts für Absatz und Handel an der Universität St. Gallen, St,. Gallen 1998.

Tomzcak, T.; Reinecke, S. (Hrsg.) (1998): Best Practice in Marketing, St. Gallen, Wien 1998.

Traylor, M.; Joseph, W. B. (1984): Measuring consumer involvement in products, in: P&M, 1. Jg. (1984), H. 2, S. 65 –77.

Tripp, C.; Jensen, T. D.; Carlson, L. (1994): The Effects of Multiple Product Endorsements by Celebrities on Consumers' Attitudes and Intentions, in: JoCR, 20. Jg. (1994), H. 4, S. 535 – 547.

Trommsdorff, V. (1975): Die Messung von Produktimages für das Marketing, Köln u.a. 1975.

Trommsdorff, V. (1998): Konsumentenverhalten, 3. Aufl., Stuttgart u.a. 1998.

Troutman, C. M.; Shanteau, J. (1976): Do Consumers Evaluate Products by Adding or Averaging Attribute Information?, in: JoCR, 3. Jg. (1976), H. 2, S. 101 - 106.

Tse, D. K.; Gorn, G. J. (1993): An Experiment on the Salience of Country-of-Origin in the Era of Global Brands, in: Journal of International Marketing, 1. Jg. (1993), H. 1, S. 57 – 76.

Tse, D. K.; Lee, W. (1993): Removing Negative Country Images, in: Journal of International Marketing, 1. Jg. (1993), H. 4, S. 25 – 48.

Turgay, D. (2002): Einfluss der Werbung auf die Beurteilung von Co-Brands, unveröffentlichte Diplomarbeit des Lehrstuhl für Marketing der Universität Siegen, Siegen 2002.

Tversky, A. (1977): Features of similarity, in: PR, 84. Jg. (1977), H. 4, S. 327 – 352.

Tversky, A.; Kahnemann, D. (1974): Judgement under Uncertainty, in: Science, 185. Jg. (1974), H. 6, 1124 – 1131.

U

Underwood, E. (1996): This Bed Sponsored By...., in: Brandweek, o. Jg. (1996), H. 20, S. 22 – 24.

Urbany, J. E.; Bearden, W.O.; Weilbaker, D. C. (1998): The Effect of Plausible and Exaggerated Reference Prices on Consumer Perceptions and Price Search, in: JoCR, 15. Jg. (1988), H. 1, S. 95 – 110.

V

Vaidyanathan, R.; Aggarwal, P. (2000): Strategic Brand Alliances, in: JoPBM, 9. Jg. (2000), H. 4, S. 214 - 226.

Varadarajan, P. R. (1986): Horizontal Cooperative Sales Promotion, in: JoM, 50. Jg. (1986), H. 2, S. 61 – 73.

Varadarjan, P. R.; Rajaratnam, D. (1986): Symbiotic Marketing Revisited, in: JoM, 50. Jg. (1986), H. 1, S. 7 – 17.

Venkatesh, R.; Mahajan, V. (1997): Products with Branded Components, in: Marketing Science, 16. Jg. (1997), H. 2, S. 146 - 165.

Venkatesh, R.; Mahajan, V.; Muller, E. (2000): Dynamic co-marketing alliances, in: IJoRM, 17. Jg. (2000), H. 1, S. 3 –21.

Versyer, D. (1997): Ariel läßt Mode-Marken für sich sprechen, in: Horizont, 14. Jg. (1997), H. 3, S. 22 – 24.

Viswanathan, M.; Childers, T. L. (1999): Understanding How Poduct Attributes Influence Product Categorization, in: JoMR, 36. Jg. (1999), H. 1, S. 75 – 94.

Vogel, F. (1975): Probleme und Verfahren der numerischen Klassifikation, Göttingen 1975.

Vogt, K. (1999): Verzerrungen in elektronsichen Befragungen?, in: Online Research, Hrsg.: Batinic, B.; Werner, A.; Gräf, L.; Bandilla, W., Göttingen u.a. 1999, S. 127 – 143.

Vornhusen, K. (1994): Die Organisation von Unternehmenskooperationen, Diss., Frankfurt 1994.

Voss, K. E.; Tansuhaj, P. (1999): A Consumer Perspective on Foreign Market Entry, in: Journal of International Consumer Marketing, 11. Jg. (1999), H. 2, S. 39 - 58.

W

Wachendorf, F. (2001): Preisbereitschaften und Kaufabsichten für Co-Brands, unveröffentlichte Diplomarbeit des Lehrstuhl für Marketing der Universität Siegen, Siegen 2001.

Wachendorf, F.; Baumgarth, C. (2001): Preisbereitschaften und Kaufabsichten für Co-Brands. Arbeitspapier des Lehrstuhl für Marketing der Universität Siegen, Siegen 2001.

Waheeduzzaman, A. N. M.; Krampf, R. F. (1992): Use of Quantitative Techniques in Marketing Research: The Past Twenty-five Years; in: AMA Winter Educators Conference "Marketing Theory and Apllications", Hrsg.: Allen, C. u.a., Chicago 1992, S. 285 – 294.

Wahle, P. (1991): Erfolgsdetermiannten im Einzelhandel, Diss., Frankfurt u.a. 1991

Walchi, S. B. (1996): The Effects of Between Partner Congruity on Consumer Evaluation of Co-Branded Products, Diss., Evanston 1996.

Walchi, S. B.; Carpenter, G. S.; Tybout, A. M. (1997): The Effects of Between Partner Congruity on Consumer Evaluation of Co-Branded Products, unveröffentlichtes Arbeitspapier, o.O. 1997.

Wall, M.; Liefeld, J.; Heslop, L. A. (1991): Impact of Country-of-Origin Cues on Consumer Judgements in Multi-Cue Situations, Journal of the Academy of Marketing Science, 19. Jg. (1991), H. 2, S. 105 – 113.

Wallace, K. M. (1984): The Use and Value of Qualitative Research Studies, in: IMM, 13. Jg. (1984), o.H., S. 181 – 185.

Walliser, B. (1995): Sponsoring, Wiesbaden 1995.

Washburn, J. H. (1999): An Evaluation of Co-Branding, Diss., Ann Arbor 1999.

Washburn, J. H.; Till, B. D.; Prilluck, R. (2000): Co-Branding, in: Journal of Consumer Marketing, 17. Jg. (2000), H. 7, S. 591 - 604.

Weber, R.; Crocker, J. (1983): Cognitive Processes in the Revision of Stereotypic Beliefs, in: Journal of Personality and Social Psychology, 45. Jg. (1983), H. 5, S. 961 – 977.

Weber, S. J.; Cook, T. D. (1972): Subject Effects in Laboratory Research, in: PB, 77. Jg. (1972), H. 4, S. 273 – 295.

Wechsler, W. (1978): Delphi-Methode, München 1978.

Weiber, R.; Adler, J. (1995): Informationsökonomsich begründete Typologisierung von Kaufprozessen, in: zfbf, 47. Jg. (1995), H. 1, S. 43 – 65.

Weinberg, P. (1983): Beobachtung des emotionalen Verhaltens, in: Innovative Marktforschung, Hrsg.: Forschungsgruppe Konsum und Verhalten, Würzburg, Wien 1983, S. 45 – 62.

Weinberger, M. G.; Allen, C. T.; Dillon, W. R. (1981): Negative Information, in: AiCR, 9. Jg. (1981), o.H., S. 398 – 404.

Wells, W. D. (1964): EQ, Son of EQ, and the Reaction Profile, in: JoM, 28. Jg. (1964), H. 2, S. 45 – 52.

Wells, W. D.: Discovery-oriented consumer research, in: JoCR, 19. Jg. (1993), H. 4, S. 489 – 504.

Wernerfelt, B. (1988): Umbrella branding as a signal of new product quality, in: RAND Journal of Economics, 19. Jg. (1988), H. 3, S. 458 – 466.

Wessels, M. G. (1994): Kognitive Psychologie, München 1994.

Wiezorek, H., Wallinger, A (1997): Wachstum mit Gewinn, Stuttgart, Frankfurt 1997.

Wilkie, W. L.; Pessemier, E. A. (1973): Issues In Marketing's Use of Multi-Attribute Attitude Models, in: JoMR, 10. Jg. (1973), H. 4, S. 428 – 441.

Willis, R. H.; Willis, Y. A. (1970): Role Playing versus Deception, in: JoPSP, 16. Jg. (1970), H .3, S. 472 – 477.

Winer, R. S. (1986): A Reference Price Model of Brand Choice for Frequently Purchased Products, in: JoCR, 13. Jg. (1986), H. 2, S. 250 - 256.

Wiswede, G. (1995): Einführung in die Wirtschaftspsychologie, 2. Aufl., München, Basel 1995.

Witt, J.; Rao, C. P. (1992): Country-of-Origin and Brand Effects on Consumer Perceived Risk, in: Journal of Global Business, 3. Jg. (1992), H. 1, S. 27 – 33.

Wittgenstein, L. (1953): Philosophical investigations, New York 1953.

Witzel, A. (1982): Verfahren der qualitativen Sozialforschung, Frankfurt 1982.

Woll, E. (1997): Erlebniswelten und Stimmungen in der Anzeigenwerbung, Diss., Wiesbaden 1997.

Wübker, G. (1998): Preisbündelung, Diss., Wiesbaden 1998.

Wübker, G.; Mahajan, V.; Yadav, M. S. (1999): Buyers' Evaluations of Mixes Bundling Strategies in Price-Promoted Markets, in: Optimal Bundling, Hrsg.: Fuederer, R.; Herrmann, A.; Wuebker, G., Berlin u.a. 1999, S. 195 – 208.

Wührer, G. A. (2000): Mehrdimensionale Skalierung, in: Marktforschung, Hrsg.: Herrmann, A.; Homburg, C., 2. Aufl., Wiesbaden 2000, S. 439 – 469.

Y

Yadav, M. S. (1990): An examination of how buyers subjectively perceive and evaluate product bundles, Diss., Ann Arbor 1990.

Yadav, M. S. (1994): How Buyers Evaluate Product Bundles?, in: JoCR, 21. Jg. (1994), H. 2, S. 342 – 353.

Yadav, M.; Monroe, K. B. (1993): How Buyers Perceive Savings in a Bundle Price, in: JoMR, 30. Jg. (1993), H. August, S. 350 – 358.

Yin, R. K. (1994): Case Study Research: Designs and Methods, 2. Aufl., Thousand Oaks u.a. 1994.

Young, R. F.; Greyser, S. A. (1983): Managing Cooperative Advertising, Lexington 1983.

Yu, J.; Cooper, H. (1983): A Quantitative Review of Research Design Effects on Response Rates to Questionaires, in: JoMR, 20. Jg. (1983), H. Feb., S. 36 – 44.

Z

Zaichkowsky, J. L. (1985): Measuring the Involvement Construct, in: JoCR, 12. Jg. (1985), H. 3, S. 341 – 352.

Zaichkowsky, J. L. (1994): The Personal Involvement Inventory, in: JoA, 23. Jg. (1994), H. 4, S. 59 – 70.

Zajonic, R. B. (1968): Attitudinal Effects of Mere Exposure, in: Journal of Personality and Social Psychology, 9. Jg. (1968), H. 2, S. 1 – 27.

Zaltman, G.; Lemasters, K.; Heffring, M. (1982): Theory Construction in Marketing, New York u.a. 1982.

Zaltman, G.; Pinson, C. R. A.; Angelmar, R. (1973): Metatheory and Consumer Research, New York u.a. 1973.

Zandpour, F.; Chang, C.; Catalano, J. (1992): Stories, Symbols, And Straight Talk, in: JoAR, 32. Jg. (1992), H. 1/2, S. 25 – 38.

Zanger, C.; Sistenich, F. (1996): Qualitative Marktforschung, in: WiSt, 25. Jg. (1996), H. 7, S. 351 – 354.

Zatloukal, G. (1999): Erfolgsfaktoren von Markentransfers, Diss., Jena 1999.

Zeithaml, V. A. (1988): Consumer Perceptions of Price, Quality, and Value, in: JoM, 52. Jg. (1988), H. 1, S. 2 - 22.

Zeitlin, D. M.; Westwood, R. A. (1986): Measuring Emotional Response, in: JoAR, 26. Jg. (1986), H. 5, S. 34 – 44.

Zerr, K. (2001): Online-Marktforschung, in: Online-Marktforschung, Hrsg.: Theobald, A.; Dreyer, M.; Starsetzki, T., Wiesbaden 2001, S.7 – 26.

Zimbardo, P. G. (1995): Psychologie, 6. Aufl., Berlin u.a. 1995.

Zimmer, P. (2000): Commitment in Geschäftsbeziehungen, Diss., Wiesbaden 2000.

Zimmermann, E. (1972): Das Experiment in den Sozialwissenschaften, Stuttgart 1972.

Studien:

Axel Springer Verlag; Verlagsgruppe Bauer (Hrsg.): Verbraucheranalyse (VA 2000), Hamburg 2000.

Brigitte (Hrsg.): BrigitteKommunikations-Analyse (KA2000), Hamburg 2000.

essen & trinken (Hrsg.): Positionen im Food- und Getränkemarkt, Hamburg 1996.

Geo (Hrsg.): Imagery 2, Hamburg 1998.

Spiegel-Verlag (Hrsg.): Outfit 3, Hamburg 1994.

Spiegel-Verlag (Hrsg.): Outfit 4, Hamburg 1997.

Spiegel-Verlag (Hrsg.): Outfit 5, Hamburg 2001.

Stern (Hrsg.): Markenprofile 9, Hamburg 2001.

TDW Intermedia (Hrsg.): Typologie der Wünsche (TDW 2000/01), Offenburg 2000.

Verlagsgruppe Lübbe, Axel Springer Verlag, Verlagsgruppe Bauer (Hrsg.): KidsVerbraucherAnalyse (KVA 2000), Hamburg 2000.

Gabler Marketing-Lehrbuch-Highlights

Klaus Barth/Michaela Hartmann/
Hendrik Schröder
**Betriebswirtschaftslehre
des Handels**
5., überarb. u. erw. Aufl.
2002. XXVI, 525 S. mit 63 Abb.
Br. EUR 49,00
ISBN 3-409-53326-5

Carsten Baumgarth
Markenpolitik
Markenwirkungen – Markenführung –
Markenforschung
2001. XVI, 380 S. mit 176 Abb.
Br. EUR 34,00
ISBN 3-409-11666-4

Martin Benkenstein
**Entscheidungsorientiertes
Marketing**
Eine Einführung
2001. XII, 393 S. mit 156 Abb.
Br. EUR 34,00
ISBN 3-409-12262-1

Ludwig Berekoven/
Werner Eckert/Peter Ellenrieder
Marktforschung
Methodische Grundlagen
und praktische Anwendung
9., überarb. Aufl. 2001.
449 S. mit 142 Abb.
Br. EUR 45,00
ISBN 3-409-36990-2

Manfred Bruhn
Marketing
Grundlagen für Studium und Praxis
6., überarb. Aufl. 2002.
331 S. mit 82 Abb.
Br. EUR 25,90
ISBN 3-409-63646-3

Manfred Bruhn
Marketing interaktiv
Grundlagen für Studium und Praxis
1999. CD-ROM EUR 34,90*
ISBN 3-409-19841-5

Manfred Bruhn
Marketingübungen
Basiswissen, Aufgaben, Lösungen.
Selbständiges Lerntraining
für Studium und Beruf
2001. 339 S. mit 60 Abb.
Br. EUR 24,00
ISBN 3-409-11640-0

Franz-Rudolf Esch (Hrsg.)
Moderne Markenführung
Grundlagen – Innovative Ansätze –
Praktische Umsetzungen
3., akt. u. erw. Aufl. 2001.
XX, 1274 S. mit 352 Abb.
Geb. EUR 49,90
ISBN 3-409-43642-1

Gabler Marketing-Lehrbuch-Highlights

Wolfgang Fritz
Internet-Marketing und Electronic Commerce
Grundlagen – Rahmenbedingungen – Instrumente. Mit Praxisbeispielen
3., überarb. u. erw. Aufl. 2003.
ca. 280 S.
Br. EUR ca. 29,90
ISBN 3-409-31663-9

Andreas Herrmann,
Christian Homburg (Hrsg.)
Marktforschung
Methoden – Anwendungen – Praxisbeispiele
2., akt. Aufl. 2000. 1152 S.
Geb. EUR 49,90
ISBN 3-409-22391-6

Christian Homburg / Harley Krohmer
Marketingmanagement
Strategie – Instrumente – Umsetzung – Unternehmensführung
2003. XX, 1128 S.
Geb. EUR 49,90
ISBN 3-409-12263-X

Alfred Kuß
Marketingeinführung
Grundlagen – Überblick – Beispiele
2., akt. Aufl. 2003. XII, 307 S.
mit 85 Abb.
Br. EUR 24,90
ISBN 3-409-21791-6

Alfred Kuß/Torsten Tomczak
Marketingplanung
Einführung in die marktorientierte Unternehmens- und Geschäftsfeldplanung
3., überarb. Aufl. 2002.
X, 301 S. mit 105 Abb.
Br. EUR 29,90
ISBN 3-409-33683-4

Roland Mattmüller
Integrativ-Prozessuales Marketing
Eine Einführung. Mit durchgehender Schwarzkopf&Henkel-Fallstudie
2000. 402 S. mit 121 Abb.
Br. EUR 34,90
ISBN 3-409-11427-0

Marcus Pradel
Dynamisches Kommunikationsmanagement
Optimierung der Marketingkommunikation als Lernprozess
2001. XII, 427 S. mit 39 Abb.
Br. EUR 49,00
ISBN 3-409-11746-6

Hermann Sabel/Christoph Weiser
Dynamik im Marketing
Umfeld – Strategie – Struktur – Kultur
3., überarb. u. erw. Aufl. 2000.
XVI, 513 S. mit 73 Abb.
Br. EUR 39,90
ISBN 3-409-33667-2

*unverb. Preisempfehlung
Änderungen vorbehalten. Stand: Juli 2003.

Gabler Verlag · Abraham-Lincoln-Str. 46 · 65189 Wiesbaden · www.gabler.de

Printed by Printforce, the Netherlands